글렌 굴드

현대 예술의 거장

# 글렌 굴드
## 피아니즘의 황홀경

**피터 F. 오스트왈드** 지음 | **한경심** 옮김

❖ 을유문화사

**현대 예술의 거장**

# 글렌 굴드
피아니즘의 황홀경

**발행일** 2025년 12월 30일 초판 1쇄

**지은이** 피터 F. 오스트왈드
**옮긴이** 한경심
**펴낸이** 정상준
**펴낸곳** (주)을유문화사

**창립일** 1945년 12월 1일
**주소** 서울시 마포구 서교동 469-48
**전화** 02-733-8153
**팩스** 02-732-9154
**홈페이지** www.eulyoo.co.kr

ISBN 978-89-324-7588-2 04670
ISBN 978-89-324-3134-5 (세트)

내 형제 토머스 H. 오스트왈드와
캐나다 친척들에게 이 책을 바친다.

1962년 캐나다 방송국(CBC) 녹음실의 글렌 굴드. 이 한 해 글렌 굴드는 녹음과 방송 활동을 왕성하게 했다.

1980년 무렵의 굴드. 그가 즐겨 녹음했던 이튼 오디토리움에서.

**일러두기**

1. 인물, 지역, 기관 등의 한글 표기는 가급적 국립국어원의 표기 원칙을 따랐으나, 일부 관례로 굳어진 표기는 예외로 두었다.
2. 주요 작품, 용어 등의 원어 병기는 옮긴이의 판단에 따랐다.
3. 본문 하단의 각주는 모두 옮긴이가 달았으며, 미주는 모두 저자가 달았다.
4. 책이나 잡지, 신문은 『 』, 각종 곡명과 모음곡 및 앨범 제목은 〈 〉, 영화와 공연, 단편 분량의 글은 「 」로 표기했다.

추천의 글

# 고요하고 불이 환한 곳

최원호(편집자)


1964년 3월 28일, 시카고에서 막 공연을 마친 피아니스트 글렌 굴드는 그날부터 실황 연주를 완전히 그만두기로 결심했다. 서른한 살. 세간의 상식에 따르면 피아니스트로서 전성기는커녕 어리다고까지 할 수 있는 나이였다. 사실 그는 서른 살쯤 공연에서 은퇴할 생각이라고 이미 여러 차례 말한 바 있었지만, 그 말을 진지하게 믿는 사람은 거의 없었다. 이 문제에 한해서는 그를 좋아하는 사람들과 싫어하는 사람들의 생각이 일치했다. 치기 어린 젊은이는 자신의 미래를 두고 허세를 부리는 법이라고. 하지만 이날 공연 중에 드디어 무언가가 실행되었다. 혹은 부서졌다.

공연을 마친 굴드는 아직 겨울이 남아 있는 시카고의 밤 속을 잠시 서성이다 호텔로 돌아갔다. 방에 들어간 그는 난방기를 확인한 뒤 TV를 켜고 공연용 의상을 벗었다. 그런 다음 벽을 쳐다보았다. 흰 벽은 굴드가 괴로움 속에서 이어 가던 순회 공연(낯선 청중들, 즉 매일 마주쳐야 하는 새로운 적들) 중에 도처에서 만날 수 있는 유일한 안식처였다. 희고 아무것도 없는 것. 그는 오늘이 마지막이어야 할 이유를 떠올려 보았지만 찾지 못했다. 그러고 보면 애초에 자신이 어릴 때부터 세워 놓은 인생 계획 속에도 누군가를 설득할 수 있을 만한 이유 같은 건 들어 있지 않았다. 그에게 '때'는 쟁취하는 게 아니라 오는 것, 받아들이는 것이었다. 물론 이유를 만들 수는 있었다. 어쩌면 오늘 쳤던 베토벤 피아노 소나타 31번의 상징성이 무의식적인 영향을 끼쳤을 수도 있었다. 이 곡의 마지막 악장을 수놓는 아리아는 영원의 바다에서 좌초하게 될 범선 ― 베토벤의 마지막 피아노 소나타인 32번 ― 의 출항을 알리는 신호니까. 즉 31번 소나타의 종료란 신사 숙녀 여러분이 사랑하는 선율과 이미지를 버리고 그 너머를 향해 출발했음을 의미한다…….

몇 차례 눈을 세게 깜빡이자 다시 흰 벽이 드러났다. 그는 지드의 소설에 나오는 문장을 떠올렸다. "눈을 가진 사람들은 자기들의 행복을 알지 못한다." 행복의 방해물들. 색채로 가득 찬 이미지들. 흰 벽면을 뒤덮어 버리는 상념들. 엄연한 음악가로서, 그는 이제부터 이미지를 지워 나갈 생각이었다. 사람들이 보지 못하도록 그들의 눈에서 감추는 것이다. 가장 큰 그림부터.

글렌 굴드라는 인간의 모습부터..

\*\*\*

 위 내용은 미셸 슈나이더가 쓴 『글렌 굴드, 피아노 솔로』의 도입부를 내 식대로 바꾸어 쓴 것이다. 글렌 굴드라는 인간을 비추는 이 독특하고 아름다운 산문은 이 도입부부터 인물 전기가 금기시하는 두 가지 도구를 스스럼없이 가져다 쓴다. 하나는 대상 인물의 내면과 소소한 몸짓을 상상해 그 안으로 들어가는 것이고, 다른 하나는 실제와 다른 거짓 사실을 지어내는 것이다. 특히 슈나이더는 이 '글렌 굴드 전기'가 일부러 전기적 사실을 왜곡하고 있다고 털어놓는다. 실제로 굴드가 어떤 인간인가를 더 잘 그려 내기 위해 사소한 디테일들을 수정했다는 것이다. 예를 들어 앞서 언급한 시카고 공연에서 굴드가 연주한 베토벤은 피아노 소나타 31번이 아니라 30번이었다. 그러나 슈나이더는 베토벤의 31번 소나타, 특히 그 안에 속한 '탄식의 노래'에서 강력한 종말의 기운을 느끼고 있었고, 그 기운을 굴드의 마지막 실황 공연과 연결시킴으로써 한 시대가 끝을 맞이했음을 더 극적으로 드러냈다. 슈나이더가 어떤 인물에 대해 쓴 다른 책들, 슈만에 관한 전기나 죽음을 앞둔 예술가들의 모습들을 모아 놓은 산문집을 보면 그가 이러한 방식을 늘 적극적으로 활용해 왔음을 알 수 있다. 슈나이더에게 어떤 인간의 진실된 모습은 메마른 사실의 나열 속에서는 만날 수 없는 것이었다. 모습이라는 말은 아카이브가 아니라 이미지와 연결되어 있기 때문이다. 따라서 그가 굴드를, 슈만을, 발자크를 진실되게 기록할 방법은 하나뿐이었다. 그 인물이 자기 내면 안에 그려 놓은 이미지를 되도록 정확히 모사하기. 그래서 슈나이더의 글에는 시퀀스마다 그 안에 담긴 에너지를 집약하는 아름다운 순간들이 삽입돼 있다. 이 목적을 이룰 수만 있다면 무슨 도구를 쓰는지는 중요치 않다.

이처럼 글쓰기에 있어 옳은 도구와 삿된 도구를 규정짓는 '장르'라는 개념을 거부했던 슈나이더는 성 프란치스코의 후예 같다. 가장 미천하고 삿된 것을 포함한 세상 만물에 스며 있는 신성을 직접 보고 들으며, 감각을 통해 전해지는 그 신성들을 차별 없이 배열하고 병치함으로써 신의 뜻을 조금씩 더 깨달아 갔던 이들. 지상에 널려 있는 이미지들로 무한히 화음을 쌓아 신의 형태를 묘사하는 사람들. 이들에게는 무의미와 공백 역시 '조화와 영감'의 소재, 불완전한 딸림화음을 구성하는 음표가 된다. 이 천국에서는 모든 것이 쓰이며 모든 감각과 기억이 서로 조응한다. 호모포니의 이상이 실현되는 곳, 거의 모든 피아니스트는 여기에 다다르고자 한다. 그들은 악보를 받들고 거기 수록된 신성을 펼쳐 사람들에게 설파하는 복음사가이며, 인간이 그린 성화 (ikon)에 신성이 직접 깃든다고 믿는 독실한 정교도다.

\*\*\*

굴드 역시 슈나이더가 자신을 다룬 전기에서 과감히 다룬 소재, 즉 '거짓'을 이용해 이 세계의 틀을 깨고 그 너머로 향하려 했다. 하지만 굴드는 슈나이더가 향한 쪽과 완전히 반대 방향으로 걸어갔다. 슈나이더 역시 그 점을 감지하고 있었다. 굴드에 관해 글을 쓰던 그는 실황 연주를 포기한 굴드가 오디오를 통해서만 출현하는 소리–유령과 실체를 갖춘 인간 사이의 중간자적 존재로 변해 갔음을 포착했다. 굴드는 실체와 허상을 딱 잘라 나눈 세상에서 논외의 존재, 정체 모를 이방인으로 변해 갔던 것이다. 하지만 문학적 정교도로서 의미의 천국을 지향하던 슈나이더는 그 유령의 흐릿함을 똑같은 방식으로 재현할 수 없었다. 굴드가 사라진 방향은, 『신곡』을 빌려 말하자면 연옥이었기 때문이다. 신이 부재하는 그곳에서는 어떤 재료를 조합해도 뜻의 화음이 발생하지 않는다. 모든 조합은 의미를 거부하는 덩어리가 된다. 이미 이곳에 거주하던 작가들만이 굴드를 굴드적으로 묘사할 수 있을 것이다. 점점 더 흐려진 사람들. W. G. 제발트, 페르난두 페소아, (너무 선명한 빛 속에 잠겨 있어 정작 그 자신의 윤곽은 잘 보이지 않는) 클라리시 리스펙토르, 니콜라이 고골, 마르셀 프루스트…… "눈을 가진 사람들은 자기들의 행복을 알지 못한다"라고 말했던 작가는 앙드레 지드였다.

굴드가 1964년 이후 스튜디오에 틀어박혀 만들어 낸 음반들은 대개 이곳으로 향하는 초대장이었다. 이제 그 초대장 중 하나이자 내가 아는 가장 아름다운 연옥을 이야기할 차례다. 훗날 굴드의 여러 연주 영상을 감독하게 되는 브뤼노 몽생종은 아직 굴드라는 피아니스트를 몰랐던 1965년에 이 음반을 처음 들었던 순간을 이렇게 회고했다. "감미로우면서도 알 수 없는 어떤 소리가 내게 이렇게 속삭였다. '오시오, 내 뒤를 따라오시오.'"

***

굴드가 실황 공연을 그만둔 1964년에 녹음한 바흐의 〈인벤션과 신포니아〉는 이상한 소음들 속에 놓여 있다. 첫 곡이 시작하자마자 피아노는 꿀렁거리는 음 — 굴드는 이 피아노가 계속 '딸꾹질'을 한다고 말했다 — 을 내고, 굴드가 언제나처럼 흥얼거리는 가운데 뭔가가 삐걱대는 소리가 불규칙하게 들려온다. 굴드의 허밍에 비해 훨씬 선명하게 들려서 아예 따로 마이크를 갖다 댄 것처럼 느껴지는 이 잡음의 출처는 그가 어릴 때부터 평생 연주용으로 사용했던 나무 의자다. 이미 너무 오래 써서 어떻게 수리하더라도 삐걱거리기를 멈추지 못했던 이 의자는 굴드가 설명할 수 없는 내면의 요구에 따라 몸의 무게 중심을 옮길 때마다 오래된 경첩이 접혔다 펼쳐지는 듯한 소리를 낸다.

이 소리가 〈인벤션과 신포니아〉에 수록된 소음 가운데 가장 신경 쓰이는 이유는 허밍이나 피아노의 딸꾹질과는 달리 음악의 진행과 관계없이 무작위로 파고들기 때문이다. 예측할 수도, 무시할 수도 없는 소음의 침입은 오직 실황 녹음의 진실성을 증명하는 증거로 쓰일 때만 허용되는 법이지만, 〈인벤션과 신포니아〉에서는 그런 소음이 빈틈과 실수를 허용치 않는 스튜디오 녹음실을 너무 선명하게 파고든다. 보통은 만날 일이 없거나 그럴 수 없는 두 계열의 소리, 즉 스튜디오에서만 낼 수 있는 소리와 실황에서만 허용되는 소리, 완벽한 의도를 담아 조작한 소리와 통제할 수 없는 소리가 한곳에 모여 부딪힌 것이다. 따라서 이 충돌은 녹음(이 이루어진 시공간)에 관한 기존 개념을 무너뜨린다. 서식지가 다른(달라야만 하는) 두 소리를 동시에 불러 모은 이 공간은 어디인가? 스튜디오이자 실황인 것. 스튜디오도 실황도 아닌 것. 혹은 이 둘 모두이거나 둘 중 어느 것도 아닌 것. 구분하거나 명명할 수 없는 커다란 틈.

　많은 이들이 세상에서 피아노 소리를 가장 교묘하게 조정할 줄 아는 굴드가 왜 이런 소음들을 줄이지 않고 그냥 놓아두었는지 모르겠다고 말한다. 하지만 나는 굴드가 일부러 소음을 방치해 상반되는 부류의 소리를 충돌시켰다고, 그 충돌 현장이 굴드가 원했던 공연장 혹은 스튜디오였다고 믿고 있다. 굴드의 정신은 이미 오래도록 그곳에서 살아왔을 터다. 말하자면 그는 일종의 집들이를 한 것이다. 나는 〈인벤션과 신포니아〉를 들을 때마다 그 이상한 공간을 바라본다. 중간 지대. 박명薄明 지대. 스튜디오와 실황이라는 공존할 수 없는 두 개념이 섞이면서 둘 모두가 아니게 된 곳. 의미도 무의미도 장악하지 못한 공터. 무엇이 아닌, 아무것도 아닌, 그래서 소리를 드높일 때조차 정적을 떠올리게 하는 곳. 이 장소는 실제로 굴드의 삶에 박혀 있는 거의 모든 에피소드와 조응한다. 곁에 없는 사람들과 거의 매일 밤 대화하기. 낯선 식당에서 모르는 사람들 사이에 앉아 서로 다른 대화들을 동시에 엿듣기. 진공청소기와 라디오를 크게 켜 놓고 피아노를 연주하기. 북극에 대해 증언한 세 명의 목소리를 녹음한 다음 동시에 재생하기. 실제로 하지 않은 실황 공연 영상을 만들기. 다른 인물로 변장한 다음 글렌 굴드가 그를 인터뷰하도록 하기 (편집을 거치고 나면 그 둘은 동시에 거기에 있다).

이렇게 보면 두 가지 사실이 더욱 흥미롭게 여겨진다. 하나는 〈인벤션과 신포니아〉가 굴드가 실황 공연에서 은퇴한 해인 1964년 녹음되었다는 점이고, 다른 하나는 그 무렵부터 1970년대까지 굴드의 '의자 소음'이 스튜디오의 당당한 구성원으로 자리 잡았다는 점이다. 이 두 사실은 굴드가 아름다운 선율을 사랑하는 고전음악 애호가들의 곁을 떠나면서 어디로 향했는지 알려 주는 이정표처럼 보인다. 〈인벤션〉 이후 두 해가량 뉴욕에서 녹음을 이어 가던 굴드는 토론토로 녹음처를 옮겼다. 더 긴 겨울 속으로. 영혼의 북쪽으로.

\*\*\*

영혼의 북쪽에 거주하는 예술가 중 한 명인 토마스 베른하르트는 『옛 거장들』의 주인공 레거의 입을 빌려 이곳에서 인기 있는 음악가들이 누구인지 알려 준다. 베베른, 쇤베르크, 베르크. 이들은 태초부터 세상 위로 끝없이 쏟아져 내리는 감정과 감각에 오염되지 않는 음악을 추구했다. 아무런 수식도 허용치 않음으로써 아무런 감정도 욕망도 덧붙일 수 없는 순수한 구조물을 만들기 원했던 그들은 우선 감동을 불러일으켜 존재들의 병합(하나됨)을 촉진하는 오염물(기능적인 조성)을 제거했다. 그리고 그 자리를 감정과 감각에 복속되지 않는, 마치 기하학처럼 이 우주 어디에서도 변함없이 통용될 법한 논리적 요소들로 채워 넣었다.

몇몇 음악 애호가는 음렬주의로 대표되는 이 흐름이 일종의 허세라고, 무미건조한 지적 실험에 불과하다고 혹평한다. 그러나 쇤베르크를 예로 들면, 음렬주의는 나 자신 혹은 이 세상 전체가 덧없는 상狀에 뒤덮여 버렸는지도 모른다는 두려움에서 시작된 것이다(노년의 쇤베르크는 어느 강연에서 "나는 때로 내가 누군지 묻습니다"라고 말했다). 언제나 완전히 의지할 수 있는 절대적 존재 없이 스스로가 빚은 열망을 따라다녔다가는 길을 잃은 채 스러지고 말리라는 이 두려움은 신앙의 그것과 무척 닮아 있다. 독실한 신앙은 다른 모든 인간적 열망을 거부하는 유일하고도 기묘한 열망에서 태어난다.

이러한 점은 굴드 본인이 자신을 수식할 때 썼던 표현인 '최후의 청교도'를 떠올리게 한다. 굴드 평전을 쓴 피터 오스트왈드가 지적했듯, 아마 굴드는 이 말을 할 때 산타야나가 쓴 동명의 소설 제목을 염두에 두었을 것이다. 이 소설의 주인공 올리버 올든은 20세기 초 미국 상류 사회가 미덕으로 떠받들던 청교도적 열망을 자기 삶의 영원한 신조로 받아들인 청년이다. 이후 그는 청교도주의가 추구하는 도덕적 절대주의와 윤리적 이상주의가 금욕과 절제를 핑계 삼아 인간의 행동력을 좀먹는다는 사실을 알아차리지만, 그러면서도 파멸할 때까지 그 반反생명적인 신념을 저버리지 못한다. 아마 굴드는 이 주인공에게서 묘한 동질감을 느꼈을 것이다. 보통 '인생'에 속한다고 여겨지는 요소들을 스스로 제거해 버렸다는 점에서 굴드는 올리버 올든과 닮은 인물이었다. 그는 한 인터뷰에서 이렇게 말했다. "녹음의 경험은…… 말하자면 격리된 삶의 한 형태인데, 실제로 나는 격리되지 않은 모든 것을 나의 음악 인생에서 잘라내 버리고 있었다." 어쩌면 굴드의 예리하고 투명한 피아노 소리는 그가 단호한 단절을 삶의 신조로 삼은 인간이었기에 비로소 완성해 낼 수 있었을 것이다. 실제로 낭만이 가져다주는 신비를 다른 누구보다 신봉했던 피아니스트 시모어 번스타인은 굴드의 피아노 소리를 견디지 못했다. 그는 굴드의 피아노 연주에서 과도한 자아 외에는 아무것도 찾을 수 없다고, 그의 연주는 너무 차갑고 너무 가시 같다고 말했다. 인간이 꾸는 꿈을 모두 제거한 반생명적인 소리. 공허에 너무 다가간 소리.

그러나 번스타인은 스스로를 소멸시키려는 노력 속에 신앙에 해당하는 열망이, 앞서 말했듯 모든 열망을 제거하려는 열망이 존재한다는 사실은 이해하지 못했던 것 같다. 굴드는 악보에 지정되지 않은 침묵들을 파내고, 공허의 성령이라 할 그것들 앞에서 기도하고,

응답받는다.

***

무엇에 대해 말한단 말인가? 느낌?
'모든 것'에 대해 말할 수 있는 사람은 아무도 없으니,
왜냐하면 모든 것은 '텅 빈 없음'이기 때문이다.
— 클라리시 리스펙토르, 『별의 시간』 중에서

다시 굴드가 남긴 〈인벤션과 신포니아〉로 돌아가자. 이번에는 피아노 소리에 주목해 보자. '딸꾹질'을 계속하는 치명적인 결점에도 불구하고 굴드가 이 피아노를 선택했던 건(그의 영혼의 파트너였던 스타인웨이 CD318을 만나기 전이었다) 눌린 건반이 기분 좋은 탄성을 지닌 채 되돌아오고, 그때 신비할 정도로 탄력적인 소리가 났기 때문이었다. 굴드를 둘러싼 선입견 중 하나는 그가 스타카토를 남발하거나 모든 음의 도입부에 또렷한 윤곽을 부여하면서 일부러 딱딱한 소리만 낸다는 것이다. 그러나 〈인벤션과 신포니아〉에서 그의 (특히 오른손 약음) 터치는 마치

테니스공처럼 침묵의 표면에 부딪혀 튕겨 나오고, 그 소리를 들으면 그가 혼자 연주하는 게 아니라 꼭 무언가에 반응하는 것 같다는 느낌을 받게 된다. 저기 어딘가에 소리를 밀어내는 뭔가가 있다는 느낌. 이 탄력적인 스타카토가 끝나면 침묵이 본격적으로 소리의 뒤를 따라붙는데, 그 속도가 다른 어떤 피아노 연주보다 빠르다. 이때 우리는 공허가 그를 상대로 움직이는 모습을 '본다'. 마치 미켈란젤로 안토니오니 감독의 영화 〈욕망〉에서 혼자 테니스 게임을 벌이는 광대처럼, 굴드와 피아노는 텅 비어 있는 반대쪽 코트와 랠리를 펼치고 있다. 다만 영화에서와는 달리 아무도 없는 반대쪽 코트가 그의 서브를 받아치고 있다.

나는 굴드가 한 악구를 여는 도입부에 늘 또렷하고 탄력적인 힘을 불어넣는 습관을 그가 서브를 넣는 순간으로 이해한다. 서브가 들어간 직후에는 바로 스텝의 방향과 폭을 정해야 한다. 타이밍을 빼앗아 오는 스트로크나 급작스레 네트에 다가서며 흐름을 바꾸는 커트처럼 경기 중에(서브 이후에) 펼쳐지는 다양한 기술은 모두 끊임없는 스텝(리듬!) 위에서 펼쳐지기 때문이다. 연주자가 이 리듬을 깨지 않고 유지하려면 자신이 내는 소리뿐만 아니라 침묵이 자기 소리를 되받아치는 방식과 타이밍을 훑으면서 다음 한 걸음을 내디뎌야 한다. 소리의 틈으로 소멸 ─ 굴드 자신의 성령 ─ 을 불러내 부름(서브)과 응답(리시브)을 주고받기. 이것은 소리를 불러내는 일을 하면서 침묵을 사랑하는 운명에 처한 굴드가 자신에게 주어진 모든 숙명을 모순 너머까지 밀어붙여 만든 시스템이었다. 또렷함과 탄성, 재빠른 반응을 극한까지 추구하는 그의 투명한 음색 역시 이 시스템에 부합하는 사운드로 창안되었을 것이다. 실제로 굴드는 침묵 안에서 솜사탕처럼 녹아 버리는 '우아한' 음색과 랠리를 허용하지 않는 이기적인 리듬감을 싫어했고, 그 둘을 통칭해 '너무 피아노적인 소리'라고 불렀다.* 아마 그는 '침묵을 연주하다'라는 표현도 싫어했을 것이다. 침묵을 대상화하고 도구화하는 그 표현은 '침묵과 연주하는' 사람이었던 그가 받아들이기에는 너무 폭력적이기 때문이다. 아니, 그에게는 정복과 병합을 숭앙하고 그 악덕들을 낭만으로 포장하는 이 세상의 거의 모든 면이 폭력적이었다.

굴드가 그 폭력성 바깥으로 벗어나기 위해 선택한 전략은 그가 스튜디오를 규정할 수 없는 공간으로 변형시킨 방법과 비슷했다. 그는 자신이 어떤 사람인지, 어느 시공간에 속하는지 정확한 상을 그릴 수 없도록 온갖 신호를 뒤섞었다. 의미를 혼란케 하는 장광설과 기고문과 산더미 같은 메모들을 남겼고, 은둔 생활 중에도 TV와 라디오 방송에는 이상하리만치 꾸준히(그중 일부는 분장한 채로) 출연했다. 실제 사생활을 거의 완전히 비밀에

---

* 말년의 굴드는 1955년에 자신이 녹음한 〈골드베르크 변주곡〉 역시 '너무 피아노적인 연주' 가운데 하나로 꼽았다. 이 녹음은 분명 혁명적으로 빠르고 선명했지만, 훗날 굴드가 남긴 여러 성공작들에 비하면 리듬의 탄력 혹은 그루브함이 덜하다. 이 녹음 속 굴드는 '랠리'를 펼치기보다는 매우 빠르게 쏟아낸 악구들을 일관된 흐름 속에 꼼꼼히 정리해 넣는 기예를 선보이는데, 훗날의 굴드가 보기에 그 모습은 '낭만적인' 피아니스트의 전형이나 다름없었을 것이다. 결국 이 불만을 떨치지 못한 그는 1981년 또 하나의 기념비적인 〈골드베르크 변주곡〉을 녹음한다.

부친 굴드의 삶은 이렇게 그가 '창안한' 자기 모습들로 채워졌다. 진짜 굴드는 어디에 있는가? 아마 그는 우리가 진짜라고 믿는 세계와 자기가 지어낸 세계 사이 어딘가에 숨어 있었을 것이다. 그가 사랑했던 스튜디오가 두 개념 사이의 빈틈에 존재했던 것처럼 말이다. 그가 숨어든 곳은 내가 아는 음악가의 은둔처 가운데 가장 깊고 은밀한 장소다.

*** 

정신의학 전문가이자 아마추어 바이올리니스트이고 소문난 호인이었던 피터 F. 오스트왈드는 황금기 고전음악계의 유명 인사들과 두터운 친분을 쌓았는데, 그중에는 글렌 굴드도 있었다. 오스트왈드가 『글렌 굴드-피아니즘의 황홀경』을 썼을 때는 그들이 교류하지 않은 지 오랜 세월이 지난 후였지만, 그는 여전히 굴드를 친구처럼 대했다. 오스트왈드는 굴드를 만났던 순간이나 함께 나누었던 대화들을 회상하면서 굴드에게 인간적인 면모를(물론 결점도 포함해서) 부여하고, 정신의학 전문가로서 굴드의 심리를 분석할 때조차 냉정하다는 인상이 들지 않도록(친구에게 그럴 수는 없는 법이다) 적당히 힘을 뺀다. 유년 시절이 그의 성인 인격에 끼친 영향. 편집증적인 면모의 심리학적 출처. 건강 염려증이 실제로 건강에 끼친 영향…… 오스트왈드가 파악한 굴드의 심리학적 단면들은 마치 한 앨범에 담겨 있는 사진들처럼 분리돼 있다. 그가 이 단면들을 그러모아 하나의 통일된

상을 그리는 일은 시도하지 않았기 때문이다. 심지어 그가 판단을 멈추고 굴드의 괴짜성을 즐겁게(정말 즐거워 보인다) 서술하는 장면들은 이 전기에서 가장 흐뭇한 순간이기도 하다. 건강 염려증 때문에 아마추어 의학도가 되어 버린 굴드가 진짜 전문가였던 오스트왈드에게 자신만의 의학 이론을 끊임없이 털어놓는 모습은 떠올리기만 해도 웃음이 난다. 유일하게 굴드를 친구로 여긴 사람이 쓴 책, 굴드를 다룬 작품 가운데 가장 부드럽고 따뜻한 이 책은 천재가 드리운 아우라에 짓눌리지 않고 우정의 가치를 이어 나간다.

아마 오스트왈드는 더 멋져 보이는 글을 쓸 수도 있었을 것이다. 예를 들어 그가 여러 약 이름을 비롯해 의학 용어를 언급할 때면 그의 문장은 잠시 간결해지고 냉정해지는데, 나는 그런 부분들을 읽을 때마다 그가 이 스타일을 계속 밀어붙였다면 미국과 캐나다의 합작 하드보일드 논픽션이 탄생했을지도 모르겠다며 아쉬워했다. 이런 건조한 표현들이 굴드의 캐릭터와 딱 맞아 보였기 때문이다. 그러다 문득 이런 생각이 들었다. 혹시 이 책이 굴드의 종착지 아닐까. 모두가 예측한 모습에서 벗어나 아무도 맞히지 못하는 과녁이 되려 했던 그는 어느새 자신을 찾아온 사람들로 북적이는 북극과 겨울을 떠나 거기서 가장 먼 곳으로 이주하지 않았을까. 죽음을 앞두고 이 책의 집필에 매달렸던 옛 친구의 마음속, 그 영원한 우정의 기록 속으로 말이다. 조금 이상한 해피엔딩 같지만…… 역시 그쪽이 굴드답다고, 나는 혼자서 고개를 끄덕였다. 그러면서 내 마음속의 굴드가 당도한 종착지의 정경을 묘사해 줄 작품을 떠올렸다. 조용하고 따뜻한, 깨끗하고 불이 환한 곳.

"(⋯)나는 자신감은 가져본 적이 없고, 이제 젊지도 않아."

"왜 이래요. 말도 안 되는 소리 그만하고 문이나 잠가요."

"나는 카페에 밤늦게까지 앉아 있고 싶어하는 쪽이야." 나이가 위인 웨이터가 말했다. "잠들고 싶지 않은 그 모든 사람 가운데 하나이고. 밤에 불빛이 필요한 그 모든 사람 가운데 하나이기도 하지."

"나는 집에 가서 자고 싶어요."

"우리는 부류가 달라." 나이가 위인 웨이터가 말했다. 그는 이제 퇴근하는 옷차림이었다. "단지 젊음과 자신감의 문제만은 아니야. 그런 것들이 정말 아름답기는 하지만. 매일 밤 나는 카페 문을 닫는 게 망설여져. 혹시 이곳이 필요한 사람이 있을까봐."

"밤새 여는 보데가(술집)들이 있잖아요, 옴브레."

"이해를 못하는군. 여기는 깨끗하고 쾌적한 카페야. 또 불이 환하지. 빛이 아주 좋고, 게다가, 이제는 나뭇잎 그림자도 있어."

"안녕히 가세요." 나이가 어린 웨이터가 말했다.

---

•　단편 「깨끗하고 불이 환한 곳」 중에서. 『킬리만자로의 눈』(어니스트 헤밍웨이, 정영목 옮김, 문학동네, 2025) 156p.

# 머리말

『글렌 굴드, 피아니즘의 황홀경』은 남편 피터가 쓴 마지막 책입니다. 독자 여러분은 아마 알아차리지 못하겠지만, 이 책에는 슬픈 사연이 숨어 있답니다. 그 사연을 알려 드리려는 지금, 저는 슬픔에 겨워하고 있습니다. 남편은 저의 이 글을 결코 읽을 수 없을 테고, 자신이 쓴 이 심리학적 전기가 책으로 나오는 것도 볼 수 없습니다. 그토록 열성적으로 써낸 이 작품이 인쇄에 들어갈 무렵인 1996년 5월 25일, 그는 영원히 우리 곁을 떠나고 말았습니다. 생애 마지막 해 이 책을 쓰면서 그가 보여 준 엄청난 용기는 말로는 도저히 표현할 길이 없습니다.

　피터와 글렌 굴드가 처음 만난 것은 40년 전이었습니다. 이 만남이 마음에 서로 깊이 각인되어 영원히 잊지 못할 인연으로 남게 된 까닭은 무엇일까요? 그 만남이 향후 25년간 이어질 우정의 시작이기 때문이 아닐까요? 두 사람은 긴 세월 우정을 쌓아 왔을 뿐만 아니라 때로 공동 작업을 하기도 했습니다. 그 결과, 그 자신 바이올리니스트이자 뛰어난 작가이기도 한 의대 교수 피터 오스트왈드는 예순일곱 살에 글렌 굴드라는 천재의 비극적인 이야기를 쓸 수 있었습니다. 굴드는 쉰이라는 이른 나이에 죽음을 맞았고, 그 죽음을 기록한 피터 오스트왈드는 12년 동안 암과 줄기차게 싸웠습니다.

피터의 병은 무척이나 고통스러운 것이었습니다. 사람을 지치게 하면서 병은 빠른 속도로 진행되어 갔습니다. 그러나 피터는 굳센 사람이었지요. 그는 고통 속에서 점점 더 나빠졌으나 그의 작업은 그렇지 않았습니다. 그의 담당의들은 그 병이 얼마나 심각한지 알았지만, 피터를 살아 움직이게 하는 것이 그의 엄청난 창조적 에너지라는 걸 이해했기 때문에 그가 힘들게 집필하는 것을 굳이 말리지 않고 그에 따라 적절한 치료를 해 주었습니다.

다만 나 혼자서, 매일매일 그가 고통을 견뎌 내는 모습을 지켜보았습니다. 그러나 고통만을 본 것은 아닙니다. 믿을 수 없을 만큼 확고한 결의로 이 책에 엄청난 사랑을 쏟아붓는 모습도 나는 보았습니다. 그는 결코 흔치 않은 용감한 기상과 영웅적인 태도로 책을 써 나갔습니다. 자신의 글이 진실을 담을 수 있기를 바라며, 또한 뛰어난 글이 되도록 늘 애쓰면서 작업을 해 왔습니다. 그는 사랑하는 세 아이 샹탈, 데이비드, 그리고 프리트에게 아버지가 명예롭게 싸웠다는 사실을 기억해 달라고 했습니다.

피터 자신이 에필로그에 자신을 도와준 사람들에게 감사의 말을 적었으므로, 내가 그 이름을 여기서 되풀이하여 말하지는 않겠습니다. 그러나 이 책과 관련하여 나의 친정인 데샹 가족에게 받은 엄청난 도움을 특별히 밝히지 않고서는 이 글을 맺을 수 없을 것 같습니다. 특히 나의 자매 제닌과 마들렌의 도움은 내게 큰 힘이 되어 주었습니다. 편집을 도와준 친구 마라 힐과 조운 머피에게도 감사를 표합니다.

이 서문이 피터가 얼마나 특출한 사람인지를, 그리고 그가 직접 알고 지내 왔으며 높이 평가했던 피아니스트 글렌 굴드의 책을 쓰면서 얼마나 즐거워했는지를 조금이라도 밝혀 주는 작은 빛이 되기를 희망합니다. 피터의 업적을 나열하는 데만도 한 장章이 필요하겠지만, 저는 이루 말할 수 없는 자긍심을 가지고 남편의 마지막 작품을 여러분에게 소개하고자 합니다.

이 책의 주인공과 저자 두 사람은 문학과 음악 세계에 남긴 값진 유산으로 길이길이 기억될 것입니다.

1996년 7월
리즈 데샹 오스트왈드

# 들어가는 글

연주자의 생애를 이야기할 때는 경력을 성공적으로 유지하기 위해 만들어 낸 '공식적인 인간상*'과 인간으로서 심리적인 기본 요구를 충족시키기 위해 드러내는 '개인적인 자아'를 따로 떼어 놓고 다루어야 한다. 또한 이러한 인간성의 다양한 측면 — 일반에게 공개되지 않고 개인적으로만 드러나는 — 이 어떤 때는 잘 조화되다가도, 또 어떤 때는 갈등을 일으킨다는 사실을 인지하는 것 역시 중요하다. 공식적인 면과 개인적인 면 두 가지에 초점을 맞추는 것은, 특히 글렌 굴드를 이해하는 데 결정적인 요건이 된다. 굴드는 이 시대의 위대한 피아니스트 중에서 최초로 전자 매체를 이용하여 자신의 예술적 목표를 멋지게 표현하려

---

* 페르소나persona, 개인이 의식적으로 선택한 자아상을 가리킨다.

고 갖은 노력을 다한 피아니스트였기 때문이다.

피아니스트의 길에 들어서던 초기부터 굴드는 다른 고전 음악가들은 결코 시도하지 않은 새로운 방법으로 자신이 이 세상에 기억되기를 바랐다. 이를 위해 그는 자신의 작업을 녹음하고 방송하고 영화로 찍고 비디오에 담고, 그리고 글로 남겨 놓았다. 실제로 굴드는 그러한 방법으로 자기 자신을 살아 있는 전설로 창조해 낼 수 있었는데, 그 전설이란 그가 놀랄 만큼 다재다능하고 매우 기묘한 괴짜라는 이야기였다. 이 전설 덕에 그는 순식간에 숭배 대상이 되었지만, 그 바람에 그의 중요한 인간다움은 거의 사라져 버리고 말았다. 굴드 생전에 조프리 페이전트*는 "내가 크게 오해하고 있는 게 아니라면 굴드의 사생활은 매우 건조하며 특별한 게 없다고 볼 수 있다"고 쓴 바 있다.[1] 공적인 이미지가 사적인 진실을 뭉개 버리는 문제를 피하기 위해, 나는 직접 굴드를 만나서 알게 된 사실과 그가 죽은 뒤 모으기 시작한 전기 자료를 결합하는 방식으로 접근해 나가기로 결심했다.

이 책을 처음 구상하게 된 것은 1977년 5월로 볼 수 있겠다. 물론 그 당시에는 내가 이 책을 쓰게 될 줄 몰랐다. 굴드가 죽기 5년 전, 마지막으로 그를 찾아간 그날 우리는 예술가의 전기를 연구하는 일로 논의를 벌였다. 그 무렵 나는 로베르트 슈만의 전기[2]를 쓰고 있던 중이라 자연스레 그런 대화를 나누게 된 것이다. 그때 굴드는 특유의 도발적인 말투로 내게 물었다.

---

* 음악 미학자이자 음악가인 조프리 페이전트는 1957년부터 토론토 대학 철학과 교수로 있으면서 글렌 굴드 생전에 평전 『글렌 굴드의 음악과 정신』을 썼다.

"왜 하필이면 그렇게 신통치 않은 음악가지? 내가 슈만의 음악을 견딜 수 없어 하는 걸 자네도 잘 알잖나."

다른 사람이 자기 말에 반박하는 것을 참아 내지 못하는 굴드의 성격을 잘 알고 있는지라, 나는 그가 계속 말하도록 내버려두었다.

"슈만은 실력 있는 피아니스트도 못 됐어. 끔찍할 만큼 상투적인 그의 작품을 어떻게든 연주해 내려고 애썼던 영리한 아내*가 아니었다면, 우리는 슈만이라는 작곡가가 있었는지도 몰랐을 거야."

지금 돌이켜 보건대, 굴드는 전기를 연구할 만한 가치가 있는 음악가로 자기 자신을 염두에 둔 것이 아니었나 하는 의심이 들기도 한다.

의학에 종사하는 사람으로서 나는 굴드가 의학적인 의견을 구해 올 때 몇 번 그에게 도움이 될 만한 말을 해 준 적이 있다. 물론 나의 충고는 17년 동안 굴드를 담당해 온 동료 의사의 심리 치료 방향과 노력을 적극 지지하는 내용이었다. 실제로 굴드가 내 환자였던 적은 없다. 약과 관련하여 내게 수차례 부탁한 적도 있고, 매니저에게 자신이 연주회에 나갈 수 없는 상태임을 납득시켜 달라는 요청을 받은 적도 있지만, 나는 결코 그런 요구에 응하지 않았다. 그래서 그를 직접 담당했던 동료 의사들과 달리 나는 굴드에 대해 비교적 솔직하게 얘기할 수 있게 된 것을

---

• 당대의 뛰어난 피아니스트 클라라 슈만을 일컫는다.

다행으로 여긴다.

여러 자료와 인터뷰 취재를 통해 생전의 굴드가 얼마나 교묘하게 의사를 대했는지 알게 된 지금, 나는 그냥 그의 친구로 남은 것이 얼마나 다행스러운지 새삼 느낀다. 그러나 한편으론 그를 괴롭혔던 '심신 상관적인 징후*'로 인한 콤플렉스를 치료하는 데 필요한 전문가의 도움을 그가 끝내 받지 못했다는 사실이 못내 안타깝기도 하다.

연주 예술과 관련된 의술이 점점 전문화되고 통합적으로 다루어지고 있는³ 오늘날, 많은 현대 연주자는 굴드 시절과 비교해 운이 좋은 편이라 할 수 있다. 실제로 굴드가 생을 마감한 1982년 무렵 많은 유명 연주자가 육체적·정신적 고통을 심각하게 겪고 있다는 사실이 알려지면서 나를 포함한 다수의 의료 종사자는 그때까지 등한히 해 온 연주 예술과 관련된 진단이나 치료법 등을 연구하는 프로그램을 구성하는 데 박차를 가하게 되었다.

이런 노력은 캘리포니아 대학에 '연주자를 위한 건강 프로그램'이 생기는 데까지 진전을 이루었다.⁴ 이 책에는 이 새로운 전문 분야에 대한 관심을 넓히고자 하는 의도도 어느 정도 들어 있다. 더구나 글렌 굴드는 '천재'라고 불리는 드물고도 놀라운 현상에 대해, 시대를 초월하는 많은 질문을 제기하고 있는 주체이기도 하다. 마지막으로, 나는 내 생에 깊고도 강한 인상을 남긴 한 사람을 기억하고 싶었다.

---

• Psychosomatic illness, 정신적인 문제가 몸의 병으로 나타나는 증상.

# 차례

# 1장
## 글렌 굴드와 만나다

# 1
# 연주회

1957년 2월 28일, 두 젊은이가 캘리포니아의 한 무대에서 만났다. 한 사람은 밝은색 머리카락을 지닌 갓 스물네 살의 세계적인 괴짜 피아니스트고, 다른 한 사람은 스물아홉 살에 이미 머리가 벗어지기 시작한 진지한 성격의 정신과 의사이자 바이올리니스트였다. 이 두 사람은 어떤 인연으로 만났을까?

두 사람의 배경만 따지자면 이 둘이 서로 만날 가능성은 전혀 없었다. 피아니스트는 캐나다 출신으로 토론토의 부유한 모피상의 외아들로 태어나 캐나다의 흙과 개신교의 가치 체계 속에서 성장한 사람이었고, 바이올리니스트는 어린 시절 나치 치하의 베를린에서 별 표식*을 달고 살다가 1937년에 고향과 친구,

---

* 나치 치하에서 유대인들이 가슴에 달았던 유대의 별 모양.

친척 그리고 재산을 남겨 둔 채 미국으로 힘들게 망명해 온 부부의 자식이었다. 피아니스트는 글렌 굴드로 지금은 죽었고, 바이올리니스트는 글렌 굴드의 친구인 피터 오스트왈드로 살아서 지금 굴드에 관한 글을 쓰고 있다.

글렌 굴드와 처음 만난 날을 돌이켜 보면, 나는 그 만남이 무엇 때문에 그토록 생생하게 기억에 남는지 의아스럽기만 하다. 분명 그 밑바탕에는 글렌 굴드라는 인간의 천재성과 저항할 수 없을 정도로 강력한 음악적 경험을 맛보고자 하는 나의 열망이 깔려 있었을 것이다. 당시 굴드는 1955년 워싱턴 D.C.와 뉴욕에서 화제의 연주회를 가진 뒤 미 대륙 횡단 순회 연주를 하던 중이었다. 워싱턴 D.C.와 뉴욕 연주회를 통해 그는 컬럼비아 음반사와 녹음 계약을 맺게 되었고, 그 결과 탄생한 경이적인 LP 음반, 바흐의 〈골드베르크 변주곡〉은 굴드에게 세계적인 명성을 안겨 주었다. 음반 표지에는 피아노를 치면서 무아지경에 빠져 노래하며 지휘하듯 손을 내젓는 젊은 굴드의 사진이 실려 있다.

내가 그를 만난 저녁은 그의 캘리포니아 데뷔 날이었다. 그날 굴드는 바흐의 바(F)단조 협주곡*과 리하르트 슈트라우스의 〈부

---

* 바흐 건반 악기 협주곡 5번 BWV 1056. 바흐 시대 건반 악기였던 쳄발로 연주용으로 작곡됐기에 오늘날 하프시코드(쳄발로의 영어 이름) 협주곡으로 흔히 부른다. 바흐 생전에 피아노가 개발되긴 했지만, 바흐는 이 초기 피아노 소리를 그리 좋아하지 않고 쳄발로를 선호했다.

를레스케〉*를 엔리케 호르다**가 지휘하는 샌프란시스코 교향악단과 협연하기로 예정되어 있었다. 당시 나는 뉴욕에서 정신과 수련을 마치고 캘리포니아 의대에 자리를 얻기 위해 샌프란시스코로 옮겨 온 지 얼마 되지 않은 터였다. 내 친구 중에는 뉴욕 출신의 유명 피아니스트 마틴 캐닌***이 있는데, 그는 가끔 나와 실내악을 연주하는 사이였고 내게 뉴욕의 주요 음악가들을 소개해 주기도 했다. 캐닌은 내게 굴드를 꼭 들어 보라고 강력히 권한 바 있었다.

"들어 보면 놀라 자빠질 걸세. 굴드는 요즘 연주자 가운데 가장 흥미로운 피아니스트야. 뛰어난 기교가일 뿐 아니라 재기 넘치고 날카롭기도 하지. 그런데 진짜 기가 막힌 건, 뭔가 살짝 이상한 구석이 있다는 거야. 자네에겐 좋은 사례가 될 걸세! 반드시 무대 뒤로 가서 내 안부를 전해 주게나."

이랬으니 내가 어찌 굴드를 만나러 가지 않을 수 있었겠는가.

---

* 슈트라우스의 피아노와 관현악을 위한 작품 라(D)단조. 지휘자 한스 폰 뷜로를 위해 작곡했으나 피아노 부분이 어려워 폰 뷜로가 연주를 거부하는 바람에 초연도 못 하고 있다가 몇 년 뒤 오이겐 달베르트Eugène d'Albert가 피아노를 맡았다. 이후 달베르트의 의견에 따라 몇 군데 개정을 거친 다음 초연했다. 본래 부를레스케Burleske는 극적으로 과장하여 표현한 익살스러운 곡을 지칭한다. 18세기 발라드 오페라와 함께 인기를 얻은 극장 여흥물이었다.

** 스페인 출신으로 미국으로 귀화한 엔리케 호르다Enrique Jordá는 유럽에서 활동하다 1954년부터 1961년까지 샌프란시스코 교향악단과 인연을 맺었다. 이때 그는 로드리고의 두 번째 기타 협주곡인 〈어느 귀인을 위한 환상곡Fantasía para un gentilhombre〉을 세고비아의 기타로 세계 초연하기도 했다.

*** 마틴 캐닌Martin Canin은 굴드와 동갑으로 줄리아드에서 러시아 출신 피아니스트 로지나 레빈과 조세프 레빈(러시아 이름 이오시프 레빈) 부부에게 배웠다. 러시아 낭만주의 피아니스트의 계보를 잇는 연주자로 호평을 받았으나, 1950년대 스승 로지나 레빈의 조수가 되면서 교육자로 나섰다. 김대진을 비롯해 우리나라 학생도 많이 가르쳤다.

그날 연주회는 스무 살 나이에 비극적으로 요절한 스페인 작곡가 후안 크리소스토모 아리아가*의 관현악곡으로 막을 열었다. 이 작품은 거의 연주되지 않는 곡이지만, 스페인 사람인 호르다의 지휘로 매우 멋지게 연주됐다. 그러나 열기가 다소 부족한 수요일 밤의 청중은 큰 박수를 보내지 않았다.

프로그램의 다음 곡은 바흐의 협주곡이었다. 이 협주곡은 본래 하프시코드용으로 작곡한 것으로, 새로운 도시에서 데뷔 무대를 갖는 피아니스트가 흔히 선택하는 곡은 아니었다. 아마도 대부분의 피아니스트는 조금 더 화려한 곡을 택했을 것이다. 그러나 굴드에게는 꼭 맞는 선택이라 할 수 있었다. 그의 명성은 무엇보다 그가 처음 발매한 음반인 바흐의 〈골드베르크 변주곡〉의 놀라운 성공 덕택이었기 때문이다. 그의 〈골드베르크 변주곡〉 음반은 나오자마자 베스트셀러에 올라, 굴드는 사실상 매우 독창적이며 걸출한 바흐 해석자로 자리매김했다.

무대에 나타난 그의 모습은 아무리 좋게 말해도 이상하다고 할 수밖에 없었다. 갑자기 무대 위로 성큼성큼 걸어 나온 그는 덩치에 비해 너무 큰 연미복을 입은 것이 편치 않은 듯 매우 어색해 보였다. 청중을 바라보는 그의 시선은 주저하듯 초점을 잃은 데다 많은 사람과 같이 있는 것이 하나도 즐겁지 않은 표정이

---

• 후안 크리소스토모 데 아리아가Juan Crisóstomo de Arriaga(1806~1826)는 어려서부터 바이올린을 연주했으며, 열다섯 살에 오페라를 시도했다. 모차르트보다 꼭 50년 뒤 태어나 '스페인의 모차르트'라 불린 그는 실내악곡과 종교적 영감을 받은 곡을 작곡했으나, 고전주의와 낭만주의를 아우른 세련된 교향악곡을 유작으로 남기고 요절했다.

었다. 대신 지휘자와 관현악단 단원에게는 세심한 태도로 따뜻하게 인사를 건넨 다음 스타인웨이 그랜드 피아노로 천천히 다가갔다. 그랜드 피아노의 세 다리 밑에는 나무 발판이 놓여 있어서 피아노가 조금 올라와 있는 데다 그 유명한 굴드의 흔들거리는 접이식 의자는 일반 피아노 의자보다 낮아서, 굴드가 앉았을 때 피아노 건반과 그의 몸이 이루는 각도는 정상으로 보이지 않았다. 보통 피아노 연주자의 팔은 건반보다 약간 높게 위치하는데 굴드의 팔은 건반과 거의 수평을 이루고 있었다. 그런데 이 이상한 자세로 앉은 굴드 자신은 편안해 보였다. 그는 미소를 띠고 손을 문지르더니 몸을 앞으로 수그렸다. 그러자 그의 얼굴은 피아노 건반에 바로 맞닿을 듯했다.

바흐의 바(F)단조 협주곡은 처음부터 관현악단과 독주자가 동시에 연주를 시작한다. 주요 음인 '바"'가 첫 박에 계속 나오는데 다음 두 마디를 거치는 동안 장식음이 점점 늘어나면서 당김음" 효과가 반복적으로 일어난다. 그런 다음 단6도로 갑자기 상승했다가 단3도로 떨어지고, 피아노 독주가 관현악을 따라가며 네 음을 연주한다. 그때 굴드는 확실히 연주를 즐기고 있었다. 음악의 구조를 깊이 감지하는 듯 그의 몸은 박자에 따라 움직였고, 튀어나온 턱은 떨리면서 말끔하게 면도한 그의 창백한 얼굴에 약간 원숭이 같은 인상을 덧입혔다. 실제로 그는 모든 음을 입으로 따라 하고 있었다. 때로는 그의 목소리가 들리기도 했다.

---

•    '파'에 해당하는 음.
••    박자가 엇갈려 나옴으로써 강약이 뒤바뀌어 역동적인 느낌을 낸다.

그의 연주는 한마디로 놀라웠다. 입체적인 삼차원 조각처럼 모든 소절이 살아 움직이고 있었다. 정확하고도 세심하게 호흡을 맞추고 있는 관현악과 함께 굴드는 황홀경으로 치달았다. 넋을 잃은 듯한 표정, 감겨 있는 눈, 아니 내면으로 향한 눈이라 할까, 그의 손은 마치 피아노와 사랑을 나누듯 건반을 애무하고 있었다. 굴드가 음악에 완전히 빠지자 그의 왼손이 자꾸 올라가곤 했다. 그는 그 올라간 왼손으로 마치 지휘하는 듯한 동작을 취했는데, 관현악단뿐만 아니라 그 자신에게 무엇인가를 지시하고 있는 것처럼 보였다.

굴드가 연주하는 모습과 함께 연주가 내뿜는 신비한 기운은 청중에게 금방 전달되어, 청중도 넋을 잃고 그의 연주에 빨려 들어가 꼼짝도 하지 않고 있었다. 자신의 음악에 빠져 온몸으로 음을 표현하는 굴드의 모습과 동작은 청중에게 마치 주문을 거는 듯했다. 그것은 일종의 유혹이었다. 관객을 심리적으로 자신에게 가까이 끌어당기는 동시에 멀리멀리 천상의 공간으로 데려가 자신을 중심으로 돌도록 하는 것이었다.

그가 빚어내는 바흐 협주곡의 느린 악장˙은 진정 종교적 계시와도 같았다. 각각의 음이 부드럽게 이어지는 가운데, 그는 온

---

˙ 두 번째 라르고Largo 악장으로 이 협주곡에서 가장 유명한 부분이다. 이 아름다운 선율은 바흐 칸타타 BWV 156 〈한 발은 무덤에 딛고 나는 서 있다Ich steh mit einem Fuß im Grabe〉 서주序奏인 신포니아에서 따온 것이다. 오보에가 이끄는 감미롭고 서글픈 선율은 특별히 '아리오소Arioso'로 불리며, 바이올린이나 피아노, 첼로 그리고 관현악곡으로 편곡되어 자주 연주된다. 건반 악기 협주곡을 비롯해 바흐가 작곡한 음악에는 민요나 찬송가 등에서 가져온 선율이 많다. 거의 매주 교회에서 연주할 곡을 써야 했던 상황에 처해 있었기 때문이다.

정성을 쏟아 의식적으로 프레이즈를 분명히 구분해 줌으로써
영감 넘치는 멜로디를 은색 실처럼 펼쳤다. 그 소리는 말 그대
로 노래 같아서 피아노 연주를 듣고 있다고는 믿을 수 없을 정도
였다. 8분의 3박자인 마지막 악장은 강한 악센트를 가한 연주로
활달한 리듬감을 불러일으켰고, 청중은 굴드가 만들어 내는 즐
거움과 활기에 맞추어 춤추고 싶어 하는 듯했다.

정말 대단한 연주자였다! 음악을 극히 지적으로 이해하면서
그토록 멋지고 당당하게 몸으로 녹여 보여 주는 마술과도 같은
솜씨를 지닌 피아니스트를 나는 떠올릴 수가 없었다. 19세기에
리스트가 그랬다는 얘기를 우리는 들었고, 비교적 최근에는 아
르투르 슈나벨*이 편안한 의자에 앉아서 건반을 부드럽게 애무
하며 마치 한 끼 식사를 하듯 아무런 힘도 들이지 않고 연주를
하긴 했지만 말이다. 또 아르투르 루빈스타인**은 로켓처럼 화려
하게 작렬하는 연주로 자신을 거세게 몰아붙인 다음 마치 기도
하듯 얼굴을 드는 독특한 방식으로 연주했던 기억도 난다. 세르

---

* 오스트리아 출신 아르투르 슈나벨Artur Schnabel(1882~1951)은 지적이고 절제된 연주를
들려줘 '피아니스트를 넘어선 음악가'라는 평을 받았다. 유대계였던 그는 베를린에서 활동
하다 1933년 독일을 떠나 영국을 거쳐 1939년 미국으로 갔고, 2차 대전 후 스위스에 정착
했다. 독일계 음악, 특히 베토벤에 애착을 보였지만 동료 피아니스트인 클라우디오 아라우
와 호로비츠가 감명 깊게 들은 연주는 쇼팽과 베버였다고 한다. 그러나 슈나벨은 1930년
대 들어 낭만주의 음악은 아예 연주 목록에서 제외했다. 낭만주의 음악을 누구보다 잘 연
주하면서도 무대에 올리지 않은 점은 굴드와 비슷하다.

** 아르투르 루빈스타인Artur Rubinstein(아서Arthur)은 1887년 폴란드(당시 러시아 제국)에
서 태어난 신동으로 열세 살에 데뷔했다. 1차 대전 중에는 8개 국어를 구사하는 능력으로
런던에서 통역관으로 근무하며 바이올리니스트 이자이와 공연했다. 라벨이나 스트라빈스
키 등 당대 작품에도 능했지만 무엇보다 화려한 쇼팽 연주로 유명했다.

게이 라흐마니노프* 또한 나름의 진가를 인정해야 할 피아니스트였다. 그는 화강암 같은 육중한 몸을 건반 위로 꾸부정하게 구부리고 견고한 자세로 거의 움직이지 않으면서 대신 잽싼 손가락으로 소름이 끼칠 만큼 섬세한 음을 뽑아내곤 했다.** 이런 명연주자들은 눈과 귀를 동시에 현혹하는 춤꾼과 닮았다. 그들은 종교적인 헌신성에서 성적인 황홀감까지 포함하는 폭넓은 감정을 전달하며 정신과 몸이 하나 된 힘으로 사람을 감응시킨다.[1]

중간 휴식이 지난 다음 굴드는 리하르트 슈트라우스의 소협주곡인 〈부를레스케〉를 선보였는데, 현란한 기교로 청중의 감탄을 자아냈다. 이 곡 역시 슈트라우스 작품 가운데서는 잘 알려진 편이 아니었다. 미국 서해안 지역 데뷔 무대용으로 굴드가 이 곡을 선택했다는 사실은 굴드가 현실 순응주의자가 못 된다는 사실을 또다시 말해 주고 있었다. 그럼에도 이 곡은 굴드가 마술사와도 같은 기교를 지녔다는 사실만은 확실히 보여 주었다. 셋잇단음표와 아르페지오***는 말 그대로 건반에서 흘러나왔고,

---

* 라흐마니노프는 러시아 후기 낭만주의 작곡가로 유명하지만 당대에는 요제프 호프만과 함께 손꼽히는 피아니스트이기도 했다. 게다가 음악원을 조기 졸업할 정도로 작곡에도 뛰어났던 그는 볼쇼이 극장 지휘자를 맡기도 했다. 이처럼 러시아에서 가장 촉망받던 음악가였지만, 볼셰비키 혁명 때 러시아를 탈출하다시피 떠나야 했다. 미국에 온 뒤로는 돈 때문에 주로 피아니스트로 활약했다. 그가 추구하던 낭만주의는 구시대의 유물로 치부되는 시기였던 것이다. 그러나 오늘날 그의 음악은 다시금 부동의 피아노 레퍼토리로 자리 잡았다.
** 오늘날 라흐마니노프를 연주하는 피아니스트는 흔히 격정적인 몸놀림을 보이지만, 라흐마니노프 본인이나 라흐마니노프 명연주자였던 호로비츠는 몸을 거의 움직이지 않고 피아노를 쳤다.
*** 펼친 화음 또는 분산 화음. 화음을 이루는 음을 동시에 연주하는 게 아니라 이어서 연주하는 주법.

까다로운 하강 음계는 진주처럼 굴러 쏟아졌다. 그는 피아노라는 도구를 완벽하게 장악하고 있었다. 그러면서도 아주 편안하고 쉬워 보였다. 과장해서 연주하지도 않았고, 의도적인 쇼맨십을 보여 주려고도 하지 않았다. 그의 손은 늘 건반 가까이 붙어 있었고, 손목은 건반과 수평을 이루고 있었다. 가끔 왼손을 들어 올려 지휘할 때만 빼고는 말이다.

연주가 끝나고 박수가 터져 나오자 굴드는 깜짝 놀란 듯했다. 그는 곧 어색해하는 모습으로 돌아갔다. 음악을 연주하지 않을 때는 완전히 다른 사람이 된 것 같았다. 그토록 대단한 갈채를 불러일으켰다는 데 스스로 놀란 소년처럼 수줍고 당황스러워하는 모습이었다. 그는 기계적으로 짧게 고개를 숙여 청중에게 인사한 다음, 관현악단을 향해 손을 흔들었다. 그러나 그는 독주 협연자가 으레 하는 것처럼 관현악단 단장과 악수를 나누지 않은 채 지휘자를 따라 서둘러 무대를 떠났고, 이후로는 커튼콜 박수에 잠깐 나타났을 뿐이었다. 커튼콜 박수는 한 번에 그쳤고, 곧이어 지휘자 엔리케 호르다가 돌아와 프로그램 마지막 곡인 이고르 스트라빈스키의 〈페트루시카 모음곡〉*을 생생하게 연주했다. 나는 〈페트루시카〉를 듣는 둥 마는 둥 했고, 연주가 끝나

---

* 스트라빈스키가 〈불새〉로 성공을 거둔 뒤 만든 발레곡. 1911년 파리 초연 당시 미하일 포킨의 독창적 안무와 니진스키의 신들린 연기와 춤, 그리고 마린스키 극장 출신의 뛰어난 예술가 알렉산드르 베누아의 무대 예술 등으로 큰 화제를 불러일으켰다. 1946년 스트라빈스키는 이 곡을 개정하면서 발레 음악보다는 일반 관현악곡에 가깝게 손보았다. 이 판본이 관현악곡의 매력을 더 살리고 있어서 자주 연주되었는데, 아마 이날의 연주도 이 판본이었을 것이다.

자마자 잊지 못할 경험을 선사한 굴드에게 고마움을 전하기 위해 무대 뒤로 찾아가기로 했다.

샌프란시스코에 심포니 홀이 생기기 전인 그 시절 관현악단 연주회는 보통 전쟁 기념 오페라 하우스에서 열렸다. 그런데 이 오페라 하우스에서 연주자 대기실을 찾기란 지독히도 헛갈리고 짜증 나는 훈련 코스 같았다. 로비에서 무대로 통하는 입구는 깐깐한 경비가 사람들을 일일이 조사하며 막아섰고, 길로 난 문* 역시 접근이 불가능했다. 그러나 나는 의과 대학 시절 오페라 하우스에서 좌석 안내원으로 일하기도 했고, 유명한 바이올리니스트(메뉴인**, 하이페츠,*** 시게티,**** 짐발리스트,***** 엘만****** 등)나

---

* 많은 공연장의 뒷문이 무대 뒤편에서 곧바로 길로 나 있다.
** 1916년 미국 태생의 바이올리니스트. 정통 유대교 집안에서 태어난 그는 2차 대전 동안 연합군을 위해 약 500회 공연하는가 하면, 나치 치하에서 활동했다고 비난받던 푸르트벵글러와도 협연해 사람들을 놀라게 했다. 연주 스타일 역시 포용력이 넓고 따뜻한 감성이 묻어난다. 1991년 이스라엘 정부가 주는 울프상을 수락하는 연설에서 이스라엘의 서안 지구 점령을 비판하기도 했다.
*** 1901년생인 하이페츠Jascha Heifetz는 바이올린 연주의 패러다임을 바꾸면서 그 이전 바이올리니스트들을 '구식'으로 만들어 버린 인물이다. 꼿꼿이 선 자세와 무표정한 얼굴 때문에 연주가 차갑다는 비난도 있었지만, 이는 그만큼 그의 연주가 완벽했음을 뜻한다. 그의 연주회는 어디서나 빠르게 매진되었고, 미국으로 망명한 직후에 열린 카네기 홀 연주회는 역사상 가장 열광적이었던 연주회로 알려져 있다.
**** 1892년 헝가리 태생의 바이올리니스트 요제프 시게티József Szigeti는 화려하거나 달콤한 소리를 내는 대신 독보적으로 우아하고 고상한 소리를 들려준다. 본인의 회고에 따르면 게으른 천재 계열의 음악가였지만, 부소니를 만난 뒤 현란한 개인기를 멀리하고 지적이고 철학적인 톤을 갖게 됐다.
***** 에프렘 짐발리스트Efrem Zimbalist는 1889년 러시아 태생으로, 아홉 살에 관현악단에서 연주했고 열두 살에 상트페테르부르크 음악원에 입학했다. 1911년 미국에 진출하면서 정착한 그는 엘만과 하이페츠가 활약하기 전 가장 유명한 러시아 바이올리니스트였다. 여유 있는 대가풍의 연주는 기교보다 음악 자체에 젖어 들게 한다. 작곡에도 능해 바이올린 협주곡과 피아노 협주곡, 교향시, 오페라까지 남겼다.
****** 하이페츠보다 열 살 많은 미샤 엘만Mischa Elman(미하일 엘만)은 하이페츠보다 9년 앞서

50

이름난 독주자의 반주를 맡은 피아니스트를 위해 악보를 넘겨주는 일을 가끔 했던 적이 있기에, 이런 복잡한 음악 홀 구조를 꽤 잘 알고 있었다. 그 덕에 나는 무대 뒤 미로처럼 얽혀 있는 방과 연습실 구역으로 재빨리 들어갈 수 있었다. 지휘자 호르다의 대기실은 문이 살짝 열려 있어서, 그 사이로 호르다가 머리를 빗으며 곧 서명을 받으러 몰려들 사람들을 기다리고 있는 모습을 볼 수 있었다.

독주자 대기실의 문은 잠겨 있었다. 나는 문을 두드렸다. 아무런 응답이 없었다. 두 번째로 두드리자, 문이 열리더니 글렌 굴드가 정중한 태도로 나를 맞아들였다. 그는 연미복을 벗고 회색 바지와 넥타이 없이 흰 셔츠와 두꺼운 양모 스웨터, 그리고 짙은 푸른색 재킷으로 갈아입고 있었다. 놀라운 것은 방 안 온도였다. 숨이 막힐 만큼 덥고 습기 차서 마치 사우나탕 같았다. 창문이 모두 꼭꼭 닫혀 있고, 난방기에서는 뜨거운 바람이 쏟아지고 있었다.

굴드는 혼자였고, 방문객이 찾아와 만족스러운 듯 보였다. 그래서 나는 마틴 캐닌의 친구인 바이올리니스트라고 소개한 다음 연주가 무척 인상적이었노라고, 특히 협주곡이 좋았다는 말을 건넸다. 바흐는 내가 좋아하는 작곡가고 그 작품이 그토록 홀

---

같은 무대에서 청중을 놀라게 했고, 이후 인기 많은 '러시아 바이올리니스트'로 군림했다. 키이우 출신의 가난한 유대인이었던 그는 1904년 베를린에서 신동 바람을 일으켰으나, 유대인 차별을 피해 미국에 정착했다. 달콤하고 육감적인 그의 '엘만 톤'은 특히 러시아 낭만주의 작품을 연주할 때 더욱 빛을 발했다.

룡하게 연주된 걸 들어 본 적이 없으며, 슈트라우스 작품 역시 마찬가지라는 말도 했다. 굴드의 얼굴이 밝아졌다. 그는 칭찬 듣는 것을 좋아하는 게 분명했다. 그러나 나는 그가 불편한 상태라는 것도 알아보았다. 그의 얼굴은 뻣뻣하게 긴장되어 있고 오른쪽 눈가 근육이 약하게 씰룩거리고 있어, 젊고 잘생긴 얼굴을 망가뜨리고 있었다. 실제로 그가 신경이 곤두서 있다는 사실은 그가 말을 시작하는 방식에서도 드러났다. 그는 갑자기 분출하듯 말을 쏟아 냈다.

"고맙습니다, 매우 친절하시군요, 마틴 친구로서 특별히 이렇게 찾아와 주셔서. 그의 연주를 저는 매우 좋아하죠. 언젠가 캐나다에서 그 친구 연주를 들을 수 있기를 바란답니다. 당신도 아시겠지만, 해마다 스트랫퍼드에서 음악 축제가 열려요. 몇몇 미국 음악가가 이미 참여한 적이 있지요. 바이올리니스트 오스카 셤스키,' 레너드 로즈" — 첼리스트요, 지난해 내가 집행 위원이 됐거든요."

"이렇게 고향에서 멀리 떠나와 있으니 어때요?"

"솔직히 말해 여행하는 걸 싫어합니다. 비행기가 내겐 큰 문제예요. 난 온도 변화에 극도로 민감한데, 비행기 내부는 난방

---

• 1917년에 미국에서 태어난 러시아계 유대인 오스카 셤스키Oscar Shumsky는 명료하고 낭만적인 톤에 그가 우상으로 받들던 크라이슬러의 화려하고 대담한 표현력을 더했다. 유명세보다 음악 자체에 집중하는 진지한 연주 태도로 존경을 받았다.

•• 1918년 미국에서 태어난 유대인 첼리스트 레너드 로즈Leonard Rose는 교육과 관현악단 활동에 주력하다 나중에 독주자로 빛을 발했다. 1946년 줄리아드 교수가 된 뒤 1984년 죽을 때까지 그곳에 몸담았는데, 요요 마의 회상에 따르면 "제자 스스로 음악을 만들어 나가야 할 때를 알고 떠나보낼 줄 아는 참스승"이었다고 한다.

이 늘 불안정하거든요. 공항에서 기다리는 동안의 냉난방 장치는 고문에 가깝고요. 바람을 피하기 위해 계속 신경을 써야만 한답니다. 이런 넓은 홀도 아주 불편해요. 끊임없이 기침하고 코를 훌쩍거리는 청중도 그렇겠지만. 병균에 감염되지 않도록 나 자신을 보호하기가 힘들죠. 어쩌면 오늘, 열이나 감기로 드러누울지도 모르겠네요. 자주 그러거든요. 내일 저녁 연주회에 피아노를 칠 수 있을지 자신이 없네요."

"뭘요, 오늘 정말 근사하게 연주했어요." 나는 대화 주제가 건강 문제에서 벗어나기를 바라면서 과감하게 말을 던졌다.

"사실, 그리 나쁜 편은 아니었죠." 그는 짐짓 겸손한 표정을 지으며 재빨리 응수했다. "오늘 연주한 피아노는 정말 일등급이었어요. 지금까지 미국에서 연주했던 스타인웨이 피아노 가운데 최고에 속해요. 조금 무거운 편이긴 하지만. 나는 가벼운 쪽을 좋아하거든요, 부드럽게 움직이는 건반 말이에요."

그가 변함없이 선호하는 피아노는 치커링*인데, 자기 집에 치커링 피아노가 한 대 있다고 했다. 그날의 훌륭한 지휘자 호르다와 함께 바흐 협주곡이 매우 잘 진행됐다는 사실은 굴드도 인정했다. 호르다와 함께 연습하는 것도 편했고, 관현악단도 자신에게 잘 응해 주었다고 했다.

"슈트라우스의 〈부를레스케〉에서는 ─ 참, 슈트라우스는 내가 좋아하는 작곡가인데, 평가를 제대로 받지 못한 20세기 인물

---

• 치커링chickering 피아노는 오늘날 스타인웨이가 무대 피아노의 최강자로 자리 잡기 전 피아니스트들이 선호하던 무대 피아노였다.

에 속하죠 — 관현악적인 성격으로 균형이 깨지기 쉬운데, 이번 연주에서는 그런 경우가 없었어요."

굴드는 아무도 흉내 낼 수 없는 슈트라우스 특유의 방식으로 훌륭하게 구성된 관현악 소리와 독주 악기 — 이 경우엔 피아노가 되는데, 슈트라우스는 피아노곡을 별로 많이 쓰지 않았다* — 사이에 적절한 균형을 유지하는 것이 힘들다고 생각했으나, 관현악단이 "난국을 멋지게 헤쳐 나갔다"고 했다.

굴드가 긴장을 풀기 시작하자 목소리는 강해졌고 확신에 찼으며, 즐거운 음조마저 깃들었다. 그는 확실히 말하는 걸 좋아하고 자신이 말하고 있다는 사실을 의식하며 즐기는 사람이었다. 자신이 협연했던 관현악단, 좋아하는 지휘자, 선호하는 작곡가에 대한 화려한 독백 — 수많은 보충 설명이 끼어들어 간 복잡한 문장으로 이루어진 — 이 이어졌다. 그는 스스럼없는 활기찬 어조로 말을 쏟아 내어 내가 도중에 끼어들기가 힘들었다. 하기야 면도날처럼 날카로운 지성을 소유한 음악가가 음악을 연주하듯 즐겁게 말을 늘어놓는데, 그걸 막고 싶은 사람은 없을 것이다. 더욱이 그가 하는 말은 무척 재미나기도 했다. 굴드는 멋진 유머 감각을 갖고 있었다. 그리고 악의적이라기보다는 도발적으로 유머 솜씨를 발휘했다. 그의 기묘하고 신랄한 유머 가운데 볼프강 아마데우스 모차르트에 관한 것도 있었다. 굴드 말에

---

* 관현악에 뛰어났던 슈트라우스는 협주곡을 별로 남기지 않았다. 총 여섯 곡인데, 프렌치 호른 연주자였던 아버지의 영향인지 그중 관악 협주곡이 네 곡이다. 그런데 슈트라우스 자신은 다른 어떤 악기보다 피아노에 가장 능했다.

따르면, 모차르트가 작곡가로서 너무 늦게 죽었다는 것이다. 모차르트가 그토록 오래 (서른다섯 살까지) 살지 않았더라면, 그래서 빈 오페라의 영향을 받지 않았더라면 훨씬 위대한 작곡가로 남았을 것이라는 얘기였다. 그 말은 일부러 충격을 주기 위해 한 것이었고, 내가 모차르트를 옹호하고 나서자 그는 더욱 열정적으로 반박함으로써 우리는 웃음꽃을 피웠다.

그때쯤 인사차 사람들이 오기 시작했다. 엔리케 호르다와 관현악단 단원들도 찾아와 굴드의 연주를 칭송하며, 다음 날 저녁 연주도 잘하라는 인사말을 건넸다. 사람들이 찾아올 때면 굴드는 내게 기다려 달라고 말하고서 사람들과 정중하고 간단하게 말을 나누었다. 그리고 서명을 해 준 뒤 내게로 돌아서며 계속 이야기를 이어 갔다. 마침내 누군가가 나타나 분장실을 닫아야 하고 오페라 하우스 출입문도 잠가야 한다고 말할 때까지 우리는 얘기를 계속했다.

굴드가 물었다.

"차를 갖고 오셨나요? 나는 성 프랜시스 호텔에 묵고 있어요."

"기꺼이 호텔까지 태워 드리죠. 그런데 어디 가서 요기를 하거나 뭘 좀 마시고 싶진 않아요? 분명 배가 고플 텐데요."

"아니, 꼭 그렇진 않아요. 그런데 나는 목이 잘 말라요."

그는 분장실 탁자에 놓인 큰 물병과 소다 비스킷* 상자를 가리켰다. 그 옆에는 여러 가지 로션과 알약 병이 놓여 있었다.

---

* 베이킹 소다가 들어간 비스킷. 담백하고 짭짤한 맛이 나며 치즈 등을 곁들여 먹는다.

"폴란드 물*이 그나마 몸에 가장 잘 맞아요. 나는 내 물건을 항상 가지고 다닌답니다."

갑자기 굴드의 활기찬 독백은 건강 문제로 되돌아가서 몸 상태가 좋지 않다며 감기로 몸져눕지 않을까 큰 걱정을 했다. 굴드는 증상을 누그러뜨리기 위해 항생제를 복용하고 있었고, "내 신경을 안정시키는 약"도 사용했다. 특히 등 한가운데가 쑤시듯 아프고, 팔과 어깨도 불편하다고 하소연했다.

"내 등뼈는 갈비뼈와 잘 안 맞을 때가 많아요. 그럴 땐 척추를 교정하는 데 아주 뛰어난 토론토 도수 치료사들을 찾아가는 게 최선책이에요."

그들 중 한 명은 어깨의 뭉친 근육을 안마로 풀어 주는데, 굴드에게 초음파 치료를 꾸준히 받아 보라며 충고했다고 한다.

도수 치료사? 초음파 치료? 의대 마지막 해에 나는 샌프란시스코에 있는 도수 치료 학교를 몇 차례 방문한 적이 있었다. 나처럼 대체 의학에 관심이 있던 급우 피터 마크와 함께 의대 교과목에는 포함된 적이 없는 시술을 알아보기 위해서였다. 그래서 마크(나중에 피부과 의사로 성공했다)와 나는 도수 치료사의 기술에 대해 어느 정도 알게 되었지만, 초음파는 별로 들어 본 바가 없어서 굴드에게 물었다.

"그건 어떤 거예요?"

"기적 같은 효과가 있어요." 굴드는 오른손으로 왼쪽 어깨를

---

• 미국 메인주의 샘물을 담은 생수.

쥐며 말했다. "당신도 잘 알겠지만, 진동 자극은 큰 근육 안의 여기 위쪽 조직을 얇게 만들어 줘요. 그래서 피아니스트에게는 필요 없는 큰 근육 덩어리를 작게 만들어 주죠. 어깨와 위쪽 팔뚝 근육은 쉽게 비대해지죠. 권투 선수처럼요. 피아노 치는 데 필요한 노동량에 비해 지나치게 강해지는 거죠. 나는 어깨 힘을 최소화하기 위해 애를 씁니다. 내 팔 높이와 건반이 나란히 되도록 낮게 앉는 것도 그 때문이죠. 그렇게 앉으면 어느 정도 어깨 힘이 줄어들지만 충분치는 않아요."

그의 주목표는 팔 위쪽으로 가는 힘을 손과 손가락으로 옮기는 것이었다. 초음파가 등장하는 이유도 바로 이 때문이었다. 초음파 진동기가 집에 있어서 거의 매일 사용하지만 연주 여행에 가지고 다니기에는 너무 무겁다고 했다.

"피아노 밑을 받치는 나무토막과 접이식 의자만 해도 이미 한 짐인걸요."

큰 근육 조직을 없애기 위해 초음파 진동을 이용한다는 것이 비록 위험하지는 않다 하더라도 그리 믿을 만해 보이지는 않았다. 기껏해야 근육을 따뜻하게 해 주거나 다른 지엽적인 효과 정도만 기대할 수 있을 것이다. 바로 지금이 내가 의학과 관련 있는 사람이라는 말을 해야 할 때였다.

"그런데 걱정하지 마세요, 굴드 씨. 우연히도 나는 의사거든요. 정신과 의사랍니다."

그리고 오늘 저녁은 비번이므로 진료할 생각이 없으니, 겁낼 필요는 없다는 말을 서둘러 덧붙였다.

"당신은 방금 굉장히 까다로운 작품을 둘이나 힘들게 연주했어요. 당연히 과로하고 탈진한 상태일 거예요. 이 숨 막히는 방에서 나가 신선한 공기를 좀 쐬지요."

이 말에 굴드는 매력적인 미소를 짓더니 몸을 돌려 짐을 싸기 시작했다. 무거운 외투를 걸치고 모자를 쓰고 양모 목도리를 목에 두르고, 양모로 안을 댄 장갑을 낀 다음 접이식 의자를 집어들었다. 그리고 우리는 그 자리를 떠났다.

성공 가도를 달리던 1950년대 말의 글렌 굴드. 아직도 앳된 이십 대 청년 모습이다.

## 2
## 한밤의 음악회

그 시절 나는 바람을 겨우 막아 주는 오스틴-힐리 스포츠카를
몰고 다녔다. 그런데 굴드는 개의치 않는 태도였다. 방금 차가운
공기와 바람에 민감하다고 불평을 늘어놓았던 굴드는 차 안에
서 노르웨이 작곡가 에드바르 그리그*가 자기 친척이라는 사실
을 열정적으로 얘기했다.

"그리그는 우리 어머니의 증조할아버지 사촌이었어요. 본래
스코틀랜드 가계 출신인데, 외가 쪽 집안은 원래 철자 그대로
'그레이그Greig'라는 이름을 충실히 유지했고, 노르웨이에 정착
한 조상은 북구적인 느낌이 들도록 모음 두 개를 엇바꿔서 '그리

---

* 19세기 노르웨이의 대표 작곡가인 에드바르 그리그Edvard Grieg의 조상은 굴드의 말대로
  스코틀랜드계였다. 그리그의 어머니는 노르웨이 명문가 출신으로 독일 함부르크에서 음
  악을 공부했다. 굴드와 마찬가지로 그리그는 어렸을 때 어머니에게 피아노를 배웠다.

그Grieg'라는 이름이 된 거예요."

그는 캐나다와 이웃하고 있는 주에 사는 미국 사람들이 캐나다에 관심을 잃어버린 것 같다며 "넓은 북쪽 지방을 꼭 한 번 방문해 봐야 한다"고 말했다. 그는 자기 고국이 이 세상에서 천연의 아름다움을 선물 받은 축복받은 땅이며, 교양 있는 사람들이 사는 곳이라고 믿었다. 그러면서 개구쟁이 같은 말투로 덧붙였다. "물론 에스키모들은 최근 내 연주회에 아주 자주 오는 편은 아닌 것 같지만요." 캐나다는 굴드에게 소년다운 열정을 불러일으키는 주제였다. 그는 또 토론토에서 약 100킬로미터 떨어진 오릴리아라는 작은 고장 가까이 자리한 심코 호숫가에 있는 부모님의 오두막 이야기도 했다. 굴드는 정기적으로 그 오두막에 틀어박혀 한동안 외톨이가 되어 공부하고 연습을 한다고 했다.

그 오두막은 굴드 가족이 여름 휴가철이나 주말에 쉬러 가는 곳으로, 어린 시절 굴드의 아름다운 추억이 많이 깃들어 있는 곳이었다. 그런데 사춘기 후반부터는 글렌 자신만의 성역으로 그 오두막을 사용하기 시작하여 세상과 동떨어져 독서하고, 라디오 듣고, 음악 만들고, 개와 함께 오랫동안 산책하는 장소가 되었다.

"왠지 외롭게 들리는데요."

그의 독백을 잠깐 끊으며 내가 끼어들었다. 내 말에 그는 즉각 설명을 시작했다. 비록 내가 인정하지 않을지 모르지만, 그 자신은 사교적인 형이 못 되며 사실은 고독을 원하고 있노라고. 그 북쪽, 호수를 둘러싼 자연의 상쾌함 속에서 그의 정신은 본질적인 데 머물 수 있다는 말을 들려주었다.

"사물의 심장부에 가닿을 수 있답니다. 일상생활에서는 찾을 수 없는 정말 중요한 것을 찾을 수 있어요."

나 역시 캐나다에 대한 그의 열정에 공감한다고 맞장구를 쳐 주었다. 나는 그 얼마 전 온타리오와 퀘벡 지방을 여행했기 때문에, 그의 고국이 광대하며 미국과 유럽 문화가 매력적으로 뒤섞여 있다는 사실을 기꺼이 인정할 수 있었다. 그러나 그가 고독을 추구한다는 사실은 모순적으로 보였다. 연주회를 위해 여러 곳을 다니는 사람이 고독의 미덕을 설파하다니! 1957년 그해만 하더라도 굴드는 다섯 나라에서 서른여덟 차례 연주회를 열었다.

또한 바로 그 순간에도 그는 고독보다는 누군가와 함께 하고 싶어 했다. 강한 내적 욕구로 쉴 새 없이 흘러나오는 이야기. 그의 풍부한 목소리는 감성과 지성, 조소와 환상 ─ 이는 듣는 이를 지배하기 위해서가 아니라 매혹하기 위해 구사하는 것이었다 ─ 을 즐겁게 분출하는 최고의 순간을 만끽하는 듯이 들렸다. 그는 한 번도 내가 어떻게 생각하는지 묻지도 않았고, 내가 어떻게 반응하는지 궁금해하는 것 같지도 않았다. 내가 한마디라도 건네려면 그의 말을 끊어야 할 정도였는데, 사실 그의 말을 끊고 싶지도 않았다. 그가 말하는 태도는 그의 연주와 흡사하여 장인의 솜씨를 보는 것 같았기 때문이다. 그만큼 그는 매혹적인 이야기꾼이었다. 그런 그의 모습을 보고 있노라면, 외동아들로 태어나 주로 건반 앞에서 시간을 보내야 했으니 선천적으로 외로울 수밖에 없었을 거라는 것, 그래서 사회적 접촉에 굶주려 우선적으로 자기 자신과 대화하는 독특한 소통 방식을 발달시킨 것이 아닌가 하는 생각이 들었다. 그 때문에 지금처럼 누군가 자기 이야기를 열심히 들어주는 사람을 만나면 자신을 '해방시켜' 글렌 굴드의 본모습을 보여 주는 것이라고.

그가 묵는 호텔 근처에 도착했을 때 나는 커피숍에 들르자고 했다. 커피숍에서 굴드는 광천수 한 병을 시켰고, 나는 칠면조 샌드위치를 먹었다. 그러는 동안에도 굴드는 당시의 연주 여행과 스트랫퍼드 음악 축제에서 협연했던 음악가들에 관해 수다스럽게 이야기를 해 댔다. 스트랫퍼드에서 그와 함께 연주한 음악가 가운데 캐나다 첼리스트인 자라 넬소바*도 있었는데, 나 역시 우연히 자라와 함께 실내악을 연주했던 경험이 있었다. 자라는 샌프란시스코를 자주 찾았고, 나는 인간적으로 자라를 매우 좋게 보고 있었다. 굴드가 위대한 예술가의 음반을 즐겨 듣는다고 해서 나도 내가 수집한 음반 얘기를 했다. 내가 맨 처음 산 음반은 예후디 메뉴인이 연주한 바흐의 사(G)단조 바이올린 소나타 독주곡과 레오폴드 스토코프스키**가 직접 편곡하여 지휘한

---

* 1950년대 첼로의 여왕이라 불린 자라 넬소바Zara Nelsova는 러시아계 이민 가정에서 태어났다. 1918년 캐나다에서 태어났으나 영국으로 이주한 뒤 열두 살에 런던 교향악단과 협연하며 데뷔했다. 풍부한 톤에 솔직한 표현력으로 유명했다. 쇼스타코비치와 힌데미트 소나타를 영국 초연했고, 윌리엄 월턴의 협주곡을 월턴 지휘로 연주했다. 하지만 넬소바를 가장 아낀 작곡가는 블로흐였다. 블로흐는 넬소바의 권유로 첼로 모음곡을 썼고, 넬소바는 그의 지휘로 매력적인 〈셸로모〉(솔로몬)를 연주해 블로흐는 넬소바를 '마담 셸로모'라 불렀다.

** 유려한 '필라델피아 사운드'의 기초를 닦은 것으로 유명한 레오폴드 스토코프스키Leopold Stokowski는 1882년 영국에서 폴란드계 아버지와 아일랜드 태생 어머니에게 태어났다.

바흐의 오르간을 위한 토카타와 푸가 라(D)단조였다. 나의 이
야기에 굴드의 눈에서 빛이 났다. 메뉴인과 스토코프스키는 그
가 가장 좋아하는 연주자였던 것이다. 저녁이 깊어 감에 따라 우
리 두 사람 모두 요한 제바스티안 바흐를 열정적으로 좋아한다
는 사실을 확인할 수 있었고, 그것 말고도 우리가 비슷한 파장을
갖고 있는 몇몇 관심사를 찾아낼 수 있었다. 굴드가 라디오 기술
과 녹음 스튜디오에 해박한 지식을 펼쳐 보이는 한편, 나는 어조
에 나타나는 감정의 굴곡을 분석할 수 있는 사운드 스튜디오를
고안하는 의학적 연구에 대해 열을 올렸다.

　시계를 보니 벌써 자정이 지났고, 나는 집으로 돌아가고 싶었
다. 굴드는 내가 점점 피곤해한다는 사실을 알아차리지 못한 것
같았다. 나는 굴드에게 피곤하지 않으냐고 물었다.

　"웬걸요, 전혀요. 밤을 새우는 건 문제없어요. 사실, 진정제를
먹지 않으면 잠들기가 힘든걸요."

　그는 넴부탈과 다른 진정제를 복용한다는 사실도 말해 주었
다. 그런 약은 미국에서 꽤 까다롭게 규제하는 편이었지만, 당시
캐나다에서는 비교적 쉽게 구할 수 있는 약이었다. 습관성이 될
확률이 많고 과다 복용하면 위험할 수도 있는 약을 굴드가 열정
적으로 옹호하는 모습을 보면서 나는 적이 걱정스러웠다. 그런

---

영국에서 공부했지만 주로 미국 내 활동을 통해 명성을 얻었다. 바흐와 바로크 음악을 관
현악으로 편곡하는 데 능했고, 현대 음악도 적극 수용했다. 악단 구성도 실험적으로 편성
하는가 하면 맨손으로 지휘하며 신비한 분위기를 연출했다. 대중을 기피하는 편이었으나
「오케스트라의 소녀」와 「판타지아」 등 할리우드 영화 작업도 했고, 음반 작업에도 적극적
이었다. 여러모로 굴드가 이끌렸을 법한 지휘자였다.

약에 심각하게 중독된 환자를 많이 다루어 보았고, 진정제 과용으로 인한 발작이나 혼수상태, 자살 사례도 직접 목격한 바 있었다. 그러나 굴드는 진정제는 "전혀 해가 없으므로" 자신에게 그런 일은 일어나지 않을 거라고 믿었다. 그는 진정제에 관한 한 자신이 전문가라 여겼고, 의사의 충고 따위는 전혀 필요하지 않은 사람이었다. 이 얘기를 나누던 당시 나는 몰랐지만, 우리가 만나기 한 달 전쯤 굴드는 워싱턴에 있는 피아니스트 친구에게 진정제가 좋다며 강력히 권하는 편지를 써 보낸 적이 있었다.

정신-신체 상관* 요법 굴드 클리닉
온타리오주 토론토
사우스우드가街 32번지
1957년 1월 21일

친애하는 토머스,
굴드 박사의 처방**이 여느 때처럼 효과가 있었다는 소식을 들으니 기쁘군요. 내과의로 오랫동안 진료해 온 경험을 바탕으로 나는 신경이 예민한 예술가들의 문제를 익히 알고 있습니다. 캐나다로 여행

---

* '심신心身 상관'을 뜻하는 심리학 용어 Psychosomatic을 일부러 'Psycho-Pseumatic'이라고 썼다. Pseumatic은 '가짜'라는 뜻의 pseudo를 연상시키니, 굴드의 유머 감각이라고 할 수 있다. 심신 상관은 마음의 병이 신체 징후로 나타남을 뜻한다.
** 의사의 처방전 형식을 띠고 있는 이 편지에서 처방전을 뜻하는 prescription을 일부러 perscription이라고 썼다. 개인적인personal 의견을 담은 처방전이라는 뉘앙스를 풍기도록 한 굴드의 말장난이다.

을 계획하실 때는 언제든지 저의 간호사가 기꺼이 약속을 잡아 드릴 것입니다.

노란 알약은 네부톨*이고, 하얀 약은 루미널입니다. 귀하의 주치의를 통해 이 두 가지 약을 구할 수 있을 것으로 사료됩니다. 루미널은 해가 전혀 없으므로 하루에 세 번 복용해도 좋습니다. 점심 식사후에 한 번, 잠잘 때 두 번. 하지만 네부톨은 습관성이 되지 않도록조심하시기 바랍니다. 특별한 행사를 앞둔 날 밤이나 고질적인 불면을 해소하기 위한 경우에만 사용해야 합니다. ……

그럼 귀하의 건강을 기원하며.
글렌 굴드가 삼가 올립니다.[1]

일단 자러 갈 생각이 없다는 뜻을 확실히 한 굴드는 아예 내게피아노-바이올린 소나타를 함께 연주해 보자면서 나더러 집에가서 바이올린을 가져와 자기가 그렇게도 좋아하는 스타인웨이 피아노가 있는 오페라 하우스로 돌아가 연주를 하자고 제안했다.

나는 그를 말릴 수밖에 없었다. "잠깐, 글렌." ― 이때는 이미이름을 부르는 사이로 발전한 상태였다 ― "지금 연주회장은 문이 닫혔을 거야. 그리고 우리를 무대에 올라가게 해 주지도 않을거고. 정말 그렇게 연주하고 싶다면 다른 곳을 알아봐야 할 것같군."

---

* 바르비투르산염으로 조제된 신경 안정제 넴부탈을 일부러 네부톨이라고 썼다.

내 아파트에는 피아노가 없으므로 피아니스트 친구인 윌리엄 코벳 존스에게 전화해 보겠다고 했다. 윌리엄은 클래식 피아니스트지만 당시에는 '베수비오네'라는 유명한 나이트클럽에서 피아니스트로 일하고 있었다.

그 시간이면 빌*은 집에 돌아왔을 테고, 아주 피곤하지만 않다면 우리를 위해 알맞은 장소를 주선해 줄 터였다. 빌은 정말 그렇게 해 주었다. 빌이 소개한 장소는 35번가 마틸다 코건의 아파트였다.

"하지만 업라이트 피아노일 거야."

나는 미리 굴드에게 알려 주었다.

"음만 맞는다면 업라이트 피아노라도 상관없어."

굴드는 걱정 말라는 듯 나를 안심시키며, 자신은 사실 업라이트 피아노 소리를 좋아한다고 말했다.

"연주하기가 오히려 편할 거야. 업라이트는 토론토 집에 있는 기분이 들게 하거든. 어릴 때는 집에 있는 업라이트 피아노를 주로 썼으니까."

우리는 먼저 바이올린을 가지러 캘리포니아 의대 부근에 있는 내 아파트에 들렀다가 마틸다의 집으로 향했다. 빌은 이미 도착해 있었다. 기억력이 뛰어난 그는 미국과 해외에서 독주회와

---

* 윌리엄William Corbett-Jones의 애칭. 코벳 존스는 1971년부터 1976년까지 메뉴인이 후원한 알마 삼중주단에서 활약했다. 그의 스승이었던 삼중주단의 피아니스트 아돌프 발러(영어로는 애돌프 볼러)가 은퇴하면서 그 자리를 물려받은 것이다. 오스트리아·헝가리 제국의 브로디(현 우크라이나) 출신이었던 그는 나치에게 손을 다쳤지만 극적으로 치료받았고, 이후 미국으로 가서 메뉴인의 알마Alma 영지에서 지내며 몇 년간 그의 반주를 맡았다.

실내악 연주회를 자주 여는 재주 많은 음악가였다. 지금은 샌프란시스코 주립 대학에서 음악 교수로 활동하고 있는데, 수년간 바이올리니스트 안도르 토스*와 첼리스트 가보르 레이토**와 함께 유명한 알마 삼중주단에서 연주를 했다.

존스는 층계 아래에서 우리를 맞아들여 위층의 아파트로 데리고 올라갔다. 아파트에는 다른 음악가 두 명도 기다리고 있었다. 피아니스트 실비아 젠킨스(나중에 존스의 아내가 된다)와 바이올리니스트 데이비드 에이블***이었다. 데이비드는 그때 막 스무 살을 넘긴 신동 출신 바이올리니스트였다. 그는 아이작 스턴의 스승이기도 한 나움 블린더**** 밑에서 공부하고 있었다.

'이거, 굉장한 저녁이 되겠는걸.'

나는 속으로 중얼거렸다. 서로 소개를 하고 나자, 글렌은 아

---

* 안도르 토스Andor Toth는 미국에서 태어났지만 헝가리 이민자 집안 출신이어서 헝가리 바이올리니스트로 불렸다. 줄리아드에서 요아힘의 제자였던 한스 레츠와 아르메니아계 바이올리니스트 이반 갈라미언(이츠하크 펄먼과 정경화의 스승이기도 하다)에게 배웠다. 1943년 열여덟 살에 토스카니니의 NBC 교향악단에 들어가 1년 연주하고 전쟁 중인 유럽에서 미군을 위해 연주했다. 전후에는 클리블랜드 관현악단, 휴스턴 교향악단 등에서 연주와 지휘를 했고, 여러 대학에서 가르쳤다. 알마 삼중주단을 비롯해 여러 실내악단에도 참여했다.

** 헝가리 첼리스트 가보르 레이토Gábor Rejtő는 1916년 부다페스트의 유대계 가정에서 태어났다. 체코 첼리스트 아돌프 시퍼 밑에서 공부했고 스무 살부터 카살스의 가르침을 받았다. 유럽에서 활동하다 1939년부터 미국에 머물렀다. 교수로도 활동한 그는 파가니니 사중주단과 헝가리안 사중주단에서 활동했으며, 알마 삼중주단이 창단할 때부터 1976년 해체될 때까지 몸담았다.

*** 열네 살에 샌프란시스코 교향악단 무대에 섰던 바이올리니스트 데이비드 에이블David Abel은 현대 음악을 자주 연주한 것으로도 유명하다.

**** 우크라이나 출신인 나움 블린더Naum Blinder는 오데사와 영국 맨체스터에서 공부하고 러시아파의 일원으로 샌프란시스코 교향악단 악장으로 활약하며 많은 제자를 키워 냈다. 스턴은 자신의 음악에 가장 큰 영향을 준 스승으로 블린더를 꼽았다.

파트 난방을 섭씨 30도로 올려 달라고 요구했다. 자신은 추위에 약하다고 설명하면서 무거운 코트와 목도리, 모자를 벗었는데, 아무도 그 옷가지를 받아 걸지 못하도록 하면서 벗어 둔 그대로 바닥에 내버려두었다. 그는 접이식 의자를 펼치더니 나와 함께 바흐 소나타를 연주하자고 했다. 나는 다(C)단조 작품 하나를 선택했다. 내가 제일 좋아하는 곡이자, 굴드같이 뛰어난 피아니스트와 함께 연주할 때 내가 비교적 편하게 연주할 수 있는 작품이었다.

이 곡은 피아노와 바이올린이 느린 시칠리아노°로 함께 시작한다. 굴드는 예상대로 멋지게 연주했다. 그날 저녁 연주회에서 관현악단과 공연한 바흐의 바(F)단조 협주곡을 연주했을 때 이미 내가 느꼈던 구성의 명료함을 보여 주며 주제 선율을 흐르는 듯이 연주해 냈다. 음 하나하나 정확한 음조를 띠었고, 악보를 보고 연주하면서 단 한 번도 실수를 하지 않았다(어쩌면 굴드는 그 곡을 외우고 있는지도 몰랐다). 그는 암보에 뛰어난 재능을 가진 음악가니까. 하지만 연주하면서 악보를 보긴 했다.

합주를 하면서도 글렌과 나의 연주는 주고받는 것이 별로 없었다. 그는 이 곡을 어떻게 연주해야 하는지 이미 자신의 생각이 서 있었고, 연주 속도나 단락을 짓는 문제도 내가 그의 생각대로 움직여 줄 것이라고 당연히 믿고 있는 것 같았다. 물론 나로서는 즐거이 그의 생각대로 따랐지만 말이다. 글렌과 실내악을 연

---

• 　시칠리아섬에서 유래한 춤곡풍의 음악. 바로크 시대에 유행했는데, 매우 목가적인 느낌을
　준다. 특히 단조의 시칠리아노는 향수를 자아낸다.

주하는 것은 그와 대화하는 것과 같았다. 그는 리드하고 싶어 했고, 자신이 주도하는 것을 확실히 즐거워했다.

우리가 바흐의 소나타 네 악장을 다 끝내자, 이번에는 빌 존스와 데이비드 에이블이 까다롭고도 훌륭한 프란츠 슈베르트의 바이올린과 피아노 이중주를 연주했다. 연주는 매우 좋았다. 글렌은 흥미 깊게 음악을 들으며 빌을 위해 악보를 넘겨 주었다. 그러나 연주가 끝나자 자신은 슈베르트를 별로 좋아하지 않는다고 분명하게 밝혔다. 이 말에 빌 존스가 말꼬리를 잡으면서 글렌의 연주 자세에 대해 묻기 시작했다. 글렌은 자신이 사용하는 낮은 접이식 의자와 건반 높이에 맞춘 자세가 적어도 자신한테는 올바른 것이라고 열심히 옹호하며 나섰다. 자신의 어깨 근육에 대해 내게 했던 말을 그대로 되풀이하면서, 그 방에 있는 모든 사람에게 자기 어깨뼈를 만져 보도록 했다.

분위기가 약간 긴장된 가운데, 나는 글렌이 조금 전 내게 얘기할 때 보여 준 열정적인 모습과는 대조적으로 지금은 말을 어물거릴 뿐만 아니라 자신에 대해 얘기하기를 꺼리는 것을 보고 내심 놀랐다. 나중에 알게 된 사실이지만, 그는 일대일 대화에 훨씬 능숙한 사람이었다. 한 방에 자기를 포함하여 세 사람만 있어도 그는 신경이 날카로워졌고, 넷 이상이 되면 함께 있는 것 자체를 못 견디는 불안한 상태가 되곤 했다. 그럴 때 제일 좋은 해결책은 즉시 주도권을 잡는 일인데, 글렌으로서는 피아노 앞에 앉는 것이 바로 그 방법이었다. 음악은 그의 개인적 욕구에 가장 적합한, 말이 필요 없는 다른 세계로 들어가는 관문이었다. 글렌은 내게 다시 연주하자고 제안했다. 이번에는 베토벤의 다(C)단조 바이올린 피아노 소나타 작품 30의 2였다. 이 작품은 피아노나 바이올린 모두 독주 부분이 아주 까다로워 실수하기 쉽고 합주 부분도 매끄럽게 연주해 내기 어려운 곡이었다. 나는 데이비드 에이블이 바이올린을 맡아 주는 게 낫겠다고 말했으나 글렌은 내가 자기 파트너로 연주해 주기를 고집하여 나를 으쓱하게 만들었다.

알레그로로 시작하는 도입부의 복잡한 부분에서 나는 몇 번 헤맸지만 글렌은 지독하게 어려운 피아노 부분의 더블 옥타브를 깔끔하게 처리하여 나의 실수를 보완해 주었다. 또 아다지오 악장에서는 자신의 트레이드마크라 할 수 있는 굉장히 느린 속도로 연주하고 싶어 했다. 이미 늘어질 대로 늘어진 피아노 독주의 도입부 주제를 무자비할 정도로 길게 늘여 연주하는 바람에, 내가 연주할 차례에서는 똑같이 느리게 연주해 내기가 거의 불가능했다. 이어 스케르초 악장에서는 머리카락이 쭈뼛쭈뼛 설 만큼 빠른 속도로 연주했고, 마지막 부분은 열정적이고 자유롭게 해치웠다. 한바탕 연주를 끝내자 글렌은 더할 나위 없이 행복해 보였다. 이번에는 데이비드 에이블이 글렌과 함께 연주하길 원해서 베토벤 소나타 사(G)장조 작품 96을 거의 연주회 수준으로 훌륭하게 들려주었다.

그런 다음 마틸다가 아이스크림과 쿠키, 커피를 내왔다. 글렌은 긴장이 많이 풀린 편안한 모습으로 동물에 대한 사랑을 설파하기 시작했다. 그는 무척이나 부드러운 어조로 자신의 반려동물, 특히 개에 대해 얘기하는 한편 동물의 권리에 관해서도 운동가처럼 웅변적인 논조로 이야기를 풀어냈다. 그의 에너지는 지칠 줄 몰랐지만, 나머지 사람들은 모두 피곤해져서 내가 글렌을 호텔로 데려다주겠다고 했다.

호텔로 돌아가는 동안, 나는 묘한 거리감과 소외감을 느꼈다. 그날 그는 내게 보통 이상의 친밀함과 쾌활한 유머를 보여 주었으나 따스함은 느껴지지 않았다. 그는 자주 몸이 차갑다고 불평했는데, 그 차가움이 그의 정신마저 싸늘하게 만들어 놓은 것 같았다. 여전히 음악 이야기를 하고 있었지만, 방금까지 함께 했던 음악가에 대해서는, 그들의 성품이나 연주와 관련하여 아무런 말도 하지 않았다. 또한 나의 바이올린 연주에 대해서도 긍정적이든 부정적이든 어떤 언급도 없었다. 갑자기 내 머릿속에서 우리가 함께 보낸 다섯 시간 동안 글렌은 어떤 인간관계에 대해서도 거의 언급하지 않았다는 생각이 떠올랐다. 자기 가족에 관해서도 별 이야기가 없었고 친구나 선생, 또는 그와 가깝게 지낼 법한 어떤 사람에 대한 이야기도 거의 없었다. 그는 오직 자신에 관해서만 이야기했다. 자신의 음악 활동과 동물 사랑, 작곡가가 되고 싶어 한다는 것과 최근 작곡한 현악 사중주, 서른 살이 되면 공식적인 연주 활동을 접고 작곡과 녹음에만 전념할 거라는 것 등을 이야기했다. 언젠가는 교향악단을 지휘하고 싶다는 말도 했다.

성 프랜시스 호텔에 도착하자 글렌은 잠이 하나도 안 온다면서 나를 보내 주고 싶어 하지 않았다. 이미 새벽 네 시였고 나는 거의 죽을 지경으로 피곤한데, 그는 차에서 내리려 하지도 않고 이야기를 계속했다. 언뜻 굴드가 게이여서 나와 함께 밤을 지내고 싶어 하는 건가 하는 생각이 들기도 했다. 그러나 그의 행동은 나의 그런 추측과는 정반대되는 것이었다. 그의 말이나 몸짓은 조금도 유혹적이거나 에로틱한 점이 없었고, 육체적으로 친밀해지고 싶어 한다는 것을 암시할 만한 점도 전혀 없었다. 오히려 그는 자기중심적인 독백에 끈질기게 몰두함으로써 거리감을 낳고 있었다. 그가 껴입고 있는 두꺼운 옷이 마치 누에고치처럼 인간적인 접촉을 막고 있다는 생각이 내 머릿속을 스쳐 지나갔다.

그는 한편으로 '나와 함께 있으면서 내 말을 들어줘. 그러면 나를 제대로 이해할 수 있을 거야' 하는 요구와 함께, 다른 한편으로는 '거리를 유지해. 너무 가까이 다가오지 말란 말이야. 난 혼자 있고 싶으니 방해하거나 상관하지 말아 줘'라는 이중적인 요구를 하고 있었다. 나는 매우 불안정하고 지친 상태로 그의 상반된 두 요구에 응하고 있음을 어느 순간 깨달았다. 그걸 안 이상 그런 상태를 계속 받아들일 수는 없는 노릇이었다. 나는 굴드에게 멋진 저녁을 보냈노라고, 그러나 지금은 집에 가서 잠을 좀 자야겠으니 양해해 달라고 말하면서 부드럽게 그를 차에서 내리게 했다. 그와 헤어지기 전 나는 내 주소와 전화번호를 그에게 주며, 다음 연주 일정으로 샌프란시스코를 떠나기 전에 다시 만날 기회가 있기를 바란다는 말도 덧붙였다.

다음 날 정오가 다 되어 갈 무렵, 나는 전화를 받았다.

"피터, 자네 충고가 필요해. 몸이 정말 안 좋아. 아침 여덟 시까지 잠을 못 자서 넴부탈을 두 알 먹었어."

그는 방금 일어났으며 "열이 난다"고 했다. 아침을 먹은 다음에도 몸이 나아지지 않아, 오후 연주회에서 피아노를 칠 수 있을지 모르겠다고 말했다.

"뭔가에 감염되어 병이 난 것 같아. 아마 목에 감염이 됐나 봐. 연쇄상 구균은 아닐까?"

그러면서 목구멍 안쪽이 따끔거리는 증세가 갈수록 심해지는 것 같다고 설명했다. 무언가를 삼키기도 힘들어했다.

"혹시 자네가 호텔까지 페니실린을 좀 가져다줄 수 없을까? 그러면 연주회가 끝날 때까지 어떻게든 버텨 볼 수 있을 것 같은데."

"관현악단 매니저에게 얘기를 했나?"

내가 물었다.

"아니, 그렇지만 토론토에 있는 내 매니저 월터 홈버거Walter Homburger에게는 전화를 넣었네. 그랬더니 의사에게 가서 치료받고 연주회에 나가라는 거야."

환자들과 약속이 꽉 차 있는 데다, 그날 오후엔 수업마저 짜여 있어서 급작스럽게 시내에 나가 호텔까지 글렌을 만나러 가는 것은 불가능했다. 그렇다고 글렌더러 택시를 타고 대학에 있는 내 사무실까지 와 달라고 하는 것도 그리 현명한 방법은 아닌 듯싶었다. 당시 대부분 정신과 의사가 그렇듯이 나는 왕진 가방을 들고 육체적인 병을 진단하러 다니지도 않았으며, 페니실린이나 다른 약을 준비해 놓고 있지도 않았다. 그래서 글렌이 묵고 있는 호텔에서 아주 가까운 곳에 진료실이 있는 동료 의사 허버트 C. 모핏 주니어에게 연락하는 것이 좋겠다고 글렌에게 권했다. 나는 모핏에게 먼저 전화를 걸어 상황을 설명하고 글렌을 진료할 시간이 있는지 확인한 다음, 글렌에게 당장 모핏에게 달려가라고 연락했다.

그 조치는 효과가 있었다. 저녁 여섯 시, 글렌이 내게 전화를 걸어왔다. 모핏 박사가 "즉시 통증을 완화시켜 줄 분홍색 알약"을 몇 알 주었고, 덕분에 연주회를 무사히 마칠 수 있었다는 말을 전하기 위해서였다. "그 약 이름이 무엇이었나?"라고 내가 묻자, "오, 그건 잘 모르겠는데. 왜냐하면 포장을 뜯어 내 외투 주머니에 다 쏟아 넣어 버렸거든. 나는 갖고 다녀야 할 물건은 거의 호주머니에 넣고 다녀"라는 대답이 돌아왔다. 나중에 알게 된 거지만, 실제로 글렌은 외투 주머니에 갖가지 알약을 한 주먹씩 넣고 다니는 버릇이 있었다. 그 때문에 캐나다에서 미국으로 국경을 넘어올 때면 의심 많은 세관 직원들이 그를 억류하는 불상사가 종종 일어나곤 했다.

글렌은 이제 한결 나아졌지만 그날 낮 연주에 대해서는 좀 심하게 깎아내리는 말을 했다. 〈부를레스케〉에서 한 부분을 놓치는 실수를 범했다고 자책하며 연주회장에 외풍이 심했다고 불평했다. 나는 저녁 연주회에 참석해 다시 그의 연주를 듣고 싶다고 말했다. 그랬더니 놀랍게도 그는 내 생각에 극구 반대했다.

"피터, 난 정말로 자네가 오페라 하우스에 오지 않았으면 싶네. 아니, 와서는 안 된다고 말해야겠네. 내가 아는 사람이 청중 가운데 있으면, 특히 내 몸 상태가 좋지 않은 조건에서는 굉장히 예민해지거든."

나는 그의 말에 섭섭해서, 캘리포니아 연주 여행의 다음 목적지인 파사데나로 떠나기 전에 그를 다시 만날 수 없는 게 유감이라는 말을 전했다. 그는 파사데나에서 연주회를 마치면 캐나다로 돌아갈 터였다.

그렇게 1957년에 시작된 우리의 교우 관계는 향후 20년 동안 여러 차례 굴곡을 거치면서 지속되었고, 1982년 글렌이 쉰 살의 나이로 세상을 떠나기 5년 전에야 끝을 맺었다. 그러나 우리의 나머지 이야기를 들려주기 전에 엄청난 재능을 가진 이 젊은 예술가가 어떻게 탄생했는지 파헤쳐 보고자 한다. 우선 글렌 굴드의 생애 초기로 돌아가 우리가 1957년 처음 만나기 전, 스물네 해 동안 무슨 일이 일어났는지 알아보기로 하자. 그래서 사람들에게 호감을 주는 — 물론 평온치는 않았지만 — 이 매혹적인 음악 천재가 어떻게 해서 그토록 사람들을 귀찮게 괴롭히는 존재가 되었는지 밝히고자 한다. 이와 관련된 정보 대부분이 그의 살아생전에는 가려져 있던 까닭에, 글렌은 가장 가까운 사람들에게조차 여러 면에서 수수께끼로 남아 있었다.

1956년 심코 호숫가 오두막에서 굴드가 악보에 메모하고 있는 모습.
글렌은 이십 대 초반 이 오두막에 홀로 틀어박혀 바흐를 연구했다.

굴드는 자신이 사랑하는 개와 함께 평화로이 산책하는 걸 무척 좋아했다.
1960년대 말 심코 호숫가를 거니는 굴드.

# 3
## 천재의 어린 시절

1932년 9월 25일 글렌이 태어났을 때 글렌 가족의 성姓은 굴드가 아니라 골드Gold였다. 그의 초기 연주회 프로그램에는 모두 '글렌 골드'로 나와 있는데, 이는 지금까지 나온 어떤 책이나 기사에서도 전혀 언급되지 않은 사실이다. 출생증명서에는 '골드, 글렌 허버트'라고 적혀 있다. 이 서류는 글렌의 아버지가 작성하고 러셀 허버트 골드Russell Herbert Gold라는 이름으로 직접 서명했다. 그의 아버지는 자신을 '골드 스탠더드 모피'라는 이름의 가업에 종사하는 '상인'으로 표기했고, '혈통'은 아내 플로라 에마 그레이그Flora Emma Greig와 마찬가지로 '잉글랜드와 스코틀랜드계'라고 표시했다.[1]

글렌은 집안 전통에 따라 할례를 받지 않았다. 유대계일지도 모른다는 모호한 가설이 있었으나 이에 대해서는 속 시원하게 해명된 적이 없다. 스티븐 포즌*은 "글렌은 장점이 많은 사람이었지만 유대인은 아니었다. 그는 아마 이런 착오에 킬킬거리며 웃었을 것이다"라는 내용의 편지를 쓴 적이 있다. 포즌은 캐나다에서 발행되는 『유대 소식Jewish News』지에 실린 프랭크 라스키의 「캐나다의 유대 피아니스트」라는 기사에 해명하기 위해 이 편지를 썼다고 한다. 글렌 자신은 유대인이냐는 질문을 받을 때마다 특유의 장난꾸러기 같은 태도로 이렇게 대답하곤 했다.

"나요? 왜요? 굴드라는 이름에다 아버지가 모피상이어서 지금 내가 유대인이냐고 묻는 거예요?"[2]

유대인으로 오해받는 일은 굴드 집안으로서는 확실히 성가신 문제였다. 일명 '호그타운'**이라 부르던 토론토는 그때만 해도 오늘날 우리가 알고 있는 것처럼 국제적인 대도시가 아니었다. 이방인에게 배타적이고, 반유대주의 분위기가 강한 곳이었다. 글렌의 숙부인 의사 그랜트 글렌 박사는 글렌의 할아버지인 토머스 골드에 대해 다음과 같이 말해 주었다.

"모피 사업에서 골드스타인이니 골드핑거, 또는 골드맨과 같은 성을 가진 유대인을 만나면 화를 내시곤 했죠. 자식들이 유대인으로 오해받는 것을 원치 않으셨습니다. 나중에 성을 바꾼 이

---

* 굴드가 죽은 후 유산을 관리한 변호사.
** 토론토의 별명이 돼지hog를 뜻하는 호그타운이 된 데는 1900년 돼지 50만 마리를 도축해 수출한 캐나다 최초이자 최대 육류 포장 업체로 꼽히는 윌리엄 데이비스 회사의 거대한 축사가 있었기 때문이라는 설이 있다. 하지만 더 정확히는 대도시 토론토를 비난하기 위해 주변 소도시 사람들이 붙인 별명이라고 1898년 캐나다 신문은 보도하고 있다. 모든 행정이 토론토 중심으로 이루어지는 것에 주변 도시들이 원망과 비난을 담아 부른 별명이라는 것이다. 그런데 정작 토론토 시민들은 이 별명을 무척 아낀다고 한다.

유도 이와 무관하지 않아요."[3]

글렌의 친할아버지인 토머스 G. 골드는 감리교 목사 아들이었다. 그 자신 젊은 시절 주일 교사와 설교사로 활동했던 열성적인 신도였다.[4] 1902년 토머스 골드는 토론토의 유명한 모피 가게에 직원으로 들어갔고, 1913년엔 자신의 가게를 냈다. 나중에 글렌의 아버지 러셀 '버트' 골드가 이 사업을 도왔고 결국 가업으로 이어받았다. 글렌이 소년 시절 가장 친하게 지낸 친구인 로버트 풀포드도 글렌의 할아버지를 기억하고 있다.

"글렌의 할아버지는 '파파 골드'로 통했어요. 부인과 함께 욱스브리지에 살았는데, 사람들이 '저 사람들 유대인이야'라고들 했지만 정작 '파파 골드' 부부는 캐나다 연합 교회 소속이었어요. 정확한 내막은 나도 모르죠. 다만 한 가지, 내 기억에 강하게 남아 있는 게 있어요. 글렌과 함께 글렌의 아버지 사무실에 갔을 때 그가 우리에게 연필을 준 적이 있어요. 어떤 회사 도장이 찍혀 있는 홍보용 연필이었는데 — 나는 그날 사무실에서 본 것 가운데 동물 가죽 말고는 이걸 제일 똑똑하게 기억하고 있어요 — 우리에게 연필을 주었다가 하나를 도로 가져가는 거예요. '아냐, 유대인 회사를 홍보해 줄 수는 없지'라고 말하더니 이름을 문질러 뜯어내기 시작했어요. 아마 그 이름이 '샤피로와 그 아들들'인가, 뭐 그 비슷했어요."[5]

글렌의 어머니 플로렌스 E. 그레이그Florence E. Greig는 글렌의 아버지보다 아홉 살 많았는데, 보통 '플로라'로 불렸다. 플로라는 온타리오 지방의 작은 마을 마운트 포레스트에서 세 남매의 둘째이자 고명딸로 1891년 10월 30일에 태어났다. 어머니는 플렛 출생인 메리 캐서린 그레이그였고, 아버지 존 C. H. 그레이그는 학교 교사였다. 그레이그 가족은 스코틀랜드계 장로교파라는 걸 늘 자랑스러워했지만, 명확한 가계도를 그려 내지는 못했다.

그러므로 작곡가 에드바르 그리그와 일가라는 사실도 플로라와 그의 사랑하는 아들 글렌이 바라는 것만큼 확실하지는 않았다. 어쩌면 그레이그 집안(본래는 맥그리거) 중 한 사람이 스코틀랜드에서 노르웨이로 건너가 철자를 그레이그에서 그리그로 바꾸었을지도 모른다. 스코틀랜드 애버딘셔의 H. A. 맥도널드 그레이그의 편지에는 다음과 같은 내용이 나온다. "그레이그 가계와 관련하여 이렇다 할 어떤 구체적인 정보도 알려 드릴 수가 없군요. 우리는 정복자 윌리엄*과 함께 건너온 것으로 알고 있지만 맞지 않을 수도 있습니다. 우리가 주장하는 또 다른 사실은 노르웨이 작곡가인 에드바르 그리그의 후손이라는 점입니다."[6]

글렌의 어머니는 음악에 재능을 타고난 사람이었다. 그는 수세인트마리에서 피아노와 성악 공부를 했다. 1975년 글렌 굴드가 쓴 어머니의 부고장에는 이런 내용이 들어 있다.

"어머니는 십 대에 이미 교회 음악에 이끌렸습니다. 교회에

---

* 정복자 윌리엄은 유럽 대륙에서 잉글랜드로 건너가 왕위를 따낸 첫 노르만 왕이었다. 그가 즉위한 1066년은 영국의 국가 기원처럼 여겨진다. 노르만은 북쪽 사람을 뜻한다. 노르웨이를 비롯한 스칸디나비아 바이킹이 지금의 노르망디 지역에 내려와 정착하며 영국 섬을 계속 공략해 오다 1066년 마침내 윌리엄이 왕권을 거머쥐었다.

서, 그리고 젊은이들의 모임에서 매우 활발하게 활동하셨습니다. 악기와 성악 공부를 계속하기 위해 토론토로 온 어머니는 자신의 재능을 우선적으로 교회 음악에 바쳤습니다. …… 몇몇 큰 토론토 합창단에서 독창자로 활동했으며, 중앙 장로교회에서는 오르간 주자로 봉사했습니다. 욱스브리지 연합 교회에서 성가대 리더로 봉사하는 한편, 욱스브리지와 브래드포드, 토론토에서 피아노와 성악을 가르쳤습니다. …… 플로렌스 굴드는 독실한 신앙을 가진 분이셨고, 어디를 가든 그 넘치는 믿음을 다른 사람들에게 쏟아부으려고 애쓰셨습니다. ……"[7]

말할 때나 글을 쓸 때 놀랄 만큼 유창했던 글렌의 글*치고는, 어머니(글렌이 평생토록 대단히 높게 평가한 음악적 견해를 가진 여인)의 업적을 기리는 문체가 너무나 담담하고 가라앉아 있다.

러셀 허버트라는 이름 대신 그냥 버트 골드라고 불리던 글렌의 아버지가 플로라를 만난 것은 음악 활동을 통해서였다. 버트는 교회에 열심히 나가는 사람인 데다 타고난 가수로 가끔씩 합창 파트를 맡아 노래를 불렀고, 사고로 바이올린을 더 이상 켤수 없게 되어 바이올린 가방을 피아노 밑에 처박아 두기 전까지는 바이올린 연주도 즐겨 했다.

---

* 글렌 굴드의 글은(그리고 말도) 유창하다기보다 장황할 때가 많다. 때로 놀랄 만한 통찰력과 독특함을 발하기도 하지만 생각이 가지치기하듯 뻗어 나가고, 생각의 섬세한 부분까지 다 묘사하려 들었기 때문에 간결한 아름다움은 찾아보기 힘들고, 읽는 사람은 뭐가 뭔지 모르게 될 때가 많다. 이런 사람이 음악은 그토록 명료하게 절제하며 연주했다는 것이 놀랍다. 아마도 섬세함은 완벽한 절제가 되고, 장황한 만큼 담백함도 그에게 있었던 것이리라. 어머니를 기리는 문장이 담담했다는 것 역시 어떤 면에서 글렌의 고요한 내면을 반영한 것으로 보인다.

1925년 두 사람은 플로라가 서른네 번째 생일을 맞는 날 혼인했다. 버트는 한창 번창하고 있는 아버지의 모피 사업에 이미 종사하고 있던 때라 사우스우드가 32번지에 집을 장만할 수 있었다. 이 동네는 온타리오 호수와 접한 언덕에 꼬불꼬불한 길을 따라 자리 잡은 매력적인 곳으로, 중산층의 이웃 사람들은 '해안가'라고 불렀다. 플로라는 토론토의 큰 교회에 나가 일하기도 하고, 안락한 집에서 음악 레슨도 하면서 돈을 벌어 살림에 보탰다.

1994년에 나는 글렌의 아버지를 인터뷰하면서 플로라에 관해 물어보았다.

"부인은 스스로 전문 연주자가 되길 바란 적은 없었나요? 어렸을 때나 청소년기 또는 어른이 되어서라도 사람들 앞에서 연주하기를 열망하지 않았나요?"

"오페라를 공부하려 했지요. 데이비드 딕 슬레이터*와 여러 다른 성악 교사의 지도도 받았어요. 글렌의 엄마는 수준 높은 음악가였답니다."

"그런데도 무대에 서지 않은 이유가 뭐죠? 유명한 예술가가 될 수 있는데, 왜 자신의 길을 계속 가지 않았던 거죠?"

"아마 내가 그때 뛰어들어 결혼을 한 거겠죠. 때가 안 좋았던 거죠."

이 말을 하면서 그는 눈을 찡긋하더니 말을 이었다.

---

• 데이비드 딕 슬레이터David Dick Slater는 영국 글래스고 출신의 작곡가이자 오르간 주자. 캐나다로 건너온 후 교회와 학교 등에서 성악을 가르치는 교육자로 명성이 높았다.

"당신도 아시다시피 그 시절엔 결혼한 여자가 자신의 경력을 추구해 나간 전례가 없었어요. 일단 결혼했으면 그저 집에 머물면서 아이들을 길러야 했죠. 지금이야 많이 달라졌지만."[8]

플로라는 몇 차례 임신을 했지만 습관성 유산이 되어 버렸다. 마흔한 살(첫아이를 가진 여자로서는 늦은 나이라고 할 수 있다)에야 겨우 임신하여 달을 채우는 데 성공한 플로라와 버트는 마침내 부모가 된다는 기대로 한껏 기뻐했다. 특히 플로라는 아이가 훌륭한 음악가, 그중에서도 되도록 피아니스트가 되었으면 좋겠다는 염원을 품고 있었다. 그래서 아직 태어나지도 않은 태아에게 하루 종일 자신이 연주하는 피아노 소리와 노래, 그리고 라디오와 전축으로 음악을 들려주면 태아의 뇌가 음악이란 형식에 점차 적응해 나갈 거라고 믿었다. 이런 믿음은 최근 과학자들의 지지를 받고 있다.[9] 글렌의 아버지는 "플로라는 아이가 음악적인 재능을 갖기를 열렬히 바란 데다 그 자신 또한 무척이나 음악적인 사람이었기에 임신 내내 모든 종류의 고전 음악을 연주하곤 했다"고 말했다.[10]

음악 교사로서 플로라는 엄격하고 까다로우며, 매우 성실한 선생이었다. 플로라에게 음악을 배운 글렌의 작은아버지 그랜트는 플로라에 대해 다음과 같이 회상한다.

"인상은 좀 차가운 편이었어요. 아마 음악에만 온통 관심을 쏟았기 때문일 거예요. 그리고 글렌이 태어났을 때 플로라는 자신이 알고 있는 모든 것을 글렌에게 조금씩 쏟아붓기 시작했어요. 그에게 피아노를 쳐 주거나 노래를 불러 주고, 라디오를 고

전 음악 방송에 맞춰 놓곤 했어요. 그러면 어떤 신비한 방식으로 음악이 아이의 의식 속에 스며든다고 믿는 눈치였어요."[11]

글렌이 태어난 1932년 9월 25일은 온 집안이 걱정과 긴장감으로 꽉 차 있었다고 글렌의 아버지는 전한다.

"물론 플로라의 나이와 이전의 유산 경험 때문에 걱정을 많이 했지요. 그러나 플로라 주위에는 도와줄 누군가가 늘 있었어요. 하녀라고도 할 수 있는 엘시가 아예 우리와 같이 살았어요. 그리고 출산 무렵 간호사를 두었는데, 일주일쯤 지나 글렌이 태어났고 — 말씀드린 것처럼 글렌은 집에서 태어났어요. 당시에는 다들 그랬듯이 — 의사가 매일 들렀습니다."

"순산이었습니까? 합병증 같은 것은 없었나요?"

"아주 순산이었어요. 어려움은 없었어요."

"전혀요?"

"전혀."

"글렌은 엄마 젖을 먹었나요. 아니면……?"

"신생아 때는 젖을 먹었던 것 같아요. 그리고 우유를 병에 넣어 더 먹이곤 했던 기억이 나는군요. 젖병은 침대맡에서 찻주전자 같은 데 넣어 전기로 데웠어요. 주전자 안에 젖병을 넣고 데운 거죠."

어린아이의 기본 성향은 아주 초기부터 나타나는 경우가 많다. 어떤 아이는 태어날 때부터 잠이 많고 차분하며, 어떤 아이는 원기 왕성하면서도 예민하다. 아이의 성격은 태어나 탯줄을 자르기 전까지 걸린 시간을 포함하여 여러 요인에 따라 달라진다.[12] 객관적인 관찰 기록을 기반으로 글렌의 초기 발달 상황을 구체적으로 재구성해 보고 싶지만 그럴 만한 자료가 없었다. 가족 주치의는 죽었고, 글렌의 소아과 기록은 구할 수 없는 형편이다. 의사인 숙부 그랜트가 도움이 될 법도 하나, 글렌이 어렸을 때 그랜트는 아직 의과 대학에 입학도 하기 전이었고, 글렌과 접촉한 일도 없었다. 게다가 1975년에 사망한 플로라는 글렌의 어린 시절과 관련해 아무런 기록도 남기지 않았기에, 우리는 글렌의 아버지 말에 전적으로 의존할 수밖에 없다.

"글렌은 어떤 아이였나요? 크게 울어 대는 원기 왕성한 아이였나요, 아니면 좀 조용한 편이었나요?"

"적당히 활발한 편이었죠."

글렌의 아버지 버트는 특유의 간결하고도 사실적인 어법으로 대답했다.

"그런데 애초부터 우리를 놀라게 한 특이한 점이 있었어요. 아이라면 당연히 울어야 할 상황인데도 글렌은 늘 입을 다물고 노래하듯 소리를 냈어요. 글렌이 갖고 있는 특이한 기질 때문에 울기보다 허밍을 한 것 같아요."

이는 주목할 만한 사실이라고 나는 생각한다. 크고 시끄러운 아이의 울음은 무언가 불쾌함을 알리는 신호인 데 반해, 허밍은 부드러운 음악적 표현으로 만족감을 의미한다.[13] 글렌의 아버지는 아들이 음악적인 성향을 갖고 태어났음을 얘기하고자 한 것일까? 음악적 재능이 어디에서 나오는가에 대한 논의는 늘 사람을 매혹시키는 주제다. 유전적으로 타고난 경우, 확인할 수 있는 몇 가지 증거가 있다. 예를 들어, 절대 음감이 발달하는 것도 유전으로 보고 있으며, 적절한 자극이 주어졌을 때 뇌의 특정 부위가 음악에 특별히 강하게 반응하는 것으로 나타난다. 임신 기간 음악을 자주 들었을 때 받게 되는 영향은 이미 언급한 바 있다. 자라서 음악가가 되는 아이들은 종종 아주 어린 나이에 이미 음악적 재능을 나타내므로, 그런 아이들의 신경 물리학적 체계는 어떤 식으로든 '미리 프로그램되어' 있다고 볼 수 있다.[14]

"그 말씀은 글렌이 태어날 때부터 노래 부르기를 좋아했다는 뜻인가요?"

내가 물었다.

"아, 물론이죠. 죽는 날까지 글렌은 음악에 맞춰 노래 부르는 걸 좋아했죠. 피아노를 칠 때도 늘 피아노에 맞춰 노래했으니까요."

음악을 무척이나 사랑했던 글렌의 부모는 새로 태어난 아들이 음악 소리와 리듬에 특별히 반응하며 눈에 띄게 음악적인 방식으로 행동하는 모습에서 음악적 재능을 분명히 알아볼 수 있었다. 그것은 어머니의 깊은 염원을 충족시켜 주는 것이기도 했다. 글렌의 아버지가 기억하고 있는 글렌의 어릴 적 모습은 아들이 위대한 음악가가 될 운명이라는 어머니의 기대를 확신으로 바꾸어 놓았다. 버트는 다음 이야기를 들려주는 걸 좋아하곤 했다.

글렌이 태어나 사흘째 되는 날, 손가락을 계속 움직였어요. 마치

음계 연습을 하듯이 바로 이렇게요. [글렌의 아버지는 손가락을 꿈틀거리며 시범을 보였다.] 팔을 앞뒤로 흔들며, 손가락은 이렇게 하면서요. 글렌이 음악적이라는 걸 보여 주는 것이었죠. 그래서 의사가 그런 말도 했어요. "이 꼬마는 이다음에 의사나 피아니스트, 둘 중 하나가 되겠군."[15]

만약 글렌 아버지의 기억이 정확하다면, 이는 또 다른 의문을 낳는다. 즉 사십 대 여성의 첫아이로 태어난 글렌이 유아기 때 이미 이상 행동을 보였다는 얘기가 될 수도 있기 때문이다. 아이가 울지 않는다는 것은 확실히 비정상이며,[16] 언어 발달에서 보여 준 특이한 점과 함께 손을 휘두르는 동작은 유아 자폐증이라고 부르는 발달 장애가 있었던 게 아닌지 의심스럽다. 물론 글렌은 자폐증을 앓지는 않았다. 만약 그가 자폐증 환자였다면, 피아니스트로서 그가 보여 준 것과 같은 성공을 거두기란 불가능했을 테니까. 그러나 나중에 소년 시절과 사춘기 때 보인 태도 가운데 몇몇 행태 — 어떤 물체에 대한 공포, 감정 이입이 잘 안 되는 점, 사회적이고 사교적인 데서 물러나 스스로를 고립시키며 정형화된 행동에 강박적으로 집착하는 등 — 는 아스페르거 증상*과 비슷하다. 이 질환은 가끔 음악이나 수학, 연극, 운동 또는

---

* 영어로 아스퍼거라고 부르는 이 증상은 지능과 언어가 정상으로 발달하면서도 사회적 의사소통 능력이 떨어져 자폐증적 행동 반응을 보인다. 오스트리아 의사 한스 아스페르거가 1944년 발표했지만, 현대 들어 주목받게 되었다. 이 증상을 앓는 사람은 감각이 예민해져 곧잘 기묘한 행동을 하며, 일부 사람은 특정 분야에 뛰어난 재능을 보이기도 한다.

예술 분야에서 비상한 재능을 수반하기도 한다. 작곡가 벨러 버르토크*와 철학자 루트비히 비트겐슈타인** 역시 이런 증상으로 고생했다.[17] 신경학자 올리버 색스는 이와 비슷한 사례를 최근 다수 보고한 바 있다.[18]

아기 글렌의 남다른 손놀림을 보고 주치의가 내린 진단은 아이가 "의사나 피아니스트, 둘 중 하나가 될 것"이라는 거였다. 그리고 우연찮게도 글렌은 이 예언 내용 두 가지를 다 실현시킨 셈이었다. 건반 위에서 이룬 그의 업적은 굉장한 것으로 나타났고, 이보다는 못하지만 의학 분야에서도 — 공식 교육 혜택도 받지 않고 — 어린 시절부터 의학 전문가 뺨칠 정도가 될 조짐을 보였다. 글렌은 임상적 증상이나 질환, 치료법에 관해 닥치는 대로

---

* 벨러 버르토크Béla Bartók(1881~1945)는 어려서부터 음악에 큰 재능을 보였다. 부다페스트 음악원 후배인 졸탄 코다이와 함께 헝가리 마자르족의 민속악 연구에 몰두했다. 특히 헝가리 민족 운동에 공감하여 오스트리아·헝가리 제국이 분열되기 전까지 12년간 여러 지방을 돌며 민요를 채집하면서 도시화하는 문명와 자본주의에 강하게 반발했다. 작곡에서는 민속악을 적극 수용하는 한편, 당시로서는 파격적인 화성과 불규칙한 리듬, 기하학적인 구조를 가진 음악을 만들었다.

** 루트비히 비트겐슈타인Ludwig Wittgenstein(1889~1951)은 오스트리아 언어 분석 철학자다. 공학을 공부하러 영국에 유학하던 중 버트런드 러셀과 화이트헤드가 쓴 『수학 원리』를 접하고 케임브리지로 러셀을 찾아가 사사했다. 그러나 대학 분위기를 견뎌 내지 못하고 혼자 연구할 요량으로 노르웨이에 칩거했고, 1차 대전 참전 중 『논리 철학 논고』를 완성했다. 그는 몸이 아파 전쟁에 나갈 수 없었음에도 굳이 참전해 훈장까지 받았고, 전쟁 말기 포로로 잡혔을 때도 석방될 기회를 거부했고, 엄청난 유산을 주위에 나눠 주고 시골 초등학교 교사로 지낸 괴짜였다. 또한 순수 수학 등 기존 철학을 공격하는 반항아였던 그는 스승 러셀마저 조롱하고 동료 철학자들과도 마찰을 빚던 오만한 고집쟁이였다. 그의 형 파울은 피아니스트였고(1차 대전 중 오른팔을 잃어 라벨과 슈트라우스, 브리튼 등에게 왼손 피아노곡을 의뢰했다), 자살한 큰형도 음악 신동이었다. 한편, 1983년 글렌 굴드가 등장하는 소설을 쓴 오스트리아 작가 베른하르트는 비트겐슈타인 집안 출신이었던 친구 이야기를 담은 소설 『비트겐슈타인의 조카』를 1982년 펴내기도 했다.

---

읽었으며, 끊임없이 자기 자신을 진단하고자 했다. 그는 평생 수 많은 의사와 상담했고, 온갖 처방을 시험해 보곤 했다. 그럼으로 써 당장의 위기를 넘기는 데에는 나름대로 효과를 거두었으나, 장기적으로는 자신의 건강을 해치는 결과를 낳았다.

굴드에게 가장 큰 영향을 미쳤던 어머니 플로렌스 그레이그의 삼십 대 초반 모습.

토론토 사우스우드가 32번지에 자리한 굴드의 집. 이 집에서 굴드는 태어나고 자랐다.

아기 글렌은 태어나 사흘째 되는 날부터 손가락을 움직이기 시작했다.
태어난 이듬해 찍은 사진.

# 4
# 신동으로 불리다

글렌이 앉아 있을 수 있게 되자마자, 글렌의 어머니는 아들을 피
아노 앞으로 데려가 건반 가까이 앉히고는 아들을 위해 피아노
를 쳐 주곤 했다. 플로라는 아들이 빨리 음악에 익숙해지기 바라
며 자신이 어렸을 때 배웠던 노래와 캐나다 민요, 일요일 교회에
서 연주해 온 찬송가와 합창곡, 바흐와 쇼팽, 그리고 자신이 학
생들에게 가르치는 여러 작곡가의 작품을 들려주었다. 플로라
는 피아노를 치면서 매력적인 맑고 힘찬 목소리로 노래를 불렀
는데, 이렇게 하면 자연히 멜로디가 강조되는 효과가 생긴다. 글
렌은 어머니 플로라와 육체적으로 한 몸이었고, 동시에 자신을
따뜻하고 부드럽게 감싸 주는 어머니와, 앞에 놓인 딱딱한 피아
노 건반을 이어 주는 살아 있는 연결 고리이기도 했다.

플로라는 글렌이 작은 손을 뻗어 반짝이는 흑백 건반을 건드

려 보도록 북돋아 주었고, 글렌이 만진 건반에서 흘러나온 소리
는 엄마가 연주하며 부르는 풍부한 소리와 함께 뒤섞였다. 어머
니와 아들, 그리고 피아노는 곧 혼연일체가 되었다. 이는 나중에
글렌이 피아노를 연주하는 자세에 영향을 준 것 같기도 하다. 피
아노에 바싹 붙어서 연주하는 것은 어린 시절 엄마와 함께 악기
가까이 앉았던 어린 시절의 따뜻한 느낌을 그에게 불러일으켰
을 테니까 말이다.

글렌의 어머니는 글렌이 '특별한 아이'[1]가 되어 음악을 통해
이 세상에 위대한 공헌을 하리라 믿어 의심치 않았으므로, 처음
부터 글렌의 활동에 체계와 질서를 심어 주려고 애썼다. 글렌이
피아노의 '바른' 음을 치도록 유도하고 북돋아 주며 가르쳤다.
글렌이 어쩌다 '틀린' 음을 치면 엄마의 얼굴은 찡그려졌고 몸이
굳어졌으며 입에서는 쌀쌀맞은 말이 나왔다. 이런 엄마의 태도
를 글렌은 본능적으로 감지했고, 곧 실수하지 않는 법을 터득했
다. 음악 재능을 타고난 글렌은 스스로도 제대로 된 연주를 하기
원했던 것 같다. 심지어 말을 배우기도 전에 글렌은 소리의 세계
에 논리적인 체계가 있다는 것을 인식했다. 그것은 피아노 건반
을 가지고도 도덕적인 임무처럼 해야 할 것과 하지 말아야 할 것
이 있고, 이를 결정하는 무언가가 있다는 뜻이었다. 이러한 규칙
에 맞춰 나가는 것을 글렌은 좋아했다. 그렇게 하면 엄마가 좋아
할 뿐 아니라 그의 존재 한가운데에 있는 어떤 것, 즉 기본적이
고도 직관적인 음악성을 충족할 수 있기 때문이었다. 외할머니
와 친할머니도 음악을 좋아하는 분들이었다. 할머니들은 글렌

의 어머니와 마찬가지로 글렌을 피아노로 데려갔고, 글렌이 피아노를 치면 놀라 감격해하곤 했다.

[글렌의 아버지 말로는] 글렌이 제 할머니 무릎에 앉아 겨우 몸을 가눌 정도밖에 안 된 때였는데, 할머니와 함께 피아노에 앉으면 다른 애들처럼 손 전체로 피아노를 쾅쾅 두드리는 게 아니라 한 번에 건반 하나씩 누르고는 그 소리가 완전히 사라질 때까지 손가락을 건반에서 떼지 않으려고 했다.[2]

글렌이 세 살이 되어 말을 할 수 있게 되자, 글렌의 부모는 글렌이 절대 음감을 갖고 있다는 것을 확인했다. 음악적으로 뛰어난 재능을 가진 아이만이 아주 어릴 때부터 절대 음감을 나타내는데, 이런 능력을 어린 글렌이 가지고 있다는 것은 이제 음계 가운데 있는 어떤 음*이라도 그 위치를 정확히 알아맞힐 수 있게 됐음을 뜻했다. 예를 들어, 어떤 음의 울림이 B**보다는 A***에 가깝다든지, D음보다는 C-샤프****에 가깝고, F음보다는 E에 가깝다든지***** 하는 것을 다 구별할 수 있었다. 또 "G-플랫******" 음

---

* 음계 가운데 있는 음이란, 소리 가운데서도 (서양 음악에서) 음악적인 소리로 분류된 음만을 가리킨다. 즉 도에서 시까지 일곱 가지 음과 그 사이의 반음 다섯 개가 낮은 데서부터 높은 데까지 반복되는 음의 층계(음계)에 속한 한 음을 말한다.
** 시si에 해당하는 음.
*** 라la에 해당하는 음.
**** D는 레re, C-샤프는 반올림한 도do에 해당한다. D와 C-샤프 음의 간격은 반음에 불과하다.
***** E는 미mi, F는 파fa에 해당하는 음으로 두 음의 간격 역시 반음이다. 반음보다 더 작은 간격까지 구별할 수 있다는 말은 그만큼 음을 섬세하게 구별하는 능력이 있다는 뜻이다.
****** 솔sol을 반음 내린 음.

을 내 봐"라고 글렌에게 말하면, 정확히 그 음을 자기 목소리로
낼 수 있었다. 그뿐만 아니라 한 화음을 이루는 각각의 음도 구
별할 줄 알았다.

절대 음감 또는 '완벽한' 음감이라 부르는 이 능력은 신경계와
관련이 있다. 이런 능력을 가진 음악가는 그 음악이 무슨 조調로
되어 있는지, 그리고 어떻게 전조轉調(조가 바뀌는 것)되는지 확
실히 분간할 수 있어 음악을 듣기만 해도 음표로 그려 낼 수 있
고, 머릿속에 떠오른 음악을 악보로 옮길 수 있다. 많은 작곡가
가 이런 절대 음감을 갖고 있다. 그러나 표준음보다 높거나 낮
게 조율된 악기를 연주해야 하거나, 정상 속도보다 빠르거나 느
리게 돌아가는 음반을 들을 때는 음이 왜곡되어 '음정이 맞지 않
고' 조성이 잘못된 음악으로 들리게 된다. 절대 음감은 뇌의 측
두엽이 관장하는 인지력에서 발달하는데, 측두엽은 언어 능력
이 처음 형성되는 곳이기도 하다.

이 능력이 아주 특별한 것은 이런 능력을 가진 이가 그만큼 드
물기 때문이다. 우선 유전적 소인이 있어야 하고, 아주 어릴 때
음악과 접하여 유전적 능력이 계발되어야 한다. 가족력도 중요
한데, 어린 시절부터 음악 교육을 받아야만 향상될 수 있는 능력
이다. 심리학자 로즈마리 슈터는 어린이가 자랄수록 절대 음감
을 인식하는 능력이 줄어든다는 사실을 매우 설득력 있게 제시
한 바 있다.³ 자연스러운 언어 습득력 — 예를 들어 원어민과 똑
같은 발음으로 외국어를 배우는 능력 — 과 마찬가지로 절대 음
감 역시 사춘기 이후에는 거의 계발되지 않는다.

글렌이 절대 음감을 지녔다는 것은 그리 놀랄 만한 일은 아니다. 그의 신경 구조는 부모 양편에서 물려받은 유전 요인으로 강화되었을 것이다. 그의 어머니와 아버지는 둘 다 노래 부르기를 좋아했고, 피아노와 바이올린 같은 악기를 연주하는 데 능숙했다. 아버지 버트는 그 지방 교회에서 플로라와 함께 자주 연주회를 가졌고, 두 사람 다 "목소리가 멋졌다"고 한다.[4] 어머니 플로라가 글렌에게 노래를 불러 주고 피아노를 쳐 주면서 글렌의 취향과 태도를 끊임없이 훈련시킨 것 역시 그의 음악적 능력을 일찍 꽃피우는 데 큰 도움이 되었을 것이다. 글렌이 세 살이 되자, 그의 어머니는 본격적으로 피아노를 가르치기 시작했다.

글렌의 아버지 말에 따르면 플로라는 피아노를 가르칠 때 "글렌이 음을 잘못 누르면 가만히 내버려두지 않았다"고 한다. "글렌이 실수라도 하면 즉시 연주를 중지시키고 당장 그 자리에서 고치도록 했습니다."[5] 자신이 무엇을 하고 있는지 아직 명확히 인식하지 못하는 어린 글렌의 머리로는, 정확하게 연주한다는 것은 곧 어머니를 기쁘게 하는 것과 깊은 관련이 있었다. 플로라는 피아노로 연주하는 모든 음을 노래 부르도록 하는 방법을 고안하여 자신이 가르치는 학생들에게 그런 습관을 들이도록 애썼는데, 글렌은 이러한 어머니의 요구에도 재빨리 적응해 나갔다.

플로라에게 피아노를 배운 적이 있는 글렌의 숙부 그랜트의 기억에 의하면, 플로라는 "매우 엄격하고 꼼꼼한" 교사였다. "얼렁뚱땅하는 것을 보아 넘기질 않았어요. 만약 실수를 한 번이라도 하면 자로 손을 때렸지요."[6] 보통 아이들과는 달리 글렌에게는 악보를 보고 노래하고 연주하는 것이 식은 죽 먹기였을 것이다. 노래하면서 피아노를 치는 방법은 자신이 연주하는 작품을 명확히 파악하고 기억하는 데 도움이 되었고, 글렌은 이 습관을 평생 고수했다.

글렌은 글 읽는 법을 배우기도 전에 악보를 읽었다. 게다가 음악적 기억력도 대단했다. 방금 들었거나 연주한 작품은 다 머리에 담을 수 있었고, 심지어 악보로 흘깃 본 것까지도 다 외웠다. 그랜트의 말로는 "글렌의 엄마는 글렌을 모차르트와 자주 비교했다"고 한다. "어린 시절의 발달 과정과 교육 과정이 비슷하다고 생각하는 것 같았어요. 그러니 자연스레 글렌을 세 살짜리 천재로 여기게 된 거죠."[7]

그때까지 글렌은 명랑한 천재였다. 그의 아버지가 기억하는 꼬마 글렌의 모습 역시 "본바탕이 명랑한 아이였다".

"글렌은 성격이 매우 밝았고, 대단한 유머 감각을 가지고 있었어요."

어린 시절 사진을 보면 그의 아버지 말이 사실임을 알 수 있다. 사진 속 꼬마 글렌은 확실히 차분하고 안정돼 보인다. 고통이나 언짢은 기색이라곤 전혀 없이 늘 놀거나 웃고 있는 편안한 모습이다. 그러나 스냅 사진만으로 모든 것을 다 알 수는 없는 법이다. 글렌의 아버지는 글렌이 꼬마였을 때부터 자신의 손가락에 특별히 신경을 썼으며, 손가락이 다칠까 봐 무척 두려워했던 점을 지적했다.

"아주 조그만 꼬마였을 때부터 그랬어요. 공을 마루에 굴려 주면 화를 내곤 했지요. 글렌은 특히 공에 민감했습니다. 공을 가지고 놀려고 하지도 않았고, 손도 대려 하지 않았어요. 손을 보호하기 위해 그랬던 것 같아요. 손가락이 다치면 안 된다는 것을 본능적으로 안 거죠."[8]

글렌이 밝은 색깔에 예민하게 반응하는 성향 역시 어린 시절 시작된 것 같다. 뒷날 굴드는 컬럼비아 음반사에서 자신을 담당한 프로듀서이자 막역한 친구가 된 앤드루 카즈딘에게 자신의 속내를 털어놓은 적이 있다.

네 살인가 다섯 살 무렵, 어떤 여자가 그[글렌]에게 빨간 불자동차 장난감을 선물했다고 한다. 불자동차 색깔로 빨간색 말고 다른 색깔은 불가능했겠지만, 그 자동차가 빨간색이라는 이유만으로 그는 기겁을 하며 울어 대기 시작했다. 완전히 통제 불능 상태가 되어 그를 진정시키는 데 한참이나 걸렸다고 회상했다. 빨간색이 왜 그를 그렇게 만들었는지는 정확히 알 수 없지만, 어쨌든 그는 "어렸을 때 빨간색 장난감은 하나도 없었다"고 분명히 말했다. 그러면서 "나는 밝은 날도 싫어. 햇살도. 노란색이 싫거든. …… 흐린 잿빛 날씨를 동경하는 것이야말로 나로서는 인간이 세상에서 이룰 수 있는 것의 극치였어"라는 말도 했다.[9]

눈으로 검은색과 흰색만 보며 손가락을 보호할 수 있는 곳, 그러면서도 손가락을 가볍게 움직여 불러낸 아름다운 소리를 즐길 수 있는 곳이 피아노 말고 또 어디 있겠는가. 피아노라는 악기는 글렌에게 안전한 피난처가 되었다. 그는 바깥에 놀러 나가거나 또래와 어울리는 것, 잡다한 집안일, 또는 여느 아이들이 으레 하는 '일상적인' 것들보다 피아노 앞에서 시간을 보내는 걸 더 좋아했다. 그의 부모는 곧 아들에게 규칙을 가르치거나 벌을 주는 유일한 방법이 "피아노 뚜껑을 닫는 일"이라는 것을 알게 됐다.

"보통 때 글렌에게 연습 그만하고 나가 놀라고 말하기도 했죠. 그건 벌하고는 상관없이 하는 말이니 아이가 그 때문에 영향을 받거나 하지는 않지요. 그런데 글렌이 뭔가 잘못해서 벌을 받아야 할 때 제 엄마가 피아노 뚜껑을 닫고 잠가 버리면…… 그건 체벌을 가하는 것보다 훨씬 가혹한 벌이 됐어요."[10]

글렌은 다섯 살이 되던 해인 1938년 6월 5일, 처음으로 대중 앞에서 피아노를 연주하게 됐다. 온타리오 욱스브리지 연합 교회에서 열린 '사업가들의 성경반' 30주년 기념 일요일 오후 예배 프로그램에 참가한 것이었다. 글렌의 아버지에 따르면 이 교회는 2,000명가량을 수용할 수 있었다고 한다. 신도들이 자리로 모이는 동안 관현악단이 음악을 연주했으며, 그다음에 개회사가 있었고, 이어 「시편」 23장을 노래하고 기도한 뒤 환영사가 뒤따랐다. 그런 다음 등사기로 찍어 낸 프로그램에 따라 굴드 가족이 등장했다.

이중창─R. H. 골드 부부

피아노: 다섯 살짜리 대가 글렌 골드

그 뒤 찬송가 몇 곡과 설교 몇 차례, 독창자들의 노래(독창자 중 한 사람은 R. H. 골드 씨), 관현악단의 헌주獻奏가 이어졌으며, 마지막으로 축복의 기도로 끝을 맺었다.[11] 글렌이 피아노 반주를 한 '이중창곡'이 어떤 곡이었는지는 작곡자 이름이 프로그램에 나와 있지 않아 잘 모르겠지만, "글렌은 초견初見으로도 연주가 가능했다"는 글렌 아버지의 말[12]을 받아들인다면 사전 리허설 같은 것은 없었을 성싶다. 청중은 모두 글렌의 연주에 경탄을 금치 못했다.

여섯 달 뒤, 글렌은 두 번째로 대중 앞에 모습을 나타냈다. 이번에는 12월 9일 금요일 저녁, 에마누엘 장로교회에서 열린 어린이 연주회에서였다. 인쇄된 공고문에는 "우리 음악회에 친구들과 함께 와서 즐거운 저녁을 보내세요"라는 문구가 쓰여 있다. 입장료도 받았는데 — 어른은 25센트, 어린이는 15센트 — 성상 안치소를 마련할 기금을 모으기 위해서였다. 총 열한 명이 출연하는 프로그램에서 글렌은 세 번째 출연자로 올라 있다.

피아노 작품들—글렌 골드

구체적으로 어떤 작품을 연주했는지는 나와 있지 않지만, 음악회에 참석한 부모와 어린이 모두 어린 꼬마의 뛰어난 연주 실력에 놀라워했다. 글렌은 물론이고 그의 부모 역시 엄청난 갈채를 받아 뿌듯했고, 그때부터 글렌은 사람들에게 "나는 커서 피아니스트가 될 거예요"라는 말을 하기 시작했다.[13]

아들을 훌륭한 피아니스트로 키우고 싶어 하는 어머니의 열망을 글렌이 이처럼 적극적으로 받아들인 데에는, 당시 연주 무대에서 굉장한 인기를 누리고 있던 요제프 호프만*의 독주회에 자극받은 바가 컸다. 그 무렵 글렌의 부모도 그의 연주회에 글렌을 데려갔던 것이다. 폴란드 태생의 호프만은 음악사에서 아주 어렸을 때부터 신동으로 이름난 인물로, 일곱 살 나이에 이미 유럽 순회 연주를 했고 1887년 있었던 미국 데뷔 무대는 전례 없는 열광을 불러일으켰다. 그는 음반 녹음이 개발된 초기에 녹음을 한 전문 음악가였으며, 어릴 때부터 작곡까지 한 신동이었다.

위대한 낭만주의 피아니스트인 호프만은 투명한 음색과 화려한 즉흥 연주로 유명했다. 그래서 슈만과 쇼팽, 그리고 리스트 해석에서는 최고라는 찬사를 들었다(라흐마니노프는 피아노 협주

* '피아니스트의 왕'이라 불린 요제프 호프만Józef Hofmann은 오스트리아·헝가리 제국 시절인 1876년 태어나 다섯 살(여섯 살이라는 설도 있다)에 무대에 선 신동이었다. 당시의 신동 열풍을 혐오했던 안톤 루빈시테인마저 그의 천재성을 인정하고 유일한 제자로 거두었다. 1차 대전으로 미국에서 살게 된 호프만은 꾸준한 찬사를 받았고 커티스 음악원장으로 오래 재직했지만, 음악원장직을 내려놓은 뒤부터 알코올 중독에 시달렸다. 전성기에는 생상스처럼 무슨 곡이든 한두 번만 들으면 그대로 기억해 리스트처럼 훌륭하게 연주할 수 있었고, 자작곡도 100여 곡이나 된다. 라흐마니노프는 호프만이 연주한 곡은 "호프만이 이미 완벽하게 연주했기 때문에" 자신의 레퍼토리에서 뺐다고 한다. 호프만은 무대에서는 즉흥성과 불꽃을 보여 주기도 했지만 녹음에서는 차분하고 섬세한 연주를 들려준다. 굴드가 이토록 투명한 음을 냈던 호프만을 좋아한 것은 당연하다. 그러나 그를 폄하하는 시선도 있었다. 호프만은 19세기 낭만적인 천재 비르투오소의 전형이었고, 그의 만년은 낭만주의가 촌스러운 방식으로 폄하되던 시대와 겹쳤던 것이다.

곡 3번을 호프만에게 헌정했다<sup>•</sup>). 호프만은 수학과 과학, 그리고 사업에도 천부적인 소질을 타고난 걸로 유명했다. 1926년 호프만은 필라델피아에 있는 커티스 음악원 원장이 되었는데(커티스음악원은 호프만의 아내인 상속녀 메리 루이스 커티스 복<sup>••</sup>이 세웠다), 이 음악원은 글렌의 인생에 중요한 영향을 미친 두 음악가, 레너드 번스타인과 루카스 포스<sup>•••</sup>가 수학한 곳이기도 하다. 글렌은

---

- 정작 호프만은 이 곡을 무대에 올린 적이 없다. 2미터에 육박하는 라흐마니노프처럼 강하고 긴 손가락을 갖고 있지 않았던 것이다. 1909년 피아니스트 겸 지휘자로 미국 순회 연주에 나선 라흐마니노프는 미국으로 출발하기 전 급하게 이 곡을 마무리했고, 말러 지휘로 뉴욕 교향악단(당시 뉴욕 필의 라이벌로 프랑스와 러시아 음악에 강하다)과 초연했다. 라흐마니노프는 이 곡을 자신의 피아노 협주곡 중 가장 아낀다고 했는데, 워낙 어려워서 한동안 피아니스트들이 외면했다. 이 작품을 유명하게 만든 이는 라흐마니노프처럼 명징하면서도 강하고 우아하게 연주한 젊은 호로비츠다. 라흐마니노프를 존경해 온 호로비츠는 미국에서 라흐마니노프와 만나 평생 그를 따랐다.

- 메리 루이스 커티스 복 짐발리스트Mary Louise Curtis Bok Zimbalist는 호프만의 아내가 아니라 호프만이 커티스 음악원을 떠난 뒤인 1941년 음악원장에 오른 바이올리니스트 짐발리스트의 아내였다. 메리 커티스가 음악원을 세우기 전 음악 교육에 돈을 기부할 때부터 호프만은 메리를 도왔고, 음악원을 세울 때 여러 뛰어난 연주자를 교수진으로 끌어오는 등 설립 작업을 같이 한 데다 음악원이 문을 연 1924년 호프만은 첫 아내와 이혼하고 재혼했기 때문에 저자가 착각한 듯하다. 메리 커티스는 『레이디스 홈 저널』 등 여러 잡지와 신문을 낸 언론계 거물 사이러스 커티스의 외동딸로, 『레이디스 홈 저널』 초대 편집장을 지낸 어머니의 영향으로 십 대 초반 이미 이 잡지에 글을 쓰기 시작했다. 유명한 편집자이자 사회 활동가로 나중에 퓰리처상을 받은 에드워드 복이 편집장으로 있던 때였다. 열아홉 살에 메리는 열네 살 많은 복과 결혼해 함께 사회 활동을 해 나갔다. 남편이 죽고 13년 뒤인 1943년 열세 살 연하의 짐발리스트와 재혼했다. 당시 짐발리스트는 루마니아계 소프라노였던 아내 알마 글룩과 사별한 뒤였다. 같은 커티스 음악원장을 지낸 음악가와 재혼한 것이어서 저자가 더욱 헷갈렸던 모양이다.

- '가장 독창적이고 자극적인 미국 음악'을 선보인 루카스 포스Lukas Foss는 베를린 출신 신동이었다. 어릴 때부터 피아노와 작곡을 공부하고 나치를 피해 파리에서 음악 공부를 계속하다 열다섯 살에 미국으로 건너와 커티스 음악원에서 수학했다. 프리츠 라이너와 쿠세비츠키에게 지휘를 배웠다. 캘리포니아 대학이 쇤베르크 후임으로 그를 초빙했으나, 포스는 '즉흥 실내악단'을 창단하고 자유로운 실험을 계속해 나가는 쪽을 선택했다. 오든과 하우스먼, 카프카, 니체의 글에 곡을 붙인 〈타임 사이클Time Cycle〉이 화제를 불러일으켰고, 바

호프만의 연주에 넋을 잃고, 어린이답게 자신을 그 선배 피아니
스트로 바꿔 놓고 동일시하는 상징적인 꿈을 꾸었다.

그때 나는 여섯 살쯤 됐을 것이다. …… 기억나는 것은 차를 타고
집으로 돌아왔다는 것뿐이다. 차 안에서 막 잠에 떨어지려고 하는 순
간, 반은 깨어 있고 반은 잠이 든 묘한 상태에서 내 머릿속을 훑고 지
나가는 환상적인 소리를 들었다. 그것은 관현악단 소리였고, 나는 그
모든 악기를 연주하고 있었다. 그리고 다음 순간 나는 돌연 호프만이
되어 있었다. 나는 그 순간을 결코 잊지 못할 것이다.[14]

그동안 글렌의 음악 교육을 혼자서 맡아 온 어머니 플로렌스
는 이듬해 마침내 현명하게도 다른 외부 전문가에게 글렌의 능
력을 보이고 평가받아야 할 때가 됐음을 알고 그렇게 하기로 결
정했다. 그런데 음악 외 일반 교육을 어떻게 해 나갈지가 문제
였다. 왜냐하면 글렌이 보통 아이들과 다르다는 사실은 이미 분
명했기 때문이다. 글렌은 가정 교사와 1년간 공부한 뒤, 집에서
단 두 구역 떨어진 곳에 있는 윌리엄슨 로드 공립 학교에 입학했
다. 그러나 글렌은 학교생활을 좋아하지 않았고, 피아노를 치느
라 다른 아이들과 접촉하고 사귀는 것도 피했다. 글렌은 단체 활
동을 싫어했고, 어떤 운동에도 적응하지 못했다. 학교 운동장에
서 누군가가 그에게 공을 던지면 그는 겁을 집어먹고 피했고, 공

---

흐와 헨델, 스카를라티 음악으로 만든 〈바로크 변주곡Baroque Variations〉으로 젊은 세대에
영감을 주었다. 포스와 굴드 사이의 삼각관계는 본서 17장과 23장 옮긴이 주를 참조할 것.

을 주워 들거나 만지려고도 하지 않았다. 그런 행동은 자연히 다른 소년들의 놀림감이 되었고, 그럴수록 글렌의 자의식은 더욱 강해지고 학교생활을 더 좋아하지 않게 되었다. 나중에 글렌과 친한 친구가 된 존 로버츠에 따르면, 한번은 글렌이 학교에서 좀 사나운 아이에게 협박을 당하고선 분노를 터뜨리며 말했다고 한다.

"글렌은 그 아이에게 다시는 자기 옆에 다가오지 말라고 말했대요. 만약 가까이 오면 죽여 버리겠다고요."[15]

자기 내부에 이런 거침없는 공격성이 잠재되어 있다는 사실에 — 이런 경우를 곧 다시 한번 보게 될 터인데 — 가장 겁을 낸 것은 바로 글렌 자신이었다. 그는 화가 날 만한 상황은 의식적으로 피하려 노력했고 애써 화를 억눌렀으며, 그런 상황을 웃어넘기거나 털어 버리려고 습관적으로 애를 썼다.

플로렌스 골드는 자신이 가르치는 학생 가운데 뛰어난 아이들을 토론토 음악원에 데려가 테스트를 받아 보게 했는데, 이번에는 글렌을 데리고 갈 차례였다. 글렌의 시험 결과는 플로렌스가 바라던 대로였다. 글렌이 받은 성적은 역대 온타리오주에서 최고점을 기록했고, 글렌은 음악원에서 주는 은메달을 받았다. 그런 재능은 마땅히 키워 줘야 하는 법이다. 글렌 말고 다른 자식이 없던 부모는 유일한 자식의 재능을 키우는 데 두 손 걷어붙이고 나섰다.

연장 다루는 솜씨가 뛰어나고 늘 능률적으로 움직였던 아버지 골드 씨는 사우스우드가에 있는 집에 부속 건물을 한 채 지어서 글렌이 혼자 음악 공부를 하고 피아노 연습도 할 수 있는 공간을 마련해 주었다. 골드 씨의 아내는 여전히 다른 아이들을 가르쳤지만 자신의 특별한 아들을 헌신적으로 돌보기 위해 가르치는 아이 수를 줄여 나갔다.

"플로라의 제자 중 꽤 많은 수가 음악원 시험을 보고 음악원 코스를 밟았습니다. 아내의 학생들은 늘 반에서 가장 좋은 성적을 거두거나 지역에서 최고 실력을 자랑하곤 했지요. 그러나 글렌을 본격적으로 가르치기 시작하면서부터는 주로 형편이 어려운 학생을 맡아 무료로 가르쳐 주었어요. 그렇지만 토론토 시장 아들이 학교 성적이 신통치 않아 곤란을 겪고 있을 때, 플로라가 음악 레슨을 해 준 덕에 시험에서 별도의 점수를 받은 적도 있었습니다."[16]

엄마의 시간과 관심을 차지하기 위해 다른 아이들과 경쟁해야 했던 글렌은 질투까지는 아니더라도 어느 정도 긴장감을 느꼈는지도 모른다. 그러나 그는 어린 나이에도 무던하게 혼자서 잘해 나가는 편이었으며, 어머니를 독차지할 수 없는 상황으로 크게 괴로워한 것 같지는 않다. 적어도 의식할 정도는 아니었다는 말이다. 그러나 경쟁이라는 걸 글렌이 얼마나 싫어했는지 우리는 잘 알고 있다. 그는 나중에 말과 글을 통해 모든 종류의 경쟁 ─ 운동에서건, 예술 분야에서건, 정치나 일상생활에서건 간에 ─ 에 경멸감을 표했다. 그가 라이벌 의식이나 경쟁을 극도로 싫어했던 것은 어린 시절 집에서 어머니가 다른 아이를 가르치느라 아들인 자신에게 전적으로 신경을 써 주지 못했던 상황에 대한 반응이 아니었을까 추측해 본다. 그러나 일반적인 관점에서 보면, 글렌은 오히려 응석받이에 가까웠다.

"글렌에게 잡다한 집안일 같은 것을 시키거나 하지는 않았습니까?"

나는 그의 아버지에게 물었다.

"아뇨, 글렌에게는 음악이 늘 먼저였어요. 뭔가 할 일이 있을 때면 글렌은 피아노로 도망가곤 했지요."[17]

피아노 치는 것 말고 좀 더 '일상적인' 행동은 어떻게든 피하려고만 하는 글렌의 고집은 어머니의 야망에 힘입어 더욱 강해졌고, 그런 마당에 아버지가 할 수 있는 일은 실상 별로 없었다. 골드 씨는 아들에게 바깥 활동을 시키려고 애써 보았으나 늘 헛수고였다. 그는 불운으로 끝난 낚시 여행을 예로 들었다.

토론토에서 차로 한 시간 거리에 있는 오릴리아 가까이 가족의 여름 별장이 있었는데, 그곳의 심코 호숫가에 글렌의 아버지도 배를 한 척 가지고 있었다. 그는 낚싯대와 릴을 가지고 물고기를 잡으러 호수로 들어가는 걸 무척이나 좋아해서 글렌도 데려가 함께 큰 고기를 낚아 올리고 싶었다. 마침내 어느 날, 아들을 피아노에서 떼어 놓는 데 성공하여 호수로 갔는데, 막상 묵직한 물고기를 낚아 올려 물 밖으로 끌어내자 글렌은 화를 내며 언짢아했다. 글렌은 물고기를 죽인다는 사실 때문에 몹시 괴로워했다고 한다. 그 사건 이후 글렌은 아예 낚시에 손을 대려고도 하지 않았을 뿐 아니라, 하도 강하게 따지는 바람에 아버지마저 낚시의 즐거움을 포기해야 했다. 그렇지만 글렌은 가끔 친구와,

특히 자기 개를 데리고 배 타는 것은 계속했다.

그런데 이와 관련하여 할 얘기가 더 있다. 삶과 죽음, 그리고 삶과 죽음이 뒤섞이는 데서 오는 신비는 어린이의 공통된 관심사다. 글렌의 경우, 그에 대한 생각과 환상은 아버지의 낚시 여행과 연결되어 있을 뿐만 아니라, 아버지의 모피 사업과도 관련이 있었다(글렌은 아이들이 보기에 끔찍한 장면이 텔레비전에 등장하기 이전 시대에 어린 시절을 보냈다). 그의 아버지는 다음과 같은 간판을 크게 내건 가게에서 일했다.

골드 스탠더드 모피
모피 디자인과 제작의 명인
토머스 G. 골드

고급 코트와 목도리 전문
수선, 디자인 변형, 보관

버트의 아버지가 창립한 이 사업의 본거지는 토론토 시내 멜린다가 33번지 건물 위층이었다. 이곳에서 개인 고객을 상대로 모피 코트를 판매하고, 다른 모피상들과 물건을 교환하기도 했다. 그래서 갓 벗겨 낸 동물의 생가죽이 늘 진열대 앞을 차지하고 있었다. 글렌의 작은아버지 그랜트는 이 사업 현장을 생생히 기억하고 있다.

"모피 수확 지대인 북쪽에서 모피상들이 찾아오곤 했어요. 끔찍한 냄새가 나는 죽은 사향뒤쥐를 갖고 와 바닥에 내려놓으면 아버지[글렌의 할아버지]는 '이놈은 좋아, 이것도 괜찮고, 요놈은 안 좋군, 이놈은 빼 버려, 요놈들을 사지' 이런 말을 하곤 했지요."[18]

어린 글렌을 그곳에 데리고 가면, 그는 공포감과 함께 묘한 매력을 느끼며 죽은 짐승들을 바라보곤 했다. 짐승의 머리와 다리, 그리고 꼬리는 마치 살아 있는 것처럼 보였다. 날씬하고 우아한 여우는 종종 여자들의 목을 감쌌고, 여우 주둥이는 집게가 되어 목도리가 흘러내리지 않도록 고정해 주었다. 글렌의 어머니도 가끔 여우 목도리를 두르곤 했는데, 그때마다 글렌은 무척 고통스러워했다.

죽은 동물에 민감했던 글렌은 사우스우드가 32번지에 있는 자기 집에서 일어난 불행한 사고 때문에 이 증상이 더욱 심해졌다고 한다. 이 얘기는 어린 시절 글렌의 옆집에 살면서 글렌과 가장 친하게 지냈던 친구 로버트 풀포드가 내게 들려주었다.

"글렌의 아버지인가, 누군가가 집으로 차를 몰고 들어오면서 집에서 키우던 개를 치어 죽인 일이 있어요. 글렌은 개를 굉장히 좋아했습니다. 죽은 놈은 작은 강아지였는데, 그 때문인지 다음에는 큰 개를 사더군요. 그 개의 이름은 닉이었고, 영국 혹은 아일랜드산 사냥개였어요. 덩치가 크고 멋져서 글렌이 수년 동안 제일 예뻐한 개였지요. 개가 자동차에 치이지 않으려면 덩치가 커야 한다고 내게 말하더군요."[19]

수년 동안 닉은 글렌의 가장 가까운 친구였다. 둘은 함께 장난

치고 산책했으며, 글렌이 피아노 연습을 할 때면 닉(정식 명칭은 게어로치드의 니콜슨 경)은 글렌 곁을 지키며 앉아 있었다. 글렌에게는 다른 반려동물도 있었다.

모차르트라는 이름의 새와 금붕어 네 마리가 있었는데 각각 바흐, 베토벤, 하이든, 쇼팽이라 이름 지었다. 또한 글렌이 직접 잡아 길들이려 했던 스컹크도 있었다. 글렌은 덫을 놓아 스컹크를 잡았는데, 그의 아버지가 더 좋아했다. 동물 해부 실험과 동물 보호는 글렌의 가슴에 평생 자리 잡은 화두였다. 어린 글렌은 종종 자기 자신을 동물로 느끼곤 했다. 그래서 가끔 "나는 콜리 개야. 멍멍" 이런 말을 하곤 했다.[20] 스컹크를 잡고 나서는 이런 글도 남겼다. "나는 스컹크, 스컹크가 바로 나라네. 나는 스컹크 짓밖에 할 줄 몰라. 다른 건 필요 없어. 나는 스컹크, 나는 스컹크로 남을 거야……."[21]

유년 시절 글렌의 꿈은 캐나다 북쪽에 있는 섬 하나에 늙고 병들어 헤매는 동물을 위해 목가적인 집을 마련하고, 자신도 노년을 그곳에서 보내는 것이었다. 그런데 그의 아버지 말에 따르면 글렌은 이미 어렸을 때 그런 농장을 마련하고 싶어 했다고 한다.

"늙은 소와 말, 그리고 온갖 동물을 다 거둘 수 있는 농장을 원했어요. 늙은 동물을 데려다 놓을 수 있는 매니툴린섬의 농장을 보러 글렌과 함께 북쪽 지방을 다녀온 적도 있었습니다. 그곳은 인디언 전통으로 가득 찬 신비한 땅으로, 위대한 마니투 신'

---

• 북미의 알곤킨족 선주민이 믿는 신. 그들은 자연계 전체에 초자연적 존재인 마니투가 존재한다고 믿는다.

이 머물렀던 곳이라고 해요. 아내 쪽으로 먼 친척이 거기 살았어요."[22]

글렌이 동물을 사랑했고 동물 학대에 특히 신경을 썼다는 이야기를 나누면서, 버트는 글렌의 이런 관심이 부분적으로는 숙부 그랜트의 생물학 공부에서 기인한 것이 아닌가 싶다고 내게 말했다.

"그랜트는 글렌보다 열네 살 많았는데, 의과 대학에 다니는 동안 방학이면 호숫가에서 캠핑을 하곤 했어요. 텐트도 있었는데, 거기서 개구리를 해부하곤 했지요. 글렌은 그것을 무척 언짢아했습니다. 그랜트는 해부를 할 수밖에 없었지요. 그렇잖아요? 의학 공부를 하고 있었으니. 글렌과 그랜트는 서로 많이 닮았답니다. 사진도 있는데, 아마 누가 누군지 알아보지 못할 거예요. 그래서 글렌은 그랜트가 아이스크림콘 같은 걸 들고 연주회장에 의기양양하게 들어서는 것을 보면 미친 듯이 화를 냈어요. 글렌은 모욕감을 느낀 거지요."[23]

그런데 현재 캘리포니아 뉴포트비치에서 뛰어난 외과의로 활약하고 있는 의학 박사 그랜트 A. 굴드는 글렌에게 해부하는 모습을 보여 준 적이 없다고 기억했다. 그러나 피아노를 치던 자기 조카가 비록 꼬마이긴 했지만 그런 일에 매우 까다로웠다는 사실만은 인정했다.

글렌의 집안이 성姓을 골드에서 굴드로 바꾼 것은 그랜트가 의대에 다니던 무렵이었다. 성을 바꾼 법원 기록은 '분실'된 것으로 나와 있지만, 토론토 전화번호부 인명부에는 1939년 7월 처음으로 굴드라는 이름이 올라와 있다. 반면 토론토시 인명록에는 1940년이 되어서야 바뀐 성으로 표시되어 있다. 글렌이 태어나면서 받은 골드라는 성으로 가진 마지막 연주회는 1941년 10월 26일에 있었다. 글렌이 막 아홉 살 되던 때였다. 캐나다 이즐링턴 연합 교회에서 글렌은 "피아노 서주"를 몇 곡 연주하고, 뒤이어 "글렌 골드가 이끄는 노래 예배"가 진행됐다.[24]

자신의 성이 바뀐 것에 글렌이 어떤 반응을 보였는지는 정확히 알 수 없다. 그는 이에 관해 어느 누구와도 구체적으로 얘기한 적이 없었으며, 그의 경력을 본격적으로 다룬 책이나 영상물에도 이 이야기는 빠져 있다. '골드Gold'라는 이름은 돈, 반짝임, 부, 보물 등 사람들이 갈구할 만한 것을 연상시킨다. '글렌* 골드'라는 이름으로 자신이 소개되는 과정을 통해 긍정적인 자아상을 갖게 된 소년이 그 이름을 포기하게 됐을 때 아무런 감정도 없었겠는가.

싸움은 없었을지 몰라도 논쟁은 틀림없이 있었을 것이다. 어린 시절 글렌이 심각한 갈등과 어려움을 겪었다는 유일한 증거는, 수년 뒤 컬럼비아 음반사의 프로듀서였던 앤드루 카즈딘에게 했던 또 다른 고백이다.

분명히 그는 집안의 몇몇 규칙을 깼고, 그 때문에 어머니와 논쟁을 벌였다. 그의 분노가 극에 달했을 때, 그는 어머니에게 육체적인

---

* 글렌Glenn의 철자는 자주 Glen으로 잘못 표기되어 초기 프로그램에는 흔히 Glen Gold로 되어 있다. 나중에 글렌 자신도 서명을 할 때 일부러 'n'을 하나 빼고 하는 경우가 많았다.

해 ― 어쩌면 살인까지도 ― 를 입힐 수도 있겠다는 느낌이 들었다고 내게 말했다. 그것은 불꽃처럼 스쳐 지나가는 감정이었지만, 비록 찰나에 불과하다 해도 이런 생각을 품었다는 사실을 깨닫는 순간 매우 두려웠다고 한다. …… 이 경험 때문에 그는 진지한 자기반성에 들어갔고, 그 시기를 거친 뒤로는 다시는 내적 분노를 밖으로 드러내지 않겠다고 스스로 다짐했다. 그는 평생 자기를 절제하며 살겠노라고 결심했다.[25]

이 기억은 어쩌면 환상일지도 모르지만, 굴드가 왜 사람들과 가까워지기를 그토록 꺼리며 음악을 방패 삼아 숨어 버렸는지, 그리고 본격적으로 음악가가 되는 과정에서 왜 그런 인간적인 괴벽을 지니게 되었는지를 미약하게나마 설명해 준다. 그는 분노의 감정을 느낄 수 있는 사람이었지만, 그것이 살인으로 발전하게 될까 봐 두려웠던 것이다. 그리고 그가 살인 충동을 최초로 느낀 대상이, 음악적인 재능을 키우기 위해 자신이 전적으로 의지했던 사람, 바로 자신의 어머니라는 사실 때문에 그는 분노와 그에 따르는 모든 감정을 억누를 수밖에 없었다.

이 때문에 아버지에 대한 환멸감 역시 심해진 것 같다. 아버지라는 존재의 의미는 글렌이 커 갈수록 점점 받아들이기 힘들어졌다. 아버지인 버트 입장에서는 낚시를 포함하여 자기와 함께 다른 '정상적인' 활동을 즐겁게 하면서 어쩌면 가업까지 이어받을 수 있는 아들로 키우고 싶었을 것이다. 그러나 글렌은 그 모든 것을 혐오스러워했다. 골드 스탠더드 모피에서 팔고 있는 가

죽은 글렌에게 동물 학살을 떠올리게 할 뿐이었다. 글렌은 (나중에) 채식주의자가 되고, 동물의 권리를 지키는 기수가 됨으로써 동물 학살에 반대하는 입장에 선다. 글렌은 나이 먹어 가면서 사람보다 동물이 더 좋다는 말을 자주 했다. 그리고 자신의 유언장에도 재산 중 많은 부분을 토론토 동물 애호 협회에 기부하도록 명시해 놓았다.

동물 인형과 함께 정원에서 놀고 있는 어린 굴드. 1933년 사진.

심코 호수에서 친구와 함께 개를 데리고 뱃놀이하고 있는 글렌 굴드.
어린 시절 굴드는 배를 타고 훌쩍 사라지곤 하여 부모 속을 썩였다.

소년 굴드가 가장 좋아했던 벗 닉과 함께. 1942년.

굴드는 1944년에서 1946년경까지 키우던 새에게 '모차르트'라는 이름을 붙여 주었다.
피아노 위에 바흐의 악보가 보인다.

매니툴린섬에서 굴드가 바위에 앉아 소들에게 노래 불러 주는 모습.
굴드는 어린 시절부터 동물에게 노래를 불러 주어 녀석들을 끌어들이곤 했다.

# 5
# 단 한 명의 친구

학교에서 글렌은 친구들과는 동떨어진 외로운 아이였다. 학교 친구들은 난폭해서 글렌을 겁먹게 했고, 친구 가운데 자신과 음악적 관심을 함께 할 사람이 없었으므로 어린 글렌은 자신을 이해하고 받아 줄 수 있는 누군가와 만나기를 갈망했다. 다행히 글렌이 아홉 살 되던 때 그런 아이가 나타났다. 그 아이 이름은 로버트 풀포드였다. 밥* 풀포드는 글렌보다 겨우 몇 달 빨리 태어났지만 그 역시 재능이 특출한 소년이었다. 밥은 음악에 날카로운 안목을 가졌을 뿐만 아니라 문학에 대한 관심과 지적 호기심이 무척 강한 아이였다. 둘은 금방 친구가 되었고, 10여 년에 걸쳐 서로 큰 영향을 주고받았다.

---

• 밥Bob은 로버트의 애칭이다.

밥 풀포드는 사람의 행동을 관찰하고, 자신이 기억한 것을 정확하고 생생하게 문학적으로 표현해 내는 데 특별한 재능을 가지고 있었다. 그는 뛰어난 이야기꾼으로, 오늘날 캐나다에서 가장 인기 있는 언론인이자 작가가 되었다. 그의 책 가운데 가장 성공을 거둔 책으로 손꼽히는 『그 집에서 가장 좋은 자리, 어느운 좋은 남자의 회상록』에서 굴드와 만난 이야기를 다음과 같이 묘사하고 있다.

윌리엄슨 로드 공립 학교에 다니던 어느 날, 우리 반에서 내 앞에 앉은 작은 남자아이가 몸을 돌리더니 자기는 글렌 굴드라며 이름을 말해 주었다. 얘기를 하다 보니, 우리가 이웃에 살고 있다는 사실을 알게 되었다. 우리 가족이 얼마 전 얻은 사우스우드가 34번지 집은 그 아이 집 바로 옆이었다. 우리는 곧 서로 집을 오가는 사이가 되었고, 나는 글렌이 여느 아홉 살짜리 아이가 아니라는 걸 알게 되었다.[1]

밥 풀포드가 기억하는 글렌은 학교 공부보다 자신의 음악에 더 관심이 많은 부적응자였다.

"글렌은 정말로 공부에는 별로 관심이 없었어요. 선생님들이 시키는 대로 하는 경우가 거의 없었지요. 쓰는 데 서툴러서 작문이나 책 등은 늘 엉망이었어요. 그래도 역사를 잘했고, 물론 영어와 수학도 뛰어났어요. 사실 글렌은 매우 호감을 주는 사랑스러운 아이였어요. 아주 재미있기도 했고요. …… 음악에는 무척 진지했지만, 그 자신에 대한 태도는 그리 진지한 편이 아니었어요. 매우 상냥하고 부드러운 성격이었고, 함께 재미있게 놀 수 있는 친구였습니다."[2]

그들이 우정을 쌓아 가는 10년 동안 글렌은 주로 교회 행사에서 피아노나 오르간을 가끔 연주하는 신동이라는 비교적 모호한 위치에서 점차 음반을 녹음하고, 라디오 방송도 타는 공연 예술가로 국가적인 인물이 되어 나갔다. 그러는 사이 두 소년은 바로 옆집에 사는 이웃으로서, 그리고 같은 학교 학생으로서 거의 매일 만났다. 밥이 심코 호숫가의 여름 별장에 초대되어 가는 경우도 많았다. 두 사람의 집안 배경은 달랐지만 둘은 상호 보완적이었다.

글렌의 집안이 보수적이고 시골풍인 반면, 밥의 집안은 비교적 자유롭고 도회적이었다. 밥의 아버지는 신문 기자에 알코올 중독자였지만, 여행을 많이 다니고 뉴욕에 살았던 적도 있었다. 그의 어머니는 오타와의 책방 딸로서 두 사람 사이에는 아이가 넷 있었다. 두 집안은 경제적으로 큰 차이가 있었다고 풀포드가 설명했다.

"당시 우리 동네 기준으로 보면 굴드 집안은 굉장히 부유한 편이었어요. 1940년대였을 텐데, 굴드 씨가 우리 아버지에게 글렌의 음악 교육으로 매년 들어가는 돈이 3,000달러라고 말했어요. 그 액수는 우리 아버지의 연봉에 해당했어요! 그러니까 글렌의 가족에게는 음악 공부에 들이는 돈 3,000달러 말고 따로 의식주 비용도 있었다는 뜻이니, 그에 비하면 우리는 정말로 가난뱅이였던 거죠."[3]

글렌 자신의 이야기나 편지, 자전적 회고담 등에는 밥 풀포드와 나눈 우정이나 그 우정이 사춘기 발달에 미친 영향 같은 것에 대한 이야기는 전혀 등장하지 않는다. 그가 살아오는 동안 나눈 다른 우정 역시 마찬가지다. 글렌은 인간적인 상호 교류나 친밀함이 전혀 필요 없는 어떤 존재, 완전히 독립된 존재로서 자신을 내세우고자 늘 애썼던 사람이다.

그러나 실제로 그는 인간적인 접촉을 열망했고 — 물론 항상 자기 나름대로 — 나중에 나한테 그랬듯이 가끔씩 누군가를 자신의 궤도 안으로 끌어들이는 데 성공하기도 했다. 글렌은 돋보이는 매력과 쾌활함, 그리고 지성을 갖추고 있어서 사람들의 관심을 끌었고, 사람들이 보내는 관심을 기꺼이 즐겼다. 그러나 이는 어디까지나 자신이 주도권을 쥐고, 모든 것이 자기가 바라는 대로 흘러가는 경우에 한해서였다. 그래서 때로 친구들에게 부담을 주기도 했다. 그러다가 때가 되어 — 결국 그렇게 될 수밖에 없지만 — 자신이 받아들일 수 없는 관점이나 비판이 나오게 되면, 그는 재빨리 사람들과 관계를 끊어 버리곤 했다.

밥 풀포드는 "글렌을 정말로 좋아했다"고 한다. "그에게 가장 심하게 한 말이라고 해 봤자, 계집애 같다는 말 정도였습니다. 보통 아이들은 갖가지 심한 말을 하고 또 듣곤 하지만, 글렌은 그런 말을 들을 정도로 친한 친구가 없었어요. 글렌에게는 단연 내가 가장 친한 친구였습니다. 아이들은 방과 후 친구들과 바깥에서 놀게 마련입니다. 그저 어울려 잡담을 하기 위해서거나 때로 다른 아이들을 골려 주기 위해 그렇게들 하죠. 하지만 글렌은 결코 그런 적이 없었습니다. 글렌이 또래 아이 서너 명과 함께 길거리나 다른 장소에 있는 모습을 본 적이 한 번도 없어요. 그런 식으로 친구들과 어울려 지내는 것이야말로 어린 시절의 가장 즐거운 추억인데 말이죠."⁴

밥 풀포드는 평생 글렌을 괴롭힐 여러 불안감과 초조증이 시작되고 심해지는 것을 옆에서 지켜본 사람이기도 하다. 그리고 이러한 두려움을 더욱 구체적으로 만든 책임이 글렌의 어머니에게 있다고 밥은 믿고 있다.

"건강 염려증도 유전될 수 있다 치면, 책임져야 할 사람이 누군지는 분명하지요. 글렌의 어머니는 끊임없이 글렌의 안색이 안 좋다며 걱정했어요. 사실 글렌의 안색은 매우 창백했고, 글렌의 어머니는 늘 걱정을 하는데, 이런 식이었죠. '이걸 먹어야 해. 이걸 더 먹어라, 그리고 이것을 하고 저것을 해라. 밖에 나가 태양을 좀 쬐렴. 로버트와 함께 밖에 나가 놀지 그래?'"⁵

글렌이 좀 더 커서 사귄 친구인 존 로버츠는 글렌이 어렸을 때부터 세균에 감염될까 봐 늘 두려워했다고 말한다.

"조금이라도 아픈 기색이 보이는 사람은 글렌 가까이 갈 수 없었어요. 글렌은 병에 걸릴까 봐 공포에 떨었으니까요. 글렌 어머니는 많은 사람이 모이는 캐나다 전국 박람회*나 다른 곳에 가

---

* 매년 여름 18일 동안 토론토에서 열리는 박람회. 온타리오주의 여러 도시를 돌아가며 서던 장날 풍습에서 유래했다. 농업과 산업 기술을 소개하는 전시 행사뿐 아니라 놀이공원, 도박장, 공연장 등에서 행사가 열린다. 본래 토론토의 행사였다가 1912년부터 전국적인 축전이 되었다.

지 못하게 글렌을 말렸습니다."[6]

글렌은 건강에 관한 어머니의 훈계를 아무 의심 없이 복음처럼 받아들인 것 같다. 말년에 출연한 영상물에서 글렌은 어린 시절 유행했던 소아마비에 감염되지 않기 위해 어쩔 수 없이 군중을 피해야 했다고 설명한 적이 있다.[7]

밥 풀포드는 글렌의 어머니에 대해 또 하나 중요한 사실을 새로이 파악한 바 있다.

플로렌스 굴드는 매우 정숙한 여성이었다. 그는 늘 갈등과 긴장이 사라진 세상, 규칙과 질서만이 존재하는 지극히 고요한 세계에서나 할 수 있는 말만 했다. 그는 갈등을 싫어했고, 극단적이거나 기묘한 것을 혐오했다. 불가능한 일이었지만, 그는 자기 아들이 적절한 양의 신선한 공기와 운동, 그리고 좋은 친구들과 함께 '평범한' 유년 시절을 보내기를 갈구했다. 지금 생각해 보면, 내가 글렌과 친구로 지낼 수 있었던 것도 굴드 부인의 이런 생각 덕분이었던 것 같다. 굴드 부인이 보기에 나는 적당히 평범한 아이였던 것이다.[8]

풀포드는 글렌과 부모 사이의 관계도 다음과 같이 묘사하고 있다.

그들과 함께 며칠 지내면서 나는 가족 관계가 얼마나 긴밀할 수 있는지 단편적으로나마 본 셈이었다. 우리 집에서는 애정도 미움도 여섯 식구 사이에서 느슨해지기 일쑤였다. 그러나 단지 세 사람의 굴드가 있는 공간에서는 사랑과 긴장의 순간을 구분하는 선이 너무나 뚜렷했다. 글렌은 전형적인 외동아들이었다. 부모는 그의 일거수일 투족을 감시하는 동시에 애정 과잉과 응석받이로 글렌을 키우고 있었다. 글렌이 내게 설명하기를, 가족이 [심코 호숫가에 있는] 오두막에서 지낼 때는 엄마가 하룻밤은 자기와 자고 다음 날 밤은 아버지와 자곤 하는데, 그렇게 지낸 것이 벌써 몇 년째라고 했다.

굴드네는 기독교도로서, 그 집에서는 평범한 욕조차 엄청나게 뻔뻔한 일이 되어 버린다. …… 나와 동년배 남자애들 가운데 [글렌은] 결코 지저분한 농담도 하지 않고, 여자애들에 관해 성적인 상상도 하지 않으며, 결코 '씨발fuck'이라는 욕도 하지 않은 유일한 사람이었다.[9]


성 충동이 생기기 시작하고 강해지는 시기에 글렌이 어머니와 함께 잠잘 수 있었다는 것은 심각한 의문을 낳는다. 그는 혼자 자는 걸 두려워했던 걸까? 그의 어머니는 아들과 함께 잠으로써 그의 불안과 걱정을 덜어 주려 했던 걸까? 그의 아버지는 왜 아내가 아들과 함께 자는 것을 허락하고 양보했을까? 그들의 결혼 생활이 파탄을 맞았기 때문이었을까, 아니면 모자가 함께 자는 것이 굴드 집안에서는 아무런 문제가 되지 않는 성적 터부에 불과했던 것일까?

풀포드에 따르면, 성적인 것을 지나치게 피하는 글렌의 특성은 "에로틱한 것과 관련이 있는 것은 무엇이든 싫어하는 어머니의 성향을 글렌이 어린 시절에 체화해 버린 결과"라고 했다.

"글렌의 어머니는 매력이라곤 눈곱만큼도 찾아볼 수 없는 여자였습니다. 얼굴은 각졌고 — 그 얼굴을 볼 때마다 입체파 그림처럼 날카로운 도끼가 떠올랐으니까요. 에로틱한 것과는 거리가 한참 먼 사람이었죠. 나랑 동생은 가끔 비속어를 쓰곤 했는데, 그게 글렌은 신경 쓰였나 봐요. 글렌이 설교를 하더군요. 그런 말 그만하라고, 만약 그만두라는 자기 말을 듣지 않으면 '너희들, 다시는 우리 집에 못 오게 할 거야'라면서 협박까지 하더군요. 이런 태도는 어머니에게서 받은 거였죠. 글렌의 어머니는 늘 '너희들 그런 말 쓰면 안 된다'라고 말하곤 했거든요. 어쨌든 그는 어머니 말을 받아들였고, 곧이곧대로 믿은 게 분명합니다. 이 지구상에 사는 사춘기 남자애로서는 정말 불가능한 일이긴 하지만, 글렌은 여자애들에게 육체적인 관심을 표하는 어떤 말도 입에 올린 적이 없었습니다."[10]

풀포드는 또한 글렌과 어머니 사이는 글렌이 사춘기에 접어들 무렵까지도 "끔찍할 정도로, 정말 끔찍하게 가까웠다"고 기억했다. 그리고 이런 모자간의 친밀함에 그의 아버지는 별 거부감을 표하지 않았다고 한다. 이 점은 글렌의 작은아버지 그랜트 굴드 역시 인정하고 있다.

"글렌은 늘 엄마랑 더 가까웠어요. 완벽하게 모자 중심 관계였어요. 어머니가 지배적인 관계였죠. 버트는 자신이 바랐던 만큼 아들과 친하게 지내지는 못했을 거예요. 글렌을 예뻐했지만 그 사랑은 제대로 보답받지 못했을 것이고요."[11]

밥 풀포드가 기억하는 글렌의 아버지는 무뚝뚝하고 거친 편으로 감정이 풍부하거나 표현을 매끄럽게 잘하는 사람이 전혀 아니었다.

"무뚝뚝한 성격에 잘 어울리는 콧수염을 기르고 있었습니다. 말을 잘 듣지 않는 아이들에게 아빠들이 하는 식으로 '그러지 마, 그렇게 해선 안 돼' 하며 화낼 줄도 알았어요. 그러나 하나도 무섭게 느껴지지는 않았어요. 매우 강한 두 사람 — 아내와 아들 — 과 함께 살다 보니, 그 두 사람에게 조금 치이는 것처럼 보였습니다. 글렌이 살생이 싫다고 해서 아버지가 낚시를 포기한 것 아시죠? 아들이 자신을 그렇게 대접하도록 내버려두다니, 좀 서글프다는 생각이 들어요. 하지만 그는 아들을 굉장히 자랑스러워했고, 아들의 경력을 키워 주기 위해서라면 무엇이든 했습니다."[12]

글렌의 반항적인 기미는 음악적 취향을 두고 어머니와 즐겁게 티격태격하는 형태로 나타났다. 글렌의 어머니는 〈자줏빛 아침이 동터 올 때, 여전히, 여전히 그대와 함께 있나니〉와 〈주여, 당신이 우리에게 주신 날은 끝이 났습니다〉와 같은 교회 찬송가를 좋아했다.[13] 또한 이탈리아 오페라도 매우 사랑했다. 그가 가장 아끼는 음반 가운데는 테너 엔리코 카루소의 음반도 끼여 있었다. 그러나 사춘기가 가까워질 무렵 글렌의 취향은 이와는 다른 방향으로 나아갔다. 그는 자신의 이론에 따라 확고한 음악관을 세우기 시작했다.

열 살 때부터 배우기 시작한 피아노 스승 알베르토 게레로 Alberto Guerrero와 밥 풀포드의 영향으로 글렌은 현대 음악가, 특히

아널드 쇤베르크, 알반 베르크,[*] 그리고 안톤 베베른[**] 같은 빈의
무조주의無調主義 음악가에 관심을 갖게 되었다. 글렌은 또한 바
그너의 오페라를 무척 좋아해 〈트리스탄과 이졸데〉를 들으면
눈물이 난다는 말을 하곤 했다. 그리고 머지않아 그의 어머니가
자신이 신봉하는 음악을 열성과 믿음으로 통상 주장해 왔듯이,
글렌 역시 음악에 대한 자신의 의견을 분명하고 열렬하게 말하
기 시작했다. 그러니 두 사람은 부딪칠 수밖에 없었다. 풀포드는
이 광경을 다음과 같이 들려주었다.

"글렌은 자기 어머니에게 '카루소는 광대예요. 끔찍하고, 엉
망이고, 형편없는 사기꾼이에요. 그게 음악이란 말이에요? 천만
에!' 이렇게 말하곤 했어요. 그러면 그의 어머니는 속상한 목소
리로 대답했어요. '오, 글렌, 그런 식으로 말해서는 안 돼. 카루소
는 위대한 가수야. 너는 그걸 잘 모르는 모양이구나. 너는 고작
해야 음반 몇 장밖에 더 들어 봤니? 그것도 상처가 나서 찍찍거
리는 음반으로만 들었으니, 그걸로 어떻게 카루소를 제대로 평
가할 수 있겠니?' 그래도 글렌은 고집을 꺾지 않았죠. '충분히 들
었어요. 알 만큼은 들었다고요.' 글렌은 연예계에서 잘 팔리는

---

* 빈 출신의 작곡가 알반 베르크Alban Berg(1885~1935)는 쇤베르크에게 화성학과 대위법
  등을 배웠다. 스승의 잔소리를 들으며 여러 잡일도 맡아 했는데, 1920년대에 베르크의 이
  름이 알려지자 쇤베르크를 향한 대접도 나아졌다고 한다. 극작가 브레히트와 작곡가 쿠르
  트 베일의 정치적인 극을 좋아했던 베르크는 1차 대전 경험을 바탕으로 오페라 〈보체크〉
  를 성공시켰고, 뒤이어 살인과 섹스, 피가 낭자한 오페라 〈룰루〉를 미완성으로 남겼다.
** 빈의 명문가에서 태어난 안톤 베베른Anton Webern(1883~1945)은 피아니스트 어머니에
  게 피아노를 배우고 나중에 첼로에 입문했다. 빈대학에서 말러의 친구였던 아들러 밑에서
  음악학을 전공했고 브루크너에게 작곡을 배웠다. 빈 악파 가운데 가장 진보적인 작곡가로
  뒷날 전자 음악에도 영향을 미쳤다.

테너 같은 것은, 앞으로 자신이 추구하려는 음악이 무엇이든 간에 자신의 음악과는 적대적인 존재가 되리라는 걸 알았던 겁니다. 그는 어린 나이에도 이미 그렇게 음악에 대해 놀랄 만큼 확고한 자기 관점을 가지고 있었어요."[14]

아들을 신동으로 보았던 플로라 굴드의 관점에 분명한 변화가 생겼다는 사실 역시 풀포드에게 들었는데, 나로서는 예상 밖의 놀라운 변화였다. 굴드가 아기 때 보여 준 조숙한 음악성에 기뻐하며, 심지어 모차르트와 비교하기까지 했던 플로라는 이번에는 아들이 피아니스트로서 뛰어난 능력을 보이는 것이 그의 재능을 너무 계발했기 때문이 아닌가 하고 걱정하게 된 것이다. 풀포드는 "글렌의 어머니는 글렌이 비정상적으로 될까 봐 두려워했다"고 말했다.

"예를 들어 굴드 집안에서는 '모차르트'라는 말이 욕이나 마찬가지였습니다. 왜냐하면 글렌의 부모나 역사가 파악한 바대로 모차르트는 신동이어서 망가졌으니까요. 너무 착취당한 거지요. 그래서 '모차르트'라는 말과 '신동'이라는 말은 가장 나쁜 말이 되어 버린 겁니다. 그 집에서는 어느 누구도 글렌이 신동으로 불리길 원치 않았어요. 글렌은 단지 그 말이 우습기 짝이 없다고 여겼기 때문에 원치 않았고, 굴드 씨 부부는 두려웠기 때문에 그랬어요. 그들은 아들이 공연 무대에 너무 내몰리지 않을까 염려한 나머지 사춘기 시절 글렌의 공연을 극도로 제한했습니다. 1년에 한 번 라디오에 출연하고, 무대 연주 한 차례, 아마 그런 정도로 선을 정해 놓았을 겁니다. 글렌이 평범해지기를 바랐던 거지요."[15]

실제로 그 시기 글렌은 무대에 서는 일이 극히 드물었고, 한 공연이 끝나고 한참 지난 뒤에야 다음 공연을 잡곤 했다. 밥 풀포드를 만난 이듬해인 열 살 때 글렌은 윈스테드 연합 교회에서 모차르트 소나타의 첫 악장을 연주한 적이 있고, 그 이듬해에는 케임브리지 스트리트 연합 교회에서 프란츠 리스트의 〈잊어버린 왈츠 Valse Oubliée〉와 레비츠키*의 내림가(A플랫)장조 왈츠**를 연주했다.

글렌이 무대 공포증을 느끼기 시작한 것도 사춘기 전인 바로 이 무렵이었다. 이제 무대 공연은 더 이상 즐겁기만 한 일이 아니었다. "나는 글렌이 나중에 연주 무대에서 은퇴하게 된 데는 무대 공포증 탓도 있었을 거라고 항상 생각해 왔어요"라고 풀포드는 말했다.

수년 후 굴드는 한 인터뷰에서 자신이 공연하기 싫어하는 이유가 기본적으로 다른 사람이 자신을 바라보는 것이 불편하며, 창피당하지 않을까 하는 두려움 때문이라고 기자에게 밝힌 바 있다. 이런 불편함과 두려움은 학교에서 한 소년이 갑작스레 아프게 되는 광경을 지켜보면서 본격적으로 나타나기 시작했다.

---

• 미샤 레비츠키Mischa Levitzki(1898~1941)는 러시아 제국 시절 현재 우크라니아 땅에서 태어나 세 살부터 바이올린을 배웠으나 나중에 피아노로 바꿨다. 폴란드와 미국에서 공부하고 독일에서 헝가리 작곡가 도흐나니의 제자가 되었다. 미국 데뷔 후 미국에 귀화하여 피아니스트로 활약했다.

•• 레비츠키의 가장 유명한 작품은 그냥 가(A)장조 왈츠다. 내림가(A플랫)장조 왈츠는 작품 목록과 악보까지 확인해 봐도 보이지 않는다. 어린 굴드가 연주한 곡은 아마도 가장조 왈츠였을 텐데, 저자가 내림가로 착각했거나 프로그램에 잘못 적혀 있었을 가능성이 크다.

기자는 다음과 같이 적고 있다.

모든 눈길이 이 불쌍한 아이에게 쏠렸고, 그 순간부터 굴드는 사람들이 보는 앞에서 자신이 아파하는 환영에 시달렸다. 그날 오후 그는 호주머니에 소다민트 두 알을 가지고 학교로 돌아왔다. 소년 굴드는 체면을 구기는 순간이 닥칠 경우에 대비하여 온 신경을 쓰느라 제정신이 아니었다. 소다민트에 곧 아스피린이 더해졌고, 그다음엔 더 많은 알약이 포함되었다. 학교에서 굴드는 점심시간이 될 때까지 말 그대로 1초, 1초를 헤아리며(오전 아홉 시, 점심시간까지는 1만 800초, 아홉 시 십오 분, 다행히도 네 자릿수인 9,900초), 망신당할 일이 생기지 않도록 기도했다.[16]

글렌이 사람들 앞에서 편안하게 연주할 자신감을 잃어버린 것은 열 살 때 사고로 몸을 다친 것과 관련이 있을 수도 있다. 이 사고 이후 글렌은 점차 자기 건강에 의심과 불안을 갖게 됐기 때문이다. 사고는 여름 별장에서 일어났다. 글렌의 아버지는 호수로 이어지는 비탈길에 철로를 설치했는데, 버트 굴드 자신의 말에 따르면, 선로는 "무거운 채석장 차"를 물가로 실어 나르기 위해 만든 것이었다. 하루는 글렌이 차에 오르려고 허우적대다가 갑자기 미끄러져서 철로에 떨어졌고, "무척 아파했다".

"상처를 입었거나 멍이 들었나요? 아니면 피를 흘리기라도 했습니까?"

"그렇지는 않았어요. 하지만 글렌을 의사에게 데리고 갔지요.

사실 그 사건 이후 2주 동안 많은 의사에게 데려갔지만 글렌은
계속 아파했어요. 우리는 모든 방도를 다 취해 봤습니다. 의학
박사, 접골사 등등. 그러나 아무 소용이 없었어요. 다만 도수 치
료사만 도움이 됐어요."

"글렌이 실제로 몸에 해를 입었다고 생각하십니까?"

"네. 도수 치료사 말로는 글렌의 척추가 어긋났다고 했어
요."17

그 도수 치료사는 아서 베넷 박사였고, 그의 치료실은 굴드의
집에서 열 구역쯤 떨어진 곳에 있었다. 글렌은 십 대 시절 그에
게 계속 치료를 받았다. 하지만 정확한 진단이 무엇이었는지, 어
떤 치료를 받았는지는 알 길이 없다. 베넷 박사는 이미 40년 전
에 고인이 됐고, 진료 기록은 구할 수가 없었다.

글렌이 일곱 살 되던 해인 1939년 연합군에 가입한 캐나다는
당시 나치 독일과 전쟁을 치르고 있었다. 전국을 하나로 묶는 수
단이 된 라디오에 글렌과 풀포드 두 소년은 대단한 열정을 갖게
됐다. 라디오가 어린 피아니스트에게 끼친 영향은 지대하여 이
후 글렌의 경력에 라디오 방송은 꽤 큰 비중을 차지하게 된다.
밥 풀포드는 당시 글렌과 함께 라디오에 열중했던 이야기를 들
려주었다.

"우리는 라디오가 대중 매체의 중심이었던 시대 초기부터
마지막까지 모두 겪은 열렬한 라디오 세대였어요. 우리 둘 다
1932년생인데, 당시 미국과 캐나다는 전국적인 라디오 방송을
열심히 구상하던 때였지요. 1930년대에 방송은 점점 확대되어

갔고, 1940년대가 되자 명실상부하게 라디오 시대는 정점을 맞았습니다. 라디오 방송은 우리와 세상을 연결해 주는 중심이 되었으니까요. 글렌과 함께 1948년 대통령 선거 전당 대회를 라디오로 들었던 기억이 나요. 글렌은 어떤 주가 어떤 후보를 지지하는지, 어떤 후보가 표를 얼마 얻었는지까지, 모든 것을 아주 세세하게 알고 있었어요."

"그는 기억력이 굉장했지요."

"그걸 정말로 다 알고 있었다니까요. 글렌은 그쪽에 타고난 재능이 있었어요. 하지만 그건 라디오가 그에게 제공하는 이벤트였어요. 우리가 듣던 음악이 그랬던 것처럼. 글렌은 라디오로 음악을 많이 들었습니다. 오늘날 젊은이들은 콤팩트디스크를 사용하지 라디오는 듣지 않지만. 글렌은 라디오와 실황 연주로 음악을 들었어요. 음반으로 듣는 경우가 제일 드물었던 것 같아요."

"음반을 많이 사지 않았나요?"

"글렌이 음반을 사는 건 본 기억이 없어요. 물론 음반을 가지고 있긴 했지만. 우리에게 정말 중요했던 것은 라디오가 온 나라를 하나로 연결해 준다는 생생한 느낌이었어요. 한번은 CBC*에서 중계해 주는 위니펙 교향악단 연주를 들으면서 내가 글렌에게 말했어요. '이봐, 정말 굉장하지 않아? 말하기 좀 쑥스럽지만, 이 사람들이 야외에서 연주하는 이 음악이 전선을 타고 여기까

---

*     Canada Broadcasting Corporation. 캐나다 방송국.

지 온다는 걸 생각하면 소름이 끼쳐.' 그러자 글렌이 내게 말하더군요. '쑥스러워할 거 없어. 정말 소름 끼칠 정도로 굉장한 거니까.' 캐나다라는 나라를 머릿속에 떠올리기란 쉽지 않았어요. 빌어먹을 정도로 크니까요! 땅덩어리는 무지 넓고 사람은 너무 적고, 지금도 그렇죠. 글렌에게 캐나다의 광활함은 뜻깊은 것이었어요. 그런데 라디오는 그 광활함을 망라할 수 있는 수단이었던 거죠."[18]

글렌은 밥의 도움을 받아 가며 전자 기술을 이용한 첫 실험을 실시했다. 두 사람은 통조림 깡통 두 개를 긴 명주실로 이은 다음 각자 자기 집 뒤뜰에서 통화를 시도했다. 이야기가 잘 전달되지 않자, 이번에는 마이크를 샀다.

"그때 우리 나이가 열한 살이나 열두 살쯤 되었을 거예요. 어떻게 만들었는지는 잊어버렸지만 말을 주고받는 데 성공했어요. 내 쪽에서는 뉴스를 전달했고, 글렌 쪽에서는 무언가를 연주했습니다. 그게 다였죠. 우리가 할 수 있는 일이 더 이상 없더라고요. 그래서 우리의 통신망은 그만 폐쇄하고 말았지요."[19]

소외된 존재인 글렌에게 음악과 뉴스, 그리고 즐거움을 가져다준 전자 매체의 힘은 대중 매체를 자기 목적에 맞게 이용해 보려는 그의 야심에 싹을 틔워 준 듯하다. 글렌이 이러한 야심까지 품고 있다는 걸 그의 어머니는 꿈에도 생각지 못했겠지만.

"글렌의 어머니는 정확히 글렌이 어떻게 되기를 바랐나요?"

나는 밥 풀포드에게 물었다.

"피아니스트나 작곡가가 되기를 바랐어요. 아버지 사업을 이

어받아야 한다는 생각은 전혀 없었지요. 그러니까 글렌의 어머니가 바란 것은 글렌이 교양 있고 고상하며 깨끗한 일을 하는 거였죠. 글렌의 어머니는 아주, 아주 완고하고 형식적인 사람이었어요. 음악에 대한 관점도 글렌과 정반대였고요. 글렌의 어머니에게 음악은 교육적인 데다 남들 보기에도 좋고, 점잖고, '문화적인' 세계를 나타내기 때문에 좋은 것이었습니다. 음악은 열정이자 보헤미안적 삶을 의미하기도 한다는 사실은 관심 밖이었지요."[20]

어머니와는 다른 눈으로 세상을 바라본다는 것을 명확히 하기 위해 글렌은 논쟁을 벌였던 것일까? 풀포드의 책에는 이렇게 쓰여 있다.

"그것은 어쩔 수 없는 일이었다. 왜냐하면 두 사람은 완전히 다른 방식으로 세상을 보았기 때문이다. 단도직입적으로 말하면, 글렌은 본래 지성적으로 태어난 사람이지만 글렌의 어머니는 지성적인 사람이 아니었다. 아무리 잘 만든 이론이라 하더라도 구태의연한 사고방식을 글렌이 받아들일 리 없었다. 그러나 글렌의 어머니는 구태의연한 사고방식밖에는 모르는 사람이었다."[21]

풀포드에 따르면, 글렌이 말하는 방식 — 매우 열광적이었을 뿐만 아니라 충격적인 생각을 대단한 설득력을 가지고 내세울 때면 매우 박학하기도 했다 — 은 이미 열세 살 때 분명히 드러났다고 한다.

"글렌이 말하는 방식은 거칠다고 할 수 있을 정도로 자유자재였습니다. 굉장히 오만한 태도에 충격적인 말을 서슴지 않고 내뱉었지요. 들어 보면 정말 대단했어요. 보통의 십 대가 하는 말이 아니었습니다. 모든 조각이 꼭 맞아떨어지는 자신의 세계관을 이미 갖고 있었어요. 그리고 그중 일부는 늘 어머니를 겨냥한 생각으로, 어머니를 자극하고 헛갈리게 했습니다. 아들에게 상처받고 처참해진 어머니가 아들에게 맞서는 그 목소리를 나는 절대 잊을 수 없을 거예요. '오, 글렌, 너무 극단적으로 나가지 마, 그건 너무 독단적이야.'"[22]

사춘기에 접어들면서 글렌은 여러 가지 활동에 몰두한 것으로 보인다.

어머니와 글렌 사이의 연결 고리인 음악은 여전히 그의 생활에서 가장 큰 열정을 차지하고 있었다. 그럼에도 다른 관심사(라디오, 그리고 무엇보다도 논쟁적이고 대단한 표현력을 내포한 화술)가 그에게 만족감을 주면서 어머니와 자신을 자연스레 구별해 주는 방법이 되기도 했다. 다만 공격성과 그에 대한 두려움을 어떻게 조절해 나가느냐는 문제가 여전히 남아 있었지만. 이를 풀어 가기 위해 그는 자신의 영민함을 발휘하는 한편, 가족의 가치 기준을 길잡이로 삼았다. 한참 세월이 흐른 뒤, 영국의 영화감독 존 맥그리비*에게 글렌은 다음과 같은 말을 한 적이 있다.

---

* 존 맥그리비John Mcgreevy는 1942년 영국에서 태어나 십 대 때 캐나다로 이주해 글렌의 고향이기도 한 토론토에 정착했다. CBC에서 일을 시작해 1970년에는 프리랜서로 다큐드라마 제작에 나섰다. 1974년 캐나다 소설가 미셸 트랑브레, 역사가 아널드 토인비 등 작가와 사상가를 인터뷰한 CBC의 '우리 시대 사람들'을 제작했고, 1975년에는 캐나다 신문사 사주이자 처칠의 친구로 영국 정치에도 개입했던 비버브룩 경Lord Beaverbrook에 관한 다

"열두 살 때 오페라 대본을 쓰기 시작했습니다. 물을 배경으로 한 〈죽음과 변용〉*으로, 인류의 자기 파멸을 그린 작품이었어요. 여러 동물이 지구를 차지하는 내용이죠."[23]

청중 앞에서 피아노를 연주하는 것은 더 이상 예전처럼 자연스럽거나 즐거운 일이 되지 못했다. 공포 때문이었다. 무언가 끔찍한 일이 일어날지도 모르니, 사람들이 모이는 곳에는 가지 말라고 했던 어머니의 경고 때문이 확실했다. 게다가 등을 다친 이후로 글렌은 자기 몸에 자신감을 점점 잃어 갔다.

글렌은 머리 회전이 빠른 데다 뛰어난 기억력과 말솜씨까지 갖추고 있어서, 밥 풀포드처럼 똑똑한 친구를 만나면 재미난 표현을 곧잘 구사하곤 했다. 그뿐만 아니라 그는 대단한 유머 감각까지 갖고 있었다. 어머니를 놀려 가며 끊임없이 티격태격하면서 자신의 공격성을 위험스럽지 않게 카루소와 모차르트에 대한 냉소로 바꿀 수 있었던 것도 유머 감각 덕이었다. 이 모든 과정에서 성적인 면은 억눌린 것 같다. 다만 그의 아버지의 관찰에 따르면, 글렌은 "매우 아름다운 보이 소프라노 목소리를 가지고 있었는데, 커 가면서 꽥꽥거리는 소리로 변해 갔다"[24]고 한다.

그 외에 글렌의 육체적 성장이나 성숙에 대해서는 아무것도

---

큐드라마를 만들었다. 그 후 자기 회사를 만들어 다큐멘터리 영상을 제작했는데 그 첫 번째 시리즈가 '도시Cities'였다. 이 시리즈 두 번째 편인 토론토에 글렌 굴드가 주 출연자로 나온다. 이후 여러 다큐드라마를 만들다 CBC로 돌아가 도시를 주제로 한 두 번째 시리즈 '귀환 여행'을 만들었고, 피터 유스티노프 및 조너선 밀러와 함께 다양한 다큐멘터리 영상을 제작했다(본서 25장 참조).

* 죽음과 변용Tod und Verklärung은 굴드가 좋아한 리하르트 슈트라우스의 교향시(작품 24) 제목이기도 하다. '변용'이란 기독교 용어로 신성화를 의미한다.

들을 수가 없었다. 글렌이 과연 여자에 대해 에로틱한 꿈이나 환상을 가졌는지 알 길이 없다. 글렌의 부모는 독실한 신앙심으로 성에 관한 말은 무엇이든 금지했고, 이 때문에 성을 화제로 올리는 것은 금기가 되었을 것이 분명하다. 그렇다고 글렌이 친구로서 여자애들에게 관심을 가졌던 것 같지도 않다. 바로 이웃집 아이와 친구로 지내는 것만으로 글렌의 교우 관계는 충분했던 모양이다. 그러나 무엇보다 그가 좋아했던 것은 피아노나 오르간으로 음악을 연주하는 화려한 고독이었다.

하인즈만 그랜드 피아노를 치고 있는 굴드(아홉 살이나 열 살 무렵 모습).
이 무렵 글렌은 학교에 썩 잘 적응하지는 못했다.

2장
굴드 사운드의 탄생과 비밀

# 6
# 새 스승과 도약

잠시 시간을 되돌려 글렌이 일곱 살이던 어린 시절로 돌아가 보자. 글렌은 그 나이에 벌써 토론토 음악원의 테스트를 좋은 성적으로 통과했고, 열 살이 되자 그의 어머니는 음악원에 글렌을 등록시켜 수업을 듣도록 했다.

4학년 교사인 윈체스터 양의 수업 시험에 글렌이 적은 답안을 기준으로 판단해 보면, 글렌의 음악 이론 지식은 놀랍게도 매우 초보적인 상태에 머물러 있음을 알 수 있다.[1] 글렌은 오선 보표를 직접 그린 다음 여덟 살 때 작곡한 것으로 보이는 단순한 가락을 옮겨 놓았는데, 사(G)장조로 된 열여섯 마디 곡이었다. 그런 다음 보표 밑에는 '도', '미', '레' 등의 음을 표시하는 'd', 'm', 'r' 등의 글자도 적어 놓았다. 윈체스터 양은 이러한 노력을 가상히 여겨 평가에서 A를 주고 있다. 글렌은 그 아래에 높은음

자리표와 낮은음자리표, 중간음자리표를 손으로 그려 놓았고, 또 '항상'이라는 뜻의 '셈프레sempre'라는 말도 적어 두었다. 그런 다음 '# 올림', ' ♭ 내림', '♮ 제자리' 등을 덧붙였다. 그 종이 밑에 윈체스터 양은 "글렌이 자기 스스로 위의 표시를 첨가한 것임. 1941년 6월"이라고 써 놓았다.

이걸 보면 글렌이 모차르트가 될 가능성은 전혀 보이지 않는다. 모차르트는 그 나이에 이미 음악을 제대로 표현할 줄 아는 능력을 갖추고 피아노곡, 바이올린과 피아노를 위한 작품, 그리고 교향악곡까지 다수 작곡했다. 글렌이 음악적으로 뛰어난 분야는 단연 기막힌 피아노 연주 실력과 절대 음감, 미리 연습하지 않은 음악도 악보를 보고 즉시 연주하고 외우는 신비한 능력, 그리고 열성적으로 부르는 노래였다.

이러한 글렌의 능력은 음악원에서 빠른 속도로 발전한다. 레오 스미스 교수는 그에게 음악 이론을 가르쳤고, 머지않아 소년의 머리는 전조轉調와 화음 진행, 그리고 성부聲部 라인의 반복 진행 등의 개념으로 가득 찼다. 글렌은 화성학 기본도 빨리 습득했고, 음악적 주제가 서로 얽히고 겹치는 대위법에는 특별한 소질을 보였다. 그에게 오르간을 가르친 사람은 프레더릭 C. 실베스터* 교수였다. 이미 교회에서 오르간을 연주해 온 글렌은 여러

---

•   영국에서 태어난 프레더릭 C. 실베스터Frederick C. Silvester는 오르간을 공부한 뒤 1921년 캐나다로 이주했다. 이후 북미에서 유명했던 오르간 연주자 린우드 파남(바흐의 오르간 음악을 널리 알린 인물)를 사사했다. 토론토에서 어니스트 맥밀런 경과 함께 오르간을 공부하며 교회에서 오르간을 연주하고 합창단을 이끌었다. 어니스트 경이 이끈 토론토 멘델스존 합창단의 부지휘자를 거쳐 1957년 지휘자로 올랐다. 합창곡과 노래도 여럿 작곡했다.

개의 건반과 페달, 그리고 스톱 장치를 이용하여 여러 빛깔의 소리를 다양하게 뽑아낼 수 있는 이 악기를 유달리 좋아했다. 그에게 오르간은 교회 전체를 거룩한 소리로 가득 채우는 도구이자, 매주 일요일 오후 평화로운 심코 호숫가에서 돌아와 시끄럽고 부산한 토론토 생활로 되돌아가기 전에 긴장을 풀고 생각을 가다듬을 수 있는 안전한 피난처가 되어 주었다.

여러분도 아시다시피, 월요일 아침이면 학교에 가야 하고, 도시에서 일어나는 갖가지 끔찍한 상황과 마주치게 됩니다. 그래서 저녁의 성소에서 맞이하는 그런 순간은 내겐 특별했습니다. 도시에서도 어떤 고요함을 찾을 수 있다는 것을 의미하니까요. 물론 도시에 속하고 싶어 하지 않는 사람에게만 해당하는 일이겠지만요. …… 오르간은 내게 대단한, 아주 대단한 영향을 주었어요. 이후 나의 레퍼토리 선택에 영향을 미쳤을 뿐만 아니라, 내 생각에는 내가 피아노를 치는 자세와 방식에도 영향을 준 것 같아요.[2]

글렌의 어머니는 글렌에게 요한 제바스티안 바흐의 서주와 푸가를 피아노로 가르쳐 주었다. 이제 오르간으로 바흐를 연주하게 된 글렌은 "완전히 다른 접근 방식, 정말로 모든 것이 손가락 끝에 달려 있어서 손가락 끝만 움직이면 낡은 오르간의 연결 막대가 숨차서 삐거덕거리는 멋진 소리까지 들을 수 있는, 그런 대단한 접근 방식을 가져야 한다"는 사실을 발견했다.[3]

토론토 음악원 원장은 토론토의 뛰어난 교향악단 지휘자이기

도 한 저명한 어니스트 맥밀런 경*이었다. 그는 재능 있는 소년
이 음악원에 등록했다는 소식을 접하고서 그의 음악 발전에 큰
관심을 갖고 글렌의 부모도 만나 보았다. 글렌이 열 살 때 피아
노 선생을 어머니에서 교수법의 대가인 알베르토 게레로로 바
꾼 것도 어니스트 경의 권유에 따른 것이었다. 게레로는 음악원
최고의 피아노 선생이자 막강한 영향력을 갖고 있는 사람이었
다. 그런데 나중에 글렌은 — 그다운 일이기는 하지만 — 자신
이 습득한 피아노 테크닉은 모두 스스로 계발한 것이라고 주장
하며, 게레로를 스승으로 인정하지 않으려 했다. 그 말은 정말로
사실과는 동떨어진 이야기다. 낮은 의자에 앉아 건반과 수평이
되도록 손가락을 유지하는 법, 어깨에서 팔을 통해 전달된 에너
지를 사용하여 손가락의 민첩함을 강조하는 법 등 글렌 특유의
피아노 테크닉은 모두 그의 두 번째이자 마지막 피아노 스승인
게레로에게서 익힌 것이었다.

　알베르토 게레로는 칠레에서 태어나고 자란 피아니스트였
다. 칠레의 유명한 피아니스트인 클라우디오 아라우에게서 볼

---

* 1893년에 태어난 어니스트 맥밀런 경Sir Ernest MacMillan은 굴드 이전 캐나다를 대표하는
　음악가였다. 토론토 교향악단을 25년간 지휘했고, 토론토 멘델스존 합창단을 15년 동안
　이끈 그는 토론토 음악원 원장, 토론토 음대 학장을 역임하며 캐나다에 음악적 터전을 마
　련한 위인이었다. 어린 시절 어머니의 피아노 연주에 이끌려 음악에 관심을 갖게 된 그는
　자신 역시 오르간을 주 종목으로 삼았다. 열 살 때 오르간 연주회를 열어 신동으로 인정받
　고 유럽에 공부하러 간 사이 1차 대전이 일어나 독일의 민간인 수용소에 구금되었으나, 거
　기서도 다른 음악가들과 교유하며 공연을 펼쳤다. 1919년 캐나다로 돌아와 오르간 주자와
　지휘자로 활약했다. 전문으로 삼은 바흐 외에도 다양한 음악을 캐나다에 소개했고, 캐나다
　작곡가의 작품을 세계에 알리는 데도 앞장섰다. 이런 공로로 1935년 캐나다 음악인 최초
　로 기사 작위를 받았다.

수 있듯이 당시 칠레는 독일 음악 전통이 강한 곳이었다. 다재
다능한 피아니스트였던 게레로는 프랑스 음악에도 폭넓은 지식
을 갖추고 있어서 칠레에서 드뷔시와 라벨의 작품을 처음으로
연주했다. 그는 음악 평론가로도 활동했으며, 산티아고에 관현
악단을 창설하고 지휘하기도 했다. 1920년대 캐나다로 온 이후,
게레로는 스트라빈스키와 쇤베르크, 미요* 등 여러 현대 작곡가
의 작품을 처음으로 캐나다에 선보인 피아니스트 가운데 한 사
람이었다. 게레로의 제자였던 캐나다 작곡가 존 벡위스**에 따르
면, 게레로의 연주는 "가볍고도 신속하게 처리하는 솜씨가 유려
하면서 속도가 매우 빨랐고, 각각의 음은 매우 맑고 분명하게 들
렸다"고 한다.[4]

글렌의 부모는 당시 오십 대였던 게레로가 아들을 제자로 받
아 주자 매우 기뻐했다. 버트 굴드는 게레로 부부가 심코 호숫가

---

* 다리우스 미요Darius Milhaud(1892~1974)는 바이올린 전공으로 파리 음악원에서 수학하
던 당시 발레 뤼스 공연을 보며 스트라빈스키 음악에 큰 자극을 받아 작곡에 입문했다. 작
가이자 외교관인 폴 클로델(카미유 클로델의 동생)의 대본으로 무용극을 다수 선보였으
며, 조르주 오릭Georges Auric과 루이 뒤레Louis Durey 등과 함께 '프랑스 6인조'에 들면서
는 장 콕토와도 작업했다. 댜길레프의 발레 뤼스가 공연한 그의 발레극 『푸른 기차』는 파
블로 피카소가 무대를 맡고, 코코 샤넬이 의상을 담당하여 당시 사회 분위기를 잘 나타낸
작품이다. 2차 대전 중 미국으로 건너가 오클랜드에 있는 밀스 칼리지에서 작곡을 가르쳤
고, 이후 유럽과 미국을 오가며 후학을 양성하며 작품 활동을 해 나갔다.

** 존 벡위스John Beckwith는 캐나다의 주요 작곡가이자 음악 평론가였다. 1927년생으로 토
론토와 파리에서 음악 교육을 받았다. 1952년부터 토론토대 음대에 재직하며 나중에는 학
장까지 올랐다. 오페라를 비롯하여 관현악곡 및 실내악 등 160여 곡을 써냈다. 또한 캐나
다 작곡가의 글과 강연 등을 편집하고 캐나다 음악가를 다룬 책도 써냈다. 그중 그의 스승
게레로의 전기 『알베르토 게레로를 찾아서In Search of Alberto Guerrero』는 자신에겐 특별한
이야기가 없다고 주장했던 게레로가 캐나다 음악과 음악 교육에 이바지한 공로와 그의 교
수법, 인간미까지 심도 깊게 그린 책이다.

오두막 가까이에 땅을 구할 때 도와준 적이 있다며 무척 자랑스럽게 말했다. 글렌의 아버지는 게레로를 아주 분명하게 기억하고 있었다.

"우리 집에서 시간을 많이 보냈어요. 게레로 선생 자신도 피아노에 매우 낮게 앉았어요. 건반을 내려치기보다는 끌어 내리는 편이었죠. 그래야 좋은 소리가 나온다면서요. 피아노에 대한 글렌의 생각도 거기에서 나온 거예요."[5]

게레로는 학생들에게 높은 수준을 요구했을 뿐만 아니라 의심할 바 없이 완고한 교육자였다. 현재 토론토 대학 교수이자, 매우 훌륭한 피아니스트인 윌리엄 에이드* 역시 게레로 밑에서 공부했는데, 게레로가 "못처럼 딱딱하게" 굴기도 했다고 적고 있다.[6] 글렌과 같은 시기 게레로에게 배운 많은 피아니스트를 인터뷰했던 에이드 씨는 "게레로는 매우 교양 있고 예술적으로 권위 있는 인물로, 예술에 높은 이상을 지니고 있었으며, 뛰어난 예술가를 많이 키워 낸 영향력 있는 사람이었다"고 말했다.[7] 게레로 지도법의 핵심은 에이드가 설명한 대로 '손가락 타법'이었다.

손가락 타법은 작품에서 까다로운 부분을 아주 매끄럽고 쉽게 연주하기 위해 고안한 것으로 지루하고도 고되며, 경건하다고 할 정도로 정성을 다해야 하는 연습법이다. 이 방법은 과도한 손동작을 없애

---

* 윌리엄 에이드는 줄리아드와 토론토 대학에서 공부했으며 미국과 소련에서도 공연했다. 캐나다 음악 전문가로 여러 캐나다 작곡가의 작품을 초연했다.

주고 까다로운 특정 부분을 섬세하게 느끼도록 해 준다. 이를 가장 간단하게 적용한 실제 연습을 예로 들어 설명해 보겠다. D, E, F샤프, G, 그리고 A음˙을 오른손 엄지손가락과 2, 3, 4, 5번 손가락˙˙으로 짚는다. 손 모양과 위치는 어깨에 힘을 뺐을 때 팔과 손이 떨어지게 되는 위치에 둔다. 이렇게 하면 두 번째 마디가 가장 높아진다. 손가락 끝은 D, E, F샤프, G, 그리고 A음 건반 위에 얹어 둔 다음, 왼손으로 오른손 손가락을 연속적으로 쳐서 건반 깊숙이까지 가 닿도록 한다. 이때 오른손은 완전히 힘을 뺀 채로 건반이 내려갔다 올라올 때 함께 따라 내려갔다 올라오도록 놔둔다. 왼손은 오른손 손가락의 손톱이나 첫째 마디에 닿을 만큼 오른손 손가락에 바짝 붙여서 쳐야 하며, 치는 동작은 가능한 한 빠른 속도로 해야 한다. 이 타법의 두 번째 단계는 아주 빠른 스타카토 동작으로 음을 연주하는 것이다. 한 번에 손가락 하나씩, 건반 표면에서 건반 밑바닥까지 눌렀다가 건반 위로 재빨리 돌아오도록 손을 떼어야 하는데, 이때는 느리게 연습해야 한다. 한 음을 치고 2초 정도 간격을 둔 다음, 그다음 음을 치는 식으로 끊어서 연주한다.[8]

게레로는 이 손가락 타법을 독자적으로 고안했다고 주장했다.

"한번은 서커스를 보러 갔는데, 세 살짜리 중국 소년이 숨이

---

˙ 　레, 미, 올림 파, 솔, 그리고 라에 해당하는 음.
˙˙ 　피아노 연주에서 1번 손가락은 엄지손가락에 해당한다. 2번에서 5번은 검지부터 새끼손가락까지 순서대로다.

막힐 정도로 복잡하게 얽힌 춤을 기가 막히게 추는 것을 보았다. 게레로는 무대 뒤로 가서 그 소년을 만나 어떻게 훈련했는지, 그 비법을 물어보았다. 그러자 훈련을 맡은 선생이 시범을 보여 주었다. 먼저 어린애는 완전히 힘을 빼고 가만히 있으면 선생이 손으로 아이의 팔다리를 움직여 준다. 그런 다음 아이가 혼자서 그 동작을 그대로 반복했다."[9]

선생이 시키는 대로 글렌이 이렇게 고된 손가락 타법을 연습했는지 안 했는지는 알 수 없다. 윌리엄 에이드 말로는, 게레로 밑에서 공부하던 또 다른 학생인 레이 더들리*가 글렌이 이 연습을 하는 모습을 봤다고 한다.

"레이는 열여섯 살 된 굴드가 연습하는 소리를 매일 들었는데, 굴드는 게레로와 공부하면서 모두 — 곡의 부분 악절과 화음, 그리고 곡 전체 — 두들겨 댔다고 한다. 여기에는 〈골드베르크 변주곡〉도 포함되어 있었을 것이다. 레이 더들리는 굴드가 〈골드베르크 변주곡〉을 녹음하기 전에 이미 전곡을 손가락 타법으로 연습한 적이 있다고 증언한다. …… 굴드가 더들리에게 장담하기를, 〈골드베르크 변주곡〉 전체를 손가락으로 두들기는 데는 서른두 시간이 걸린다고 했다고 한다."[10]

글렌의 아버지 역시 레이 더들리가 글렌이 연습하는 것까지

---

* 레이먼드 더들리Raymond Dudley는 하이든 전문가로 피아노의 전신인 포르테피아노(하머플뤼겔)로 연주하여 색다른 음색을 선보였다. 1962년 링컨 센터 에이버리 피셔 홀 개관 연주에 나섰으며, 1968년에는 영국에서 하이든 피아노 소나타 전곡을 연주하고 1979년에는 포르테피아노로 하이든 소나타 전곡을 녹음했다. 1990년 토론토에서 열린 '알베르토 게레로를 기억하며' 심포지엄에서 연주자로 나서기도 했다.

는 몰라도 글렌이 연주하는 것은 볼 기회가 있었을 거라고 확인해 주었다.

"글렌과 레이는 함께 연주하곤 했어요. 걔들이 연주하는 것을 들은 적이 있습니다. 오두막에는 피아노가 두 대 있어서 친구들이 주말에 찾아오면 편리하게 쓸 수 있었지요. 어떤 때는 한 사람이 파이프 오르간을, 다른 한 사람은 피아노를 연주하는 소리를 듣기도 했습니다."[11]

추측건대 게레로 밑에서 공부하던 십 대 시절 글렌이 손가락 타법을 연습했던 것이 그의 피아노 기법의 시금석이라 할 유려한 연주 솜씨를 이루는 데 큰 도움을 준 것 같다. 건반에 낮게 앉는 글렌의 습관도 게레로에게 지도받는 동안 익힌 것이었다. 자세 문제는 글렌과 어머니 사이 오랜 논쟁의 중심 주제였다. 글렌은 자꾸 구부정하게 앉으려 했고, 어머니는 바로 앉아야 한다며 계속 주의를 주었다. 밥 풀포드가 묘사한 바에 의하면, 글렌의 어머니는 "글렌, 바로 앉아라"라는 말을 계속 되풀이했다고 한다.

"어머니가 아주 나쁘다고 못 하게 했던 그 자세를 아예 공식적으로 채택함으로써 그는 어머니를 노골적으로 무시해 버린 겁니다. 그 자세를 보는 것만으로도 그의 어머니는 소름이 끼쳤을 거예요."[12]

게레로는 피아니스트가 손과 손가락을 최대한 자유롭게 하기 위해서는 팔을 건반과 같은 높이에 오도록 해야 한다고 믿었다. 레슨 받는 동안 글렌이 피아노를 치면 게레로는 뒤에서 글렌의 어깨를 꽉 내리누르곤 했다. 그러면 글렌 역시 이에 상응하여 선생님의 손을 위로 밀쳐 내야만 했다. 이는 피아니스트의 등 근육이 강해지도록 도와주는 훈련법이었다.

어머니는 낮은 의자에 앉아 건반 위로 구부리고 연주하는 글렌의 자세를 못마땅하게 여겼지만, 아버지는 글렌의 자세를 그런대로 잘 받아들였던 모양이다. 심지어 글렌을 위해 의자를 특별히 만들어 주는 수고도 아끼지 않았으니 말이다. 바닥에서 약 35센티미터 높이의 이 의자는 글렌이 피아노를 연주할 때 평생 사용한 의자였다.

나는 되도록 가벼운 재질로 된 접이식 의자 하나를 애써 찾아서 다리 부분을 10센티미터 정도 톱으로 잘라 냈고, 각 다리 밑에는 놋쇠 발굽을 만들어 끼우고 나사로 조였습니다. 그런 다음 놋쇠 발굽에 조임쇠를 달아 다리 하나하나가 다 따로따로 높이를 조절할 수 있도록 했지요.[13]

게레로의 지도로 글렌은 쇼팽과 리스트, 레비츠키, 스카를라티, 바흐(이때 이미 글렌은 바흐를 가장 좋아했다), 베토벤, 브람스, 모차르트, 멘델스존, 하이든 등을 연주했다. 모차르트가 작곡한 네 손을 위한 소나타 두 곡을 스승과 함께 연주한 녹음도 하나 남아 있다. 음악 선생들이 흔히 그렇듯이 게레로도 가끔씩 학생에게 독주회를 열어 주곤 했다. 이런 비공개 연주회에는 학부모와 다른 손님들이 참석했는데, 손님 중에는 토론토에 사는 저명한 음악가들도 있었다. 빈 출신의 뛰어난 피아니스트이자 하프시코드 주자인 그레타 크라우스*가 글렌을 처음 만난 것도 이런 연주회에서였다. 나중에 글렌과 친구가 된 크라우스는 꼬마 글렌의 연주를 처음 접했을 때 이야기를 들려주었다.

"그때 글렌은 알베르토 게레로와 1년인가, 2년인가 함께 공부해 온 때였어요. 저녁에 스승 게레로의 집에서 연주를 했는데, 내가 알기로는 쇼팽이었어요, 바흐는 확실히 아니었어요. 그의 자연스럽고 멋진 음악성에 완전히 빠져 버렸지요. 정말로 아름답고 서정적이며 또 따뜻했어요. 이런 특징은 이후 그의 연주에서는 잘 볼 수 없는 거였지만요."

"게레로는 이런 자연적인 음악성과 따뜻함을 지닌 음악가였나요?"

"그럼요. 그는 정말로 편안하게 연주하는 사람이었어요. 그의 교수법에서 가장 높이 살 부분은 기교적으로 문제가 있는 학생에게 아주 쉽고 편안하게 기교를 구사하도록 가르쳐 주는 능력이었어요. 그런데 글렌은 그런 문제를 전혀 갖고 있지 않았지요. 글렌은 기교적으로도 엄청난 재능을 타고난 사람이었어요. 그럼에도 글렌이 실제로 기적 같은 능력을 총체적으로 구사할 수

---

• 그레타 크라우스Greta Kraus는 오스트리아 빈 태생으로 1923년 빈의 음악과 공연 예술 대학에 입학, 걸출한 음악학자인 하인리히 셴커와 셴커의 뛰어난 제자였던 한스 바이스(일찍이 미국으로 귀화해 셴커의 학문을 미국에 알려 음악 교육학 발전에 이바지했다)에게 오래 지도받으며 음악 교사로서 자격을 갖추게 되었다. 1935년 빈의 바흐 협회에서 하프시코드 주자로 데뷔하고 영국에서도 공연했으나 1938년 캐나다로 이주해 여러 대학과 음악원에서 후진을 양성하며 독주와 실내악 등 연주 활동도 해 나갔다.

있게 된 것은 스승 게레로가 잘 이끌어 주었기 때문이라고 봐요. 왜냐하면 게레로는 손에 대해 정말 잘 알고 있었고, 기교를 가르쳐 주는 데에 뛰어난 사람이었으니까요. 그런데 이런 사실을 글렌이 인정하고 싶어 하지 않았다는 생각이 들 때도 있어요. 그는 게레로에게 영향받았다는 걸 인정하려 들지 않았으니까요. 그런 태도는 정말 이해가 안 돼요! 하지만 내가 아는 바에 의하면, 글렌이 성공한 뒤에 스승의 공로를 전혀 인정해 주지 않아 게레로는 매우, 정말로 많이 상처받았습니다."[14]

스승이 마련해 준 이런 사적인 독주회 말고 글렌은 일반 무대에도 나섰다. 그러나 대중 앞에 지나치게 노출되는 것을 여전히 피하고 싶어 하는 부모의 보호 때문에 일반 공연은 매우 드물었다. 1943년 2월 19일, 글렌은 열 살 나이로 모차르트 소나타 첫 악장을 윈스테드 연합 교회에서 연주했다. 1944년 3월 13일에는 온타리오 음악 교사 협회 연례행사인 봄 연주회에 참가하여 리스트와 레비츠키를 연주했다. 같은 해 5월 12일, 그는 "복화술사 테드 러스트 씨가 마련한 여흥"이 포함된 한 프로그램에 등장했다. 여기서 글렌의 아버지는 〈젊은 톰 오데본〉이라는 노래를 독창했고, 스미스 작곡의 〈거미와 파리〉라는 노래를 아내와 함께 이중창으로 불렀다. 글렌 자신은 하이든 소나타 내림가(A플랫)장조의 첫 악장 알레그로와 함께 리스트와 레비츠키, 슈

---

• 글렌 굴드가 자신의 음악 세계를 구축하는 데 있어 스승 게레로의 공을 어느 정도로 보느냐와는 관계없이, 게레로의 명성은 '글렌 굴드의 스승'으로 드높아진 것이 사실이다.

베르트, 그리고 "파테레프스키""의 소품 등을 다양하게 연주했다.[15]

1944년, 글렌은 처음으로 콩쿠르에 참가했다. 키와니스 음악 축제"의 일환인 콩쿠르는 2월에 열렸다. 유복한 사업가인 그의 아버지는 토론토 키와니스 클럽의 헌신적인 회원이었고, 젊은 음악가들에게 상과 함께 연주 기회를 주는 이런 연례 축제를 뒤에서 움직이는 실세였다. 처음 참가한 콩쿠르에서 글렌은 그보다 나이 많은 다른 피아노 참가자에 비해 월등한 실력을 보여 200달러를 장학금으로 받았다. 키와니스 음악 축제는 신문에도 보도되었는데, 바이올린과 피아노 그리고 그 외 여러 악기 부문에서 1, 2, 3위를 차지한 입상자 이름이 실렸다. 어떤 기자는 열한 살짜리 글렌이 "지적이며 절제된 연주를 해내는 능력을 지녔으니, 계속 주목할 만하다"고 썼다.[16]

1945년은 글렌의 이름을 드날린 한 해였다. 공개 무대에 일곱 차례나 등장했다. 2월 16일, 프레더릭 실베스터 문하생 열여덟 명이 참가하는 오르간 연주회가 토론토 음악원에서 열렸는데, 여기서 글렌은 요한 제바스티안 바흐의 환상곡과 푸가 다(C)단조와 뒤퓌"""의 협주곡 악장을 한 곡 연주했다. 그 무렵 그는 영국

---

• 원 프로그램에 Patterewski라고 표기된 작곡가는 폴란드의 정치인이자 피아니스트인 파데레프스키Paderewski를 잘못 표기한 것이다.

•• 키와니스Kiwanis 클럽은 북미에서 결성된 봉사 단체다. 로터리 클럽처럼 경제인과 전문직 인사들이 주축이 되어 지역 사회를 위한 활동을 지원한다. 어린이 돕는 일을 최우선으로 하며 음악 축제나 청소년 스포츠 활동, 노인 지원 사업 등을 벌인다. '키와니스'는 북미 원주민 말로 '우리 재능을 나눈다'는 뜻이다.

••• 알베르 뒤퓌Albert Dupuis(1877~1967)는 벨기에 작곡가로 어려서부터 바이올린과 피아

성공회 교회에서 예배 때 반주하는 일자리를 얻었지만 곧 그 자리를 잃고 말았다. 소문으로는 글렌이 자주 실수를 했고, "대중이 노래 부를 때 연주를 제때 넣지 못했기 때문이었다."[17] (이 말은 믿기 힘들다.)

또 2월에는 키와니스 음악 축제에 다시 도전하여 이번에는 1등을 차지했다. 그는 축제에서 상을 받은 다른 사람들과 함께 온타리오 음악 교사 협회 총회에서 연주해 달라는 요청을 받고, 4월 3일 베토벤 소나타 바(F)장조 작품 10의 2˚ 첫 악장을 연주했다. 5월 6일에는 이즐링턴 연합 교회에서 또다시 오르간 연주회를 가졌다. 이때도 2월 연주회에서처럼 바흐의 다(C)단조 푸가를 연주했다. 피아노 연주회로는 6월 22일 쇼팽의 올림바(F샤프)장조 즉흥곡과 브람스의 발라드 사(G)장조˚˚를 선보였다. 이해의 가장 중요한 행사는 베토벤 협주곡 4번 사(G)장조를 공연한 일이었다. 토론토 음악원에서 11월 29일 열린 이 상급반 연주회에서 관현악 부분을 제2 피아노로 연주해 준 이는 스승 게레로였다.

하지만 글렌과 그 가족이 진정한 의미에서 공식 데뷔 무대로 중요하게 손꼽는 공연은 그의 나이 열세 살이던 1945년 12월

---

노, 플루트 등을 익혔다. 프랑스 작곡가 뱅상 댕디의 눈에 들어 파리로 초청받아 작곡을 배우고 고향으로 돌아와 활동했다. 1907년부터 음악원 원장으로 지내며 오페라를 비롯하여 피아노와 현악기를 위한 서정적이고 섬세한 작품을 써냈다.

• 베토벤 피아노 소나타 6번을 말한다.
•• 브람스의 발라드에 사(G)장조는 보이지 않는다. 사(G)단조(작품 118)를 장조로 착각한 듯하다.

12일에 열린 연주회다. 일반인의 관심을 끈 이 연주회는 토론토에 있는 이튼 오디토리움에서 열렸는데, 여기서 글렌은 오르간을 연주했다. 크고 멋진 이튼 오디토리움은 당시 훌륭한 음악가들이 연주회를 열던 곳이었다(글렌은 나중에 이튼 오디토리움을 녹음 스튜디오로 사용한다). 이 연주회장에는 캐나다의 유명한 오르간 제조업자인 '카자방 형제Casavant Frères'가 설계한 웅장한 오르간이 있었고, 연주회 자체도 특별히 카자방 협회가 후원한 것이었다. 이 연주회에 출연한 학생들은 모두 맬번 칼리지에이트 인스티튜트""에서 발탁된 학생들이었고, 글렌 역시 그 무렵 이 학교에 막 입학했던 참이었다. 친구 밥 풀포드가 오르간 의자에 함께 앉아서 악보를 넘겨 주는 동안 글렌은 멘델스존의 소나타 6번과, 그해 초 음악원에서 열린 학생 연주회 때 선보인 뒤퓌의 협주곡 악장, 그리고 바흐의 사(G)단조 푸가를 연주했다. 앙코르곡으로는 바흐의 프렐류드를 선사했다. 이번에는 언론에서 정말로 확실하게 호평을 해 주었다.

글렌 굴드는 정말로 어린애다. 호리호리한 몸매에 공손히 미소 짓는, 아직 열세 살도 안 된 소년일 뿐이다. [사실은 9월 25일 열세 살이 되었다.] 그러나 어제저녁 그의 오르간 연주는 성인 연주자도 노력하지 않으면 발휘할 수 없는 실력을 보여 주었다. 그는 진정한 천

---

* 1970년부터 1977년까지 글렌은 컬럼비아 음반사에서 내는 음반을 이튼 오디토리움에서 녹음했다.
** Malvern Collegiate Institute는 1903년 개교한 토론토에 있는 고등학교다.

재만이 보여 주는 겸손함을 지닌 천재다. …… 처음부터 끝까지 그는 모든 대목을 거장다운 거침없는 기풍과 유려함으로 연주해 냈다.[18]

글렌은 이듬해인 1946년 2월 3일, 메트로폴리탄 연합 교회 오르간으로 똑같은 곡을 연주했다. 그달에는 또 키와니스 음악 축제에 세 번째로 참가했다. 이 콩쿠르는 당시 토론토에서 고전 음악 연주회장으로 주로 이용하던 넓은 매시 홀에서 열렸다(글렌은 나중에 어떤 경연에도 참가한 적이 없다고 말했다*). 그리고 4월 10일에는 음악원 4년 선배들이 마련한 동창회 연주회에서 바흐와 쇼팽 작품을 공연했다.

그해는 또 글렌이 '결정적인 순간'이라고 느낀 중요한 발견을 한 해이기도 하다. 이후 글렌은 피아노를 연주할 때면 그가 발견한 이 독특한 감응 방식으로 연주하게 된다. 이 방식을 발견한 것은 글렌이 모차르트의 푸가 작품 394번을 연습하고 있을 때였다. 이때 집안일을 하는 아주머니가 피아노 가까이에서 진공청소기를 켰고, 순간 그의 연주는 기계 소음에 갑자기 파묻히게 되었다. 그런데 그때 느낌이 전혀 나쁘지 않다는 걸 깨달았다. 나중에 글렌이 이 경험을 설명한 표현을 빌리면, "모차르트가 의도적으로 제바스티안 바흐의 기법을 흉내 낸, 명료한 온음

---

* 이 대회는 고향의 축제 프로그램 중 하나로, 젊은 성인 피아니스트가 참여하는 본격적인 음악 대회와는 차이가 크다. 그런 의미에서 굴드는 대회 참여 경력이 없었다고 말했던 듯하다.

계˙ 음악을 크게 연주하는 가운데 갑자기 음악은 흔들리는 음의 광채에 휩싸이게 되었다. 그것은 마치 욕조 안에서 두 귀를 물에 담근 채 머리를 양쪽으로 흔들어 대며 노래 부를 때 드는 느낌이 랄까".˙˙

진공청소기는 확실히 그가 연주하는 피아노 소리에 끼어들어 소리를 제대로 들을 수 없게 방해했지만, 대신 그가 그 소리를 연주해 내는 동작을 더욱 예민하게 감지하도록 해 주었다.

"물론 나는 느낄 수 있었다. 건반의 감촉으로 그것이 어떻게 소리로 연결되는지 느낄 수 있었고, 내가 무슨 소리를 내고 있는 지 상상할 수 있었다. 하지만 실제로 들을 수는 없었다."[19]

말하자면 진공청소기 소음이 음악을 뒤덮어 버리면서 글렌은 자기 연주를 들을 수 없게 되는 대신, 그의 집중력은 몸의 움직임을 내면적으로 감지하는 데로 쏠리게 된 것이다. 그것은 마치 내면으로 여행을 떠나는 것과도 같았다. 그리고 그는 그걸 즐기게 되었다. 자신이 연주하면서 내는 소리를 더 이상 듣지 못하게 되자, 손가락의 움직임을 더욱 명료하게 의식하게 된 것이다. 그 것은 자신을 새로이 촉각으로 의식하는 것이었다. 명상이나 영 상화, 최면 또는 의식 단계를 재빨리 변화시키는 다른 여러 기법

---

˙ 온음 다섯 개와 반음 둘로 이루어진 온음계. 반음계나 무조 음악과 반대되는 의미. 활기차고 자연스러운 음향을 갖는다.

˙˙ 본래 이 내용은 1964년 토론토 대학 왕립 음악원(굴드가 다니던 당시에는 토론토 음악원)에서 졸업생들에게 한 연설이었다. 본서가 인용한 이 내용은 미국 음악 평론가 팀 페이지가 편집한 『글렌 굴드 리더Glenn Gould Reader』에 실린 연설 원고에서 발췌한 것이다. 본서에 몇 차례 등장하는 이 연설 내용은, 상황과 앞뒤 문맥에 따라 '~다'라는 문어체와 '~입니다'라는 구어체를 알맞게 선택하여 번역했음을 알려 둔다.

처럼 증폭된 외부 소음이 음악의 본질을 그에게 보여 준 셈이었다. 그것은 종교적인 현현顯現과도 같았다. 보통 사람도 그렇지만 흔히 십 대들이 새로운 경험에 휩싸여 그것으로 인생이 확 달라지는 그런 민감한 순간에 느끼게 되는 감정적으로 '고양된' 상태와도 비슷했다.

작곡가 로베르트 슈만도 학부 시절 이러한 초자연적인 현현을 경험했다. 한 사나이가 죽은 체하다 장난으로 매장되는 경험을 하는 이야기가 담긴 장 파울*의 소설 『지벤케스』를 읽는 동안 슈만은 이런 경험을 했는데, 이는 그를 거의 미치게 만들었다.[20] 그런데 외부의 방해로 소리를 제대로 듣지 못하게 된 경험을 한 굴드는, 그 결과 자신의 내부에서 추상적으로 들리는 음악과 실제 악기에서 나오는 구체적인 음악 사이의 차이를 더욱 날카롭게 감지하게 되었다.

진공청소기의 소음이라는 단순한 방책은 베토벤이 청각을 잃어버리는 것과 비슷한 효과를 냈다. 그래서 글렌 굴드는 "내가 무엇을 하고 있는지 상상은 할 수 있었으나 실제로 내가 내는 소리를 들을 수는 없었다"고 말했다. 창조적인 노력의 결과물보다 때로는 상상력의 산물을 더 좋아하는 내성적인 예술가가 흔히 그렇듯 글렌 역시 바깥에서 들려오는 연주보다 내면에서 들리

---

* 장 파울Jean Paul로 불리는 독일의 시인이자 작가인 요한 파울 프리드리히 리히터 (1763~1825)는 감상적인 이상주의와 아이러니를 뒤섞은 이야기로 독일 낭만주의의 대표 주자가 되었다. 그의 대표작 『지벤케스』(1796)는 도플갱어 같은 또 다른 자아에 대한 이야기를 담고 있다. 지벤케스Siebenkäs는 주인공 이름이다.

는 소리를 더 좋아했다. "기묘한 것은 진공청소기 없이 연주할 때보다 갑자기 소리가 더 훌륭하게 들릴 뿐만 아니라, 내면의 소리에 휩싸여 실제 소리를 듣지 못했던 연주 부분이 가장 훌륭했다는 점이다."[21]

이처럼 십 대 초기에 음악을 인식하는 경험에 큰 변화를 겪은 글렌은 장기적으로 두 가지 결과를 맞게 된다. 우선 그 경험은 굴드가 피아노를 연습하는 방식에 영향을 주었다. 그는 한참 뒤 다음과 같이 기록했다.

"급히 외워야 할 악보가 있을 때는, 진공청소기와 같은 효과를 내기 위해 피아노와는 완전히 다른 소리를 내는 것을 되도록 피아노 가까이에 둔다. 그게 텔레비전 서부극이든, 비틀스 음반이든 상관없다. 큰 소리가 나는 것이면 아무거나 괜찮다. 진공청소기와 모차르트가 우연히 함께 어울리는 경우를 통해 내가 배운 것은 바깥에서 들려오는 소리가 아무리 크다 하더라도 내면에 있는 상상의 귀가 훨씬 더 강한 자극제라는 것이다."[22]

두 번째 결과는 실제 음악 소리에 만족하는 일이 점점 더 힘들어지게 된 점이다. 다른 음악가의 연주뿐만 아니라 그 자신의 연주에도 만족할 수가 없게 되었다. 그는 완벽주의자가 될 수밖에 없었다. 이때부터 글렌은 연주회에 올릴 곡을 준비할 때마다 가장 이상적으로 들리는 내면의 소리 모델에 가까워지도록 그의 연주를 맞추느라 분투해야 했다. 알베르토 게레로와 함께 하는 피아노 교습 시간에도 그는 절대적으로 완벽한 소리를 내기 위해 자신을 무자비하게 괴롭혔다(스승도 물론 괴롭혔지만). 게레로 부인의 회상에 따르면, "글렌이 모든 음을 꼭 맞게 내고 싶어 하는 바람에 교습 시간은 엄청나게 길어졌다"고 한다. "한두 가지도 그냥 넘기지 못하고 자기 맘에 맞는 소리를 낼 때까지 매달리곤 했어요. 알베르토가 '아, 이제 됐어, 글렌' 하고 말해도, 글렌은 '아뇨, 아직 안 됐어요'라고 대답했지요."[23]

시간이 흘러갈수록 교습은, 나중에 글렌이 표현한 대로 "사실상 논쟁 실습장"이 되어 갔다. "그것은 어떤 사안을 두고 그의 관점에 맞서서 나의 관점을 명확하고 구체적으로 만들려고 한 시도였다. 그게 어떤 사안이든지 간에…… 어쨌든 내게는 효과가있었다고 생각한다."[24]

실제로 게레로와 함께 하는 교습 시간은, 글렌이 자신의 내적 관점이 옳다는 것을 입증하기 위해 싸우는 한편, 실제 연주에서 이를 어떻게 표현해야 하는지 직접 증명해 보여야 하는 전장戰場이 되었다. 이런 과정을 통해 극히 매력적이고 독특한 굴드 사운드와, 비정통적이라고까지는 할 수 없다 해도 굴드 특유의 기발한 해석이 시작된 것이다. 이는 또한 특정 작품을 어떻게 연주해야 하는지에 대한 자신의 개인적 관점에 다른 음악가들이 반대하더라도 자기 입장을 끈질기게 고수하는 그의 고집스러움도 함께 시작됐음을 의미한다.

그가 독주곡을 연주하는 한에서는 음악에 대한 자신의 개념대로 마음껏 연주할 수 있었다. 그러나 관현악단과 협연하거나 실내악곡을 연주해야 할 때면 다른 음악가들과 해석을 둘러싼 문제로 갈등이 일어날 소지가 많았다. 물론 굴드는 자기 자신의 공격성을 두려워해서 가능한 한 빨리 무심해지려고 했지만. 이와 관련하여 굴드는 이런 농담을 곧잘 하곤 했다. "내가 열세 살 꼬마였을 때, 모교인 당시 토론토(지금은 왕립) 음악원의 한 교육자께서 오해를 하시고 나더러 관현악단과 협연하는 데뷔 무대를 준비해 보라고 제안하셨다…… 베토벤 협주곡 4번[의 첫 악장]을 연주하라고.'*

이 곡은 그가 이미 두 번이나 대중 앞에서 연주했으며, 그때마다 스승 알베르토 게레로가 반주를 맡았다. 이 베토벤 협주곡에 대하여 어린 굴드가 내면적으로 품고 있던 구상은 최소한 2년 넘게 연구해 온 것이었다. 그가 이 협주곡을 연구하기 시작한 것은 "용돈에서 고통스럽게 떼어 내어 마련한 기금"으로 오스트리아의 위대한 피아니스트 아르투르 슈나벨**이 연주한 협주곡 음반을 손에 넣고부터였다. 굴드는 이 음반을 "거의 매일" 들음으로써, 이 작품을 가장 이상적으로 연주하려면 어떻게 해야 하는지 느끼며 이 곡에 대한 내적인 모델을 스스로 만들어 갈 수 있었다. "나는 충실하게 슈나벨적인 피아노 어법을 만들어 내

---

* 농담으로 소개되고 있는 이 인용문은 이어서 나오는 슈나벨과 베토벤 이야기와 함께 1970년 『하이 피델리티High Fidelity』지에 실린 글렌 굴드의 자전적인 글에 나오는 내용이다. 본서에서는 글렌이 협연에 알맞지 않은 예로 소개하고 있으나, 굴드의 원문에는 스승의 협연 제안을 열정적으로 받아들였으며 따로 준비할 것도 없었다고 적고 있다. 이 제안이 있기 전에 이미 슈나벨의 연주를 통해 이 협주곡을 충분히 연습했기 때문이었다는 것이다.

** 슈나벨은 『뉴욕 타임스』 평론가 숀버그가 "베토벤을 발명한 사람"이라고 불렀을 정도로 베토벤 음악을 널리 알리는 데 이바지했다. 베토벤 소나타 전곡을 연속으로 무대에 올렸고, 최초로 녹음한 사람이기도 하다. 베토벤의 제자였던 체르니에게 배운 테오도르 레셰티츠키의 제자였던 그는 계보로도 베토벤과 이어진다.

는 모든 소소한 뉘앙스를 충실히 추적했다. 적절한 순간에 극적으로 치고 나오고…… 그리고 4분 25초 정도마다 우아하게 미끄러지듯 마무리로 들어가 단락을 지어 주며, 잠시 숨을 고르는 동안 음반을 자동으로 바꿔 주는 기계는 새로 돌아가기 시작했다."[25] (당시는 분당 78회전 음반을 사용하던 시절이었다.)*

문제는 1946년 5월 8일에 있을 연주회에 대비하여 음악원 관현악단과 연습하면서 시작되었다.** 갑자기 굴드는 미리 생각해 두었던 해석을 변경해야 할 필요성을 느꼈다. 관현악단과 부딪치는 것을 피하기 위해 "우아하게 단락을 지어 주는" 것을 포기해야 했다. "스트레스가 되는 순간이 있긴 있었다. 아마 라(D)장조로 들어갈 때***였을 것이다. 마(E)단조 스트레토**** 부분에서도 오보에와 플루트가 제대로 해내지 못했다. 그러나 나는 기분좋게 연주를 끝냈다."[26] 한 비평가가 이 불일치에 대해 언급했다. "역동적인 면이 그리 대단치 않았고, 악구를 처리하는 솜씨도 일관성이 좀 부족했다. 그리고 가끔씩 슈나벨에 익숙한 사람들을 어리둥절하게 만들었다."*****[27] 또 다른 비평가는 관대하게 굴

---

* 78회전 음반은 한 면에 곡을 4분 30초 정도밖에 담지 못했으므로, 음악이 중간에서 끊어지게 된다. 따라서 78회전 음반에 녹음된 슈나벨의 연주는 각 주제별, 단락별로 나뉘어 듣게 된다. 78회전 음반은 몇 개의 음반이 회전판 위에 쌓여 있다가 한 음반이 다 돌아가면 다음 음반이 자동적으로 떨어지도록 되어 있다.

** 굴드의 원문에 따르면, 리허설과 본 연주가 조금 다를 수 있다는 점을 감안할 때 관현악단이 매우 잘 따라 주었다고 되어 있다.

*** 두 번째 주제가 시작되는 부분을 뜻한다.

**** 본래 푸가 등의 종결부에 사용하는 기법. 주제에 대한 대응이 미리 나와 서로 겹치게 됨으로써 긴장을 고조시키므로 흔히 작품 마지막에 사용한다.

***** 이 비평은 앨런 생스터가 토론토 일간지 『글로브 앤드 메일』(1945년 5월 10일 자)에 쓴 연

드를 칭찬했다. "어린애 안에 있는 천재가 얼마나 기막힌지……
왜냐하면 글렌 굴드는 천재이기 때문이다…… 그의 나비 손가
락은 피아노가 노래하게 만들었다. …… 악구를 처리하는 솜씨
는 시인이 직접 자신의 시를 읊는 것처럼 유려하며 표현력이 풍
부했다."[28]

이 연주회에 참석한 한 십 대 소녀의 관찰은 글렌의 모습을 한
결 풍부하게 전달해 준다.

　　글렌은 열네 살이지만 [실제로 열세 살이었다] 훨씬 어려 보인다.
　　그가 겁을 먹은 게 틀림없다고 나는 생각했다. 왜냐하면 처음에……
　　관현악단이 연주하고 있는 동안 그는 좀 산만해 보였다. 계속 머리를
　　뒤로 쓰다듬고, 크고 흰 손수건으로 이마를 문지르고…… 그런데 그
　　의 연주는 이런 그의 특성을 상쇄하고도 남았다. 정말 대단했다! 청
　　중은 천장이 떠나가도록 박수를 쳤다. 마침내 그는 앙코르곡으로 쇼
　　팽의 왈츠를 연주했다. 그의 손가락은 전광석화처럼 움직였다.[29]

이와는 사뭇 다르게 반응한 소녀도 있었다. 그 소녀의 집은 글
렌의 집과 마찬가지로 사우스우드가에 있었는데, 글렌의 집에
서 열다섯 구역 떨어진 거리였다. 아홉 살 때 키와니스 경연 대
회에서 1등을 차지한 조이스 휘트니는 인근에서 가장 뛰어난

───────

주회 평이다. 슈나벨에 익숙한 사람을 어리둥절하게 만들었다는 표현은 어린 글렌이 슈나
벨을 연상시켰다는 뜻이다. 위 인용문 바로 뒤에 이 비평가는 '확실한 가능성'이 보인다고
덧붙였다.

꼬마 피아니스트로 명성을 쌓았다. 몇 년 후 글렌이 1등을 차지하는 바람에 특별 대우를 받던 위치에서 밀려난 소녀는 그 상황을 안 좋게 받아들였다. 밥 풀포드는 이 상황을 "크리스토퍼 말로'가 사는 동네에 윌리엄 셰익스피어가 이사 온 꼴이 된 것"이라고 말했다.

"조이스는 그 또래 수준에서는 훌륭한 피아니스트였어요. 그런데 갑자기 사우스우드가에서 두 번째로 잘 치는 피아니스트가 되자 참혹해진 겁니다. 조이스가 사춘기였을 때는 글렌 굴드가 무얼 잘못했는지 궁금하면 조이스에게 가 보면 됐어요. 조이스에게 글렌 굴드는 강박 관념이 되었어요. 무서울 정도로 그를 질투했습니다."

"그 때문에 글렌이 괴로워했나요?"

"음, 학교에서 글렌은 내게 말하곤 했어요. '저 애 말이야, 지금 쳐다보지 말고. 날 질투하는 것 같아. 날 별로 안 좋아해.' 내가 생각하기에, 그래요, 그 때문에 힘들어했어요. 사람들이 자신을 좋아하고 칭찬해 주는 것보다 더 글렌에게 의미 있는 일은 없었으니까요."[30]

그해 글렌은 일반 공개 무대에 두 차례 더 나갔다. 10월 초하루 심슨 백화점 중간층에서 열린 '교향악 주간' 프로그램과,

---

• 크리스토퍼 말로Christopher Marlowe(1564~1593)는 셰익스피어와 같은 해에 태어난 극작가다. 생전에 이름을 날렸으나 스물아홉이라는 젊은 나이에 죽었고, 이후 등장한 셰익스피어에 밀려 그 명성은 빛을 잃었다. 하지만 르네상스적인 인간을 영웅으로 내세워 인간의 한계에 도전하다 좌절하는 그의 연극은 이전의 영국 연극에서는 볼 수 없었던 새로운 것이었다.

그달 28일에 있었던 토론토 음악원 졸업식 연주였는데, 베토벤 소나타 다(C)장조 작품 2의 3과 쇼팽의 즉흥곡 올림바(F샤프)장조 작품 36을 선보였다. 이듬해 벽두인 1947년 1월 14일과 15일에는 토론토 교향악단과 데뷔 무대를 가졌다. 버나드 하인츠* 지휘로 베토벤 협주곡 4번 전 악장을 연주했다. 이제 열네 살짜리 피아니스트는 고향 무대에서 완전히 입지를 굳히게 됐다.

그런데 이때 이미 그의 기묘한 무대 버릇이 눈에 띄었던 모양이다. 한 신문 기자는 "불행히도 이 젊은 예술가는 이상한 습관의 초기 증상을 보여 주었다. 그는 혼자 연주하는 동안에만 자제력을 발휘했다. 어른이 되면 틀림없이 지금처럼 악단이 연주하는 동안 신경을 거슬리게 하는 산만한 버릇은 극복하게 될 것이다"[31]라고 썼다.

물론 우리는 글렌이 결코 그런 버릇을 극복해 내지 못했다는 사실을 알고 있다. 안절부절못하는 글렌의 산만함은 어쩌면 무대 공포증 때문이었는지도 모른다. 그러나 그는 사람들에게 말하기를, "협주곡의 느린 악장에서 잠시 피아노가 쉬는 동안이었는데" 하얀 개털이 "가장 좋은 검은 양복"에 온통 뒤덮여 있는 것을 발견하는 바람에 그런 문제가 생겼다는 식으로 설명하려

---

* 오스트레일리아 지휘자 버나드 하인츠Bernard Heinze는 런던 왕립 음악 학교에서 바이올린을 전공하고 1차 대전에 참전했다. 1920년대 고국으로 돌아와 멜버른 대학 음악 교수로 있으면서 1929년부터 오스트레일리아 방송의 음악 고문을 맡아 클래식 음악 방송을 확대해 나갔고, 방송국 오케스트라 창단에도 힘썼다. 20년 넘게 멜버른 교향악단을 지휘했다.

고 애썼다. "아버지가 닉을 만지지 말라고 제게 주의를 주시긴 했지요. 그러나 그게 본래 말하기는 쉬워도 실천하기는 어렵잖아요."[32] 그래서 베토벤 협주곡을 한참 연주하는 가운데 바지에 묻은 털을 어떻게 털어 낼까 궁리하게 됐다는 것이다. 이것은 심각한 일을 장난스럽게 만들어 버리는 그의 유머 감각을 잘 보여 주는 매력적인 이야기이긴 하다. 그러나 그런 이야기로 글렌의 가슴 깊이 숨어 있는 불안감, 대중 앞에서 공연해야 하는 것에 대한 불안감을 아주 털어 내지는 못했다.

1942년 토론토 음악원의 은메달 수상자들 사진. 아래 왼쪽에서 두 번째가 글렌 굴드다.
굴드는 열 살 때 토론토 음악원에 들어가면서 본격적으로 음악 수업을 받았다.

1945년 토론토 음악원 연주회장에서 오르간을 치고 있는 굴드.
굴드는 토론토 음악원에 들어가기 전에 이미 오르간을 배웠고, 바흐를 사랑하게 되었다.

굴드와 그의 스승 알베르토 게레로. 그러나 두 사람은 마음이 맞지 않는 스승과 제자였다.

굴드가 그 유명한 자신의 피아노 의자를 조정하는 모습. 그는 아버지가 의자 다리를 잘라 내어 낮게 만든 이 접이식 의자만을 평생 사용했다.

# 7
# 매니저를 얻다

월터 홈버거는 토론토의 유명한 음악 매니저다. 그의 서류첩에
는 25년 동안이나 담당해 온 토론토 교향악단을 비롯하여 세계
적으로 왕성한 활동을 벌이는 여러 음악가의 이름이 올라 있다.
홈버거는 글렌이 십 대 후반에서 이십 대 초반까지 경력을 쌓아
나가는 데 큰 책임을 맡았던 사람이다. 겸손하면서도 위엄이 풍
기는 사내인 홈버거는 캐나다에서 50년 이상 살았는데도 말할
때 강한 독일어 억양이 그대로 남아 있었다.

"어떻게 글렌 굴드와 처음 알게 됐나요?"

내가 그에게 물었다.

"글렌이 열네 살이었을 무렵, 젊은 음악가들이 경연을 벌였던
키와니스 음악 축제에서 연주하는 것을 들었습니다. 그때 스승
의 반주로 베토벤 협주곡 4번을 연주한 걸로 알고 있는데, 대단

하다고 생각했어요. 그래서 그의 부모를 찾아가 만났고, 매니저가 되고 싶다고 말했죠."

"부모의 반응은 어땠나요?"

"좋았어요. 글렌은 열네 살 어린애였고, 내가 그 집까지 찾아갔으니 '좋다'고 답했던 것 같아요. 어떤 집이라도 그렇게 했겠죠. 우리는 몇 가지 사항을 의논한 다음 한 쪽 분량의 간단한 계약서를 작성했습니다. 지금은 그걸 갖고 있지 않지만요. 그렇게 해서 난생처음 음악가 매니저 노릇을 시작하게 됐습니다."

단지 '좋다'라는 말로 금방 계약서를 썼을까? 추측건대 글렌의 부모와 꽤 상세한 논의를 거쳤을 테지만 월터 홈버거는 사생활을 보호할 필요가 있다고 생각되는 고객에 관해 얘기할 때는 신중한 사람이다. 그전까지 이 분야에 아무런 경험이 없던 그가 어떻게 해서 글렌 굴드 같은 예술가의 매니저 일을 맡고 싶어 한 건지 물었다. 그때 홈버거는 글렌보다 겨우 여덟 살 많은 스물두 살이었고, 나치 치하의 독일에서 캐나다로 건너온 지 얼마 되지 않았다고 한다. 적국에서 망명해 온 사람에게는 힘든 시절이었다. 전쟁 중엔 따로 분류되어 살면서 엄중한 감시를 받아야 했다. 아무 데나 갈 수 없게 엄격한 제한을 받았고, 무슨 일을 할 때도 일일이 허가를 받아야 했다. 그런데 홈버거는 캐나다로 이민 오기 전부터 이미 음악 매니저 일에 매력을 느꼈다고 한다.

"금융업을 하는 집안 출신입니다만 나는 거기에 관심이 없었어요. 우리 집안이 카를스루에에 사설 은행을 소유하고 있어서 나도 카를스루에에서 자랐습니다. 어린 시절 친구 가운데 매우 훌륭한 음악가가 많았습니다. 예를 들어 신동 바이올리니스트로서 헨리크 셰링,* 이다 헨델**과 함께 카를 플레슈*** 밑에서 공부한 게어하르트 캔더****라는 젊은 친구도 있었어요. 그래서 음악에 전반적으로 관심을 갖게 됐습니다. 그러나 음악 일을 한 적은 없었어요. 사람들은 내게 항상 말하곤 했지요. '캐나다 바깥 활동까지 주선해 주기는 힘들어. 그건 불가능해'라고요. 그러나 글렌이 내가 생각하는 것만큼 훌륭하다면 매니저가 어디 있는가

* 바이올리니스트 헨리크 셰링Henryk Szeryng은 1918년 쇼팽의 고향인 바르샤바 부근 젤라조바 볼라에서 태어났다. 1933년 바르샤바에서 데뷔 무대를 가졌지만, 공부를 계속하고자 자크 티보와 나디아 불랑제Nadia Boulanger에게 가르침을 구했다. 또한 인문학부터 역사, 언어(나중에 11개 국어를 구사했다), 관현악과 오페라까지 공부했다. 2차 대전 때 연합군을 위해 300여 회 연주회를 열었고, 폴란드 망명 정부 통역관으로 활동하다 폴란드 난민 4,000여 명과 함께 멕시코에 정착, 교수가 되었다. 그러다 멕시코에서 아르투르 루빈슈타인을 만나 그의 독려로 다시 무대에 나서게 되었다. 이후 파리와 모나코에 거주하며 왕성하게 활동하다 1988년 독일에서 정명훈 지휘로 브람스 협주곡을 연주한 이튿날 혼수상태에 빠져 세상을 떠났다.

** 이다 헨델Ida Haendel(1928~2020)은 폴란드 유대계 출신 신동 바이올리니스트로 시게티와 에네스쿠, 카를 플레슈 등 대가의 지도를 받았다. 1940년 영국에 귀화했고, 영국과 북미를 오가며 활동했다. 스승 플레슈의 자료(교육 일지 등)를 책으로 펴냈다.

*** 1873년생 바이올리니스트 카를 플레슈Carl Flesch(헝가리 이름은 플레슈 카로이Flesch Károly)는 벨기에 학파답게 균형 잡히고 세련된 스타일을 가졌으며, 곱고 감미로운 음색을 구사했다. 뛰어난 독주자였지만 실내악 연주도 활발히 했고, 교사로도 뛰어났다. 루마니아 부쿠레슈티 음악원, 암스테르담 음악원, 베를린 음악 아카데미, 필라델피아의 커티스 음악원 등에서 가르쳤다. 1905년 베를린에서 17세기부터 20세기까지 음악사를 조망할 수 있는 일련의 연주회를 열어 유명해졌고, 피아니스트 슈나벨과 첼리스트 베커와 함께 실내악을 자주 연주했다. 바이올린 교육서를 다수 썼다.

**** 게어하르트 캔더Gerhard Kander(게르하르트 칸더)는 1921년 독일에서 태어나 열세 살에 바이올린 연주자로 나섰다. 2차 대전이 발발한 1939년 영국으로 탈출했지만 부모는 끝내 살아 나오지 못했다. 수용소에서 지내던 1940년 캐나다 변호사 프레이저에게 입양되는 행운을 얻었고, 이후 바이올리니스트 캐슬린 팔로(아우어의 제자였다)와 나훔 블린더의 가르침을 받았다. 곧 진로를 바꾸어 투자 고문이 된 뒤에도 바이올린 연주 활동을 계속 이어 가다 1950년대 들어 활동이 줄어들었다. 캐나다 자료에는 1940년대 말 무대에서 물러났다고 되어 있지만 1952년 『뉴욕 타임스』에 손버그가 쓴 그의 연주회 평이 실려 있다.

는 아무 상관이 없다는 게 나의 입장이었습니다. 왜냐하면 거꾸로 생각해 보면, 내가 만약 호로비츠*를 토론토에 데려오고 싶다면 호로비츠의 매니저가 어디 사는지 알아보고 연락할 테니까요. 그 시절엔 팩스도 당연히 없었지만요. 글렌의 부모님은 내가 도움이 될 수도 있다고 여겼기 때문에 승낙했고, 그래서 내가 글렌 일을 맡게 된 거죠."[1]

그는 장래가 촉망되는 음악가를 알아보는 능력이 있었고, 기꺼이 모험을 시도한 사람이었다.

"글렌과 함께 일해 보니 어땠나요?"

내가 물었다.

"글렌은 그때 이미 자기가 뭘 원하는지 알고 있었습니다. 그리고 그의 부모도 글렌 스스로 결정하도록 해 주었고요. 나로 말할 것 같으면, 내 태도는 '나는 음악가가 아니다'라는 입장이었어요. 사실 나는 악보 볼 줄도 모릅니다. 나는 어디까지나 사업가일 뿐입니다. 그래서 좋은 점도 있고 나쁜 점도 있지요. 무슨 말이냐 하면, 글렌이 음악적인 문제는 나와 의논할 수 없었다는 거죠. 물론 어떤 작품에서 '내 마음에 든' 부분이 어디였는지 서로 얘기를 나눈 적도 있었고, 카덴차** 앞에 붙는 장식음 같은 것에 대해 글렌이 내 의견을 묻기도 했습니다. 그러나 나는 이렇게

---

* 블라디미르 호로비츠Vladimir Horowitz(1903~1989)는 러시아 출신의 전설적인 피아니스트다. 명료하고 아름다운 음색과 노래하는 듯한 연주, 소름 돋을 만큼 빠른 연주 속도로 청중을 사로잡았던 그는 우울증에 시달리며 공연 무대에 나서지 않는 등 굴드와 비교할 만한 요소가 많았다. 한때 굴드는 평단에서 '젊은 호로비츠'로 불리기도 했다.
** 카덴차는 연주자가 자유롭게 붙이는 구간으로 주로 화려한 장식음으로 이루어져 있다.

말할 수밖에 없습니다. '나는 그런 것은 잘 모르네. 내가 신경 쓰는 것은 전체 공연이란 말일세.' 나는 일반 대중이나 마찬가지였습니다."

홈버거가 처음 글렌을 만났을 당시, 글렌의 부모는 글렌에게 연주회를 많이 마련해 주려는 '야망'이 없었다고 한다. 그래서 매니저로서 그가 글렌을 위해 할 일도 별로 없었다. 게다가 글렌의 아버지는 그를 대신해 연주 일정을 잡는 편지를 쓰기도 하면서 매니저 노릇을 계속했다. 한 예로, 글렌의 경비를 포함하여 150달러에 온타리오 브랜트포드에 있는 560석 규모의 홀에서 독주회 약속을 잡기도 했다.[2]

이때쯤 글렌은 독주회를 열 정도가 되었다. 1947년 4월 10일 토론토에서 열린 그의 첫 독주회는 '알베르토 게레로 문하의 글렌 굴드'로 홍보되었고, 하이든의 내림마(E플랫)장조 소나타와 바흐의 프렐류드와 푸가 두 곡, 베토벤 소나타 라(D)장조 작품 10의 3과 쇼팽의 즉흥곡 올림바(F샤프)장조, 그리고 멘델스존의 〈안단테와 론도 카프리치오소〉 등을 연주했다. 6월 8일에는 언덕 위에 있는 그레이스 교회에서 오르간 독주회를 열었다. 뒤퓌와 모차르트 작품(〈소야곡Eine Kleine Nachtmusik〉 중 '로망스'), 바흐의 합창 프렐류드를 연주했고, 롤리*의 '베네딕투스'는 교회 소년 성가대와 함께 했다.

---

* 알렉 롤리Alec Rowley(1892~1958)는 영국 작곡가이자 교육가로 피아노와 오르간을 연주했다. 성악곡부터 관현악곡, 오르간곡까지 다양한 작품을 만들었는데 특히 교육용 작품을 다수 남겼다.

글렌이 열다섯 살이 되던 그해 10월 20일, 홈버거의 매니저다운 역량이 본격적으로 나타나기 시작했다. "나는 글렌을 '국제적인 예술가' 시리즈 중 일부로 소개하는 독주회를 이튼 오디토리움에서 마련했습니다."[3] 이는 상업적 의미에서 글렌의 데뷔 무대라고 할 수 있었다. 번쩍거리는 안내 전단과 프로그램에는 그의 사진이 눈에 확 띄게 실려 있었다. 그는 이 연주회에서 스카를라티 소나타 다섯 곡, 베토벤 소나타 작품 31의 2, 알베르토 게레로가 피아노로 편곡한 쿠프랭의 파사칼리아, 쇼팽의 왈츠 내림가(A플랫)장조 작품 42와 즉흥곡 작품 36을 연주했다. 또한 리스트의 〈샘가에서 Au Bord d'une Source〉*와 멘델스존의 안단테와 론도 카프리치오소도 선보였다.

홍보가 잘된 덕분에 세 곳의 신문사 소속 평론가들이 이 연주회에 참석했다. 그중 한 사람은 이렇게 썼다. "글렌 굴드는 음표 하나하나를 사랑스러운 보석으로 만들어 냈다. 다양한 속도로 연주해 낸 스케일은 미묘한 아름다움을 노래하고 있었다."[4] 다음은 또 다른 평론가의 글이다. "모든 악장과 작품 구성을 전체적으로 파악하면서 각각의 세부적인 묘사 역시 전체 구성을 드러내는 데 꼭 알맞게 연주하는 피아니스트가 등장했다."[5] 그리고 세 번째 사람은 다음과 같이 썼다. "……그는 청중을, 특히 남

---

• 리스트 피아노곡집 〈순례의 해〉 가운데 첫 번째 해에 해당하는 '스위스' 작품 중 네 번째 곡이다. 리스트가 다구 백작 부인과 사랑의 도피행으로 처음 찾은 곳이 스위스였다. 이 곡은 제목대로 샘물이 솟아나는 듯 청량한 음이 쏟아진다. 라벨의 〈물의 유희〉가 신비한 물의 움직임이라면 리스트의 샘물은 순수한 맑음 그 자체다. 투명하게 음을 내는 피아니스트가 친다면 투명함이 극대화되어 신성함마저 느끼게 한다.

자들을 경악시켰다. 거미 같은 손가락, 고무처럼 유연한 손목, 흠잡을 데 없는 페달 솜씨, 건반 바로 위에 코를 박고 있는 그는 마치 음악에 흥겨워하는 늙은이 같았다…… 극도로 유연한 솜씨는 라흐마니노프를 능가했다."[6]

상업적인 첫 독주회가 성공을 거두자 글렌은 기뻐했다. 사춘기 중반에 청중 앞에 나선 그는 자신의 "영광스러운 힘"[7]을 감각적으로 경험했고, 이는 공연을 앞두고서 늘 느끼던 불쾌한 초조감을 어느 정도 없애 준 듯했다. 그의 레퍼토리 역시 점점 넓어져서, 11월 4일 홈 뮤직 클럽을 위한 그룹 연주회에 참가한 글렌은 모차르트의 다(C)단조 환상곡과 체르니의 〈로드 주제에 의한 변주곡Variations on a Theme by Rode〉, 그리고 쇼팽의 작품 세 곡을 연주했다. 11월 16일에는 이튼 오디토리움 공연과 같은 프로그램으로 토론토 아트 갤러리에서 소규모 독주회를 열었다. 그리고 12월 3일에는 온타리오 해밀턴에서 그의 후원자인 어니스트 맥밀런 경이 지휘하는 토론토 교향악단과 함께 베토벤 협주곡 1번 다(C)장조를 협연했다.

글렌은 그때까지 맬번 칼리지에이트 인스티튜트 학생으로 등록되어 있었다. 집에서 그리 멀지 않은 이 우수한 고등학교에서 그는 오전 수업만 듣고 있었다. 음악원에서 음악 공부를 하고 집에서 피아노를 연습할 시간을 확보하기 위해서였다. 열다섯 살에 쓴 「나의 학업 계획」이란 수필에서 글렌은 특유의 유머와 문학적 과장법을 동원해 학문에 관한 자신의 관점을 서술하고 있다.

이런 주제로 글을 쓰기에 나는 좀 불리한 것 같다. ……

그렇지만 내가 고등 교육을 완전히 등한시하리라고 추측해서는 안 된다. 오히려 나는 고등 교육이 정신을 자극하며 일깨워 주고 새롭게 해 주어서, 이 고등 교육을 받지 못했더라면 정체되었을 정신에 막대한 영향을 줄 수 있다고 생각한다. (이처럼 잘 정리된 문구는 1911년 간행된 매니토바 학교 검인정 교과서 『추수와 귀뚜라미, 그리고 가격 규제』의 서문에 힘입은 바 크다.)

내가 공부하는 과목은 상급반 세 과목뿐이다. 프랑스어와 영어, 역사인데 더할 나위 없이 잘 선택했다고 생각한다. 왜냐하면 프랑스어 수업에서는 루소를 읽으며 혁명가들을 지지하고 있으며, 영어 시간에는 『웰링턴』*을 읽으며 반동주의자들을 편들고 있는 한편, 역사 수업에서는 밀라노 법령**과 칙령***에 관해 비판적인 분석을 글로 쓰면서 빈 회의****에 똑똑한 고등학생 몇 명만 참석했더라면 모든 것이 얼마나 나아졌을지 확인하고 있기 때문이다.

이번 연주 시즌의 내 계획은 독주회 몇 차례와, 해밀턴과 토론토의 교향악단과 함께 협연하는 것이다. 이것은 [이 글의] 제목과는 별

---

* 웰링턴Wellington 공작은 빈 회의(1814~1815)에 참석한 영국 대표 아서 웰즐리. 영국 내에서도 보수주의를 대표하는 정치인이었다.
** 1807년에 나폴레옹이 공포한 외교 정책. 그 전해에 공포한 베를린 법령을 강화한 내용이다. 베를린 법령은 영국에 대한 무역 봉쇄 정책이다.
*** 1807년 나폴레옹의 베를린 법령에 대응하여 내놓은 영국의 외교 정책. 프랑스 항구를 봉쇄하여 중립국인 미국과 프랑스 사이의 무역마저 막아 버림으로써 영미 전쟁의 도화선이 된다.
**** 나폴레옹 패배 후 유럽의 권력 구도를 재편하기 위해 오스트리아의 메테르니히가 주재한 강대국 비밀 회담으로 오스트리아와 러시아, 영국, 프로이센 등 네 나라가 주로 이끌어 갔으며, 나중에 프랑스의 발언권도 힘을 얻게 되었다.

관계가 없지만, 내가 학교에서 왜 과외 활동을 할 시간이 조금도 없
는지 충분한 설명이 되리라고 생각한다. 그러니 나의 학업 계획은 존
재하지 않는 것이다. ……[8]

이 작문에 대한 교사의 코멘트는 '기발하다'였다. 글렌은 학교
에서 여전히 아웃사이더였으며, 학교에서 친구들과 함께 하는
활동에는 전혀 참가하지 않고 있었다. 그 무렵 굴드 가족과 함께
살고 있던 그의 사촌 누이 제시 그레이그는 글렌이 맬번 학교 생
활을 즐거워하지 않았다고 전해 준다.

"글렌은 제 또래와는 아주 다르고 앞서 나가 있었기 때문에
공통점이 거의 없었어요. 휴식 시간에는 늘 혼자 울타리에 기대
어 있던 글렌이 생각납니다. 그 모습이 항상 내게 남아 있어요.
그는 그 시절에도 외로웠던 겁니다. 사람들과 잘 어울리지 못했
어요. 실제로 내가 기억하기에도 집으로 데려온 친구라곤 밥 풀
포드가 유일했어요."[9]

그러나 정작 밥 풀포드는 이 말에 동의하지 않았다.

"그때는 다른 학생도 학교생활이 괴롭긴 마찬가지였어요. 글
렌이 특히 더 괴로웠던 것은 아니라고 생각합니다."

"맬번에서는 글렌이 친구들과 관계 맺을 마음이 있기는 있었
다고 봅니까?"

그에게 물었다.

"그가 보통의 십 대처럼 평범한 생활을 원했다는 건, 나로서
는 듣도 보도 못한 점이에요. 그가 평범해지기를 바란 것은 그

의 어머니였죠. 그가 음악에만 몰두했다는 것은 두말할 필요도 없이 분명했어요. 정말 신기한 점은 음악계에서 그를 알아주는 사람이 거의 없던 시절에도 글렌은 자신이 음반 표지에 나오고 『뉴욕 타임스』에 등장하고 라디오에서 이야기하는 그런 사람에 속한다는 것을 알고 있었다는 점이에요. 물론 토론토 음악계는 그의 특출한 재능을 잘 알고 있었지요. 그러나 글렌은 5~6년 안에 자신이 세계 음악계에 알려지게 될 것이라고 확신했습니다."[10]

이러한 자기 확신은 확실히 풀포드와 다른 맬번 학교 학생들에게는 경이로운 것이었다. 천재라는 것이 무엇인지, 아무도 잘 알지는 못했지만 모두 글렌이 천재에 속한다는 것을 직관적으로 아는 것 같았다. 풀포드는 자신의 책『그 집에서 가장 좋은 자리』에서 이렇게 쓰고 있다.

> 글렌이 학교에서 집으로 돌아오는 길에 상상 속의 교향악단을 지휘하듯("밤- 빠, 라-팜") 팔을 휘저으며 걸어갈 때면, 다른 학생들은 천재란 으레 저렇게 행동하는 것이려니 여겼다. …… 학교 친구들은 그가 세계적인 대가가 되리라는 것을 기정사실로 받아들였다. 비록 우리 가운데 그게 무엇을 의미하는지 이해하거나 당대의 위대한 피아니스트 이름 하나라도 알고 있는 아이는 거의 없었지만.[11]

글렌이 비록 시간제 학생이긴 했지만, 그의 지적인 명석함은 맬번에서 전설적이었다. 풀포드는 다음과 같은 얘기를 들려주었다.

"학교생활에서 기억나는 것이 한 가지 있는데, 글렌은 마음만 먹으면 무엇이든 굉장히 잘했다는 점입니다. 그 좋은 예가 바로 10학년 기하학이에요. 노동절* 다음 주에 새 책을 받았는데, 10월에 글렌은 그 책을 벌써 다 끝냈더라고요. 다른 친구들은 그때까지 1장도 다 끝내지 못했는데 말입니다. 또 다른 것도 기억나네요. 그의 필기 솜씨가 엉망이었다는 거요. 과목마다 전체 학급의 등수를 매기는 가학적인 습관을 지닌 선생님이 한 사람 있었는데, 필기 등수를 매기면 글렌과 내가 늘 꼴찌에서 첫째, 둘째를 차지했어요."[12]

잘 알아보기 힘든 글씨로 쓴 학교 과제물 하나가 여기 있는데, 이 글을 보면 글렌이 문학적인 재능을 갈고닦기 위해 얼마나 노력했는지 알 수 있다. 마치 학식이 풍부한 역사학자이자 어엿한 음악학자인 양 어려운 단어와 난해한 문장을 사용한 글을 여기 소개한다.

내가 가장 반감을 느끼는 것은 예술 일반, 특히 음악에서 현대적인 사고에 반발하는 일반 대중의 태도다. 이런 태도를 지닌 신봉자들의 특징은 개종하기를 거부하는 확고한 결의라고 할 수 있다. 몇 가지 진부한 논의가 20세기 카토**의 기준이 되어 왔다. 예를 들어 음악

---

• 9월 첫 주 일요일.

•• 마르쿠스 포르키우스 카토(기원전 95~기원전 46)는 폼페이우스, 카이사르, 크라수스의 삼두 정치에 반대하고 공화정을 신봉했던 인물이다. 엄격하고 융통성 없는 맹목적인 믿음으

은 이해할 수 있는 선율이나 구조적인 목적이 없어야 하고, 일반 청중을 무시하고 실험에 헌신하는 데 무정부주의적인 태도를 취해야 한다는 것들이다.

지금까지 작곡가들 대부분은 신고전주의를 확립하는 데 관심을 쏟아 왔다. '바흐로 돌아가자'는 운동은 스트라빈스키, 쇤베르크,* 힌데미트**와 같은 다양한 작곡가를 끌어들였다. 이 사람들과 그리고 이들보다는 덜 유명한 다른 수백 명의 창작자의 목표는 르네상스와 바로크, 그리고 초기 고전주의 시대의 순수한 주관성을 다시 포착하는 것이다. 내가 잘못이라고 판단 내리는 반응이 사실 어떤 의미에서는 반응에 대한 반응이기는 하다. 그러나 지나간 시대로 회귀한 결과는 그 시기의 사운드나 구성을 그대로 재생하는 것보다는 정신적인 새로움과 미적인 방향성을 찾는 것과 더 연관이 있는 것이다. ......[13]

글렌은 계속해서 프로코피예프와 풀랑크*** 그리고 힌데미트

---

로 유명해서, 흔히 카토는 자신의 믿음을 고수하는 이를 뜻한다.

* 쇤베르크Schönberg 철자를 그냥 Schonberg로 잘못 적은 것이라고 이 책의 저자가 확인했다.

** 독일 작곡가 파울 힌데미트Paul Hindemith(1895~1963)는 반反낭만주의에서 출발하여 1920년대 이후에는 대위법에 입각한 신고전주의 양식을 추구했다.

*** 프랑스 6인조에 속했던 프랑시스 풀랑크Francis Poulenc(1899~1963)는 어려서부터 피아노와 시에 심취했으며, 스트라빈스키의 음악을 들었다. 부유했지만 부모를 십 대에 여읜 그는 스페인 피아니스트 리카르도 비녜스를 멘토 겸 스승으로 모시면서 피아니스트와 작곡가로 성장했다. 사티에 영향받아 쓴 〈흑인 광시곡〉을 사티에게 헌정했고, 짧은 세 단락으로 이루어진 〈무궁동無窮動Mouvements perpétuels〉과 아폴리네르 시를 바탕으로 한 연가곡집 〈동물시집〉으로 유명세를 얻었다. 1924년 발레극 「암사슴」은 발레 뤼스가 초연했으며, 완다 란도프스카의 권유로 쳄발로를 위한 실내 협주곡 〈전원 협주곡〉을 작곡하기도 했다. 나이 들수록 신앙이 깊어진 그는 로카마두르 성지를 방문한 뒤 〈검은 성모의 연도連禱〉를 시작으로 종교 음악도 남겼고, 성악가 베르나크와 사귀면서 90여 곡의 가곡을

는 "특별한 경우에는 옛날 방식으로 작품을 썼다"며, 이 세 작곡가에 대해 논의를 펼친다. 마지막으로 그는 "현대의 예술적 이상주의에 반대하는 논의에서 가장 중요한 논증은 또 다른 변환기인 1725년에 요한 푹스가 쓴 교재 『그라두스 아드 파르나숨』에서 찾아볼 수 있다"고 결론 짓는다.

글렌의 학교 선생은 이 글에 대해 "말하고자 하는 논의가 내게는 명확해 보이지 않는다"는 평과 함께 'B?'라는 점수를 매겨 놓았다. 그러나 이 글이 명확히 보여 주고 있는 것은 음악에 대한 소년의 충심이 두 방향으로 이끌리고 있다는 점이다. 그는 바로크와 고전 형식의 '지나간 시대'를 동경하는 한편, 현대 20세기 음악에 열광하고 있었다. 그 사이에 끼여 있는 낭만주의 시기는 구태여 언급조차 하지 않았다. 리하르트 바그너를 제외하고는 낭만주의는 그의 관심을 끌지 못했다. 쇼팽과 리스트, 멘델스존과 같은 낭만주의 작품이 사춘기 시절 글렌의 주요 레퍼토리였음에도 말이다. 그는 나중에 이런 낭만주의 작곡가를 자기 친구들을 버렸듯이 빼 버리고 만다.

글렌은 자신이 현대 음악에 열정을 갖게 된 계기는 독일 작곡가 파울 힌데미트의 작품을 처음 들으면서였다고 했다.

---

만들었다. 2차 대전 중 로르카에게 바치는 바이올린 소나타, 아라공과 엘뤼아르의 시에 붙인 가곡 등을 작곡하면서 음악을 통해 저항했다.
- 요한 푹스Johann Fux(1660~1741)는 오스트리아 음악가다. 바로크 시대 엄격한 대위법을 설명한 그의 이론서 『그라두스 아드 파르나숨Gradus ad Parnassum』은 19세기와 20세기까지 널리 쓰인 대위법 교습서로, 단계적으로 어려워지는 교재임을 제목에서 말하고 있다.

그때 나는 열다섯 살이었고, 완전히 보수주의자였다. 바그너 이후 음악은 다 싫어했다. 바그너 음악도 대부분은 싫어했다. 그런데 힌데미트가 지휘한 〈화가 마티아스Matthias the Painter〉를 음반으로 듣다가, 갑자기 완전히 흥분해 버렸다. 이렇게 갑작스레 나를 엄청나게 매료시킨 것은 바로크적인 어떤 성격을 재창조한 점이었다. 열다섯 살이었던 나는 이렇게 현대 음악을 감지하게 되었다.[14]

토론토에 살고 있는 체코 태생 작곡가 오스카 모라웨츠*는 학생 연주회에서 어린 굴드를 만난 일을 기억하고 있는데, "그의 연주는 경탄할 만큼 아름다웠다"고 한다.

"쇼팽의 야상곡을 아주 영적이고도 시적으로 연주했어요. 그런데 그를 직접 만나 보니, 그때 이미 매우 편향되어 있더군요. 당시 그는 게레로 밑에서 공부하고 있었는데, 베토벤 정도 시기의 작곡가에 대해서만 열정을 보여서 나로서는 물론 실망스러웠죠. 나야 작곡가니까 사람들이 새로운 음악에 열린 태도를 보여 주기 바라지요."

이제는 나이가 든 온화한 성품의 모라웨츠에게 내가 물었다.

"나중에 글렌의 취향이 변한 것은 어떻게 설명하시겠습니까?"

---

* 1917년에 태어난 오스카 모라웨츠Oskar Morawetz는 체코 프라하에서 음악을 공부한 뒤 열아홉 살에 헝가리 출신 지휘자 조지 셀의 추천으로 프라하 오페라 부지휘자가 되었다. 나치가 들어오기 전 빈과 파리에서 공부했고, 1940년 캐나다로 이주해 토론토 대학에 몸담으며 작곡 활동을 했다. 2007년 죽기 전까지 캐나다를 대표하는 작곡가로 활동했다.

"오, 그건 어떻게 된 건지 정확히 알고 있어요. 글렌은 사춘기 때 책을 엄청나게 많이 읽었지요. 나처럼 책을 기꺼이 빌려주는 사람에게 언제든지 책을 빌려 가서는 책을 돌려주는 법이 거의 없었어요. 하루는 르네 라이보비츠[12음계 작곡가이자 지휘자, 작가]˙의 책[15]을 집어 갔는데, 그 책이 글렌에게 강한 인상을 주었나 봅니다. 그 이후론 오직 쇤베르크, 베르크, 그리고 베베른밖에 모르는 거예요. 계속 그 작곡가들 얘기를 하고 그들의 음악을 음반으로 듣더니, 직접 연주해 보기 시작하더군요."[16]

글렌이 이런 작곡가에 관심을 갖도록 영향을 미친 또 다른 이는 그의 선생인 알베르토 게레로였다. 게레로는 젊은 시절 연주자로서 현대 음악의 옹호자였으며, 글렌이 매일 켜 놓고 있던 CBC 방송 프로그램에 현대 작곡가의 작품을 올리기 위해 여러모로 노력한 사람이었다. 그리고 마지막 요인으로, 글렌 자신이 갖고 있던 작곡에 대한 흥미를 들 수 있다. 작곡에 대한 관심은 그의 어머니가 노래를 만들어 보라고 적극 권하던 어린 시절부

---

˙  르네 라이보비츠René Leibowitz(1913~1975)는 폴란드에서 태어나 프랑스에서 활동했다. 바이올린 신동으로 아홉 살 때부터 무대에 섰으나, 아들이 정상적인 생활을 하기 바랐던 아버지의 뜻에 따라 연주회를 중단하고 1926년 파리에 정착했다. 빈과 베를린에서 쇤베르크와 베베른을 사사하고 파리에서 라벨에게 배움을 이어 갔다. 피에르 몽퇴에게 지휘를 배운 뒤 1937년 프랑스 라디오 방송국 실내악단에서 지휘자로 데뷔했고, 2차 대전 때는 레지스탕스로 활동했다. 전후에는 인기 있는 지휘자가 되어 100장이 넘는 음반을 남겼다. 쇤베르크 학파의 음악과 기법에 관한 훌륭한 입문서를 낸 그는 그 이론에 입각한 작품도 썼고 불레즈와 뒤아멜 등의 음악가도 키워 냈다. 1946년 나온 『쇤베르크와 그의 학파 Schoenberg et son école』는 미국에도 번역되어 쇤베르크 이론을 널리 알렸고, 1949년 출판한 『12음 음악 안내서Introduction à la musique de douze sons』는 현대 음악가에게 큰 영향을 미쳤다.

터 시작되어 나중에 토론토 음악원에서 화성학과 푸가를 숙제로 받으면서 실습을 거치게 된다. 결코 겸손함을 모르는 글렌은 "나는 푸가를 아주 잘했어요. 그건 일종의 조각 그림 맞추기 같은 놀이예요"라고 말하곤 했다.[17]

그가 작곡한 작품이 처음 대중에게 공개된 것은 1949년 2월 18일과 19일, 그의 나이 열여섯 살 때였다. 맬번 드라마 클럽에서 셰익스피어의 「십이야Twelfth Night」를 학생들이 공연하는 동안 글렌은 〈왕실 분위기Regal Atomsphere〉, 〈엘리자베스 시대의 즐거움Elizabethan Gaiety〉, 〈변덕스러운 난센스Whimsical Nonsense〉, 〈야상곡Nocturne〉이라는 네 곡으로 구성된 자신의 피아노 모음곡을 연주했다. 전체 악보가 남아 있지 않은 걸로 보아, 어쩌면 이 조곡 일부는 즉흥 연주였을 수도 있다. 글렌은 즉흥 연주에 매우 뛰어났으니까.

그는 또 사춘기 동안 극작에도 열정을 보였다. 그의 사촌 제시는 글렌이 희곡을 쓰며 이를 연극으로 직접 제작하고 싶어 했다고 기억한다.

"가족 모두 그의 연극에서 역을 하나씩 맡아 연기하기를 바랐어요...... 스타는 늘 그 자신이었고, 다른 사람은 늘 조연이었지요."[18]

한때 글렌은 전문 작가가 되기로 심각하게 고려한 것도 같다. "내가 음악가가 되지 않았더라면, 아마 작가가 되기를 제일 바랐을 것 같다"고 그는 이십 대에 말한 적이 있다. "나는 늘 소설을 쓰고 싶은 강한 유혹을 받곤 했어요...... 조만간 자서전을 쓸 텐데, 소설로 쓸 겁니다."[19]

그러나 음악가로 계속 나아가야 한다는 압력을 끝내 거부하지는 못했다. 그 압력은 우선 그의 특별한 재능과 뛰어난 피아노 솜씨에서 나온 내적 압력이었다. 그리고 외적 압력과 요구도 있었다. 그의 어머니와 스승 게레로, 그리고 이제는 매니저인 월터 홈버거까지 그런 압력과 요구를 글렌에게 가했다. 음악과 문학 사이에서 대위법적 조정을 거치면서 음악이 주제를 이끌어 가는 것으로 균형을 맞추게 된 것이다.

플로라 굴드는 1948년에 처음으로 글렌에게 스타인웨이 피아노를 사 주었다. L 그랜드 모델로 길이가 180센티미터짜리인 이 피아노는 온두라스 마호가니로 1947년 뉴욕에서 제작한 것이었다. 글렌은 1953년까지, 다섯 해 동안 이 피아노로 연습했다. 그의 어머니는 이 피아노를 토론토의 또 다른 신동인 래리 밀러에게 팔았는데, 밀러는 이 피아노를 40년간 사용했다.

1949년 10월 9일, 막 열일곱 살이 된 글렌은 독주회에서 세르게이 프로코피예프의 소나타 7번 내림나(B플랫)장조 작품 83을 연주했다. 강하고 요란한 이 작품은 1942년, 러시아가 한창 전쟁 중일 때 작곡한 신곡이었다. 그래서 이 작품은 대담함과 영웅주의, 감내와 비극 등 전쟁 시기에 일어날 수밖에 없는 것들을 표현하고 있다. 이 소나타는 유명한 피아노 명인 블라디미르 호로비츠와도 관련이 깊은 작품으로, 호로비츠는 미국에서 이 작품을 초연했다.

글렌은 이 까다로운 작품을 단지 몇 주 만에 익혀 버렸는데,

나중에 이 소나타를 녹음한 음반으로 판단해 보건대, 이날 그의
연주는 젊은 피아니스트가 끌어낼 수 있는 에너지와 힘을 모두
표출한 것이었으리라. 이 곡을 연주함으로써 그는 자신이 바라
던 바를 한 가지 이룰 수 있었다. 그것은 바로 이제부터 그의 프
로그램에는 이전에 연주해 왔던 대중적인 레퍼토리에서 벗어난
독창적인 작품들을 선보일 것이라는 인상을 강하게 심어 준 것
이었다. 하이든과 스카를라티, 리스트와 쇼팽은 이제 쫓겨난 어
린 시절의 놀이 동무 신세가 되고 말았다.

# 8
## "마이크와 사랑에 빠져"

글렌과 밥 풀포드가 꼬마였을 때 사우스우드가의 자기네 집 뒤 뜰에서 교신하기 위해 마이크를 만들어 본 이래, 글렌은 전자 장치를 가지고 시험을 계속해 나갔다. 글렌은 그 자신이 나중에 '원시적인 녹음기'라고 부른 테이프 녹음기를 토론토에서 최초로 사용한 음악가에 속한다.

"마이크를 피아노 공명판 위에 매달기도 하고 ― 이렇게 하면 스카를라티 소나타의 생명력이 사라져 버린다 ― 엉뚱한 생각이 떠오르는 대로 피아노와 마이크를 사용해 보았다."[1]

연습할 때 테이프에 녹음하는 것은 음악가가 자신의 연주를 재검토해 볼 수 있는 매우 좋은 방법이다. 자신이 연주하면서 들을 때보다 더 객관적이고 비판적으로 들을 수 있어서 실수를 교정할 수 있고, 곡의 속도를 바꾸거나 표현 방식, 크기와 세기 등을 조정할 수도 있다. 테이프에 연주를 녹음하는 것은 시간을 많이 잡아먹는 작업이지만 보상이 뒤따른다. 곡을 어떻게 연주하느냐에 따라 미묘한 차이가 나는데, 그 수많은 해석 가운데 마음에 드는 방식을 음악가가 선택할 수 있기 때문이다. 어린 나이에 테이프 녹음기 사용법을 스스로 익힌 굴드는 평생 녹음기에 의지하게 된다. 그는 한 친구에게 "모든 스승 중에 가장 위대한 스승은 테이프 녹음기야. 녹음기가 없었다면 나는 아마 헤매고 있었을 것이네"라고 말한 적이 있다.[2]

녹음기와 함께 글렌의 음악에 중요한 것은 라디오 작업이었다. 라디오는 나중에 그의 음악 활동에서 최우선 관심사가 된다. 그가 처음으로 진짜 라디오 방송에 참여한 것은 1950년 12월 24일 오전 열 시 삼십 분, 캐나다 방송국(CBC)의 한 스튜디오에서였다. 여러 문화가 공존하는 거대한 나라인 캐나다를 하나로 잇는 데 큰 영향을 미친 캐나다 방송국은 젊은 예술가와 작곡가를 키워 주는 데 큰일을 해냈다. 그들의 작품과 연주를 녹음이나 실황으로 들려주는 기회를 제공함으로써 그 넓은 나라에 널리 알려지도록 한 것이다. 열여덟 살의 글렌에게 첫 라디오 방송 연주는 "마이크로폰과의 사랑"이 시작되었음을 의미한다.

1950년 12월 어느 일요일 아침, 나는 거실 정도 크기의 라디오 스튜디오로 걸어 들어가, 캐나다 방송국에 속하는 마이크로폰 하나만 달랑 갖고서 나의 임무인 '실황'(테이프로 녹음하는 것이 이미 일상화된 시기였지만, 라디오 방송은 여전히 연주회장에서처럼 '첫 음부

198

터-끝 음까지-차례로-연주하는-빌어먹을-현상'을 고수하던 시절이었다) 방송을 해 나갔다. 소나타 두 곡을 연주했는데, 하나는 모차르트 [내림나(B플랫)장조 K. 281] 소나타였고, 또 하나는 힌데미트 [내림나(B플랫) 작품 37] 소나타였다.[3]

첫 방송이 있고 얼마 지나지 않아 글렌은 라디오 연주를 몇 차례 더 하게 되는데, 라디오 방송 연주를 경험하면서 글렌은 음악적으로 큰 변화를 겪는다. 글렌은 라디오 방송 연주를 두 가지 이유에서 "기억할 만하다"고 했다. 우선 연주회장에서 그를 고통스럽게 했던 "바로 앞에 있는 목격자들인 청중"이 요술처럼 사라졌고, 그래서 그의 무대 공포증의 직접적인 원인 하나가 약화된 것이다. 두 번째 이유로는 "방송을 했던 행복한 순간을 희미하게나마 재생해 주는 부드러운 '아세테이트' 음반*"을, 그 순간을 확인해 주는 물증으로 확실히 가질 수 있었기 때문이다. 그 후 몇 년 동안 그 음반은 "어떤 방향으로 나아갈지 어렴풋하게나마 감을 잡게 된 내 생의 첫 순간을" 환기시켜 주는 구실을 했다.[4]

글렌의 매니저 월터 홈버거는 글렌이 청중에 대해 근본적으로 문제를 갖고 있다는 것을 분명히 알고 있었다.

"그는 늘 내게 '사람들 앞에서 연주하고 싶지 않아. 3,000쌍의 눈이 내 연주를 듣기보다는 내가 하고 있는 모양을 지켜본다

---

* 아세테이트를 입혀 찍어 낸 음반으로 셀로판처럼 휘어지는 종류.

는 걸 항상 느끼게 되거든'이라고 말했어요. 나는 그것이 글렌의 성향이라고 생각합니다. 그는 아주 어렸을 때부터 — 열네 살이나 열다섯 살 — 마이크 앞에 앉는 걸 좋아했어요. 일반 예술가들과는 정반대였지요. 보통은 마이크로폰 앞에서 얼어 버리기 일쑤고 텔레비전도 좋아하지 않지요. 그런데 글렌은 좋아했습니다. 우리는 CBC 라디오의 일요일 아침 연주회에 자주 참가했고, 글렌은 무척 좋아했어요. 당신도 아시다시피 그는 타고난 아마추어 배우였어요."[5]

실제로 글렌은 청중을 몹시 싫어하는 흔치 않은 예술가였다. 잘못을 찾아내는 비판적인 그의 어머니상이 연주를 들으러 오는 모든 사람에게 과장된 방식으로 투사된 것 같다. 그는 연주회장의 청중이 던지는 무언가 캐는 듯한 눈초리를 항상 느끼게 된다는 사실이 두려웠고, 막 갈가리 찢기려 하는 순간의 로마 시대 검투사에 자신을 비유하곤 했다. 글렌은 무대 공포증을 없애기 위해 다양한 방법을 수없이 시도해 보았다. 한 가지 전략은 객석에 청중이 하나도 없고 그 혼자만 있는 체하는 것이었다. 또 다른 방법은 청중에 대한 자신의 '힘'을 느끼면서 자아를 강화하는 것이었다. 그리고 마지막으로, 아마 이 방법이 가장 확실한 것이었을 텐데, 무대에 오르기 전 안정제를 복용하는 습관이었다. 이는 나중에 보게 되는 것처럼 자기 통제력을 유지하기 위해 글렌이 가장 자주 쓰는 방법이었다.

공연을 앞두고 어느 정도 긴장감에 휩싸이는 것은 공연 예술가에게는 보편적인 현상이다. 이는 부모의 과잉보호로 더 나빠질 수도 있고, 또 생리학적인 각성과 확실히 연관이 있어서 무대에 오르기 전 아드레날린과 다른 스트레스 호르몬이 과잉 분출된다. 보통은 음악가가 청중과 성공적으로 교감하면서 이러한 불편함은 누그러지게 마련이다. 심지어 이러한 전율이나 흥분은 연주회의 한 과정으로 받아들여지기도 하고, 청중에게 자극받아 음악가가 능력을 더 발휘하는 경우도 종종 있다. 또 어떤 연주자는 청중 속에서도 긍정적이고 수용적인 느낌에만 집중함으로써 무대 공포증을 극복하기도 한다. 아르투르 루빈슈타인은 연주회장의 아름다운 여인네를 떠올리면서* 그들에게 피아노를 쳐 준다고 생각하면서 연주를 했다.[6]

공연할 때 청중에게서 생기를 얻는 예술가는 라디오나 녹음 스튜디오의 조용한 익명성이 몹시 고통스러울 수 있고, 그 때문에 연주가 뻣뻣해지기도 한다. 울림이 전혀 없는 삭막한 환경에서 고독을 뼈저리게 느끼는 가운데 녹음 마이크는 공포의 대상이 된다. 그것은 인간의 실수를 용납하지 않으며, 모든 연주를 영구적으로 만들어 버린다. 굴드의 반응은 이와 정확히 반대였다. 그는 라디오와 녹음 스튜디오에서 혼자 연주하는 쪽을 선호했다. 아무도 없는 삭막한 방은 세균들로 들끓는 연주회장보다 한결 나은 곳이었다. 스튜디오는 일종의 피난처이자, 보이지는 않지만 느낄 수 있는 엄청난 청중과 자기 자신을 위해 즐거이 연

---

* 루빈스타인의 화려한 여성 편력은 그의 피아노 실력과 재치 넘치는 언변만큼 유명하다. 천재 피아니스트로 각광받던 그는 젊은 시절 자기 관심사 중 9할이 여자라고 했고, 아흔 살에 다른 여자와 살려고 아내를 떠났다. 유대계였던 그는 2차 대전 후 미국 시민이 됐다.

주할 수 있는 안전한 장소였다. 그것은 어린 시절 즐겨 연습하던 오르간 연주석처럼 평화롭고 외딴 장소로 들어가는 것과 같았다.

나는 스튜디오의 고독하고 (모든 프로이트주의자들이 상관하지 않는다면) 자궁과 같은 안전한 상태에서 따로 호젓하게 연주하는 것이, 어떤 연주회장에서 연주하는 것보다 더 직접적이고 인간적인 방식으로 음악을 연주할 수 있다는 것을 발견했습니다. …… 그 이후로 나는 방송과 녹음이라는 매개체의 무한한 가능성을 고려하지 않고서는 음악의 잠재성을 (또는 음악가로서 나 자신의 잠재성 문제에 관해) 생각할 수 없게 되었습니다.[7]

글렌은 고독을 사랑했다. 그러나 그를 원하는 무대 연주회 때문에 혼자 있을 시간이 거의 없었다. 게다가 글렌의 아버지나 월터 홈버거가 언제나 그를 가로막고 있었다. 이때는 아직 글렌 혼자 여행하도록 허락해 주지 않기 때문이다. 글렌이 뉴브런즈윅 지방 연주회에 초빙되었을 때도 그의 아버지는 관계자에게 이런 편지를 썼다. "어니스트 맥밀런 경께서 프레더릭턴에서 [두 번 출연에 600달러로] 연주할 수 있는 예술가로 제 아들의 이름을 대셨다고 말씀하시더군요. 글렌의 나이[열여섯 살이 다 되어 가고 있었다]를 감안해 보건대, 그런 여행에는 누군가 따라가야만 합니다."[8]

수년 동안 글렌은 부모와 심리적으로 친밀함을 유지하면서도 육체적으로는 떨어져 있으려는 노력을 계속해 왔다. 심코 호숫가에 머물 때는 혼자 자전거를 타고 훌쩍 사라지곤 해서 부모를 깜짝 놀라게 만들기도 했다.

"오, 그건 십 대 초반이었을 거예요." 그의 아버지는 기억을 더듬으며 그때 일을 들려주었다. "글렌은 자전거를 타고서 어디론가 새 버리곤 했어요. 애 엄마는 아이가 어디 갔나 걱정하고…… 내가 차를 타고 8킬로미터 정도 떨어진 길가에서 발견하곤 했죠. 한번은 소 떼에 노래를 불러 주고 있는 애를 발견하기도 했어요. 소들이 모두 울타리 안쪽에 한 줄로 늘어서 있더군요."

어떤 때는 모터보트를 타고 내빼기도 했다.

"글렌을 찾다가 안 보이면, 누군가 다른 보트를 타고 호수로 글렌을 찾으러 가곤 했습니다. 대개 20킬로미터쯤 떨어진 곳에서 그의 보트를 발견하곤 했는데, 노래하고 지휘하면서 집으로 돌아오는 모습을 볼 수 있었어요."[9]

글렌은 이미 이십 대 초반에 무대에서 은퇴하고 싶다고 말했지만 연주회를 계속해 나갔다. 라디오에 처음 출연했던 1950년에만 해도 토론토에서 독주회를 네 번 열었고, 온타리오주 런던에서도 한 차례 연주회를 가지면서 음악원 관현악단과 함께 베토벤 협주곡 4번을 다시 무대에 올렸다. 그의 레퍼토리는 베토벤의 〈열다섯 개의 변주곡과 푸가(〈영웅〉)〉 작품 35와 바흐의 〈이탈리아 협주곡〉, 그리고 첫 라디오 방송 때 연주했던 힌데미트의 소나타 3번을 포함하면서 점점 넓어져 갔다.

20세기 작곡가의 작품에 대한 글렌의 열정은 끈질기게 이어졌다. 그는 어떻게든 현대 음악에 가까워지려 애썼고, 캐나다에는 거의 알려지지 않은 작곡가의 새롭고 대담한 작품을 청중에게 소개하여 친숙해지도록 노력을 다했다. 그는 이와 관련된 책을 발견하면 무엇이든 읽었고, 1950년에는 빈 태생의 작곡가 에른스트 크레네크*의 피아노 소나타 3번을 공부하기 시작했다. 글렌은 또한 자신의 고향인 토론토에서 작곡된 음악도 알고 싶어 했다. 그래서 작곡가 오스카 모라웨츠를 만났고, 그를 좋아했다.

모라웨츠는 글렌과 만난 이야기를 내게 들려주었다.

"글렌이 열아홉 살 때였는데, 그의 오두막으로 나의 라(D)단조 환상곡[1948년 작품]을 갖고 찾아갔습니다. 2주 후 다시 갔을 때 그는 이미 그 곡을 다 외우고 내게 전곡을 연주해 주더군요. 모든 것이 아주, 아주 정확했어요. 그러나 곡의 빠르기는 내가 원하는 바가 전혀 아니었습니다. 그리고 내가 악보에 써 놓은 것과는 반대로, 페달을 거의 사용하지 않았고요."

"그래서 어떻게 들리던가요?"

"글쎄요, 멜로디만 도드라지게 연주하고 그 외 모든 음은 일

---

* 오스트리아 작곡가 에른스트 크레네크Ernst Krenek(1900~1991)는 오스트리아·헝가리 제국 시절 체코인의 아들로 빈에서 태어났다. 빈과 베를린에서 공부하고 독일에서 오페라를 지휘했다. 한때 장인이었던 말러의 영향을 받아 제2 빈 악파의 음악을 비판했던 그는 1930년대부터 어찌 된 일인지 쇤베르크의 12음 기법을 사용하기 시작했다. 이후 1938년 미국으로 와 대학에서 음악을 가르쳤고, 20세기의 다양한 기법을 활용한 오페라와 피아노 협주곡, 교향곡 등을 남겼다.

종의 배경처럼 깔리도록 하려고 페달을 써서 소리를 죽이게 만든 부분이 있었어요. 글렌은 딱 그 반대로 연주하더군요. 당연히 멜로디는 거의 들리지가 않았죠. 페달을 사용하지 않아서 그렇기도 하지만, '칸투스 피르무스'*처럼 멜로디가 반주부보다 느리게 진행되기 때문이었어요. 물론 피아니스트라면 반주부가 복잡하고 멜로디가 느리게 진행될 때는 멜로디 부분을 다른 것보다 크게 쳐야 한다는 것쯤은 알고 있지요. 왜냐하면 피아노 소리는 빨리 사라지니까요."

"글렌이 당신의 음악을 그렇게 연주하는 것에 반대하셨나요?"

"오, 물론이지요. 글렌은 늘 논쟁적이었어요. 내게 자기는 쇼팽을 좋아하지 않는다는 말을 하더군요. 쇼팽은 자신의 생각을 발전시키는 법을 모르기 때문에 짧은 곡만 썼다는 거예요. 그래서 그의 색채는 모두 페달에 의지하게 됐다면서요. '나는 되도록 페달을 적게 씁니다. 화음을 강조할 때만 쓰는 정도지요. 프랑크와 리스트가 표현하는 스타일처럼 전체를 점점 더 크게 연주해 나가기 위해 페달을 쓰지는 않아요'라고 말하더군요."

"그래서 어떻게 됐나요?"

"내 작품을 정말로 훌륭하게 연주했어요. 그러나 모든 것이

---

* cantus firmus. 다성 음악에서 기본이 되는 정선율을 뜻하면서 중세와 르네상스 시대 중요한 악곡 형식이기도 했다. 대위법에서는 칸투스 피르무스, 즉 기본 선율이 주어지고 이에 대치되는 선율을 붙이는데, 이때 주선율은 다른 성부보다 느린 음으로 구성돼 있다. 여기서 작곡가는 이 느린 주성부를 다른 성부(반주부)보다 크게 치기를 원했는데, 굴드가 똑같은 크기로 치는 바람에 느린 멜로디가 묻혀 잘 안 들리게 된 걸 지적하고 있다.

내가 원하는 것과는 사뭇 달랐어요. 내가 작곡했던 것보다 20퍼센트 정도 빠르게 연주했어요.* 엄청나게 빨랐지요. CBC에서 내 작품을 녹음해 달라고 그에게 요청이 들어왔을 때 글렌이 내게 말하더군요. '오스카, 나는 당신이 바라는 대로 연주하지는 않을 겁니다. 이 작품을 어떻게 연주해야 할지는 이미 결정했어요. 그걸로 다 된 거지요. 한 소리가 다른 소리보다 더 중요하다고 내게 말씀하신다면, 그건 정말 잘못이에요. 모든 소리가 다 똑같이 중요한 거예요. 그리고 그 밖에, 당신이 말씀하시는 방식을 보면 당신 작품을 스스로도 잘 모르시는 것처럼 보여요'라고요."

"어떻게 그걸 참으셨습니까?"

"물론 글렌은 기막히게 연주하죠. 그러나 어떤 작품을 두 배나 빠르게 연주한다면, 그건 그 작품의 성격을 완전히 바꿔 놓는 겁니다. 음반이 나왔을 때 한 번 들어 보고서 난 말했죠. '두 번 다시 못 듣겠군.'"

"글렌 스스로 작곡가가 되고 싶어 했다고 생각하십니까?"

"글쎄요, 그 문제는 글렌이 내게 직접 말했는지, 아니면 게레로 씨에게 말했는데 게레로 씨가 내게 전해 준 건지 정확히 기억이 나지 않는군요. 어쨌든 그것은 기본적으로 불멸의 존재가 되

---

• 리스트도 젊은 시절 템포를 빨리하거나 느리게 연주하곤 했다. 게다가 그 시절엔 연주가가 자의恣意로 장식음을 덧붙이거나 악구를 바꾸는 등 꽤 많은 자유가 허용됐었다. 템포에 변화를 주면 음악의 분위기를 바꿀 수 있기 때문에, 현대 연주자들 역시 작곡가가 원하는 템포나 일반적인 속도보다 더 빠르거나 느리게 치곤 한다.

고 싶어 한 글렌의 소망과 관계가 있습니다. 글렌은 작곡가가 비록 썩 훌륭하지 않더라도 연주자보다는 더 오래 기억될 가능성이 많다는 사실에 분통을 터뜨렸습니다. 나는 왜 글렌이 그 부분에 그토록 신경을 쓰는지 이해를 못 하겠더군요. 오늘날 녹음 사업이 얼마나 발달했습니까? 연주자도 유명해지는 시대에 살고 있지 않습니까? 앞으로 50년 뒤에는 연주자도 작곡자만큼 잘 기억되리라고 확신합니다."[10]

그래도 글렌은 늘 자신이 작곡가로 기억되기를 원했다. 비록 생전에 작품을 조금밖에 써내지 못했지만 말이다. 만년에 그는 놀랍게도 100장이 넘는 음반을 내놓았으면서도 피아니스트로서 자신의 정체성을 하찮게 여겨 스스로를 "여유 시간에 피아노를 연주하는 캐나다의 작가이자 작곡가, 방송인"[11]이라고 불렀다. 글렌은 사춘기 시절에도 피아노 작품을 여러 편 썼고, 바순과 피아노를 위한 소나타도 한 작품 남겼다. 글렌의 작품은 모두 뛰어난 솜씨가 돋보이는 독창적인 것들로 연주하기에 그리 어렵지 않고, 듣기에도 꽤 즐거운 곡들이다. 그러나 음반을 구하기가 쉽지 않다. 나는 에밀 나우모프*가 최근 연주한 글렌의 피아노 독주곡 음반을 추천하고 싶다. 피아노 소품 두 작품과 미완성

---

* 불가리아 피아니스트 에밀 나우모프Émile Naoumoff는 일곱 살인 1969년 파리에서 불랑제를 만나 그의 마지막 제자가 되었고, 열여덟 살에는 마인츠의 음악 출판사 쇼트와 계약한 최연소 작곡가가 되었다. 파리 음악원과 파리 에콜 노르말 드 뮈지크에서 공부했으며 불랑제가 죽은 뒤에는 그와 인연 깊었던 퐁텐블로 미국 예술원의 수업을 이어받았고, 파리 국립 고등 음악원과도 인연을 맺었다. 세계 유수의 관현악단과 협연하며 실내악도 활발하게 연주해 온 그는 호로비츠 같은 불꽃과 루빈슈타인 같은 시적 감성을 가지고 있다는 평을 들었다.

으로 남아 있는 두 악장짜리 소나타가 수록되어 있다.[12]

　첫 번째 피아노 작품은 느리고 서정적인 곡으로 연주 시간은 4분 정도다. 약간 대위법적인 작품인데, 대담한 음괴音塊\*와 크게 벌어진 음정, 그리고 왼손에 나온 음이 오른손에서 역방향으로 진행되는 복잡한 악구로 이루어졌지만 듣기에 과히 거슬리지 않는다. 작품은 전체적으로 즉흥곡처럼 들린다. 두 번째 작품은 1분 19초짜리인데 위로 올라가는 세 음으로 시작한다. 이 주제음이 4도 올라갔다가 다시 3도 내려오며 자주 반복되고, 가끔씩 반전되기도 한다. 활기찬 행진곡 같은 부분이 끼어든 다음 세 주제음이 다시 나타나는데, 이때는 피아니스트의 손가락이 온 건반을 오르락내리락하게 된다.

　미완성으로 남은 피아노 소나타는 긴 편이다. 7분 동안 계속되는 첫 악장은 어둡고 강한 도입부로 시작해 조금 서정적이고 편안한 분위기로 풀어진 다음, 애초의 음울한 분위기로 돌아간다. 이 곡의 매혹적인 특징은 저음부에서 아주 낮게 연주되는 왼손의 옥타브 트레몰로다. 두드러지는 이 부분은 멜로드라마틱한 굴드의 면모를 가장 잘 보여 준다. 두 번째 악장은 글렌이 쓴 피아노곡 가운데 가장 긴 것으로 8분 30초 동안 계속된다. 부드럽고 신비한 화음이 쏟아지면서 시작하는데, 화음의 맨 꼭대기 음이 점차적으로 이어지며 주제를 형성하는 한편, 화음의 나머

---

\*　　뭉친 음이라는 뜻의 음괴tone-cluster는 한 음의 주변 음을 한데 뭉쳐 연주함으로써 하나의 음으로 들리게 하는 기법이다. 예전에는 크고 웅장한 소리를 내기 위해 사용하던 주법으로, 현대 음악에서 자주 이용된다.

지 음들은 배경음으로 약화된다. 그런 다음 꼼꼼한 대위법적 구조를 지닌 새로운 부분이 나타났다가 사라지며 짧은 푸가와 고요한 종결부로 마무리된다.

바순과 피아노를 위한 소나타는 캐서린 마르케스·와 에밀 나우모프의 연주로 녹음된 것을 들어 보면 매우 매력적인 작품이다. 낮은 음부에서 단선율로 진행되는 바순과 광범위한 음역에서 진행되는 피아노의 대위법적 다성음이 대조적인 느낌을 주기 때문이기도 하지만, 그보다 음악적으로 매우 독창적이어서 매력적이다. 짧은 세 악장으로 이루어졌는데, 첫 악장은 2분밖에 안 된다. 씩씩한 바순 독주가 먼저 나오고 곧이어 피아노가 같은 주제를 빠른 속도로 연주하면서 합주를 이루고, 곡은 전체적으로 점점 빨라진다. 두 악기가 독주로 주고받는 대화와 이중주로 합주하는 부분이 번갈아 가며 복잡하게 나타났다가 끝을 맺는다.

4분 남짓한 두 번째 악장은 피아노의 빠른 화음이 바순보다 먼저 나오며 시작한다. 곧 바순 소리도 들리는데, 피아노보다 느린 속도로 연주된다. 두 악기는 함께 역동적이면서도 풍성하게 연주를 계속해 나간다. 세 번째 악장은 바순 혼자 느리게 연주를 시작하고, 피아노가 나중에 좀 더 빠른 템포로 합세한다. 그런 다음 잠시 같은 속도로 연주하다가 중간에 짧은 푸가풍의 음악

---

•　바순 연주자 캐서린 마르케스Catherine Marchese는 빈 오페라 극장 무대에서 연주한 최초의 여성 독주자로 미국과 유럽에서 활발하게 활동해 왔다. 여러 현대 음악 작곡가가 그를 위해 바순 곡을 썼다.

이 끼어든다. 음이 불규칙하게 오르내리는 푸가가 끝나면 두 악기가 온 음역을 왔다 갔다 하며 엎치락뒤치락한다. 바순이 혼자 즉흥 연주를 오랫동안 하고 나면, 피아노가 주제음을 들고 나오며 합주와 독주를 각각 몇 차례씩 주고받다가 3분 남짓 만에 극적인 느낌이 전혀 없는 단순한 화성으로 이 마지막 악장은 끝을 맺는다.

글렌은 작곡가로서 자신감이 충분했으므로 자신의 피아노 작품과 바순 소나타를 1951년 1월 4일 대중에게 선보였다. 왕립 음악원에서 열린 이 연주회는 글렌이 대담하게 현대 음악만으로 전체 프로그램을 꾸민 첫 연주회로서 파울 힌데미트의 소나타 3번, 오스카 모라웨츠의 라(D)단조 환상곡, 그리고 그 전해 글렌이 연습해 온 에른스트 크레네크의 그 어려운 소나타 3번이 포함되어 있었다.

그해에는 라디오 방송과 독주회, 그리고 여러 관현악단(토론토 교향악단, 해밀턴 필하모닉, 성 캐서린 시립 관현악단)과 협연이 이어졌고, 열아홉 살이 된 가을에는 어머니를 동반하고 캐나다 서부 지방을 순회했다. 윌리엄 스타인버그* 지휘로 밴쿠버 교향

---

* 윌리엄 스타인버그William Steinberg는 1899년 쾰른에서 열세 살에 자신이 작곡한 관현악 합창곡을 지휘할 정도로 재능을 나타냈다. 쾰른 오페라 극장에서 오토 클렘페러 조수로 활동하다 클렘페러가 떠난 1924년 정식 지휘자가 됐다. 그러다 1936년 팔레스타인으로 가 후베르만(헨리크 셰링 집안과 인연이 있던 바이올리니스트)과 함께 이스라엘 필하모닉의 전신인 팔레스타인 교향악단을 만들었다. 이를 본 반反나치주의자 토스카니니가 그를 NBC 교향악단 부지휘자로 들이면서 1938년 미국으로 오게 되었다. 이후 1952년부터 1976년까지 피츠버그 교향악단에 몸담아 피츠버그 교향악단을 실력 있는 악단으로 만들어 냈다. 굴드와 함께 연주했던 때는 버펄로 필하모닉 관현악단 음악 감독으로 있던 시기였다.

악단과 베토벤 협주곡 4번을 협연했고, 캘거리에서 독주회를 열었다. 마침 스타인버그는 나의 부모님, 케테와 유진 오스트왈드와 친한 친구 사이여서 샌프란시스코에서 지휘를 하게 될 때면 우리 가족과 함께 저녁을 하곤 했다. 그래서 나는 글렌을 만나기도 전에 이미 그의 특이한 연주에 대해 지휘자의 관점으로 직접 이야기를 들을 수 있었다. 글렌을 이끌어 주려는 매니저의 노력은 차치하고 이런 공연과 라디오 방송 출연 — 매시 홀에서 열린 그의 연주회는 자주 녹음되었다 — 덕분에 글렌은 캐나다에서 두드러지는 인물로 급부상하고 있었다.

심코 호숫가 오두막에서 테이프 녹음기를 만지고 있는 굴드. 1956년경 사진으로, 이때는 굴드가 학교를 중퇴하고 스승 게레로와도 작별한 뒤 홀로 오두막에서 지내며 갖가지 음악적인 시도와 실험을 하며 특유의 굴드 사운드를 빚어내던 시기였다.

심코 호숫가에서 닉과 함께 자전거를 타던 십 대 초반의 글렌 굴드. 그는 평생 개를 비롯한 여러 동물을 사랑했다.

**9**
# 스스로 택한 고독 속에서 빚어낸 굴드 사운드

열아홉 살이 되자, 글렌은 맬번 칼리지에이트 인스티튜트를 그만두었다. 특별한 이유가 있어서는 아니고 단지 학교 공부와 음악 활동을 동시에 해내는 것이 너무 힘들었기 때문이다. 이는 글렌이 처음으로 스스로 부과한 유예 기간으로서, 부모와 교사에게서 떨어져 지내며 전반적인 사회 활동에서 어느 정도 벗어나 있던 시간이었다. 이 기간 그는 심코 호숫가에 있는 부모의 오두막에서 혼자 지냈다. 오랜 친구인 밥 풀포드와는 연락을 유지하고 있었다. 풀포드는 글렌보다 더 먼저 학교를 그만둔 상태였다. 풀포드는 스스로 "억압적인 환경에 반항하는 창조적인 개인"[1]이라는 주장을 내세워 학교를 그만두었는데, 이는 글렌이 학교를 그만둔 이유 가운데 하나기도 했을 것이다. 이제 두 중퇴생은 함께 사업을 하기로 결심한다. 변호사와 은행원을 만나 상담을 한 뒤, 두 사람은 '새 음악의 친구들New Music Associates'이라는 작은 회사를 만들었다. 이 회사의 목표는 그때까지 토론토에 잘 알려지지 않은 '새로운' 음악만을 소개하는 연주회를 기획하여 무대에 올리는 것이었다.

풀포드는 31달러 50센트에 300석 규모의 연주회장을 하루 저녁 빌린 다음 입장권을 찍고 홍보를 맡았으며, 친구 두 명을 불러 출입구를 담당하게 하면서 또 수표를 — "죄다 적은 액수였다"[2] — 썼다.* 그동안 글렌은 작곡가와 연주자를 선정했다. 물론 피아노는 주로 자신이 맡았다.

첫 기획 공연은 쇤베르크 기념 연주회였다. 1952년 10월 4일 열린 이 연주회에서 이제 막 스무 살이 된 글렌은 쇤베르크의 세 개의 피아노곡 작품 11과 피아노 모음곡 작품 25를 연주했고, 〈나폴레옹 송가Ode to Napoleon〉 작품 41**에서 피아노를 맡았다. 또한 쇤베르크의 노래 여섯 곡을 부르는 가수의 반주를 맡기도 했다. 하지만 글렌은 그것만으로는 충분치 않다는 듯이, 그날 연주하는 음악에 대한 설명문까지 썼다. 밥 풀포드에 따르면, "나중에 그의 음반 표지에 실린 해설을 읽는 독자에겐 익숙한 그 애매모호한 문체로 쓴 이 설명문은 CBC 아나운서인 프랭크 허버

---

* 비용을 수표로 지불했다는 말. 풀포드가 경리를 담당했던 듯하다.
** 1942년 쇤베르크가 작곡한 소규모 실내악곡. 목소리와 바이올린 두 대, 비올라와 첼로, 피아노로 편성된 이 작품은 바이런의 시를 대본으로 삼았지만, 2차 대전 중에 만든 곡인 만큼 히틀러를 향한 비판과 전체주의에 호응하는 독일 국민에 대한 고민을 담고 있다. 쇤베르크는 1944년 이 곡을 '목소리와 현악 오케스트라와 피아노'를 위한 편성으로 직접 편곡했다.

트가 청중에게 읽어 주었는데, 나중에 프랭크는 자기가 읽으면서도 무슨 말인지 거의 이해하지 못했다고 내게 실토했다"고 한다.[3]

'새 음악의 친구들'이 기획한 두 번째 연주회에도 또다시 쇤베르크가 등장했고, 쇤베르크의 뛰어난 두 제자 알반 베르크와 안톤 베베른도 함께 선보였다. 이번에도 글렌은 설명문을 빠뜨리지 않았다. 이번에는 인쇄하여 — 행간이 빡빡하고, 타자로 쳐서 네 쪽에 이르는 분량 — 참석한 청중에게 프로그램과 함께 나눠 주었다. 이 '설명문'은 노련한 저널리스트인 밥 풀포드가 말한 '애매모호'한 글렌의 문체를 보여 줄 뿐 아니라, 음악 이론 분야에서 어떤 훈련도 받지 않은 스무 살의 젊은 피아니스트가 얼마나 능숙하게 음악학자 행세를 하고 있는지 잘 드러내 준다.

여기 그의 '애매모호'한 문체의 예를 들어 보자.

쇤베르크적 세계의 영향력 아래로 들어간 음악가들은 음악에 대해 공통된 접근법을 가지고 있다. 현대 음악뿐만 아니라 고전 음악에 대해서도 그들은 분석을 통해 모든 음의 형태를 최소 공통분모로 줄여 나가고자 시도한다.

그가 음악적으로 얼마나 박식한지 보여 주는 예도 있다.

베베른은 1925년 이후 12음 기법을 꾸준히 사용하기 시작했는데, 그 결과 과도기 작품에서는 볼 수 없었던 확고함과 확신으로 자신의 생각을 강하게, 그리고 폭넓게 펼쳐 나갔음을 알 수 있다. [프로그램에 포함되어 있는] 색소폰 사중주곡은 12음으로 만들어진 초기 작품 가운데 긴 편에 속한다(거의 8분 정도 된다). 첫 악장은 형태상 3중으로 구성되어 있으며, 내용은 카논˙ 형식을 취하고 있다. 다섯 마디에 걸쳐 진행하는 도입부로 시작하는데, 여기서 세 음으로 이루어진 그룹 네 개의 음정이 나타나고, 이 진행은 다음 행에서 반음 두 개의 간격을 두고 자리를 바꾼 역逆카논으로 나타난다. 두 번째 진행에서 카논은 리듬감 있게 바뀌어 이 두 진행 사이의 미묘한 관계를 드러내 준다.

$$\overline{\underset{D^\flat B^\flat A}{A}} \quad C \quad \overline{\underset{B}{B}} \quad E^\flat \quad \overline{\underset{C}{E}} \quad F \quad F^\# \quad \overline{\underset{G^\# DG}{D}}$$

$$\underset{B}{\underline{B D E^\flat}} \quad C \quad \underset{A}{\underline{C^\#A}} \quad \underset{D}{\underline{G^\#G}} \quad F^\# \quad \underset{C}{\underline{E B^\flat F}} \quad _4$$

글렌은 이 프로그램에서 소개한 어려운 다섯 작품 가운데 네 작품을 소화해 냈다. 베베른의 피아노 변주곡 작품 27과 베르크의 단악장 소나타 작품 1을 연주했는데, 베르크의 소나타는 얼마 전 홀마크 음반사에서 녹음한 곡이기도 했다. 이 음반은 글렌이 처음으로 녹음한 판매용 음반이었다. 글렌은 또 메조소프

---

˙ 기본 선율이라고 할 수 있는 정선율cantus firmus이 먼저 어느 정도 흐른 다음, 이를 모방한 응답 선율이 시작되는 돌림 노래 같은 대위법적 악곡 형식. 똑같은 선율로 엄격하게 모방한 병행 카논이 있는가 하면 자리를 바꾸거나 역행하는 역카논, 축소나 확대 등의 변형을 거친 카논 등 여러 종류가 있다. 여기서 말하는 베베른의 작품은 정선율에서 반음 두 개 사이로 떨어지거나 올라가면서 역방향으로 진행하는 카논이다.

라노 로마 버틀러*가 쇤베르크 가곡집 〈공중 정원의 책〉** 작품 15를 부를 때도 피아노 반주를 했고, 베베른의 테너 색소폰과 클라리넷, 바이올린과 피아노를 위한 사중주곡에서도 피아노를 맡았다. 프로그램에 다섯 번째로 올라 있는 작품은 베베른의 다섯 악장짜리 현악 사중주였으므로 피아니스트가 필요 없었다. 사실 글렌은 자신이 연주할 또 다른 작품으로 쇤베르크의 오르간 변주곡을 준비했는데, 마지막 순간에 "유감스럽게도 취소했어야" 했다.[5]

얼마 가지 못한 글렌과 밥의 사업에서 기획한 세 번째 연주회는 요한 제바스티안 바흐의 음악만으로 구성됐다.

"그런데 글렌, 우리가 '새 음악의 친구들'인데, 왜 바흐 연주회를 하는 거야?"

밥이 글렌에게 물었다.

"바흐는 언제나 새로우니까."

이것이 밥이 기억하고 있는 글렌의 설명이었다.[6] 그러나 그

---

* 굴드보다 한 살 많은 로마 버틀러Roma Butler는 당시 토론토 왕립 음악원에서 바리톤 에르네스토 빈치 밑에서 수학하고 있었다. 굴드처럼 키와니스에서 여러 차례 상을 탄 그는 캐나다와 미국 무대에 섰으며 현대 음악 작곡가들의 곡도 많이 불렀다.

** 〈공중 정원의 책Das Buch der hängenden Gärten〉은 슈테판 게오르게Stefan George의 시에 노래를 붙인 '슈테판 게오르게 가곡집'을 말한다. 게오르게는 말라르메의 상징주의 시에 영향을 받아 일상성을 벗어난 순수 언어 예술로서 시를 추구했다. 격렬한 감정을 자제한 조용하고 서정적인 어조의 시인데, 쇤베르크의 음악 역시 그러하다. 원제를 직역하면 '매달린 정원'이지만, 옛 바빌로니아 네부카드네자르(느부갓네살) 2세가 만들었다는 공중 정원을 말하므로 '공중 정원'으로 옮겼다. 이 정원은 밑에 큰 단을 쌓은 다음 탑처럼 만들고 각 층마다 정원을 가꾸어 놓아, 멀리서 보면 마치 하늘에 녹색 깔개가 매달려 있는 것처럼 보였다고 해서 '매달린 정원' 또는 '공중 정원'으로 불렸다.

이유가 전부는 아닐 것이다. 거기에는 개인적인 이유가 숨어 있었다. 글렌은 당시 잘 알려지지 않은 바흐의 〈골드베르크 변주곡〉을 그동안 매우 열심히 연습해 왔다. 본래 하프시코드용으로 작곡된 이 걸작은 총 연주 시간이 40분쯤 되며, 처음과 마지막에 나오는 '아리아'와 변주곡 서른 개로 이루어져 있다. 서른 개의 변주곡은 모두 저음부에 같은 기본음을 깔고 진행된다.* 글렌은 대중 앞에서 이 곡을 한번 시도해 보고 싶었고, 1954년 10월 16일 프로그램을 바흐 작품만으로 꾸미면서 드디어 그 기회를 얻은 것이었다.

이 연주회에는 단 열다섯 명만 참석했다. 이전에 열린 두 차례의 현대 음악회는 그런대로 참석자가 꽤 됐고, 언론에서도 좋은 반응을 얻어 냈다. 그러나 바흐 연주회는 허리케인 '헤이즐'이 닥치는 바람에 완전히 엉망이 되어 버리고 말았다. 거센 폭풍우가 토론토를 강타하면서 엄청난 피해와 혼란을 야기했기 때문이다. 실패로 돌아간 이 음악회는 재능 있는 젊은 캐나다 콘트랄토인 모린 포레스터**의 토론토 데뷔 무대기도 했다. 밥 풀포드

---

* 주제에 사용된 베이스의 기본음이 각 변주의 베이스에도 나타난다. 그러나 여섯 번째와 열여덟 번째 변주에서는 상성부에 나타난다.

** 칼라스처럼 매력적인 쇳소리가 섞인 깊은 음색과 풍부한 표현력을 지닌 캐나다 최고의 성악가 모린 포레스터Maureen Forrester는 굴드와 함께 캐나다 음악 명예의 전당에 오른 연주자다(연주자로는 이 두 명만 올랐다). 몬트리올 태생인 그는 교회 합창단에서 노래하다가 열여섯 살이 되어서야 성악 공부를 시작하며 실력을 키웠다. 1953년 오토 클렘페러 지휘로 몬트리올에서 베토벤 〈합창〉 교향곡에 출연한 뒤 유럽에서도 데뷔했고, 1957년 발터의 지휘 아래 카네기 홀에서 말러 교향곡 〈부활〉을 부른 뒤 더욱 유명해졌다. 오페라보다는 독주회와 연주회 무대에서 더 빛을 발한 그는 굴드와 동갑이었고 전성기도 굴드와 겹친다. 굴드의 장례식 때도 노래를 불렀으니 여러모로 인연이 깊다 하겠다.

는 회고록에서 "나는 그 여자 가수의 대리인에게 우리로서는 최고의 출연료인 50달러를 지불했다"고 쓰고 있다.

아직 내 귀에는 텅 빈 건물에 울리던 박수 소리가 귀에 들리는 듯하다. 박수를 치고 있는 사람 가운데는 토론토 교향악단의 지휘자 어니스트 맥밀런 경도 있었다. 맥밀런 경은 글렌의 연주는 익히 알고 있었으나, 포레스터의 노래는 이전에 한 번도 들어 본 적이 없었다. 당시 포레스터는 스물네 살이었고 그때까지는 주로 몬트리올에서만 유명한 상태였다…… 그 연주회로 우리는 돈을 잃었다…… 바흐 연주회로 경제적 손실이 그리 컸던 것은 아니었지만, 그걸로 '새 음악의 친구들' 사업은 끝이었다.[7]

우리는 글렌이 이날 연주한 〈골드베르크 변주곡〉이 이듬해인 1955년 뉴욕에서 녹음한 경이적인 〈골드베르크 변주곡〉 연주와 얼마나 비슷한지 알지 못한다. 그는 사춘기 시절부터 줄곧 제대로 된 바흐 스타일을 찾으려 애써 왔다. 완다 란도프스카,[*] 에드윈 피셔,[**] 파블로 카살스를 비롯해 바흐 해석의 대가라고 일컬

---

[*]   폴란드 출신의 프랑스 음악가 완다 란도프스카Wanda Landowska(1879~1959)는 바르샤바 음악원 출신으로 파리와 베를린에서 피아노와 하프시코드를 연주하면서 1925년에 파리에 고음악 연구 학교를 세웠다. 1940년대 미국에 정착해 하프시코드와 고음악 부흥에 힘썼다. 프랑시스 풀랑크와 마누엘 데 파야는 완다 란도프스카를 위해 하프시코드 협주곡을 작곡하기도 했다.

[**]   바젤 출신의 에드윈(또는 에트빈) 피셔Edwin Fischer(1886~1960)는 다재다능한 피아니스트로 모차르트와 베토벤 작품을 편집하고 협주곡의 카덴차를 썼다. 리스트의 제자인 크라우제에게 피아노를 배웠으나 기교를 내세우는 스타일은 아니었다. 특히 바흐 전문가로 그의 〈평균율 클라비어곡집〉은 역사적인 명반으로 꼽힌다. 무대 공포증으로 연주회를 많이

어지는 연주자들의 녹음을 들었으나 그의 마음에 맞는 연주는 하나도 없었다. 그런데 딱 한 피아니스트가 있었으니, 뉴욕의 로 절린 투렉*이었다. 로절린 투렉의 녹음 가운데서도 특히 〈골드베르크 변주곡〉을 글렌은 열렬히 찬미했다. 몇 년 뒤 글렌은 다음과 같이 회상했다.

내가 십 대였던 1940년대 로절린 투렉이야말로 내가 보기에 바흐를 제대로 연주하는 사람이었습니다. 그 무렵…… 나는 바흐를 어떻게 연주해야 하느냐는 문제로 스승과 싸우고 있었고, 절대로 스승을 설복시킬 수가 없었지요. 그런데 그의 음반을 들으면서 나는 이런 싸움을 하는 사람이 나 혼자만은 아니라는 걸 확인했습니다. 그만큼 그의 연주는 도덕적인 면으로 말해 정직한 연주였습니다. 안식을 느끼게 해 주었어요. 권태와는 다른, 찬송을 바칠 때의 청렴함이 담긴 그런 안식 말입니다.[8]

---

열지 않았으나 그의 음색은 신비할 정도로 아름답기로 유명하다. 천진한 성격으로 나치 치하의 베를린에서 활동하며(나치에 협력은 하지 않았다) 빌헬름 푸르트벵글러와 협연했다. 따뜻한 인간성을 가진 그는 디누 리파티가 루마니아에서 나왔을 때 스위스에 일자리를 얻어 주었고, 2차 대전 후 카라얀이 이탈리아에서 고생할 때 생계를 돕기도 했다. 데무스, 바두라 스코다, 바렌보임, 브렌델의 스승이었다.

* 시카고 출신 로절린 투렉Rosalyn Tureck(1914~2003)은 굴드보다 앞선 바흐 전문가였다. 그는 전통적인 교육을 받았지만 굴드처럼 독특한 길을 갔다. 투렉 역시 젊은 시절 줄리아드에서 공부할 때 바흐의 푸가를 연습하다 내적인 현현을 경험했다고 한다. 줄리아드를 졸업한 뒤 6주간 바흐만 연주하는 독주회를 열며(스승들은 이 프로그램을 반대했다) 바흐 전문가로 등극한다. 작고 유연한 손으로 성스러운 바흐를 들려준 그는 굴드처럼 현대 음악의 열렬한 옹호자이기도 했다. 굴드는 공공연히 투렉의 영향을 받았다고 토로했는데, 그 이유로 투렉을 언급할 때는 늘 굴드가 거론된다.

글렌은 오두막에 틀어박혀 바흐와 다른 레퍼토리를 열심히 연구했다. 그것은 내면을 들여다보고 자신을 새롭게 해 나가는 시간이기도 했다. 그곳에서 글렌은 언제든지 연습할 수 있었고, 녹음한 자신의 연주를 다시 들어 보기도 하고, 책 읽고, 새로운 곡을 연구하며 레퍼토리를 넓혀 갔다. 또 즉흥 연주도 하고 작곡도 했으며, 라디오와 전축을 듣기도 했다. 심코 호숫가의 고독한 생활에서 벗어나는 경우는 급히 차를 몰고 외출할 때뿐이었다. 글렌은 교통 법규를 잘 지키는 사람이 아니었다. 그는 업터그로브까지 차를 몰고 가 커피숍 앞 주차장에 차를 박고는 자신이 유명한 피아니스트인 줄도 모르는 그 지방 사람들과 잡담을 즐겼다. 또한 많은 시간 숲을 거닐며 보냈다. 산책할 때는 방쿠오라는 이름의 콜리종 개를 데리고 다녔는데, 방쿠오는 등에 종기가 나서 고생하고 있는 글렌의 늙은 충견 닉을 그 얼마 전부터 대신하고 있었다.

이십 대 초반에 보낸 이 은둔의 세월 동안 굴드는 그 누구도 모방할 수 없는, 그 어떤 피아니스트의 연주와도 다른 자신만의 독특한 피아노 스타일을 완성해 냈다. 스타카토와 레가토*의 뚜렷한 대비, 보통 이상으로 빠르거나 느린 템포, 생동감 넘치는 뛰어난 리듬감, 지극히 투명한 터치, 대위법적 특징을 누구보다도 잘 살려 내는 능력, 그리고 음악 속에 숨어 있는 내면의 소리를 의식적으로 끌어내는 힘을 갖추게 된 것이다. 이와 함께 그의

---

* 스타카토는 음을 끊어 연주하는 것이고, 레가토는 노래하듯 부드럽게 이어 연주하는 기법.

연주를 독특하게 만드는 여러 가지 행동 습관도 생겨났다. 손가락이 건반 위를 민첩하게 내달릴 때 입술과 치아로도 음악을 따라가느라 그의 입은 쉴 새 없이 움직였으며, 그의 어머니가 가르쳐 준 대로 늘 허밍을 하거나 노래를 불렀다. 어떤 때는 그 소리가 청중에게 들릴 정도로 커지기도 했다. 낮은 의자에 앉아 연주하면, 그의 윗몸은 자신이 연주하는 템포에 맞춰 원을 그리며 파도치곤 했다. 그리고 한 손이 피아노 건반에서 떨어지면 지휘자처럼 손으로 다양한 표현을 나타내는 동작을 취하곤 했다. 실제로 그는 자신의 연주를 지휘하고 있었다.

청중이나 신문의 평론가들이 이러한 몸짓과 태도를 언급하는 것은 이상한 일이 아니었다. 그것을 재미나게 생각한 사람도 있었지만, 어떤 사람은 산만하다고 생각했고, 더러는 아주 짜증 나는 일로 받아들이기도 했다. 많은 사람이 굴드가 관심을 끌기 위해 순전히 자신을 과시하려는 목적으로 그런 행동을 한다고 여겼다. 그러나 사실 그런 동작은 우선적으로 굴드 자신의 내면적인 욕구를 충족시키기 위해 나온 동작이었다. 그 행동은 그의 피아노 연주와 일체를 이루고 있는 것이지, 일부러 멋 부리기 위해 덧붙인 것이 아니었다. 그가 혼자 연주할 때 찍은 영상물과 결코 사람들에게 보여 줄 목적으로 만든 것이 아닌 비디오테이프("잘라 낸 부분")에서도 그의 이러한 동작을 볼 수 있다.

글렌은 늘 자신의 '태도'가 연주의 질을 음악적으로 높여 준다고 항변하곤 했다. 예를 들어, 소리가 마음에 안 드는 피아노를 연주할 때면 그의 노랫소리와 허밍이 더 커지곤 했다. 이는 음악을 내면적으로 파악하는 능력을 높이기 위해 (마치 진공청소기처럼) 피아노 소리를 죽이는 구실을 해 주었다. 그리고 팔을 휘두르며 지휘하는 동작이나 윗몸을 흔드는 것도 연주하면서 느끼는 도취감에서 자연스레 나온 것이었다. 도취감은 감정상으로 매우 긴장된 상태이자 황홀함이고, 기쁨으로 졸도하는 것이며, 정신이 육체의 한계를 넘어 확장하는 것처럼 몽환적인 느낌이다. 격리되어 고독한 상태에서는 이런 도취의 순간이 더욱 강해질 수 있다. 글렌이 대외 활동을 끊고 혼자 시골에서 지낸 것도 그런 상태를 경험하기 위해서였던 것 같다.

사회적으로 굴드를 '괴짜'로 보이게 만든 특성 역시 이때 시작된 것으로 보인다. 이상하게 옷을 많이 껴입고, 유머와 농담을 과하게 드러내며, 병의 징후라고 느껴지는 몸 상태에 지나치게 예민하게 반응하는 것 등이다. 그때 이미 글렌은 여러 의사와 도수 치료사들을 만나러 다니고 있었다(설사를 호소하는 글렌에게 아편을 처방하고, 폐가 감염되어 고생하는 글렌에게 항생제 클로로마이세틴을 처방한 사람은 토론토의 의학 박사 콜린 A. 맥래였다).[9]

굴드의 '신경증적' 태도 역시 그의 예술적인 성격에서 기인한 것이었다. 언제나 뛰어난 존재가 되려고 애쓰며, 세계 최고 피아니스트가 되려 했던 글렌은 스스로 신경이 극도로 예민한 창조적인 예술가라고 느꼈는데, 이를 표현하는 데 필요한 행동 양식이 바로 신경증적인 태도였다. 그는 특별한 사람이었지만 견고한 사람은 아니었다. 그는 사람들이 자신의 천재성뿐만 아니라 자신이 얼마나 다치기 쉬운 사람인지도 알아주길 바랐다.

당시 글렌을 그 누구보다 잘 이해했던 밥 풀포드는 다음과 같은 질문을 던진 바 있다.

"그의 기묘한 행동과 버릇은 스스로 의도적으로 만들어 낸 신화일까, 아니면 그의 신경증 때문에 나타날 수밖에 없는 과정이었을까?"

[글렌은] 묘하게 행동하고서는 자신의 그런 행동에 성격 좋은 사람처럼 웃고, 그다음 또다시 묘하게 행동하는 사람이었다. 십 대였을 때 그리고 젊은 청년이었을 때, 그는 독일 작곡가나 독일 책 얘기를 할 때면 독일어 억양으로 말하는 이상한 버릇이 있었다. 니체의 『차라투스트라는 이렇게 말했다』를 읽을 때 그의 독일어 억양은 최고로 강해졌다. 누군가 이를 지적하며 놀리면 잠시 멈추는 듯했으나, 몇 분 지나지 않아 다시 독일어 억양으로 얘기하기 시작했다. 그런 식으로 말하면 우스꽝스럽다는 것을 자기도 인정하면서 말이다. 그는 스스로를 비꼬았던 것일까, 아니면 스스로 독일적인 분위기에 몰입하기 위해 애써 그렇게 행동했던 것일까?[10]

여기에는 또 다른 요인이 있었던 것 같다. 다른 사람에게서 발견한 어떤 특성을 자신의 개성으로 쉽게 흡수할 수 있을 정도로 글렌의 자아는 그 경계가 매우 유동적이었던 게 확실하다. 그는 사람들의 얼굴 표정이나 말하는 방식, 외국어 억양, 그리고 몸동작까지, 흉내 내는 데는 타고난 사람이었다. 나이가 들면서 그는 친구들과 연극을 하며 가상의 역할 놀이 하기를 좋아했다. 라디오와 텔레비전 작업을 하게 되면서부터는 특별한 무대 훈련 없이도 다양한 인물을 흉내 낼 수 있다는 것을 깨닫고 여러 인물을 창조해 냈다. 그가 흉내 낸 가상 인물 가운데는 카를하인츠 클롭바이서Karlheinz Klopweisser(독일 작곡가 카를하인츠 슈토크하우젠*을 모델로 했다)와 마이론 키안티Myron Chianti(말런 브랜도를 흉내 낸 인물) 등도 있었다. 그러나 그가 이렇게 환상으로 탈출하는 데에는 어딘가 억지스럽고 지나친 점이 있었다. "그는 타고난 아마추어 배우"라는 것이 글렌 굴드를 아는 많은 사람이 내린 결론이었다.[11]

그가 독일어 억양에 빠진 것은 강한 독일어 억양으로 말하는 매니저 월터 홈버거의 영향력이 그만큼 커졌음을 뜻하기도 했다. 이제는 홈버거가 스승 알베르토 게레로를 대신해 글렌의 멘토이자 어른 노릇을 하고 있었다. 글렌이 혼자 독립적으로 연구하고 연습하기 위해 시골로 들어감으로써, 피아노 기교와 피아니스트로서 기본자세를 만들어 주는 데 큰 역할을 한 스승에게 애매모호하게 종속되어 있던 관계는 완전히 깨져 버리고 말았다.

글렌은 이십 대에 접어들면서 수련기를 끝내고, 게레로에게 받는 레슨도 중단했다. 수업 시간이 대부분 논쟁으로 흘러가면

---

* 카를하인츠 슈토크하우젠Karlheinz Stockhausen(1928~2007)은 쾰른 대학에서 공부한 후 프랑스 작곡가 올리비에 메시앙을 사사했고, 쾰른 방송국 전자 음악 스튜디오에서 일했다. 1963년 이 스튜디오 소장이 된 그는 전자 음악과 함께 연주자의 정신 상태만을 지시한 '직관 음악' 등 개방적인 형태의 음악을 선보여 1950년대와 1960년대 전위 음악가의 반열에 올랐다. 작곡 이론서도 다수 펴냈다.

서 글렌은 게레로의 수업이 점점 더 비생산적이라 느꼈고, 게레로는 글렌이 사회적으로 성숙하지 못하다고 생각했다. 게레로와 글렌 두 사람을 모두 알고 있는 윌리엄 에이드는 내게 "게레로는 글렌의 연주 태도와 버릇을 매우 못마땅하게 여겼고, 글렌의 연주는 정통성이 부족하다고 느꼈기 때문에 아주 싫어했다"고 말했다.

"글렌을 내친 건 게레로였지, 글렌이 게레로를 거부한 게 아닙니다. 게레로는 매우 교양 있는 사람으로, 예술적인 권위로 캐나다의 주요 예술가들에게 영향을 준 인물이었습니다. 게레로는 이 특별한 제자와 끊임없이 불화를 이어 가기보다는 차라리 그를 놓아주기로 결정했을 겁니다. 심리학적으로 말하면, 게레로는 글렌의 예술상 아버지라고 할 수 있는데, 그는 무엇이든 아들 뜻대로 양보하는 글렌의 친아버지보다 훨씬 강한 개성의 소유자였지요. 게레로는 글렌에게 정말로 지울 수 없는 흔적을 남겼습니다."

"어떤 것을 말하는 건가요?"

"낮은 의자라든지 납작하게 펼친 손가락, 또 손가락 타법 같은 피아노의 기본기 말고도 글렌은 게레로에게서 기본적으로 진지한 태도와 정신적으로 완전히 집중하는 힘, 전적으로 최고를 지향하는 성향 등을 배웠습니다. 게레로가 궁극적으로 관심을 갖고 있는 단 하나는 음악이었습니다. 그리고 늘 승자가 되어야 한다고 믿었지요. 피아노는 물론이고 모노폴리나 크로케 같은 놀이에서도 항상 이겨야 한다고요. 글렌과 게레로는 그런 놀이를 정기적으로 함께 하곤 했습니다."

"늘 최고가 되려는 글렌의 타고난 성향을 게레로가 강화시켰다는 말인가요?"

"그렇다마다요. 글렌이 다른 피아니스트들을 매우 불편하게 느끼게 된 것도 그 영향이 커요. 한 예로 글렌은 클라우디오 아라우*를 무척 싫어했습니다. 아라우는 라이벌인 데다 게레로의 친구였고,** 토론토를 찾아오곤 했으니 화가 난 거죠. 글렌은 아라우를 '어린애'라고 불렀어요. 9년 동안 게레로는 글렌의 선생이었고, 게레로는 나이가 많았습니다. 두 사람이 결별하기 전에 이미 게레로는 글렌의 연주회에 가지 않는 상태였어요."[12]

몇 년 후 『뉴요커』지 인터뷰에서 글렌은 알베르토 게레로에 대해 다음과 같이 말했다.

음악에 대한 우리의 사고방식은 180도로 달랐습니다. 그는 "가슴으로 느끼는" 사나이였고, 나는 "머리로 납득하는" 어린이가 되고 싶었습니다. 그리고 9년이란 세월은 한 스승 밑에서 공부하기에는 긴세월입니다. 나는 스스로 독립해야 할 때가 왔다고 생각했고, 곤란할

---

* 게레로와 같은 칠레 태생 피아니스트 클라우디오 아라우Claudio Arrau(1903~1991)는 칠레 정부 장학금으로 베를린에서 공부하며 두각을 나타냈고, 1930년대 베를린에서 비흐와 모차르트의 건반 악기 작품 전곡을, 그리고 칠레에선 베토벤 피아노 작품 전곡을 연주했다.

** 굴드보다 스물아홉 살이나 많은 아라우는 굴드가 십 대일 때 이미 확고한 명성을 이룬 데다 자녀까지 둔 어른이었다. 굴드의 스승 게레로는 아라우보다 열일곱 살 연상으로, 게레로의 입장에선 아라우가 어린 세대로 보일 수 있다. 실제로 신동 출신 아라우가 한창 유럽에서 수업할 때 가장 화려한 이력을 펼친 칠레 피아니스트가 게레로였다. 1910년대 말 캐나다로 이민 온 게레로가 점차 교육으로 비중을 옮겨 가는 사이 후배 아라우는 세계적인 피아니스트가 되었다.

정도로 넘치는 자신감을 계발해 나가기 시작했습니다. 결코 내게서 사라지지 않았던 자신감 말입니다.[13]

홈버거는 게레로와는 매우 다른 아버지상이었다. 그는 사업가였고, 기본적으로 관심도 없는 음악 문제로 논쟁에 말려들지도 않았다. 그리고 글렌의 기묘한 버릇을 게레로처럼 비난하기보다는, 그런 기묘한 버릇이 글렌의 연주에 필요하다는 것을 오히려 인정하고 옹호해 주었다.

"누군가 글렌의 무대 행동을 비난할 때 내 대답이 어땠는지 아십니까? 나는 이렇게 말해 주곤 했죠. '나는 당신이 음악을 들으러 연주회에 간다고 생각합니다. 그러니 눈을 감고 듣기만 하세요. 보기 싫으면 당장 눈앞에서 지워 버릴 수 있잖아요.'"[14]

또한 홈버거는 글렌의 기묘한 무대 행동을 두고 일어나는 갖가지 평판이 홍보 효과를 낳는다는 사실도 잘 인식하고 있었다. 글렌의 기묘한 무대 행동에는 폴란드 생수 잔을 피아노 위에 올려놓고, 글렌이 발을 구를 때 나는 소음을 막기 위해 발밑에 발판을 깔아 두는 것까지 포함되어 있었다. 글렌이 연주하는 모습을 본 적이 없는 사람들은 궁금해서 그를 보기 위해 표를 샀고, 그럼으로써 글렌이 말한 가장 싫어하는 바로 그 일 — 사람들이 쳐다보는 것 — 이 글렌에게 일어났다. 그럼에도 글렌이 자주 무대에 서는 데 동의한 것은 분명 돈이 하나의 요인이었을 것이다. 글렌은 돈 벌기를 좋아했고 돈 버는 데 소질도 있었다. 월터 홈버거는 계약과 돈 문제에서 실제적인 도움을 받을 수 있도록 글렌에게 회계사인 패트릭 설리번과 변호사 모리스 그로스를 소개해 주었다. 글렌은 일찍부터 주식과 채권에 투자하는 법을 배웠다. 1957년, 내가 글렌을 처음 만났을 때에도 그는 캐나다 은銀 광산에 투자한 자신의 자산에 대해 자랑했었다.

1953년 여름, 굴드는 처음으로 스트랫퍼드 음악 축제에 참여했다. 토론토에서 서쪽으로 120킬로미터가량 떨어진 스트랫퍼드˙는 이미 셰익스피어 축제를 해마다 개최하고 있었다. 음악가들도 연극에 참가했는데, 음악가 수가 늘어남에 따라 연주회도 열었고, 여름 음악 축제를 위해 뛰어난 음악가들도 초청하게 되었다. 매사추세츠 탱글우드 축제˙˙의 텐트와 비슷하게 양옆이 트여 있는 홀에서 대규모 관현악단이 연주를 했는데, 홀은 좌석이 1,000석 정도 되었으며, 실내악을 위한 더 작은 공간도 딸려 있었다. 축제는 음악가와 배우가 자유롭게 어울릴 수 있는 분위기여서 작은 오페라 공연도 만들어 내곤 했다. 가장 인상적인 공연은 프랑스의 마임 예술가인 마르셀 마르소의 첫 북미 무대이자 뉴욕에서 온 알렉산더 슈나이더˙˙˙가 방랑자 바이올리니스

---

˙ 　온타리오 서남부의 도시. 유럽에서 온 이주민들이 마을과 강 이름을 셰익스피어의 고향 스트랫퍼드 어폰 에이번Stratford-upon-Avon(에이번강 가의 스트랫퍼드)을 따라 지었다.

˙˙ 　서부 매사추세츠의 버크샤이어 언덕에서 열리는 미국에서 가장 유서 깊은 축제. 보스턴 교향악단이 주로 맡아 현대 음악과 실내악, 재즈 등 다양한 장르의 음악을 연주한다.

˙˙˙ 　1908년 리투아니아(당시는 러시아 제국령) 유대계 음악인 집안에서 태어난 알렉산더 슈나이더Alexander Schneider는 바이올린 주자이자 지휘자, 교육자다. 어릴 때 사고와 큰 병을 겪었지만 첼로를 전공한 형과 같이 독일에서 활동할 때 성과 이름을 독일식으로 바꿨다. 본래 이름은 아브라함. 형 미샤가 활동하던 부다페스트 현악 사중주단에 제2 바이올린 주자로 합류했다. 이 사중주단은 나치의 등쌀이 심해지자 독일을 떠나 결국 미국에 자리 잡았다.

트 역을 연기했던 스트라빈스키의 〈병사兵士 이야기 L'Histoire de Soldat〉였다.

스트랫퍼드에 참가한 글렌에 관해서는 많은 이야기가 남아 있다. 그중 하나는 1954년 베토벤 삼중주 작품 70의 1(〈유령〉)을 리허설할 때와 관련된 것이다. 이 공연은 녹음과 함께 텔레비전으로도 중계하기로 되어 있었다. 캐나다 방송국(CBC)은 1950년 캐나다에서 멀티미디어 공연을 시작했고, 글렌 굴드는 방송계의 가장 인기 있는 스타가 되어 있었다. 그런 그가 이제 다른 뛰어난 두 음악가 — 유명한 부다페스트 현악 사중주단의 일원으로 오랫동안 활동했던 알렉산더 슈나이더와 열두 살 나이로 큰 두각을 나타냈던 캐나다 첼리스트 자라 넬소바 — 와 함께 실내악을 공연하게 된 것이었다. 자라 넬소바는 영국에 살고 있었는데, 샌프란시스코에 공연하러 왔을 때 나는 자라를 알게 되었고, 우리는 바이올리니스트 메리 제임스와 함께 현악 삼중주를 연주한 적도 있었다. 자라는 글렌과 했던 리허설을 다음과 같이 기억했다.

"처음부터 의견이 엇갈렸고 논쟁도 여러 번 있었어요. 아침에 연습을 시작했는데, 섭씨 27도가 넘는 타는 듯한 더위 속이

---

• 낭송과 마임, 춤이 등장하는 이 음악극은 악마의 유혹을 받는 한 병사의 이야기를 담은 러시아 우화를 바탕으로 한다. 후기 낭만주의에서 신고전주의로 넘어가는 시기의 음악은 물론, 당시 스위스에서 유행하던 탱고, 여기에 스트라빈스키가 스페인 투우장에서 들었던 춤곡, 미국에서 온 음반을 통해 간접적으로 접한 재즈까지 다양한 장르의 음악이 등장한다. 병사는 바이올린으로, 악마는 마임과 북으로 표현되는 이 음악극은 젊은 예술가들이 즐겨 무대에 올리는 레퍼토리다.

었어요. 그 날씨에 글렌은 두꺼운 외투와 목도리, 장갑에 모자까지 쓰고 나타났습니다. 글렌이 피아노 악보를 펼치지도 않고 자기는 모두 외워 왔노라고 사샤[알렉산더 슈나이더]에게 말했을 때 사샤는 그 자리에서 반대하고 나섰지요. 사샤와 나는 현악 파트 악보를 펼쳐 놓고 연주하기로 했거든요."[15]

음악 공연에 악보를 사용하지 않는 관례는 18세기 말 대가들이 기교를 뽐내던 시대에 싹튼 것으로, 모차르트는 자기가 작곡한 음악을 연주할 때는 거의 악보를 보지 않았다. 심지어 모차르트는 자신이 연주할 독주 부분은 아예 종이에 적지도 않고 연주한 적도 있었다. 기억력에 자신이 없는 음악가나 단지 악보가 앞에 있는 것만으로도 더 편안하게 느끼는 음악가에겐 악보 없이 연주하는 것이 공포를 자아내는 관행이었지만, 19세기 들어서면서 악보를 보지 않고 '외워서' 연주하는 것이 표준으로 자리 잡게 되었다. 클라라 슈만은 용감하게 이런 관례를 충실히 고수한 피아니스트였다. 나중에 나이가 많이 들면서 어쩔 수 없이 포기할 수밖에 없었지만. 프란츠 리스트는 악보를 보지 않고 그 자리에서 즉흥적으로 연주하는 것으로 유명했다. 20세기 접어들기 전 한스 폰 뷜로*가 지휘한 마이닝겐 관현악단은 교향곡 전체

---

*　　19세기 중후반 활약했던 한스 폰 뷜로Hans von Bülow는 '거장 지휘자'의 전형이었다. 섬세하고 정확하면서도 심오한 해석으로 리스트와 바그너 연주에 특히 뛰어났다. 바그너를 숭배했던 바이에른 왕국의 루트비히 2세가 즉위하던 1886년 뮌헨 궁정악장이 되어 바그너의 〈트리스탄과 이졸데〉와 〈뉘른베르크의 명가수〉를 초연했다. 리스트의 딸 코지마와 결혼했지만 결혼 13년 만인 1870년 코지마가 그를 떠나 바그너에게 가 버렸는데, 그 사건 이후로도 뷜로는 바그너 음악을 옹호했다. 그가 마이닝겐에서 활동한 시기는 1880년부터 1985년까지로, 이때 마이닝겐 관현악단은 유럽에서 가장 뛰어난 실력을 자랑했다. 한편,

를 외워서 연주했고, 특히 독주자는 관현악단과 협연할 때 외워서 하는 것이 거의 일상이 되어 버렸다. 1920년대와 1930년대 많은 현대 음악을 초연했던 유명한 콜리슈 사중주단*을 비롯하여 상당수 실내악단도 악보 없이 연주했다.

이 관행에 대해서는 아직도 뜨거운 논쟁이 계속되고 있다. 어떤 음악가는 악보를 눈으로 보게 되면 자연스럽고 자유롭게 표현하는 힘이 반감한다고 말하며, 또 어떤 음악가는 악보가 없으면 실수를 저지르지 않을까 하는 우려 때문에 연주 질이 떨어진다고 주장한다.

악보를 보자마자 사진으로 찍듯 기억에 담아 금방 재현해 낼 수 있는 글렌은 19세기 기교주의풍風이 나는 것은 무엇이든 혐오한다고 말하면서도, 막상 연주할 때는 내내 대가처럼 굴면서 악보를 거의 보지 않았다. 알렉산더 슈나이더는 이와 대조적으로 앞에 악보가 펼쳐져 있어야만 "편안한 마음으로…… 음악을 만들어 낼 수 있다"[16]고 느끼는 사람이었다.

그러나 그 무엇보다 슈나이더를 힘들게 한 것은 해석을 둘러싼 문제에서 글렌이 보여 준 오만함이었다. 늘 그렇듯이 글렌은

---

그는 바그너를 중심으로 한 신독일파의 대척점에 있던 브람스나 차이콥스키, 리하르트 슈트라우스의 작품도 훌륭하게 연주해 냈다.
* 쇤베르크의 제자이자 나중에 쇤베르크의 매제가 된 바이올리니스트 루돌프 콜리슈Rudolf Kolisch가 1922년 빈에서 창단한 사중주단. 쇤베르크와 제2 빈 악파의 작품을 연주하기 위해 창단되었지만, 나중에는 여러 레퍼토리를 연주했다. 구성원 다수가 유대인이었던 이들은 1938년 나치가 오스트리아를 합병하자 파리에 머물다 미국으로 건너갔고 1940년대 초 해체되었다. 쇤베르크와 버르토크 음악을 악보 없이 연주한 것으로 유명하다. 버르토크는 현악 사중주 6번을 콜리슈 사중주단에 헌정했다.

리허설을 시작하기 오래전에 일찌감치 〈유령〉 삼중주를 어떻게 연주할지 결정한 상태였으므로, 베토벤 음악에 대해 그가 세운 완벽한 내적 모델에서 한 발자국도 움직이려 들지 않았다.

"자네는 이 작품을 실제로 몇 번이나 연주해 보았나?"

사샤가 글렌에게 물었다.

"이번이 처음인데요."

"그래? 나는 이 삼중주곡을 최소한 400번에서 500번은 연주했네."

그러나 글렌이 마지막 한 방을 날렸다.

"양보다는 질이 더 중요하다는 게 저의 입장입니다."[17]

넬소바는 여러 실내악을 두루 연주해 온 음악가로서 슈나이더 편을 들었다.

"여덟 살에 런던에서 데뷔[•]한 이후 캐나다에 올 때마다 나는 자매들과 삼중주단을 이루어 꾸준히 연주회를 해 왔어요. 나는 '사샤'를 편들었고, 그 바람에 글렌은 좀 더 정통적인 방법으로 연주할 수밖에 없었지요. [이 공연은 33회전 음반으로 남아 있다.][18] 악보를 보는 문제는, 글렌이 연주회장에 악보를 가지고 왔지만 전혀 보지 않더군요. 나중에 사샤는 글렌이 '굉장히 잘'

---

[•] 넬소바의 런던 데뷔 독주회는 열한 살 정도인 1930년 무렵, 협주 무대는 그 이듬해 맬컴 사전트 경이 지휘하는 런던 교향악단과 랄로 협주곡을 협연한 것으로 확인된다. 가족이 런던으로 옮긴 것도 열 살 무렵(1929)이었다. 그전에 넬소바가 런던 무대에 섰는지는 확실히 알 수 없다. 따라서 여덟 살은 넬소바 또는 저자의 착각일 수 있겠다. 넬소바는 다섯 살에 캐나다 위니펙에서 처음 무대에 섰고, 열 살 전에 피아노와 바이올린 전공자인 두 언니와 함께 매니토바 음악 경연 축제에 참가한 기록이 있다.

연주했고, 장래가 촉망된다고 인정하더군요."[19]

글렌은 뉴욕 음악계의 인사와도 접촉한 적이 있었다. 1955년 뉴욕에서 경이적인 성공을 거두기 전이었다. 하비 올닉*은 음악 역사학자로서는 처음으로 캐나다 대학에 교수직을 맡기 위해 토론토에 막 도착한 사람이었다.

"어떻게 해서 글렌을 만나게 되었습니까?"

내가 올닉 씨에게 물었다.

"어느 날 불쑥 나를 찾아왔더군요. 글렌의 친구인 에즈라 샤바스**는 미국 데뷔를 앞둔 글렌을 위해 내가 평 같은 것을 미국에다 써 보내 글렌의 공연을 홍보해 주길 바랐거든요. 글렌은 토론토에서 열리는 자신의 다음 연주회에 와 달라고 하더군요. 내가 그에 대한 평을 해 준다면 입장권을 확보해 두겠다고 약속했고요. 나는 이미 '아, 글렌 굴드 그 사람, 연주를 아주 잘해'라는 소리를 듣긴 했지요. 그러나 연주회에서 내가 들었던 것은 그 정

---

• 뉴욕 출신인 하비 올닉Harvey Olnick은 여섯 살에 줄리아드의 전신인 음악 예술 연구소에서 피아노를 공부했다. 뉴욕 시립대에서 수학과 물리학을 공부하며 (특히 독일에서 온 음악가들의) 음악 강연에 참석하곤 했다. 2차 대전에 참전한 뒤 컬럼비아 대학에서 유명한 음악학자이자 평론가인 폴 헨리 랭(본서 18장 역자 각주 참조)과 독일 출신 에리히 헤르츠만(베를린 대학에서 아드리안 빌라르트 연구로 박사 학위를 받은 음악학자로 르네상스 음악과 모차르트, 베토벤 전문이었다)의 가르침을 받았다. 이탈리아에서 2년간 초기 바로크 협주곡을 연구하기도 했다. 1954년부터 1983년까지 토론토 대학에 몸담으며 캐나다 음악학에 크게 기여했다.

•• 에즈라 샤바스Ezra Schabas는 유대계 미국인이지만 캐나다에서 활약한 음악가이자 교육자다. 줄리아드에서 클라리넷을 공부하다 2차 대전이 발발하자 공군 군악대로 활동했다. 전후 줄리아드에서 학사를 마치고 컬럼비아 대학에서 석사 학위를 땄다. 1952년부터 토론토에 자리 잡고 왕립 음악원과 토론토 대학 음악 학부에서 강의했다. 캐나다 음악계에 관한 책도 여럿 썼는데, 어니스트 맥밀런 경의 전기로 토론토 도서상을 받았다.

도가 아니었어요. 연주회는 모두 바흐 음악으로만 꾸민 거였어요."

"당신은 어떻게 평가했나요?"

"그걸 들으면서 정말로 넋이 나갔습니다. 정말이지 한 번도 들어 본 적이 없는 유일무이한 바흐 연주였습니다. 특히 그 뛰어난 리듬감, 굴곡 하나 없이 모든 것을 전속력으로 쳐 내는 속도 하며…… 내가 알기로 토론토에서 그런 식으로 연주하는 사람은 아무도 없었어요. 당신도 아시다시피 모두들 매우 낭만적으로, 영국식으로 차분하게 연주했지요. 그러니 나는 완전히 쓰러졌죠."

"그래서 어떻게 했습니까?"

"연주회가 끝나고 내 사무실로 갔더니 글렌이 서 있더군요. 나는 그에게 '자네는 어디 출신인가? 선생이 누구였나?' 하고 물었지요. 나는 완다 란도프스카가 연주하는 〈골드베르크 변주곡〉을 들은 적이 있는 상태에서 그때 글렌의 연주를 들었던 것인데, 확실히 글렌의 연주에는 루돌프 제르킨*의 피아노적 강도

---

*     루돌프 제르킨Rudolf Serkin(1903~1991)은 오스트리아·헝가리 제국의 보헤미아 왕국(현 체코 공화국)에서 태어났다. 러시아 유대계 집안 출신으로 아홉 살에 대도시 빈으로 유학, 열두 살에 빈 필하모닉과 데뷔 무대를 가졌다. 유명한 바이올리니스트이자 음악 명문가의 수장인 아돌프 부슈Adolf Busch와 인연을 맺으며 그의 반주자로 활동했고, 부슈 사중주단 및 실내악단에서 활동하며 독주자로도 이력을 쌓았다. 열일곱 살에 베를린 데뷔 무대에서 부슈 앙상블과 함께 바흐의 〈브란덴부르크 협주곡〉 5번의 건반 악기 주자로 나선 그는 앙코르 요청에 무얼 연주하면 좋겠냐고 부슈에게 물었는데, 이때 부슈가 농담으로 〈골드베르크 변주곡〉을 권했다. 당시 이 곡은 연주회 레퍼토리라기보다는 지루한 연습곡으로 받아들여졌고, 연주가 끝나자 남은 청중은 피아니스트 슈나벨과 음악학자 아인슈타인뿐이었다고 한다. 이후 그는 나치즘에 반대한 부슈 가족과 함께 미국으로 이주하고, 미국 솔로

強度뿐만 아니라 란도프스카의 하프시코드 테크닉도 들어 있었습니다."[20]

올닉은 이러한 감상을 미국에서 발간하는 영향력 있는 잡지 『뮤지컬 쿠리에*Musical Courier*』에 기고한 글에 그대로 드러냈다. 그러나 기사는 그의 이름으로 나오지는 않았다. "바흐 음악에서 [굴드가] 이룬 성과를 다른 거장들의 통찰력과 비교해 본다면, 사람들은 곧 란도프스카나 제르킨 같은 예술가에 조금도 뒤지지 않는 한 예술가를 만나게 될 것이다."[21]

바흐 연주에서 보여 준 것과 같은 실력으로 다른 작곡가의 작품도 훌륭하게 연주해 내는 것은 글렌에게는 위험한 도전이 되었다. 글렌은 이미 다른 작곡가의 작품을 연주할 때 문제를 겪고 있었다. 특히 베토벤 소나타 30번 마(E)장조 작품 109를 연주할 때 그랬다. 마지막 악장의 한 변주부는 오른손이 6도에서 3도로 갑작스레 옮겨 가는 것으로 유명하다. 글렌은 이 부분을 가리켜 "완전히 공포"라고 했다. 그 어려운 대목을 연습하기 시작하자, "한 가지씩 차례차례 잘못되어 가기 시작했다". 곧 그는 "이 부분에서 완전히 막히고" 말았는데, "[이 마지막 악장의] 그 부분에 가기만 하면 말 그대로 겁이 나서 멈추곤 했다". 그는 나중에 설명하기를, 라디오를 "가능한 한" 크게 틀어 놓고 "왼손으로 반

---

데뷔 무대에서 베토벤 피아노 협주곡 4번(굴드가 즐겨 연주했던 곡)을 선보여 호평을 받았다. 제르킨은 동유럽 출신답게 독일과 오스트리아 고전주의와 낭만주의 음악에 능하며, 특히 베토벤은 구성미가 돋보이는 연주로 유명하다. 올닉이 굴드의 연주를 듣고 제르킨을 거론한 것은 우연이 아니었다.

주하는 중요하지 않은 네 음"에만 집중하면서 이 대목을 "가능한 한 비음악적으로" 연주함으로써 문제를 풀었다고 했다.[22]

자신보다 경험 많은 피아니스트에게 도움을 요청해야겠다는 생각은 글렌에게 떠오르지도 않았을 것이다. 심코 호숫가에서 두 해를 보내면서 글렌은 자신을 교정해 줄 다른 음악가의 영향권에서 완전히 벗어나 있었고, 극단적으로 자기 자신만을 의지하게 되었다. 그는 더 이상 다른 선배 음악가의 충고를 받고 싶어 하지 않았다. 알렉산더 슈나이더나 하비 올닉, 또는 이와 비슷한 다른 사람에게 보인 글렌의 태도로 보면 적어도 그렇다는 말이다. 그는 사업적인 충고자 — 그의 매니저와 주식 중개인, 그리고 회계사 — 의 말을 더 잘 들었다. 글렌이 돈을 다루는 것은 어쩌면 잘나가는 사업가인 아버지와 그 자신의 남성적인 면을 동일시하는 측면을 강화시켜 주었는지도 모른다. 그런데 이런 사람들도 늘 글렌을 설득할 수 있었던 것은 아니었다. 글렌은 항상 자기식대로 일을 해야 직성이 풀리는 사람이었다.

불행히도 이런 글렌의 고집은 그의 현실 감각과는 잘 맞지 않았다. 그의 현실 감각은 어른보다는 어린이에 가까운 상태로 남아 있었다. 그는 자신이 바라고 꿈꾸고 두려워하는 모든 것이 현실로 나타난다고 믿었다. 배가 조금만 아파도 의학적으로 응급 상태라고 생각했고, 그의 연주를 들으러 온 청중은 자신을 망가뜨리려고 연주회장에 온 것이라고 보았다. 글렌은 자신을 여러 역할 — 피아노의 대가이자 음악 평론가, 작곡가, 소설가, 그리고 의학 전문가 — 로 상상했지만 무엇이 꼭 맞는지는 여전히 확신하지 못했다. 그에 따라 카멜레온 같은 그의 기묘한 행동은 때로 매우 매력적이고 재미있기도 했지만, 그에게 숨어 있는 불안과 다치기 쉬운 감정을 묻어 버리는 구실을 하고 말았다.

1945년 알베르토 게레로와 함께 심코 호숫가에서 크로케 놀이를 하면서.
게레로는 글렌에게 어머니를 제외한 유일한 피아노 스승이었다.

## 10
## 미국 정복에 성공하다

글렌이 스트랫퍼드 축제에서 자라 넬소바와 대화를 나눌 때만
해도 그는 미래에 대해 이렇다 할 결정을 내리지 못하고 불안해
하는 모습이었다. 이때가 미국 데뷔 무대를 갖기 꼭 여섯 달 전
이었다.

"아침에 리허설을 했는데, 얼굴색이 노래져서 나타났어요. 정
말로 어딘가 아픈 안색이었어요. 오후에 일어나 하루를 시작하
는 그로서는 아직 일어날 시간이 아니었으니, 그럴 만도 했지요.
그는 톨스토이를 읽느라 밤을 꼬박 새웠다며, 자기 손에 들어오
는 고전은 모조리 읽어야 한다고 우리에게 말하더군요. 그날 저
녁 글렌이 나를 따로 구석으로 데리고 가더니 묻는 거예요. '피
아니스트로 경력을 쌓아 가려면 어떻게 해야 하나요?' 캐나다에
서 가장 성공한 피아니스트 축에 드는 사람이 그런 질문을 하니,

어리둥절할 수밖에요. 그는 특별히 미국에서 자기 연주가 어떻게 받아들여질지 걱정하는 것 같았습니다. 그때만 해도 캐나다 음악가가 해외에서 활동하는 경우가 드물었거든요. 그래서 내가 알래스카 순회 연주*를 제안했습니다. 내 친한 친구인 피아니스트 막심 샤피로**가 당시 그런 여행을 기획하는 일을 하고 있어서 막심에게 연락을 취해 보라고 글렌에게 권했지요."

"그런 일을 해 주는 매니저가 있다고 말하지 않던가요?"

내가 자라에게 물었다.

"그런 말은 한마디도 안 했어요. 매니저 이야기는 나오지도 않았어요. 나중에 미국에서 엄청난 성공을 거뒀다는 말을 듣고서야 깨달은 것이지만, 그는 내 충고가 정말 필요했던 것이 아니라 그저 불안함 때문에 그런 말을 했던 것 같아요. 좀 솔직하진 못했지만."[1]

월터 홈버거는 글렌의 미국 데뷔 무대로 연주회를 두 차례 기획해 놓았다. 1955년 1월 2일 워싱턴 D.C.에서 한 번, 그리고

---

* 사실 알래스카 연주를 계획한 사람은 넬소바였던 것 같다. 이 축제가 열렸던 해에 넬소바는 두 달간 이스라엘 순회공연을 펼쳤고, 이후 27일에 걸쳐 알래스카와 캐나다 북서부 지방 순회 연주를 했다.

** 막심 샤피로Maxim Schapiro는 사촌인 첼리스트 콘스탄틴 샤피로와 마찬가지로 러시아 볼가강 연안 사라토프에서 태어났지만 모스크바에서 자랐다. 모스크바 음악원에서 니콜라이 메트너에게 배웠고, 1917년 혁명이 일어나자 독일로 가 공부 및 활동을 계속했다. 1927년 콘스탄틴과 함께 하얼빈을 거쳐 일본에 정착, 1933년 오사카 음악 학교(현 오사카 음대) 교수로 취임했다가 1939년 미국으로 가 정착했다. 샤피로는 부드러운 음색으로 연주했지만 다양한 빛깔은 부족하다는 평을 들었고, 그런 특성으로 인해 현대 음악에 잘 맞는 연주자로 꼽혔다. 1958년 캘리포니아 지역에서 열린 바흐 축제에서 모차르트 협주곡을 연주하다 심장 마비를 일으켜 작고했다.

1월 11일 뉴욕에서 한 번. 글렌은 무엇을 연주할지 거듭 고심했다. 이제 그의 레퍼토리는 연주회를 열두 번도 더 할 만큼 넓어졌지만, 자신을 아주 특별한 연주자로 단번에 인식시켜 줄 뭔가 독특한 프로그램이 필요했다. 그의 전문이라고 할 수 있는 바흐를 연주하는 솜씨도 보여 주고, 현대 음악 작곡가뿐만 아니라 고전 음악 작곡가에도 충실하다는 것을 증명해 주며, 또한 그가 건반 위에서 발휘할 마법도 제대로 보여 줄 수 있는 프로그램이어야 했다. 한마디로 무리한 주문이었다. 거기다 그 자신이 즐길 수 있는 곡으로 프로그램을 짜야 했다.

고심과 조정을 몇 차례 거듭한 끝에 글렌이 결정한 것은 정말로 남다른 선곡이었다. 17세기의 걸출한 작곡가 두 명의 오르간 작품을 피아노로 편곡한 곡 — 올랜도 기번스*의 파반**과 얀 피터르스존 스베일링크***의 환상곡 — 과 바흐의 3성 인벤션(신포니아) 다섯 곡과 파르티타 5번, 베베른의 변주곡 작품 27, 베토벤 소나타 30번 작품 109 — 위험한 변주곡이 나오는 그 곡 — 그

---

* 올랜도 기번스Orlando Gibbons(1583~1625)는 영국의 마지막 다성 음악 작곡가다. 음악가 집안에서 태어난 그는 만년에 오르간 연주와 성악에서 영국에서는 따라올 자가 없다는 평을 받았다. 1623년 웨스트민스터 사원 오르간 연주자가 됐고 형이 교황 대리로 재직한 엑서터 성당에서 교회 음악을 맡았다. 이 성당에 그의 작품이 대부분 남아 있다.

** 파반pavane은 르네상스 시대 유행한 두 박자 계통의 장중한 춤곡이다.

*** 얀 피터르스존 스베일링크Jan Pieterszoon Sweelinck(1562~1621)는 네덜란드의 작곡가이자 오르간 주자였다. 오르간 연주자인 아버지에게 교육을 받았고, 그 시절 음악가가 그렇듯 교회 오르간 주자로 활동했다. 오르간과 하프시코드 즉흥 연주로 유명했으며 새 오르간을 검사하거나 옛 오르간을 조율하는 일도 했다. 또한 당대 최고의 교사로서 17세기 북독일 오르간파의 주역들을 키워 냈다. 샹송, 마드리갈, 모테트 등 성악곡 154곡과 건반 악기 연주곡 70여 곡을 만들었다. 건반 악기 작품은 주로 환상곡과 토카타, 변주곡 등이다.

리고 알반 베르크의 피아노 소나타 작품 1 등을 연주하기로 했다.

글렌의 부모와 홈버거 씨가 글렌의 미국행에 동반했지만, 다들 이 연주 여행 역시 이전에 캐나다에서 했던 연주회와 별반 다를 게 없다는 태도를 애써 취했다. 그의 워싱턴 데뷔 무대는 멋진 필립스 갤러리에서 낮 연주로 열렸다. 청중은 얼마 되지 않았다. 그러나 비평가 폴 흄*은 『워싱턴 포스트』지에 굉장한 호평을 실었다.

"피아노의 본성을 그토록 잘 살리면서 대단히 예술적으로, 그리고 그토록 아름답고 사랑스럽게, 음악적으로 피아노라는 악기를 연주하는 피아니스트는 거의 없다. …… 글렌 굴드는 정말로 보기 드문 재능을 가진 피아니스트다. 머지않아 그는 자신에게 합당한 영예와 청중을 갖게 될 것이다. 모든 시대를 통틀어그 같은 피아니스트는 일찍이 없었다."[2]

이 소식은 음악가들 사이에 요원의 불처럼 퍼져 나갔다. 특히 피아니스트들은 그게 사실인지 알고 싶어 더욱 안달했다. 하비 올닉은 "글렌의 뉴욕 데뷔는 센세이셔널하리라고 생각했다"고 말한다. 그 무렵 『뮤지컬 쿠리에』에 실린 하비의 기사는 글렌의 성공에 발판이 되어 주었다. 하비는 뉴욕에 아는 사람이 많았다.

"나는 사람들에게 연락해 캐나다에서 오는 이 괴짜 친구의

---

* 1950년 트루먼 대통령의 외동딸 마거릿(소프라노)의 연주회를 혹평해 트루먼 대통령에게 저질스러운 항의 편지를 받았던(트루먼이 더 욕을 먹었고, 이후 평론가들은 더 자유롭게 평을 쓸 수 있게 됐다) 폴 흄Paul Hume은 1946년부터 1982년까지 『워싱턴 포스트』에서 클래식 음악을 담당했다. 베르디 전기와 가톨릭 교회 음악에 관한 책 등을 펴냈다.

연주를 들어 보러 가야 한다고 말해 주었습니다. 오랜 친구이자 [젊고 재능 있는 음악가를 전폭적으로 후원하는] 레벤트리트 부인*에게도 전화해서 말했어요. '굉장합니다. 그 친구가 타운 홀에서 연주하니 꼭 가 보세요. 그리고 다른 친구들도 가 보게 하세요.' 그래서 레벤트리트 부인이 클로드 프랑크**와 개리 그래프만*** 그리고 기억은 안 나지만 다른 친구들에게도 연락을 했지요. 그…… 비행기 사고로 죽은 피아니스트가 누구였죠?"

"윌리엄 카펠****요?"

---

• 로절리 레벤트리트를 말한다. 변호사이자 아마추어 피아니스트였던 에드거 레벤트리트의 부인으로, 1939년 남편이 죽자 그를 기려 '레벤트리트 재단'을 꾸리고 젊은 음악가의 등용문으로 경연 대회를 마련했다. 명피아니스트 밴 클라이번Van Cliburn이 1954년 이 대회의 우승자였다. 이처럼 1950년대 레벤트리트 부인은 젊은 음악가 후원에 적극적이었다. 이런 부인의 영향력을 감안한다면, 굴드의 행동은 여느 젊은 음악가와는 너무나 달랐기에 부인이 분노한 것이다.

•• 유대계 독일 피아니스트 클로드 프랑크Claude Frank는 나치가 득세하자 가족과 함께 파리로 가 그곳에서 음악 교육을 받았다. 이 과정에서 본래 이름인 클라우스 대신 클로드라는 프랑스식 이름으로 바꿨다. 미국에 정착한 뒤 다른 유럽 출신과 마찬가지로 커티스 음악원을 중심으로 여러 대학에서 가르치며 보스턴 교향악단의 실내악 주자로도 활약했다.

••• 1928년 뉴욕에서 러시아 출신 가정에서 태어난 개리 그래프만Gary Graffman은 일찍이 피아노를 시작해 당시 유럽, 특히 동구권 출신 음악가들이 포진한 커티스 음악원에서 쟁쟁한 피아니스트들을 사사했다. 1949년 레벤트리트 경연에서 우승한 그는 레벤트리트 부인이 올빅의 전화를 받은 무렵 미국 내에서 맹활약을 펼치고 있었다.

•••• 실력과 용모를 겸비한 피아니스트 윌리엄 카펠William Kapell은 굴드가 등장하기 전부터 인기를 얻고 있었다. 1922년 뉴욕에서 태어나 줄리아드에서 수학한 카펠은 굴드가 좋아했던 로절린 투렉의 스승 올가 사마로프에게 배웠고, 역시 굴드가 좋아했던 슈나벨에게도 잠시 가르침을 받았다. 그의 베토벤 연주는 슈나벨과 흡사했다고도 한다. 바흐부터 현대 음악까지 폭넓은 레퍼토리를 소화했는데, 특히 당시 소련 작곡가 하차투리안 곡에 능했고(윌리엄 하차투리안 카펠이란 별명을 얻을 정도였다), 미국 작곡가 코플랜드가 그를 위해 곡을 쓰기도 했다. 그런데 카펠이 죽은 해는 1953년인데 올빅이 전하는 굴드의 이 연주회가 열린 해는 1955년이다. 이 대화는 1988년 풀포드가 쓴 책에서 인용한 것으로, 풀포드가 올빅과 위 대화를 나눈 시기는 굴드가 죽은 1982년 이후일 것이다. 거의 30년 전 일을 회상하면서 착오가 있었던 듯싶다.

"예, 윌리도 갔었어요."[3]

실제로 뉴욕의 젊은 피아니스트 가운데 최고 실력자들은 새로 나타난 경쟁자의 실력을 가늠해 보기 위해 타운 홀로 몰려갔다. 마틴 캐닌은 글렌의 연주회를 생생하게 기억하고 있었다. 줄리아드를 졸업한 명석한 캐닌은 그때 유럽에서 2년간 병역 의무를 마치고 뉴욕으로 돌아온 직후였다. 그는 그전에 줄리아드에서 아는 사람을 통해 굴드를 만난 적이 있었다.

"글렌이 음반을 하나 가지고 왔는데, 홀마크라는 조그만 캐나다 음반사에서 나온 것이었어. 우리는 함께 도서관에 가서 이 사(G)장조 파르티타를 틀어 보았지. 나는 완전히 나가떨어졌어. 정말이라니까! 우선 그 속도라니. 나는 그렇게 연주하는 것을 상상도 못 했거든."

"글렌의 타운 홀 연주는 어땠는지 기억하나?"

"참석자는 별로 없었어. 아마 서른다섯 명쯤? 그땐 글렌이 안 알려진 상태였으니까. 연주회가 끝나고 어떤 사람을 만났는데, 내가 '연주회 어땠어?'라고 물었더니, 그 사람 왈, '오, 괜찮았어' 그러는 거야. 나는 소감을 말하는데 온몸이 뻣뻣해질 정도였어. '이건, 내가 들어 본 연주 중에서 최고야. 굉장하다고.'

글렌은 피아노 뚜껑*을 반 정도 내리고 기번스를 연주하기 시작했지 — 이 곡이 아주 부드럽게 끝났기 때문에 이 사실을 기억해. 프로그램 전반부는 작품 109**로 끝났고, 후반부는 베르

---

* 그랜드 피아노의 공명판 위 뚜껑을 말한다. 뚜껑을 닫는 정도만큼 소리가 덜 울리게 된다.

** 베토벤 피아노 소나타 30번.

크의 소나타로 끝났어. 두 작품 다 자네도 알다시피 매우 여리게 끝나잖아.* 그는 정말 달랐어. 그리고 그가 연주한 레퍼토리도 아주 색달랐고. 한마디로 대단했지. 정말 대단했다고. 그때만해도 나는 베토벤의 작품 109를 잘 알고 있지는 못했으므로 그날 연주가 정통적이었다고 말할 수는 없지만, 아마도 이후 그의 연주보다는 덜 유별났던 것 같아. 그땐 글렌이 스물두 살밖에 안됐을 때니까. 어쨌든 나는 글렌이 최고 연주자급에 속한다는 것을 금방 알아볼 정도의 식견은 있었어. 그는 A 세 개, 아니 세 개로는 부족하고, 최고 연주자급이니 A 네 개는 되겠네."[4]

하비 올닉은 로지 레벤트리트가 글렌을 위해 쏟은 노고에 대해 내게 말해 주었다.

"로지는 글렌을 위해 파티를 마련했어요. [컬럼비아 음반사 녹음부장] 데이비드 오펜하임**도 불렀고 — 나도 그에게 전화했지요 — 조 푹스와 릴리언 푹스***[유명한 바이올리니스트와 비올리스트]도 불렀습니다. 물론 무료로 입장권을 얻을 수 있었

---

* 대개 피아니스트는 마지막으로 연주하는 곡을 화려한 포르테로 끝낸다. 연주회를 극적으로 마무리하며 청중의 박수를 쉽게 끌어낼 수 있기 때문이다. 그런데 글렌은 아주 여리게 끝나는 곡을 마지막에 연주했기 때문에 캐닌은 이 점을 특별히 지적한 것이다.

** 줄리아드와 이스트먼 음악 학교를 졸업한 클라리넷 주자이기도 한 데이비드 오펜하임 David Oppenheim은 컬럼비아 음반 일을 하는 동안 스트라빈스키 등 중요한 음악가들과 인연을 맺었고, CBS에서 작가와 프로듀서로 일하면서 카살스에 관한 다큐멘터리를 만들어 상도 받았다. 같은 유대계이자 비슷한 성 정체성을 지닌 번스타인과 친하게 지내면서 뉴욕 필과 협업도 많이 했다. 뉴욕 대학 예술대(티시 스쿨) 학장으로 20년 넘게 지내는 동안 CBS를 포함한 대기업을 이끄는 티시 형제에게 기부금을 많이 받아 학교를 크게 키워 냈다.

*** 조지프Joseph와 릴리언 푹스Lillian Fuchs는 오누이로, 다른 형제로는 첼리스트 해리 푹스도 있다. 음악가 집안의 세 형제는 뉴욕에서 나고 자라 함께 연주했다.

지만 우리가 막판에 노력하지 않았더라면 연주회장은 거의 텅비었을 거예요. 어쨌든 글렌은 연주회를 마친 뒤 파티에 참석했습니다. 글렌은 많은 피아니스트가 거기 있으리라고는 생각지못했어요. 모두 라이벌인 피아니스트들 말입니다."

"글렌이 얼었겠군요."

"천만에요! 얼기는커녕 지겨워서 반 시간 만에 파티장을 떠나려고 했답니다. 그는 아픈 척했지만 짐작하다시피 진짜로 아픈건 아니었어요. 단지 사람들이 많아서 불편했던 거죠. 개리 그래프만은 매우 솔직한 사람이어서 글렌에게 어떻게 된 거냐고 단도직입적으로 물어보았을 겁니다. 어쨌든 로지 레벤트리트가이튿날 내게 전화했는데, 단단히 화가 났더군요. 좋은 음식과 여러 가지 준비해서 훌륭한 파티를 마련하고, 연주회에 가느라 그렇게 법석을 떨었으니까요. 나더러 '도대체 어떤 미친 녀석을 내게 보낸 거야?'라고 하더군요. 이후 로지는 글렌이 뻔뻔스럽다며 싫어했습니다."[5]

이에 비해 언론은 관대한 편이었다. 『뮤지컬 쿠리에』의 존 브릭스는 "굴드는 이 대조적인 작품들에서 추상적이며 심오한 아름다움을 매혹적으로 완벽하게 잡아내어, 그 아름다움을 이 세상에서 벗어난 다른 세상에 봉헌하고 있는 듯한 느낌을 준다. …… 나는 그가 대단하다고 말할 수밖에 없다. 아직 그를 듣지않은 사람에게 경고하건대, 굴드는 사람을 새롭고 낯선 감각과지각의 영역으로 끌고 갈 것이다"라고 썼다.[6]

하비 올닉이 "꾸며 냈다"고 말한 갑작스러운 병은 글렌 자신의 설명에 따르면, 연주회 직전에 재발한 만성 근육통이 극심해졌기 때문이라고 했다. 이 증상 — 통증과 긴장, 그리고 손과 팔이 둔해지는 느낌 — 이 생긴 지는 그때 이미 수년째였고, 이후점점 더 많은 스트레스와 무기력함을 불러일으키는 원인이 되었다. 중요한 연주회 직전 이런 증상이 나타나면 정말로 겁나는 일이었다. 글렌은 이 팔의 통증을 가라앉히려고 무대에 나가기 30분 전에 뜨거운 물에 팔을 담그곤 했다. 그리고 안정제에 자꾸 의지하게 됐다. 그가 타운 홀 데뷔 연주에서 어떤 약을 먹었는지는 알 수 없다(굴드의 어떤 전기 작가는 굴드가 그날 "적절한 조치를 해 주었던 고마운 약사" 덕택에 "살아났다"고 전한다).[7] 그에게 본래 있던 초조증과 대인 관계 불안증에 이런 상황까지 겹치면서 아마 레벤트리트 부인 응접실에서 일어난 그런 황당한 사건이 생긴 것일 게다.

비난도 받았지만 마침내 뉴욕에서 연주를 해냈다는 사실에 굴드는 물론 그의 가족과 매니저도 매우 만족스러워했다. 더구나 그의 뉴욕 데뷔 무대는 토론토 신문을 도배하고 있었다. 고향사람들에게 축하할 만한 대단한 사건을 선사한 셈이었다. 이는 고향이 아닌 외국에서도 캐나다 음악가가 제대로 평가받을 수 있다는 희망을 보여 주었기 때문이다. 그러나 데뷔 무대 자체는 실제로 그의 경력에 큰 도움이 되지는 못했다. 그것은 비싼 투자이기도 했다. 연주회장 빌리는 데 450달러, 프로그램과 홍보비로 1,000달러, 거기에 뉴욕까지 오가는 경비와 체제비도 들어갔다. 입장권 판매는 극히 미미했고, 참석한 몇몇 전문가들만 이 특별한 피아니스트에 대한 이야기(그것도 항상 호의적인 것만은 아니었다)를 퍼뜨리는 정도였다. 1955년에 열린 나머지 열한 번의 연주회는 모두 캐나다에서 열렸다.

글렌 굴드가 국제적인 스타 반열에 오르게 된 계기는 타운 홀 연주회가 아니었다. 그 계기는 24시간 후에 일어난 우연한 행운의 사건*이었고, 이는 피아니스트 예술가로서 굴드 자신의 태도를 아예 바꿔 놓는다. 이 행운이 일어난 사건의 경위는 동화에 가깝다.

글렌의 뉴욕 데뷔 무대가 있기 바로 전날인 1월 10일, 그 얼마전 스트랫퍼드 음악 축제에서 글렌과 함께 실내악을 연주했던 바이올리니스트 알렉산더 슈나이더는 데이비드 오펜하임의 전화를 받았다. 그때 오펜하임은 컬럼비아 음반사의 녹음부 책임자였다. 오펜하임은 루마니아 피아니스트인 디누 리파티**의 음반을 가지고 슈나이더를 찾아왔는데, 디누 리파티는 유럽에서 큰 화제를 불러일으켰지만 지병이 깊어져 1950년, 아주 짧은 경

---

• 　글렌 굴드 뉴욕 데뷔 이튿날 컬럼비아 음반사는 굴드에게 독점 녹음 계약을 제의했다.

•• 　디누 리파티Dinu Lipatti는 여러모로 굴드와 비교할 만하다. 리파티의 어머니 역시 뛰어난 피아니스트였고, 아버지는 사라사테와 카를[카로이] 플레슈에게 바이올린을 배운 바이올리니스트였다. 일찍부터 재능을 보인 리파티는 부모의 후원을 받아 무대에 서는 한편, 대부였던 작곡가 에네스쿠에게 배운 작곡 역시 뛰어난 성과를 보였다. 1933년 열여섯 나이로 빈 콩쿠르에 참가해 2등상을 받았는데, 심사 위원이었던 프랑스의 피아니스트 알프레드 코르토Alfred Cortot가 그 결과에 항의하는 의미로 심사 위원직을 사임하고 리파티를 파리로 데리고 왔다. 이후 파리에서 수학한 리파티는 독주자로 명성을 쌓아 갔지만 백혈병이 심해져 공개 연주를 포기했다. 스트라빈스키와 메뉴인 등 동료 음악가들이 기금을 모아 도왔지만 큰 효과를 보지 못하고 1950년 가을 마지막 독주회를 마친 뒤 서른셋 나이로 죽었다. 코르토가 완벽하다고 칭한 그의 연주를 두고 프랑시스 풀랑크는 '성스러운 영성'을 지니고 있다고 극찬했다.

력만을 남긴 채 이른 나이에 요절한 인물이다. 미국에서 리파티는 주로 몇 안 되는 녹음만으로 알려져 있었고, 이 특별한 음반은 수집가의 목록에 올라 있었다.

"리파티 같은 피아니스트를 새로 발견할 수 없을까?" 하고 오펜하임은 슈나이더에게 물었고, 슈나이더는 그런 사람이 한 명 있다고, 토론토에 있는 글렌 굴드라는 사람인데 "애석하게도 살짝 미치긴 했지만 피아노만큼은 사람의 넋을 빼놓을 만큼 놀라운 연주를 해내는 인물"이라고 대답했다.[8]

오펜하임은 글렌의 연주회에 갔고, 그의 연주가 마음에 들었다. 글렌의 연주는 "종교적인 분위기마저 자아내는 매혹적인 것이었다. …… 나는 소름이 돋았다"[9]고 오펜하임은 나중에 고백했다. 연주회장에서 오펜하임은 다른 음반사에서 나온 대표들이 없는지, 얼마 되지 않는 청중석을 둘러보았다. 아무도 없다는 것을 확인하자, 그는 월터 홈버거에게 연락해 컬럼비아 음반사와 계약하도록 했다. 당시로서는 젊은 음악가의 연주를 단 한 차례 듣고서 큰 음반사에서 계약하겠다고 나서는 일은 그 전례가 없었다.

월터 홈버거는 자신이 직접 "글렌의 녹음 계약을 교섭했다"고 말했다. "그러나 무엇을 녹음할 건지, 그리고 언제 녹음할 것인지는 글렌이 직접 컬럼비아와 조정하도록 했습니다. 그건 모두 글렌 소관이었지요. 무엇을 원하는지는 나보다 그 자신이 더 잘 알 테니까요."[10] 그것은 현명한 결정이었다. 왜냐하면 글렌 굴드는 늘 그렇듯 나름의 계획이 있었기 때문이다. 그는 훌륭하지만 무미건조한 18세기 유물인 〈골드베르크 변주곡〉을 녹음하겠다고 했다. 그때까지 이 곡은 연주자에게나 청중에게나 별 매력 없는 작품으로 여겨져 잘 연주되지도 않는 곡이었다.

그것은 대담한 선택이었다. 컬럼비아 음반 실무자들은 처음에 굴드에게 포기하라고 설득했다. 랠프 커크패트릭*은 1938년에 〈골드베르크 변주곡〉을 학문적으로 편집해 내놓았고, 녹음도 했었다. 몇몇 하프시코드 연주자와 피아니스트도 그렇게 했는데, 그 가운데 완다 란도프스카와 로절린 투렉도 있었다. 이 두 여성의 연주가 우선적으로 바로크 음악 애호가의 사랑을 받아 왔다. 하지만 연주회를 중심으로 활동하는 피아니스트는 보통 바흐의 짧은 곡, 말하자면 프렐류드와 푸가 선곡이나 〈이탈리아 협주곡〉으로 프로그램을 짜는 게 보통이었다. 그렇지만 글렌은 〈골드베르크 변주곡〉에 깊이 끌리고 있었다.

대위법으로 작곡한 변주곡 가운데 가장 복잡하고 치밀하게 짜여 있는 이 작품이야말로 글렌의 천재성을 시험해 볼 수 있는 곡이었다. 〈골드베르크 변주곡〉은 모차르트나 하이든, 또는 베토벤적 전통에서 우리가 흔히 생각하듯이 한 주제의 멜로디를 변주시킨 작품이 아니다. 이 작품은 장엄한 파사칼리아

---

* 미국 음악학자 랠프 커크패트릭Ralph Kirkpatrick(1911~1984)은 20세기 하프시코드계에 큰 영향을 미친 인물이다. 여섯 살에 피아노를 시작했고, 이십 대에는 하프시코드를 공부했다. 1931년 하버드 대학을 졸업한 뒤 파리로 가서 완다 란도프스카와 나디아 불랑제 밑에서 공부했고, 이어 독일에서도 수학했다. 1930년대 초반 잘츠부르크 모차르테움에서 가르쳤고, 1940년 예일 대학 교수가 되었다. 스카를라티의 전기를 쓰고 그가 남긴 모든 곡을 정리했으며, 스카를라티와 바흐의 건반 음악을 하프시코드로 연주, 녹음했다.

Passacaglia(프랑스어로 말하면 샤콘Chaconne)로서, 여러 패턴으로 세워 놓은 건축물이라고 할 수 있다. 각각의 변주는 저음부를 다양한 방식으로 바꾸면서 화음적인 함축성을 재현해 내고 있다. 세곡마다 — 전체는 모두 서른 곡이다 — 현란한 카논으로 작곡했고, 카논은 점점 높은 음으로 진행한다. 전체 작품은 사랑스러운 '아리아'로 시작해 '아리아'로 끝맺는다. 이 아리아는 바흐가 15년 전쯤 '노트'에 작곡해 놓은 곡으로, 이 '노트'는 두 번째 아내인 아나 마그달레나에게 준 것이었다.*

글렌은 게레로 밑에서 공부하던 사춘기 시절 이미 〈골드베르크 변주곡〉과 사랑에 빠졌다. 게레로 역시 이 작품을 숭배하고 연주했다. 얽히고설킨 이 작품을 오랜 시간 익히고 연구해 온 글렌은 독특한 발랄함과 젊은이다운 격정, 그리고 때로는 고요함으로 변주곡을 다듬어 나갔다. 또한 그의 전대미문의 속도와 장식음은 바로크 음악 연주의 전통적인 법칙을 여지없이 깨뜨렸다. 바흐와 다른 바로크 작곡가가 그들의 음악을 정확히 어떻게 연주했는가 하는 문제는 오랜 논쟁거리자 학구적인 연구 주제였다.

글렌이 장황한 커크패트릭 편집판을 참고한 것은 사실이지만, 그렇다고 〈골드베르크 변주곡〉을 무미건조한 학구적인 방법으로 접근했다고 말할 수는 없다. 그보다는 통찰력과 상상력

---

* 이 아리아 선율은 1725년 바흐가 작곡한 〈아나 마그달레나 바흐를 위한 클라비어 소곡집〉 제2권에 나온다. 그러나 베이스의 기본 선율은 바흐 이전 시대 작곡가들이 샤콘 주제로 자주 사용했던 것이다.

을 발휘하여 내면의 자아를 반영하는 음악으로 빚어내면서 자신의 마음속 깊은 느낌과 마음 자세를 표현해 냈다.

글렌이 살아생전 연주하고 녹음했던 그 많은 작품 가운데 〈골드베르크 변주곡〉이 그의 최고 걸작으로 평가되고, 그의 피아노 솜씨를 보여 주는 최고 본보기가 된 것도 아마 이 때문일 것이다.

바흐가 이 변주곡을 불면증 — 글렌이 심하게 고생했던 증상이기도 한 — 치료 음악으로 작곡했다는 사실 역시 의미심장하다. 작센 지방의 전 러시아 사절이던 폰 카이절링 백작은 신경증과 불면증으로 시달리고 있었다. 그의 궁정 음악가였던 요한 고틀리프 골드베르크는 바흐의 제자였는데, 카이절링이 잠을 이루지 못하는 밤이면 하프시코드를 밤새도록 연주해 주곤 했다. 어느 날 라이프치히를 방문했을 때 카이절링은 바흐에게 클라비어 작품을 작곡해 달라고 청탁했다. "잠이 안 오는 밤 그의 원기를 북돋아 줄 수 있도록 부드럽고 활기찬 곡으로. …… 이후 백작은 이 변주곡을 항상 '나의' 변주곡이라고 불렀다. 그는 이 곡을 지겨워하는 법이 한 번도 없었으며, 잠 못 드는 긴 밤이면 '친애하는 골드베르크여, 내 변주곡을 좀 연주해 주게'라고 말했다."[11]

한때 성이 골드였던 글렌으로서는 골드베르크와 자신을 동일

---

* 골드베르크는 바흐의 장남인 빌헬름 프리데만 바흐의 제자였다. 다만 라이프치히를 방문할 때 골드베르크를 데리고 간 카이절링 백작은 라이프치히에 머무는 동안 그를 바흐에게 보내 지도를 받도록 했다.

시하는 게 당연하고도 재미있는 사실이었을 것이다. 가끔 글렌은 농담으로 〈'굴드베르크' 변주곡〉을 연주한다고 말하기도 했다. 이 변주곡은 그의 대표작이 되었고, 그를 기리는 다큐멘터리 필름이나 테이프에 어김없이 등장한다.

1955년 6월 어느 한 주 동안, 글렌은 컬럼비아 녹음부와 함께 뉴욕 이스트 30번가에 있는 오래된 교회에서 녹음을 했다. 글렌의 이 녹음 이야기는 전설로 남아 있다.

굴드는 외투에 베레모를 쓰고 목도리를 두르고 장갑까지 끼고 나타났다. 그의 '장비'는 통상적인 악보 뭉치와 수건 묶음, 큰 생수 두 병, 작은 알약 다섯 병(모두 다른 색깔과 다른 용도를 가지고 있었다), 그리고 특별한 피아노 의자였다. …… 글렌은 언제나 몸을 움직이고 있었다. 흥분에 들떠 지휘를 하는가 하면, 음악에 맞춰 말 그대로 발레를 하기도 했다. 체력을 유지하기 위해 그는 갈분 가루 비스킷을 우적우적 씹어 먹고, 탈지유를 마셨다. 녹음부 직원들이 먹는 히어로 샌드위치*를 보고는 눈살을 찌푸렸다.[12]

반갑게도 기자들이 녹음실에 초청되어 와 글렌을 지켜보았고, 그는 기분 내키는 대로 인터뷰를 해서 기자들에게 보답했다. 이 인터뷰로 글렌은 단박에 유명 인사가 되었다(한 전기 작가

---

* 바게트를 세로로 잘라 햄, 살라미, 스위스 치즈, 양상추 등을 넣고 마요네즈나 겨자 소스를 뿌린 유럽식 샌드위치. 호기 샌드위치, 이탈리아 샌드위치, 쿠바 샌드위치라고 부르기도 한다.

에 따르면, 글렌이라는 이름은 "건반의 유명 인사인 리버라치*처럼" 들리기 시작했다고 한다).[13] 글렌은 분명히 관심을 원했고 또 필요로 했다. 그는 〈골드베르크〉를 녹음하면서 청중 앞에서 연주하는 것보다 더 확실하게 빨리 관심을 얻는 방법을 발견했다. 기술적으로 가장 앞선 녹음 스튜디오인 이곳에서는, 음악적으로 전달하고자 하는 바가 완벽해질 때까지 연주를 되풀이할 수 있고 고칠 수도 있었다. 기술자에게 손짓만 해도 테이프를 전자적으로 조정해 주고, 녹음을 수없이 되풀이해 들을 수 있고, 기침을 하거나 그의 정신을 산만하게 하는 청중의 시선도 없는 이곳에서 글렌은 바흐의 예술 걸작을 자신이 내면에 품고 있던 이상과 꼭 들어맞는 〈골드베르크 변주곡〉으로 녹음해 냈다.

그것은 간단히 말해 끝도 시작도 없는 음악, 사실상 클라이맥스도 종결부도 없는 음악, 보들레르의 애인들처럼 "구애받지 않는 바람의 날개 위에 가벼이 얹혀 있는" 음악이다. 그때 음악은 직관적 통찰력으로 통합되며, 섬세한 솜씨와 정밀한 관찰에서 나온 통일성은 대가의 손길로 완숙해져서, 예술에서는 참으로 드물게도, 잠재력의 정점에서 한껏 기뻐하며 그 무의식적인 구상이 영상으로 나타나게 된다.[14]

---

* 리버라치Liberace(1919~1987)는 피아노로 대중 취향의 음악을 연주한 미국의 인기 음악인이었다. 라스베이거스를 비롯한 실황 무대는 물론, 텔레비전이 보급되면서 그의 화려한 쇼가 전파를 타고 유럽까지 그의 이름이 알려졌다. 피아노 위에 늘 촛대를 얹어 두고 연주했으며, 무대 분위기나 의상을 화려하게 꾸민 것으로 유명하다. 1950년대는 리버라치의 지명도가 막 치솟기 시작할 때였다.

음반은 1956년 출시되자마자 베스트셀러에 올랐으며, 이후 한 번도 절판된 적 없이 오늘날까지 잘 팔리고 있다. 상업적으로 엄청난 성공을 거둠으로써 젊은 피아니스트와 그의 부모, 매니저는 모두 기쁨과 자부심을 갖게 되었다. 두둑한 로열티는 말할 것도 없고. 그러나 글렌이 한 인터뷰에서 고백했듯이, "이는 일찍이 겪어 보지 못한 어려운 시절이 시작되는 발단이 되었다".[15] 갑자기 연주해 달라는 요청이 전 세계에서 쏟아져 들어왔고, 그는 점점 더 견디기 힘들어했다.

캐나다의 한 젊은이를 소수의 위대한 세계적 예술가 반열로 밀어 올린 것은 이처럼 바흐의 잘 알려지지 않은 작품을 특별하게 녹음하고 잘 홍보한 미디어 이벤트였다. 이로 말미암아 글렌의 생은 주술에 걸렸고, 그가 죽기 바로 전에 〈골드베르크 변주곡〉의 마지막 버전을 녹음할 때까지 이 주문呪文은 계속되었다. 그의 죽음으로 이 작품은 또 하나의 목적을 완수하게 되었으니, 그를 불멸의 피아니스트라는 영역으로 이끌어 준 것이다.

〈골드베르크 변주곡〉을 녹음할 때. 연주회나 녹음에 들어가기 전 뜨거운 물에 손을 담그는 것이
굴드의 습관이었다.

〈골드베르크 변주곡〉에 맞춰 지휘하듯 손을 내저으며 춤을 추고 있는 굴드.
1955년 〈골드베르크 변주곡〉을 녹음할 때 모습이다.

명상에 잠긴 굴드의 모습. 1955년.

## 11
## 정신과 의사를 찾아가다

글렌은 글을 쓸 때나 인터뷰를 하면서 '에고'라든지 '카타르시스', '트라우마와 연관된 것' 등과 같은 심리학 용어를 때때로 사용했고, 자신이 심신 상관적인 문제를 겪고 있으며 이를 조절하기 위해 안정제를 복용한다는 사실을 공개적으로 말한 적이 많다. 하지만 정신과 치료나 심리 분석을 받았다는 것은 말하기를 매우 꺼렸다. 그에 관한 전기적인 연구가 처음 간행됐을 때, 그는 그 책 서평*을 쓰면서 다음과 같이 말했다.[1]

---

* 굴드는 조프리 페이전트가 쓴 『글렌 굴드의 음악과 정신』 서평을 직접 썼다. 연구 주체가 된 인물이 그 연구서의 서평을 쓰는 것은 특이한 경우여서 연구서와 서평 모두 페이전트와 굴드의 합작품이라는 설도 있었으나 사실은 다르다. 페이전트는 연구서를 쓰는 동안 굴드를 일부러 만나지 않았다. 잡지 『계간 피아노』에 실린 이 서평을 청탁받기 전, 굴드는 서평을 청탁받는 꿈을 몇 차례 꾸었다고 한다.

굴드가 글을 쓰면서 심리 분석적 용어를 다양하게 활용한다는 사실에 페이전트는 장장 세 쪽에 걸쳐 논의를 하고 있다. 굴드가 심리 분석을 받았다는 사실을 보여 주는 증거와 이에 반대되는 증거를 제시하면서, 결국 단정을 내리지 않고 내버려둔다. 페이전트와 굴드가 모두 토론토에 거주하고 있다는 사실을 감안하면, 이런 종류의 추측은 단순히 '아니다'와 '그렇다'로 낙착될 수 있을 법한데도 그런 확정적인 결론을 내릴 수 없는 증언 상태로 — 사실상 무익한 묵상에 가까운 — 남겨 두는 것은 어쩐지 코믹한 느낌을 자아낸다.[2]

그러면 사실은 어떠한가? 1955년 뉴욕에서 〈골드베르크 변주곡〉을 녹음한 뒤 글렌은 심리 분석 훈련을 받은 정신과 의사를 찾아갔고, 짧게나마 분석도 받았다. 그런데 왜 이 사실이 그의 친한 친구나 그를 담당했던 다른 의사들에게 비밀에 부쳐졌는지는 추측해 볼 수밖에 없는 문제다. 아마도 가장 큰 이유는 정서적 또는 정신적 문제로 다른 사람에게 도움을 구하려 했다는 생각 자체가 글렌의 타고난 독립심에 거슬렸기 때문일 것이다. 그는 본래 모든 문제를 혼자 힘으로 풀려고 애썼으며, 다른 사람의 충고에 쉽게 의지하는 사람이 아니었다. 그리고 낙인이 찍히는 것도 틀림없이 큰 문제였다. 정신과 의사에게 달려갔다는 사실로 남에게 무시당하거나 놀림감이 되지 않을까 하는 두려움이 그에겐 있었다. 그 시절에는, 특히 소박하고 보수적인 토론토에서는 정신과 의사를 찾아간다는 것은 미쳤다는 것을 암시했다. 그렇지 않아도 동료 음악가 몇몇이 그를 미쳤다고 하는 마당에, 광기에 대한 소문이 나는 것은 이제 막 국제적 명성을 쌓기 시작하는 젊은 음악가로서는 반드시 피해야 할 일이었다.

그럼에도 1955년 글렌은 몬트리올 맥길 대학의 정신과학계 권위자 앨버트 E. 몰 박사를 찾아갔다. 이는 두 가지 사실을 근거로 알 수 있는데, 첫 번째는 몰 박사가 처방전에 써 준 추천서다. 이 추천서는 글렌이 개인 서류 속에 보관해 두었던 것이다 (지금은 오타와에 있는 캐나다 국립 도서관에 있다).[3] 두 번째 근거는 글렌이 작가이자 사진가인 족 캐럴과 나눈 잡담이다. 캐럴은 1956년 홍보를 목적으로 글렌을 바하마 여행에 데려갔던 인물이다.[4]

몰 박사의 처방전에는 날짜가 적혀 있지 않아 글렌을 만난 정확한 날짜는 알 수 없다. 그러나 글렌이 몬트리올에서 베토벤 피아노 협주곡 4번을 연주했던 1955년 8월이나, 독주회를 열었던 9월이었을 가능성이 높다. 몬트리올에서 연 9월 독주회에서 글렌은 〈골드베르크 변주곡〉과 베토벤 소나타 32번 작품 111, 그리고 힌데미트의 세 번째 소나타를 연주했다. 글렌이 어떻게 해서 이 정신과 의사를 특별히 찾아갔는지 또한 알 길이 없다.

그렇지만 뉴욕에서 그 성공적인 음반을 녹음하기 전후 글렌은 평소보다 더 심하게 초조감을 느꼈을 테고, 평소 해 오던 방법으로는 증상을 완화하거나 조절하기 어려웠던 것으로 보인다. 이웃에 살며 어린 시절부터 글렌을 치료해 오던 도수 치료사 아서 베넷은 이미 죽었고, 그때는 그의 아들인 덴턴 B. 베넷이 대신하고 있었다. 그러나 나중에 글렌을 치료했던 또 다른 도수 치료사에 따르면, 베넷 부자는 모두 "썩 잘하는 편은 아니었고, 아들 덴턴은 글렌을 좀 거칠게 대하는 편이었다".[5] 뉴욕으로 〈골드베르크 변주곡〉을 녹음하러 가기 꼭 한 달 전인 1955년 5월 18일, 오타와와 토론토에서 연주회를 마친 굴드의 증상은 토론토 종합 병원에서 응급 처치를 받아야 할 정도로 심각했다.[6]

병원 기록으로는 문제가 정확히 무엇이었는지 파악할 수가 없었다. 그러나 이듬해, 즉 캐럴과 함께 두 주일 동안 바하마에서 휴가를 보낼 때 글렌은 캐럴에게 "복통과 설사, 목이 땅기는 증상으로 고생했으며, 지금은 의사가 세 명이나 나를 돌보고 있다"고 밝혔다.[7] 또한 글렌은 심인성 식습 장애 비슷한 증상도 캐럴에게 설명했는데, 이는 곧 있을 러시아 연주 여행에 대한 걱정과 어느 정도 관련이 있었다.

먹는 것에 대한 나의 히스테리는 점점 더 심해지고 있다. 지금은 러시아 여행을 떠올리기만 해도 캐나다 신문에 실린 모스크바발發 기사 '굴드 토하다!'라는 글이 눈에 보인다. 모스크바에서 어떨지는 뻔히 알 수 있지만 ― 대사관 만찬 자리를 피하긴 불가능하겠지 ― 이 문제는 계속 나빠지기만 한다. …… 먹는 생각만 해도 겁부터 나는 것이다. …… 정말로 걱정스러운 것은 이 증상이 나타나는 경우가 점점 잦아진다는 사실이다. 이전에는 사람들 앞에서 먹는 걸 싫어하는 정도였는데, 이제는 사람들과 어느 곳에 함께 있어야 한다는 사실도 두렵고, 심지어 사람들을 상대하는 것은 다 겁나는 일이 되어 버렸다.[8]

1955년 1월, 타운 홀 데뷔 연주가 끝난 뒤 마련된 레벤트리트 부인의 파티에서 글렌이 달아날 수밖에 없었던 이유도 아마 이 때문이었을 것이다. 글렌은 토론토 의료계에서 가정의로서 평판이 높은 모리스 허먼 박사에게 줄곧 다녔는데, 허먼 박사는 이후 10년 동안 글렌의 1차 진료의 노릇을 계속했다. 허먼 박사 말에 의하면, 글렌은 늘 자신이 심각한 병에 걸리지 않을까 몹시 두려워했다고 한다.

"그는 무척 걱정스러운 표정으로 증상을 호소하며 진료실을 찾았지만, 신체검사나 엑스선 검사, 그 외 어떤 분석 검사를 해봐도 이유를 발견할 수가 없었습니다. 그는 엄청나게 걱정을 했어요. 특히 상체 부분을 많이 걱정했습니다. 팔과 어깨가 전체적으로 아프고 뻣뻣해질 때가 많다고 하더군요. 또 입과 목 그리고 가슴에도 신경을 많이 썼어요. 숨이 가빠지거나 조금만 기침이나 구역질이 나도, 또는 가슴에 이런저런 증상이 느껴지면 자신이 감기에 걸려 곧 치명적인 폐렴으로 발전하게 될 거라는 생각에 사로잡혀 극도로 두려워했습니다."

"그래서 옷을 그렇게 껴입고 다닌 건가요?"

"한여름 아주 무더운 날씨에도 그는 스웨터와 외투를 입고 목도리에 털모자를 쓰고, 또 어떤 때는 장갑까지 끼고 찾아왔지요. 내가 보기엔 그건 단지 예술가의 기벽이었던 것 같아요. 그는 정말로 그렇게 두껍게 옷을 입고 다녀야 추위를 막을 수 있다고 생각했어요. 그렇게 입지 않으면 그의 말마따나 '냉기에 걸린다'고 굳게 믿고 있었어요. 그건 순전히 정신적인 문제였어요. 그런 식으로 입지 않으면 무언가 끔찍한 일이 일어날 거라고 믿은 겁니다. 이에 대해 그 자신도 가끔 농담을 했지만, 사실 문제는 아주 심각했습니다."

나는 그의 말에 끼어들며 물어보았다.

"혹시 글렌이 순환 계통에 장애가 있어서 체감 온도를 제대로 조절할 수 없었던 것은 아니었을까요?"

"그런 걸 입증할 만한 증거가 없었어요. 레이노병*에 걸린 사람처럼 손가락이 파래진 적도 없고요. 옷을 벗겨 보면, 피부는 두꺼운 옷 때문에 따뜻하고 촉촉했습니다. 실제로 그는 종종 땀을 많이 흘렸지요. 글렌이 의학책을 많이 읽긴 했지만, 사실 몸이 어떻게 작용하는지 제대로 이해했던 건 아니에요. 그러나 약에 대해서는 놀랄 만한 지식을 갖고 있었습니다. 최근 개발된 항생제를 다 알고 있었고, 내게 얼마 전 어디서 읽은 어떤 약을 처방해 달라는 부탁을 한 적도 많았어요. 그에게 이런 처방이 왜필요 없는지 납득시키는 게 참 힘들었어요. 내가 이유를 설명해 주면, 그는 금방 다시 와서 이번에는 더 복잡한 논의로 반박을 해 대는 겁니다."

"자신이 복용하는 약이나, 도수 치료사와 다른 의사에게 받고 있는 치료에 대해서는 말한 적이 없었습니까?"

---

* 프랑스 의사 모리스 레이노가 1862년 처음 보고한 병으로, 땀이 많이 나고 섭씨 15도 이하 환경에 노출되면 혈관이 강하게 수축, 피가 잘 안 통하게 되어 손가락과 발가락, 손목과 발목 부위가 푸르게 또는 붉게 변하거나 색이 없어진다. 동맥 질환 등 혈액과 관련 있는 병으로 알려져 있으며, 치료법은 아직 확실히 알아내지 못했다.

"아니요. 그런 말은 한 적 없었어요. 가끔 전문의에게 그를 보내야 할 때가 있었는데, 그럴 때야 비로소 치료받은 얘기를 했어요. 글렌은 항상 다정하면서 인간적으로도 품위가 있는 사람이었습니다. 내게 직접 서명한 음반을 갖다주기도 했고요. 아직도 그걸 갖고 있지요. 그러나 기본적으로 매우 힘들고 까다로운 환자라고 말할 수밖에 없군요. 유명하고 또한 여러모로 흥미로운 그런 사람의 진료의가 되어 명예롭게 느끼기는 했습니다."

"글렌을 정신과 의사에게 보낸 적은 없습니까?"

"그래야겠다고 생각한 적은 있지만, 당신도 아시다시피 그 시절엔 적당한 사람 구하기가 쉽지 않았지요. 토론토에 있는 늙은 정신과 의사들은 대부분 신경학자로서 대개 기질적인 접근법으로 환자를 대하면서 전기 충격 치료를 시도합니다. 이건 글렌에겐 맞지 않다고 판단했죠. 젊은 정신과 의사들은 고전적인 심리 분석 훈련을 받았지만 환자가 일주일에 다섯 번씩 진료실로 찾아오게 해 소파에 눕히고 자유 연상을 하도록 합니다. 글렌에게 필요한 것은 심신 상관 치료법이라고 느꼈는데, 이 분야는 전문가가 없었습니다. 나중에는 나 자신이 심신 상관 치료에 관심을 갖게 되어 그 분야를 공부하고 수련을 쌓았어요. 요즘에는 의료 진료에 최면이나 심리 치료 같은 심리학적 기법을 함께 쓰면 많은 환자의 증상이 한결 나아지는 것을 볼 수 있어요."9

몬트리올에서 글렌이 정신과 상담을 위해 앨버트 몰을 찾아간 것은 탁월한 선택이었다. 몰 박사는 맥길 대학에서 평판 높은 전문가였고, 융통성과 개방적인 태도를 지닌 사람이었다.10 그는 과거의 신경 정신학적인 접근법에 숙달했을 뿐만 아니라 새로운 심리 치료법에 대해서도 풍부한 경험을 갖고 있었다. 실제로 몰은 맥길 대학에 심리 분석 훈련 프로그램을 마련해 주기 위해 파견된 사람이었다.

불행히도 몰 박사는 이미 사망했으므로 그의 직업과 관련된 문서 기록은 구할 수가 없다. 그러나 자신과 자신의 증상에 대해 이야기를 늘어놓는 말 많은 피아니스트를 중심으로 대했으리라는 것은 상상할 수 있다. 심리 분석 훈련을 받은 의료인으로서 앨버트 몰은 아마도 되도록 말을 하지 않으면서도 속담에서 말하는 '마음의 귀'를 기울여 이야기를 경청하면서, 이 똑똑하고 매력적이며 문제가 많은 음악가에 관한 정보를 수집하면서 대화를 이끌어 나갔을 것이다. 글렌과 만나 이야기를 들은 몰 박사는 처방전에 굴드를 치료할 만한 토론토 정신과 의사 네 명의 이름을 적어 주었다. 또한 이들 중 한 의사에게 글렌이 심리 치료를 끝까지 꾸준히 받는 것이 꼭 필요하다고 명확히 밝혀 놓았다.

추천 명단에 맨 먼저 올라 있는 이는 심리 분석가인 개업의 앨런 파킨이었다. 의료 역사학자이기도 한 파킨 박사는 캐나다 특유의 심리 분석학의 역사와 발전에 관한 책을 쓴 바 있다.[11] 그는 몰 박사가 추천한 정신과 의사 네 명 가운데 유일하게 생존해 있는 인물이어서 그를 인터뷰할 수 있었다. 파킨 박사의 의견으로는, 그 당시는 토론토보다 몬트리올이 정신 치료 수준도 높고 치료받을 수 있는 곳도 더 많았다고 한다.

"개인적으로 몰 박사를 알지는 못하지만, 굴드가 그를 찾아간 것은 확실히 현명한 결정이었습니다. 그는 굴드에게 아주 훌륭한 치료사가 되었을 겁니다."

"진료와 관련하여 글렌 굴드를 만나 보신 적이 있습니까?"

"아니요. 내게 전화한 적도 없어요. 내가 추천됐다는 것도 당신이 알려 주기 전까지는 몰랐습니다."[12]

몰 박사가 추천한 전문가 명단에 두 번째로 올라 있는 이는 성 미카엘 병원의 정신과 과장인 아서 M. 도일이었다. 파킨 박사의 기억에 따르면, 도일은 "많은 환자를 약물로 치료하면서 보조적으로 심리 치료도 병행한 일반 정신과의"[13]였다고 한다. 어떤 젊은 정신과 의사는 도일이 "옛날 스타일의 신경 정신과의"라며, "나라면 글렌 굴드에게 추천하지 않았을 것"이라고 했다.[14] 글렌이 과연 도일과 만날 약속을 했는지는 알 길이 없다. 또한 목록에 오른 세 번째 의사이자 당시 토론토 웨스턴 병원에 근무했던 B. M. 앨런이나, 그때 토론토 대학 정신과 과장이었던 네 번째 의사 올드윈 스톡스를 찾아갔는지 알아내는 것은 불가능하다. 스톡스 박사에 대해서는 "진짜 영국 신사로 배우 찰스 로턴* 같은 외모와 그에 걸맞은 목소리를 갖고 있었지요. 매우 친절하고 상냥한 사람이었지만 기본적으로 심리 치료사라고는 할 수 없

---

* 찰스 로턴(1899~1962)은 영국 배우로 미국에서도 활동했다. 영국 왕립 연극 예술 아카데미에서 공부하고 연극배우로 활동하다 영화 「헨리 8세의 사생활」에 헨리 8세로 출연, 1933년 아카데미 남우 주연상을 받았다. 비非할리우드 영화에 주어진 최초의 상이었다. 「노트르담의 꼽추」의 콰지모도, 「바운티호의 반란」의 폭군 블라이 선장, 「검사 측 증인」의 공격적인 변호사 역으로 인상적인 연기를 펼친 그는 왕부터 뒤틀린 인물까지 다 소화했던 배우였다.

습니다. 스톡스 박사라면 아마 글렌이 즐겁게 만났을 것 같습니다"[15]라는 설명을 들을 수 있었다.

이런 사정이니, 글렌이 이들 의사 중 과연 누구에게 치료받으러 가기로 했는지는 의문으로 남는다. 다만 그가 토론토에서 정신과 의사를 만났다는 것만은 확실하다. 즉 캐럴과 바하마 여행을 하는 동안 글렌은 캐럴에게 다음과 같이 말했기 때문이다.

"몬트리올의 어떤 의사가 정신과 의사를 세 명 추천해 주었는데, 한 사람은 분석 위주고, 또 한 사람은 주로 약을 쓰는 사람이었어. 세 번째는 분석과 약을 조합하는 사람이고. 그래서 세 번째 사람을 찾아갔지. 그 사람 진단으로는 문제(예를 들어 식습 장애)를 일으킬 만한 조건이 없다는 거야. 성적인 문제도 없고, 신체적으로도 이상이 없다고 하더군. 그러니 단지 신경 안정제가 문제인 거지. 더 좋은 안정제를 더 많이 사용하면 된대."[16]

이 말은 좀 과장으로 들린다. 굴드는 자신의 병이 심리학적으로 중요한 어떤 의미가 있다는 사실을 캐럴에게 — 그리고 어쩌면 자신에게도 — 부인하고 싶었을 것이다. 물론 우리는 그 정신과 의사가 글렌의 성격과 심리 기제를 어느 정도까지 분석할 수 있었는지 알 수 없다. 그러나 나는 의사가 글렌의 성격 구조를 깊이 분석해 낼 만큼 충분한 기간 동안 심리 치료를 할 수 있었을지 의심스럽다. 심리 치료를 시작하면 의사와 미리 약속해서 그 약속을 지켜야 하고, 정기적으로 자주 만나야 하는 것이 심리 분석 치료의 기본 규칙이자 지켜야 할 점인데, 스물두 살의 글렌은 이런 규칙에 의의를 많이 달았을 테니, 충분한 치료를 받았을 가망성이 거의 없다.

국제적인 명성이 한창 치솟고 있던 글렌은 자주 토론토를 떠나 있어야 했고, 뉴욕에서 음반을 만들기로 컬럼비아 음반사와 계약서에 서명까지 했었다. 또한 캐나다 방송국에서 방송과 영상물을 만드는 데 관심을 갖기 시작했으며, 1953년에 작곡하기 시작한 현악 사중주곡을 완성하기 위해 한창 씨름하고 있던 때였다. 글렌은 의사를 보러 갈 때 미리 약속을 정해 놓고 찾아가는 게 아니라 대개는 충동적으로 당장 찾아가겠다는 식이었고, 그것도 자기 일정에 맞는 시간에 볼 수밖에 없었다. 글렌은 보통 오후 두세 시가 되어서야 일어나니, 병원에 갈 약속 시간도 가능하면 늦게 잡으려 했을 것이다.

내가 인터뷰한 글렌의 의사들에 따르면, 글렌은 의사 의견을 듣기보다는 주로 의사에게 어떻게 해 달라고 지시하는 편이었다. 이런 태도는 협력 관계를 마련하는 데 틀림없이 방해가 되었을 것이다. 또한 글렌은 자기 통제력을 잃어버리는 것을 두려워했으므로 의식 밑바닥에서 소용돌이치는 갈등의 근원을 참을성 있게 찾아 나가야 하는 심리 치료 방식을 받아들이기가 쉽지 않았을 것이다. 또 다른 방해물은 증상을 즉각 완화시켜 달라는 글렌의 고집스러운 요구였을 것이다. 그는 일반 의사나 약사들이 즉시 약을 처방해 주거나 아니면 도수 치료사들이 환자의 몸을 어떻게든 만져 주거나 해서 불편함을 '즉시 없애 주는' 그런 치료법을 신봉했을 것이다.

글렌 굴드와 같이 엄청난 재능을 지닌 부적응자를 심리 치료하기 위해서는 예술가의 특별한 욕구를 편견 없이 개방적으로 받아들이는 관대하고 능력 있는 치료사가 필요하다. 어쩌면 글렌의 대위법적이고 음악 논리적인 생각의 미로에 들어갈 만큼 창조적 상상력을 지니고 있고, 음악적으로도 충분히 훈련받은 사람이 필요했을지도 모르겠다. 글렌은 언어와 음악의 다층적인 의미를 즉시 파악해 내서 이를 비틀거나 수식을 더할 수 있는 머리를 가지고 있었다. 이는 그의 음악을 듣는 청중이나 그의 글을 읽는 독자는 물론 그 자신마저도 놀랄 만큼 풍부하고도 환상적인 것이었다. 이런 점은 예를 들어, 현악 사중주곡을 작곡할 때 특히 두드러지게 나타났다. 글렌은 자신을 "12음 기법과 그 선두 주자들을 옹호하는 용감한 전사"로 여겼으나, 그의 현악 사중주곡은 "20세기 초반의 학회에서 공연하기에 딱 알맞은 작품으로 음조의 법칙을 깨는 시도에서는 바그너나 브루크너, 또는 리하르트 슈트라우스의 작품에서 크게 나아갈 정도로 대담한 것은 아니다"[17]는 것을 깨달아야 했다. 이 작품이 함축하고 있는 심리학적 의미는 나중에 논의하기로 한다.

확실히 글렌은 1955년과 1956년에 정신과와 심리 분석을 접하면서 건강상 큰 위기를 넘길 수 있었던 것 같다. 바하마 여행 동안 글렌의 행동을 묘사한 족 캐럴의 글을 읽어 보면, 글렌의 증세가 얼마나 심각했는지 알 수 있다. 글렌의 어머니는 캐럴에게 "부탁인데, 글렌이 세탁물을 제대로 내놓는지 봐 주고, 깨끗한 옷도 좀 사서 입도록 해 줘요. 그리고 가능하면 밖으로 데리고 나가 햇볕도 좀 쬐도록 해 보세요"라고 부탁했다. 비행기에서 글렌은 캐럴에게 '되풀이해서 꾸는 악몽' 이야기를 해 주었다고 한다.

"꿈에서 그는 나이아가라 폭포에 휩쓸려 들어갈 뻔하다 겨우 절벽 끝에 튀어나온 바위 끝을 움켜잡고서 매달리게 됐다고 했다. 글렌이 말하기를, '바로 그 순간 낯선 사람들이 나타나 나를 떨어뜨리기 위해 바위를 붙잡고 있는 내 손을 밟아 대기 시작하는 거야. 그러다 잠이 깨곤 해. 우리 어머니는 계속 이때 잠이 깬다면 괜찮을 거라고 하시더군'이라고 했다."[18]

이 악몽이 담고 있는 공포는 글렌이 실제로 처한 상황과 매우 잘 들어맞는다. 그는 높이 나는 비행기를 탄 채 비교적 낯선 사람과 얘기를 나누면서, 비행기 탈 때는 늘 그렇듯이 추락하지 않을까 하는 엄청난 공포를 느끼고 있었다. 여기서 추락에 대한 공포는 나이아가라 폭포에 휩쓸려 들어가는 것으로 상징되어 있다. 물에 빠져 죽는 꿈은 매우 원초적인 어떤 것, 물기 있는 자궁으로 회귀하는 것을 의미한다. 그는 자궁에 대해 종종 긍정적으로 말하는 편이었다. 가령 녹음 스튜디오는 자궁처럼 보호받는 느낌을 준다고 얘기하곤 했다. 그가 겨우 매달린 튀어나온 바위는 아마도 지지에 대한 갈구를 나타내는 것이리라. 바로 곁에 앉아 있는 족 캐럴이나 친구, 어쩌면 의사에게서 받고 싶었던 것인지도 모른다. 바위는 견고하며 아버지처럼 안전하고 딱딱한 지대다. 그런데 어떤 낯선 적이 나타나 그의 손을 건드리며 잡고 있는 손을 놓게 만들려고 한다. 아마도 이는 평생 글렌을 따라다녔던 — 손이 다치지 않을까 하는 — 노이로제와 관련이 있는 것 같다.

이 신경증은 어린 시절부터 계속돼 온 것이었다. 나이아가라 폭포에 떨어지기 전에 꿈에서 깨어나기만 하면 괜찮을 거라고 안심시켜 주는 어머니의 말은 아들의 의식을 긍정적으로 이끌어 주는 데 도움이 되었을 것이다. 자신의 가장 귀한 자산인 길고 부드러우며 강한 손가락 힘에만 의지한 채 살기 위해 단 하나의 바위에 필사적으로 매달려 있는 이는 사실 공포에 질린 젊은이였다. 어머니는 그에게 곧 위험을 극복하고, 그의 손은 온전하고 말짱하다는 것을 확인하게 될 것이라고 거듭 말해 준다. 위험한 적敵은 없다고, 시끄럽게 부서지는 폭포의 포말 속에 숨어 있는 그림자는 없다고, 단지 꿈일 뿐이라고.

나소에 도착한 글렌은 포트 몬태규 비치 호텔에 며칠째 틀어박혔다. 그러면서 내세운 말은 "이곳에 도착한 이후 오페라를 세 마디 작곡했어…… 창조적인 예술가가 작품을 끝내기 위해서는 반사회적인 존재가 되어야 하거든"이었다. 그는 짠물이 혹시 손을 어떻게 할까 봐 헤엄치는 것도 마다했다. 또 자신의 식습 장애를 두고 농담도 했다. "목구멍이 자꾸 좁아지는 이 증상은…… 오이디푸스적인 관계에 신경 쓰지 않고…… 혼자 방 안에서 먹을 때는 피할 수가 있지. 방 안에 있을 때는 자궁 속 같은 느낌이 들거든." 하루는 노래하고 지휘하면서 소란을 피우는 바람에 방을 청소하기 위해 들어온 여자가 호텔 매니저를 불러 "저 방에 미친 사람이 있다"고 알린 일도 있었다.

캐럴은 글렌이 모터보트를 큰 배 가까이까지 거칠게 모는가

하면, 작고 빨간 차를 가지고 좁은 도로를 너무나도 빠른 속도로 쌩하고 모는 모습을 걱정스러운 눈으로 바라보았다.[19] "그렇게 몰면 사고 날 가능성이 있다는 것을 전혀 모르는 것처럼 보였다. 나는 속으로 씁쓸하게 생각했다. '일주일 전만 해도 굴드는 내게 흑인 해방을 부르짖더니, 지금은 흑인의 안전은 깡그리 무시한 채 그들의 섬을 종횡무진하고 있군.'"[20]

글렌은 이후 정신과 의사와 정식으로 치료 관계를 다시 가지진 않았지만, 인간 정신을 탐구하는 분야에 긍정적인 관심을 계속 유지하고 있었던 것으로 보인다. 1957년 우리가 만나서 관계 맺을 수 있었던 것도 부분적으로는 그가 캐나다 정신과 의사에게 도움을 받았던 결과라고 나는 생각한다. 이와 비슷한 것이 볼티모어의 정신과 의사 조지프 스티븐스Joseph Stephens와 글렌의 관계다. 1960년에 싹터 17년간 계속된 이 관계는 글렌에게 심리 치료 효과를 제공해 줄 정도로 발전했으니, 정신 건강 전문가와 지속적인 관계를 맺은 것과도 같았다. 그러나 스티븐스 박사와 함께 해 온 오랜 기간에 걸친 공동 작업은 글렌의 다른 관계와 마찬가지로 위기가 닥쳤을 때만 띄엄띄엄 이어졌으며, 주로 전화로 진행되었다. 어쩌면 글렌 자신이 다양한 인간성 — 피아니스트, 작곡가, 작가, 사이비 의사 — 을 지녔기 때문인지, 그는 음악가면서 의사인 스티븐스 박사나 나처럼 몇몇 관심을 동시에 추구하는 사람에게 이끌렸고, 그런 사람들에게 특별히 잘 반응하는 면이 있었다.

머리가 좋은 사람은 자신에게 썩 필요도 없는 사안을 창조적으로 탐구하는 능력이 있다. 글렌은 정신 의학을 풍자하는 게 습관이었고, 의사들 놀리기를 무척 재미있어 했다. 후일 그는 가상의 정신과 의사 'S. F. 레밍 의학 박사'를 만들어 냈는데, 레밍 박사라는 인물은 다음과 같은 말을 쏟아 낸다.

폴 D. 힉스는 최근 주목을 끌고 있는 자신의 연구「무의식과 출세욕구」에서, 우리 대부분은 중년이 되면 [글렌은 서른여섯 살 때 이 글을 썼다] 직업과 관련된 욕구를 억누르게 마련이지만, 만약 억누르지 않고 그대로 다 받아들인다면 야망을 추구하는 양상은 새롭게 방향을 틀어야 한다고 언급한다. 힉스의 지적에 따르면, 미국에서 높은 수입을 올리는 계층의 경우 이 경향은 때로 갱년기 징후로 나타날 때가 많다고 한다. 그러나 가장 흔한 경우는, 특히 매우 적극적으로 직업 활동을 하는 이들의 경우에는 어린 시절 안정감을 주는 부모의 다독임에 학교 교육이 침범해 들어온 데에 대한 분노로 생긴 외상을 다시 확인하는 것과 관련이 깊다고 한다.[21]

이 짧은 풍자 글에는 글렌 자신이 '야망을 추구하는 양상'과 그가 느낀 '어린 시절의 분노', 그리고 '학교 교육'과 씨름해 온 사실을 밝혀 줄 핵심 요소가 숨어 있는지도 모른다. 이 글은 자신을 숨기고 싶어 하는 사람이 유머를 이용해 개인적 사안을 드러내면서, 한편으로는 우스꽝스러운 레밍 박사의 경박함을 통해 그 사실을 가볍게 처리해 버리는 방식을 보여 준다. 정신 의학 전문 용어를 쏟아 놓으며 이 분야의 의학을 조롱하는 굴드의 습성, 그리고 이후 글이나 텔레비전 프로그램에서 정신 의학적 개념을 차용한 것 등은 인간 정신 — 특히 똑똑하고 종잡을 수 없으며, 모순적인 자기 자신의 정신 — 의 신비를 이해하고자 하는 굴드의 깊은 욕구를 보여 주는 것이기도 하다.

그런데 정신과 의사와 정식으로 진료 관계에 들어가는 것은 무엇보다 사생활을 유지하며 예술가로서 자기 정체성을 굳게 지키고자 하는 굴드에게는 틀림없이 위협적으로 느껴졌을 것이다. 그는 몬트리올의 몰 박사와 토론토에서 그를 잠깐 담당했던 전문가들과 접촉하면서 정신 의학에 관한 지식을 얻었다. 그가 정보를 얻는 또 다른 방법은 광범위한 독서, 그리고 여행 중에 만났던 정신과 의사 두 명과 주로 전화로 나누는 긴 대화를 통해서였다.

글렌은 스티븐스 박사나 나와 관계 맺으면서도 여전히 일정한 거리를 유지했다. 오직 한 사람, 어머니에게만 자기의 내면을 보였을 뿐이다. 1975년 어머니가 세상을 떠날 때까지, 글렌은 어머니에게 자신의 꿈과 악몽, 성공과 실패, 연주회와 평들, 그리고 자신이 계획하고 제작한 라디오 프로그램과 텔레비전 쇼 등 그가 발표한 모든 것, 자신의 모든 야망과 좌절에 대해 이야기했다. 글렌의 사촌 제시 그레이그가 내게 들려준 바로는 그랬다.[22] 그러나 글렌이 자기의 사생활에서 극히 내밀한 부분까지 어머니에게 다 밝혔는지는 영원히 알 길이 없다. 플로렌스 굴드는 아들에 대한 회고담이나 메모, 일기 같은 것을 하나도 남기지 않았기 때문이다.

두 사람 관계는 표면적으로는 서로 짓궂게 놀리면서 사사건 건 꼬투리를 잡았지만 사실은 신성불가침의 믿음으로 뭉쳐져 있었다. 글렌이 타인과 맺은 관계 중 아마 가장 진실하고 뜻깊으며 도움이 되는 유대감을 이룬 이 모자 관계에 대해서는 그의 아버지조차도 아는 바가 거의 없었다. 이들의 관계는 어머니와 아들 사이에 존재할 수 있는 친밀함을 감동적으로 보여 주는 실례였다. 두 사람은 서로 이해하는 데 말이 필요 없었다. 말을 뛰어 넘는 이심전심의 영역, 손길 한 번 닿지 않아도 서로 느낌을 공유할 수 있는 음악이라는 세계에서 서로를 깊이 이해했기 때문이다.

자신의 현악 사중주곡 악보를 들여다보고 있는 글렌 굴드.
이 현악 사중주는 그의 나이 스물세 살인 1955년에 완성했다.

**12**
# 서로 충돌하는 요구들

미국 데뷔 무대를 가졌던 1955년 전까지만 해도 글렌은 한 해 평균 네 번에서 여덟 번 정도만 무대에 서는 극히 가벼운 일정을 유지할 수 있었다. 그러나 미국 데뷔 이후, 무대 공연 횟수는 급속도로 늘어나 1955년에는 열네 번, 1956년에는 스물세 번, 그리고 1957년에는 서른여섯 번으로 증가했다. 최고치를 이룬 1959년에는 쉰한 번이나 연주회를 열었고, 이후 줄어들기 시작하여 1964년에는 더 이상 공개 무대에 나타나지 않았다.

자주 연주 여행을 다녀야 했던 8~9년 동안 글렌은 스트레스를 많이 받았다. 본래 공개 연주에 반감을 갖고 있는 데다 글렌은 지휘도 하고 녹음도 하고 고독한 생활도 유지하고 싶어 했다. 또한 작곡도 하고 글도 쓰고 싶었으니, 이런 다양한 야망에서 나온 욕구로 갈등을 겪을 수밖에 없었다. 글렌의 가장 큰 고민은,

연주회라는 방식이 자신에게는 기본적으로 맞지 않으며 가치도 없는 음악 활동이라고 느끼면서 연주회를 계속 열어야 한다는 사실이었다. 그래도 처음에는 이러한 갈등을 드러내 놓고 하소연하거나 불평하지는 않았다. 그러나 차츰 친구들에게 이런 의견을 내비치기 시작했고, 나중에 은퇴할 무렵에는 일련의 도발적인 글과 인터뷰를 통해 이러한 뜻을 공표하기에 이르렀다.

근본적으로 글렌은 청중을 믿지 않았다. "연주회 참석자에게는 피에 대한 호기심, 거의 가학적인 욕망이 있다"고 글렌은 컬럼비아 음반사의 존 매클루어*에게 말한 적이 있다.

"무엇인가 일어나기를 기다리는 기대감이 있어요. 호른이 엉뚱한 음을 불 때를 기다리고, 현악기가 불협화음을 만들어 낼 때를 기다리며, 지휘자가 까다로운 박자에서 실수하기를 기다리고…… 끔찍합니다. 음악회를 쫓아다니는 철면피한 인간들에게는 일종의 검투사 같은 본능이 있어요. 그래서 나는 그런 사람을 싫어하며 신뢰하지도 않고, 친구로 삼고 싶지도 않습니다."[1]

한편 자신이 쓴 글에서는 "검투사의 싸움에 가장 알맞은 본능을 지닌" 청중을 적대적인 세력으로 보는 자신의 생각을 설명하기도 했다.[2] 무대에서 꾸준히 환호와 박수를 받아 왔음에도 글렌

---

* 존 매클루어John McClure는 클래식뿐 아니라 대중음악 작업에도 뛰어난 제작자였다. 브루노 발터의 베토벤 교향곡 전곡을 녹음했고 스트라빈스키와 번스타인과도 작업했으며, 존 윌리엄스가 지휘하는 보스턴 팝스 오케스트라 녹음도 감독했다. 스트라빈스키와 번스타인, 말러 등의 음반으로 그래미상을 세 번 수상했고, 호세 카레라스와 키리 테 카나와가 출연한 번스타인의 〈웨스트 사이드 스토리〉로 뮤지컬 부문 그래미상도 받았다. 1980년대 대중에게는 핑크 플로이드의 〈월The Wall〉로 유명하다.

은 연주회장에 모인 사람들을 개개인으로 생각할 수가 없었다. 개중에는 음악에 무관심한 사람도 있을 테고, 어쩌면 악의적인 사람도 있겠지만, 그래도 글렌의 연주를 진정으로 즐겨 감상하며 그의 실수를 눈감아 주고 그가 잘 해내기를 바라는 사람도 있었을 것이다. 글렌은 연주회장을 찾는 사람들이 음악을 들으러 오는 것이라고 믿지 않았다. 사람들은 어쩌면 과거의 기억을 일깨우는 달콤한 꿈과 같은 상태에 잠기기를 바라고 연주회장을 찾았을지도 모른다. 연주회장은 미래를 탐구하는 장소라기보다는 과거의 유물이 전시된 박물관 같은 곳이었다. 글렌은 음악을 듣는 장소로서 연주회장은 내리막길을 가고 있는 운명에 처했다고 생각했다. 음악을 듣는 일이라면 집에서 라디오나 음반으로 감상하는 편이 훨씬 낫다고 생각했다. 물론 그도 연주회를 여는 것보다 음반을 만들어 내는 데 더 큰 관심을 가지고 있었다.

공개 무대 연주에 그런 편견을 가지고 있던 만큼 글렌은 녹음 스튜디오에서 연주하는 것을 당연히 더 편하게 느꼈다. 스튜디오에서는 빠른 악구든 음계든 아니면 연속 화음이든 해석상의 미묘한 뉘앙스든 간에 그가 불완전하다고 느끼는 것은 얼마든지 필요한 만큼 반복해서 연주할 수 있었으니까. 그리고 그의 마음에 든 연주만이 그의 승인 아래 마스터 테이프로 영원히 남는 것이었다. 글렌은 이러한 녹음 음악의 본질적인 측면을 나타내는 용어로 '두 번 가기'라는 말을 만들어 내기도 했다. 간단히 말해, 대중 앞에서 연주할 때에는 반복하거나 어떤 부분을 고쳐 연주할 수가 없다. 어떤 청중도 연주자가 같은 소절을 거듭 연주하는 걸 받아 주지 않을 것이다. 이런 점 때문에 그는 연주 무대를 싫어했고, 앞으로 전자 매체에만 헌신하기 위해 곧 '무대에 서기'를 그만두리라는 계획도 숨기지 않았다.

공개 석상에서 연주하던 갈등의 세월 동안에도 글렌은 토론토에서 캐나다 방송국을 위해 라디오 방송과 텔레비전 방송 활동을 활발하게 펼쳤으며, 뉴욕에서는 컬럼비아 녹음부에서 녹음 작업을 했다. 그런 과정을 통해 글렌은 이후 자신의 창조적인 활동 무대가 될 매체에 관한 전문 지식을 얻었고, 이 분야에서도 우정을 다져 나갔다. 일례로 CBC 프로듀서 프란츠 크래머와 나눈 우정을 들 수 있다. 크래머는 캐나다 국립 영상원에서 제작한 굴드에 관한 첫 영상물 「음반을 떠난 글렌 굴드, 음반 속의 글렌 굴드Glenn Gould Off the Record; Glenn Gould on the Record」라는 작품을 연출한 사람이다. 이 작품은 글렌이 여가를 보내는 모습을 담은 매혹적인 다큐멘터리로, 글렌이 심코 호숫가의 은신처에서 자신이 아끼는 치커링 피아노로 바흐와 슈베르트 교향곡을 부분부분 연주하고, 크래머와 작곡 기법을 논하며, 뉴욕 스타인웨이사에서 피아노를 고르고, 컬럼비아에서 바흐의 〈이탈리아 협주곡〉을 녹음하는 장면이 담겨 있다.[3] 크래머는 자신과 글렌의 관계가 "아들과 아버지" 같은 관계였다고 말했다.

"나만이 그를 비판할 수 있었습니다. 그는 천재이자 괴물이었

---

•    이 제목은 음반 작업을 하는 굴드와 작업을 하지 않는 굴드라는 뜻이지만, 그와 동시에 'off the record'는 발표되지 않은 '비공개', 'on the record'는 '공식' 기록이라는 의미도 갖고 있다.

어요. 스튜디오에서는 완전히 구제 불능이었고요. 그가 한 말, 심지어 느낀 것까지 도저히 사실이라고 믿을 수가 없어요. 모든 것이 자기 뜻대로 진행돼야 한다는 강박 관념에 사로잡힌 사람이었습니다. 날씨도 온도도 약도, 그리고 다른 음악가들까지. 그러나 내 생애를 통틀어 만나 본 음악가 중 가장 상상력이 풍부하고 믿을 수 없을 정도로 재능 있고 유능한 음악가였습니다."[4]

글렌이 깊은 우정을 맺은 또 다른 사람은 존 P. L. 로버츠였다. 그는 CBC 라디오 음악 프로듀서와 위니펙 CBC 텔레비전 부책임자 자리를 맡기 위해 오스트레일리아에서 막 도착한 사람이었다. 글렌은 1955년 12월 12일, 위니펙 교향악단과 함께 베토벤 피아노 협주곡 1번을 연주했을 때 로버츠를 만났다.

로버츠 말에 의하면 "연주가 끝났을 때 청중의 환호는 대단해서, 글렌은 마치 팝스타 같은 대접을 받았다"고 한다. "그러나 그를 잘 알게 되면서 나는 글렌이 군중을 불편해한다는 사실을 알게 됐습니다. 참 묘한 일이기는 했지만, 그는 군중을 도저히 받아들이지 못했어요. 그는 군중을 청중으로 바꿔서 생각할 수는 있었지만, 그렇게 하면 또 엄청난 불안을 느껴야 했죠. 그에게는 사람들이 적대적이며 방해를 놓는 위험한 존재였습니다. 유명해질수록 그런 증상이 더 심해졌어요. 나중에 그의 부모님을 알고 나서 나는 이런 글렌의 태도가 어머니에게서 비롯했다는 사실을 깨달았습니다. 글렌이 어렸을 때 어머니는 병균에 감염되지 않도록 사람들이 많이 모이는 행사나 전시회 같은 데는 절대로 구경 가지 말라고 계속 경고했던 겁니다. 글렌은 어쩔 수 없이 연주하러 갈 때를 빼고는 연주회에도 거의 가지 않았습니다. 연주회에 가는 것을 고통스러워했어요."[5]

글렌은 자기 연주회에 개인적으로 아는 사람이 참석하면 더 불편해했다. 그래서 토론토에서 연주하는 것은 더욱 위태로운 모험이 됐고, 차라리 외국 도시에서 연주하는 편을 좋아했다. 그런 데서는 연주회에 오는 사람 대부분이 자기가 모르는 사람이니까. 그는 친구에게, 그리고 매니저에게도 제발 연주회에 오지 말라고 부탁하곤 했다. 존 로버츠는 다음과 같은 일화를 들려주었다.

"아내 크리스티나와 나는 여름이면 글렌과 함께 스트랫퍼드 음악 축제에 가곤 했는데, 글렌은 '제발 내 연주회에는 오지 말게. 청중이 완전히 모르는 사람들일 때만 나는 연주할 수 있으니까. 청중 가운데 아는 사람이 있으면, 자네가 객석에 앉아 있으면 신경이 쓰여서 말이야'라고 말하곤 했습니다."

샌프란시스코에서 글렌을 만났던 1957년, 글렌이 내게 자신의 남은 연주회에 오지 말라고 부탁했던 것도 바로 이런 이유 때문이었을 것이다. 로버츠는 이를 두고 "글렌과 청중은 마치 고양이가 쥐를 가지고 노는 것과 비슷한 게임을 했다"고 표현한다. "그는 청중에게 늘 마법의 주문을 거는데, 만약 개인적으로 알고 있는 누군가가 거기 앉아 있어서 그 주문을 깨뜨리려고 한다면 정말로 화날 일이지요."

나는 로버츠에게 글렌이 여행할 때는 어땠는지 물었다.

"글렌은 성숙한 예술가인데도 여전히 부모와 함께 살면서 부모에게 많이 의지하는 편이었습니다. 연주 여행을 떠날 때면 그의 아버지는 글렌이 시키는 대로 움직였어요. 의자를 들어 주고, 피아노 밑에 받칠 나뭇조각이나 옷, 악보, 그리고 갖고 다녀야 할 갖가지 소지품을 챙겨 주었으며, 공항까지 태워다 주고 돌아올 때는 마중 나가서 태워 오곤 했습니다. 물론 일단 여행을 떠난 뒤에는 혼자서 대처해 나갔지요. 자기 방식대로 한 것이긴 하지만, 대부분 시간을 호텔 방에서 혼자 보내면서 밥도 혼자 먹었어요."[6]

1955년 미국 데뷔 이후 글렌이 미국 무대에 다시 선 것은 1956년 3월 15일, 디트로이트 교향악단과 베토벤 협주곡 4번을 협연하기 위해서였다. 폴 파레*가 지휘를 맡았는데, 여전히 식습 장애로 고생하던 글렌은 이때도 역시 신경이 곤두섰을 것이다. 비평가들은 무대에서 안정되게 처신하지 못하는 그를 두고 비판을 가하기 시작했다. 『디트로이트 프리 프레스』지는 다음과 같은 기사를 냈다. "폭풍우가 헤집어 놓은 듯 산발한 굴드의 머리와 건반 위에 수그린 자세, 그리고 독주 부분이 끝날 때마다

---

* 프랑스 지휘자 폴 파레Paul Paray는 당대 프랑스 최고의 지휘자였다. 교회 오르간 연주자를 아버지로 둔 그는 파리 음악원에 입학하기도 전에 루앙 대성당 성가대를 위해 성모송을 작곡할 정도로 음악에 재능을 보였다. 1911년 로마 대상을 수상했으나 1차 대전 때는 포로로 수감됐고, 2차 대전에는 레지스탕스로 활약했다. 라무뢰Lamoureux 관현악단 지휘로 데뷔한 이래 명망 높은 라무뢰와 콜론Colonne 관현악단을 차례로 맡으며 프랑스 및 유럽에서 위상을 드높였다. 주목할 만한 커리어는 1952년부터 1963년까지 미국 디트로이트 교향악단을 맡은 것이다. 특히 굴드와 협연한 1956년 무렵부터는 유럽 활동을 자제하며 디트로이트 관현악단에 주력했고, 그 결과 미국에서 손꼽는 오케스트라로 키워 낸 것이다. 음을 정확하게 뽑아내면서도 부드러운 색채감을 구사하는 그의 연주는 오늘날 프랑스 관현악단의 특색으로 남아 있다.

엎어지는 자세를 취하는 습관은 완전히 쇼 비즈니스였다." 그리고 『디트로이트 타임스』지는 "피아노를 연주하면서 보여 준 그의 행동에 청중이 웃었다는 점은 글렌으로서는 비극이다"라고 썼다.

글렌이 이른바 '기묘한 행동' 때문에 언론의 질타를 받은 것은 이번이 처음은 아니었다. 고향 토론토에서도 신문들은 가끔 이 피아니스트의 처신에 반대 입장을 표명하곤 했다. "왼쪽 다리를 오른쪽 무릎 위에 아무렇게나 걸치고서…… 왜 건반 위에 표범처럼 웅크리고 있어야만 하는지? 왜 그는 표범이 먹이를 죽이려고 달려들듯이 연주해야 하는가?"[7] 그런데 글렌이 이런 비판을 마음으로 받아들여 그의 자의식마저 영향을 받게 된 것은 디트로이트에서 뼈저린 경험을 한 뒤부터였다. 아마도 그럴 수 있었던 것은 그 무렵 정신과 의사와 상담을 했기 때문이었을 것이다. 몇 년 후 글렌은 한 인터뷰에서 이 사실을 인정했다.

나는 내 연주에 대한 말들 ― 나의 기묘한 버릇이라고 합시다 ― 에 전혀 신경을 쓰지 않았습니다. 어떤 말도 특별하게 받아들이지 않았지요. 그런데 갑자기 예술계 인사들이 선의를 가지고 말하더군요. "이보게 젊은이, 정신 차리고 이런 말도 안 되는 짓은 그만하게"라고요.

나는 보이는 이미지가 중요하다는 생각은 전혀 한 적이 없었어요. 그러나 최소한 어떤 사람들에게는 중요할 수 있다는 사실을 1956년에 갑자기 의식하게 되면서 내가 하는 모든 행동에 극도의 자의식을 갖게 되었습니다. 그동안 내가 그런 행동을 해 왔던 것은, 음악을 올바로 이해하기 위해서는 어떻게 보이든 전혀 신경 쓰지 않고 오직 음악에만 집중하기 위해서였거든요. 그런데 이런 것들을 의식하기 시작하자 정말 힘들어지더군요.[8]

또 다른 글에서 그는 다음과 같이 쓰고 있다.

사람들이 괴팍하다고 말하는 나의 개인적인 습성 때문에 사람들이 내 연주를 제대로 보지 못하게 되는 것을 나는 바라지 않는다. 내가 생각하기에 나는 절대로 괴짜가 아니다. 평소 장갑을 한두 켤레씩 끼고 다니며, 건강에 신경을 좀 많이 쓰고 있는 것은 사실이다. 또 신발을 벗고 연주하기도 하고, 공연 중에 셔츠 자락이 삐져나오는 것도 모른 채 넋이 나간 상태로 연주하기도 한다. 친구들이 놀리듯이 피아노를 코로 치는 것처럼 보이기도 할 것이다. 그러나 이런 것은 내가 개인적으로 유별나게 굴려고 해서 나온 행동이 아니다. 단지 주관적으로 몰두하다 보니 생긴 일일 뿐이다.[9]

디트로이트 공연이 있은 지 사흘째 되는 날, 글렌은 바로 이웃에 있는 온타리오 윈저에서 베토벤 4번 협주곡을 다시 연주하게 됐다. 이번에는 쓰러지기 직전이었다. 신경이 점점 날카로워져 마침내 그는 대가를 치러야 했다. "글렌은 너무 아파 연주할 수 없다고 버티긴 했지만, 교향악단 관계자들과 긴 시간 논의한 끝에 어쨌든 '노력해 보겠다'며 피아노 앞으로 갔다"고『디트로이트 뉴스』는 그때 상황을 설명했다. 그는 협주곡을 연주하기로 결심했는데, 이 신문에 따르면 "유별나게 비틀고 썰룩거리는 행동은 없었지만 [그의] 연주는 거의 특징이 없었으며 굴드의 특징이라고 할 광휘는 찾아볼 수 없었다".[10]

사흘 후 글렌은 온타리오 해밀턴에서 바흐 협주곡 라(D)단조를 어니스트 맥밀런 경이 지휘하는 토론토 교향악단과 협연했다. 이번에는 확실히 만족할 만한 공연이었다.

이후 3주 동안 그는 아무 데도 출연하지 않았다. 그사이 토론토에서 독주회를 열기로 되어 있었는데, 프로그램은 바흐의 〈푸가의 기법 Die Kunst der Fuge〉에서 세 곡과 파르티타 5번, 베토벤 소나타 30번 작품 109, 그리고 힌데미트 소나타 3번으로 짜여 있어서 모두 그에게 익숙한 곡이었다. 그런데도 그는 심한 스트레스를 받아 즉각 치료받아야 할 필요성을 느꼈다. 연주회 닷새 전인 4월 11일, 그는 토론토 종합 병원에 있는 뛰어난 신경학자인 J. C. 리처드슨 박사를 찾아갔다. 리처드슨 박사는 그에게 라각틸(25밀리그램)과 세르파실(0.25밀리그램)을 처방해 주면서 식후에 한 번씩 하루 세 번, 그리고 잠들기 전에 한 번 복용하라고 했다.[11]

라각틸과 세르파실은 당시 정신적으로나 정서적으로 장애를 겪고 있는 사람을 치료하는 데 광범위하게 사용했던 약이다. 토라진으로 부르기도 했던 라각틸은 당시 불면증과 병적인 흥분 상태, 그리고 (양을 많이 쓰면) 정신 분열증에도 효과적인 치료약으로 소개된 지 얼마 안 되었을 때였다. 세르파실은 레세르핀이라고도 불렸는데, 불안 증세를 완화해 주는 강력한 효능을 지니고 있어 역시 널리 쓰이고 있었다. 이 약은 둘 다 리처드슨 박사가 처방해 준 양 이상으로 썼을 때는 좋지 않은 부작용을 보인다. 토라진은 운동 신경에 쥐가 난다거나 경련을 일으키고, 파킨슨병 같은 증상을 보일 수 있으며, 드물게는 간장염을 일으키기도 한다. 레세르핀은 혈압을 낮추는 경향이 있어서 심한 피로감과 무기력감을 느끼게 하며, 자살 충동을 일으키기도 한다. 이러한 약을 사용하는 환자는 가까이서 지켜보며 감독하는 것이 꼭 필요하다. 오늘날에는 정신 질환을 치료하는 데 안전한 방법이 많이 개발되어 이런 약은 거의 사용하지 않는다.

글렌은 연주 여행 때면 갖고 다니던 갖가지 약 속에 리처드슨 박사가 처방해 준 이 두 가지 약도 포함시켰는데, 복용 양이나 횟수를 의사가 시킨 대로 과연 잘 지켰는지는 알 길이 없다. 또한 리처드슨 박사의 처방을 받기 전에 이미 토라진이나 레세르핀을 복용한 적이 있었는지도 확인할 수가 없다. 글렌은 약 복용과 관련된 기록은 거의 남겨 놓은 게 없어서 이런 상태가 얼마 동안 계속됐는지도 알기 힘들다. 그는 보통 무대에 오르기 전이나 녹음 스튜디오로 들어가기 전에 약을 먹었으며, 매일 잠자리에 드는 것도 약에 의지해야 했다.

4월 16일 토론토에서 연 독주회와 한 달 뒤 뉴욕에서 연 독주회는 모두 잘 진행되었고, 6월에는 뉴욕 컬럼비아 스튜디오에서 베토벤 소나타를 녹음하는 데 주로 전념했다.

여름 동안에는 예년처럼 스트랫퍼드 음악 축제에 참가했다.

이번에는 첼리스트 레너드 로즈와 바이올리니스트 오스카 셤스키와 함께 축제 기간에 뉴 뮤직 프로그램의 공동 기획 책임자로 초청되었다. 이로써 굴드는 레퍼토리를 선정하는 책임과 다른 음악가의 작품 해석에 대해서도 어느 정도 권위를 내세울 수 있게 된 것이다. 그는 이따금 관현악단을 지휘하기도 했는데, 바흐의 〈브란덴부르크 협주곡〉 5번을 공연하는 모습을 찍은 영상물에서도 볼 수 있듯이, 보통 피아노를 치면서 지휘를 했다.[12]

스트랫퍼드에서는 평소 연주 여행에서 올릴 수 없었던 특이한 프로그램을 기획하거나 연주할 수도 있었다. 이후 몇 년 동안 글렌은 한 작곡가의 작품으로만 이루어진 연주회를 즐겨 기획하여 무대에 올리곤 했다. 1961년에는 리하르트 슈트라우스 연주회를 열었는데, 글렌은 셤스키와 함께 슈트라우스의 바이올린과 피아노를 위한 소나타 내림마(E플랫)장조 작품 18을 연주했고, 음악사에서 슈트라우스가 차지하고 있는 위치를 설명하는가 하면, 〈엘렉트라〉[*]와 〈카프리치오〉[**]의 한 장면을 직접 편곡

---

[*] 후고 폰 호프만슈탈Hugo von Hofmannsthal이 고대 그리스 비극 『엘렉트라』를 바탕으로 쓴 대본으로 만든 단막 오페라. 초연 당시(1909)에는 오페라라는 말 대신 단막 비극이라고 했다. 불협화음으로 표현한 복수의 극적이고 폭력적인 분위기와 슈트라우스 특유의 감성이 어우러진 이 오페라는 합창보다 관현악이 다채롭다.

[**] 슈트라우스의 마지막 오페라인 〈카프리치오Capriccio〉는 '음악을 위한 대화극' 작품 85를 가리킨다. 대본 아이디어는 슈테판 츠바이크가 제공한 것으로, 그 아이디어는 모차르트 오페라 〈극장 지배인Der Schauspieldirektor〉과 살리에리 오페라 〈음악이 먼저, 말은 그다음 Prima la musica, poi le parole〉에서 영감을 받은 것이었다. 슈트라우스는 세상을 떠난 호프만슈탈 대신 지휘자 클레멘스 크라우스(빈 출신답게 왈츠와 오스트리아 작곡가의 작품에 뛰어났다)와 함께 대본을 완성했다. 18세기 말 파리를 무대로 음악가와 시인, 극장 지배인, 배우, 가수 등이 등장하여 음악과 언어의 관계를 탐색하는 내용을 담은 작품이다. 총 12장으로 구성된 이 단막극은 1942년 뮌헨 국립 오페라 극장에서 초연되었으므로, 굴드가 공

하기도 했다. 슈트라우스의 이 약식 오페라에서 소프라노 엘렌 폴*이 노래를 불렀는데, 엘렌 폴은 글렌이 자신을 아주 따듯하게 맞아 주었다고 기억했다.

"공연이 끝나고 글렌이 제 양 볼에 입을 맞춰 주었어요. 신체 접촉을 매우 두려워한 글렌으로서는 아주 예외적인 행동이었지요. 제 남편이 정신과 의사여서 우리 사이의 우정은 무척 돈독했어요. 우리 셋이 함께 있을 때면 글렌은 늘 남편이 하는 말에 흠뻑 빠져서 계속 남편만 바라보았습니다."[13]

엘렌은 나중에 글렌과 함께 쇤베르크 가곡을 녹음하기도 했다.

1962년에는 펠릭스 멘델스존 음악을 집중 소개하는 프로그램을 마련했다. 글렌과 오스카 셈스키, 레너드 로즈가 멘델스존 삼중주 1번 라(D)단조 작품 49를 연주했으며, 글렌은 바리톤 레오폴드 시모노**의 가곡 독창회 반주도 맡았다.[14] 스트랫퍼드

---

* 연할 당시에는 아주 현대적인 작품에 속했을 것이다.

* 엘렌 폴Ellen Faull은 뉴욕 시티 오페라에서 주로 활동했다. 1947년 〈돈 조반니〉의 돈나 안나 역으로 데뷔, 현대 미국 작곡가 잭 비슨의 〈리지 보든Lizzi Borden〉의 애비게일까지 다양한 역을 소화했다. 친부와 계모를 도끼로 살해한 실제 사건을 오페라로 만든 〈리지 보든〉의 1965년 초연 무대에서 계모를 맡은 폴은 1978년 마지막 은퇴 무대도 같은 역으로 마무리했다. 독창회에서는 현대 작곡가의 작품을 자주 초연했다. 은퇴 후 맨해튼 음악 학교와 줄리아드 등에서 가르쳤다. 2008년 아흔 살에 죽을 때까지 개인 지도를 계속해 나갔다. 소프라노 신영옥과 영국 뮤지컬 스타 새라 브라이트먼, 그래미 수상자 돈 업쇼 등이 그에게 배웠다.

** 저자는 바리톤이라 했지만, 레오폴드 시모노Léopold Simoneau는 리릭 테너다. 섬세하면서도 서정적인 목소리에 표현은 담백하여 모차르트 오페라에 잘 맞았으며, 〈사랑의 묘약〉 중 '남몰래 흐르는 눈물'을 가장 잘 부른 가수로 꼽히기도 했다. 몬트리올에서 수학하고 1941년 데뷔한 그는 특히 프랑스어 레퍼토리에 강했지만, 카라얀 지휘로 슈바르츠코프와 함께 한 〈코지 판 투테〉와 비첨 지휘의 〈후궁 탈출〉 역시 명반으로 남아 있다.

에서 열리는 연례 축제는 글렌이 세계를 돌아다니는 힘든 일정에서 벗어나 긴장을 풀 수 있는 기회였다.

글렌은 지휘를 더 많이 하고 싶어 했다. 1956년 7월 9일, 스트랫퍼드에서 글렌은 쇤베르크의 〈나폴레옹 송가〉를 지휘했고, 이듬해에는 구스타프 말러의 대규모 교향곡인 2번 〈부활〉을 지휘했다.· 이 교향곡에 나오는 초자연적인 콘트랄토 독창 〈태초의 빛〉··을 맡은 가수는 모린 포레스터였다. 이 공연은 CBC에서 녹화했는데, 피아노를 치지 않고 지휘만 하는 글렌의 모습을 담은 영상 기록으로는 이것이 유일하다. 이 영상에서 글렌은 꼿꼿하게 서서 다소 긴장한 듯이 보인다. 얼굴은 말러 음악에 어울리게 고통스러운 표정을 짓고 있지만, 팔동작은 부드럽고 여유가 있다. 그러나 그의 지휘는 관현악단을 향해 밖으로 내뻗는다기보다는 지휘자 자신을 향해 팔을 안쪽으로 구부리는 묘한 동작을 보여 준다. 아마 이 때문에 어떤 관현악 주자는 박자를 잡아내기 어려웠을 것이다. 더군다나 굴드는 지휘봉도 사용하지 않았으며, 여느 지휘자들과 달리 오른손보다 왼손으로 박자를 지

---

· 굴드가 말러를 선택한 이유는, 근대 음악에 대한 관심과 더불어 말러의 영적 세계에 대한 관심 때문이기도 했다. 이 2번 교향곡은 특히 영성 가득한 작품으로 유명하다. 말러 역시 굴드처럼 예민한 감수성에 병을 극도로 두려워했으며, 생을 긍정하면서도 회의적으로 보는 모순된 면을 갖고 있었다.

·· 4악장에 나오는 알토 독창. 말러는 4악장에 '태초의 빛'이라는 제목을 적어 놓았다. 독일 민담 시집 『소년의 요술 뿔피리』 속의 시에서 따온 〈태초의 빛Urlicht〉 가사는 "인간은 고난 속에 있다. …… 나는 신에게서 나와 신에게로 돌아가야 한다. …… 신은 내게 빛을 주실 것이다. …… 영원하고 행복한 생명을 얻기까지 비춰 줄 것이다. ……"라는 내용이다. 매우 아름다운 선율로 유명하다.

시했기 때문에 더욱 어려웠을 수도 있다.[*] 어쨌든 소리의 보존 상태가 별로 좋지 않아 영상으로만 판단해 보건대, 굴드의 지휘는 흠잡을 데 없이 유연하게 연주를 이끌어 가고 있다.

피아노를 치며 지휘하든, 지휘대에 올라서서 지휘하든, 글렌이 지휘할 때마다 느낀 불만은 육체적 고통이었다. 그는 이 고통이 지휘할 때 구사하는 등과 어깨 동작이 피아노를 연주할 때의 동작과 다르기 때문이라고 생각했다. 말러를 녹화한 뒤 그는 "2주 동안 피아노 근처에도 갈 수 없었다"고 불만스러워했다. "그래서 지휘하기로 한 약속은 모두 취소해야만 했습니다. 이유는 묻지 마세요. 그에 대해서는 생각하기도 싫으니까요"[15]라고 했지만, 1958년 글렌이 매우 존경하던 지휘자 블라디미르 골슈만[**]에게 쓴 편지를 보면 그 이유에 대해 꽤 많이 생각했다는 것을 알 수 있다.

선생님께선 지금쯤 제가 지휘 활동을 잠깐 접을 거라는 소식을 틀림없이 들으셨을 겁니다. 여기[브리티시컬럼비아의 밴쿠버]에서 리

---

[*]     굴드는 왼손잡이였다. 피아노곡은 대부분 주선율을 오른손으로 연주하고 왼손은 화음으로 받쳐 주는 데 비해, 바흐 곡은 왼손과 오른손이 골고루 선율을 담당하고 있으므로, 바흐에 대한 굴드의 사랑을 왼손잡이의 특성으로 해석하는 사람도 있다. 굴드는 지휘할 때도 왼손을 많이 썼는데, 워낙 긴 손과 손가락이 (지휘봉보다 더) 도드라져 보인다.

[**]   블라디미르 골슈만Vladimir Golschmann(1893~1972)은 프랑스 출신 지휘자로, 현대 음악을 자주 초연했다. 특히 1919년 파리에서 서른 명으로 구성한 관현악단으로 '골슈만 연주회'를 열어 현대 음악을 자주 소개했다. 1920년 댜길레프의 요청으로 발레 뤼스에서 〈봄의 제전〉(1914년 초연 이후 6년 만에 파리 무대에 올랐다)을 지휘하는 등 유럽에서 활동하던 골슈만은 미국 세인트루이스 교향악단(1931~1958)과 덴버 교향악단(1964~1972)을 지휘하면서 미국과 인연을 맺었고, 결국 미국 시민이 되었다.

허설을 하던 중 근육에 이상이 생겼기 때문입니다. 피아노 공연을 앞두고 지휘를 하면 위험할 수도 있다는 것을 알았어요. …… 이 증상은 참 신기한 구석이 있습니다. 선생님을 뵙게 되면 아주 자세히 재미나게 말씀드릴게요. 어쨌든 현재로서는 [지휘자로서] 제 데뷔 무대이자 고별 무대가 되어 버린 성공적인 연주회가 끝나자마자 지휘 활동을 접게 되었으니, 음악계에 회복하기 힘든 손실이 될 거라고 확신합니다. 이성적인 대안은 피아노를 접고 지휘에 헌신하는 것일 텐데, 저는 이것도 진지하게 고려하고 있는 중입니다.[16]

1956년 컬럼비아 음반사에서는 글렌 굴드의 두 번째 음반을 발매했다. 이번에는 바흐를 연주하지 않고 베토벤으로 옮겨 갔다. 베토벤에 뒤섞인 감정을 갖고 있던 글렌은 베토벤의 마지막 세 소나타 작품 109, 110, 111을 공략하기로 결심했다. 이는 젊은 피아니스트로서는 위험한 결정이었다. 1년 전 그를 단박에 유명하게 만들어 준 〈골드베르크 변주곡〉보다 훨씬 잘 알려진 데다 세계 음악 애호가의 사랑을 받고 있는 작품이었다. 이 소나타 세 곡은 베토벤의 마지막 현악 사중주곡이나 위대한 〈합창〉 교향곡 라(D)단조 작품 125와 마찬가지로 베토벤 음악의 정점을 이루고 있는 작품이다. 베토벤의 마지막 작품들은 생의 막바지에 이른 베토벤의 위대성을 보여 주는 곡들로서, 이전 작품의 전통적인 규칙을 깨뜨리고 완전히 새로운 형식을 창조하고 있는데, 독창성이 뛰어날 뿐만 아니라 청각 상실과 사회적 소외감으로 투쟁하는 베토벤 개인의 정신세계도 담고 있다. 그래서 베토벤의 마지막 작품들은 특이하면서도 추상적이며, 대위법적이고, 때로 거친 느낌을 주기도 한다. 그러면서도 가슴을 아리게 하는 서정성과 천상의 평온함을 보여 주는 작품들이다.

소나타 30번 마(E)장조 작품 109는 글렌이 수년간 연주해 왔으며, 워싱턴 D.C.와 뉴욕 데뷔 공연에서도 연주했던 곡이지만, 마지막 두 소나타인 31번 내림가(A플랫)장조 작품 110과 소나타 32번 다(C)단조 작품 111은 대중 앞에서 연주하기 시작한 지 얼마 되지 않은 터라 글렌에게 그리 익숙한 작품이 아니었다. 그에게는 도전이 될 이 곡들을 폭발적인 성공을 거둔 바흐의 〈골드베르크 변주곡〉 음반 후속으로 낸다는 것은 한마디로 도박이었고, 결과 역시 썩 만족스럽지 않았다.

대담하고 독창적인 해석과 굉장한 활력, 그리고 전체적으로 훌륭한 연주 스타일을 담고 있는 이 음반은 듣기에 흥미롭긴 하지만, 음반을 들어 본 사람은 베토벤이 해석과 관련하여 세밀하게 지시해 놓은 사항, 특히 악장마다 분명히 지시해 놓은 템포 변화를 굴드가 무시해 버렸다는 점에 어리둥절할지도 모른다. 예를 들어, 마(E)장조 소나타 작품 109의 마지막 악장의 변주곡 부분에서 베토벤은 변주곡마다 분명히 템포에 차이를 두도록 요구했는데 굴드는 이를 깡그리 무시하고 연주했다. 그러다 보니 감정적인 대비감이 부족해져서 변주곡이 아니라 하나로 연결된 곡처럼 들린다. 이것은 충격적인 것이었다.

또 위대한 다(C)단조 소나타 작품 111은 '빠르고 힘차게, 그리고 정열적으로' 연주해야 하는 첫 악장을 엄청나게 빨리 연주하는 바람에 마치 자동 피아노를 최고 속도로 맞춰 놓은 것처럼 거의 비인간적으로 들릴 정도다. '빠르게'를 그렇게 서둘러 연주하다 보니, 피아니스트는 베토벤이 요구하는 '정열적인' 연주를 들려주지 못하고 희화화된 느낌마저 주고 있다. 명상적인 마지막 악장 '느리고 매우 소박하게, 노래하듯이'는 매우 심오한 이 악장의 성격과는 딴판으로 일종의 무심한 태도로 쾌활하게 연주하고 있다.

베토벤의 마지막 소나타 세 곡을 연주한 글렌의 음반은 당연히 많은 논란을 불러일으켰다. 평론가들은 "유치하다", "피상적이다", "많은 부분에서 받아들이기 힘들다" 그리고 "실패작"[17]이라는 말도 나왔다. 하지만 그런 음반 평은 모두 글렌이 정통적인 연주를 목표로 하지 않았다는 점, 더구나 대중을 만족시키려는 생각이 아예 없었다는 사실을 간과한 것이다. 글렌에게 음반을 만들어 내는 작업은 미지의 세계로 나아가는 즐거운 모험이라는, 순전히 개인적인 여행이었다. 그는 미리 음반을 어떻게 만들겠다는 의도도 갖고 있지 않았다. 일단 스튜디오에 들어가서 한 작품 또는 한 악장을 처음부터 끝까지 쳐 본다. 그것이 "한 번 가기"다. 그런 다음 녹음한 것을 들어 보고 실수한 부분이나 자기 맘에 들지 않아 다시 녹음해야 할 부분을 찾는다. 어떤 때는 전체를 다 연주할 때도 있고, 또 어떤 때는 만족할 만한 결과를 얻을 때까지 필요한 만큼 되풀이해 치기도 했다. 이런 과정을 글렌은 "두 번 가기", "세 번 가기" 등으로 불렀다.

그런 다음 편집 작업에 들어갔다. 다중 트랙 녹음기를 사용했으므로 믹싱해야 할 작업량이 많았다. 보통은 기획을 맡은 제작자가 하는 일이지만 글렌은 어떤 부분을 잘라 내고 새로 만든 부분으로 대치할 것인가를 지시하는 "짜맞추기 계획"을 직접 세우곤 했다. 이렇게 해서 나온 최종판은 보통 글렌이 실황 연주회에서 연주하는 것과는 완전히 다른 연주가 되어 있었다. 글렌은 여기에 한술 더 떠 음반을 듣는 사람이 전축 다이얼을 잘 돌려 맞춤으로써 녹음된 소리를 바꾸기를 기대했다. 그렇게 함으로써 글렌이 말하는 "미적인 나르시시즘"에 참여하게 된다는 것이다. "라디오와 전축을 이용하여 우리는 미적인 나르시시즘 — 이 말이 갖고 있는 뜻 중 가장 좋은 의미에서 — 의 요소를 제대로 감상하는 법을 빨리 터득하게 되며, 각자 자신의 신성함을 조용하면서도 엄숙하게 창조하는 데 눈을 뜨게 된다."[18]

글렌에게는 또 다른 형태의 나르시시즘이 있었다. 굴드는 자기애를 작곡가와 그가 연주하는 음악에 방출하는 사람이었다. 이는 단순히 자기만을 좋아하는 보통의 나르시시즘이나, 병리학적 나르시시즘인 이기적이고 자기 폐쇄적인 사랑과는 다른 예술적 나르시시즘이었다.

글렌은 제자를 받아들인 적은 없지만, 자신의 통찰력과 지혜를 세상 사람에게 보여 주고 가르쳐 주어야 한다는 사명감을 느끼곤 했다. 그럼으로써 그의 어머니가 바라던 대로 "교양 있는 사람으로서 무언가 고상하고 합당한 일, 교육적인 음악으로 좋은 일을 하게"[19] 되는 셈이었다. 이미 글렌은 쇤베르크와 그 추종자들을 위해 애써 그들의 음악을 연주하고 녹음하며, 그들에 대해 학구적인 글을 써 오면서 전도사로서 노력을 보여 주었다. 베토벤으로 말할 것 같으면, 글렌은 우상 타파적인 생각이 매우 강했다. 이에 대해서는 언젠가 책으로 출간할 계획으로, 줄 친 커다란 종이 뭉치에 적어 두곤 했다.

베토벤의 마지막 소나타 세 곡을 녹음한 음반 표지에 설명문을 쓰면서 글렌은 "시간 순서에 따라 자의적으로 매겨진 표시"는 작곡가의 "창조적인 상태"를 종종 잘게 나누어 버리기 때문에 반대한다는 입장을 분명히 하고 있다. 바로 이런 측면에서 베토벤의 마지막 작품들은 "모순된 이야기는 물론이고, 그 어떤 현대 문학보다도 오해와 몰이해를 받아 왔다"고 그는 주장한다.


조제프 드 말리아브*의 말이 그 전형적인 예라고 할 수 있다. 조제프 드 말리아브는 사중주 연구에서 〈대푸가〉 작품 133**과 〈하머클라비어〉 소나타 작품 106에 붙어 있는 마지막 푸가***는 연주하지 않

---

* 조제프 드 말리아브Joseph de Marliave(1873~1914)는 귀족 출신의 프랑스 음악학자로, 저서 『베토벤 사중주곡Les Quatuors de Beethoven』은 조지프 커먼의 『베토벤 사중주곡The Beethoven quartets』이 나오기 전까지 가장 널리 인용되던 베토벤 연구서였다. 1925년 유고집으로 출판된 이 책은 사중주곡 16곡과 〈대푸가Große Fuge〉를 분석해 놓았는데, 곡의 구성을 기술적으로 분석하기보다 주제를 중심으로 감상자 입장에서 음악 분위기와 전반적인 효과를 논했다. 말리아브는 피아니스트 마르그리트 롱의 남편이자 라벨과 포레의 친한 친구였다. 1차 대전에 함께 참전했던 라벨이 죽은 전우에게 바친 피아노 모음곡 〈쿠프랭의 무덤〉 중 마지막 토카타 부분은 전사한 말리아브 대위에게 헌정한 것으로, 마르그리트 롱이 초연하고 2년간 피아노 연주를 중단한 바 있다.
** 〈대푸가〉는 현악 사중주 13번 작품 130의 피날레 부분으로 작곡한 것을 베토벤이 죽기 직전 별도의 작품으로 개작하고 본 작품의 피날레는 새로 써 넣었다. 베토벤은 만년에 푸가를 좋아했는데, 그 가운데 〈대푸가〉는 가장 뛰어난 작품이면서도 당시의 현악 사중주곡 형식에서 벗어난 난해한 곡이다. 이를 네 손을 위한 피아노곡으로 만든 작품 134도 있다.
*** 소나타 29번은 베토벤이 당시 피아노를 일컫는 이탈리아어 '피아노포르테' 대신 독일어

304

는 것이 낫다고 했다. …… 말리아브가 말한 "내밀하면서도 관조적으로 귀에 다가가는 방식"은 이 작품들을 음악적인 분석보다는 철학적인 해석을 기반으로 접근했다는 것을 보여 준다. 이 가설에 따르면, 베토벤은 불협화음 효과를 계속 쌓아 가고 있는 형상이므로 기술적으로 아무리 기가 막히게 구성되어 있다 해도 짜증 나게 음을 마구 쓴다는 인상을 지울 수 없게 된다. 이런 부조리한 말을 아찔할 정도로 심하게 해 댄 몇몇 현대 소설가가 있는데, 특히 눈에 띄게 그러한 짓을 했던 이는 토마스 만*과 올더스 헉슬리**다.[20]

글렌의 의견으로는, 베토벤의 이 마지막 세 소나타는 "대담한 여행자의 일정 가운데 들어가 있는, 짧지만 목가적인 휴식이라

---

'하머클라비어'를 사용해서 '하머클라비어 대大소나타Große Sonate für das Hammerklavier'라고 써 놓았기 때문에 '하머클라비어'라는 별명을 얻었다. 베토벤은 28번 소나타에도 'für das Hammerklavier'를 썼지만 오늘날 〈하머클라비어〉 소타나는 29번만 가리키게 되었다. 피아노라는 악기의 한계를 시험하는 듯한 이 소나타의 4악장 도입부 마지막에 긴 푸가가 등장한다.

• 토마스 만은 소설 『파우스트 박사』에서 말년의 베토벤을 "영적인 영역의 고독한 왕자"라 칭했다. 소설의 주인공 아드리안은 음악가로 악마와 계약을 맺고 창조력을 발휘하는 대신 사랑하는 사람을 잃는 고통을 겪는다. 아드리안을 쇤베르크로 보는 사람도 있고(쇤베르크는 아드리안이 12음 기법을 개발하는 장면에서 자신의 동의를 구하지 않았다고 항의했다), 창녀에 홀려 매독에 걸려 미친다는 점에서 니체를 떠올리는 사람도 있다.

•• 영국 소설가 헉슬리가 1929년 발표한 『연애 대위법Point Counter point』은 주인공 위주의 서사가 아니라 모든 인물이 음악의 한 성부 또는 한 악기가 되어 화음을 이루는 것처럼 각자의 삶을 보여 주는 형식이다. 작가 자신을 대변하는 필립 퀄스와 D. H. 로런스를 모델로 했다는 화가 램피언, 그리고 허무주의자 악당 스팬드렐 등이 20세기 초반 유럽 사회의 혼돈을 드러낸다. 종교와 과학, 자본가와 노동자, 예술가와 난봉꾼의 삶이 부딪친다. 후반부 스팬드렐이 죽기 전 램피언에게 베토벤 현악 사중주 15번 3악장을 자세히 묘사하는 부분이 나온다. 스팬드렐에 따르면 그 3악장은 베토벤이 장 질환에서 오래 고생하다 회복해 신에게 감사하는 마음으로 완성한 것으로, "신과 영혼, 선함과 같은 것을 증명해 보인다".

고 할 수 있다. 어쩌면 이 작품들에 분명히 나타나 있다고 믿는 비극적인 종말의 비밀이 꼭 드러나 있는 게 아닐 수도 있다."[21] 글렌은 일찍이 한 번도 들어 본 적이 없는 방법으로 베토벤을 해석해 사람들에게 들려주는 것을 자신의 임무로 여겼다.

살아 있는 작곡가인 오스카 모라웨츠에게 이미 그의 음악이 어떻게 연주되어야 하는지 작곡가보다 더 잘 알고 있다고 말했던 글렌은 이번에는 과거의 영웅들과 한판 결투를 벌일 준비를 하고 있었다. 하지만 그의 오디오 음반만으로는 베토벤이나 다른 작곡가의 작품을 그가 어떻게 해석했는지, 또는 어떻게 잘못 해석했는지 충분히 알 수 없다. 그러나 이제 비디오테이프 카세트나 레이저 디스크로 발매되는 그의 비디오 녹음을 보면 좀 더 구체적으로 파악할 수 있다.

예를 들어 〈템페스트〉로 불리는 베토벤 소나타 17번 라(D) 단조 작품 31의 2를 녹음한 두 비디오를 보면 서로 완전히 다르게 연주하고 있는 것을 볼 수 있다. 하나는 1960년에 찍은 것으로, 연주하는 글렌의 몸은 요동을 치며 팔은 날아다닐 정도로 생동감 있는 드라마틱한 연주다. 또 다른 연주는 글렌이 대중 앞에서 연주를 그만둔 뒤인 1966년에 찍은 것인데, 몸동작이 훨씬 줄어든 것을 볼 수 있다. 이 연주에 걸린 시간은 21분 12초로, 1960년 연주보다 거의 4분 정도 더 길어졌다. 2악장만 해도 1966년판은 9분 18초가량 걸리는 데 반해 1960년판은 6분 48초로, 2분 30초 정도 차이가 난다. 두 번째 녹음이 첫 번째 것보다 속도가 빠른 것은 마지막 악장뿐이다.

글렌이 연주 활동을 하면서 어느 시기에 연주했느냐에 따라 해석이 달라지는 경우는 또 있다. 그러니 그가 한 작품을 재녹음한 경우가 거의 없다는 것은 참으로 애석한 일이라고 할 수 있다. 오디오 음반으로 글렌 굴드가 연주하는 것을 들어 보면, 특히 모차르트와 베토벤 소나타, 심지어 몇몇 바흐 작품까지도 인위적이고 불성실하게 들릴 수 있다. 어떤 작품 또는 악절을 어떻게 연주해야 한다는 글렌 나름의 신념과 임무에 대해 잘 알지 못하는 사람의 귀에는 그렇게 들릴 수 있다는 말이다. 그의 뛰어난 연주를 제대로 잘 감상하려면 비디오테이프나 레이저 디스크로 음악과 함께 황홀경으로 치닫는 그의 모습을 봐야 한다. 그럴 때 피아니스트와 작곡가, 그리고 건반은 마술처럼 일체가 되어 굴드가 연주하는 음악은 거의 종교적이라고 할 수 있는 신비로운 차원의 영적인 아름다움을 주는 듯하다.

굴드의 전형적인 피아노 연주 자세. 입으로 노래하면서, 낮은 접이식 의자에 앉아 등을 구부린 '나쁜' 자세로 연주했던 그는 평생 등의 통증으로 고생했다. 1955년 사진.

어니스트 맥밀런 경의 지휘로 바흐의 협주곡 라(D)단조를 연주하는 굴드.
연주하다 황홀경에 빠지면 그의 연주는 성공이었다.

# 13
# 전화벨은 울리고

내가 글렌을 샌프란시스코에서 만났던 1957년, 그는 명석하고 재치 넘치며 자신만만하면서도 남들이 예상하지 못하는 일을 벌이려는 장난스러운 욕구로 가득 차 있었다. 요컨대 그는 내가 만나 본 음악가 가운데 가장 특이한 인물로서 나를 매료시켰다. 한편 글렌은 자신보다 나이가 많으면서 자기처럼 음악에 열정을 지니고 있고, 또 기꺼이 보통 이상의 관심을 자기에게 쏟아 주는 나에게 끌린 듯이 보였다. 그는 거의 쉴 새 없이 말을 했고, 스스로 느끼고 있는 자신에 대한 감탄을 그대로 반영하여 표현해 줄 누군가를 필요로 했다. 그는 나를 높이 평가했는데, 눈길을 끄는 그의 증상을 내가 잘 알고 있으며 객관적으로 반응할 수 있는 의사이기 때문이었다. 나는 나대로 내 친구들과 함께 음악을 연주하자고 제안할 정도로 그가 열정적이라는 사실을 높이 평가했다.

그러나 나는 그가 그토록 많은 말을 하면서도 어디까지나 음악 얘기만 한다는 사실을 처음부터 눈치챘다. 육체적인 고통을 하소연하는 것조차도 자신의 음악 활동과 이런저런 연관이 있기 때문이었다. 개인적인 성격을 보여 줄 만한 무언가를 얘기하거나, 가까운 사람에 대한 이야기도 거의 없었다. 자신을 도와줄 정신과 의사와 얼마 전에 만났다는 말도 하지 않았으므로, 나는 글렌이 어린 시절과 사춘기 동안 견뎌야 했던 스트레스에 대해 아는 바가 전혀 없었다는 사실을 다시 한번 강조하고 싶다. 그래서 글렌이 자신에 대해 말해 주고자 하는 것은 무엇이든 내겐 다 새로운 이야기였고, 나를 감질나게 만들기도 했다.

우리가 처음 만난 뒤인 1957년 4월 어느 날, 글렌은 토론토에서 장거리 전화를 걸어왔다. 나는 그의 전화를 받아 반갑기도 했고 좀 놀라기도 했다. 우리의 대화는 대략 다음과 같은 식으로 흘러갔다.

"안녕, 피터, 나 글렌이야."

"아니, 웬일이야!"

"내가 뉴욕에서 방금 녹음을 끝마친 멋진 새 테이프 좀 들어 보라고 전화했지. 들어 보고 자네 생각을 말해 주게. 지난 1월 뉴욕 필하모닉과 처음 협연했을 때 연주했던 베토벤 협주곡이야. 내림나(B플랫)장조 작품* 말이야. 베토벤이 혐오스럽게도 영

---

\* 베토벤 협주곡 2번을 가리킨다. 1번보다 작은 규모의 관현악으로 편성된 이 작품은 협주곡의 화려함보다는 단아하고 우아하며 명쾌한 구성을 지니고 있다. 그러나 베토벤 특유의

웅적이고 화려한 작품을 만들어 내기 이전에 쓴 초기작이지."

"아, 그래, 그때 샌프란시스코에서 내게 뉴욕 공연을 할 거라고 말했던 게 생각나네."

"레너드 번스타인이 지휘자였어. 우리는 지금 컬럼비아 교향악단과 함께 바흐의 라(D)단조와 이 협주곡을 녹음하고 있는 중이라네."

내가 다른 말을 꺼낼 사이도 없이, 글렌은 독백으로 들어갔다. 그는 분명히 자기 나름대로 하고 싶은 말이 있었던 것이다. 먼저 그는 '레니'에 대해 말하고 싶어 했다. 번스타인 집에서 있었던 파티 얘기부터 꺼냈는데, 레니는 피아노에 앉아 손님을 맞아들이면서 글렌더러 네 손 연주곡을 함께 치자고 권했다는 것이다.

"난 정말로 그러고 싶지 않았지. 방 안은 사람으로 가득 찼고, 내가 견딜 수 없을 정도로 붐벼서 진작부터 속이 울렁거릴 정도였다네. 그런데 레니는 막무가내여서 자꾸 자기 곁에 앉으라는 거야. 네 손을 위한 모차르트 소나타 중 하나를 악보대 위에 올려놓고서는 윗부분을 치고 싶은지, 아랫부분을 치고 싶은지 내게 묻더군. 나는 양쪽 다 알고 있었기 때문에 그런 건 아무런 문제도 아니었지. 어렸을 때 선생님과 다 쳐 봤거든. 그래서 그가 윗부분을 맡아 함께 연주를 시작했지. 그런데 곧 내 손가락이 젤리 같은 느낌이 들기 시작하는 거야. 평소처럼 손에 닿는 감각이 정확하게 나오지 않더라고."

---

대조적인 성격과 격렬함도 담고 있다. 베토벤 협주곡 가운데 가장 인기가 적은 이 곡을 선택한 것이 굴드답다.

글렌은 도대체 웬일인가 의아하게 생각하다가, 그날 초저녁에 알코올이 든 음료 반 잔을 마셨다는 사실을 기억해 냈다.

"곧 너무 아파서 연주를 그만둘 수밖에 없었다네. 레니는 개의치 않는 태도더군. 그와 함께 모차르트를 끝낼 수 있는 다른 피아니스트가 많이 있었으니까. 그래서 나는 호텔로 돌아와 다시는 피아노 치기 전에 알코올이 들어간 것은 절대로 마시지 않겠다고 맹세했지."

나는 이 서글픈 고백을 들으면서 글렌이 일대일로 얼굴을 맞대고 대화할 때보다 전화로 얘기할 때 자신을 더 솔직하게 드러낸다는 사실을 깨달았다. 전화로는 서로 볼 수 없기에 육체적인 접촉이 불가능하므로 이런 당혹스러운 일화마저 터놓고 얘기할 수 있었던 것일까?

그는 번스타인과 관련된 독백을 계속 이어 나갔다. 베토벤 협주곡을 연습하는 동안 마찰이 좀 있었다고 했다.

"레니는 그 작품을 정말로 썩 잘 이해하는 편은 아니었어. 사실 녹음할 준비가 되어 있다고는 볼 수 없었지."

그럼에도 두 사람은 녹음 작업을 해 나가기로 했고, 녹음 스튜디오에서 '두 번 가기'의 기적 덕택에 벌써 원본 테이프가 나오게 됐다는 것이다. 글렌은 전화로 그 테이프 중 하나를 내게 들려주고 싶다고 했다. 이때 샌프란시스코의 시간은 자정을 지나 있었지만(토론토는 새벽 세 시였다), 나는 좋다고 답했다. 내가 들은 음악은 실로 눈부셨다. 도입부 주제가 스타카토 스타일로 도전적으로 나온 다음 곧이어 서정적인 악구가 매력적으로 이어지면서 뒤섞이는 피아노 연주는 굉장했다. 느린 악장은 실로 감동적이었고 풍부한 표현력이 돋보였으며, 마지막 론도 악장은 재기로 반짝였다. 이 녹음 연주에서 글렌은 건반을 완벽하게 장악하고 있으며, 번스타인은 관현악단을 자유자재로 이끌어 가고 있었다.

정말로 훌륭한 연주고 마음에 든다는 나의 소감을 글렌에게 말하기도 전에 글렌은 내게 같은 협주곡을 다르게 연주한 것을 들어 보라고 했다.

"피터, '두 번 가기'에서는 독주자와 관현악단 사이의 균형이 더 잘 이루어진 것 같아. 특히 느린 악장에서 말이야. 자네는 어떻게 생각할지?"

내가 뭐라 대답하기도 전에 그는 테이프를 틀기 시작했다. 사실 나는 두 녹음 사이에 큰 차이점을 발견하지는 못했다. 둘 다 지극히 훌륭한 연주였다. 그러나 그때쯤엔 이미 쓰러질 정도로 피곤하여 나는 간간이 졸았다. 그 사실을 글렌은 눈치채지 못했지만, 아마 누구라도 짐작할 수 있을 것이다. 이 긴 통화가 언제 끝났는지 나는 정확히 기억하지 못한다. 적어도 두 번째 테이프가 끝나고 한 시간 이상 지난 다음에야 겨우 글렌은 수화기를 놓았다. 나는 무슨 말을 했는지 하나도 기억이 안 난다. 그가 얘기한 시간으로 판단해 보건대, 전화는 피아노 다음으로 그가 좋아하는 도구인 게 분명했다.

나는 글렌이 레너드 번스타인과 함께 작업한다는 사실에 흥미를 느꼈다. 두 음악가는 서로에게 최상의 것을 끌어내는 듯했다. 둘 다 신동 출신으로 자아가 엄청나게 강하고 자아도취적 성격을 지니고 있는 데다 다른 사람이 자기 명령에 따르기를 원하며 음악에 대한 헌신성을 공유하고 있었다. 또한 둘 다 여러 가지 이력을 추구하며 갈등을 겪고 있었다. 두 사람 다 뛰어난 피아니스트로서 지휘자는 물론 작곡가도 되고 싶어 했다. 그러나 레니는 글렌보다 한결 외향적인 성격이었다. 그는 대중과 박수를 사랑했고, 다른 음악가들과 편하게 사귀는 요령도 알고 있었다. 또 아무런 거리낌 없이 음악 강연을 진행하기도 했다.[1]

이에 비해 글렌은 훨씬 수줍고 예민한 내성적인 사람이었다. 그는 대중을 겨우 견뎌 내면서 교육자로서 자신의 야망을 이루기 위해 힘겹게 싸워야만 했다. 레니는 텔레비전 카메라 앞에서 자유롭게 얘기하는 반면, 글렌은 자신이 외워야 할 대본을 준비하기 위해 힘들게 일해야 했다. 또 하나 눈에 띄는 차이점은 레니는 성적으로 자유로운 사람이었다는 점이다. 그는 친구나 동료 음악가들과 공공연히 껴안고 키스하길 좋아했으며, 여자는 물론이고 남자들과도 성적으로 내밀한 관계를 즐겼다. 이런 행동은 감정 표현을 좀처럼 하지 않는 청교도적인 글렌에게는 심히 불쾌한 행동이었다.

그럼에도 글렌은 레니를 친구 삼고 싶어 했다. 처음으로 함께 공연한 뒤, 글렌은 "친애하는 선생님에게" 따뜻한 편지를 써 보냈다.

"집으로 돌아오신 것을 환영합니다! 카리브의 태양이 허리 디스크(또는 그 어떤 것이든)에 좋은 효과를 가져왔으리라고 믿습

314

니다." 그는 계속해서 오토 클렘페러*도 "높은 의자"를 사용했다는 사실을 언급하며 레니에게 지휘할 때 "높은 의자"를 사용해 보라고 권했다. "특별히 디자인한 의자는 미국 대중도 좋아할 거라고 개인적으로 장담할 수 있습니다. 다음에 한번 그런 식으로 함께 협주곡을 해 봐야 해요! …… 선생님과 함께 연주할 수 있어서 정말 즐거웠습니다."[2]

레니는 레니대로 굴드를 무척이나 좋아했던 걸로 보인다. 그는 굴드의 열광적인 연주를 격찬하며 "모처럼 만난 위대한 음악가"[3]라고 했다. 여기에는 성적인 매력도 한몫했을 것이다. 아마도 레니는 밝은 머리칼을 지닌 이 날씬한 젊은 피아니스트가 단추를 목 위까지 꽉 채운 정숙한 몸가짐에도 불구하고 에로틱한 매력이 넘친다는 사실을 발견했을 것이다. 젊은 시절 글렌은 눈에 띄는 미남이었다. 1957년 1월, 베토벤 협주곡 2번을 공연한 뒤 글렌을 위해 베푼 번스타인의 파티에서(이 파티가 글렌이 내게 전화로 말한 그 파티였는지도 모르겠다) 지휘자는 갑자기 이런 말

---

•   베토벤이 직접 지휘하는 것 같다는 평을 들을 정도로 베토벤에 정통했던 지휘자 오토 클렘페러Otto Klemperer는 평생 갖가지 병과 사고를 겪었지만 그때마다 기적적으로 일어났다. 양극성 장애에 시달렸으며 라이프치히 연주장 무대 난간에 기댔다가 떨어져 두통과 균형 장애가 일어났고, 이를 고치려 미국에서 뇌 수술을 한 뒤 오른쪽 마비가 와 얼굴 반쪽이 뒤틀렸다. 예순여섯 살이던 1951년 가을에는 몬트리올 공항에서 유럽행 비행기에 오르려다 얼음에 미끄러져 엉덩이가 부러지는 사고를 당해 무려 여덟 달을 캐나다 병원에서 지냈고, 4년이 지나서야 수술할 수 있었다. 또 호텔 침대에서 담배를 피우다 잠들어 침대보에 불이 붙었는데 하필 장뇌樟腦를 알코올에 녹인 약용 액체를 들이부어 불이 번지는 바람에 심한 화상을 입어 몇 달 동안 생사를 넘나들다 겨우 회복하기도 했다. 그 뒤에도 넘어져 다시 엉덩이가 골절됐다. 굴드가 편지에 쓴 의자 이야기는 공항에서 넘어진 이후 한동안 의자에 앉아 지휘했던 것과 관련이 있는 듯하다.

을 불쑥 내뱉었다.

"자네가 카덴차* 부분을 얼마나 아름답게 연주했는지, 하마터면 바지에 사정할 뻔했어."[4]

글렌의 팬 가운데 여자는 물론이고, 남자 역시 그의 연주에서 '섹시함'을 느끼곤 했다. 글렌이 연주를 하며 상체를 흔들고 손을 들어 갖가지 표현을 담아낼 때 특히 그랬다. 그러한 평을 받으면 글렌은 좀 창피스러워했다. 미적인 것을 에로틱한 것과 연결시키는 걸 그는 좋아하지 않았다. 그러나 1959년과 1960년 브람스 간주곡을 녹음한 그는 자신의 연주가 "브람스 해석 중 가장 섹시한 것"이라고 묘사하기도 했다.[5]

한번은 번스타인의 아파트에서 레니의 아내인 펠리시아가 글렌의 머리를 빗기고 감겨 준 다음 자르고 손질까지 해 준 적이 있었다. 번스타인은 그 순간을 다음과 같이 기억했다.**

"블론드에 가까운 그런 머리카락은 본 적이 없을 정도로 아름다웠으며, 빛이 나서 마치 후광을 지니고 있는 것 같았다. 글렌은 빛을 내뿜는 대천사 같은 얼굴로 나왔다. 아내가 글렌의 머리를 만진 것은 정말 보기 좋았으며, 글렌이 기꺼이 아내의 손길을 받아들인 것 역시 멋진 일로서, 그 결과는 소름 끼칠 정도로 아름다웠다."[6]

---

* 베토벤 2번 협주곡에는 카덴차가 첫 악장에 단 한 번 나온다.
** 글렌 굴드는 자신의 몸을 가꾸는 데 신경을 전혀 쓰지 않는 사람이었다. 옷도 지저분하게 입고 다녔으며, 머리도 잘 감지 않았다고 한다. 다른 사람이 자기 몸 만지는 걸 극도로 싫어한 글렌이 머리 손질을 허락한 것은 예외적이라 할 수 있다.

일주일 후 글렌이 다시 전화했다. 이번에는 앞으로 나올 베토벤 협주곡 음반 표지에 실릴 설명문을 들어 보라고 했다. 그는 초고를 몇 개나 써 놓았는데 그걸 다 읽어 줄 테니, 어느 것이 가장 좋은지 결정하도록 도와달라고 했다. 설명문 안에 들어가 있는 음악적인 인용 부분은 전화로 노래 불러 주었다.

베토벤 피아노 협주곡 2번의 도입 부분 악보

설명문은 결국 다음과 같았다.

이 도입부에 고전적인 협주곡 알레그로 특유의 이중적 성격의 주제가 등장한다. 악보 1의 군대 기상나팔(뒤집어 놓은 만하임 불꽃)* 같은 소리는 교향곡적 장대함을 알맞게 이끌어 내면서 1A와 같이 미묘하게 변형되었다가 곧이어 나오는 서정적 동기와 균형을 이루게 된다. 저돌적이면서도 한편 망설이는 듯하고, 힘찼다가 또한 호소하는 듯이 연주가 진행되는데, 이는 이 협주곡의 근간을 이루는 구상이기도 하다.[7]

---

* 18세기 중반 만하임 학파 작곡가들은 대규모 관현악곡 형식을 시도하며 매우 역동적이고 정열적인 스타일을 만들었다. 만하임 불꽃Mannheim skyrocket은 매우 빠르게 올라가는 선율과 연주 방식을 가리킨다.

나는 협주곡의 음악 구성을 꿰뚫어 보는 그의 통찰력과 훌륭한 글솜씨를 칭찬해 주었다. 하지만 그 글에는 내가 동의할 수 없는 부분도 있음을 짚고 넘어가지 않을 수 없었다. 예를 들어 글렌은 처음부터 다음과 같이 주장하고 나선다. "내림나(B플랫)장조 협주곡은 의심할 바 없이 베토벤의 관현악 작품 가운데 가장 부당한 대접을 받고 있다. 아주 최근까지 이 작품은 호기심으로 간간이 연주되었을 뿐 아직도 제대로 된 평가를 받지 못하고 있다."[8]

"그건 좀 과장된 것 같아. 꼭 그렇지 않을 수도 있어"라고 나는 말했다. "내림나(B플랫)장조 피아노 협주곡보다 더 낮게 평가되고 덜 연주되는 다른 관현악 작품도 많아. 예를 들면 〈스테판왕King Stephan〉 서곡이라든지 피아노와 합창, 관현악을 위한 환상곡도 그렇잖아."

내 말에 글렌은 발끈하며 반박하기 시작했다.

"아니, 피터, 나는 베토벤의 초기 작품을 주로 말하고 있는 거야. 나는 초기 작품을 특히 좋아하거든. 자네가 말한 작품은 베토벤의 후기 작품들인데, 후기작 대부분은 꼭 좋지 않다고 말할 수는 없어도 내가 보기엔 의문의 여지가 많아. 환상곡은 베토벤의 합창 교향곡 〈환희의 송가〉를 안이하게 개작한 것일 뿐이야. 내 마음에 진짜 안 드는 작품이지. 또 〈스테판왕〉은 생애 마지막에 나온 무용지물로 고려해 볼 가치조차 없는 거야."

나는 글렌의 추론이 나의 반론에 대한 답변이 되지 않으며, 단지 그가 특별히 이 피아노 협주곡에 유별난 가치를 두고 있다는 인상을 줄 뿐이라고 응수했다. 이에 글렌은 다음과 같이 설명했다.

"내가 하고 싶은 말은, 이 협주곡은 '부당하게' 피해를 보고 있다는 거야. 자네가 언급한 그 과장된 작품들이 무시되는 것은 절대적으로 정당한 대접인 데 반해서 말이지."

글렌은 이미 마음을 굳힌 상태였으므로 베토벤에 관한 그 글의 정확성에 대해 내 의견이 정말로 필요했던 것은 아니었다.

그러나 그 뒤로도 전화는 계속 걸려 왔다. 전화는 어김없이 밤에만 걸려 왔는데, 밤은 글렌이 가장 생생하게 일하는 시간이었다. 깨어 있는 밤 시간 동안 자신이 믿고 좋아하는 사람에게 전화 거는 것이 그의 습관이었다. 그의 전화를 받는 사람은 그의 포로가 되어 듣고 있을 수밖에 없었다. 전화 속 청중은 그가 군중 속에서 맛보았던 공포와는 정반대로 일대일의 편안함을 제공해 주는 존재였다. 그는 자기 기분에 따라 이 장거리 음성 접촉을 시작하고 끝냄으로써 절대적인 통제권을 발휘할 수 있었다.

그는 다른 사람이 잠을 자야 한다거나 전화를 받고 싶어 하지 않을 줄은 전혀 고려하지 못했다. "자네 지금 바쁜가?"라든지 "전화 받기 괜찮은가?"라는 질문은 결코 하는 법이 없었다. 그러면서도 다른 사람이 그에게 직접 전화하는 것은 허락하지 않았다. 그에게 연락하면 항상 자동 응답기가 돌아가거나 다른 사람이 받아서 전해 준 뒤 그가 괜찮을 때 전화를 해 주는 식이었다.

이렇게 밤에 전화 거는 것으로 글렌은 일상생활에서는 존재하지 않는 교우 관계를 유지해 나갔다. 전화로 이야기하는 주제는 토론하기 편한 것에 국한했다. 그의 일상이자 감정적으로도 중립적인 주제라고 할 수 있는 자신의 음악 활동 이야기를 주로 했다. 그는 또한 전화로 농담을 하거나 다른 사람을 흉내 내기도 하고, 스무고개 같은 수수께끼 놀이도 하길 좋아했다. 골치 아프거나 혼란스러운 주제는 보통 삼가는 편이었다. 예컨대, 그 무렵 베토벤 협주곡 2번을 조지 셀°이 지휘하는 클리블랜드 오케스트라와 함께 연습하면서 일어났던 불미스러운 사건에 대해서는 어떠한 말도 하지 않았다. 나는 이 일을 몇 년이 지난 뒤에야 알게 됐다.

수준 높은 음악가이자 연주자들에게 엄격한 규율을 요구하는 조지 셀은 권위주의적 태도와 거친 풍자로도 유명한 사람이었다. 굴드와 베토벤 협주곡을 준비하면서 이 지휘자는 독주자가 피아노 의자를 조절하고 피아노 다리 밑에 나무 받침대를 놓기 위해 목수를 고용하느라 시간을 소비하는 데 분명히 화가 났을

---

* 1897년 헝가리 태생의 조지 셀George Szell(Széll György셀 죄르지)은 피아노 신동으로 열한 살 때부터 유럽을 돌며 연주회를 열었는데, 때로 지휘도 겸해서 '차세대 모차르트'라 불리기도 했다. 열여섯 살(열일곱 살이란 설도 있다)엔 팔을 다친 지휘자 대신 빈 교향악단을 지휘하기도 했다. 2년 뒤인 1915년 리하르트 슈트라우스가 그를 베를린 국립 오페라에서 일하도록 했고, 서른이 되기도 전에 제1 지휘자가 되었다. 프라하 독일 극장(1930~1937)과 영국에서도 지휘했다. 그의 이력은 선배 오토 클렘페러가 오페라 무대를 이끌던 행보와 겹쳐, 클렘페러가 지휘한 곳에 조지 셀이 찾아온다는 말이 있을 정도였다. 그러나 미국보다 유럽을 택한 클렘페러와 달리 셀은 1939년 미국에 건너간 뒤 클리블랜드 관현악단을 오랫동안(1946~1970) 이끌면서 이 관현악단의 수준을 올려놓았다. 피아니스트 출신이어서인지 모르겠지만, 셀은 클리블랜드 시절 피아니스트와 협연할 때 피아니스트의 연주가 마음에 안 들면 가끔 자기가 시범을 보이면서 이렇게 연주해야 한다는 '무례한' 주문을 했다고 한다.

것이다. 성미 급한 이 지휘자가 글렌에게 무슨 말을 했는지는 사람들 사이에서 다만 추측으로만 남아 있었는데, 『타임』지의 한 기자가 나중에 이를 밝히는 기사를 썼다. 셀이 한 말은 "미스터 굴드, 내가 자네 엉덩이를 0.1센티미터만 잘라 낸다면 아마 우린 시작할 수 있을 걸세"였다.[9]

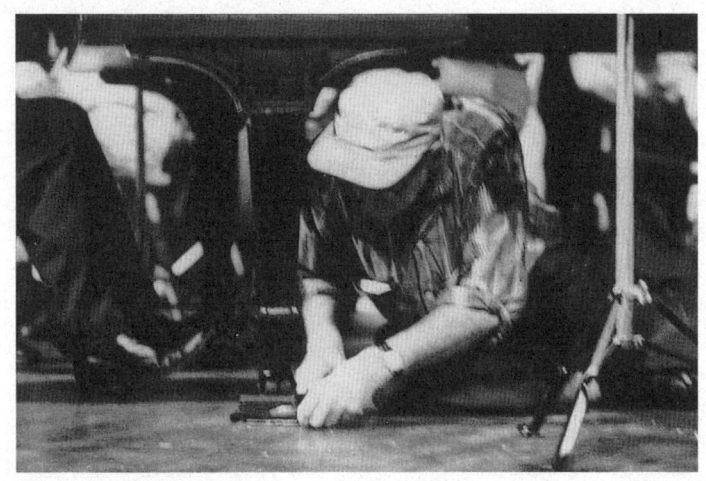

굴드가 연주할 피아노는 다리 밑에 나무 받침대를 대어 피아노를 높여야 했다.
굴드의 의자는 낮고 피아노는 높으니, 그의 팔은 피아노 건반과 평행을 이루었다.

# 14
# 해외 연주 여행


1957년 4월, 글렌은 나와 두 번이나 긴 통화를 하면서도 그 무렵
세심하게 준비해 온 5월의 연주 여행 이야기는 한마디도 하지
않았다. 그는 모스크바와 상트페테르부르크(당시 레닌그라드),
베를린과 빈에서 연주회를 가질 예정이었다. 모든 것을 잘 정리
하는 글렌의 머리에서 이 주제는 나와 의논할 사항이 아닌 쪽으
로 분류됐던 모양이다(이듬해 유럽 연주 여행 도중 병이 나서 연주
회를 취소하게 됐을 때야 겨우 나에게도 터놓고 얘기하기 시작했다).*
5월 연주 여행을 앞두고 그는 걱정을 많이 했고, 떠나기 전에는

---

* 글렌에겐 아주 큰 일에 속하는 이 연주 여행을 (그 일정을 모르는 친구에게) 미리 언급하
지 않은 것은 글렌다운 처사로 보인다. 외향적인 사람이라면 자랑삼아 소식을 전하며 기쁨
을 나눌 수도 있었겠지만, 내향적인 글렌 성격상 중대한 일을 두고 미리 입에 올리는 걸 미
신적으로 싫어했을 듯하다.

극도로 초조해했다. 글렌은 포드 부인이라는 이에게 보낸 편지에서 "독한 감기에 완전히 녹초가 됐습니다…… 금요일 밤 연주회는 취소할 수밖에 없었어요…… 부인께서 시리얼과 기타 여러 가지에 대해 모스크바로 편지를 보내셨다니 얼마나 안심이 되는지요. 슈레디드 윗*을 먹을 때마다 부인을 기억하게 될 겁니다"[1]라고 썼다.

또한 그해 초 샌프란시스코에서 갑작스레 불안감에 휩싸였을 때 내가 소개했던 의사 허버트 모핏 주니어에게 글렌은 4월 16일 다음과 같은 편지를 썼다.

"봉투를 여기 동봉하오니, 선생님께서 전에 제게 주셨던 안정제인 작은 노란 알약을 처방해 보내 주시면 감사하겠습니다. …… 이 알약은 매우 효과가 좋았다는 말씀을 드리게 되어 무척 기쁩니다. 다음 주 유럽에 갈 때 가지고 갔으면 좋겠습니다."[2]

그 이튿날 글렌은 퀘벡의 한 여인에게 편지를 썼다.

"2주 뒤면 러시아로 떠납니다…… 내 배가 러시아 음식을 견뎌 낼 수만 있다면 멋진 시간을 보낼 수 있으리라고 생각합니다."[3]

음식을 먹다가 사람들 앞에서 토하거나 모스크바 주재 캐나다 대사관에서 창피를 당하지 않을까 하는 두려운 마음을 우선 당장 눌러야 했다. 다른 정신적인 문제도 마찬가지였다. 비행기가 충돌해 죽게 되지 않을까 하는 공포에 자주 사로잡히는 비행

---

* 슈레디드 윗Shredded Wheat은 아침 식사용 시리얼 제품으로, 세끼 모두 이걸로 먹으면 신체 활동이 좋아진다는 광고로 유명하다.

기 공포증에다 오래된 군중 혐오증도 있었지만, 음악 전통이 유수한 유럽 대도시에서 연주하게 된 것은 뿌리치기 힘든 기회였다. 게다가 월터 홈버거는 이 연주 여행을 주선하느라 열심히 노력했고, 함께 갈 계획도 가지고 있었다. 광휘와 명성, 명예와 돈이 모두 걸린 여행이었다.

1957년 소련 지도자들은 4년 전 독재자 이오시프 스탈린이 죽은 뒤로 캐나다와 관계를 개선하기 위해 노력하고 있었다. 소련의 새 체제는 캐나다가 영국령으로 남아 있는 것에 불만스러워하며 미국과 협력 관계를 강화할 계획이라는 것을 잘 알고 있었다. 서방과 교역을 촉진하며 문화 교류를 해 나가기 위해서는 철의 장막을 조금 열 때가 된 것이었다. 이듬해에는 모스크바에서 음악 축제를 열자는 논의까지 있었다. 앞으로 세계 예술가들이 정규적으로 차이콥스키 콩쿠르*에 참가하여 연주하고 상을 받을 수 있도록 할 터였다. 그러므로 굴드는 일종의 문화 사절이었던 셈이다. 그는 북미에서는 처음으로 모스크바에 초청되어 공연하게 된 클래식 음악가가 됐는데, 캐나다인이라는 점이 큰 자산이 되었다. 굴드와 비교할 만한 미국 피아니스트들도 소련에서 연주하게 되었다면 무척 기뻐했을 테지만, 미국 피아니스트가 소련에서 공연하는 것은 아직 불가능했다.

---

* 차이콥스키를 기념하여 4년마다 모스크바에서 열리는 음악 경연 대회. 굴드가 모스크바에 입성한 이듬해인 1958년 5월 16일 처음 열렸다. 처음에는 피아노와 바이올린 부분만 있었으나 이후 첼로와 성악 부분도 마련했다. 2019년에는 목관과 금관 악기 분야도 추가했다. 특히 피아노 부문에서 권위 있는 음악 경연 대회로 자리 잡았는데, 첫 우승자는 미국의 밴 클라이번이었다.

월터 홈버거를 대동한 글렌은 침대 비행기를 타고 모스크바로 날아갔다. 홈버거는 이 여행 이야기를 내게 들려주었다.

"비행기 여행은 아무런 문제도 없었어요. 우리는 누가 위에서 자고 누가 아래에서 잘 건지 동전을 던져 정했지요."

소련에서 두 사람은 따뜻한 환영을 받았고 꽤 자유롭게 행동할 수 있었다. 홈버거는 "러시아에서 어디를 가나 글렌과 함께 다녔는데 아무 문제가 없었다"고 한다.

"매우 친절한 여자 통역을 붙여 줬습니다. 글렌은 보통 시민 같았어요. 우리는 길거리를 걸어 다녔고 박물관에도 갔습니다."[4]

그들은 캐나다 대사관에 묵었는데, 대사관에서는 젊은 피아니스트를 정중하게 접대했다. 먹는 데도 아무런 문제가 없었던 것이 확실하다. 다만 한 가지 사건이 있었다. 나중에 글렌이 친구인 존 로버츠에게 얘기해 준 사건인데, 로버츠가 내게 이 사건을 들려주었다.

"어떤 외교관 부인이 글렌을 유혹하려고 했나 봐요. 아마 글렌은 그런 일을 처음 겪었을 거예요. 진짜로 그는 공포에 질려 버렸죠. 그런 사태를 제대로 풀어 나갈 줄 몰랐을 겁니다. 그 여자를 못 본 척하는 걸로 위기를 넘겼나 봅니다."[5]

글렌의 첫 연주회는 5월 7일, 모스크바 주립 음악원의 그랜드 홀에서 열린 독주회였다. 여기서 그는 자신의 개성을 살린, 익히 연주해 온 프로그램을 선보였다. 바흐의 〈푸가의 기법〉 중 몇 작품과 파르티타 6번 마(E)단조, 베토벤 소나타 30번 작품 109, 그리고 베르크의 소나타였다. 청중은 글렌의 연주에 얼어붙은 듯했다. 그들은 그토록 생동감 넘치고 파격적으로 바흐와 베토벤을 연주하는 것을 들어 본 적이 없었다. 베르크 소나타로 말할 것 같으면, 러시아 사람들에겐 완전히 새로운 경험이었다. 소련에서는 12음 기법 작곡가의 작품은 모두 퇴폐적인 것으로 공식 규정되어 연주가 금지되어 있었기 때문이다.

캐나다 사람이 읽을 수 있도록 『토론토 스타』에 열띤 어조로 현장 기사를 써 보낸 월터 홈버거에 따르면, "중간 휴식 시간이 됐을 무렵 연주회장은 브라보 소리로 가득 찼다. [그리고] 굴드가 두 번째로 인사했을 때 파란 국화꽃을 담은 커다란 바구니가 통로를 따라 무대로 전달됐다." 글렌은 앙코르를 수차례 받아 스베일링크의 환상곡과 〈골드베르크 변주곡〉 중 열 곡을 연주해야 했다.

이튿날인 5월 8일 밤은 한층 더 경사스러운 밤이 되었다. 유명한 차이콥스키 홀에서 모스크바 필하모닉 오케스트라와 협연한 글렌은 자신이 좋아하는 베토벤 4번과 바흐의 라(D)단조 협주곡을 연주했다. 그날 밤 집으로 보낸 전보 내용은 다음과 같았다. '연주회 대성공 대사관에 머묾 건강함 사랑하는 글렌.'[6] 사흘 후 다시 차이콥스키 홀에서 글렌은 브람스의 간주곡과 힌데미트의 소나타 3번과 함께 〈골드베르크 변주곡〉을 선보였다. 이때는 그의 명성이 쫙 퍼진 터라, 이후 연주회는 모두 만원을 이루었다. 모스크바 팬들은 글렌의 다음 연주 도시인 레닌그라드에 있는 친구나 친척에게 전화해 이 특별한 사건을 놓치지 말라고 얘기해 주었다.

글렌은 5월 12일 하루를 연주와 강연에 할애했다. 통역의 도움으로 모스크바 음악원에서 학생과 교수를 대상으로 진행한 강연회 상황은 이듬해 글렌이 쓴 긴 편지에 잘 드러나 있다. 오타와에서 주로 활동하는 사진작가 유수프 카르시*에게 보낸 이 편지에서 글렌은 자신이 기억하고 있는 그날 일을 다음과 같이 묘사했다.

저는 이 강연 제의를 매우 기쁘게 받아들였지만, 한 가지 조건을 내걸었습니다. 즉 일정한 프로그램 없이 순간순간 내 머릿속에 떠오르는 것을 그냥 연주하도록 해 달라고 요청했지요. 나는 매니저와 대사관 사람들과 의논한 뒤, 음악원 학생과 교수들에게 완전히 현대 음악으로만 짠 프로그램을 연주하기로 결심했어요. 막연하게 빈 학파라고 불리는 아널드 쇤베르크와 안톤 베베른의 전통에 속하는 작품

---

* 인물 사진으로 유명한 아르메니아 출신 유수프 카르시Yousuf Karsh는 1915년 튀르키예의 인종 학살을 피해 시리아를 거쳐 1925년 열일곱 살에 외삼촌이 있던 캐나다로 왔다. 사진가였던 외삼촌이 준 작은 카메라로 아이들이 뛰노는 풍경 사진을 찍어 친구에게 선물했는데, 친구가 이 사진을 몰래 대회에 출품해 1등상을 받았다. 외삼촌은 그를 미국에서 인물 사진 작가로 활동하던 아르메니아 출신 존 가로John Garo에게 보냈고, 가로는 렘브란트와 벨라스케스의 그림을 연구하는 수업을 듣게 하고 보스턴의 도서관에서 인문학 책을 읽도록 했다. 1931년 캐나다 오타와로 온 카르시는 작은 극장에서 배우 찍는 일을 맡으며 조명을 잘 이해하게 된다. 그 극장 배우 중 한 명이 캐나다 베스버러 총독 아들이었고, 그 인연으로 카르시는 총독 부부의 사진을 찍게 됐다. 그 뒤 캐나다를 방문한 처칠과 루스벨트 대통령 사진까지 찍었고, 캐나다 킹 총리는 그의 후원자가 돼 주었다. 1941년 그 유명한 처칠 사진 이후 그는 국제적인 지도자들을 비롯해 시벨리우스, 헬렌 켈러, 슈바이처, 카살스, 오드리 헵번, 헤밍웨이 등 유명인의 사진을 찍었다. 1957년에는 굴드의 사진도 찍었는데, 이를 통해 이 무렵 굴드와 카르시는 편지를 쓸 정도로 가까웠음을 알 수 있다. 카르시도 굴드처럼 개를 사랑했다.

이 대부분이었지요. 정규 프로그램에 포함했던 알반 베르크 소나타를 다시 연주하는 것으로 이날 행사를 시작했습니다. …… 1908년 작곡된 이 작품은 사람들에게 12음 음악에 대해 진지하게 얘기하고 연주해 나가기에 훌륭한 출발점이었죠. 어쨌든 통역의 도움으로 — 네 명이나 되는 통역이 기술적 용어를 서로 보완해 가며 통역을 했어요 — 나는 강연했고, 우리 모두 잘 해냈습니다(적어도 웃어야 할 때 청중이 웃었으니까요). …… 내가 처음 입을 열어 …… 소련에서는 1930년대 중반 예술의 격변기 이후 공식적으로 인정해 오지 않던 종류의 음악을 연주하겠다고 알리자, 청중석은 순간 놀라움으로 술렁였어요. …… 많은 학생이 그대로 남아 있어야 할지 걸어 나가야 할지 확신을 못 하더군요. 결국 제가 매우 불쾌한 표정을 이따금 지어 보이자 겨우 사태가 진정됐어요. 자리를 뜬 사람은 늙은 교수 두 명뿐이었습니다. …… 그러나 제가 쇤베르크와…… 베베른, 크레네크의 음악을 연주할 때면, 학생들 측에서 바흐나 베토벤을 들었으면 더 좋겠다는 요청이 들어오곤 했어요. 대개는 무대 위 주최 측 사람들이 내게 작은 소리로 전달해 주었으나, 때로는 청중석에서 강하게 요구해 오기도 했답니다.[7]

캐나다에서 온 젊은 피아니스트가 연주회 프로그램에 러시아 작곡가의 작품을 포함하는 것은 손님으로서 마땅히 해야 할 외교적 처사였을 것이다. 글렌은 프로코피예프 소나타 7번을 잘 알고 있었고, 캐나다와 미국에서 그 곡을 가끔 연주하기도 했다. 일찍이 토론토에서 프로코피예프와 쇼스타코비치의 바이올린과 피아노를 위한 작품을 녹음한 적도 있었다. 그러나 이런 작곡가의 작품조차도 소련 체제에서는 많은 논쟁을 불러일으켰고, 공식적으로 금지되어 있었다. 어쩌면 글렌은 더 많은 논쟁을 불러일으킬 만한 음악을 피함으로써 안전하게 연주회를 마치고 싶었는지도 모른다.* 그러나 이런 이유 말고도, 글렌은 해석에서뿐만 아니라 프로그램에서도 항상 여느 피아니스트들과는 다르고자 했다.

레닌그라드에서 그는 생애 가장 뜨거운 환영을 받았다. 무대에 별도의 의자를 두어야 할 정도였다. 이 멋진 도시에서 네 차례 열린 글렌의 연주회마다 몰려드는 거대한 군중을 통제하기 위해 특별 경비원들이 무대를 지켜야 했기 때문이다. 연주회마다 사람들은 엄청난 꽃다발을 무대에 던졌고, 박수가 그치지 않고 계속됐다. 끝없이 이어지는 앙코르 요청에 글렌은 우아하게 응했다. 어느 하루, 글렌은 손으로 쓴 쪽지를 받았다.

---

* 오스트발드는 굴드가 익숙하게 연주해 온 프로코피예프와 쇼스타코비치 대신 청중의 호응을 끌어내기 힘든 쇤베르크류의 음악을 선택한 건 두 작곡가의 작품이 소련에서 공식적으로 금지되었기 때문이라고 본 것이다. 이는 그럴듯한 해석이나 굴드를 지나치게 교묘한 사람으로 본 면이 있다. 그런 이유라면 다른 러시아 작곡가의 작품을 고르는 것으로 간단히 해결할 수 있기 때문이다(게다가 프로코피예프와 쇼스타코비치의 작품 중에서도 금지되지 않은 곡이 많았다). 따라서 다른 이유가 있다고 보는 쪽이 더 설득력 있어 보인다. 아마도 1950년대와 1960년대 서양 음악계가 소련의 이 두 작곡가보다 쇤베르크의 제2 빈 Wien 악파 음악을 더 높이 평가하고 있었다는 점이 선곡에 영향을 끼쳤을 것이다. 게다가 젊은 굴드의 성격 즉 마땅한 외교적 처사나 사람들이 으레 예상하는 바에서 빗나가고 싶어 했던 그의 성격을 감안하면, 그가 '상대적으로' 익숙한 두 소련 작곡가 대신 청중에게 낯선 쇤베르크를 굳이 골랐다고 해도 납득할 만하다.

선생님, 관현악단 없이 바흐를 좀 연주해 주십사 간청드립니다. 우리는 16일 연주회에 참석할 기회를 얻지 못했답니다. 길에서 오랫동안 기다렸지만 아무 소용이 없었답니다!

당신을 숭배하는 러시아 사람들 드림.[8]

그래서 글렌은 음악원에서 학생들을 위해 다시 연주하게 됐다. 이에 대해 그는 이렇게 썼다. "그것은 처음으로 화성이나 금성에 도착한 음악가가 된 감흥과 맞먹는 것이었습니다. 매우 이해하면서도 기꺼이 듣고자 하는 사람들에게 아직 안 알려진 영역을 드러내 보여 주는 위치에 있다고 할 수 있겠습니다. 저로서는 굉장한 날이었습니다."[9] 그는 또한 러시아 도시의 개에게도 큰 관심을 가져 토론토에 있는 개 '방쿠오 굴드' 앞으로 편지를 써 보냈다.

"여기 사는 개들에 대해 알고 싶겠지. 그런데 사실 개가 별로 눈에 안 띄어. 대부분 전쟁 통에 죽었거든. …… 털을 깎지 않은 푸들이 제일 흔하고 잡종도 조금 있어. 콜리종은 통 볼 수가 없네. 네가 여기 있다면 이곳을 몽땅 차지했을 거야."[10]

월터 홈버거의 말에 따르면, 글렌은 러시아에서 일어난 일을 매우 즐거워했으며, 자기 연주 경력의 정점으로 여겼다고 한다. 그리고 "어떤 문제도 없었다"고 내게 말했다. 그러나 나중에 글렌은 "그런 열광적인 반응이 너무 거세게 일어나서 약간 겁이 났다"[11]는 사실을 인정했다. 실제로 바흐를 연주할 때, 그가 말하는 "점점 심해지는 나쁜 버릇"을 처음 의식하게 된 것도 러시아에서였다. "음악적 구조나 골격과는 아무 상관 없는 크레셴도와 디미누엔도,* 그리고 온갖 역동적인 감정 표현은 음악의 골격을 제대로 보여 주는 데 방해가 된다. 바흐 음악에는 맞지 않는 큰 연주회장에서 연주해야 했으므로 나는 맨 위 발코니까지 소리가 들리게 하려고 애를 썼다. …… 나는 한 악절을 연주하면서 필요도 없는 짜깁기를 해야 했다. 결국 음악이라는 옷감을 완전히 망쳐 버리고 만 것이다."[12]

나중에 굴드는 역설적이게도, 열광적인 러시아 청중 앞에서 무대 공포증을 극복한 자신의 승리에 죄책감을 느끼며 부끄러워했다. 그는 1962년에 발표한 「박수를 금지하자!」라는 글에서 음악을 가장 잘 듣는 방법은 혼자서 "청중의 반응을 완전히 없앤" 상태로 듣는 것이라고 자신의 소신을 피력했다.

내가 그렇게 생각하는 것은 예술이란 인간의 가슴에 불을 댕기는 내적 연소이지, 천박하게 밖으로 드러내 대중에게 과시하는 것이 아니라고 믿기 때문이다. 음악의 목적은 아드레날린을 순간적으로 분비하는 것이 아니라 평생에 걸쳐 경이롭고도 고요한 상태를 점진적으로 구축해 나가는 것이다.[13]

이러한 유토피아 상태를 이루기 위해서는 모든 연주회장을 없애고, 오로지 전자 매체에 의지하는 것이 가장 좋은 방법이라

---

* 크레셴도Crescendo는 점점 크게, 디미누엔도Deminuendo는 점점 작게 소리를 내라는 뜻.

는 것이다. 하기야 소련의 음악 애호가나 소련 위성이 서구에서 일어나고 있는 일을 잘 포착해 내지 못하던 시대에 글렌의 평판이 철의 장막 뒤에서, 모스크바와 레닌그라드에서 멀리 떨어진 곳까지 퍼져 나간 것은 미디어 덕택이었다. 글렌의 몇몇 연주회, 예를 들어 모스크바에서 연 독주회와 레닌그라드 필하모닉과 협연한 바흐의 라(D)단조 협주곡과 베토벤 협주곡 2번이 모두 실황으로 녹음되었다.

이 녹음은 글렌이 죽은 뒤에야 공식 발매되었지만, 글렌이 죽기 훨씬 전에 방송되었고, 이 연주에서 새로운 뭔가를 발견한 학생들과 음악 애호가들 사이에서 해적판으로 나돌았다.

피아니스트 언드라스 시프*는 이와 관련된 이야기를 내게 들려주었다.

"내가 헝가리에 있었던 1960년대는 여전히 암흑기였다고 할 수 있습니다. 물론 1950년대보다야 나아졌다고 할 수 있지만 그래도 우리는 완전히 고립돼 있는 상태였지요. 우리는 시험에 바흐를 연주해야 했는데, 아주 지루하고 무미건조한 방식으로 연주하곤 했습니다. 페달을 많이 사용해 달빛을 받은 푸가 같았죠.

---

* 1953년 헝가리에서 태어난 언드라스 시프András Schiff는 다섯 살 때 피아노를 시작했고 아홉 살에 데뷔했다. 열네 살에 프란츠 리스트 음악원에서 공부하며 쟁쟁한 헝가리 음악가와 피아니스트들을 사사했다. 영국으로 건너와서는 지휘자이자 피아노와 오르간, 하프시코드를 연주한 조지 맬컴 밑에서 공부를 계속했다. 1974년 차이콥스키 콩쿠르에서 4등, 이듬해 리즈 콩쿠르에서 3등상을 타고 세계 무대에 나섰다. 바로크 음악부터 버르토크까지 폭넓은 레퍼토리를 구사했으며, 특히 바흐에 각별한 관심을 기울여 굴드처럼 〈골드베르크 변주곡〉을 두 번이나 녹음했다. 그래미상을 비롯해 여러 상을 받았고 영국에서 기사 작위도 받았다. 그가 존경하는 피아니스트 가운데 굴드도 끼여 있다.

그런데 굴드의 그 녹음이 나타난 겁니다. 아주 생기 있고, 독특한 리듬감을 보여 주는 연주였지요. 탄력적이면서도 자유분방했어요.

그 연주는 정말 우리를 한순간에 해방시켜 주었습니다. 나중에 내가 바흐에 큰 관심을 갖게 된 뒤에도 바흐를 달리 연주할 수 있다는 것을 확인하는 것은 경이로운 일이었어요. 물론 꼭 굴드를 흉내 내자는 뜻은 아닙니다. 십 대에 이미 나는 굴드가 독특한 예술가이기 때문에 그를 흉내 내는 것은 위험하다는 것을 알았어요. 그러나 그가 우리에게 바흐를 꼭 19세기식으로 연주하지 않을 수도 있다는 것을, 쇼팽이나 리스트를 연주할 때처럼 페달을 쓸 필요가 없다는 사실을 보여 준 것만은 확실합니다. 한 성부만 연주할 때나 다성으로 연주할 때나 그의 연주는 믿을 수 없을 만큼 투명했습니다.

러시아 연주가 그랬어요. 어떤 면에서 보면, 러시아 실황 연주가 굴드 음반 가운데 가장 아름답다고 생각해요. 굴드의 〈인벤션〉* 음반처럼 그 실황 연주는 굴드가 스튜디오에서 녹음한 것과는 비교할 수 없을 정도로 훨씬 아름다워요. 정말 대단하죠."[14]

러시아에 이어, 글렌이 다음으로 대성공을 거둔 곳은 베를린이었다.

---

* 바흐가 아들과 제자를 위해 교본으로 썼다는 작품집이다. 오늘날에도 체르니 30번 정도를 치면 이 〈인벤션Inventions〉에 도전하는데, 2성부 '인벤션' 열다섯 곡, 3성부 '신포니아' 열 다섯 곡으로 되어 있다. 신포니아와 구분하여 2성만 인벤션이라 부르기도 하지만 흔히 서른 곡을 뭉뚱그려 〈인벤션〉이라고 한다. 대위법으로 작곡한 푸가, 카논 형식의 짧은 곡으로 구성됐다.

당시 베를린은 동과 서로 나누어진 상태였다. 1957년 5월 24일과 25일, 26일 사흘 동안 글렌은 베토벤 협주곡 3번 다(C) 단조를 헤르베르트 폰 카라얀이 이끄는 베를린 필하모닉과 협연했다. 글렌은 엄격하고 냉정하며 엄청난 성공을 거둔 음악가 카라얀이 내뿜는 "자석처럼 끌어당기는 힘" — 글렌의 표현을 따르면 — 에 단박에 이끌렸다. "그런 사실을 서슴없이 인정할 수 있다"고 글렌은 자신과 상상의 대화를 나누는 글*에서 썼다. "당신도 알다시피, 카라얀은 — 후기 낭만주의 음악을 연주할 때 특히 — 눈 감고 연주하는 경향이 있었다. 그러면 그의 지휘봉은 엄청난 호소력을 지니며 춤추듯 움직였고, 이는 솔직히 내 생에 지울 수 없는 음악적이고도 극적인 경험을 안겨 주었다."[15]

카라얀과 공연하기 전 글렌이 이 협주곡 3번을 마지막으로 연주한 것은 약 여섯 달 전이었다. 그래서 이 공연에 대비하여 연습을 거의 하지 못했노라고 자주 말했지만, 그건 사실이 아니었다. 피아니스트 개리 그래프만이 베를린에서 글렌을 봤는데, 필하모닉과 협연하는 것에 대비해 스타인웨이 건물**에서 "연습을 많이 하고 있었다"[16]는 것이다. 세 차례 협연 가운데 마지막 공연은 방송까지 될 예정이었다. 글렌은 분명히 베를린에서 최고의 솜씨를 보여 주고 싶었을 것이다. 방송 녹화를 보면 과연

---

*    글렌 굴드는 자기가 자신을 인터뷰하는 글을 썼다.
**   베를린에 있는 스타인웨이 하우스를 가리킨다. 1909년 문을 열었는데 당시 베를린은 음악 중심지여서 화려한 역사를 가지고 있다. 1948년, 피아니스트 호프만이 살던 집이 있던 하덴베르크 거리 9번지에 재개관했다. 연주장과 전시장을 갖추고 있고 연습실도 있다.

그가 따로 연습한 효과가 있었음을 알 수 있다. 글렌은 아직 전쟁의 상흔이 가시지 않은 독일의 대도시에서 거둔 자신의 성공을 늘 자랑스럽게 말하곤 했다. 그는 독일어를 배운 적이 한 번도 없었으나 독일어를 흉내 내기 좋아했다.

카라얀과 함께 한 연주는 예외적인 호평을 글렌에게 안겨 주었다. 아널드 쇤베르크 밑에서 공부하고 나중에 쇤베르크 전기를 썼던 유럽의 주요 비평가이자 작곡가인 H. H. 슈트켄슈미트는 글렌의 연주에 깊은 감명을 받아 다음과 같이 비평했다.

"기묘한 황홀경에 빠진 이 젊은이는…… 그의 연주 솜씨는 믿을 수 없을 정도로 굉장한 경지에 도달해 있다. 양손 모두 유려한 데다 자유자재한 역동성, 다양한 색채감이 결합되어 부소니 시대 이후 볼 수 없었던 대가의 경지를 보여 준다."[17]

부소니라는 이름은 지성적이면서도 피아노 솜씨가 뛰어난 거인의 모습을 불러일으킨다. 1866년 이탈리아에서 태어난 페루초 부소니는 어린 나이부터 작곡에 관심을 가진 신동 피아니스트였다. 전 유럽과 러시아, 미국까지 두루 연주 여행을 마친 다음 그는 독일에서 가장 존경받는 연주자이자 음악학자, 그리고 작곡가가 되었다. 피아노곡을 작곡하는 한편 다른 작곡가의 작품을 많이 편곡했고, 그 곡들은 오늘날에도 연주되고 있다. 또한 부소니는 관현악곡도 다수 작곡했으며, 협주곡과 오페라도 다섯 작품이나 남겼다. 이런 거인과 비교된다는 것은 매우 예외적인 호평이었고, 글렌은 이에 크게 만족했다. 그는 베를린에서 받은 이 비평을 동료와 친구들에게 자주 인용하면서 자신의 가치를 내세우고 싶어 했다. 슈트켄슈미트가 자신을 부소니에 비교한 것은, 단순한 연주자로서로뿐 아니라 창조적 예술가로서 그리고 철학자로서 크게 이바지할 수 있는 인간으로 자신을 꿈꿔온 글렌의 염원과 꼭 일치했던 모양이다.

유명한 피아니스트 에곤 페트리*는 부소니와 함께 긴밀하게 일해 오다 그의 조수가 된 사람인데, 부소니는 음악뿐만 아니라 예술과 문학, 철학에 광범위한 지식을 지닌 위대한 교양인이었다고 말한다. 부소니는 후기 낭만주의 시대 음악 양식을 초기 모더니즘 스타일로 바꿨다는 점에서 가장 영향력 있는 교사로 널리 알려진 인물이기도 하다. 그러나 그는 음악 전문가들에게는 높이 평가받았지만, 글렌 굴드가 받았던 일반 대중의 인기나 숭배는 받지 못했다.

글렌이 다음으로 연주할 도시는 빈이었다. 빈은 유럽 연주 여행의 종착지기도 했다. 빈발하는 "감기"와 "코의 통증" 때문에 그는 기차로 빈까지 가기로 결심했다. 이 여행에서 일어난 극적인 사건에 대해 글렌은 기쁜 어조로 긴 편지를 써서 집으로 보냈다. "생쥐와 주머니쥐, 뱅크"(그의 어머니와 아버지, 그리고 개 방쿠오의 별명) 앞으로 보낸 편지는 다음과 같다.

---

* 부소니의 제자이자 비서였던 에곤 페트리Egon Petri는 네덜란드 사람이지만 독일에서 나고 자랐다. 부소니 밑에서 공부하며 바흐와 리스트, 부소니의 작품을 잘 연주하게 됐고, 1차 대전 때 부소니와 함께 스위스로 가 바흐의 건반 작품 편집 일을 도왔다. 소련에서 공연한 최초의 서구 독주자였던 페트리는 2차 대전이 발발하자 미국으로 건너가 코넬 대학과 밀스 칼리지에서 얼 와일드 등의 제자를 키워 냈다.

프랑크푸르트역에서 기차에 오르려는 순간, 눈에 띄는 백발의 노신사가 바람을 쐬며 승강장에 서 있는 모습을 발견했어요(기차는 암스테르담-빈행의 급행열차였어요). 나는 확인하기 위해 그를 두 번이나 살펴본 다음 입을 뗐어요. "실례지만 스토코프스키 씨 아닌가요?" 그는 내가 기자 아니면 자필 서명을 받으려고 쫓아다니는 사람인 줄 알았는지 주춤하더니, 뒤를 돌아보지도 않은 채 "그렇소"라고 중얼거리더군요. 나는 그의 앞으로 쑥 나서며 말했지요. "선생님, 소개해 올리겠습니다. 저는 GG입니다." 그러자 갑자기 그가 미소를 띠며 "자네가 글렌 굴드라고!" 하시는 거였어요. 그러고는 오랫동안 헤어졌다 다시 만난 마음씨 좋은 할아버지처럼 그는 내 기차 칸에 올라와서 반 시간 동안이나 얘기를 나눴어요.[18]

같은 편지에서 글렌은 남부 독일을 기차로 여행한 이야기도 적고 있다.

"세상에서 가장 아름다운 전원곡. 뉘른베르크를 지날 때 특별히 〈명가수〉*를 부르느라 나는 열한 시 반까지 자지 않고 있었답니다."

오스트리아 국경을 지나는 동안에는 끔찍한 사고가 일어났다.

"오늘 아침 여섯 시 반에 짐꾼이 내 여권을 되돌려주려고 들렀어요…… 내가 기차 칸 문을 열려고 하는데, 그가 갑자기 문을

---

• 바그너 오페라 〈뉘른베르크의 명가수〉를 말한다. 글렌 굴드는 이 오페라의 서곡을 특히 좋아했다.

밀어 되닫는 바람에 내 왼손 엄지가 끼여서 지금 손톱이 약간 파랗게 변했어요. 글씨 쓰기가 좀 힘드네요. 금요일까지는 낫기를 바라고 있어요."[19]

손가락을 다치는 사고가 있었지만 6월 7일에 열렸던 빈 독주회 역시 대성공이었다. 바흐의 신포니아 열다섯 곡과 베토벤 소나타 30번 작품 109, 그리고 베베른의 〈변주곡〉을 연주한 뒤에도 "앙코르에 앙코르를 거듭했고, 환호에 환호가 계속됐다. 객석에 불빛이 들어오고 무대 조명이 꺼졌는데도 박수는 더 많이 쏟아져 외투를 입고 모자에 장갑까지 낀 채로 마지막 인사를 해야 했다".[20]

빈 연주 이후 글렌은 무엇을 해야 할지 확실한 계획이 없었다. 부모에게는 국제 면허를 얻을 수 있다면 런던에서 고향으로 날아가기 전에 차를 빌려 남쪽으로 차를 몰아 트리에스테*나 베네치아 또는 밀라노를 방문하거나, 어쩌면 서쪽으로는 잘츠부르크나 뮌헨, 슈투트가르트 또는 프랑크푸르트를 관광할지도 모르겠다고 편지에 썼다. 월터 홈버거는 이미 돌아갔으므로 글렌은 말 그대로 휴가를 맞은 셈이었다. 뉴욕에서 컬럼비아 음반사와 녹음하기로 한 7월까지는 돌아갈 필요가 없었다.

차를 구하면 속도를 내지 않고 최고로 조심해서 운전하겠으니 마

---

* 아드리아해 북부의 항구 도시. 이탈리아 동북부 변방 도시지만 1857년부터 1918년 사이에는 오스트리아·헝가리 제국에 속했다. 여러 문화와 인종이 혼재하는 문화와 상업 도시다. '바다 옆의 빈', '커피 도시'로 불리기도 한다.

음 푹 놓으세요. 만약 차를 못 구하면 예상보다 저를 빨리 보시게 되는 거죠. 나는 좋은 여행자가 못 되어서, 마을과 마을을 걸어 다니며 구경할 엄두를 못 냈어요. 그럴 여력이 없었어요. …… 그렇다고 해서 유럽 여행의 즐거움이 줄어든 것은 결코 아니랍니다. 사실은 1958년과 1959년에 걸쳐 여섯 달 정도 이곳에 머무는 게 어떨까 하고 진지하게 생각 중이랍니다. …… (연주회 일정이 허락한다면) 아마 1958년 이른 가을, 유럽 거주지를(그럴듯하게 들리지요?) 독일에 마련할 것 같습니다. 어머니와 아버지가 저를 만나러 올 수도 있을 테고요. …… 폰 카라얀 박사는 일정을 맞출 수만 있다면 자신이 지휘하게 되는 어떤 도시에라도 나를 소개해 주겠노라고 했어요. 그러니 앞으로는 독일에서 일이 아주 잘 풀릴 거예요.[21]

그런데 글렌은 운전면허를 얻기가 힘들었던 모양이다. 게다가 "여기서는 연습을 많이 하는 게 절대적으로 불가능하기 때문에" 더 이상 빈에 머무르고 싶지 않다고 했다. "모든 음악당이 연주회 중이랍니다. 연주회가 너무 많이 열려요. 베를린에 있어야 했는데. …… 빈은 기대했던 만큼 매력을 못 느끼겠어요. 나의 엄격한 취향에는 로코코식 건물이 너무 많아 보입니다."

그런 이유 말고도 글렌의 심신 상관적 공포증이 또다시 그를 괴롭히기 시작했다. 식습 장애는 잘 극복한 모양으로, 부모에게 프랑크푸르트에서 식사한 이야기를 써 보내기도 했다. "평소처럼 내 방에서 먹는데, 이곳 음식은 최고급이에요. 스테이크와 채소, 과일 주스에 갖가지 고명을 얹은 아이스크림과 커피가 나와

요." 성가신 문제는 "감기가 아직 안 떨어진 데다 해마다 앓던 건
초열 징후까지 보이고 있는 거"[22]였다. 결국 그는 더 이상 여행하
지 않고 토론토로 돌아갔다.

1957년 5월, 러시아에서 강연하는 굴드. 앞의 여자는 통역이다.
굴드의 러시아 공연은 엄청난 화제를 불러일으켰고, 그 실황 음반은 한때 동구권에서
해적판으로 나돌면서 동구 피아니스트들에게 충격을 주었다.

# 15
## 이상한 병

1957년 6월 중순, 토론토로 돌아온 글렌은 즉시 일상으로 복귀했다. 7월에서 8월 초까지, 글렌은 뉴욕 컬럼비아 스튜디오를 방문하여 바흐의 〈평균율 클라비어곡집〉 중 2권을 녹음했다. 글렌은 이 훌륭한 서주와 푸가 곡집을 지극히 개인적으로 해석하여 연주했다. 예기치 못한 곳에 장식음이 붙기도 하고, 템포는 극도로 변화무쌍하여 놀랄 만큼 역동적인 연주였다. 전통적으로 레가토로 연주해 온 악구를 글렌은 스타카토로 끊어 쳤으며, 이와 반대로 흔히 스타카토로 연주하는 부분은 레가토로 바꿔 연주했다. 또한 화음을 연주할 때는 여러 음을 동시에 눌러야 하지만, 글렌은 아주 빠른 아르페지오로 각각의 음을 연결해서 연주하기도 했다. 글렌의 이 녹음은 신선하면서도 정통 방식에서 벗어나 있기 때문에 큰 히트를 쳤다.

서주와 푸가를 이렇게 연주한 사람은 아무도 없었다. 음악에 전문적인 소양을 지닌 이들은 글렌의 연주를 불쾌하게 생각하고 잘 받아들이려 하지 않았다. 이에 글렌은 논란이 되는 자신의 녹음에 대해 늘 써먹던 일반적인 설명을 늘어놓았다. 즉 새롭고 독창적으로 연주하기 위해서는, 그래서 다른 음악가의 연주와 자신의 음반을 구별 짓기 위해서는 그렇게 할 수밖에 없다는 것이었다. 실제로 굴드의 녹음은 듣는 즉시 굴드 연주라는 것을 알 수 있을 정도로 색다르다. 그는 자기식대로 서주와 푸가를 해석하고 연주한 것을 옹호하기 위해 역사적인 설명을 덧붙이기도 했다.

〈평균율 클라비어곡집〉과 여기서 발췌한 곡은 애당초 제목에 적혀 있는 악기인 클라비어뿐 아니라 하프시코드와 피아노로 연주하기도 하고, 현악과 관악 앙상블로, 또 소규모 재즈 밴드로 연주하기도 한다. 또한 즉흥 노래로 음을 맞추는 보컬 그룹도 이 곡을 연주했다. 바흐의 보편성을 돋보이게 해 주는 이런 매력적인 연주가 가능했던 것은 특정 소리를 고집하지 않는 당당한 무관심이 있었기 때문이다. …… 그러므로 피아노를 연주하는 방식에서도 그러한 점을 고려해야지 깡그리 무시해서는 안 된다.[1]

글렌이 유럽에서 돌아와 처음 연주회를 연 곳은 몬트리올이었다. 몬트리올 연주 일정 가운데는 피아노와 현을 위한 브람스 오중주곡 바(F)단조 작품 34를 연주한 1957년 8월 20일 공연도 포함되어 있었다. 그와 함께 한 동료 음악가들은 유명한 몬트리올 현악 사중주단이었다. 연주회장은 꽉 들어찼고 여유분의 입장권도 당시로서는 유례가 없는 액수인 30달러를 호가했다. CBC에서 이 오중주를 녹음했는데,[2] 이 녹화를 보면 굴드의 색다른 접근법을 다시 확인할 수 있다.

그는 템포를 가지고 게임을 함으로써 "독창적인" 레코딩을 남기려고 아예 작정한 듯 보인다. '너무 빠르지 않게'라고 명시된 첫 악장은 아주 저돌적으로 등장하는 바람에 본래의 장중한 성격을 잃어버리고 브람스 특유의 감미로운 하모니를 느낄 틈을 안 준다. '느리게, 조금 아다지오로'라고 되어 있는 두 번째 악장에서는 '조금 아다지오'로 연주하라는 작곡가의 지시를 무시하고 빠른 속도를 취하는 바람에 아름다운 서정성이 사라져 버렸다. 3악장에서는 템포를 완전히 반대로 함으로써, 엇박자로 연주되는 이 힘찬 '스케르초-알레그로'의 과장된 느낌이 약화되어 버렸다. 마지막 악장인 '포코 소스테누토-알레그로 마 논 트로포'는 리허설에서나 실제 공연에서나 별다른 상상력이 가미되지 않은 것처럼 활기 없고 기계적으로 들린다.

굴드 전기를 쓴 독일 작가 미하엘 슈테게만은 피아니스트와

---

•     스케르초는 익살맞은 성격의 빠른 세 박자 곡으로 3악장에 주로 등장한다. 격렬한 리듬에 분위기가 급격히 바뀌므로 역동적이다.

••    poco sostenuto-allegro ma non troppo, 음을 조금 끌어(음길이를 충분히 소리 내어) 연주하고 속도는 빠르게 하되 지나치게 빨라지지는 말라는 뜻.

•••   미하엘 슈테게만Michael Stegemann은 생상스로 박사 논문을 쓴 음악학자이자 작곡가다. 뮌스터 대학을 거쳐 도르트문트 공대의 음악 및 음악학 연구소 교수로 있으면서 성악과 기악곡, 라디오 드라마 음악 등을 작곡했다. 2001년에는 잘츠부르크 축제 감독이 되어 아

현악 사중주 단원 사이의 마찰 때문에 이 연주가 평범해진 것이 아닌가 하는 의견을 내놓았다. "소리나 해석에서 절대적으로 조화를 이루어야 이상적인 실내악이라고 생각하는 사람 입장에서 보면, 이 앙상블은 잘못 구성된 거라고 할 수밖에 없다."[3] 아울러 피아니스트가 최근 정신없이 해외여행을 다녀와 지친 상태라는 것과 다시 무대에 서게 된 것을 못마땅하게 여겼을 거라는 추측도 해 볼 수 있다.

그러나 굴드 팬인 『몬트리올 스타』지의 음악 평론가 에릭 맥린*은 연주에 매혹되어, 연주자들 사이에 꽤 강하게 드러난 불일치의 원인은 작품 그 자체에 있다고 지적했다. 브람스는 본래 이 곡을 현악 오중주로 만들려고 했다는 것이다. "브람스 공연은 충격적이었다. …… 내가 보기에는 전체적으로 그런 템포로 연주한 것이 옳았다. …… 어느 한 사람이 끌거나 민 흔적 없이, 이 다섯 음악가의 연주는 생각과 느낌이 놀랍도록 잘 통일되어 있었다."[4]

8월 말, 글렌은 할리우드에서 연주회를 하기 위해 날아갔다가 토론토로 돌아왔고, 다시 워싱턴 D. C.와 시러큐스, 로체스터**

---

르튀르 오네거의 〈화형대의 잔 다르크〉를 무대에 올렸다. 생상스 말고도 라벨과 리스트, 슈베르트, 비발디에 관한 책을 냈으며 『글렌 굴드, 삶과 작품』이라는 책도 펴냈다.

* 몬트리올 출신의 에릭 맥린Eric McLean은 본래 피아노를 배웠고 맥길 음악원에서 음악을 공부했다. 1946년 『몬트리올 스탠더드』에 보조 편집자로 입사해 이듬해 정식 평론가가 되었다. 1949년 『몬트리올 데일리 스타』의 음악 평론가가 되어 1979년 폐간될 때까지 일했다. 그 뒤로는 『몬트리올 가제트』의 음악 평론가로 일하다 1988년 명예 평론가로 퇴임했다.

** 시러큐스와 로체스터는 모두 미국 뉴욕주에 있는 도시다.

로 갔다가 또다시 토론토로 온 다음 피츠버그, 신시내티, 뉴욕과 마이애미를 다녀왔다. 그런데 매니저 홈버거는 글렌이 피아노를 연주할 때 항상 앉는 접이식 의자가 과연 튼튼한지 걱정하기 시작했다.

"그때 이미 의자는 낡아서 흔들거렸어요. 조만간 망가질 것 같아서 나는 뭔가 확실한 것을 준비해 두고 싶었지요."[5]

러시아 여행을 떠나기 1년 전, 홈버거는 캐나다의 한 알루미늄 회사 사장에게 글렌이 사용할 새 의자를 만들어 줄 수 있는지 문의하는 편지를 써 보낸 적이 있다. 왜냐하면 "비행기를 탈 때 초과 수하물 비용이 만만치 않았기 때문"[6]이었다. 그런데 글렌은 홈버거의 이 구상에 협조할 마음이 전혀 없었다. 3주 뒤, 홈버거는 또 다른 제조 회사에 비슷한 요청을 하면서 "굴드 씨는 알루미늄으로 만든 의자가 너무 가벼워서 피아노를 연주할 때 혹 의자 가장자리에 앉게 될 경우 의자가 미끄러져 빠져나가지 않을까 매우 걱정스러워합니다"라는 말을 덧붙였다.[7]

마침내 홈버거는 글렌이 사용할 새 의자를 베를린에서 맞출 수 있었다.

"그런데 글렌은 그 의자를 전혀 사용하지 않는 거예요. 그 의자를 어떻게 했는지는 아무도 몰라요. 그 의자는 금속으로 만든 것이어서 훨씬 튼튼했지요."[8]

글렌은 평생 아버지가 만들어 준 나무 의자만을 사용했다. 내가 아는 한, 그 의자 때문에 특별히 불상사가 생기지는 않았다. 그렇지만 좌석에 댄 가죽은 점점 해어져서 채워 넣은 속이 의자

옆으로 삐져나왔고, 가죽 조각이 하나도 남지 않게 되었을 때는 의자 속도 완전히 없어지고 말았다. 나중에 (더 이상 연주회를 하지 않게 됐을 때) 녹음한 음반은 글렌이 나무틀만 남은 의자에 앉아서 연주한 것이다. 그런 의자에 앉아 피아노를 치는 것이 매우 불편했을 텐데도, 그는 한 번도 불평하거나 의자를 수리하려고 하지 않았다.

1958년, 글렌은 두 번째 해외 연주 여행을 떠났다. 이번에는 일정이 좀 더 길었다. 8월 10일, 오스트리아 잘츠부르크 음악 축제에 출연하는 것을 시작으로 하여 벨기에와 스웨덴, 독일을 거친 다음 남쪽으로 내려와 이탈리아와 이스라엘 연주회까지 일정은 11월 중순이 되어서야 끝날 예정이었다. 글렌의 1958년 일정표에는 소련이 빠져 있었다. 그해에는 미국의 밴 클라이번이 새로운 스타로 차이콥스키 콩쿠르와 러시아인의 마음을 사로잡았고, 글렌은 경쟁하는 짓을 싫어하는 사람이었다.

불행히도 글렌은 유럽으로 떠나기 전 캐나다와 미국에서 스물두 차례나 계속 공연하는 바람에 이미 지친 상태였다. 과로의 흔적이 연주에 묻어났고, 몇몇 비평가가 이를 지적했다.

**뉴욕:** "그의 음색은 거칠었고, 때로 광포하기도 했다."
**버펄로:** "젊은 호로비츠라고 부를 만한 테크닉을 볼 수 없었다."
**몬트리올:** "[〈골드베르크 변주곡〉의] 빠른 악장을 연주하는 그의 손놀림은 예전처럼 깨끗하지 못했다."[9]

베토벤 협주곡 3번을 연주하는 글렌의 공연에 참석했던 피아니스트 제임스 토코*에 따르면, "굴드는 한참이 지났는데도 무대에 나타나지 않았다. 마침내 무대에서 도와주는 사람이 엄청난 악보를 가지고 나타났는데, 검은색 표지의 악보는 피아노 악보대를 채우고도 남을 정도로 컸다. 무대 도우미가 악보대에 악보를 올려놓고 펼친 다음 무대 옆으로 나갔다. 그런데도 글렌 굴드는 나타나지 않았다. 1분쯤 지나, 무대 도우미가 이번에는 물 한 잔을 가지고 나타났다. 그는 물잔을 악보 오른쪽에 놓았다. 그러자 사람들이 조금씩 웅성거리기 시작했다. 그런 다음에야 글렌 굴드가 마침내 등장했고, 사람들은 그래도 따뜻한 박수를 보냈다. 그는 청중석을 향하여 고개 숙여 인사를 한 번 한 다음 앉았다. 그런데 앉을 때 그는 청중석에 등을 보이며 앉았고, 앉아서는 다리를 꼬고 몸을 이리저리 돌렸다. 왼팔은 다리 위에 올려놓고 손으로는 턱을 받치고 있었다. 관현악 합주가 연주되는 동안 그는 내내 그런 모습으로 앉아 있었다."[10]

보스턴에서도 글렌은 적절치 못한 행동을 보였다. 베토벤 후기 소나타를 연주하기로 되어 있었는데, 연습을 충분히 못해서 모차르트 소나타로 대신하겠다고 한 것이다. 글렌은 나중에 유럽 여행을 앞두고 "극심한 우울증"에 시달렸다는 사실을 인정했다.

---

* 굴드보다 열한 살 어린 제임스 토코James Tocco는 시칠리아 이민자 집안에서 태어난 미국인이다. 여섯 살에 피아노를 시작했고 열두 살에 베토벤 협주곡 2번을 공연했다. 이후 잘츠부르크와 파리에서 유학했으며, 클라우디오 아라우의 지도를 받았다.

"석 달[사실은 다섯 달]이나 유럽에서 연주할 예정이었으니, 내가 해 오던 생활에서 완전히 벗어나게 되는 셈이었죠. 모든 것이 우습고 어이없게 느껴졌어요. …… 그런 상황에서 즐거워할 사람이 누가 있겠습니까?"[11]

그 전해 부모에게 귀띔했던 계획, 즉 유럽에 머물려던 생각은 버린 것이 확실했다. 두 번째 해외 연주 여행에는 월터 홈버거가 따라가지 않았기 때문에 글렌 혼자 결정해야 할 일이 많았다. 잘 츠부르크에서 글렌은 무척이나 불편해했고, 매사에 아주 시큰둥해서 동료 음악가들이 놀랄 지경이었다. 그때 잘츠부르크에 있던 피아니스트 안톤 쿠에르티*는 "분명히 기억하는데, 글렌은 호텔에 처박혀 좀처럼 움직이려 하지 않았다"고 한다.

"내 말은 글렌이 잘 나다니는 사람이 아니라는 뜻이에요. 그는 확실히 실내형 인간이었어요. 나는 그에 비해 바깥 활동을 좋아하는 편이었고요. 잘츠부르크에는 관광할 만한 곳도 좀 많아요? 그런데 글렌은 관광이나 구경 같은 것은 전혀 하지 않았다는 걸 장담할 수 있어요."

"그곳에서도 굴드 패션으로 옷을 많이 껴입었나요?"

나는 궁금해서 그에게 물었다.

---

• 안톤 쿠에르티Anton Kuerti는 2차 대전이 발발하기 전해 오스트리아 빈에서 태어나 어릴 때 미국으로 이주했다. 보스턴에서 피아노를 공부한 그는 열한 살에 그리그 피아노 협주곡을 연주하는 등 일찍 활동을 시작했다. 1965년부터 캐나다에 살기 시작한 그는 굴드 사후 캐나다를 대표하는 피아니스트 중 한 명으로 꼽힌다. 사회 정의에 관심을 가지고 많은 인도주의 단체를 지원하는 연주회에 등장했고, 작은 연주회장이나 서민을 위해 연주회 가격을 파격적으로 낮추는 걸로도 유명했다.

"네. 한여름인데도 그랬지요."

"그런 옷차림이 그곳에서도 특별히 눈길을 끄는 것 같던가요? 내 말은 이쪽 신대륙에서는 그런 옷차림이 아주 심하게 튀지만, 대서양 건너편 유럽 사람은 다양한 생활 방식과 행동에 익숙한 사람들인 것 같아서요. 그러니까 유럽에서는 어땠는지 궁금하군요."

"그렇게 껴입는 것 때문에 특별히 주목받은 기억은 없는데요. 당시 글렌 굴드는 그렇게 잘 알려져 있지 않아서인지 모르겠지만, 아무도 '아, 저기 유명한 글렌 굴드가 있네'라는 말은 하지 않았던 것 같습니다."

잘츠부르크에 오기 이전에 존 로버츠 소개로 이미 글렌 굴드를 알고 있던 쿠에르티는 글렌의 기분을 북돋아 주려고 애를 썼다.

"축제 동안 우리는 슈트라우스의 〈부를레스케〉를 주제로 하여 각자 작은 푸가를 써 본 적이 있었어요. 한 쪽 정도 쓴 다음 상대의 작품을 서로 바꾸어 봤는데, 글렌은 내가 16분음표를 전혀 쓰지 않은 것에 깜짝 놀라더군요. 〈부를레스케〉 주제는 모두 4분음표거나, 점4분음표 하나와 8분음표 하나, 아니면 8분음표 몇 개로만 이루어져 있거든요. 그리고 나는 글렌의 작품에 16분음표가 아주 많이 들어 있는 걸 보고 좀 놀랐고요. 그래서 내가 '아니, 우리 음표 대위법 연습을 하기로 했던 거야?' 그 비슷한 농담을 했지요…… 그는 꽤 마른 데다 먹는 것에 전혀 신경을 쓰지 않았어요. 그래서 그의 평소 습관이나 원칙에는 크게 벗어난 줄 알지만 식당으로 밥 먹으러 가자고 설득해서 함께 나갔지요. 글렌이 묵고 있는 호텔 식당으로 가서 차림표를 훑어보았어요. 여러 가지 음식이 있었는데, 하여튼 나는 골 요리를 시키기로 결정했어요. 꽤 인기 있는 오스트리아의 별미였거든요. 요리 이름이 '히른 미트 아이'˙였어요. 달걀에 송아지 골을 넣고 휘저어 섞은 다음 팬에 부친 요리로, 오믈렛과 비슷해 보였어요. 그런데 요리가 식탁에 오르자, 글렌이 '아무래도 도저히 못 먹겠네. 미안하네. 양해해 주게. 내 방으로 올라가야겠네' 하더니 자리를 떴습니다."[12]

글렌이 처음 잘츠부르크 무대에 선 것은 1958년 8월 10일이었다. 디미트리 미트로풀로스˙˙가 지휘하는 암스테르담 콘세르트헤바우 오케스트라와 협연한 이 공연은 순조롭게 진행되었다. 바흐의 라(D)단조 협주곡을 연주했는데, 이 작품은 피아노와 관현악단이 함께 연주하는 부분이 많아 상대적으로 피아노가 잘 드러나지 않는 편이다. 글렌은 3년 전부터 이 곡을 꽤 자주 공연했으며, 불과 다섯 달 전 뉴욕에서 바로 미트로풀로스 지

---

˙   Hirn mit Ei, 말 그대로 '달걀 섞은 골'이라는 뜻.

˙˙  디미트리 미트로풀로스Dimitri Mitropoulos(Δημήτρης Μητρόπουλος디미트리스 미트로풀로스)는 아테네 출신 지휘자로 아테네 음악원을 거쳐 베를린에서 부소니 밑에서 수학했다. 서른네 살이던 1930년 베를린 필하모닉과 프로코피예프의 피아노 협주곡 3번을 지휘할 때 독주자였던 에곤 페트리가 병이 나 그가 대신 피아노를 연주하며 지휘한 걸로 유명해졌다. 1936년 보스턴 교향악단을 지휘하면서 미국 무대에 처음 올랐으며 미니애폴리스 교향악단(오늘날 미네소타 관현악단)을 거쳐 1949년 레오폴드 스토코프스키와 함께 뉴욕 필하모닉을 지휘하다 1951년 음악 감독에 올랐다. 피아니스트이자 작곡자였던 그는 현대 음악 연주에도 적극적이었으며 뉴욕 필 후임자가 되는 레너드 번스타인에게 큰 영향을 미쳤다.

휘로 연주한 적도 있었다. 그런데 잘츠부르크에서 이 곡을 연주한 뒤 글렌은 심하게 아프다고 호소하기 시작했다. 잘츠부르크 축제 극장의 냉방 장치 때문에 감기에 걸렸던 것이다. 그런데 감기가 기관지에까지 침범하여 기관지염으로 발전하자 염증 때문에 숨쉬기가 곤란하고 목소리도 잘 안 나오는 사태에 이르렀다.

혹시 문제가 생길까 봐 글렌은 유럽 의사 명단도 준비해 두고 있었다. 토론토 의사 마이클 렝츠너가 글렌에게 마련해 준 추천 의사 명단에는 잘츠부르크의 일반의는 들어 있지 않았다. 가장 가까운 곳에 있는 의사가 빈의 부르너였다.[13]

글렌이 잘츠부르크에서 찾아간 의사는 의학 박사 게발트 메이베그였다. 메이베그는 8월 13일과 14일, 15일 사흘 동안 브리스톨 호텔을 네 차례 방문해 일반 항생제와 갑상선 자극제를 근육에 주사해 주었다. 이에 글렌이 차도를 보였는지는 알 수 없지만, 잘츠부르크에서 하기로 되어 있던 독주회는 병을 이유로 취소되고 말았다.

음악 세계에서 연주회 취소는 웬만해서는 하면 안 되는 일이다. 대부분 공연자들은 "쇼는 계속돼야 한다"는 명제를 신봉하며, 썩 바람직하지 않은 상황에서도 무대에 서려고 노력한다. 진짜로 공연을 망칠 만큼 큰 문제가 있어서 사람들에게 납득이 되면 모를까, 그렇지 않은 경우에 공연 취소는 예술가의 명성에 나쁜 영향을 미치고, 매니저에게는 경제적 손실을 안긴다. 그래서 매니저가 연주자를 대신할 다른 사람을 급히 찾아야 하는 경우도 있다. 예를 들어, 가수나 플루트 연주자가 기관지염 같은 호흡기 질환을 앓는 경우엔 연주회를 취소할 정당한 이유로 받아들여진다. 그러나 피아니스트는 아주 고열로 시달리는 경우(고열에 시달릴 때도 많은 피아니스트가 공연을 해 왔다)가 아니라면 기관지염 같은 것으로 연주를 취소할 수가 없다. 이와 마찬가지로 손이 마비되는 증상은 악기 주자에게는 연주를 못 하는 큰 문제가 되지만 성악가에게는 아무 상관이 없다.

굴드의 상황은 몇 가지 이유에서 예외적인 경우였다. 우선 그의 노래는 피아노 연주와 관련이 있기 때문에 호흡기 감염이나 목소리가 안 나오는 것은 연주에 지장을 주는 것으로 참작될 수 있었다. 둘째로, 그의 몸은 너무나도 섬세하게 감응하므로 몸의 어느 한 부분이 불편하면 금방 몸 전체가 아픈 느낌을 받게 된다는 점이었다. 셋째로, 그는 기본적으로 연주회 현장을 싫어했기 때문에 그에게 공연 취소는 스트레스에서 즉각 해방되는 것을 의미했다. 잘츠부르크 사건의 경우 글렌은 기관지염에서 회복하기 위해 알프스의 한 휴양지로 며칠 들어가 있었다. 마지막으로 글렌은 경제적으로 연주회에 의지할 필요가 없었다는 점이다. 그래서 여기저기 공연을 취소한다고 해서 그에게 경제적인 부담이 된 것은 아니었다. 음반 판매로 고정 수입이 있었고, 그 자신이 주식 거래에서 이윤을 남길 줄 아는 영리한 사업가이기도 했다. 1957년 우리가 처음 만났을 때 그는 이미 캐나다 은銀 광산에 투자해 성공했다는 이야기를 내게 들려주었을 정도로 일찍부터 투자하는 법을 알고 있었다. 해외 연주 여행을 하는 동안에도 글렌은 자신이 거래하는 토론토 주식 중개 사무소 '배쉬

앤 컴퍼니'와 늘 연락을 주고받았다.

8월 25일, 글렌은 회복하여 브뤼셀 세계 박람회에서 연주회를 열 수 있었다. 그는 또다시 바흐의 라(D)단조 협주곡을 연주했는데, 이번에는 보이드 닐*이 지휘를 맡았다. 다음 달에는 베를린에서 폰 카라얀 지휘로 역시 이 곡을 연주했다. 9월 21일과 22일, 양일에 열린 베를린 연주에서는 첫 악장을 시작하면서부터 사고가 일어났다. 아마도 글렌이 점점 피로를 느낀 탓이었겠지만 그의 순간적인 부주의로 일어난 실수라고 할 수 있었다. 관현악단과 피아노가 동시에 연주를 시작하는 첫 악장 도입부에서 글렌이 성급하게 미리 나가는 실수를 저지르고 만 것이다. 글렌은 나중에 이 사건을 "이 협주곡 연주 가운데 가장 당황스러운 도입부"였다고 회상했다.

나는 K를 올려다보았다. 그가 준비 신호로 손을 드는 게 보였고 — 어쩌면 보았다고 착각했는지 모르지만 — 4분의 3초 후 그가 팔에 힘을 주며 내뻗으려는 동작을 취했을 때 나는 — 혼자서 — 연주에 들어갔다. K가 시작 전 박자를 매길 때에는 위가 아래고, 아래가 위였던 것이다. 내가 두 번째 박자에 들어갈 때 관현악단이 연주를 시

---

* 영국 외과 의사 출신인 보이드 닐Boyd Neel은 외과 수련 중에도 실내악단을 결성하고 바로크 음악과 영국 현대 음악을 연주해 성공을 거둬 1937년에는 잘츠부르크 축제에도 초청되었다. 2차 대전 무렵에는 영국의 유수 관현악단을 지휘하게 됐고, 의무 장교로 활동하면서도 새들러스 웰스 관현악단과 함께 영국 주둔 군인들을 대상으로 수백 회의 연주회를 열었다. 1953년 토론토 왕립 음악원 원장으로 부임했고, 1961년에는 아예 캐나다로 귀화했다.

작했고 — 그 바람에 카논 양식에 딱 들어맞는 즐거운 연주가 되었다 — 나는 이를 보정하기 위해 4분의 3초 끝다가 첫마디 중간쯤에서 관현악단과 일치하게 됐다.[14]

이 무렵 글렌은 자신에게 뭔가 심각하게 잘못된 일이 생겼다는 것을 느끼기 시작했다. 새로 생긴 증상으로 그는 걱정에서 벗어나지 못했고, 북쪽으로 여행하는 것이 악몽처럼 보이기 시작했다. "재앙의 징조…… 밤이면 땀을 쏟는다…… 몸이 계속 안 좋다. …… 도수 치료사…… '감기'…… 북구적 쾌락주의."

이 짧은 메모는 뒷날 '길 위에서 보낸 한 철'이라는 제목으로 자신의 여행에 대해 자전적인 보고서를 쓰려는 의도로 적어 둔 것이었다. 이 메모는 독일 작곡가 로베르트 슈만이 스위스와 이탈리아를 여행하는 동안 기록했던 비슷한 쪽지를 연상시킨다. 이런 메모는 나중에 자세히 공들여 쓸 요량으로 우선 순식간에 지나가는 기억의 편린을 적어 두는 것이었다. 그러나 여행 일기에서 뽑아낸 생각을 편지와 수필로 구체화한 슈만과 달리, 글렌은 이 여행의 추억을 문학적으로 이용하지 않았다. 그는 멀리 북쪽 스톡홀름까지 올라가서 모차르트 협주곡 다(C)단조 작품 491을 연주했고, 이 연주는 음반으로 남아 오늘날에도 들어 볼 수 있다. 그는 독일로 돌아와 쾰른을 방문했고, 10월 9일에는 비스바덴에서 볼프강 자발리슈* 지휘로 베토벤 협주곡 3번을 연

---

* 1923년 뮌헨에서 태어난 볼프강 자발리슈Wolfgang Sawallisch는 함부르크와 빈에서 활동하며 빈 교향악단을 이끌었고, 1970년대에는 스위스 로망드 오케스트라를 맡았다. 유럽

주했다.

여행에 대한 글렌의 기록은 다음과 같다. "비스바덴, 자발리슈, 손가락을 베다, 라인으로 운전해 내려감. 쾰른, 주기도문, 1번 취소, 끝없는 목욕…… 함부르크로 비행 — 열과 고통, 도수 치료사(파머 방식), 저녁에 102, [함부르크 호텔] 피어 야레스자이텐˙으로 — 이너 하버. 슈토르가하름 의사, 쇼팽을 떠올리다."[15] 자세한 설명 없이, 이 기록만으로는 실제 무슨 일이 있었는지 알 수가 없다. '도수 치료사'는 아마 베를린에서 시술하고 있던 마르틴 뮐러를 가리키는 것일 게다. 글렌의 서류 뭉치에 들어가 있는 뮐러의 명함에는 '파머파派˙˙ 도수 치료'라고 쓰여 있다.[16] 또한 글렌이 함부르크에서 피어 야레스자이텐 호텔에 묵었다는 사실도 확인할 수 있다. "쇼팽을 떠올리다"라는 말은 무슨 의미일까? 어쩌면 글렌은 자주 앓다가 순회 연주 여행 중에 쓰러져 서른아홉 살이라는 젊은 나이로 생을 마감한 폴란드의 위대한 작곡가를 떠올렸을지도 모른다.

글렌과 나를 다 알고 있는 친구 마틴 캐넌에게서 나는 글렌이 독일에 있다는 소식은 들었지만, 유럽 여행 동안 그가 이처럼 고

---

에서 왕성한 활동을 펼치다 1990년대 필라델피아 오케스트라와 인연을 맺고 순회 연주를 다녔다. 소프라노 엘리자베트 슈바르츠코프Elisabeth Schwarzkopf와 녹음한 슈트라우스의 〈카프리치오〉와 〈그림자 없는 여인〉, 바이로이트에서 공연한 〈니벨룽의 반지〉 음반으로 유명하다.

˙ 독일어로 사계절Vier Jahreszeiten을 뜻한다. 함부르크항 안쪽 알스터강을 막은 호숫가에 위치해 있으며 최고급 호텔로 꼽힌다.

˙˙ 도수 치료를 처음 개발한 대니얼 데이비드 파머가 1987년 미국에서 학교를 세우고 그 아들이 크게 발전시켜 널리 퍼뜨린 도수 치료법.

생하고 있는 줄은 까마득히 모르고 있었다. 그가 처한 심각한 문제는 여전히 모른 채, 나는 10월 1일 다음과 같은 편지를 써 보냈다.

글렌에게,

자네가 [1959년 2월 세 차례의 연주회를 위하여] 샌프란시스코에 다시 와 이곳 교향악단과 협연할 거라는 소식을 듣고 무척 반가웠네. 자네가 머무는 동안 여기 [내 아파트에] 초대하여 우리 집에 머문다면 정말로 기쁘겠네. 호텔보다야 편할 걸세. 어쩌면 자네를 위해 연회를 마련한다거나 뭔가를 할 수도 있을 거야. 자네만 괜찮다면 연주회 중 어느 하루 연회를 열 수도 있고, 아니면 자네가 며칠 더 머문다면 연주회가 다 끝나고 마련할 수도 있겠지.

올해는 모든 것이 잘 풀려 나갔어. 의학 공부 때문에 음악을 제대로 할 수 없었다는 것만 빼곤 말이야. 요전에 뉴욕에 가서 마틴 캐넌을 만났는데, 자네의 카네기 홀 독주회 얘기를 해 주더군. 언젠가는 샌프란시스코에서도 똑같은 연주를 해 주기를 희망한다네.

내가 어떻게 해야 자네를 도울 수 있는지 언제든지 말해 주게나. 자네를 다시 만나길 기대하며.

자네의 충실한 친구,
피터가[17]


굴드는 10월 29일 답장을 보내 주었다(이 답장은 나중에 짧게 인용하겠다). 그전에 굴드는 자신의 건강 문제를 해명하는 편지를 여행 중인 10월 2일 월터 홈버거에게 써 보냈다. "잘츠부르크형 독감에 또 걸리고 말았어요(현재 체온은 38.3도). 일요일 연주회는 취소해야만 했습니다."[18] 10월 18일, 그는 함부르크에서 또 홈버거에게 편지를 썼다. "오른쪽 폐 쪽으로 오래된 기관지 염증이 있다는군요. 엑스선으로 최근 발견했어요. 이에 대해서는 별로 아는 게 없어서 나를 봐 주는 의사가 과연 이 방면에 최고인지는 확실히 모르겠어요."

글렌은 이 의사가 "자연 요법을 신봉하는 사람"이라고 설명했다. "우유와 꿀을 먹고, 오른쪽에 차가운 천을 대는 식의 처방을 여러 가지로 내려 줍니다. 이런 치료는 당신에게 딱 맞을 것 같아요. 그러나 내게는 별다른 진전을 보이는 것 같지 않군요." 또 "매일 저녁 열이 심하게 납니다(어제저녁에는 38.2도)"라고 말하고 있으나,[19] 이 정도 체온 상승은 '심한 열'에 속하진 않는다. 정상 체온은 입으로 잴 경우 아침에는 섭씨 37도이고, 저녁에는 약간 올라가 37.5도쯤 된다. 그러니까 38.2도는 환자가 나이가 많거나 아주 쇠약한 경우가 아니라면 약한 정도 또는 중간 정도의 온도 상승이라 할 수 있다. 만약 노인이나 쇠약한 환자일 경우 38.2도라면 심각하게 받아들여야 한다.

글렌이 아프다는 소식에 홈버거가 어떻게 반응했는지는 정확히 파악하기가 힘들다. 내가 이에 관해 홈버거에게 물었을 때, 그는 이렇게 대답했다.

"만약 글렌이 '아파서 연주를 못 하겠어요'라고 하면, 나는 '그럼 취소하도록 하지'라고 했습니다."[20]

그러나 실제 상황은 그렇게 말처럼 간단하지 않았을 것이다. 보통 공연 취소는 예술가에게나 매니저에게나 수입이 없어진다는 것을 의미한다. 더구나 매니저는 뒤치다꺼리도 많아진다. 관계자들에게 사태를 해명해야 하고, 대안을 마련하기 위해 여러 가지를 조정하고 협상해야 하기 때문이다. 글렌은 홈버거의 이런 곤란한 처지에 크게 신경을 쓴 것 같지는 않다. 함부르크에서 글렌이 보낸 편지에는 "만약 빠른 시간 안에 회복할 가망성이 없으면 이번 일[말하자면 남아 있는 해외 연주회 모두]은 취소하겠어요. 그리고 마의 산*으로 가겠습니다"[21]라고 적혀 있다. 그리고 일주일 뒤, 글렌은 한층 더 심각한 어조로 편지를 보냈다.

어제 의사가 최종 진단을 내렸습니다. 나는 열흘이나 침대에 누워 무無단백질 식이 요법을 하고 있어요. 아마 콩팥을 최대한 쉬게 하기 위해서인가 봐요. 엑스선 검사에서는 콩팥에 아무 이상이 없는 걸로 나타났지만, 어찌 된 일인지 의사는 바이러스에 감염됐다고 하네요. 솔직히 말해, 제대로 먹지도 못하고 열흘을 참아 낼 것 같지가 않아요.[22]

이 소식은 위급해 보이지만, 사실 이해되지 않는 면이 많다.

---

* 토마스 만의 소설 『마의 산Der Zauberberg』 배경이 되는 스위스 고산 지대의 소읍 다보스를 말한다. 결핵 요양지이자 겨울 스포츠 장소로 이름이 높다. 편지에서 굴드는 남성 관사 Der 대신 여성 관사 Die라고 잘못 적었다.

무슨 근거로 의사는 글렌이 신장 질환을 앓고 있다는 진단을 내렸을까? 이 의문을 풀었으면 좋으련만 "자연 요법을 신봉하는 사람"이 누구인지도 끝내 알아낼 수가 없었다. 피어 야레스자이텐 호텔 편지지 한 장에는 글렌이 휘갈겨 쓴 '하더스 의사'와 '카우프만 의사'라는 이름이 남아 있지만 이들의 소재도 파악할 수 없었다. 엑스선과 다른 검사에 관한 객관적인 정보 역시 얻을 수 없었다. 글렌의 쪽지에 따르면 "신장염" 진단은 "소변 검사"로 내려진 것인데, "박테리아와 혈구가 엉켜 있었다"[23]고 했다. 글렌은 월터 홈버거에게 "오줌에 피가 섞여 있었다"는 말도 했지만, 매니저는 이를 "오보"로 받아들였다.[24] 나는 이 방광염이 어떻게 치료됐는지 정말 궁금하다. 만약 박테리아가 있었다면, 함부르크에서 글렌은 왜 항생제 처방을 받지 않았을까?

'신장 질환'이라는 나쁜 소식을 듣기 전 홈버거는 공연 취소에 따른 문제점을 굴드에게 편지로 써 보냈다. 두 사람은 전화 통화도 했다고 한다. 홈버거가 10월 22일 "겁쟁이 글렌에게" 보낸 편지 내용은 다음과 같다.

"자네가 '정말로' 아픈데도 내가 연주를 계속하길 바란다고 생각하는 건 아니겠지. 지금 자넨 진짜로 아픈 것 같은데 자네 건강이 무엇보다 우선이네. 의사들이 한 달, 두 달, 아니 석 달을 쉬어야 한다고 말했다면 그렇게 해야지."

그러나 홈버거는 글렌이 진짜로 아프다는 것에는 회의적인 반응을 보였다. "의사들이 그런 진단을 내렸다면, 그 이유가 뭔지 궁금하군. 물론 내 나름의 생각도 있지만, 지금 자네와 그 문

제를 논하고 싶지는 않네. [블라디미르] 아슈케나지*가 이곳에
도착했는데, 그는 벌써 자네 음반 두 장을 갖고 다니더군. 오늘
밤 내가 두 장 더 선물할 작정이야. 이제 자네가 일어나기만 한
다면 모든 게 탄탄대로야."[25]

글렌이 앓고 있는 병의 성격과 심각성에 홈버거가 염려한 데
는 그럴 만한 이유가 있었다. 실제로 글렌은 제대로 먹지도 않았
고, 잠도 충분히 자지 못했으며, 운동 부족에 약을 과다 복용하
는 등 스스로 병을 불러일으키는 측면도 있었고, 심리적인 요인
도 많았다. 자신의 건강 문제에 관한 한 글렌의 이야기는 믿을
수 없는 구석이 너무 많다. 추측건대 글렌은 잦은 바이러스 감염
에다 자기 몸에 너무 신경을 쓰는 바람에 더 고생한 것 같다. 신
장염 진단을 받고 어떻게 됐는지는 정확히 알기 어렵다. 나중에
글렌은 고혈압이 되었는데, 신장 질환은 고혈압의 한 원인이기
는 하다. 그러나 그때도 콩팥이 이상을 일으킨 증거는 없었고,
그가 죽은 후 검시에서도 콩팥이 손상됐다는 보고는 없었다.

글렌은 친구와 친척, 매니저의 동정과 관심을 불러일으키기
위해 사실과 상상을 적절히 섞어 의학적인 진단을 이용한 게 틀

---

• 소련 출신 블라디미르 아슈케나지Vladimir Ashkenazy는 굴드보다 다섯 살 어린 피아니스
트로, 모스크바 음악원에서 레프 오보린을 사사했다. 쇼팽 콩쿠르 2위(1955), 퀸 엘리자베
스 대회 1위(1956)를 달성한 뒤 세계 무대에서 주목받았으며, 1962년 차이콥스키 대회에
서 영국 피아니스트 존 오그돈과 공동 1위를 차지하고 이듬해 소련을 떠나 아내의 고향인
아이슬란드 시민이 되었다. 피아니스트로 한창 주가를 높이던 1980년대 후반에는 지휘도
겸하며 로열 필하모닉과 체코 및 아이슬란드의 관현악단을 지휘했고, 2000년 중반에는 일
본 NHK 교향악단 음악 감독으로 일했다. 피아니스트가 된 큰아들 보브카와도 같이 연주
해 오다 2020년 은퇴를 선언했다.

림없다. 그는 레너드 번스타인에게 "나중에 써먹을 요량으로 몇 가지 병 이름을 알아 두었는데, 아직 써먹을 기회가 없군요. 좋은 병명은 보통 연주회 매니저들에게 아주 강한 인상을 주리라는 걸 늘 깨닫는답니다"라는 내용의 편지를 쓴 적도 있다.[26]

글렌이 신장염을 앓고 있다는 소식을 들은 할머니 굴드는 캐나다에서 글렌에게 "이 할미의 처방을 따르라"는 충고를 담은 편지를 보냈다. "천에 겨자를 '얇게' 펴 바르거나 겨자기름을 바른 다음 아픈 부위에 갖다 대 보아라. 그러면 고통이 금방 누그러진단다."[27] 베를린의 하프시코드 연주자인 실비아 킨트•는 자기가 알고 있는 혼혈 인도인 안마사에게 안마를 받아 보라고 권했다. 실비아 킨트는 "혈액 순환이 좋아지면, 독이 몸 밖으로 배출된다"[28]고 믿는 사람이었다.

1958년 10월 29일 글렌이 내게 보낸 편지를 보면, 초호화 호텔인 피어 야레스자이텐에서 몇 주 보내는 동안 병의 증상도 사라지고, 기분도 좋아져 편안해졌다는 것을 짐작할 수 있다.

함부르크, 10월 29일.

---

• 스위스 출신 실비아 킨트Sylvia Kind는 취리히 음악원에서 공부하고 베를린 음대에서 파울 힌데미트, 에드윈 피셔 같은 교수 밑에서 배웠다. 2차 대전 후 베를린 음대 교수로 하프시코드와 실내악을 가르치는 한편, 1964년 미국과 캐나다로 연주 여행을 다녔다. 1969년 시애틀 워싱턴대에서 교수직을 제안받고 퇴임 때까지 몸담았다. 평생 바흐와 바로크 음악을 알리기 위해 힘써 왔던 킨트는 2002년 아흔넷 나이로 죽기 전날까지 피아노와 하프시코드를 연주했다.

피터에게,

이곳으로 편지 보내 주어 정말 고마웠네. 자네에게 소식 들으니 참 좋았어. 샌프란시스코에서 자네 손님으로 초대해 주니 정말로 감사하네. 하지만 우리가 만난 뒤 1년 반 동안 나는 호텔 생활에 익숙해졌다네. 호텔 특유의 무관심한 분위기에서 공부도 대체적으로 더 잘되고 일하기도 편한 게 사실이야. 그러나 사람들이 제공해 준 성 프랜시스[호텔]처럼 폐쇄 공포증을 일으키는 작은 방보다는 좀 더 큰 방을 찾아볼 거라네. 어쨌든 자네의 친절한 제안은 무척 고마우이. 내가 잘못 알고 있는 게 아니라면, 마틴[캐닌]의 카네기 홀 연주가 이번 주였던 (아니면 이번 주인) 것 같은데. …… 지난 8월 마틴은 날 위해 엘리엇 카터*의 소나타를 연주했었네. 나는 작품 그 자체보다 그의 연주에 더욱 큰 감동을 받았다네. 그래도 그 작품을 프로그램에 넣은 것은 대단한 생각이었어.

나는 9월 중순[사실은 8월]부터 이곳에 있었는데 12월 중순까지 여행을 계속할 거야. 그렇지만 순회 연주는 약한 독감 끝의 합병증 때문에 중단한 상태라네. 신장염이라는 진단이 나와 여기서 3주 동안(그중 2주는 단백질을 전혀 섭취하지 않는 상태로) 머물러야 했

---

* 미국 작곡가 엘리엇 카터Elliott Carter(1908~2012)는 찰스 아이브스와 구스타브 홀스트 다음 세대이자 에런 코플랜드와 동시대인이다. 어렸을 때 피아노 공부를 지겨워했으나 스트라빈스키의 〈봄의 제전〉을 듣고 자신만의 음악을 개척하리라 결심하고 하버드 대학에서 홀스트의 지도를 받았다. 프랑스로 건너가 나디아 불랑제 밑에서 공부한 그의 음악은 보통의 무조 음악과 달리 강한 생명력과 열정을 담고 있으며 미국적인 색채를 띠고 있다. 코플랜드와 함께 미국 대학에 작곡 과정을 강화하는 데 힘썼고, 그 자신 줄리아드에 20년간 몸담으며 창작 활동도 왕성하게 했다. 수학과 그리스 문학 연구자이자 작가로도 활약한 르네상스적인 인물이다.

지. 그 때문에 연주회를 아홉 회나 취소해야 했다네. 그러나 지금은 완전히 회복한 상태라네. 사실 그리 크게 아팠다는 느낌도 없었어. 그게 바로 뭔가 흥미로우면서도 비교적 참을 만한 일을 겪는 재미지. 이제 한 주만 더 지나면 다시 순회 연주에 오를 수 있을 테고, 쌀죽과 과일 샐러드 외에 다른 음식도 먹을 수 있게 될 거야.

　자네는 의학 공부가 잘돼 간다니 반갑네. 정월에 다시 만나기를 기대하며 이만 줄이겠네.

충심을 담아,
글렌 굴드[29]

글렌은 뒷날 함부르크에서 몸이 회복한 시기를 회고하며 "내 생애 최고의 한 달…… 세상에 가장 큰 축복…… 정말로 경이적인…… 아주 고양되는 느낌…… 이것이 바로 혼자 있는 그 특별한 순간에 꼭 들어맞는 유일한 말이다"[30]라고 했다[이런 말은 베토벤이 현악 사중주 15번 가(A)단조 작품 132 가운데 폐부를 찌르는 장엄한 느린 악장을 작곡했을 때 토로했던 황홀함을 연상시킨다. 베토벤은 원고 위에 "병을 앓고 난 후 감사하는 마음을 담은 성스러운 노래"라고 썼다].

글렌은 남는 시간 동안 급한 업무를 처리했는데, 특히 연주회를 많이 취소하는 바람에 발생한 경비를 처리하는 것이 급선무였다. 글렌의 독일 연주회를 맡았던 흥행주 볼프강 콜리치는 돈을 회수하는 데 유난히도 집요해서, 글렌이 꽤 많은 금액을 제시했다. 이에 홈버거는 10월 28일 자 편지에서 격렬하게 반대하고 나섰다.

모든 매니저가 그렇듯 그도 자네의 경우처럼 '불가항력'적인 상황에선 어쩔 수가 없다는 것을 알고 있을 텐데, 그런 요구를 했다니 솔직히 경악을 금치 못하겠네. 자네가 받아야 할 돈까지 그에게 양보한 자네의 제안은 너무 관대한 거야. 절대로 그럴 필요가 없어. 숫자를 잘 따져 보면 그가 이 거래에서 결국 이익까지 남길 거라는 걸 자네도 발견할 거네. …… 그러니 총 합해서 1,250마르크 정도만 지불하면, 아주 공평할 걸세. 날 믿게. 도대체 어떤 예술가가 병 때문에 취소한 연주회 경비는 물론 수익까지 감당해야 한단 말인가. 나는 그런 소리는 들어 본 적도 없네.[31]

1958년 11월이 되자, 글렌은 다시 순회 연주에 오를 수 있게 되었다.

텅 빈 연주회장에서 피아노를 치고 있는 굴드. 유난히 굽은 등이 눈에 띈다.
굴드는 평생 심기증과 신체적인 통증에 시달렸다.

# 16
## 혼자만의 집

1958년 11월과 12월 일정은 이스라엘 순회공연이었다. 글렌은
이스라엘 연주를 취소하고 다른 데에서 연주회를 갖고 싶어 했
다. 그러나 홈버거는 그런 생각은 하지 말라며 글렌이 책임을 다
하도록 돕기 위해 유럽으로 날아갔다. 그러면서 10월에 글렌에
게 다음과 같은 편지를 보냈다.

이스라엘 순회 연주를 빼고 대신 유럽 순회를 계속하자는 자네의
제안은 현실보다는 꿈에 가까운 생각이야. 한마디로 그렇게 할 수 없
는 형편이라네. [다른 곳에서] 자네가 연주한다는 사실을 그들이 결
국 알게 될 테고, 자네에게 반감을 갖게 되어 그 파장이 여기까지 미
칠 수 있다네. 자네 건강이 나빠질 수도 있다는 것을 그 사람들도 알
면서 받아들인 거라네. …… 자네가 마음속으로 이스라엘에서 일어

날 문제나 어려움을 과하게 상상한 나머지 두려워서 그런다는 것을 아는데, 일단 자네가 그곳에 도착하면 즐겁게 연주하리라 확신한다네. 그리고 자네는 지금 그곳의 피아노에 대해서도 많이 걱정하겠지만, 항상 그랬듯이 아주 멋지게 해내리라는 걸 알고 있다네.[1]

글렌은 이스라엘에서 18일간 열한 차례나 연주회를 열었는데, 매우 열악한 상황에서 열린 경우도 꽤 있었다. 예루살렘 연주회장은 엄청나게 추워서, 무대에 전기난로를 여덟 대나 놓았음에도 글렌이 피아노 치기를 꺼려 할 정도였다. 한 공동체에서 연주했던 피아노는 "완전히 삭은 것"이었다. 이러한 장애를 극복하기 위해 글렌은 상상력을 발휘했다. 어느 순간, 그는 심코 호숫가의 아늑한 환경에 있는 자신을 떠올리며 치커링 피아노를 연주하고 있다고 상상했다. 그렇게 하면 시원찮은 피아노도 훨씬 좋게 느껴지는 것 같았다.* 이스라엘 순회 연주는 전체적으로 그에게 즐거운 기억을 남겼다. 한 친구에게 그는 다음과 같은 글을 보냈다.

"끝날 때가 다 되어 나는 거의 녹초가 될 지경이었지만, 그럼에도 내 생에서 가장 신나는 경험이었다네. …… 자네가 알면 재미있어 하겠지만, 서구적인 배경에서 나온 온갖 부르주아적 사고방식을 갖고 있는 나조차도 그곳에서는 정신적으로 매우 행복한 상태였다네. 벽돌 오두막과 당나귀가 끄는 수레, 염소 떼와

---

* 치커링 피아노를 떠올리며 공연한 이날 연주회는 이스라엘 연주 가운데 최고라는 평을 들었다.

양치기들 속에서 마음이 편해지는 나 자신을 발견했다네."[2]

강당의 난방 장치 개선안에 대한 기사 교정쇄를 보고 글렌은 특유의 과장된 유머를 섞어서 『예루살렘 포스트』지의 말카 라비노비츠에게 감사 편지를 썼다.

"마침내 개선이 이루어졌다니 매우 기쁘군요. 내가 그 사안으로 법석을 떨었으니, 최소한 통풍 장치 한 곳에 내 이름을 새긴 명판을 놓아야 할 겁니다. 앞으로 안락하게 공연할 예술가들이 성聖 글렌을 기념할 수 있도록 말입니다!"[3]

글렌의 유별난 행동과 기벽에도 불구하고, 그의 연주는 이스라엘에 크나큰 인상을 남겼다. 그가 사람들에게 불러일으킨 사랑과 찬사는 여행 후 받은 한 편지에도 잘 드러나 있다.

친애하는 굴드 씨!

나는 아주 평범한 이스라엘 주부랍니다. 당신은 사람들에게 관심이 없고 우리를 싫어할 정도라고 들었습니다. 그런데도 나는 당신에게 충심으로 감사드려야겠어요. 당신의 연주를 듣고 딴사람이 되어 집으로 돌아와 며칠 동안 그 여운으로 살았습니다. 신의 축복을 기원하며.[4]

그러나 고향 토론토에서는 또 다른 주부가 무시당할 위기에 놓여 있었다. 다행히 글렌의 매니저 월터 홈버거가 재빨리 끼어들어 위기를 무마하고, 10월 31일에 글렌에게 편지를 써 보냈다. "……자네 아버지가 오늘 내게 전화하셨네. 오늘이 자네 어머니 생신이란 걸 자네가 잊은 모양인데, 어머니께 전보를 치거나 전화를 드리게. 여하튼 내가 꽃을 보내 드리면서 '생신 축하드립니다. 사랑을 담아서, 글렌 드림'이라는 쪽지도 넣었네. 내가 잘 처리한 것이었으면 싶네."[5]

1959년 1월, 글렌은 두 번째로 샌프란시스코를 찾았고, 이때 우리는 좀 더 친해졌다. 그는 내 아파트를 찾아와 피아노를 연주하기도 했다. 내 피아노는 1896년 라이프치히에서 만든 블뤼트너로, 2차 대전 때 빈의 뵈센도르퍼 공장에서 복구한 것이었다. 그래서 내가 '블뤼텐도르퍼'라는 이름을 붙였다는 말에 글렌은 무척 즐거워했다. 건반이 무척 가볍게 움직여서 글렌은 금방 이 피아노를 좋아하게 되었고 사고 싶다고까지 말했다. 그러나 내가 여는 실내악의 밤에 꼭 필요한 피아노였기에 그의 제안을 받아들일 수는 없었다.

글렌과 피아노의 관계는 워낙 유명해 전설이 되었을 정도다. 그는 어릴 적에 쳤던 피아노에 대한 추억을 고이 간직하고 있었다. 그래서 연주회에서 정말로 부적당하거나 반응이 느린 피아노를 연주해야 하는 위급한 상황이 되면, 이스라엘에서 그랬듯이 자신이 사랑하는 오래된 치커링 피아노를 연주하던 기억을 불러내어 그 유쾌한 촉감을 손으로 느끼는 방법으로 연주회를 무사히 마치곤 했다. 글렌은 빠르고 유려하게 연주하는 스타일이어서 건반이 특별히 가볍고 부드러운 피아노가 필요했다. 그래서 피아노를 끊임없이 조율해야 했는데, 글렌의 지나친 요구에 피아노 기술자들은 당황하여 가끔 글렌이 불가능한 것을 바란다고 생각할 정도였다. 글렌이 1956년 뉴욕 '스타인웨이 앤선즈'의 '연주회와 예술가' 담당 부서의 윈스턴 피츠제럴드에게 보낸 한 편지 내용을 여기에 옮겨 본다.

"귀사의 믿을 수 없는 부주의에 비하면, 내가 [스타인웨이 CD 90에 대해] 간략하게 불만을 표하는 것이 결코 지나친 처사는 아닐 것입니다. 그 때문에 18개월 전 우리가 처음 거래한 이후 나는 희생을 감수해야 했습니다. …… 나는 도저히 이 악기로는 잠시라도 연주할 수가 없고, 연주하고 싶지도 않습니다."[6]

이런 날카로운 비판을 하기는 했지만 글렌은 스타인웨이 피아노를 좋아했다. 그때까지 글렌이 가장 좋아하는 피아노는 스타인웨이 CD 318이었다. 이 피아노는 토론토에서 연주 생활을 시작하던 초기부터 애용해 온 피아노로, 뉴욕에서 녹음한 음반 대부분도 이 피아노로 연주한 것이었다. 1971년 토론토로 운반해 오다가 크게 망가질 때까지 그는 이 스타인웨이 CD 318 피아노를 사랑했다. 글렌은 끊임없이 새로운 피아노를 찾아다니다가 말년에는 야마하 피아노로 바꿨다. 그가 공연을 불안하게 느끼는 데에는 나쁜 피아노와 씨름해야 한다는 두려움도 있었다. 그가 샌프란시스코 연주를 좋아했던 것도 샌프란시스코에서 쳤던 스타인웨이 피아노가 맘에 들었기 때문이다.

1959년 2월 14일, 15일, 16일 사흘 동안 글렌은 베토벤 피아노 협주곡 3번 다(C)단조를 엔리케 호르다의 지휘로 샌프란시스코 교향악단과 협연하기 위해 샌프란시스코를 찾아왔다. 이번에는 글렌의 기분이 좋은 상태여서 내게 연주회장에 오지 말라는 요구도 하지 않았다. 그의 연주는 청아했다. 세련되면서도 힘이 있고, 음악을 일부러 왜곡시켜 거부감을 일으키지도 않았다. 청중의 반응은 굉장했다.

16일, 마지막 공연을 앞두고 글렌이 오페라 하우스에서 오전 열 시경 내게 전화를 했다. 연습하러 혼자 무대에 나왔는데, 피아노를 적당한 높이로 올리기 위해 나무 받침대를 피아노 밑에 놓아 줄 사람이 주변에 없다는 것이었다. 피아노 조율사는 떠났고, 무대 일꾼들은 해 주기를 꺼린다고 했다. 그런 일은 계약에 없을뿐더러 만약 피아노에 이상이라도 생기면 고소당하지 않을까 두려워하기 때문이었다. 글렌은 내가 오페라 하우스로 와 도와줄 수 있는지 물었다. 나는 그렇게 하겠노라고 하면서 바이올린을 가지고 갈 테니, 함께 소나타를 몇 곡 연주해 줘야 한다는 조건을 붙였다. 그는 좋다고 했다.

피아노 밑에 괴는 나무 받침대는 높이가 8센티미터쯤 되었는데, 그걸 피아노 다리 밑에 대는 것은 보기만큼 어려운 작업은 아니었다. 물론 다 하고 났을 때 등이 뻐근하긴 했지만. 몸이 다치지 않을까 늘 두려워하는 글렌은 나를 도와주기는커녕 손가락 하나 까딱하지 않았다. 그러나 텅 빈 무대에서 바흐와 모차르트, 그리고 베토벤을 함께 힘차게 연주하는 것만으로도 그 모든 것을 보상받고도 남았다. 무대에서 글렌 굴드와 함께 연주한 것은 잊지 못할 귀한 추억이 되었다.

그해 우리는 매우 충실한 관계를 쌓아 나갔다. 글렌이 자신을 위해 연회를 열어도 좋다고 허락해서 나는 음악가 몇 명을 불러

모았다. 샌프란시스코 교향악단의 수석 클라리넷 주자인 필립 패스의 아내 아이리스 패스는 나중에 "글렌은 정말로 수줍은 사람이더군요"라고 말했다. 글렌은 자신이 주도권을 쥐고 이야기를 끌어 나갈 수 있는 일대일 방식의 소통을 좋아하지, 사람들 속에서는 불편해하는 편이었다. 그러나 그에게는 사람을 편안하게 해 주는 겸손함이 분명 있었다. 예를 들어, 그는 해리엇 코언 국제 음악상 위원회가 주는 바흐 메달을 피아노 부문에서 수상했는데도, 이에 대해 언급한 적이 한 번도 없었다.

1월의 어느 저녁, 나는 내가 속한 현악 사중주단이 일주일에 한 번씩 여는 실내악의 밤에 그를 초대했다. 그는 내 초대를 받아들였다. 실내악의 밤에 참석하기 위해서는 베이 다리를 건너 오린다 시내에 있는 프레드와 헬렌 스트로스 부부의 집까지 운전해 가야 했다. 차가운 안개가 가득 끼었고, 내 작은 오스틴-힐리 컨버터블 안으로 바람이 마구 들이쳤지만 글렌은 아무런 불평도 없이 45분간의 자동차 여행을 즐기는 것 같았다. 헬렌은 그때 우리 그룹의 첼리스트였고, 비올라 연주는 메리 제임스, 바이올린은 오스틴 렐러가 맡아서 했다. 우리가 스트로스의 집에 들어서니 커다란 벨기에산 셰퍼드가 우리를 맞아 주었다. 개를 본래 사랑하는 글렌은 금방 그 개를 좋아하는 듯했다. 그는 개를 쓰다듬다 말고 "이런 개는 예뻐해 주어야 해"라고 말했다.

우리는 보통 하이든 사중주로 시작해 베토벤 사중주를 한 곡 연주하고, 그다음 브람스나 드보르자크 같은 낭만주의 작품을 한 곡 연주하거나 아니면 가끔 버르토크나 코다이같이 낭만주의보다는 좀 더 현대적인 작품을 연주했다. 그런 다음 초기 모차르트의 짧은 사중주나 슈베르트 곡으로 마무리하곤 했다. 우리는 글렌에게 어떤 곡이 듣고 싶은지, 또 피아노 오중주를 함께해 보지 않겠느냐고 물었다. 글렌은 함께 연주하는 데 대해서는 그가 앉을 "사과 상자"가 없다며 부드럽게 거절했다. 그러나 우리가 베토벤의 〈대푸가〉를 연주한다면 자신이 지휘를 해 보겠노라고 답했다. 우리는 그의 제안을 받아들여 현악 사중주 13번 작품 130˙의 마지막을 장식하는 엄청나게 복잡하고 불협화음을 이루는 이 푸가 악장에 도전해 보기로 했다. 보통처럼 하이든 사중주로 시작한 우리는 드디어 베토벤을 연주하기 시작했다. 글렌은 노래 부르며 손을 흔들었고, 우리 네 사람은 정확함보다는 열의로 이 힘든 곡을 연주했다. 우리는 다 함께 거칠지만 열정적인 공연을 한 것이었다.

그다음 우리는 클로드 드뷔시의 현악 사중주를 연주했다. 이 곡은 글렌의 취향에 딱 맞는 것은 아니었지만 그는 조용히 듣기만 했고, 평소의 그답지 않게 별다른 언급도 하지 않았다. 글렌은 저녁 내내 양털로 짠 장갑을 끼고 있었다. 심지어 커피와 케이크를 들기 위해 우리가 잠시 연주를 멈추었을 때도 장갑을 벗지 않았다(내 기억이 정확하다면, 그는 아무것도 먹지 않았고 그냥 커피만 마셨다).

---

* 〈대푸가〉로 불리는 현악 사중주는 작품 133인데, 저자는 13번(작품 130)을 연주했다고 되어 있다. 본래 13번 마지막 부분을 개작한 것이 〈대푸가〉이긴 하다. 두 작품의 관계는 12장의 옮긴이 주 참조.

우리가 다시 차를 몰아 샌프란시스코로 돌아올 때, 글렌은 몇 해 전 현악 사중주곡을 작곡했다는 말을 꺼냈다. 브루크너 스타일을 연상시키는 한 악장짜리 곡인데 "매우 대위법적"이라고 했다. 그는 우리 그룹이 이 작품을 연주해 보면 좋겠다며 악보를 보내 주겠다고 했다. 그러나 그는 악보를 보내지 않았다. 대신 나중에 편지를 보내왔다.

"토요일 저녁 식사 고마웠네. 자네의 오스틴-힐리에서 내릴 때 고맙다는 말을 잊었네그려. 스트로스 부부 집에서 보낸 저녁은 정말로 즐거웠다네. 아직도 실내악을 실제로 연주하는 가정이 있다는 것을 알게 되어 얼마나 기분이 좋았는지 모른다네."[7]

샌프란시스코를 떠나 세인트루이스로 가 베토벤 협주곡 5번(《황제》)을 연주해야 한다는 것에 글렌은 스트레스를 받고 불편해했다. 그는 또다시 여행해야 한다는 것이 불만스럽다며, 온갖 끔찍한 사건과 불운한 일에 대해 이야기하기 시작했다. 1959년 글렌의 일정표에는 해외 연주 여행이 한 번도 아니고 두 번이나 잡혀 있었다. 첫 번째 여행은 5월 16일에서 6월 1일까지인데, 베를린에서 독주회를 열고 나서 런던에서 요제프 크립스*가 지휘하는 런던 교향악단과 함께 처음으로 베토벤 협주곡 네 곡을 다 무대에 올릴 예정이었다. 두 번째 연주 여행은 8월 25일부터

---

• 　요제프 크립스Josef Krips는 빈 출신 지휘자로, 나치에 협력하지 않고 베오그라드로 피신했다가 전쟁이 끝난 뒤 빈으로 돌아와 다른 유명 지휘자들이 나치 협력 문제로 활동할 수 없게 됐을 때 빈 국립 오페라와 빈 필하모닉을 전쟁 전 수준으로 복구했다. 이후 다른 지휘자들이 복귀하자 미국으로 가서 버펄로 필하모닉 관현악단을 맡았다. 유럽과 미국을 오가며 여러 축제와 유명 관현악단에서 객원 지휘자로 활약했다.

30일까지 잡혀 있었다. 잘츠부르크에서 연주회를 두 차례 열고, 스위스 루체른 축제에서 헤르베르트 폰 카라얀이 지휘하는 베를린 필하모닉 오케스트라와 바흐의 라(D)단조 협주곡을 공연하기로 되어 있었다.

글렌이 샌프란시스코를 방문한 지 얼마 되지 않아 나는 글렌에게 편지를 보냈다. 이 편지에서 나는, 자신에 대해 걱정을 많이 하는 글렌의 습관을 반영한 듯 그에 대한 갖가지 근심을 담아냈다.

> 어떻게 지내는지? 자네가 떠났을 때, 걱정을 약간(아니, 약간보다 좀 많이) 했네. 나쁜 날씨에, 자네 늦잠에, 피아노 이야기와 다른 사건들까지 걱정을 안 할 수가 있겠는가. 자네 소식 좀 들려주게나. 그래야 자네가 부주의한 조종사나 괴롭히기 좋아하는 피아노 조율사, 또는 무능력한 의사의 손에 죽지 않았나, 아니면 택시 기사의 졸음운전 때문에 죽지 않았을까 하는 괜한 걱정을 접을 수 있을 게야.[8]

우리는 그 무렵 꽤 활발하게 편지와 전화 통화를 주고받았다. 글렌이 스트랫퍼드 축제 경영진에게 그해 여름 관현악단에서 연주할 바이올린 주자로 나를 추천했기 때문이다. 곧 나는 스트랫퍼드 축제 음악 감독인 루이스 애플바움•에게서 사정을 설명

---

• 본래 연극 축제였던 스트랫퍼드 축제에 1955년 음악 부분을 새로 설립하고 첫 음악 감독이 된 이가 루이스 애플바움Louis Applebaum이었다. 토론토 음악원 출신인 그는 이십 대였던 1942년부터 영화 음악 작곡가로 나서 1960년까지 250여 편의 영화 음악을 담당했

하는 편지를 한 통 받았다. 1959년 여름 5주 동안 연주회와 오페라, 그리고 실내악을 올릴 계획인데 나를 관현악단 단원으로까지 생각하고 있다는 설명이었다. 나는 뿌듯했지만 조합원 자격(스트랫퍼드에서는 꼭 필요한 것이었다)을 가진 직업 음악가도 아닌 데다 다른 급한 일이 있어 섭섭한 마음을 누르며 거절했다.

글렌이 샌프란시스코에 머무는 동안 우리는 좋아하는 책에 대해서도 이야기를 나눈 적이 있었다. 우리는 둘 다 조지 산타야나*의 『최후의 청교도 *The Last Puritan*』를 무척 좋아했다. 글렌이 이 책에 관해 쉴 새 없이 얘기하던 — 전화로도 — 시절이 있었다. 이 책은 글렌 자신의 미학 정신을 매우 많이 반영하고 있었고, 글렌은 자신을 '최후의 청교도'로 생각하는 듯했다.

한번은 내가 편지로 "자네 헨리 제임스 시니어**와 그의 아들(윌리엄과 헨리), 그리고 에머슨 사이에 주고받은 편지를 읽어 본 적이 있나? 아마 자네의 산타야니즘에 조응하는 바가 클 거야"라고 쓴 적도 있었고,[9] 또 다른 편지에서는 "자네 여유 시간이

---

다. 영화와 축제 외에 방송과 행사 쪽 일도 맡으며 정부의 문화 관련 부서의 중요 직책을 역임했다.

* 조지 산타야나George Santayana(1863~1952)는 스페인 태생 미국 철학가이자 시인, 문화 비평가다. 그의 철학에는 실용주의가 깔려 있지만, 플라톤과 아리스토텔레스에서 비롯한 전통이 강하다. 또한 예술과 과학에서 인간이 보여 준 창조적 상상력을 찬양함으로써 미국적 사고방식의 기초를 닦았다.

** 소설가 헨리 제임스의 아버지인 헨리 제임스 시니어는 아일랜드계 이민자 출신으로 그 자신 신학자와 철학자로서 당대 미국의 손꼽히는 지식인이었다. 소로와 에머슨, 소설가 호손이 그의 친구였다. 부유했던 그는 자식들을 데리고 유럽을 다니며 문화와 예술을 익히도록 해 주었다. 소로와 에머슨이 사는 콩코드 근처로 이사한 것도 자식들을 위해서였다고 한다. 다섯 자식 중 큰아들 윌리엄은 뛰어난 화가였으나 하버드에서 생리학을 전공, 교수가 되었다가 나중에는 심리학자가 되었고, 둘째가 헨리 제임스다.

얼마 있다면, 산타야나 씨에게서 좀 벗어나 레빈손*의 『성 풍속의 역사』(하퍼스 출판사)를 읽어 보게나. 이 책은 최근 독일어에서 영어로 번역되어 나왔는데, 진짜 명작이야"[10]라고 써 보내기도 했다. 물론 나는 글렌이 공공연히 내세운 청교도주의에서 벗어날 가능성이 있다고 느꼈다. 같은 편지에서 나는 그가 최근 블라디미르 골슈만이 지휘하는 컬럼비아 교향악단과 함께 녹음한 베토벤 다(C)장조 협주곡과 바흐의 바(F)단조 협주곡에 대한 칭찬도 잊지 않았다.

> [나는] 자네의 근사한 연주 솜씨뿐 아니라 표지에 실린 글에서 보여 준 자네의 학구열과 글솜씨도 칭찬해 주고 싶네. 독주자의 심리에 대한 자네의 통찰력은 놀라웠어. 무엇보다 작곡자는 음악에만 신경 쓰는 게 아니라는 생각에 나는 자극받았다네. 작곡자는 작곡을 할 때마다 한 시대의 편견과 개개 연주자의 정신적인 태도, 악기의 물리적인 한계를 어떻게든 총합적으로 다룰 수밖에 없을 것이네.[11]

2월 23일, 나는 그 무렵 읽었던 J. 마리아 코레도르의 『카살스와 나눈 대화』**라는 책을 그에게 알려 주었다. 글렌은 이 책

---

* 리하르트 레빈손Richard Lewinsohn은 1894년 당시 서프로이센령이었던 그라우덴츠(폴란드 그루지옹츠)에서 태어났다. 정치학 박사가 된 후 프리랜서로 활동하다 언론사에 취직해 모루스라는 필명으로 많은 기사를 써냈다. 나치즘이 득세하자 회사에서 파면되었고, 여러 고난을 겪다가 2차 대전 때 파리에서 탈출해 브라질로 가 브라질 정부의 경제 고문 및 리우데자네이루 대학 강사로 활동했다. 1952년 파리로 돌아와 자신이 만든 브라질 경제 잡지와 유럽 통신원으로 일하면서 저술 작업을 병행했다.
** 스페인 카탈루냐 출신 작가이자 문화 운동가 호세 마리아 코레도르José Maria Corredor

을 좋아했고, 나중(1974년 1월 15일)에 CBC에서 이 위대한 스페인 첼리스트를 위하여 「파블로 카살스, 라디오를 위한 초상」이라는 다큐멘터리를 만들었다. 나는 또 알마 말러 베르펠이 지은 『그리고 그 다리는 사랑이다*And the Bridge Is Love*』라는 책을 읽어 보라고 권하기도 했다. "유럽 낭만주의가 죽어 가는 길목에, 특히 자네가 관심을 갖고 있는 쇤베르크, 베르크, 피츠너**와 다른 작곡가들의 개인적인 삽화에 한 줄기 빛을 밝혀 주기 때문"이라는 추천사도 곁들였다. 더불어 밴 클라이번 연주회 기사를 잘라 동봉하면서 "자네의 연주가 다른 피아니스트에게 비교 기준이 되어 버렸다는 것을 보여 주기 위해 이 기사를 동봉하네. 다른 피아니스트들을 힘들게 만든 것이 부끄럽지 않은가?"라고 적어 넣었다.[12]

글렌은 2월 중순 뉴욕 독주회와 유타주에서 여는 두 차례 연주회에 이어 샌프란시스코로 다시 올지도 모른다고 내게 알려

가 1954년 카살스와 나눈 긴 인터뷰를 바탕으로 1956년 프랑스어로 써낸 『카잘스와 나눈 대화, 어느 음악가의 회고와 견해*Conversations avec Pablo Casals: souvenirs et opinions d'un musicien*』를 말한다. 카살스의 어린 시절과 첼로 수업, 음악관, 그리고 2차 대전과 유럽 정치 상황까지 다양한 이야기를 담은 책이다.

• 음악가 말러와 건축가 그로피우스, 그리고 작가 베르펠의 아내였던 알마 말러 베르펠Alma Mahler Werfel(1879~1964)의 자서전(E. B. 애슈턴의 대필로 1958년 출간됐다). 유명한 오스트리아 풍경화가 에밀 야코프 신들러의 딸이었던 알마는 평생 많은 예술가와 교유한 사교계 명사였다. 이 책은 말러 이야기보다 알마와 친구로 지낸 화가 클림트, 한때 애인이었던 코코슈카 등 당대 빈의 예술가와 문화계 풍토를 두루 보여 준다.

•• 1869년생 독일 작곡가 한스 피츠너Hans Pfitzner는 첼리스트 아버지에게 바이올린을 배워 어린 나이에 작곡을 하는 등 천재로 불렸으나 동시대 음악가인 말러나 슈트라우스 같은 성공을 거두진 못했다. 물론 말러와 슈트라우스는 피츠너를 인정했고, 피츠너 자신도 바그너보다는 브람스와 말러에 더 애정을 보였다. 자연히 코지마 바그너나 나치 시절 바이로이트 축제를 맡았던 바그너 후손들과는 사이가 안 좋았다.

주었다. 서해안 지역에서 더 많은 시간을 보내고 싶다는 얘기도 덧붙였다. 그는 샌프란시스코에서 특별히 훌륭한 스타인웨이를 발견했기 때문에 이곳에 집을 한 채 빌릴 생각도 하고 있었다. 그러나 1959년 3월 13일, 그는 다음과 같은 편지를 보내왔다.

친애하는 피에르에게,

23일에 보내 준 편지는 여러 가지로 고마웠네. 그곳에 가지 못하게 됐다는 소식을 자네에게 굳이 알리지는 않았네. 왜냐하면 자네는 텔레파시적 직관력을 갖고 있으니, 때로 나보다 자네가 먼저 알아차리리라고 생각했으니까. 사실을 말하자면, 지난달에 꽤 괜찮은 피아노 두 대를 발견했다네. 이후 오래된 123 피아노는 — 비록 그에 대한 나의 애정은 결코 식지 않았지만 — 내 의식 속 저 먼 곳에 간직해 두었다네.

그곳에서 여름을 보내고 싶은 생각을 완전히 포기한 것은 아니지만, 내가 생각하기에 꽤 좋은 피아노를 보스턴에서 발견했으니 그걸 뉴욕으로 가져갈 수 있을 것 같으이. 그렇게 하는 것이, 확실히 일을 많이 줄이는 길이지. 뉴욕 연주회[2월 13일]는 지금까지 뉴욕에서 한 연주 가운데 최고였어. 『타임스』 기사 — 자네가 읽었을지 모르지만 — 에도 불구하고 나는 그렇게 생각한다네. …… 지금으로선 그게 전부고, 그곳에 다시 들를 때 자네에게 연락하도록 함세. ……

충심을 담아,
글렌[13]

텔레파시에 대한 언급은 설명할 필요가 있겠다. 그 무렵 글렌은 자주 전화를 걸어와, 나는 다음 전화가 언제 걸려올지 거의 예감할 정도였다. 한번은 내가 글렌 생각을 하고 있는 순간, 그에게서 전화가 왔다. 내가 그 얘기를 해 주자, 글렌은 "아하, 자네 텔레파시를 갖고 있군" 그런 말을 했었다. 사실 이것은 말이나 글, 전화, 또는 다른 매체 수단 없이도 정신적으로 교감할 수 있는 능력을 가리키는 텔레파시라기보다는 '동시성'의 한 예라고 볼 수 있다(의미 있는 두 사건, 즉 나의 생각과 그의 전화가 우연히 동시에 일어나는 것). 그렇지만 우리는 우리의 "텔레파시가 통하는 관계"를 농담 삼아 말하곤 했다. 그것은 그해 우리가 느낀 친밀감을 상징하는 말이었다고 나는 생각한다. 그해 1월, 그가 샌프란시스코를 방문한 이후 나는 그에게 편지를 썼다.

"다음번에는 자네가 좀 더 오래 여기 머물렀으면 싶네. 그러면 좀 더 여유를 갖고 아마도 틀림없이 여러 가지 의견을 나눌 수 있겠지…… 세인트루이스에서 연주회 소식 좀 전해 주게나. 어쨌든 자네 공연 동안은 텔레파시로 전해 주는 메시지라도 받을 준비를 하고 있겠네."[14]

글렌은 그런 초超심리학적인 개념을 가지고 놀기 좋아했다.

1959년은 글렌에게 무척이나 힘든 한 해였다. 매우 빡빡한 연주 일정에다 유럽을 두 번이나 다녀왔고, 꽤 많은 음반을 녹음했으며, 라디오와 텔레비전 몇몇 프로그램에도 참가했다. 그해는 또한 글렌이 마침내 부모 집에서 나와 자신만의 주거지를 마련하기로 결심했다는 점에서 변화의 해이기도 했다. 그의 친구

존 로버츠와 CBC 사람들은 꽤 오랫동안 그에게 독립을 권해 왔다. 존은 특별히 사우스우드가 32번지에서 소동이 끊이지 않는 것에 대해 좋지 않게 생각하고 있었다. 글렌은 한밤중 아무 때나 집에 들어갔으며, 자정을 넘긴 시간에도 테이프나 음반을 최고 음량으로 틀어 대곤 했다. 그로 인해 그의 부모가 힘들어한 것은 물론이다. 그리고 이제 그의 나이도 스물일곱 살이었다. 연주회로 토론토를 떠나 있는 시간이 많은 그로서는 돌아와 쉴 안전하고 사적인 공간이 필요했다.

호텔에서 고독하게 혼자 지내는 생활을 좋아하게 된 글렌은 먼저 윈저 암스 호텔에 방 하나를 얻었다. 오래된 이 멋진 호텔은 낡은 편이었지만 비틀스를 포함한 많은 음악가가 즐겨 투숙했던 유서 깊은 곳이다. 호텔에는 글렌의 피아노가 있었고, 글렌은 나중에 호텔 스위트룸을 사용했다. 그해 옛 스승인 알베르토 게레로가 세상을 떠났다. 그의 죽음이 글렌의 정서에 영향을 미쳤는지 안 미쳤는지는 알 수 없다. 그러나 몇 년 후 사랑하는 개 방쿠오가 사고로 죽었을 때 큰 상처를 받은 것은 확실하다. 개는 글렌의 아버지와 산책하는 도중 차에 뛰어들어 즉사했는데, 이 소식을 듣고 글렌은 매우 견디기 힘들어했다.

10월, 글렌은 버클리와 샌프란시스코에서 독주회를 열기 위해 캘리포니아를 다시 찾았다. 그는 살이 심하게 빠져 있었고, 안색도 창백해 보였다. 계속되는 연주 여행으로 탈진한 듯했다. 10월 25일, 캘리포니아 대학 남자 체육관에서 열린 그의 버클리 연주회는 베르크와 쇤베르크, 힌데미트, 크레네크와 모라웨츠

등 20세기 작곡가의 음악만으로 프로그램을 짰다. 연주자는 물론 듣는 사람에게도 어려운 프로그램인데, 체육관은 꽉 찼고 청중은 아주 열광적이었다.

샌프란시스코 독주회는 큐란 극장에서 11월 1일, 낮 연주로 열렸다. 이 연주회 프로그램은 한결 전통적이었다. 스베일링크의 오르간 환상곡과 쇤베르크 모음곡 작품 25와 모차르트 소나타 마(E)장조 작품 330, 그리고 중간 휴식 시간 뒤에는 바흐의 〈골드베르크 변주곡〉을 연주할 예정이었다.

연주회가 있기 며칠 전, 글렌은 내게 몸이 안 좋다며 아프게 될지도 몰라 연주회를 취소하고 싶다고 했다. 이는 유감천만한 소식이었다. 글렌 자신에게도 유감스러운 일이었지만, 나는 〈골드베르크 변주곡〉을 실제 연주로 들어 본 적이 없었으므로 이 연주회를 놓치고 싶지 않았다. 그래서 나는 내가 이전에 배웠던 캘리포니아 대학 의학 교수인 맬컴 와츠를 찾아가라고 권했고, 와츠 선생이 건강에 아무 이상 없다는 진단을 내려 주어 글렌은 내키진 않았지만 공연에 임하게 되었다. 그런데 바흐를 연주하는 도중 갑자기 연주를 멈추더니 위 발코니 쪽의 열린 문으로 찬 바람이 들어온다고 청중에게 하소연했고, 문이 닫힌 다음에야 연주를 다시 시작했다. 이는 노련한 피아니스트에게는 도저히 어울리지 않는 지나친 행동이었고, 나는 충격을 받을 수밖에 없었다.

12월 들어 글렌은 시간을 내어 본격적으로 집을 구하러 다녔다. 부동산 중개업자들의 도움을 받아 그는 꿈에 그리던 집을 찾아냈는데, 토론토에서 24킬로미터쯤 떨어진 '돈처리'라고 부르는 지역에 자리한 넓은 시골 땅이었다. 저택은 방이 스물여섯 칸에, 그중 일곱은 침실이었다. 테니스장에 수영장까지 딸려 있다. 글렌은 12월 13일 이 저택을 장기 임대하기로 서명하고, 존 로버츠에게 빈집에 가구 들여놓는 일을 좀 도와달라고 부탁했다. 주방을 포함하여 각 방에 필요한 항목을 함께 작성했지만, 글렌은 대중 앞에 나서기 싫어했고 또 사람들이 쉽게 그를 알아보고 자필 서명을 요구하는 일이 많았기 때문에 실제로 구입하는 일은 존이 맡아서 했다. 난로와 냉장고, 그리고 "엄청나게 많은 다른 것들"을 사들여 집을 채워 나갔다.[15]

글렌은 건물 한쪽 면만 쓸 계획이고, 나머지 면은 '매니저'를 위해 남겨 두겠노라고 사람들에게 얘기했는데, 명확히 어떤 '매니저'를 가리키는지 알 수 없었다. 글렌과 월터 홈버거 사이에는 문제가 일어나려는 조짐이 오래전부터 보였다. 글렌은 홈버거가 언론을 상대하고 홍보하는 데 썩 신통치 않다고 생각했으며, 한때 스타인웨이 회사의 윈스턴 피츠제럴드에게 매니저가 되어달라고 부탁한 적도 있었다. 글렌의 전기 작가인 오토 프리드리히에 따르면, 피츠제럴드는 이 제안에 "거의 놀라 자빠질 뻔했다"고 한다. 프리드리히는 피츠제럴드의 말을 다음과 같이 인용해 놓았다.

결국 나는 그의 매니저가 되지 않기로 했습니다. 여러 가지 이유가 있었지만, 새벽 두세 시에 전화하는 그의 습관 역시 무시할 수 없는 이유였죠. 그는 일주일에 서너 번씩 그런 전화를 수년에 걸쳐 해 왔습니다. 그렇다고 해서 그의 변덕에 사로잡힌 포로가 되고 싶지 않 다고 직접 말할 수는 없었지요. 나는 스타인웨이 회사에 평생 의무감 을 갖고 있다고 말했고, 그는 내 말을 받아들여 줬습니다.[16]

돈처리 주택을 빌리는 계약으로 엄청난 경비를 안게 된 글렌 은 곧 겁이 나서 애버뉴 로드에 있는 아파트 건물의 스위트룸을 빌려 이사했다. 조용하리라고 생각해서 건물 뒤쪽에 자리한 방 을 빌렸고, 마침 가구도 구비되어 있었다. 그런데 이곳 역시 편 하지가 않아서 잠시 동안만 살았을 뿐이다.

1959년 12월이 저물어 갈 무렵, 나는 글렌에게 전화 한 통을 받았다. 전화 내용은 글렌에게 뭔가 심각한 이상이 있다는 것을 보여 주는 것이어서 무척 걱정스러웠다. 그는 차분한 어조로 옆 건물 지붕에서 사람들이 자기를 엿본다는 얘기를 했다. 그의 집 창문에 빛을 번쩍이기도 하고, 이상한 잡음을 내는가 하면, 암호 문을 보내기도 한다는 것이었다. 그 사람들이 자신에 대해 이야 기하는 소리도 들을 수 있었는데, 혹시 이것이 불법적인 거래와 관련이 있는 게 아닌지 궁금하다고 했다. 어쨌든 전체적으로 매 우 "미심쩍다"는 것이 글렌의 이야기였다. 공포를 느낄 만한 상 황인데도 단지 그는 이해가 잘 안 된다는 식으로만 얘기했고 평 소처럼 침착하게 내게 물었다.

"내가 그 사람들을 직접 만나 봐야 할까? 우리 집으로 부르거 나 내가 그 사람들 집으로 가 볼까? 아니면 편지를 써 볼까? 너무 위험한가? 경찰을 부르는 게 나을까? 어떻게 이 문제를 해결해야 할지 좀 도와주게나."

나는 도대체 무슨 일인지 어리둥절했다. 글렌이 농담을 하는 건가? 짓궂은 장난인가, 아니면 텔레파시를 시험해 보자는 건가? 어쩌면 약을 너무 많이 먹어 약에 취해 정신이 혼미해진 건가? 혹시 글렌이 실제로 편집증이어서 망상 증세를 보이는 것일까? 나중에 알게 된 일이지만, 존 로버츠 역시 이 시기 글렌의 이상한 행동을 눈치챘다고 한다.

"하루는 가구 한 점이 없어진 걸 발견했어요. 구석에 옷장이 있었는데 보이지 않기에 어디 있느냐고 물었지요. 글렌이 '내가 손님방으로 옮겨 놨어. 그것이 나를 자꾸 쳐다보거든. 나를 뚫어져라 쳐다보는 거야.' 그러는 거예요. 글렌은 또 자기에게 말을 거는 목소리가 들리지 않느냐고 내게 물었어요. 나는 아무 소리도 안 들리지만 어쨌든 걱정할 필요 없다고 말해 주었습니다. 그런 목소리를 듣는다고 큰일은 아니잖아요."[17]

그러나 나는 정신과 의사로서 그런 증상을 아무렇지도 않게 받아들일 수가 없었다. 글렌은 아마도 잠깐 동안 편집증적 망상에 시달리고 있었던 건지도 모른다. 그런 이상 증세는 단편적으로 잠시 나타났다가 사라질 수 있는 것으로, 현실 감각이나 판단력을 해치는 것은 아니다. 그런 증상은 혼자 사는 사람, 특히 노인에게 많이 나타난다. 내가 글렌에게 해 준 충고는 "경찰은 부르지 말게. 대신 지금 당장 의사를 찾아가도록 하게"였다. 실제로 그가 토론토에서 정신과 의사를 찾아갔다는 사실을 당시 나는 모르고 있었다. 그래서 나는 글렌이 현재 겪고 있는 증상은 유능한 내과의의 처방만 받으면 쉽게 치료할 수 있고, 이렇게 먼 거리에서 내가 전화로 끼어드는 것은 현실적인 방법이 못 된다고 설명했다. 내 말에 글렌은 안심한 듯 대답했다.

"물론 그렇겠지. 그러나 여기에는 다른 이유가 있다네. 자세한 내용은 자네에게 편지로 설명하겠네."

며칠 후 편지가 도착했다. 월터 홈버거가 예술가와 계약을 맺을 때 사용하는 계약서 형식 사본이 동봉되었고, 글렌이 손으로 적은 다음과 같은 쪽지가 들어 있었다.

피에르에게,

여기 계약서가 있네! 내가 전화로 말했듯이 9번 조항이 유일한 탈출구일세.

잘 생각해 보고 공모자가 될 마음이 있다면 내게 알려 주게. 자네가 내키지 않는다면 더 이상 부탁할 생각은 없으니까 안심하게나.

충심을 다하여,

글렌[18]

계약서 9번 조항 옆 가장자리에는 글렌이 그린 웃는 얼굴의 만화 그림이 있고, 프랑스어로 '보시오'라고 적혀 있었다. 이 조항은 "예술가가 몸의 이상으로 무대에 나타나지 못하거나 연주하지 못했을 때는 그 책임을 지지 아니한다"고 되어 있었다(정신적인 이상에 대해서는 한마디도 없었다). 그제야 나는 글렌이 내게 바라는 바가 무엇인지 분명히 알 수 있었다. 그는 내가 '공모자'가 되어, 너무 아파서 연주회에 대한 계약 의무를 이행할 수 없다는 사실을 자신의 매니저에게 증명해 주길 바란 것이었다.

이 요청은 내게 너무나 부담스러웠다. 가능하면 어떻게 해서든지 글렌을 돕고 싶었지만, 의학적인 변명거리를 공식적으로 대 주는 것은 비윤리적일 터였다. 나는 그의 내과의도 정신과 의사도 아니고, 그를 진찰하거나 상담해 본 적도 없었다. 그래서 나는 차선의 선택을 했다. 즉 그의 매니저를 납득시킬 만한 소견을 담은 편지를 내 사무실 서류 종이에 형식을 갖춰 써 보내기로 했다.

　1959년 12월 31일.

　글렌에게,

　자네가 겪고 있는 병 이야기를 듣고 얼마나 놀랐는지 이루 말할 수 없네. 지난가을, 자네가 이곳에서 연주회를 취소할 뻔했을 때, 여기에는 예술적 기벽 말고 다른 이유가 있지 않을까 하는 의심을 나는 처음으로 해 보았다네. 함부르크에서 병이 났다는 얘기도 예전에 했었지만 그때는 별로 심각하게 받아들이지 않았네. 연주회 직전 와츠 박사에게 진찰을 요청해야 할 지경에 이르렀을 때, 나는 비로소 자네가 심각한 상태라는 것을 알게 됐네.

　자네가 내 의견을 구하니 하는 말인데, 자네 문제를 이해하고 제대로 처리해 줄 내과의와 상의하기 전에는 유럽 여행에 대한 결정을 단정적으로 내리지 말라는 말을 해 두고 싶네. 뭔가 탈이 난 게 확실하니, 의학적으로 필요한 진찰과 치료 방법을 알아보는 것이 자네 자신을 위해서는 물론이고, 예술가로서 자네의 경력을 위해서도 꼭 필요하다고 생각하네. 이 문제를 더 깊이 논의해 볼 수 있도록 가능한 한 빨리, 부담 느끼지 말고 내게 다시 전화해 주게나.

나는 자네의 요청에 따라 편지 형식으로 이러한 소견을 표하는 것이니, 자네에게 도움이 된다면 이 편지를 어떤 식으로 사용해도 좋네. 나의 이 소견서가 사태를 해결하는 데 도움을 주고, 자네에게도 도움이 되길 바라네. 나의 소견은 자네도 알다시피 의학 지식에서 나온 것이기도 하지만 우정 어린 충심과 자네의 행복을 바라는 마음에서 나온 것이기도 하네.

자네의 벗,
피터[19]


글렌이 이 편지를 어떻게 했는지 나는 모른다. 오타와의 캐나다 국립 도서관에 잘 정리되어 있는 그의 편지글 가운데서는 이 편지를 찾을 수 없었다. 이 편지를 잃어버렸거나 찢어 버렸을 거라고 추측해 본다. 최근 내가 인터뷰한 월터 홈버거는 이 사건에 대해서는 아무런 기억도 없으며, 내 편지도 전혀 아는 바가 없다고 말했다. 이후 글렌에게서 전화나 편지는 전혀 없었고, 나는 일이 어떻게 됐는지 더 이상 소식을 듣지 못했다. 나는 글렌이 정신적으로 병을 앓고 있을지도 모른다고 생각했기에 크게 염려하고 있었다.

다행히도 글렌의 이 증상은 얼마 가지 않아 사라졌다. 1960년 초 몇 달 동안 글렌은 다시 살 집을 구하러 다니기 시작했다. 존 로버츠와 여러 군데 보러 다니는 동안, 그는 자신을 '로버츠 씨' 라 칭하고, 로버츠에게는 '굴드 씨'라 부르곤 했다. 이렇게 서로 정체를 바꾸는 바람에, 존은 어떤 집을 빌리고 싶어 하는지 묻는 "집주인들의 이상한 전화"를 받는 우스꽝스러운 상황에 처하곤 했다.[20]

마침내 토론토 서쪽에 있는 세인트 클레어 애버뉴 110번지에서 방 여섯 개짜리 펜트하우스 아파트를 발견할 수 있었고, 글렌은 이 집을 참으로 마음에 들어 했다. 이웃도 조용한 데다 공간도 꽤 널찍했다. 글렌은 전 소유자에게서 가구를 그대로 사들일 수 있었고, 자기 변호사에게는 전에 빌린 애버뉴 로드 집의 계약을 물러 달라고 부탁했다. 물론 그렇게 하느라 다시 큰돈이 들어 갔다. 시간이 지남에 따라 그는 새집에 잘 적응해 갔다. 이후 이 집은 죽을 때까지 명실상부한 글렌의 집이 되었다. 그러나 안주하기 힘들었던 글렌은 자주 호텔에 묵었고, 가끔 따로 마련해 둔 거처에 머물기도 했다.

그리고 말년에는 인 온 더 파크Inn On the Park에 있는 스튜디오 겸 아파트에서 많은 밤 — 그는 주로 밤에 일하고 낮에 잤다 — 을 보냈다. 인 온 더 파크는 토론토에서 숲이 많은 아름다운 지역에 있는 현대식 호텔로, 이곳에 마련한 스튜디오에 글렌은 전자 장비를 구비해 놓고 자신의 테이프를 많이 편집했다. 이곳이야말로 거친 세상에서 물러 나와 머물 수 있는 가장 이상적인 안

식처였을 뿐만 아니라, 그의 생애 후반기에 창조적인 작업을 이루어 낸 현장이기도 했다.

1958년 이스라엘 필하모닉 관현악단과 협연한 글렌 굴드가 악장에게 손을 내밀어 악수를 청하는 모습. 나쁜 피아노와 열악한 무대 사정에도 그의 이스라엘 연주는 뛰어났고 그에게 행복한 추억을 남겼다.

노래 부르며 지휘하는 글렌 굴드. 노래하는 것은 그의 평생 습관이었고, 지휘는 그의 평생 소망이었다.

토론토 서부 세인트 클레어 애버뉴 110번지에 마련한 굴드의 펜트하우스 아파트.
힘들여 구한 그의 마지막 집이었다.

# 17
## 조지프 스티븐스 박사

내가 조지프 스티븐스를 처음 만난 것은 1952년 우리 둘 다 뉴욕 병원에서 일할 때였다. 조는 음악에 대한 사랑과 해박한 지식을 갖고 있었고, 이는 우리가 우정을 쌓아 가는 데 밑받침이 되었다. 그는 피아노와 하프시코드를 매우 잘 쳤기 때문에 우리는 몇 년 동안 함께 실내악을 즐겨 연주하곤 했다. 조는 집이 볼티모어여서 그곳 존스 홉킨스 의대 정신과에 들어갔다가 나중에 개업을 했고, 의사 사회와 음악계 양쪽에서 유명한 인물이 되었다. 특히 그는 몇 년에 걸쳐 정신 분열증의 경과와 결과를 연구하여 국제적인 명성을 쌓았다. 또한 대단히 존경받는 의사이자 심리 치료사로 활동하고 있다.

1959년 12월, 한 차례 어려운 일을 겪은 글렌은 내게 심한 정신적 고통을 호소하며 매니저에게 말을 좀 해 달라고 요청해 왔다. 나는 이 문제를 두고 스티븐스에게 도움을 청해 보기로 했다. 스티븐스는 글렌의 〈골드베르크 변주곡〉 음반을 익히 알고 있었으며 무척 높이 평가했지만, 실제로 글렌을 만나 본 적도 연주를 직접 들은 적도 없었다. 그래서 나는 1960년 3월 2일, 글렌이 볼티모어 교향악단과 베토벤 피아노 협주곡 4번 사(G)장조 작품 58을 협연하는 연주회에 가 보라고 그에게 권했다. 나는 스티븐스에게 글렌의 건강에 대해 설명하면서, 무대 뒤로 찾아가 글렌이 잘 있는지 확인 좀 해 달라고 부탁했다. 그는 그러마고 했다. 나중에 조가 전해 주는 말에 따르면, 글렌을 찾아가 "피터 오스트왈드의 친구"라고 소개했더니, 글렌이 금방 반갑게 맞아 주었다고 한다.

인사를 나누자마자 글렌은 즉시 연주회장을 떠나자고 했다한다. 눈이 많이 내리고 있어서 조는 현명하게 근처 자기 집으로 향했는데, 고향 토론토에서 폭풍과 눈보라를 뚫고 운전하는 데 익숙한 글렌은 조가 운전하는 태도를 보자마자 "눈 내릴 때 운전하는 법을 전혀 모르시는군요. 우리 캐나다 사람이 어떻게 운전하는지 보여 드리리다" 하면서 운전석에 앉았다. 그는 순식간에 교차로까지 차를 몰고 나가다가 다른 차를 거의 받을 뻔했고, 급정거를 하는 바람에 차가 빙판에서 미끄러졌다. 조는 "무서워 죽는 줄 알았다"고 한다. 조는 글렌의 연주에 대해 의미 있는 대화를 나누고 싶었지만, 대화는커녕 도대체 이런 사람이 어떻게 캐나다의 겨울을 버티고 살아남았는지 의심스러울 지경이었다고 한다.

다행히도 스티븐스의 집은 연주회장 가까이 있어서 두 사람은 무사히 도착할 수 있었다. 글렌은 스티븐스 집에 하프시코드가 있는 것을 알아보았으나 만져 보고 싶지는 않다고 했다. 왜냐하면 연주할 때는 "손의 감각"이 아주 중요하며, 자신의 연주 비결 역시 "바로 손가락 끝"의 느낌에 달려 있기 때문이라고 말했다. 스티븐스가 그 말이 무슨 뜻이냐고 묻자, 글렌은 자신이 마지막으로 연주한 악기를 손이 기억하기 때문이라고 대답했다.*

"그는 피아노를 연주하다 오르간이나 하프시코드로 바꿔 연주하게 되면 손의 감각이 혼란스러워지기 때문이라고 하더군. 손의 감촉이야말로 연주할 때 가장 중요하다는 거야."[1]

조 스티븐스는 글렌을 무척 좋아했다고 한다.

"글렌은 퍽 따뜻하고 매우 자연스럽고, 그리고 아주 잘난 체도 하지 않았어. 그리고 몇 가지 이유로 글렌도 나를 좋아하는 것 같아 보였어. 저녁이 다 가기도 전에 캐나다의 자기 집으로 나를 초대했거든."

그날 두 사람 중 더 말을 많이 한 사람은 단연 글렌이었다. 조는 글렌이 "항상 혼자 이야기하는 사람"이라는 것을 알아보았다. 서로 주고받는 대화가 거의 불가능한 것은, 글렌이 얘기를 잘 들어주는 사람에게는 언제나 자기 의견을 강력히 내세우면서 말했기 때문이다. 글렌은 조가 완벽한 청취자라는 것을 발견

---

* 다소 황당하게 들리는 이 발언은, 어린애의 공감각적 능력을 떠올리게 한다. 감각 구분이 명확히 이루어지기 전 어린애는 청각을 손가락 움직임으로 표현한다고 알려져 있다. 청각과 손가락의 연관성을 굴드가 예민하게 느끼고 오랫동안 유지했던 것으로 보인다.

했다. 그들이 만난 지 일주일 만에 글렌은 조에게 전화를 걸기 시작했다. 늘 열한 시가 넘은 늦은 밤이었다.

"글렌은 전화를 하면서 '내가 혹시 방해하는 것은 아니야? 자네 지금 다른 사람과 같이 있나? 아니면 자네 혼자 있나?' 같은 질문은 하는 법이 없었지. 보통 '아, 조지프'라든가 독일 말로 '아, 박사님' 또는 다른 사람을 흉내 내는 말로 통화를 시작했어. 그리고 곧 '스무고개'를 하면서 나와 수수께끼 놀이를 하곤 했지."[2]

이렇게 하여 글렌 굴드의 가장 소중한 우정이 시작됐다. 우정은 주로 전화선을 타고 이루어졌다. 그들은 일주일에 두세 번씩 통화했고, 가끔씩 만나 우정을 다졌다. 글렌은 스티븐스를 토론토의 자기 집으로 초대했고, 서너 차례 심코 호숫가의 시골 은둔처에서 함께 지내기도 했다. 또한 글렌이 연주회를 여는 동부 해안의 여러 도시에서 만나기도 했다. 그들의 우정은 17년 동안 계속됐다. 나는 그 우정이 글렌에게 심리 치료 효과를 가져다주었을 정도로 가까웠다고 생각한다. 물론 치료비를 주고받는 일은 없었지만. 스티븐스는 글렌에게 의사로서 객관성을 잃지 않으려고 애썼다. 그는 자신의 개인 의견을 내세우지 않았으며, 결코 어떤 식으로도 글렌을 비판하거나 놀리거나 과소평가하지도 않았다. 반면 나는 가끔 글렌의 행동이나 어떤 음반에 의문을 제기하기도 했었다(예를 들어 바흐의 〈평균율 클라비어곡집〉을 기묘하고 부자연스럽게 연주한 음반이 나왔을 때, 나는 그렇게 화음을 자주 분석하는 것이 꼭 필요했는지 물은 적이 있다. 글렌은 약간 짜증 나는 말투로 "아, 자네, 그게 내 트레이드마크인 줄 모르나?"라고 대답했다).

글렌은 스티븐스와는 피아노 테크닉에 관해서도 길게 얘기를 나눌 수 있었다. 스티븐스는 글렌에게 언젠가 그의 연주 비결에 대해 말해 준 적이 있다고 회상한다.

"그의 피아노 연주 비결은 내적인 정확함이었어. 예를 들어, 16분음표와 8분음표로 이루어진 소절이 있을 때 글렌이 아주 아름답고 정확하게 연주하는 것은 8분음표보다는 잘 뭉개지기 쉬운 16분음표야. 나는 글렌에게 '그래서 자네 연주가 기가 막힌 거야'라고 말해 주었지."

이 말에 글렌이 감동한 것은 물론이다. 왜냐하면 그게 사실이었으니까. 그때는 모두들 바흐를 밍밍하게 연주하던 때였는데, 글렌은 리듬감을 극도로 살려서 정확히 바흐를 연주해 냈다. 이는 란도프스카와 아주 흡사했다. 글렌은 스티븐스에게 자신은 란도프스카의 영향을 받은 게 절대 아니며, 자기가 좋아하는 사람은 로절린 투렉이라고 말했다. 스티븐스는 투렉의 연주를 특별히 좋아하지는 않았다. 스티븐스가 느끼기에 글렌이 피아노를 대하는 태도는 로절린 투렉과는 하나도 비슷하지 않았다. 이렇게 지적인 두 음악가는 서로 좋아하고 싫어하는 것을 두고 티격태격했다. 한번은 스티븐스가 글렌에게 자기를 위해 즉흥 연주를 해 달라고 청한 적이 있었다. 글렌은 즉흥 연주에 무척이나 뛰어난 피아니스트였다.

"브람스든 슈베르트든, 라흐마니노프든 — 누구든 작곡가 이름만 대면 — 그 스타일대로 아주 멋지게 즉흥 연주를 해냈어."[3]

스티븐스 박사와 글렌의 관계가 그렇게 오랫동안 잘 유지될 수 있었던 또 다른 이유는, (나를 포함한) 여느 친구들과 달리 스티븐스는 이 피아니스트의 카리스마에 금방 사로잡히지 않았기 때문이다. 조 스티븐스는 유명 인사를 친구로 많이 사귀고 있었기 때문에 유명한 사람을 두려워하지 않았다.

"내게 글렌은, 천재성으로 말하자면 지나 바카우어*와 비교해 두 번째 피아니스트였어. 나는 스물일곱 살에 지나 바카우어를 만났는데, 그의 열렬한 추종자가 되었지. 그와 가깝게 지냈을 뿐 아니라 그의 연주회라면 일부러 찾아다니곤 했어."

이런 스티븐스가 글렌을 만난 것은 그의 나이 서른세 살 때였고, 그때는 이미 유명 인사들을 어떻게 대해야 하는지 익히 알고 있었다. 아마 그런 연유로 두 사람은 잘 지낼 수 있었던 것 같다. 조는 처음부터 굴드가 비판을 받아들이지 못하는 사람이라는 것을 알아챘고, 그래서 굴드의 음반이 자기 마음에 안 들어도 결코 말하는 법이 없었다. 그러기는커녕 너무 빨리 연주해서 많은 비판을 받은 바흐의 파르티타를 두고서는 오히려 방어를 하고 나섰다.

"파르티타를 연주한 다른 음반과 실제로 비교해 보았는데, 속

---

* 피아니스트 지나 바카우어Gina Bachauer(1913~1976)는 미국과 유럽 순회 연주를 두루 다니며 세련된 무대 매너와 뛰어난 기교, 음악적 통찰력으로 명성을 쌓은 인물이다. 1913년 그리스에서 태어나 여덟 살 때 아테네에서 피아노 독주회를 열었으며, 스무 살에 빈 국제 대회에서 명예 메달을 땄다. 2차 대전 기간 연합군을 위해 530회 이상 공연했던 그가 1950년 미국에 등장했을 때, 평단은 찬사 일색이었다. 미국 유타 교향악단과 자주 공연한 인연으로 유타주 솔트레이크시티는 지나 바카우어가 죽은 1976년 재단을 만들어 지나 바카우어 피아노 대회를 열고 있다.

도에서 그렇게 큰 차이가 없었어."[4]

스티븐스는 글렌에게 이 사실을 얘기했고, 이에 글렌은 그렇게 연구해 준 것에 무척 기뻐하며 스티븐스더러 그걸 글로 써서 발표하라고 권했다(스티븐스는 티머시 스완슨이라는 이름으로 이를 발표했다).

그들의 관계에는 물론 또 다른 측면도 있었다.

"내가 글렌에게 특히 이끌린 것은 내가 의사고, 그가 자신의 건강에 지나치게 걱정을 많이 하는 사람이기 때문이었어."

실제로 두 사람이 처음 볼티모어에서 만났을 때, 글렌은 자신의 왼쪽 어깨에 심각한 문제가 있다는 사실을 솔직하게 밝혔다. 글렌은 어깨 통증으로 그 몇 달 무척 고생해 왔는데, 내가 그의 '공모자' 후보로 올랐던 12월 그렇게 법석을 피우면서도 내게는 이에 대해 한마디 언급도 하지 않았었다. 그런데 스티븐스 박사에게는 12월 뉴욕 스타인웨이사에서 있었던 일을 자세히 설명한 것이었다.

글렌은 스타인웨이 기술자들에게 자신이 제일 좋아하는 CD 318 피아노 조율을 요청하러 스타인웨이에 갔다고 한다. 글렌은 건반이 좀 더 가볍게 움직이도록 해 달라고 요구했고, 이 때문에 수석 기술자인 윌리엄 허퍼와 옥신각신하게 됐다. 허퍼는 피아노에 까다로운 두 피아니스트, 굴드와 호로비츠의 피아노를 담당하고 있었다. 허퍼는 글렌이 요구하는 대로 피아노를 조작하면 진짜 스타인웨이다운 소리를 잃게 될까 봐 염려하고 있었다.

글렌이 스타인웨이 공방에 들른 어느 날, 허퍼는 좀 거친 방식이긴 하지만 나름대로 친밀감을 표하려고 글렌의 등을 철썩 때렸다.* 이 행동은 신체 접촉을 유난히도 싫어하는 이 민감한 피아니스트를 깜짝 놀라게 했고, 말 그대로 충격이었다(그 충격은 아마도 글렌이 어린 시절 등을 다친 기억을 떠올리게 했을 것이다). 글렌은 즉시 심각한 통증을 호소하며 심하게 다쳤다고 주장했다. 글렌은 이 사건을 다른 사람에게 설명할 때, "허퍼는 실제로 두 어깨를 잡고 심하게 흔들어 타격을 주었다"는 말을 자주 했다.[5]

이 사고로 겁이 난 글렌은 자신을 담당해 온 일반의 모리스 허먼에게 뛰어갔고, 허먼은 글렌을 정밀히 검사한 다음 "상처 받은 흔적"이 없다고 말했다.[6] 그러나 허먼은 확실히 해 두기 위해 토론토의 이름난 정형외과의 모리스 D. 차렌도프에게 진찰을 받아 보라고 권했다.

차렌도프 박사는 2월 4일 글렌을 검사했고, 다음과 같은 내용을 담은 보고서를 허먼 박사 앞으로 보내왔다.

글렌은 왼쪽 상단부와 팔이 아프다고 했습니다. 또한 6주 전 있었던 일도 말해 주었는데, 그가 앉아 있는 자세에서 누군가가 '애정을 표하기 위해' 그의 왼쪽 어깨와 견갑골 쪽을 꾹 눌렀다는 것입니다. 그 사건 이후 왼쪽 팔에 몇 가지 막연한 증상을 갖게 되었다고 합니다. 피로하고 결리는 느낌, 그리고 왼팔과 특히 왼손이 잘 안 돌아가

---

• 『뉴욕 타임스』 기사에 따르면 1959년 12월 8일 굴드가 스타인웨이 사무실에 앉아 있는데 허퍼가 뒤에서 다가와 "무모하게 또는 소홀하게 (굴드의) 목과 어깨 왼쪽을 양팔로 세게 내리쳐, (굴드의) 왼쪽 팔꿈치가 앉아 있던 의자 팔걸이에 부딪히게 했다"고 되어 있다.

는 느낌을 주로 받아 온 모양입니다. 왼팔과 왼손의 부조화는 특별히 피아노를 치려고 할 때 느끼게 된다고 합니다. 또한 넷째와 다섯째 손가락이 얼얼하게 마비되고, 따끔거리는 증상도 자각했다고 합니다. 그래서 기술적으로 까다로운 피아노 작품을 연주할 때 이 두 손가락을 제대로 움직일 수가 없으니, 자신에게는 불구에 해당하는 문제라고 했습니다.

글렌을 검사했지만 경부 척추와 관련된 이상 현상은 전혀 보이지 않았습니다. 그의 어깨와 팔의 모든 관절은 충분히 잘 움직였고, 왼쪽 팔의 신경에 영향을 줄 만한 손상이나 이렇다 할 운동 신경상의 역기능 징후도 없었습니다. 글렌 자신은 손가락과 손의 움직임이 평소처럼 순조롭지 않다고 느끼는 모양이지만, 손가락과 손의 동작도 완전히 정상이었습니다.[7]

차렌도프 박사가 묘사한 증상 — 피로감, 통증, 부조화, 넷째와 다섯째 손가락이 쑤시고 결리면서 얼얼해지는 증상은 모두 물리적으로 확인할 수 있는 것은 아니다 — 은 피아니스트와 다른 음악가에게 흔히 나타나는 증상이다. 그러므로 이런 증상을 겪는 연주가를 전문적으로 치료하는 외과의의 도움을 받아야 한다. 또한 이런 증상은 과도한 긴장과 스트레스 속에서 지나치게 연습을 많이 하면서 자신을 무자비하게 내모는 사람에게 자주 나타난다. 악기나 연주 기법을 바꾼 지 얼마 되지 않았을 때에도 종종 이런 문제를 겪게 되고, 보통보다 크거나 작은 손 같은 신체적인 요인도 이런 증상을 일으키기 쉽다.

이런 증상은 보통 "과도한 사용으로 인한 장애" 또는 "반복적인 과로로 인한 상해"라고 부르는데, 음악가뿐만 아니라 컴퓨터 오퍼레이터와 같이 오랜 기간 손으로 빠른 동작을 해야 하는 다른 직업 종사자에게도 나타난다. 몸의 일부를 과도하게 사용함으로써 일어나는 장애가 실제로 손이나 팔의 구조와 기능에 어느 정도 해를 미치는지는 아직 정확히 밝혀지지 않았다. 다만 영구적인 장애를 피하기 위해 휴식과 물리 요법, 일하는 습관이나 자세를 개선하도록 권하는 게 일반적이다.[8] 만약 즉시 치료받지 않으면 이러한 장애는 근육 경직이나 긴장 이상(비정상적인 근육 동작) 같은 더 심각한 이상 증상으로 발전할 수도 있다.

1960년 차렌도프 박사가 내린 결론은 굴드가 "어깨에서 팔로 연결된 여러 신경 부위, 특히 척골의 뿌리 쪽에 미세한 신경 수축으로 인한 상해를 갖고 있는 것 같다. 뉴로프락시아라고 부르는 이러한 상해는 보통 6주에서 8주까지 계속되지만 영구적인 장애로 나아가지는 않는다"[9]는 것이었다. 그런데 글렌의 상태는 보통과는 다른 경로를 밟아 나갔다. 먼저 그는 자신이 갖고 있는 증상의 원인에 자기 나름의 이상한 논리를 계발했다. 즉 자기 왼쪽 어깨가 오른쪽 어깨보다 낮기 때문이라고 믿었다. 당시 찍은 엑스선 사진을 보면 왼쪽 어깨뼈가 약간 낮기는 하지만, 그렇다고 그게 큰 이유가 될 정도는 아니었다. 많은 사람이 그런 불균형한 상태에서도 아무런 증상을 나타내지 않기 때문이다.

그러나 글렌은 이 모든 것을 치명적인 파국으로 받아들였다. 연주회를 취소했으며, 다시는 피아노를 칠 수 없게 될지도 모르니 자신의 경력은 끝장날 수도 있다며 안달했다. 게다가 변호사를 시켜 스타인웨이를 상대로 신체 상해에 대해 30만 달러를 요구하는 법적 조치를 취했다.* 이 사건은 나중에 법정 바깥에서 이보다 적은 액수로 타결되었다.

글렌은 어깨를 치료하기 위해 몇 가지 다양한 방법을 찾아보았다. 1960년 1월 8일부터 10월 22일까지 총 117번(거의 매일)이나 안마사 코르넬리우스 디스가 그의 집으로 찾아왔다.[10] 조 스티븐스는 글렌이 안마 받는 모습을 몇 차례 지켜보았는데, "글렌이 쉬지 않고 얘기하며 웃는 동안 디스 씨가 글렌의 가슴과 어깨, 팔, 그리고 등을 계속해서 문지르고 주물렀다"고 한다.

"글렌은 확실히 안마 받는 걸 즐기는 모습이었어. 성적으로 억제되어 있는 글렌의 입장을 고려하면서 나는 어쩌면 안마가 그에게 관능적인 쾌감을 주는 게 아닌가 하는 생각을 하게 됐지. 평상시 글렌은 신체 접촉을 혐오했거든. 나와도 처음 만났을 때 딱 한 번 악수한 게 다였어."[11]

글렌은 허버트 비어 박사에게 도수 치료도 받았다. 비어 박사는 내게 다음과 같이 말했다.

"스타인웨이 사건과 관련하여 왼쪽 견갑골[어깨뼈] 위와 주변이 많이 긴장돼 있는 걸 발견했습니다. 그는 또 왼손이 뻣뻣하

---

* 굴드는 스타인웨이사에서 자신이 얼마나 신체 접촉에 민감한지 잘 알고 있었으며, 이 사건 전에도 허퍼가 "과도하게 강한 악수와 다른 과도한 신체적 행동"을 한다고 회사에 불만을 제기하며 자신을 '보호'해 주기를 요청했지만, 회사는 아무런 조치를 취하지 않았다고 말했다. 그 시절 남자들 사이에 이런 예민한 반응은 무시되기 십상이었다.

게 마비되는 증상도 호소했어요. 나는 초음파로 시술했는데, 그러면 한결 기분이 나아진다고 하더군요. 그러나 가끔 나는 그가 몸의 이상을 상상으로 느끼고 있는 게 아닌가 하는 생각이 들었습니다. 그는 매우 까다로운 환자였어요. 아주 가끔씩 치료를 받으러 왔는데, 늘 자신이 뭐가 잘못되었으니 내가 어떻게 치료해야 하는지 말해 주는 식이었어요."[12]

필라델피아의 지휘자 유진 오르먼디* 추천으로 글렌은 필라델피아의 정형외과 의사 어윈 스타인을 찾아가기 시작했다. 스타인 역시 글렌이 죽을 때까지 간헐적으로 글렌을 치료했다. 이 무렵 스타인은 글렌의 상체를 견고한 석고 깁스 속에 끼워 넣어 그의 왼쪽 팔이 고개 위로 올라오도록 만들었다. 그렇게 함으로써 왼쪽 어깨를 좀 높이려는 의도였다. 그런데 이런 상태에서는 꼼짝도 할 수 없었고, 피아노를 연주하는 것은 완전히 불가능했다. 한번은 조 스티븐스가 필라델피아로 따라가 이 과정을 지켜본 적이 있는데, 소름이 끼쳤다고 한다.

스타인 박사는 또한 "일주일에 세 번 정도 비타민 $B_1$(100 밀리그램)과 $B_{12}$(1,000마이크로그램)를 섭취하면 좋을 것이고, 2~3주

---

* 유진 오르먼디Eugene Ormandy, 본래 이름은 예뇌 블라우Jenő Blau. 헝가리 태생의 젊은 바이올리니스트였던 그는 1921년 의심스러운 흥행주에 이끌려 미국에 왔다가 연주회 대신 뉴욕 캐피톨 극장 관현악단(무성 영화에 반주를 넣어 주는 악단)에서 바이올린을 켜게 되었는데, 1924년 지휘자 대신 지휘대에 올랐다가 반응이 좋아 이후 지휘자로 나섰다. 특히 1936년에 필라델피아 관현악단에 정식 부임한 뒤로는 무려 44년 동안 감독 겸 상임 지휘자로 활동했다. 해럴드 숀버그는 그의 지휘를 다음과 같이 평했다. "오르먼디는 푸르트벵글러의 압도적인 개성, 토스카니니의 격렬함과 명료함, 셸의 방대한 지식과 고전주의 같은 걸로 지휘하는 게 아니라 그만의 영역을 개척했고, 그 안에서 완벽하고 감성적인 해석자다. 그 영역에는 슈트라우스의 왈츠보다 훨씬 더 많은 것이 들어가 있다."

지나서는 횟수를 줄이도록"[13] 하라는 처방을 글렌에게 권했다. 글렌이 이 처치를 받아들였는지는 알 수 없으나, 글렌은 한동안 합성 부신 피질 스테로이드 제제인 코르티손을 복용하고도 별 효과를 못 본 것 같다. 스티븐스 박사는 글렌이 신경 손상을 입지 않았는지 알아보는 신경학 검사를 받아 보는 게 좋겠다고 판단했다. 손가락이 둔해지면서 저려 오는 증세는 말초 신경이 눌려서 그럴 수가 있고, 또한 차렌도프 박사가 일찍이 굴드의 손으로 이어지는 척골 신경에 손상이 있다고 보았기 때문이었다.

그래서 스티븐스는 글렌을 존스 홉킨스 대학의 신경학 교수 루트렐 박사(이후 작고했음) 연구실로 데리고 갔다. 루트렐 박사는 글렌의 상체를 매우 철저하게 검사하고 두개골 신경과 근육 반사 능력 실험까지 다 해 보았다. 루트렐 박사는 스티븐스에게 검사 결과 글렌이 비록 "오른쪽 얼굴을 자기도 모르게 썰룩거리는 가벼운 틱 증상을 보이기는 하지만, 신경학적으로 잘못된 것은 하나도 없다. 순전히 히스테리에 의한 신체 반응일 뿐"[14]이라고 지적했다('가벼운 틱 증상'은 글렌이 1965년 텔레비전 방송용으로 찍은 영상물에서 예후디 메뉴인과 함께 얘기하는 모습에서도 나타난다).[15]

나는 스티븐스에게 다음과 같이 물어본 적이 있다.

"글렌처럼 고도로 지적인 사람에게 감정상의 갈등과 공포, 불안이 우리 몸에 영향을 미친다는 사실, 즉 그런 감정 상태가 몸으로 나타나며, 우리가 몸에 대해 느끼는 방식에도 영향을 미치고 어떤 상관관계를 가지고 있다는 것을 설명할 길이 없었을까?"

"나는 글렌이 그런 얘기를 들으려고 하지 않는 사람이라는 걸 진작부터 알았던 것 같아."

"글렌에게 '이봐, 어쩌면 자네는 의사를 잘못 고른 것 같네, 자네는 심리학자나 정신과 의사를 찾아가 봐야 할 거야'라고 말해 볼 생각은 못 했나?"

"결코, 그런 건 꿈도 못 꿀 일이야."

"그런 생각이 든 적도 없었고?"

"물론 그런 생각이 들기야 했지. 하지만 아무리 그렇다 해도 그런 말을 글렌에게 꺼내지는 못했을 걸세. 그랬다면 우리 우정은 그날로 끝장났을 테니까."

오늘날까지 조 스티븐스는 "어깨를 둘러싼 그 모든 법석은 어처구니없는 일"로 보고 있다. "나는 스타인웨이사의 누군가가 그를 다치게 했다고는 단 1분이라도 생각한 적이 없다"고 스티븐스는 말한다.

"소송에 대해서는 어떻게 생각하나?"

"아무것도 아닌 걸로 헛소동 피운 거지 뭐. 나는 '그래, 사람들은 소송하기를 퍽도 좋아하는군' 하고 생각했지."

"그럼 자네는 정신과 의사로서 그 사건을 어떻게 해석하나?"

"글쎄, 글렌은 이미 심각한 건강 염려증 환자로 명성이 자자하지 않았나. 그러니 이 사건도 그 때문이라고 생각했지."

"그런데 자네는 어떤 상태를 '건강 염려증'이라고 보고 있나?"

"글쎄, 실제로 기질적인 이유 없이 나타나는 육체적 증상에 지나치게 중요성을 부과하는 것, 그리고 그런 증상에 의미를 과하게 매기는 것이라고 할 수 있겠지. 사실상 자기 어깨에 대한 글렌의 관심은 신체적인 면에서 보면 지나친 것이었어. 그건 망상에 가까웠어."

내 생각에는 글렌이 어떤 방식으로든 신체적인 손상을 입기는 입었을 텐데, 그것은 주로 나쁜 자세와 감정적인 긴장 상태에서 피아노를 계속 쳐 온 데서 기인한 마모로 볼 수 있다. 윌리엄 허퍼가 '등을 친 것'은 글렌에게 그런 증상을 호소할 빌미를 제공한 것 이상은 아니었다고 나는 생각한다. 이 사건 전에 이미 스타인웨이사 사람들과 불쾌한 다툼이 있어 온 데다, 우리도 알고 있듯 스타인웨이에서 예술가를 담당하는 윈스턴 피츠제럴드는 이 사건이 일어나기 얼마 전 글렌에게서 새로 장만할 돈처리 집으로 이사 와서 매니저가 되어 달라는 부탁을 받았지만 거절한 바 있었다.

나는 글렌이 팔로 이어지는 신경 어딘가에 경미한 수축에 의한 손상으로 고생하고 있는 것 같다는 차렌도프 박사의 말이 옳다고 생각한다. 그런 상태는 진단해 내기가 극히 어려우며, 이를 찾아내기 위해서는 신경 전달 작용에 대해 전문적인 전자 생리 기능 검사를 받아야 하는데, 이런 검사를 글렌이 받은 적은 없었다. 글렌의 불행한 처지는 신체 증상을 과장하고 극적으로 만드는 그의 건강 염려증적 성향으로 더욱 악화되었다. 그리고 여러 의사에게서 받은 수많은 치료와 서로 상충하는 의견은 아마도 그를 한층 혼란스럽게 만들었을 것이다. 또한 상체가 석고 깁스에 갇히는 경험으로 그는 움직일 수 없는 공포를 강제로 맛봄으로써 증세는 더욱 나빠졌다. 이 문제는 잠시 후 다시 얘기할 것이다.

1960년에 있었던 글렌의 장애가 일시적이었다는 결정적인 증거는 그해 글렌이 계속해서 연주회를 열었다는 사실이다. 여름에 그는 밴쿠버 음악 축제에 피아니스트와 지휘자로 참가했다. 거기서 런던 출신 작가이자 라디오 제작자인 험프리 버턴*을 만났는데, 버턴은 새로 등장한 텔레비전 분야의 음악에 관심을 가지고 있었다. 이후 두 사람은 친밀한 관계를 맺어 나갔고, 나중에 중요한 작곡가들에 대한 영상물 시리즈를 함께 만들기로 했다.

글렌이 19세기 피아노 작품을 좋게 생각하는 경우는 극히 드물었지만, 이 무렵 그는 요하네스 브람스에 친밀감을 느끼기 시작하여 브람스의 피아노와 현을 위한 오중주 바(F)단조 작품 34를 공연했고 녹음까지 했다. 브람스 음악은 우울과 활기가 묘하게 뒤섞인 특유의 달콤 쌉쌀한 맛이 배어 있는 작품이 많다. 성격 면에서도 브람스와 굴드는 공통점이 몇 가지 있다. 두 사람 모두 뛰어난 피아니스트로서 작곡과 지휘를 하고 싶어 했으며,

---

* 험프리 버턴Humphrey Burton은 BBC 음악 책임자로 오랫동안 일하며 많은 음악 프로그램을 기획하고 다큐멘터리도 제작했다. 또한 음악제나 행사를 주관하는 등 대중에게 클래식 음악을 전파하는 데 평생을 바쳤고, 그 공로로 2020년 신년 서훈 수여식에서 기사 작위를 받았다. 번스타인과 메뉴인에 대한 책도 펴냈다.

브람스도 굴드처럼 대위법 연구와 음악학적 분석에 열중했다. 남들과 떨어져 살며 거의 비밀스러운 생활을 유지하면서 끝내 결혼하지 않은 것도 두 사람의 공통점이다.[16] 또한 굴드는 브람스와 마찬가지로 다른 유명 피아니스트이자 작곡가의 아내였던 한 여성과 내밀한 관계를 가졌다.* 모든 위대한 인간에 대해서는 이런저런 소문이 떠돌게 마련이다. 그것이 사실에 근거한 것이든 아니든 간에.

글렌은 매우 까다로운 브람스 피아노 협주곡 1번 라(D)단조에 특히 관심을 가졌다. 1959년 10월 8일 매니토바 위니펙에서 처음 이 작품을 연주한 이래 1960년 4월 24일에는 인디애나 사우스 벤드에서, 그리고 1961년 8월 17일에는 밴쿠버에서 젊은 주빈 메타 지휘로 공연을 했다. 그리고 1959년과 1960년 브람스 간주곡 열 곡을 모두 컬럼비아에서 녹음했다. 이 녹음은 놀랄 만큼 독창적인 연주로서, 엄청나게 느린 속도에다 내적인 목소리를 드러내 준다. 글렌 자신은 이 녹음 연주를 "섹시"하다고 했는데, 글렌 입에서 나온 말로는 매우 예외적인 표현이라고 할 수 있다. 그러나 그 음악이 그를 성적으로 자극했다는 뜻인지, 아니면 다른 사람이 들으면 섹시하게 느껴질 거라는 얘기인지 분명히 설명한 바는 없다.** 1960년 글렌은 베토벤의 중요한 작품

---

* 브람스가 선배인 슈만의 부인 클라라를 흠모했던 것, 그리고 글렌이 작곡가 루카스 포스의 아내와 연인 사이였던 것을 빗댄 말이다.
** 이 간주곡을 들어 보는 사람은 누구나 어느 정도 '섹시함'을 느낄 수 있을 것이다. 이때 섹시함이란 성적인 느낌보다는 고요하고 명징하면서도 감각적인 아름다움을 접했을 때의 감탄사에 가깝다.

세 곡도 녹음했다. 소나타 17번 라(D)단조(〈템페스트〉)와 〈영웅
Eroica〉 변주곡 작품 35, 그리고 바(F)장조 변주곡 작품 34가 그것
이다.

1961년에도 글렌은 여전히 왼쪽 팔과 어깨 문제로 불평하고
있었다. 몇몇 연주회를 취소했는데, 그중에는 샌프란시스코 교
향악단과 하는 협연도 포함되어 나로서는 대단히 유감스러웠
다. 글렌을 나의 아내 리즈 데샹에게 소개하고 싶었기 때문이
다. 리즈와 나는 두 해 전인 1959년, 코릭 브라운*이 지휘하는 샌
타로자 교향악단 연주회가 끝난 뒤에 있었던 리셉션에서 처음
만났다. 이 연주회에서 리즈의 스승인 에곤 페트리가 베토벤의
〈황제〉 협주곡을 협연했고, 나는 바이올린 파트에서 연주했다.
리즈는 내가 정신과 의사라고는 생각지도 못했고, 심지어 바이
올리니스트라고도 의심해 보지 않았다고 한다. 턱시도 차림으
로 사람들에게 샴페인을 갖다주는 나를 보고 리즈가 처음 받은
인상은 뵈젠도르퍼 그랜드 피아노**가 있는 이 멋진 집의 집사가
틀림없다는 거였다.

우리는 처음 만난 날 저녁, 글렌 굴드 이야기를 하면서 둘 다
글렌 굴드에게 반해 있다는 사실을 알게 됐고, 그래서 더욱 가
까워졌다. 리즈 역시 전문 피아니스트였다. 그는 굴드가 해석한

---

* 코릭 브라운Corrick Brown은 38년 동안 샌타로자 교향악단의 두 번째 음악 감독으로 활동
  했다. 샌타로자는 캘리포니아 포도주 생산지인 소노마 카운티에 있다.
** 1828년 오스트리아 빈에서 시작한 뵈젠도르퍼Bösendorfer는 황실에 납품하는 피아노였
   다. 모차르트와 슈베르트 음악에 잘 어울린다는 평을 받고 있으며, 어둡고 풍부한 음색을
   갖고 있어 베토벤 곡을 연주할 때 선택하는 피아니스트도 있다.

〈골드베르크 변주곡〉에 매혹된 나머지, 그 음반이 발매된 직후 열여섯 살 나이로 〈골드베르크 변주곡〉을 연주하게 됐다고 한다. 우리가 만났을 때, 리즈는 바르샤바 쇼팽 콩쿠르에 참가할 준비를 하고 있었다. 몬트리올 출신의 프랑스계 캐나다 사람인 리즈는 글렌과 비슷한 문화적 특징을 공유하고 있었다.

1959년에 있었던 '공모자' 사건 이후 글렌은 나와 연락을 두절했다. 더 이상 전화도 편지도 없었지만, 나는 스티븐스 박사를 통해 글렌의 소식을 꾸준히 듣고 있었다. 글렌은 내가 리즈 데샹과 1960년 12월에 결혼했다는 사실을 전혀 모르고 있었기 때문에, 나중에 영어와 프랑스어로 된 결혼 발표문을 받았을 때 아마 매우 놀랐을 것이다. 그때 글렌은 여행 중이어서 그 소식은 몇 주가 지난 뒤에야 전해졌고, 그가 1961년 2월 17일에 보낸 편지에서도 알 수 있듯, 글렌은 놀란 게 분명했다.


친애하는 피터―개자식에게

도대체 빌어먹······ 두 달이나 지나서 결혼 소식을 알리는 저의가 뭐냐고. 뻔뻔스러워!

자네는 음악계뿐만 아니라 정신 의학계도 화나게 만들었어. 우리의 친구인 조 스티븐스 역시 이렇게 늦게 통고받은 나의 분노에 공감하고 있다네. [이는 글렌이 과장해서 말한 것이다. 조는 그보다 훨씬 전에 소식을 접했다.] 이 친구야, 나는 자네가 모든 일을 아주 일상적으로 처리한다는 것은 알고 있었네만, 그래도 한계가 있는 법이야. 자네를 한껏 야단치고 싶은 기분이지만, 이제부터 나에게 들르지 않고서는 몬트리올에 다시 올 수 없다는 [나는 리즈의 가족을 만나러 몬트리올에 갔었다] 말을 해 두어야겠군. 그렇게 가까이 있을 때는 말이야. ……

이만하면 충분히 열을 냈으니, 이제 자네의 결혼 소식에 얼마나 기뻤는지 진지하게 말해야겠군. 그리고 자네가 캐나다 사람과 결혼할 정도의 취향을 가진 걸 칭찬해 주고 싶네. 4월에 그 여성을 만나기를 기대하네.

충심을 다하여,
글렌[17]


글렌은 몇 달 후 결혼 선물로 유고슬라비아에 관한 근사한 책을 보내 주었다. 오래된 교회와 수도원의 멋진 프레스코 그림이 곁들여진 책이었는데, 아마 그 벽화는 최근 내전으로 지금은 대부분 파괴되었을 것이다. 리즈와 나는 그의 사려 깊은 선물에 감사했고, 이렇게 해서 우리의 연락선은 다시 열렸다.

연주회를 자주 취소하는 글렌에게 비교적 취소하기 쉬운 연주회가 있는가 하면, 그렇지 않은 연주회도 있었다. 연주회 취소가 특히 문제가 됐던 것은 1961년 유진 오르먼디 지휘로 필라델피아에서 베토벤의 〈황제〉를 협연하기로 했을 때였다. 오르먼디는 글렌에게 아버지 같은 존재로, 글렌은 오르먼디를 매우 좋아했다. 글렌에게 석고 깁스를 해 넣었던 필라델피아 정형외과의 스타인 박사를 추천해 준 사람도 오르먼디였다. 곧 보게 되겠지만, 석고 깁스를 했던 곳이 필라델피아라는 사실 때문에 글렌은 이 도시에서 연주회를 갖는다는 생각만으로도 공포에 떨곤 했다. 글렌은 오르먼디에게 이 사실을 어떻게 설명해야 할지 고심하면서 편지 초안을 여러 장 작성했는데, 마침내 보낸 편지의 초고 하나를 여기 소개하고자 한다.

친애하는 유진,

선생님께서는 가끔씩 이상한 요청을 받으셨을 텐데, 그래도 지금 제가 선생님께 부탁드리려고 하는 것만큼 비밀스러운(?) 것은 별로 없었을 겁니다(지난 며칠 전화드리려고 용기를 짜내 보았지만, 제가 요청하고자 하는 것이 하도 유별나게 느껴져 편지로 말씀드리는 게 한결 나을 듯싶습니다).

지난 몇 달 사이 저는 필라델피아 연주회에 큰 불안감이라고 할 수밖에 없는 병(이 말이 적절한지는 모르겠지만)에 걸리고 말았습니다. 이와 비슷한 경우는 일찍이 한 번도 없었습니다. 단지 그곳에서 연주한다는 생각만으로도 공포에 가까운 것을 느끼게 되니까요. 내 상상 속 필라델피아는 내가 거기서 보낸 몇 주일 동안 꼼짝도 못했던 ― 적어도 피아노를 칠 수 없었다는 의미에서 ― 경험과 뒤섞여 있습니다. ……

[이 초고는 여기서 중단됐지만, 다른 초고에서 글렌은 다음과 같은 말을 덧붙였다.] 이 모든 일에 대해 내가 얼마나 끔찍하게, 그리고 얼마나 바보처럼 느끼고 있는지만 말씀드릴 수 있을 뿐입니다. 그리고 저를 너무 가혹하게 단정하지 말아 주시기를 바랄 뿐입니다.[18]

유진 오르먼디의 부인 에마*에게 보내는 편지 초안을 포함하여 다른 초안도 여럿 남아 있다. 편지는 사과와 함께 관현악단을 실망시킨 점, 그리고 출연료에 관한 고민 등이 수수께끼 형식으로 쓰여 있었다. 이 편지들을 보면, 굴드는 자신을 아픈 사람이 아니라 나쁜 사람으로 여기고 있다. 확실히 이때 굴드는 감정적으로 병적인 상태였다고 할 수 있다. 필라델피아 무대에 선다는 생각은 그의 마음속에서 다시 "움직이지 못하는 상태"가 되는 것과 관련이 있기 때문에 이에 대한 반응이 공포증으로 나타난 것이었다. "이런 종류의 공포증은 흔들기(떨쳐 내기)보다는 걸려 버리는 편이 한결 쉽다"고 그는 쓰고 있다. 그는 끔찍한 환상을 떨쳐 버릴 수 없었다. 그 환상은 아픈 어깨에 관한 오래된 무용담과 분명히 연관이 있었다. 그는 다치는 꿈을 꾸었다는 얘기도 하고 있다. "며칠 전 꿈을 꾸었는데, 그 꿈에서 나는 [필라델피아] 아카데미 무대 옆에서 등장할 준비를 하고 있는 것 같았어요. 그런데 무대를 향해 걸어 나가다 어떤 줄에 걸려 넘어졌습니다. 그리고 팔을 부러뜨리는 걸로 꿈은 끝납니다. ······"[19]

불행히도 글렌은 자신이 감정적으로 병적인 상태라는 사실을 간단히 인정하고 전문가들에게 도움을 청할 생각은 하지 못했다. 스티븐스 박사에게도 필라델피아 공포증에 대해서는 한 번

---

* 오르먼디는 1946년 첫 부인 스테파니와 이혼하고 1950년에 빈 출신의 마가레트와 결혼, 해로했다. 에마라는 이름을 가진 여성이 누구인지는 알 수 없으나, 오르먼디의 연주 일정을 담당하는 비서나 보좌진이었을 수 있다. 출연료까지 고민하는 내용이 있으니 사무를 처리하는 사람이었을 확률이 높다.

도 언급한 적이 없었다. 대신 이를 오르먼디에게 극적이고도 신비한 방식으로 설명하느라 큰 고생을 하면서, 그러는 것이 "바보스럽고", "정신 나간 짓"인 양 자신을 비난하고 있다.

오르먼디는 이 상황을 무난히 해결했다. 그 얼마 전 모스크바 차이콥스키 콩쿠르에서 1등상을 탄 밴 클라이번이 글렌을 대신해 독주자로 나섰다. 오르먼디는 글렌이 당황하지 않도록 다음과 같은 편지를 써 보냈다.

"내가 반에게 말을 걸 때마다, 어떤 심리적 이유 때문인지 그를 글렌이라고 불렀다네. 자네는 이 말에 킬킬거리며 웃겠지. 내가 그런 실수를 세 번째 했을 때, 그는 오히려 개의치 않는다고 내게 말했다네. 자신은 글렌을 좋아하기 때문에 글렌이라는 이름으로 불리는 것을 기쁨이자 영광으로 받아들인다면서 말이야."[20]

이런 식의 아첨은 늘 글렌에게 효과가 있었다. 조 스티븐스는 "글렌은 칭찬과 관심을 광적으로 원하는 사람이었다"고 말한다. "그런데도 자신이 관심을 끄는 바로 그 행동을 하고 있다는 사실을 그 자신은 모르는 거야. [그가 연주하는 방식에서] 쉽게 찾을 수 있는 가장 좋은 예는 굉장한 속도로 연주하는 것이지. 그러나 [그에게] 그것은 관심을 얻기 위해서가 아니라 단지 그가 음악을 이해하는 방식이 그런 거였어. 만약 나라면 '나는 누구보다 빨리, 그리고 정확히 연주할 수 있어. 그러니 나는 굉장히 돋보일 거야'라고 의식하게 될 텐데, 그는 자기를 과시하는 데 너무나 완벽한 사람이어서 그 사실을 의식할 수 없었던 거야.

그는 늘 음악의 순수성을 얘기하며 기교를 위한 기교를 얼마나 혐오하는지 모른다고 말했지만, 자신이 다른 사람의 관심에 탐닉하는 초超나르시시스트라는 걸 꿰뚫어 볼 만한 통찰력은 없었던 거지."[21]

"자신의 동기를 모르는 사람"이 심리 치료로 효과를 볼 수 있을지에 대해서는 회의론을 표방하는 스티븐스이긴 하지만, 한때 그는 섬세한 외교적 방식으로 글렌을 토론토에 사는 한 동료에게 소개해 준 적이 있다. 어쩌면 그 동료 의사가 글렌을 치료할 수도 있었을 것이다. 사건의 전말은 다음과 같다. 1962년 여름, 글렌은 스티븐스에게 토론토에 있는 내과 의사를 한 명 소개해 달라고 부탁했고, 스티븐스는 얼마 전 존스 홉킨스 대학 정신과 수련 프로그램을 끝마친 스탠리 E. 그레벤에게 편지를 썼다.

친애하는 스탠,
나는 글렌 굴드에게 자네를 내과의로 추천하고 자네에게 전화해 보라고 했네. 그에게 필요한 것은 자신을 진지하게 받아 주면서 한편으로 아무 이상이 없다고 안심시켜 줄 사람이야. 물론 진짜로 별 이상이 없다면 말이야. 글렌을 이해하는 데는 인내가 필요한 데다 심리학적으로 좀 복잡해. …… 글렌은 건강 염려증 환자지만 대단히 매력적인 사람이니, 어쩌면 자네도 글렌을 좋아할 수 있을 거야. 둘 다 이웃에 살고 있는 셈이니 아마 그가 어느 날 저녁 자네를 보러 찾아갈지도 몰라.[22]

지금 그레벤은 토론토 대학 정신과 교수이자 정신 분석가로 공연 예술가들을 치료하는 데 주도적인 인물이다. 글렌이 그레벤 박사에게 전화를 하기는 했다. 그러나 글렌이 요청한 것은 "계속되는 기침" 때문에 이비인후과 전문의를 구해 달라는 것이었고, 그레벤은 글렌에게 W. 굿맨 박사의 이름을 알려 주었다. 6주쯤 지나 글렌은 그레벤 박사에게 전화해서 박사 부부를 세인트 클레어 애버뉴에 있는 자신의 아파트로 한잔하러 오라고 초대했고, 세 사람은 글렌이 한때 살아 볼까 생각했던 애버뉴 로드에 있는 아파트형 호텔에 있는 레스토랑 벤베누토에서 저녁 식사를 했다. "글렌은 매우 따뜻한 사람이었다"고 그레벤 박사는 내게 말했다.

　"그는 확실히 매우 민감하고 수줍음을 많이 탔지만 쌀쌀맞은 사람은 아니었어요. '나는 유명 인사니까, 당신들은 나랑 있는 걸 고마워해야 해' 하는 식으로는 행동하지 않았어요. 오히려 그 반대였어요. 수줍은 사람이 그렇듯 매우 친절하고 편안한 사람이었습니다. 그는 내가 5분 동안 전화로 통화한 아주 사소한 일에도 빚진 느낌을 갖고 있는 게 분명했습니다. 그래서 갚고 싶어 한 거였죠."

　"정신과 의사로서 그에게 어떤 인상을 받았습니까?"

　"글렌은 음식에 그리 까다롭지는 않더군요. 그런 문제와 관련해서는 전혀 어려운 사람이 아니었습니다. 그리고 사람을 힘들게 하지도 않았어요. 웨이터에게도 전혀 까다롭게 굴지 않았고, 요구도 많지 않았어요. 나는 성급하게 심리학적 진단을 내리는

편은 아니지만, 내가 받은 인상은 근심과 두려움이 많은 사람이
라는 거였습니다. 공포증이라고 할까요?"

"어떤 면 때문에 공포증이라고 보십니까?"

"말하자면, 그가 옷 입는 방식도 그중 하나라고 볼 수 있어요.
내가 보기에 그는 냉기가 들까 봐, 감염될까 봐, 또는 병에 걸릴
까 봐 두려워하는 사람 같았습니다. 꼭 그런 사람으로 보였어요.
그리고 좀 쇠약[허약]해 보였어요. 자신에 대해 걱정을 좀 하는
것 같았지만 말로 표현하는 식은 아니었고, 건강에 자신이 없는
태도였어요. 지나치게 자신을 보호하려는 것 같았어요. 저는 그
것도 건강에 대한 걱정과 두려움 때문이었다고 봅니다."

"당시 그의 심리 치료사가 될 의향이 있었습니까?"

"네, 그랬던 것 같아요. 친구가 되어도 매우 괜찮을 사람이었
어요. 그런데 그의 수줍음 때문에 그렇게 되기는 쉽지 않았을 것
같아요. 내가 괜히 끼어들어 그를 간섭하고 싶지는 않았습니다.
조[스티븐스]는 글렌과 나 사이에 뭔가 통하는 게 생기기를 바라
고 있었고, 나 역시 긍정적으로 생각하고 있었습니다. 그래서
마음 한구석에는 글렌과 내가 함께 할 수도 있었을 텐데, 글렌이
나를 선택하지 않았다는 것이 늘 아쉬움으로 남아 있어요. 당신
도 알다시피 나는 많은 예술가를 상대했고, 아주 창조적이고 예
술적인 사람을 매우 존경합니다. 그렇기 때문에 나는 글렌이 자
신을 통제하는 방식에 감탄했고, 그런 공포증에 대처하기 위해
내가 할 수 있는 한 기꺼이 그를 도왔을 겁니다. 나는 그런 사람
을 많이 치료해 왔으니, 만약 글렌과도 함께 했다면 매우 흥미로

였을 겁니다."

"당신은 최대한 문을 활짝 열어 놓으셨던 거군요."

"그렇지요. 그런데 글렌은 다시 내게 연락을 해 오지 않았습니다."[23]

만약 글렌이 스탠리 그레벤과 같은 섬세하고 유능한 사람에게 치료를 받았더라면 틀림없이 혜택을 받았을 것이다. 그렇지만 이는 실현되지 못했다. 끔찍한 공포에 시달리던 글렌에겐 그나마 운 좋게도 스티븐스가 있었다. 스티븐스는 심리 치료를 갈음할 만한 우정과 자신의 직업에서 나온 객관성, 그리고 음악에 대한 이해심을 아끼지 않고 베풀어 줌으로써 글렌을 수년 동안 섬세하게 이끌어 나갔다.

1952년 페인-휘트니 클리닉에서 근무하던 시절 피터 오스트왈드(왼쪽)와 조지프 스티븐스.
두 사람 모두 정신과 의사이자 음악에 조예가 깊었다.

피터 오스트왈드와 그의 부인 리즈 데샹. 리즈 역시 피아니스트로서 굴드의 팬이었다.

## 18
# 작곡과 연주 사이에서

글렌은 이십 대가 끝나 갈 무렵, 또다시 작곡하고 싶다는 갑작스러운 충동에 휩싸였다. 이번에는 오페라를 쓰고 싶어 했다. 두 해 동안의 습작기를 거쳐 스물세 살인 1955년, '작품 1'인 현악 사중주를 완성한 뒤로 글렌은 작곡에 전혀 손을 대지 못하고 있었다. 글렌의 작곡가 친구인 오스카 모라웨츠가 한 말처럼, 글렌이 그토록 작곡가가 되고 싶어 했던 것은 '불멸'을 향한 그의 소망과 관련이 있다 ─ 자신의 인격체가 뭔가 손에 잡히는 구체적이고 독특한 개성으로 드러나 죽은 뒤에도 영원히 남고자 하는 욕망 말이다.

1962년에 한 어느 인터뷰를 보면, 글렌은 그 자신을 "많은 것을 할 수 있는 일종의 음악적인 르네상스인"으로 생각했고, "작곡가가 되기를 분명히 원했으며, 지금도 원하고 있다"고 말했다.[1] 글렌이 진실로 작곡가가 되고 싶어 한 것은 주변 사람도 알고 있었다. CBC에서 글렌의 초기 영상물과 녹음 기획물을 감독했던 프란츠 크래머는 글렌과 작곡에 관해 긴 토론을 벌이곤 했다(크래머는 오스트리아에서 캐나다로 이민 오기 전, 작곡가가 되기 원했던 사람이다. 그는 한때 알반 베르크의 제자였다). "기본적으로 글렌은 작곡가였다"고 크래머는 내게 말했다.

"글렌은 모든 걸 머리로 다 만들어 냈어요. 음악에 접근하는 방식은 대위법적이고 논리적이었죠. 대위법에 대한 감각은 정말 탁월해 연주를 하면서 그에 상응하는 선율을 노래로 부를 정도였습니다. 굉장히 창조적인 사람이었어요. 만약 20년 더 살았더라면 작곡을 많이 했을 겁니다."[2]

현악 사중주를 성공적으로 완성했을 때 글렌은 스스로 뿌듯하면서도 동시에 부끄러움을 느꼈다. 자신의 음악적 창조성을 정말로 표현해 냈다는 점에서 자랑스러웠고("[나의] 사춘기에 가장 깊이 영향을 준 모든 것을 주관적으로 통합했다"),[3] 자신이 현악기를 다루는 데 서투르다는 사실이 이 사중주 작품에 드러나 있다는 것을 알기에 부끄러워했다. 사중주를 쓰는 동안 글렌은 하비 올닉을 포함해 몇몇 노련한 음악가에게 기술적인 충고를 구하기도 했다.

[올닉의 기억에 따르면] 그는 어떤 때는 새벽 한 시에도 전화를 했습니다. 사중주에서 세 마디를 더 썼으니 다시 들려주고 싶다는 거였죠. 그는 언제나 내가 감탄해 주기 바랐고, 사실 그의 작업은 굉장

하다고 나는 생각했습니다. 그러나 피아노곡으로 그렇다는 것이지, 현악 사중주로서는 아니었습니다. 왜냐하면 현악 소리를 매력적으로 들리게 하기 위해서는 피아노와는 다른 음역을 사용해야 한다는 사실을 그는 배운 적이 없었기 때문이죠. 그리고 작곡이란 일종의 유언장과도 같은 것으로, 사전에 자신이 원하는 바를 미리 결정해 두어야 합니다.[4]

글렌은 작곡하는 법을 재빨리 터득한 것 같다. 그가 최종적으로 내놓은 현악 사중주를 보면 현악기를 효과적으로 사용하고 있으며, 상투적인 피아노 스타일에서 놀랄 만큼 벗어나 있기 때문이다. 이 곡을 들었을 때 맨 처음 와닿는 인상은 매우 진지한 작품이라는 것이었다. 평소 글렌의 행동에서 뿜어져 나오는 유쾌함이나 익살맞음이라곤 전혀 찾아볼 수가 없었다. 대신 굉장히 음울하고 때로 초조하며, 어떤 때는 참을 수 없을 정도로 긴장된 다성 음악을 35분 내내 듣고 있어야 한다. 이 곡의 저변에 흐르는 음조는 바(F)단조로, 기본적으로 우울한 분위기를 깔고 있다. 작곡 스타일은 완전히 구시대적인 기법을 사용하고 있어, 때론 안톤 브루크너나 리하르트 슈트라우스 곡처럼 들리기도 한다. 글렌이 익히 알고 있고, 연주회에서 늘 윗자리를 차지하던 20세기 작곡가들, 쇤베르크나 베르크, 베베른과 같은 무조주의 음악의 흔적은 전혀 찾아볼 수 없다.

글렌은 자신의 현악 사중주를 설명하는 긴 설명문에서 자신의 작품이 "쇤베르크 음악에 대한 나의 숭배"를 반영한 것이 아니라, 그가 쇤베르크에 대한 찬미 못지않게 강하게 품고 있는 "쇤베르크 이전 세대의 빈 낭만주의"에 대한 사랑을 즐거운 마음으로 표현한 것이라고 썼다.[5] 실제로 당시 글렌은 쇤베르크와 동시대인이면서도 새로운 작곡 기법인 12음 기법을 깡그리 무시하고 고집스럽게 후기 낭만주의 형식에 매달렸던 리하르트 슈트라우스 음악에 대한 사랑을 한창 키워 가고 있었다. 글렌은 슈트라우스의 교향시와 오페라를 끊임없이 듣곤 했다. 완전히 외우고 있는 작품도 한둘이 아니었고, 또 그 곡들을 피아노로 직접 편곡하여 즐겨 연주하면서 입으로는 주선율을 큰 소리로 따라 부르곤 했다.

　글렌이 특히 좋아한 슈트라우스 음악은 오페라 〈카프리치오〉의 첫 부분을 장식하는 현악 육중주와 슈트라우스가 여든한 살에 작곡한 현악 합주곡 〈변형〉*이었다. 글렌이 현악 사중주를 작곡할 때 표본 구실을 한 것도 이 두 작품이었다. "내가 특별히 사랑하는 작곡가들이 사용했던 화성학적 어법으로 작곡했지만, 최근 내가 배웠고 또한 사실상 훨씬 오래전 대가들에게서 배운 대위법을 독립적으로 사용하면서 화성학 어법을 구사했다"고

---

* 　2차 대전이 끝나 가던 1945년 2월 중순, 쏟아진 폭탄으로 완전히 폐허가 된 드레스덴을 본 노년의 슈트라우스가 쓴 곡이다. '변형Metamorphosen'은 슈트라우스가 말년에 열심히 읽던 괴테의 자연 시집 『식물 변형론』과 『동물 변형론』과 관계가 깊다. 세상 만물이 하나에서 나와 변형된다는 시집 속 철학이 반영된 듯, 이 곡의 형식 역시 주제에 얽매이지 않고 자유로이 악상을 변형시켜 나간다. 현악 주자 스물셋으로 구성된 합주곡이지만, 스물세 명 주자가 다 자기 가락을 따라가도록 되어 있어 총 23성부를 이룬다. 이는 굴드가 좋아할 만한 특징이다. 이 곡은 '변형' 또는 '변용'이라고도 불리는데, 여기서는 슈트라우스가 젊은 시절 작곡한 〈죽음과 변용〉과 구분하기 위해 '변형'이라고 옮겼다.

글렌은 분명히 밝혔다.[6]

그의 사중주곡은 신비로운 분위기로 시작한다. 다른 현들이 안개처럼 낮게 깔리는 가운데 제2 바이올린이 연주하는 네 음으로 된 주제가 천천히 배회하듯 떠오른다.

굴드가 작곡한 현악 사중주의 도입부 악보. 신비하게 울리는 이 네 음이 주제음이다.

이 핵심 주제가 발전하여 곡 전체를 이루어 나간다. 먼저 긴 도입부 속에 퍼지듯이 흐르다가 서정적인 노래 형식의 멋진 제2 주제에 힘을 실어 주며, 매우 복잡한 발전부에 이르러서는 적절히 조절되다가 나중에는 푸가로 변형되는 데까지 나아간다. 글렌이 '코다'라고 부르기 주저했던 발전부의 마지막 300마디 분량에서는 이 네 음으로 이루어진 주제에서 파생한 대위법적 변형 중 상당 부분이 반복 연주된다. 긴 재현부에서는 다양한 주제가 대위법적으로 치밀하게 뒤섞이다가 이전에 나온 모든 것을 또다시 드러낸다.

글렌의 사중주곡은 네 현악기 모두 중간 음역에서 낮은 음역까지 주로 연주하는 경향이 있다. 높은 음역으로 치고 올라가는 경우는 거의 없어서 전체적으로 통일성을 이루어 낸다. 이 때문에 자칫 지루한 느낌을 줄 수도 있지만, 갑자기 화성학적인 기법을 써서 밝은 음색을 가미한 '준؊클라이맥스'를 이따금씩 넣어 줌으로써 지루함을 덜고 있다. 야수처럼 날뛰던 이 거대한 대위법은 마지막에 각기 다른 네 현악기가 약한 트레몰로를 계속 깔아 주는 가운데 스르르 잠이 든다.

이 곡을 듣고 나면 19세기 후반 유행했고, 리하르트 슈트라우스가 20세기 초반까지도 성공적으로 구사했던 풍부한 낭만주의 스타일을 글렌이 최고 솜씨로 재현해 냈다는 인상을 받게 된다. 굴드는 대위법을 솜씨 있게 사용하면서 이 낭만주의 형식을 훌륭하게 흉내 내고 있다. 때로 좀 길다 싶은 부분도 있지만 어쨌든 이 곡을 듣고 있으면 감동을 받게 된다.

그런데 혁신적이라고 자처하는 우상 파괴주의자의 작품이라는 것을 감안하면, 이 작품이 가지고 있는 확실한 보수성에 분통이 터질 것이다. 어쩌면 굴드는 작곡가로서 자신만의 목소리, 즉 음악학자 메이너드 솔로몬*이 말했던 "이전에 한 번도 들어 본 적이 없는 말로 얘기하는"[7] 능력을 아직 발견하지 못한 것인지도 모른다. 그렇지 않다면 — 아마 이럴 가능성이 더 높은데 — 사실 그게 진짜 그의 목소리일 수도 있다. 그리고 자신이 갖고 있는 보수적인 측면을 확실히 표현하기 위해 이를 사용한 것인지도 모른다.

사실 글렌은 여러모로 캐나다 촌사람 같은 자질, 즉 자신의 믿

---

* 현대 미국의 가장 영향력 있는 음악학자로 그가 발표하는 음악가의 전기는 늘 학계와 대중의 주목을 받았다. 1977년 발표한 베토벤 전기는 세심한 연구와 신선한 해석으로 큰 반향을 일으켰고, 모차르트 전기는 1996년 퓰리처상 최종 후보에 올랐다. 2004년 일흔넷 나이로 발표한 『후기 베토벤, 음악, 생각, 상상력』 역시 반향을 일으켰다. 1950년대는 형과 함께 뱅가드 음반사를 만들어 클래식부터 재즈까지 두루 발매했으며, 매카시즘 시대에는 블랙리스트에 오른 음악가와 계약하는 것으로도 유명했다.

음에 안주하며 캐나다인이라는 데 자긍심을 느끼고, 진보에는
관심이 없는 자부심 강한 성품을 지니고 있었다. 그는 평생 같
은 종류 옷만 입었고, 먹는 음식도 거의 바꾸지 않았다. 한동안
스테이크를 줄곧 먹다가 그다음에는 쭉 생선만 먹었고, 나중에
는 스크램블드에그만 먹었다. 그는 고독을 열렬히 사랑했고, 자
신의 계획을 한마음으로 추구해 나간 사람이었다. 게다가 리하
르트 슈트라우스는 그가 숭배하는 음악가였다. 그러니 작곡가
로서 자신이 어디까지 나아갈 수 있는지 알아보기 위해 자신이
숭배하는 선배 작곡가의 틀을 빌려 쓰지 못할 이유가 어디 있겠
는가.

작곡가로서 자기 한계를 시험해 보는 것, 그것이 아마도 굴드
의 현악 사중주가 담고 있는 가장 중요한 메시지일 것이다. 그는
이 곡이 자신의 수련기를 극히 개인적으로 반영한 작품이라고
보았다. 그가 어린 시절 가장 즐겨 했던 일이 바그너의 〈트리스
탄과 이졸데〉를 듣는 것이었고, 그것을 들으면 울게 된다고 했
었다.[8] (글렌은 우는 모습을 보인 적이 없다.) 자신이 그렇게 작곡할
수밖에 없었던 데는 무의식적 요소가 있었다는 것을 깨달은 글
렌은 "내가 사중주를 만든 것이 아니었다. 사중주가 나를 만들
었다"[9]고 적고 있다. 그리고 다음에는 더 잘할 수 있다는 것도 알
게 되었다.

"모든 작품 1은 없애야 한다. 작품 1이 비록 정신적으로 카타
르시스 효과를 갖고 있다 하더라도, 그 자체가 안고 있는 부족한
창조력에 대한 변명은 되지 못한다. 제대로 시작하는 것은 작품

2부터다!"[10]

그러나 글렌 생전에 작품 2는 태어나지 못했으며, 그 자신 또한 정식 기악곡을 작곡하려는 시도도 다시 하지 않았다(그렇지만 다른 작품들은 그가 죽은 뒤 출판되었다). 자기 생각을 순수 음악보다는 말이나 글로 표현하려는 욕구와, 공연과 영상물로 그것을 극화하려는 열망에 에너지를 너무 많이 소모했기 때문이다. 그래서 "작곡가가 되는 것"은 실현 가능성이 거의 없는 스스로가 상상한 자기 이미지의 일부로서, 다시 말하면 환상으로 남고 말았다. 그는 아주 가끔씩 그 환상을 실현해 보려는 시도를 했을 뿐이다. 그의 개인 서류를 뒤적이다 보면 여기저기 그가 작곡하고 싶어 했던 것에 대한 구상과 실제로 작곡했던 몇몇 단편을 발견할 수 있다. 그 한 예로, 1959년 작곡가 데이비드 다이아몬드*에게 보낸 편지를 들 수 있다.

"저는 클라리넷과 피아노를 위한 소나타를 만드느라 고생하고 있습니다. 자꾸만 오중주가 되려고 하는 것을 막기 위해 필사적으로 노력하고 있답니다. 피아노 부분을 쓸 때는 자꾸 표현을 많이 하게 되는 데다 왼손을 일종의 오르간 페달로 여기는 경향이 있어 첼로 말고는 연주가 불가능한 상태로 끝나게 됩니다."[11]

---

*     1940년대와 1950년대 번스타인, 오르먼디, 미트로풀로스 등이 자주 연주했던 다이아몬드의 음악은 무조주의가 득세하는 1960년대부터 인기를 잃었다. 어렸을 때 가난했던 탓에 독학으로 음악을 익힌 그는 열여섯 살에 교향곡을 쓸 정도로 재능이 있었다. 이스트먼 음악 학교에서 공부하고 1935년 유럽으로 건너가 나디아 불랑제를 사사하며 라벨 등 유럽 작곡가들을 만났다. 2차 대전이 발발해 미국으로 돌아와 열정적으로 곡을 발표했다. 교향곡만도 열한 곡이다. 매우 감정적인 데다 숨김없는 성격으로 일찍부터 게이임을 밝혔던 그는 동성애 혐오증과 반유대주의로 어려움을 겪은 작곡가이기도 하다.

그런데 이 작품을 쓴 흔적은 어디에도 남아 있지 않다.

글렌은 현악 사중주를 끝내자마자 그것을 연주할 기회를 찾고 있었다. 그는 몬트리올 현악 사중주단의 창단 멤버인 바이올리니스트 오토 요아힘*에게 악보를 한번 봐 달라고 졸라 댔다.

> [요아힘에게 보낸 편지에 쓰기를] 가장 확실한 진정제를 준비해 놓도록. 이제 자네는 내게 한바탕 큰소리를 듣게 될 테니까! 자네도 기억하겠지. 그 사중주를 족히 두 달 동안이나 자네가 갖고 있었다는 것을 [……] 내 성격과는 맞지 않게 나는 더없는 인내심을 가지고 기다려 왔다네. 그리고 지난 두 달 나는 자네들을 위해 돈도 받지 않고 엄청난 홍보를 해 주었어. 여행하는 동안 인터뷰를 꽤 많이 했는데, 그때마다 자네들이 [그 사중주곡을] 연주한다(?)는 것을 언급해 왔어. 물론 이건 순전히 위대한 이타주의에서 나온 것이지.[12]

1956년 몬트리올 현악 사중주단은 글렌의 사중주곡을 CBC에서 방송용으로 연주·녹음했고, 1960년에는 클리블랜드 심포니아 사중주단이 녹음하여 판매용으로 발매했다(컬럼비아 MS

---

* 1910년 뒤셀도르프의 유대인 집안에서 태어난 그는 십 대 후반 쾰른에서 바이올린과 비올라를 공부하며 데뷔를 준비하다 히틀러가 집권한 이듬해인 1934년 '취업차' 동양으로 떠났다. 이후 15년 동안 호텔, 클럽, 악단 가리지 않고 연주했고, 라디오 가게를 열어 전자 장비로 실험도 했으며 악기와 음반을 수집하고 수리하기도 했다. 이 경험은 이후 그가 전자 음악 작곡가가 되는 데 영향을 미쳤다. 이후 캐나다에 정착한 뒤 몬트리올 교향악단과 맥길 실내 관현악단의 비올라 수석 주자가 되었고, 1955년 첼리스트 동생과 함께 몬트리올 현악 사중주단을 구성했다. 작곡에도 몰두했으며, 1956년부터 맥길 음악원과 몬트리올 음악원에서 가르치며 고악기 협회를 창설하기도 했다.

6178). 최근* 선보인 뛰어난 녹음으로는 브뤼노 몽생종**과 질 아 팝,*** 제라르 코세,**** 알랭 뫼니에*****가 연주한 것이 있다(소니 SK 47184). 이런 녹음이 나온 것은 오직 글렌이 유명한 음악가였 기에 가능했다. 유명한 실내악단들은 이 작품을 주요 레퍼토리 로 삼지 않았다. 한때 글렌은 클레어몬트 사중주단의 제1 바이 올리니스트인 마크 고틀리브******를 붙잡고, 자신의 작품을 연주 하는 것에 대해 얘기를 늘어놓았지만 거절당했다. "우리는 이런 풋내기 같은 작품을 연주할 수 없었다"고 마크는 내게 말했다. "그 작품은 지나간 시대의 분위기를 풍기는 거였습니다. 요즘 시대 그런 작품을 듣고 앉아 있을 사람은 없어요."[13]

글렌은 오페라를 작곡하고 싶다고 여러 차례 말해 왔고, 스물

---

* 언급한 소니 음반은 1992년에 나온 것으로, 굴드의 사중주는 오늘날까지 제법 연주되고 있다.

** 1943년생인 브뤼노 몽생종Bruno Monsaingeon은 프랑스의 바이올리니스트이자 영상 제 작자로 글렌 굴드를 비롯, 피아니스트 리히터와 바이올리니스트 오이스트라흐, 메뉴인 등 유명 음악가를 취재, 영상으로 남겼다.

*** 질 아팝Gilles Apap은 1963년 알제리에서 태어나 프랑스에서 자란 바이올리니스트다. 이 십 대 초반 예후디 메뉴인 콩쿠르 현대 음악 분야에서 1등상을 받았다. 메뉴인이 "21세기 의 진정한 바이올리니스트"라고 극찬한 아팝은 미국 관현악단의 악장으로 있으면서 독주 자로도 활동해 왔다.

**** 비올라라는 악기의 매력을 널리 알린 프랑스 비올리스트 제라르 코세Gérard Caussé는 작 곡가 피에르 불레즈와 함께 실내악단을 만들고 이끌며 1970년대 전성기를 누렸다. 바로크 음악부터 현대 작곡가들 작품까지 두루 소화하며, 파리 고등 음악원에서 비올라를 지도하 고 있다.

***** 1942년생 알랭 뫼니에Alain Meunier는 프랑스 첼리스트로 프랑스와 이탈리아에서 공부했 다. 리옹 음악원에서 후학을 기르며 로스트로포비치 첼로 경연 대회 등의 심사 위원을 맡 기도 했다.

****** 1960년대 맹활약한 클레어몬트 사중주단 창단 단원 마크 고틀리브Mark Gottlieb는 미국 실내악계의 유명 인사였다. 줄리아드를 졸업하고 피바디 음대에서 가르쳤다.

아홉 살에 리하르트 슈트라우스 음악에 빠지면서 영감을 받아 '아이들II ChildrenII' 또는 '리하르트 슈트라우스가 오페라를 작곡하다Richard Strauss Writes an Opera'라는 제목으로 오페라를 만들 생각으로 몇 가지 아이디어를 적어 놓기도 했다. 그가 구상한 주요 등장인물은 다음과 같다.

1. 작곡가
2. 작곡가의 딸
3. 딸의 남편
4. 12음 기법 작곡가
5. 전음계 작곡가
6. 전자 공학자

남아 있는 몇몇 대사를 보면 자전적 요소가 매우 분명하게 드러난다(이 대사를 노래하는 인물은 작곡가의 딸이라고 판단된다).

아버지, 성공을 즐길 수 없다면 성공이 아버지에게 무슨 의미가 있나요…… 아버지는 성공했다는 증거를 원하시는데 ─ 바그녀를 보세요, 세상이 그의 발아래 놓였지요 ─ 그렇다고 바그녀가 작곡을 그만두었나요? 천만에요. 오히려 그 때문에 영감을 받았지요. …… 한번 생각해 보세요, 아버지. 아버지의 오페라를 카라얀이 지휘하고, 아버지의 소나타를 클라이번이 치고 ─ 아버지의 교향곡을 번스타인이 연주한다는 생각을요.

또 다른 편린도 보이는데, 추측건대 '12음 기법 작곡가'가 '작곡가'에게 하는 말인 것 같다.

선생님, 무겁기 짝이 없는 이런 낭만적인 양식은 우스꽝스럽다는 것을 아셔야 합니다. 지금은 무조 시대지, 음계 시대가 아니라고요…… 이것이야말로 우리 시대를 표현할 수 있는 유일한 방법이란 말입니다, 선생님. 인간이 모든 것을 창조하고 지휘하는 시대, 인간이 모든 것에 명령을 내리고, 무릎 꿇지 않고, 구걸하지 않으며, 울지 않는 시대 ― 왜냐하면 이제는 인간을 일으켜 세워 주고 호의를 베풀며 눈물을 닦아 줄 사람이 없기 때문입니다.[14]

만약 굴드가 이 오페라나 다른 오페라를 썼다고 해도 원고를 없애 버린 것이 분명하다. 그의 서류 가운데 오페라 악보 비슷한 것도 찾을 수가 없기 때문이다. 그러나 글렌의 창조력을 과소평가해서는 안 된다. 글렌은 단지 오페라나 큰 규모의 작품을 만들어 내는 작곡가의 기질을 갖고 있지 못했을 뿐, 그의 현악 사중주 작품 1은 작곡가로서 그의 재능을 충분히 보여 주고 있다. 그러나 작곡하는 데 필요한 시간과 에너지를 그는 다른 데다 쏟고 있었다.

1961년과 1962년 사이 글렌은 피아노 협주곡을 세 곡이나 녹음했다. 월터 서스킨드*가 지휘하는 CBC 교향악단과 모차르

* 1913년 체코 출신으로 본명은 얀 쥐스킨Jan Süsskind이다. 프라하 음악원에서 피아노와 작곡을 배운 다음, 셸에게 지휘를 배우고 조수로서 오페라로 데뷔했다. 1939년 암스테르담

트 협주곡 24번 다(C)단조 K.491을 녹음했고, 같은 CBC 교향
악단과 로버트 크래프트* 지휘로 쇤베르크 피아노 협주곡 작품
42를, 그리고 레너드 번스타인이 지휘하는 뉴욕 필하모닉과는
베토벤 협주곡 4번 사(G)장조 작품 58을 녹음했다. 여기다 리하
르트 슈트라우스가 앨프리드 로드 테니슨의 서사시에 곡을 붙
인 〈에녹 아든〉**을 클로드 레인스***를 내레이터 삼아 녹음했다.
또한 레너드 로즈와 함께 베토벤의 첼로와 피아노를 위한 소나
타 3번 가(A)장조 작품 69를 녹음했고, 베토벤 삼중주 라(D)장
조 작품 70의 1(〈유령〉)을 레너드 로즈, 오스카 셈스키와 함께
녹음했다. 그 외에도 바흐의 〈푸가의 기법〉을 1번에서 9번까지
온타리오 킹스웨이에 있는 만성萬聖 교회All Saint's Church 오르간으
로 연주·녹음했고, 바흐의 〈평균율 클라비어곡집〉에서 1번에

---

에서 피아노 독주회를 여는 사이 독일이 체코를 점령하자 귀국을 포기했고, 1942년 영국
으로 망명해 체코 삼중주단을 결성해 활동했다. 영국에서 오페라를 지휘하다 전쟁 후 스코
틀랜드 관현악단 음악 감독으로 부임했고, 오스트레일리아 멜버른 교향악단을 거쳐 토론
토 교향악단에도 몸담았다. 굴드와의 협연도 이때 이루어진 것이다.

* 미국 지휘자 로버트 크래프트Robert Craft는 커리어 초기 고古음악과 제2 빈 악파에 관심
을 가져 알반 베르크의 오페라를 미국에 초연했다. 현대 음악에 대한 관심은 평생 놓지 않
았으나, 1948년 스트라빈스키를 만난 후 이 러시아 망명 작곡가의 오페라 대본을 편집하
고 연주하고 대담집과 자료집 등을 냈으며, 함께 살기도 했다. 2002년 스트라빈스키와 맺
은 인연을 담은 회고록을 출간했다.

** 저자는 이 시를 서사시epic poem라고 했지만 사실 화자가 있는 이야기 시narrative poem
다. 뱃사람 에녹이 탄 배가 난파해 실종되자 아내 애니가 10년 넘게 기다리다 재혼하고, 뒤
늦게 돌아온 에녹은 아내와 아이들의 행복을 위해 물러난다는 내용이다. 한때 한국에서도
유행했던 에녹 아든Enoch Arden의 감상적인 이야기는 테니슨이 라파엘 전파 조각가 토머
스 울너가 들려준 이야기를 바탕 삼아 쓴 것으로, 1864년 발표되었다.

*** 영화 「카사블랑카」의 르노 서장 역으로 유명한 클로드 레인스Claude Rains는 굴드와 작업
하던 당시 할리우드에서 가장 우아하고 품위 있는 목소리의 주인공으로 꼽혔다.

서 8번까지 푸가와 서주를 녹음했다.

이렇듯 녹음을 많이 한 24개월 동안 글렌은 텔레비전 프로그램도 다섯 개나 만들었고, 라디오 방송에 참여한 것도 다섯 차례에 달한다. 텔레비전 프로그램 대부분은 글렌이 여러 음악 작품을 소개하고 설명하는 내용인데, 다른 음악가나 가수가 같이 등장하기도 하고 때로는 대규모 기획물로 제작되기도 했다. 그중하나가 1962년 10월 15일 텔레비전으로 방영된 리하르트 슈트라우스 축제였다. 이 프로그램에서 글렌은 이 작곡가에게 느끼고 있는 친밀함을 얘기하면서 소프라노 로이스 마셜*과 슈트라우스의 연가곡을 세 차례 선보였고, 오스카 셉스키가 지휘하는 관현악단과는 모음곡 작품 60 〈부르주아 신사〉**를 연주하는가 하면, 셉스키와 함께 슈트라우스의 바이올린과 피아노를 위한 소나타 내림마(E플랫)장조 작품 18의 첫 악장을 연주해 보였다.

라디오 방송에서 눈에 띄는 것은 글렌이 중요한 음악가 한 사람을 집중 조명하는 다큐멘터리 형식을 모험적으로 시도한 점이다. 그 첫 시도는 '아널드 쇤베르크, 음악을 바꾼 사람'이라는 제목으로 나왔고, 그 뒤 수년에 걸쳐 레오폴드 스토코프스키, 파

---

* 로이스 마셜Lois Marshall은 1947년 이십 대의 젊은 나이로 어니스트 맥밀런 경이 지휘하는 바흐의 〈마태 수난곡〉에 출연하여 인정을 받은 뒤 매년 참여했다. 품위 있고 부드러운 목소리를 가진 그는 바흐의 미사곡, 베르디의 〈진혼곡〉, 헨델의 〈메시아〉에도 출연했다.

** 슈트라우스는 몰리에르Molière의 동명 희곡Le Bourgeois Gentilhomme에 영감받아 바로크풍의 단막 오페라를 만들었으나, 초연(1912)에 악평을 받아 〈낙소스섬의 아리아드네〉로 개작해 버렸고(1916), 이후 연극의 부수 음악용으로 본래 작품을 보충하여 새로 썼다(1917). 전체 17곡 가운데 아홉 곡을 골라내 관현악 모음곡으로 만든 것이 작품 60의 〈부르주아 신사〉다.

블로 카살스, 리하르트 슈트라우스에 관한 라디오 다큐멘터리가 뒤를 이었다. 그리고 예후디 메뉴인을 소개하는 「음악의 거장」이라는 연재물도 있었다.

1962년 2월, 글렌이 연주회 때문에 샌프란시스코에 왔을 때 내게 쇤베르크 다큐멘터리 이야기를 꺼내기에, 1948년 쇤베르크를 직접 만난 적이 있다는 얘기를 했다. 당시 쇤베르크는 샌타바버라에 있는 뮤직 아카데미 오브 더 웨스트에서 교편을 잡고 있었고, 나는 그 학교 여름 학기에 등록해 쇤베르크의 수업을 직접 듣는 행운을 누릴 수 있었다. 쇤베르크는 중요한 작품의 구조를 아주 상세하고 숨이 막힐 정도로 치밀하게 설명하곤 했다. 특히 그가 브람스 교향곡 2번을 멋지게 분석한 강의는 결코 잊을 수 없는 인상적인 강의였다.

쇤베르크는 또 몇몇 학생과 교수를 집에 초대했는데, 쇤베르크의 사중주곡을 연주하기로 되어 있던 런던 그릴러 사중주단의 시드니 그릴러*와 내가 함께 공부하고 있어서 나도 쇤베르크 집에서 열리는 모임에 참석할 수 있었다. 그날 저녁 모임은 쇤베르크 집에서 열린 쇤베르크 실내악의 밤이라 할 수 있었다. 쇤베르크는 현악 사중주곡 네 작품을 음반으로 들려주며, 그 구조에 대해 가볍게 이런저런 설명을 해 주었다. 수다스러운 대화가 별로 많지 않았던 그날 모임이 끝나 갈 무렵, 시드니 그릴러가 내

---

* 영국 바이올리니스트 시드니 그릴러Sidney Griller는 영국을 대표하던 그릴러 현악 사중주단을 만든 주역이다. 1963년 사중주단이 해체된 뒤, 그릴러는 영국과 아일랜드에서 학생을 가르치며 실내악의 대부로 군림했다.

게 초대받은 사람을 대표하여 쇤베르크에게 감사의 말을 하라고 부탁했을 때, 나는 완전히 입이 얼어붙고 말았다.

글렌은 두 시간짜리 쇤베르크 다큐멘터리에 나를 인터뷰한 내용도 넣고 싶어 했다. 그의 계획은 쇤베르크에게 강한 인상을 받았던 사람들을 인터뷰하여 넣되, 쇤베르크라는 인간과 그의 작품에 대한 여러 의견을 대조적으로 보여 주고자 하는 것이었다. 최종적으로 결정된 인터뷰 대상자는 에런 코플랜드*와 윈스럽 사전트,** 고다드 리버슨,*** 이슈트반 안할트,**** 그리고 쇤베르크 부인 게르트루트와 나였다. 그런 다음 글렌은 인터뷰한 테이프를 마치 우리가 서로 이야기하면서 때로 상충되는 의견도 나누는 식으로 편집했다. 이 기획물이 거의 끝나 갈 무렵, 그는 내게 편지를 보냈다.

---

- 1900년 미국의 평범한 유대인 이민자 가정에서 태어난 에런 코플랜드Aaron Copland는 프랑스 정부가 제공하는 퐁텐블로 음악 학교 프로그램에 참가, 현대 음악의 대모이자 명사인 나디아 불랑제에게서 가르침을 받았다. 다시 미국으로 돌아온 뒤에도 구겐하임 재단이 주는 막대한 지원과 후원자들의 도움 속에서 작곡에 전념하며 지냈다. 그의 음악은 유럽 음악 전통을 잃지 않으면서도 재즈와 스윙 등을 접목하며 미국적인 느낌을 물씬 풍긴다. 발레곡 〈애팔래치아의 봄〉과 취주악곡 〈보통 사람을 위한 팡파르〉, 관현악곡 〈멕시코 살롱티salón de México〉은 한때 우리나라에서도 유행했었다.
- 윈스럽 사전트Winthrop Sargeant는 바이올린 주자로 뉴욕 필하모닉에서도 활동했으나 1930년부터 음악 평론으로 방향을 틀었고, 1949년부터 1972년까지 『뉴요커』에 쓴 음악 칼럼으로 유명해졌다. 『바가바드 기타』를 영어로 번역하기도 했다.
- 1950년대부터 1970년대까지 미국 컬럼비아 음반사 사장을 몇 차례 역임한 고다드 리버슨Goddard Lieberson은 33¹/₃회전 음반 도입에 앞장선 인물이다. 작곡가이기도 한 그는 1930년대 이후 음악 공연을 자료로 남기는 데 공헌했다.
- 헝가리 부다페스트에서 태어나 코다이 밑에서 공부한 이슈트반 안할트István Anhalt는 2차 대전이 발발하자 유대인 강제 노동 수용소에서 지냈다. 1940년대 나디아 불랑제 밑에서 공부했고, 1949년 캐나다로 이민, 캐나다의 주요 음악가로 활동했다.

피터에게,

우리의 인터뷰가 쇤베르크 다큐멘터리에 지대한 공헌을 했다는 사실을 자네에게 알려 주고 싶은 생각에 펜을 들었네. 우리 인터뷰를 중심으로 에런 코플랜드와 고다드 리버슨, 그리고 윈스럽 사전트 같은 훌륭한 사람들의 인터뷰를 배치하려고 애를 썼지. 다들 쇤베르크를 만났던 일을 다양하게 되새기면서 쇤베르크 음악에 대한 견해도 피력하는 내용이야. 그렇지만 어떤 의미에서는 자네의 인터뷰가 가장 가치 있다는 말을 해 주고 싶군. 자네 이야기는 쇤베르크를 인간적으로 조명하는 내용이니까 말이야. 자네를 인터뷰할 수 있어서 정말 좋았어.

코플랜드 인터뷰 가운데 "쇤베르크는 사실 내가 좋아하는 형의 사람이 아니었다. 함께 저녁을 보내고 싶은 사람은 아니다"라는 내용이 있어. 쇤베르크가 다른 사람과 대화할 때 그 사람의 의견을 잘 받아들이려 하지 않는다는 점을 지적하려고 한 말인데, 나는 그의 이 말을 자네의 인터뷰 — "나는 쇤베르크와 저녁을 보낸 적이 있다"는 내용으로 시작하는 — 로 상쇄하려고 해. 어쨌든 자네와 코플랜드 씨 사이에는 그래도 부드러운 대화가 오갈 거야. 그래서 쇤베르크의 전체 모습을 선명하게 그려 낼 수는 없더라도, 최소한 대조적인 관점을 사람들에게 보여 줄 수 있기를 바라고 있다네.

리즈에게 안부 전해 주길, 물론 자네에게도 내 마음을 전하네.

충심을 다하여,

글렌 굴드[15]

쇤베르크 다큐멘터리는 1962년 8월 8일 CBC를 통해 방송되었다. 한 달 뒤 글렌은 내게 편지를 보내왔다. "프로그램은 완전 대성공이야. 그리고 이제 [CBC에서] 재방송을 하려고 해(아이고, 나리, 출연료를 받으셔야 하는데)."[16]

글렌은 연주회를 계속하고 있었지만 — 1961년에 서른두 차례, 1962년에는 스물두 차례 — 그에게 연주회는 점점 재미없는 일이 되어 가고 있었다. 1962년 1월 2일, 글렌이 볼티모어에서 바흐의 〈브란덴부르크 협주곡〉 5번과 슈트라우스의 〈부를레스케〉를 연주할 때 스티븐스 박사가 함께 했는데, 그날 글렌은 "마음을 진정시키기 위해 알약을 먹어야 했다"고 스티븐스는 기억한다.

"그날 복용한 알약은 '소마'[카리소프로돌이라는 약인데, 월라스 실험 연구소에서 만든 제품이다. 보통 휴식과 물리 치료를 돕는 보조제로 처방되며, 근육과 관절의 불편을 덜어 주기 위한 방책으로 처방되기도 한다. 또 이 약은 진정 효과도 갖고 있다]라는 이름의 약이었는데, 〈브란덴부르크 협주곡〉을 연주할 때 첫 악장에서 치던 곳을 까먹는 실수를 했어. 나중에 글렌은 이 관현악단의 연주를 방영할 때 이 공연 테이프는 절대로 넣지 말라고 주장했지."[17]

캘리포니아 오클랜드에서 거하드 새뮤얼' 지휘로 오클랜드

---

• 게르하르트 또는 거하드 새뮤얼Gerhard Samuel로 불리는 작곡가 겸 지휘자. 1924년 독일 본에서 태어났으나 나치 집권 후 미국으로 가 예일 대학에서 파울 힌데미트에게 작곡을 배웠다. 지휘자로서 20세기 음악을 주로 연주한 그는 1970년대 중반 신시내티 대학의 현

교향악단과 협연했던 2월 6일 공연에서 글렌은 베토벤 4번 협주곡을 연주했다. 이 협주곡은 글렌이 앞으로도 거꾸로도 연주할 수 있을 만큼 훤히 꿰고 있는 곡이었지만, 어찌 된 일인지 그는 조그만 악보를 앞에 펼쳐 놓고 연주했다. 심지어 카덴차를 칠 때도 책 뒤표지에 있는 음표를 참고하는 것이었다.ˑ 『샌프란시스코 크로니클』의 앨프리드 프랑켄스타인ˑˑ은 "첫 악장은 느리고 대단히 무거웠다"고 썼다. "그렇지만 전체적으로는 거부할 수 없을 만큼 매력적인 굴드의 시적 감수성과 비길 데 없는 서정성인 음색으로 가득 차 있었다."[18]

닷새 후, 베토벤 작품으로 꾸며진 독주회가 버클리의 헤르츠 홀에서 열렸다. 이 연주회에서는 인쇄된 악보에 의지하지 않았지만, 소나타 작품 31의 2(〈템페스트〉)를 연주할 때 엉뚱한 음을 몇 번 냈다. 마침 나의 아내가 그 무렵 샌프란시스코 음악원에서 열린 연주회에서 이 소나타를 연주했기 때문에 이를 알아챘다. 우리로서는 글렌이 이 소나타를 잘못 익힌 것인지, 아니면 기억이 나지 않아서 즉흥적으로 연주해 넣은 것인지 알 수가 없다(그

---

대 음악 앙상블을 맡아 세계 초연을 자주 했다.

• 연주자가 자유롭게 붙이는 카덴차(물론 베토벤은 연주자가 곡과 어울리지 않는 카덴차를 사용하는 일을 막기 위해 자신이 직접 작곡하기도 했지만)까지 악보를 참고했다는 것은 굴드의 불안증이 그만큼 심하다는 것을 보여 준다.

•• 앨프리드 프랑켄스타인Alfred Frankenstein은 음악과 미술 분야에서 두루 활약한 예술 비평가다. 비평가가 되기 전엔 시카고 교향악단에서 클라리넷을 불던 전문 연주자였다. 1930년대 중반부터 1960년대 중반까지 장장 30년 세월 동안 『샌프란시스코 크로니클』에서 음악과 미술 비평을 해 왔던 그의 글은 재치 있으면서도 진지해서, 얄팍한 예술에는 가차 없는 혹평도 서슴지 않았다. 1960년대와 1970년대에는 밀스 칼리지와 버클리 대학에서 예술사 교수로 재직했다.

렇지만 글렌이 이 곡을 녹음한 음반에서는 문제의 음이 들리지 않는다). 연주회가 끝나고 리즈는 글렌에게 멋지게 연주했다고 치하의 말을 건넨 뒤 솔직하게 말했다.

"굴드 씨는 저와는 다른 〈템페스트〉본을 사용하시나 봐요. 레시터티브 부분*에서 예상치 못한 음을 들었거든요."

리즈의 말에 글렌은 "오, 그럴 수도 있겠죠. 저는 잘 기억이 안 나네요"라면서 서둘러 말을 막으려고 했다.

샌프란시스코 오페라 하우스에서 있었던 2월 15일 독주회에서 그는 다시 악보에 의존하기로 한 듯, 베토벤 소나타 30번 작품 109의 악보를 넓은 마분지에 풀로 붙여서 준비해 왔다. 이 곡 역시 그가 매우 자주 연주하고 녹음한 곡이었다. 그는 자신의 기억력을 더 이상 믿지 못하게 된 것이 분명했다. 그러나 연주는 정말로 뛰어났다. 앨프리드 프랑켄스타인은 "굴드는 리듬과 음색에서 최고라고 할 수 있다. 살아 숨 쉬는 자유로운 리듬이 완벽하고 깔끔한 맛을 내고 있으며, 아무도 피아노에서 그만큼 풍부한 음색과 노래하는 듯한 서정적인 소리를 끌어내지 못할 것이다"라고 썼다.[19]

연주회가 끝나고 글렌은 우리 집을 방문하기로 했다. 그 무렵 우리에게는 여섯 달 된 아이가 있었다. 그래서 글렌이 빌린 차에 리즈를 태우고 호텔에 들렀다 오는 동안 나는 우리 차로 먼저 집

---

* 1악장에 레시터티브(레치타티보라고도 한다)가 두드러지게 나타나는데, 이는 폭풍우같이 몰아치는 빠른 부분이 끝난 뒤 진행되는 느리고 신비한 부분을 일컫는다. 레시터티브는 종종 느린 박자와 즉흥적인 느낌을 선사하면서 주선율이 다시 돌아오는 것을 기대케 한다.

으로 와서 베이비시터의 일을 덜어 주기로 했다. 글렌과 리즈는 글렌의 접이식 의자를 내려놓고 몇 가지 옷을 챙겨 오기 위해 헌팅턴 호텔에 들렀는데, 리즈는 "방이 말도 못 하게 어지러웠다"고 기억한다.

"옷가지와 악보, 그리고 책 상자가 마구 널려 있어서 필요한 것을 찾는 데 함께 거들어야 했어요. 그는 여분의 목도리와 따듯한 장갑, 그리고 두꺼운 스웨터 한 벌을 챙겨야만 외출할 수 있었으니까요."

리즈가 본 글렌의 운전 솜씨 또한 "그의 음악 스타일과 마찬가지로 예측 불허"였다. 신호등의 빨간불을 수시로 무시했으며, 아무 데서나 차선을 바꾸곤 했다(1962년 글렌은 캐나다 운전면허증을 몰수당할 뻔했다). 우리 집은 대로에서 오른쪽으로 나 있는 오르막 골목으로 꺾어 들어와야 하는데, "글렌이 하도 급작스럽게 우회전을 하는 바람에 인도로 올라가게 되었고, 모퉁이에 주차해 놓은 차들을 피하기 위해 한동안 인도로 계속 가느라 나무에 거의 부딪힐 뻔했다"고 나중에 리즈가 말했다.

"우리가 무사히 집에 도착했다는 게 믿어지지 않을 정도였어요. 그렇지만 글렌은 정말로 부드러운 태도로 사과를 하더군요."

우리 집에서 글렌은 즐겁고 편안하며 유머로 가득 찬 매력적인 손님 노릇을 했다. 우리는 우선 야식을 들기 위해 식당에 앉았다. 리즈는 글렌이 배가 고프리라고 생각해 아주 정성 들여 식사를 준비했다. 그러나 그는 먹는 것보다 노래 부르느라 정신이 없었다. 음식에 대해서는 "오, 정말 맛있어요"라고 하면서도 "그런데 제가 최근에 작곡한 〈그래 푸가를 만들고 싶다고요?So You Want to Write a Fugue?〉를 노래로 불러 드릴게요"라고 하더니, 자신이 늘 좋아하는 블륀트너 피아노로 곧장 걸어갔다. 그러고는 리즈가 사용하는 보통 피아노 의자 높이의 치펜데일* 의자를 보더니 나무라는 투로 말했다.

"그런데 리즈, 어떻게 이런 의자에 앉아 피아노를 칠 수가 있어요?"

우리는 글렌의 의자에 가까운 상자를 찾아보았지만 찾을 수가 없었다. 그래서 할 수 없이 그는 치펜데일 의자에 앉을 수밖에 없었다.

그런 다음 두 시간 동안 오직 슈트라우스, 슈트라우스, 슈트라우스뿐이었다. 글렌은 〈엘렉트라〉, 〈장미의 기사〉,** 〈그림자 없는 여인〉,*** 그리고 〈카프리치오〉에서 여러 곡을 연주했다. 피아노로 풍부한 오케스트라 음을 만들어 내고 성악부 선율을 끌어

---

* 18세기 영국 가구 장인 토머스 치펜데일Thomas Chippendale이 만든 장식이 많은 곡선형 가구.

** 오스트리아 시인 호프만슈탈이 대본을 담당한 희극 오페라. 18세기 중엽 빈의 귀족 사회를 배경으로 하는데, 실제로 호프만슈탈은 옛 귀족의 일기와 몰리에르와 보마르셰Beaumarchais 같은 프랑스 작가의 작품을 참고했다. 〈장미의 기사Der Rosenkavalier〉에서 슈트라우스는 바그너의 영향에서 완전히 벗어나 자신만의 개성으로 관능적이고 쾌활한 오페라를 만들어 냈다.

*** 이 역시 호프만슈탈이 대본을 쓴 작품으로, 당시로서는 새로운 개념이었던 프로이트의 무의식 이론의 영향을 받아서인지 독특하고 기발하다. 영계의 대왕과 인간 여인 사이에서 태어나는 바람에 그림자도 없고 아이도 낳을 수 없는 여인의 운명과 영적인 여정을 담은 〈그림자 없는 여인Die Frau ohne Schatten〉은 신화적이고 신비한 분위기의 오페라지만, 등장인물은 매우 현실감 있고 개성적이다.

내면서 그는 즐겁게 연주했다. 우리는 숨을 죽이며 그의 연주를 만끽했다. 마침내 우리가 피곤해지자, 리즈는 내일 아침 여섯 시에 딸아이를 먹여야 해서 그전에 우리 셋을 위해 일찍 아침 식사를 준비해야겠다는 말을 했고, 글렌은 그 말을 알아듣고 호텔로 돌아갔다.

그 일이 있고 석 달 뒤, 레너드 번스타인에겐 당황스럽고 글렌에게는 상처가 되는 불행한 사건이 일어났다. 4월 6일과 8일, 글렌은 번스타인이 지휘하는 뉴욕 필하모닉과 브람스 피아노 협주곡 1번 라(D)단조 작품 15*를 연주하기로 되어 있었다. 피아노 작품 가운데서 가장 논란의 대상이 되고 있는 이 작품을 글렌은 이미 세 번이나 연주한 적이 있었고, 그 자신 이 작품을 두고 많은 생각을 해 왔다. 본래 실내악곡으로 구상했다가 나중에 브람스 자신이 협주곡으로 처음 공연했던 이 작품은 초연 때 매우 부정적인 반응을 얻었다. 이 작품을 해석하는 굴드의 태도를 이해하기 위해서는 평소 그가 전통적인 협주곡 양식에 얼마나 심한 편견을 갖고 있었는지 알아야 한다. 굴드는 협주곡을 독주자와 관현악단 사이의 '경쟁' 수단으로 생각했다.

* 1858년 완성된 이 곡은 1954년 두 대의 피아노를 위한 소나타로 시작해 도중에 교향곡으로 시도되었다가 마침내 피아노 협주곡으로 완성된, 우여곡절이 많은 곡이다. 브람스로서는 첫 관현악 작곡인 셈인데(브람스가 교향곡 1번을 완성한 것은 1876년이다) 음악가 친구들에게 조언을 구해 가며 겨우 완성했다. 화려한 독주 악기에 치중하는 낭만주의 협주곡과 달리, 피아노와 관현악이 서로 조화롭게 진행되길 원한 브람스의 이 작품은 당시 청중에게 낯설었고, 초연은 실패였다. 브람스는 뚝심 있게 작품에 대한 믿음을 유지했지만 세 번째 공연 빼고 초기 공연은 고전을 면치 못했다. 1870년대 후반 들어 조금씩 인정받기 시작해 1881년 브람스가 두 번째 피아노 협주곡을 완성한 뒤부터 브람스를 좋아한 한스 폰 뷜로가 협주곡 두 곡을 활발하게 연주하면서 대중적으로도 인정받게 되었다.

……베토벤이나 브람스 같은 기념비적인 인물도 협주곡 작곡가로서는 이류라고 할 수 있다. 아마 그들의 타고난 감수성이 부조리한 협주곡 전통을 마구 구사하는 것과는 맞지 않아서였을 것이다. 협주곡은 으레 관현악단이 먼저 맛보기를 들려주면서 청중이 독주자의 극적인 등장을 고대하도록 흥을 돋운다. 제1 클라리넷 주자가 방금 연주한 선율을 독주자는 더 멋지게 연주한다는 것을 보여 주기 위해 괜히 같은 선율을 지루하게 반복하는 구성이다. 그 무엇보다도 카덴차의 거들먹거리는 스타일은 또 뭐란 말인가. 기본 주제와는 상관없이 온갖 잘난 체를 다하는 트릴과 아르페지오가 경박하게 흘러넘친다. 이런 것들이 모여 협주곡 전통을 만들었으니, 과시하기 좋아하는 인간의 원시적인 욕구를 창피할 정도로 잘 보여 주는 예라고 하겠다.[20]

물론 우리는 글렌 자신이 악명 높은 자기 과시의 화신이라는 점을 잘 알고 있다. 그렇지만 그는 브람스의 라(D)단조 협주곡 [글렌은 브람스의 다른 협주곡인 내림나(B플랫)장조 협주곡은 절대로 연주하지 않았다]을 "독주자 역할을 크게 만드는 게 아니라 종속시키는 — 따로 놀게 하기보다는 통합되도록 하는 — 시도"로 해석했다. "……나는 [협주곡의] 대조되는 성격을 최소화하기로 했다. 고전적인 협주곡 전통의 기본이 되어 버린 남성적-여성적 주제를 대비시키는 방법도 무시했다. …… 구체적인 과정에서 말하자면, 독주자가 역동적으로 내뿜는 독주 부분은 축소했고, 독주자가 주도적으로 이끌어 가는 기회도 그냥 무시해 버렸다. 전통적으로 강조하는 몇몇 특징을 나는 일부러 피한 것이다."[21]

레너드 번스타인을 가장 골치 아프게 한 것은 템포에 대한 글렌의 태도였다. 첫 악장은 8분의 6박자[*]로 '장엄하게maestoso'라고 표시돼 있었고, 브람스 자신이 직접 자기 악보에다[**] 메트로놈 표시를 반 마디당 56으로 표시해 놓았다. 그러니까 지휘자는 통상적으로 한 마디에 두 박을 쳐 주면 된다.[***] 그런데 글렌은 레니가 마디당 6박을 쳐 주기 바랐다.[****] 그렇게 하면 박자는 엄청나게 느려질 터였다. 번스타인은 박자에 대한 두 사람의 논의 과정을 다음과 같이 들려주었다.

"'자네가 정말로 이렇게 하려는 건 아니겠지. 자네는 한 악장과 다른 악장 사이의 수학적인 관계에 대해 방금 자네가 발견한 것을 내게 보여 주려는 것일 뿐이겠지.' 그러자 그가 말하더군요. '아니, 우리는 이렇게 연주해야 해요.' 그래서 내가 말했죠. '좋아. 알았어.'"[22]

번스타인은 글렌의 주장대로 뉴욕 필하모닉을 데리고 느리게

---

[*] 이 첫 악장은 4분의 6박자다. 저자의 착오가 있었던 것 같다.

[**] 애초에 피아노 두 대를 위한 소나타곡으로 구상했을 때 브람스가 자필 악보에 56이라고 표시한 것은 확실하다. 그러나 현존하는 협주곡 악보는 필사본을 바탕으로 한다. 따라서 거기 표시된 56이 브람스가 본래 적어 둔 것인지, 아니면 후대 사람이 피아노본을 참고하여 적어 놓은 것인지는 확실치 않다.

[***] 반 마디당 56이라 했으니 점2분음표(6박자의 곡에서 반에 해당하는 세 박자)를 단위 박으로 삼아 메트로놈 56의 속도로 연주하라는 것. 이미 충분히 느린 템포다. 세 박자가 단위 박이 되니 한 마디 여섯 박자는 당연히 강, 약 두 박으로 나뉜다.

[****] 강, 약 두 박으로 치지 않고 여섯 박을 친다는 뜻. 이렇게 두 박을 여섯 박으로 나누면 당연히 곡이 어느 정도는 느려지게 마련이다.

연습해 보았지만 그래도 납득이 되지 않았다. 번스타인과 관현악단은 곡의 기본 호흡이 너무 느리다고 느꼈다.• 그러나 번스타인은 굴드의 음악관을 대단히 존중했으므로 그대로 밀고 나가기로 했다.[23] 대신 연주회를 시작하기 전 청중에게 미리 몇 마디 설명이 필요하다고 생각하여 번스타인이 청중을 향해 입을 열었다. "너무 놀라진 마십시오, 어쨌든 굴드 씨는 여기 무대에 있으니까요."•• 이 말에 청중은 폭소를 터뜨렸다. 그리고 번스타인은 이어 다음과 같은 말을 했다.

이제 여러분은, 뭐랄까, 정통적인 연주와는 좀 다른 연주를 듣게 될 겁니다…… 나도 굴드 씨 생각에 완전히 동의한다고 말씀드릴 수는 없습니다. 따라서 이런 질문을 하게 되는군요. "내가 이걸 지휘하면서 지금 뭘 하고 있는 거지?" [웃음] 굴드 씨는 매우 진지하고 유능한 예술가이므로 그가 선의로 생각해 낸 것이라면 무엇이든 진지하게 받아들여야 하기 때문에 나는 이 지휘를 맡은 것입니다. …… 그럼에도 오래된 질문은 여전히 남습니다. 즉 "협주곡에서 대장은 누구인가, 독주자인가 아니면 지휘자인가." [웃음] …… 대개는 독주자와 지휘자가 그럭저럭 함께 해 나가게 됩니다. 설득하거나 매력을 발휘하거나 또 어떤 때는 협박해서라도 [더 큰 웃음] 함께 공연을 조화롭게 이끌어 나가는 데 성공하게 됩니다. 독주자가 완전히 새

---

• 사실 박자 나누기는 번스타인의 특기였다(번스타인이 1983년 피아니스트 크리스티안 지메르만과 협연한 이 곡의 연주 시간은 굴드 연주보다 무려 20분 가까이 길다).
•• 글렌이 자주 연주회를 취소하는 걸 빗댄 말이다.

로운 생각을 들고 나오는 바람에 도저히 내 생각과 양립하기 어려워 내가 굴복하고 만 적이 내 생에 딱 한 번 있었는데, 바로 지난번 굴드 씨와 협연했을 때였죠. [폭소] 그런데 이번에는 우리의 시각차가 하도 커서 이렇게 짧게나마 저의 반대 의견을 밝힐 필요가 있다고 느꼈습니다. 그러면 또다시 같은 질문을 하게 되는데, 왜 나는 지휘를 이렇게 하는가? …… 왜냐하면 흔히 연주되는 이 작품을 새로이 볼 수 있는 기회를 갖게 되어 반갑고, 매력을 느끼기 때문입니다. 더구나 굴드 씨의 연주에는 놀랄 만한 신선함과 설득력을 보여 주는 순간이 있지요. 또한 우리는 모두 생각하는 연주자인 이 특별한 예술가에게서 뭔가 배울 수 있기 때문입니다. 그리고 마지막으로, 디미트리 미트로풀로스가 말했듯 음악에는 '놀이의 성격', 즉 호기심과 모험, 실험으로 이루어지는 요소가 있기 때문입니다. 굴드 씨와 함께 브람스 협주곡을 해 온 이번 일주일은 모험의 시간이었다는 것을 여러분에게 말씀드릴 수 있습니다.[24]

이런 이야기를 청중에게 한다는 것은 사실 저명한 지휘자로서는 하기 어려운 위험한 시도였으며, 유명 지휘자답지 않은 행동이기도 했다. 지휘자의 관례대로라면 청중에게 이런 불만을 호소하지 않고 그냥 연주를 하든지, 만약 독주자의 방식에 정 동의할 수 없다면 부지휘자에게 지휘를 맡긴다든지 해야 했다.* 레니는 자기가 어떤 말을 할지 미리 글렌에게 귀띔했고 — "우리

---

* 이런 지적을 처음 한 사람은 저명한 비평가 해럴드 숀버그였다. 숀버그는 번스타인의 어른답지 못한 태도를 대놓고 비난했다.

사이에 템포에 대한 이견이 있었지만, 음악에는 스포츠맨십의 요소가 있으므로 내가 자네의 속도를 받아들여 한번 시도해 보기로 했다고 사람들에게 말하겠네"— 심지어 글렌은 "좋은 생각"이라며 찬성해 주었다고 주장했다.[25]*

연주는 정말로 느리게 진행됐다. 그런 속도 덕택에 글렌은 사람들이 한 번도 들어 보지 못했던 협주곡의 새로운 면을 부각시킬 수 있었다. 이 공연은 녹음되었는데, 청중이 열렬히 박수 치는 소리도 들린다. 듣는 이의 인내를 정말로 시험하는 순간도 있었지만, 나 역시 브람스 협주곡을 이렇게 여유 있게 연주하는 편이 더 마음에 들었다. 그러나 연주회장에는 이를 인정하지 못하는 사람도 있었다. 안톤 쿠에르티는 내게 "호의적으로 받아들일 수 없었던 연주"라고 말했다. "박자가 그냥 느린 정도가 아니라, 우스울 정도로 느리고 무거웠다. 지루하기도 했던 것 같고."[26] 전문 비평가들은 예외적으로 모진 비판을 해 댔다. 『뉴욕 헤럴드 트리뷴』의 폴 헨리 랭**은 "굴드 씨는 뛰어난 예술가긴 하지만, 현재는 불행히도 음악적 망상에 사로잡혀 있어서 대중 공연에

---

* 굴드는 향후 한 인터뷰에서 당시 번스타인이 19세기 협주곡다운 역동성을 바랐고, 자신은 바로크 분위기로 19세기 전통 스타일을 깨고 싶었다고 말했다. 번스타인의 화려함과 굴드의 절제가 충돌한 것이다. 박자 문제보다 이런 해석 차이가 의견 대립의 진짜 이유였을 것이다.

** 폴 헨리 랭Paul Henry Lang(Pál Láng)은 음악 평론가이자 미국 음악학의 토대를 놓은 인물이다. 컬럼비아 대학에 음악 미학 강좌를 개설하는 등 음악 학부를 보강해 뛰어난 후학을 키워 냈으며, 미국으로 건너온 버르토크를 컬럼비아 대학에 소개한 것도 그다. 1941년 펴낸 『서양 문명의 음악Music in Western Civilization』은 음악사를 제대로 다룬 미국 최초의 정본으로 오랫동안 영향력을 떨쳤다.

는 맞지 않는다"고 썼다. 『뉴욕 타임스』의 해럴드 숀버그*는 가명으로 오시프 가브릴로비치** — 1936년에 죽은 유명한 러시아 피아니스트로 브람스 협주곡을 자주 연주했다 — 에게 보내는 가상의 편지 형식으로 완전히 해괴망측한 말을 늘어놓았다.

그런 일이 어제 오후 뉴욕 필하모닉 연주회에서 있었다고요! …… 오시프, 정말이에요, 당신은 결코 그런 걸 본 적이 없을 그런 거. 우리가 브람스의 라단조 협주곡을 호헨졸레른 아카데미에서 연구했을 때와는 다를 수도 있지요. …… 그런데 굴드 소년***이 와서는 어떻게 했는지 아세요, 오시프? 굴드 소년은 브람스 라단조 협주곡을 우리가 연습했던 것보다 더 느리게 연주하더라고요(그리고 당신과 나, 그리고 저 모퉁이의 가로등만이 알고 있는 이야기지만, 그가 그렇게 느리게 연주하는 것은 그의 솜씨가 별로 좋지 않기 때문이 아닌가**** 싶어요).[27]

---

* 숀버그는 1960년대와 1970년대, 어쩌면 1980년대까지 미국 음악계에 가장 큰 영향력을 떨친 비평가였다. 1971년 음악 분야 최초로 퓰리처상을 받은 그는 그만의 음악관과 유려한 문체로 독자를 사로잡았다. 피아노 음악에 특히 애정과 지식을 갖춘 인물로, 여러 피아니스트의 전기를 쓰기도 했다.

** 오시프 가브릴로비치Ossip Gabrilowitsch(Осип Габрилович). 1878년생으로 상트페테르부르크 음악원에서 피아노와 작곡을 배우고 빈으로 유학을 떠났다. 1차 대전이 일어나기 전 뮌헨에서 지휘 활동을 했는데, 전쟁이 터지자 적국 쪽 사람이라며 감금당했다가 요행히 추방당했다. 스위스를 거쳐 미국으로 온 뒤 1918년부터 1936년까지 (도시 디트로이트가 가장 번영을 누리던 시기) 디트로이트 교향악단의 초대 지휘자가 되었다.

*** 숀버그는 굴드보다 열일곱 살이나 많다.

**** 굴드가 느리게 친 것을 실력 부족 탓처럼 돌린 숀버그의 이 말은 지나치다. 굴드가 볼티모어 관현악단과 협연한 실황 연주는 뉴욕 필 공연보다 1악장이 4분 이상 빠르다. 사실 여느 연주자와 연주 시간은 크게 다르지 않은데도 느리게 들리기는 하는데, 이는 느린 부분을 빨리 치고, 빠른 부분을 느리게 치는 때가 많은 굴드 연주의 특징 때문이다. 다만 이해 초

브람스 협주곡을 연주했던 무렵 굴드를 녹화한 텔레비전 영상물이 남아 있는데 — 물론 이 녹화 영상은 테이프를 잘라 붙이거나 하여 내용을 바꿀 수 있는 것이 아니다 — 이를 보면 그의 테크닉은 사실상 나무랄 데 없이 완벽하다. 글렌은 자신이 원한다면, 어떤 속도로든 브람스 협주곡을 흠잡을 데 없이 깨끗하게 연주할 수 있었다. 쇤버그의 비방은 정말로 지나친 것이었다. 그리고 글렌은 이 때문에 상처를 많이 받았다. 레니의 부드럽지 못한 처신에 관해서는, 글렌 자신이 원한을 드러낸 적은 없었다. 비록 두 사람의 우정은 이 사건 이후 완전히 식어 버리고 말았지만. 글렌의 개인 서류 가운데는 연필로 휘갈겨 쓴 다음과 같은 내용이 들어 있다.

……B의 말을 잘못 해석한 것 가운데 나를 가장 괴롭게 만든 말은 그가 일부러 공연을 이상스럽게 했다는 것이다. …… 이 작품에 대한 나의 해석에서 상궤를 벗어난 점을 찾아내고 쓸데없는 관심을 끌어낸 것은 L. 번스타인 씨였다. …… 그는 그 연주가 자신이 들어 본 연주 가운데 처리하기 곤란할 정도로 가장 느린 연주라는 인상을 사람들에게 심어 주었다.[28]*

---

부터 굴드는 약에 과하게 의지하며 자신의 기억을 믿지 못해 악보를 챙기기 시작했고, 음을 잘못 치는 등 불안한 증세로 위태로운 모습을 보이기도 했다.

* 굴드는 이처럼 번스타인에게 입은 상처를 토로한 메모를 남겼지만, 외부에서 질문을 받으면 늘 번스타인의 연설이 매력적이었다고, 자신도 그에 흔쾌히 동의했었다고 말하며 번스타인을 옹호했다.

이 그로테스크한 사건은 그렇지 않아도 연주 생활 특유의 '경쟁성'과 '파괴성'에 신물이 나 있던 굴드의 시각을 더욱 강하게 만드는 결과를 낳았다. 결국 글렌은 되도록 빨리 대중 공연에서 벗어나야겠다는 결심을 굳히게 되었다.

오르간을 연주하는 서른 살의 글렌 굴드. 무대 공연을 싫어했던 그는 이 무렵 다시 작곡에 대한 열망에 휩싸였다.

## 19
## 무대에서 물러나다

글렌이 1964년, 무대에서 물러난 것은 갑작스러운 은퇴라고 할 수는 없었다. 글렌은 정말로 무대 생활을 좋아하지 않은 데다, 은퇴하기 몇 해 전부터는 여러 가지 분란도 자꾸 생겼고, 건강도 점점 나빠지고 있었으므로 은퇴는 자연스러운 결말이었다. 그는 연주 생활 초기부터 은퇴 이야기를 해 왔다. 내가 그를 처음 만났던 1957년에도 은퇴하겠다는 말을 들었다. 그사이 그는 꽤 많은 사람에게 은퇴 이야기를 꺼냈고, 그 가운데는 신문 기자도 있어서 그의 은퇴설은 더 이상 비밀이 아니었다. 은퇴하기 직전 글렌은 여기저기 연주회를 취소하는 경우가 많았다. 베벌리 힐스 호텔에서 쓴 글렌의 짧은 글을 보면, 목 부근에 설명하기는 힘들지만 아주 심하게 아픈 류머티즘성 질병에 걸린 사실을 알수 있다. "연주하기 너무 힘들다. 시애틀 공연 계획은 모두 취소할 수밖에 없어서 정말 섭섭하다."[1] 1962년 글렌은 런던 BBC에 있는 친구 험프리 버턴에게 다음과 같은 편지를 썼다.

"다음 시즌만 끝내고 더 이상 연주회를 하지 않으려고 해. 이 계획은 내가 열여덟 살 때부터 공표해 왔다는 걸 자네도 알고 있겠지. 그런데 내 의사를 심각하게 받아들이지 않는 사람들이 늘 있었지. 그러나 이번에는 정말 그럴 작정이야."[2]

한 달 후, 리즈와 나는 조와 함께 글렌을 만나러 갔다. 1962년 미국 정신과 협회 회의가 토론토에서 열려 그 기회를 이용해 글렌을 찾아간 것이었다. 글렌은 연주회 생활이 끝나 간다는 전망으로 크게 고무된 모습이었으나 그에 관해 말하고 싶어 하지는 않았다. 글렌은 다양한 수수께끼 놀이를 좋아했는데, 리즈에게 자기가 가장 좋아하는 아주 신비한 수수께끼를 냈다. 그런 다음 우리는 여러 가지 화제로 이야기를 나누었다. 글렌은 리즈가 입고 있던 푸른 옷에 칭찬을 아끼지 않았고, 마침내 우리가 일어나야 할 시간이 되자 ― 우리는 미국 정신과 협회 연회에 참석하기로 되어 있었다 ― 글렌은 우리를 떠나보내기 싫은 기색이었다. 그는 나를 보고 투정 부리듯 말했다.

"자네가 떠나는 이유는 단 하나야. 친구들에게 리즈를 자랑하고 싶은 거지, 뭐."

우리는 그를 달래려고 다음 날 또 오겠노라 약속했고, 조는 연회에 가지 않고 글렌의 집에 남았다. 다음 날 저녁 글렌은 우리에게 저녁을 함께 들자며 그의 '클럽' ― 우리가 식사한 식당을 글렌 특유의 과장법으로 말한 것이다 ― 으로 초대했고, 끝없이 이야기를 해 댔다.

1963년에 글렌은 연주회를 단 아홉 차례만 열었다. 그중 세 차례는 2월에 샌프란시스코에서 바흐의 라(D)단조 협주곡과 쇤베르크 협주곡을 공연한 연주회였다. 글렌은 이제 더 이상 비행기를 타지 않았다. 비행기 충돌 사고로 죽지 않을까 하는 두려움 때문이었는데, 사실 이 두려움은 타당성이 있었다. 피아니스트 윌리엄 카펠, 지휘자 귀도 칸텔리,* 그리고 바이올리니스트 자크 티보**와 지네트 느뵈*** 같은 유명 음악가가 모두 비행기 사

* 사고 당시 서른여섯 살이었던 귀도 칸텔리Guido Cantelli(1920~1956)는 지휘계의 떠오르는 별이었다. 토스카니니의 후계자로 불렸던 그의 재능은 눈부셨다. 생기 가득하고 명료한 음, 서정적이면서도 절제된 연주, 담백한 듯 풍부한 표현력, 거기다 세련된 제스처와 카리스마, 따뜻한 미소를 담은 잘생긴 얼굴까지 그의 매력과 인기는 상승 가도를 달리고 있었다. 스칼라에서 그를 본 토스카니니가 미국으로 초대, 성공적인 미국 데뷔를 거친 칸텔리는 사고 일주일 전 라 스칼라 음악 감독으로 지명됐고, 당시 뉴욕 필 지휘자 미트로풀로스의 후임으로도 물망에 올라 있었다.
** 자크 티보Jacques Thibaud는 1880년생으로 20세기 전반기 유럽을 대표하는 바이올리니스트였다. 바이올리니스트인 아버지가 벨기에의 전설적인 '바이올린 황제' 외젠 이자이와 친구였는데, 이자이가 어린 티보를 보고 "나보다 더 잘 연주한다"고 칭찬했다는 이야기가 있다. 실제로 이자이가 쓰던 피크와 베르곤지 스트라디바리우스 바이올린을 이어서 썼고, 이자이가 동시대 바이올리니스트를 위해 작곡한 여섯 소나타 중 두 번째가 티보에게 헌정한 곡이다. 1953년 9월 니스행 비행기에 올랐다가 알프스에서 추락해 사망했다. 그런데 사고 4년 전 지네트 느뵈가 비행기 사고로 죽었을 때, 티보는 자신도 이런 식으로 죽었으면 좋겠다고 했다는 말이 전해진다.
*** 프랑스의 또 다른 바이올린 천재 지네트 느뵈Ginette Neveu(1919~1949)는 1935년 열다섯 나이로 처음 열린 비에니아프스키 콩쿠르에서 무려 다비드 오이스트라흐를 2위로 따돌리고 우승했으며, 브람스와 시벨리우스 협주곡, 쇼송의 〈시Poème〉 등을 명반으로 남겼다. 1949년 10월 느뵈는 파리 연주회를 마치고 뉴욕행 비행기에 올랐다. 에디트 피아프의 연인인 권투 선수 마르셀 세르당, 유명 화가이자 조각가 베르나르 부테 드 몽벨도 탑승객으로 올라 있던 이 비행기편은 '별들의 비행기'라 불릴 정도였으나, 추락 사고로 48명 전원이 사망했다. 프랑스 작가 아드리앙 보스크는 이 사건을 담은 소설 『성좌constellation』로 프랑스 아카데미 문학 대상을 받았다.

고로 죽었다. 그래서 글렌은 이제 주로 기차를 타고 다녔다. 기차는 시간도 많이 걸리고 불편하기도 했다. 그는 특히 객차 안의 외풍과 냉기, 그리고 조심성 없는 짐꾼들을 못마땅하게 생각했다.

그해 글렌이 우리 집에 왔는데, 그때 그는 리즈에게 온갖 개인적인 질문까지 퍼부었다. "나이가 몇 살이에요? …… 오! 정말 당신 아기로군요." 그러더니 놀리는 말투로 말했다. "아세요? 난 재클린 케네디에게 반했답니다." 그리고 최근 기차 여행에서 겪은 여러 일화를 우리에게 들려주기도 했다. 나는 그에게 개인 기차를 사는 게 어떻겠느냐고 제안했다. 그 무렵 호화롭게 꾸민 개인 차량을 소개한 철도 관련 골동품 화보집이 출간되어[3] 나는 글렌에게 한 권 보내 주었다. 그는 고맙다는 편지를 보내왔는데, 편지에는 다음과 같은 내용이 있었다.

"그 사진들을 들여다보고 있노라니, 설사 그런 수집품 가운데 몇 개가 오늘날까지 남아 있다 하더라도 좌석을 새로 해 넣는 등 여러 가지 손질이 틀림없이 필요할 테고, 그런 걸 사는 것은 도박이라는 생각이 들더군. 그래서 마침내 포기하는 데 성공하게 됐어."[4]

군중을 두려워하고 대중 앞에 나서기를 끔찍이도 싫어하는 사람답지 않게 글렌은 은퇴 직전 잠깐 강사 노릇을 한 적이 있다. 뉴욕 헌터 칼리지에서 베토벤 소나타 작품 109의 화성 관계와 음악 구조에 관해 길고도 어려운 논문을 읽어 나갔는데, 청중 대부분은 전혀 이해하지 못할 내용이었다. 그 자리에 나온 사람은 분명 글렌이 그 소나타를 연주해 줄 거라고 기대했겠지만, 글렌은 간혹 요점을 설명하기 위해 몇 소절 친 것이 전부였다. 그는 이 강연을 보스턴 가드너 박물관에서도 했다. 그다음엔 신시내티 대학에서 아널드 쇤베르크 음악에 대해 얘기했는데, 이번에는 제대로 인정을 받아 대학에서 그의 강연을 책으로 펴냈다.[5]

라디오와 음반 작업, 그리고 텔레비전 일은 여전히 계속하고 있었다. 이제는 그런 일이 연주회보다 더 글렌의 관심을 끄는 중요한 일이 되어 버렸다. 1963년 글렌은 바흐 작품을 많이 녹음했다. 파르티타 4번 라(D)장조, 토카타 마(E)단조, 〈평균율 클라비어 곡집〉 1권에서 9번부터 16번까지, 그리고 2성과 3성 인벤션 등을 녹음했다. 같은 해, 그는 CBC 방송국을 위해 독특한 텔레비전 프로그램을 기획해 주도해 나갔다. '푸가 분석The Anatomy of Fugue'이라는 제목의 이 프로그램에서 그는 푸가 구조가 역사적으로 어떻게 발전해 왔는지 분석해 보이는데, 많은 음악가와 가수가 출연하여 대위법적인 작곡법의 여러 예를 직접 보여 주었다. 14세기(란디니*) 이후 르네상스(오를란도 디 라수스,** 루카

---

* 14세기를 대표하는 이탈리아 작곡가 프란체스코 란디니Francesco Landini는 아주 어릴 때 장님이 되었지만 오르간을 비롯한 여러 악기를 연주했고, 이름난 시인이기도 했다. 1369년부터 죽기 바로 전해인 1396년까지 피렌체 로렌초 가문의 오르간 주자로 봉직하며 많은 속요俗謠를 남겼다. 부드러운 음에 카논 형식을 대담하게 구사한 마드리갈로 유명하다.

** '라소'로 불리기도 하는 오를란도 디 라수스Orlando di Lassus(1532~1594)는 벨기에 출신으로, 어린 시절 남달리 아름다운 목소리를 갖고 있어 성가대 사이에 쟁탈전이 벌어져 세 번이나 다른 성가대에 납치되었다는 이야기가 전해 온다. 이탈리아에서 활동하던 중 모시던 영주와 함께 프랑스와 벨기에 지방을 여행하며 각 지방 음악을 흡수해 이후 독특한 음악을 작곡했다. 스물네 살에 마드리갈과 모테트 등을 발표, 세속 음악과 교회 음악 다 성공을 거두었다. 2,000여 곡에 달하는 그의 음악은 당시 음악과는 사뭇 다른 개성을 보여 주

마렌치오*), 바로크 시대(바흐), 빈 시대 또는 고전주의(모차르트), 낭만주의(베토벤), 그리고 현대(힌데미트)에 이르기까지 시대별로 작품을 비교하여 보여 주었다. 그런 다음, 글렌에게는 이 프로그램의 절정이라 할 공연이 시작된다. 그가 대위법을 사용하여 시험적으로 쓴 작품 〈그래 푸가를 만들고 싶다고요?〉를 가수 네 명과 현악 사중주단의 연주로 들려준다(글렌이 샌프란시스코에 왔을 때, 완성되기 전인 이 곡을 우리 집 피아노로 자유롭게 쳐 주었기 때문에 리즈와 나는 이미 들어 본 적이 있었다). 그는 그 작품을 가리켜 "5분 14초짜리 광고 노래로…… 이 광고가 선전하는 내용은 바로 푸가라는 발명품이다. 이는 형태를 만들어 낼 줄 아는 인간의 사고에서 나온 역사적으로 가장 독창적이고 오래가는 방식이자 또한 음악가에게는 가장 훌륭한 연습 방법"[6]이라고 했다.

〈그래 푸가를 만들고 싶다고요?〉는 푸가 작법을 충실히 대변하면서 즐겁고 신나는 놀이로 만들어 낸 작품이다. 베이스가 고무하듯 "푸가를 쓸 배짱이 있다면, 빨리 시작하게나"라고 노래하면, 테너는 아주 현실적인 태도로 나온다. "빨리 시작해서 푸

---

며, 후세 음악가에게 큰 영향을 미쳤다. 말년에는 팔레스트리나와 교회 음악의 영향으로 엄숙한 모테트와 미사곡을 주로 남겼다.

* 이탈리아의 루카 마렌치오Luca Marenzio(1553~1599)는 페라라 등 여러 가문과 추기경의 궁정 음악가로 활약하며 당시 로마에서 유행한 마드리갈을 1580년부터 꾸준히 작곡했다. 능숙한 대위법과 다양한 리듬으로 노랫말을 잘 살려 인기를 누렸다. 말년에는 엄격한 스타일로 심각하고 무거운 곡을 많이 썼다. 불협화음과 반음계적 화음을 쓰면서도 순정하고 유려한 음악을 만들어 냈다. 유럽 여러 궁정에서 일하다 마지막에는 교황궁에서 일했다. 그의 마드리갈은 특히 영국에 큰 영향을 끼쳤다.

가를 써. 우리가 부를 수 있는 푸가를." 콘트랄토는 법칙을 무시하고 싶어 한다. "우리 얘기에 신경 쓰지 마…… 우리가 한 얘기, 책에서 읽은 규칙은 싹 잊어버리라고." 여기에 소프라노는 한술더 뜬다. "신경 쓰지 마. 눈도 주지 말라고." 마지막으로 다 같이 입을 모아 노래한다. "푸가를 만드는 유일한 방법은 그냥 시작해서 하나 써 보는 거야, 규칙은 싹 무시하고 그냥 한번 써 보는 거지." 현악 사중주단이 연주를 시작하면, 네 사람은 가장 잘 알려진 바흐 주제나 바그너의 오페라 〈뉘른베르크의 명가수〉 서곡 주제에서 네 부분을 따와 짤막하게 부른다. 하지만 콘트랄토가 주의를 준다. "그렇지만 솜씨를 뽐내기 위해 일부러 교묘하게 쓰지는 마. 카논을 뒤집는 것은 기분 전환이요, 조금만 올리는 것도 심각한 유혹이 될 테니까."*

〈그래 푸가를 만들고 싶다고요?〉는 깊이 있는 작품이라거나 전체가 다 순수하게 창작된 작품이라고는 할 수 없다. 아마 글렌이 누구보다 먼저 그 사실을 인정했을 것이다. "이 작품은 착상이 교묘하고 풍자적이며 장난스러운 작품입니다. 푸가의 바다를 항해하는 굴드는 뛰어난 음악가들의 주제를 한 번씩 내뿜으며 나아가고 있지요."[7]

그는 이 곡이 기본적으로 바흐처럼 들리기를 바랐지만, 한참 분석해 보고서는 화성학적으로 "멘델스존 스타일"이라는 사실

---

* 뒤집기(inversion)와 기분 전환(diversion), 올림(augmentation) 같은 노랫말은 모두 대위법적 기법을 암시한다. 카논은 돌림 노래로 여러 성부가 겹쳐지는데, 이때 각 성부는 한 주제를 거꾸로 뒤집어 부르기도 하고 몇 도씩 올려 부르기도 한다.

을 인정했다.[8] 그럼에도 이 작품은 글렌이 작곡한 것 중 가장 매력적인 작품일 것이다. 푸가 구조에 대한 그의 열성은 전염성이 강한 것이었다. 이 작품에 대한 긴 글에서 설명하듯이 "푸가가 가장 충실히 고수해야 할 원칙은 쉬지 않고 움직여야 한다는 것이다. 바로크 예술에서 푸가 구조가 가장 대담하고도 주관적인 전달 도구로 꼭 들어맞았던 것도 결코 멈추지 않는다는 이 개념 덕택이다. 이후 이 개념은 다른 시대까지 전달되어 왔다. 푸가를 이용한 작곡법이 역사적으로 놀랄 만큼 통일되어 있는 것도 부분적으로 이 개념 덕택이라고 할 수 있을 것이다."[9]

글렌은 1964년 연주회를 단 두 차례만 열었다. 한 번은 3월 시카고에서였고, 두 번째 연주회는 4월 10일 로스앤젤레스에서 있었다. 로스앤젤레스 연주가 끝나고 캘리포니아에 아직 머물고 있던 4월 동안 샌프란시스코 교향악단과 협연할 계획도 잡혀 있었지만, 그가 취소하는 바람에 피아니스트 모라 림파니*가 대신했다. 캐나다로 돌아오는 길에 글렌은 심코 호숫가의 은둔처로 들어갔다. 휴식도 취하고 원기도 회복하고, 그리고 새로운 계획을 위해 연습도 하고 작업도 할 생각에서였다. 새 계획 중 하나가 「녹음의 전망」이라는 중요한 글을 쓰는 것이었다. 이 글에서 글렌은 연주회장은 결국 사라질 것이고, 녹음이 실황보다

---

• 영국 피아니스트 모라 림파니Moura Lympany는 왕립 음악원 장학생 출신으로 음악원 졸업 후 클라라 슈만의 제자였던 마틸드 베르네 등 유명 피아니스트 교사를 사사하며 왕성한 연주 활동을 펼쳤다. 영국 작곡가의 음악을 자주 연주, 소개한 공로로 1992년 데임 작위를 받았다.

우수하다는 철학을 분명히 내세우고 있다. 그는 이를 "급진적인 선언"이라 부르며 다음과 같이 예언했다.

"오늘날 우리가 알고 있는 대중 공연은 지금부터 한 세기 후에는 더 이상 존재하지 않을 것이다. [그리고] 그 기능은 전자 매체가 대신할 것이다."[10]

또 글렌은 대중 앞에서 공연하는 연주회가 음악 문화사에서 널리 퍼진 시기는 "아주 짧은 기간"밖에 안 되며, 연주회에 들어간 그때그때의 "실제 관리 경영상의 투자"가 대폭 이루어지는 바람에 점점 더 퍼져 나가게 됐다고 썼다. 이는 정확한 서술이라고 할 수 없지만, 어쨌든 음악학에 대한 굴드의 접근법이 학문적인 게 아니라 예술적이며 직관적이라는 것을 보여 준다. '연주회'라고 불리는 특별한 형태의 음악 공연은 (오페라나 교회 음악, 춤곡 등과는 대조적으로) 겨우 17세기 이후 시작한 것이 사실이지만, 사람들 앞에서 연주하는 전통은 문명의 아주 초기부터 있어 왔다. 그리고 경제적 이유 말고도 여러 가지 요소가 작곡 방식과 연주법, 그리고 음악을 듣는 방식에 영향을 미쳤다. 기보법의 변화, 사용한 악기 종류, 음악을 연주하는 방의 설계 구조와 음향, 그리고 종교적 태도뿐만 아니라 사회적 태도 등 모든 것이 영향을 미친 것이다.[11]

굴드는 같은 글에서 최근 음반 산업에서 일어난 변화와 발전을 높이 평가하면서, 그 결과 "연주회장이 갖고 있는 음향상의 한계에서 비롯한 전통과는 좀 다른 새로운 관례가 생겨나고 있다"고 말한다. 그는 "최근 들어 고전 시대 이전 음악이 부활하는

놀라운 현상과…… 오늘날 일고 있는 신바로크주의에 대한 열광"은 음반 산업 덕택이라고 치켜세운다.[12]

그러나 가장 중요한 사실은, 기록을 남기게 된 연주자들이 작곡가가 자기 작품에 느꼈던 것과 마찬가지로 작품과 깊은 연관성을 가질 수 있게 된 것이다. 그런 방식으로 연주자는 한 작품을 만나 철저하게 분석하고 해석함으로써 그 작품은 일정 기간 연주자의 생에 생명을 불어넣으며, 그런 다음 연주자는 또 다른 도전으로 나아갈 수 있게 된다. …… 연주자가 일단 작품을 분석한 뒤에는 연주를 자주 하지 않아도 되므로 자신의 분석을 왜곡할 가능성도 적어진다.* 대개 공연은 위 발코니 청중의 사랑을 얻기 위해 연주자가 행한 해석상의 '차이'로 불안정해지게 마련이다. 연주회 레퍼토리로 자주 등장하는 작품을 연주하는 경우 거의 예외 없이 그렇게 된다.[13]

글렌은 음악 감상이 라디오와 음반, 테이프 재생 장치를 조작하여 감상자가 듣고 싶어 하는 소리를 직접 만들어 낸다는 것을 의미하는, 그런 시대가 오리라고 내다보았다. "다이얼을 빙빙 돌리는 것은 한계는 있지만 나름대로 음악을 해석하는 행동이 될 수 있다."[14] 감상자는 작품과 연주자를 스스로 선택함으로

---

* 본래 연주자가 작품을 분석하고 어떻게 표현할지 정했다 하더라도 대중 공연을 계속하다 보면 자신의 본래 분석과는 다른 방향으로 연주할 가능성이 있고 또 널리 알려진 곡일수록 관객 호응을 얻기 위해 더욱 왜곡이 일어나기 쉬운데, 녹음을 하게 되면 그런 위험성을 줄일 수 있다는 뜻이다.

써 음향적인 효과를 '작곡'해 내게 된다. 심지어 여러 연주자의 연주를 뒤섞어 한 작품으로 감상할 수도 있다. 물론 음향 크기와 방향, 밸런스 등의 변수를 조작하는 것도 잊어서는 안 된다. 그의 이러한 예측은 어느 정도 실현되었다고 할 수 있다. 오늘날 사람들은 전자 장치를 이용해 자기 집 안에 앉아 음악을 만들어 내고 감상할 수 있게 되었다.

그러나 글렌은 전자적인 방식과 연주회에 가는 전통이 서로 양립할 수 있다는 사실을 인정하지 못했던 것 같다. 아니, 받아들일 수 없었는지도 모른다. 사실 '실황' 연주회를 녹음하는 관행은 녹음과 연주회라는 두 가지 방식을 서로 매우 가깝게 만들어 주는 결과를 낳았다. 글렌이 연주회장을 헐뜯고, 나아가 녹음 스튜디오에서만 그가 기대하는 음악적 완벽함을 얻을 수 있다고 믿게 된 것은, 순전히 사람들 앞에 나서기를 불편해한 그 자신의 유별남 때문이었다.

글렌이 대중 연주를 그만두었을 때 그의 나이 겨우 서른하나였다. 그래서 처음에는 그의 활동 중지가 일시적인 것인지, 아니면 영구적인 '은퇴'를 뜻하는지 확실치가 않았다. 월터 홈버거는 계속 예약을 받고 있었고, 글렌 자신도 때에 따라 가끔은 무대에 설 수도 있다는 암시를 내비쳤다. 홈버거는 글렌에게 다음과 같이 경고해 두었다고 한다.

"자네가 알아 두어야 할 것이 하나 있네. 연주자가 도시에 나타나 연주를 하면, 보통 그의 음반도 잘 팔리게 되지. 왜냐하면 그에 대한 새로운 호기심이 생기기 때문이야. …… 자네가 은퇴할 경우, 자네 음반 수입도 떨어질 수 있다는 거야."

그래서 글렌은 여섯 달마다 홈버거에게 전화해 이렇게 말하곤 했다. "방금 명세서*를 받았어. 얼마였게? 알아맞혀 봐요."

"그럼 난 짐작으로 숫자를 대는데, 물론 늘 높은 수치를 대요. 그렇지만 여전히 실제보다는 낮더군요. …… 결국 그가 내게 얼마인지 말해 주고, 그런 다음 그는 핀란드나 또 다른 곳의 수치가 제대로 보고된 것인지 좀 의심스러워했어요. 그럼 내가 '그건 체크해 볼 필요도 없어'라고 말해 주었지요."[15]

실제로 글렌은 다시는 대중 앞에서 피아노를 연주하지 않았다. 그는 "무대로 돌아가는 것은 끔찍한 후퇴"[16]라고 점점 더 굳게 믿었다. '보관자[Keepers]'라는 이름이 붙은 그의 소장품 함에는, 마셜 매클루언**이 보낸 쪽지가 들어 있다. 그 쪽지에는 "연주회 청중을 고물 폐기장으로 던져 버린 글렌 굴드에게 축복을"[17]이라고 쓰여 있다. 자신이 싫어하는 군중을 치워 버린 그는 라디오와 텔레비전을 가지고 마침내 자신의 환상에 마음껏 젖을 수 있게 되었다. 문제는, 나중에 그와 일한 사람은 곧 알게 되었지만, 이런 전자 매체에 대해서는 피아노 연주에서 발휘했던 것과 같은 타고난 감각을 갖고 있지 않다는 사실이다. 이런 상황을 존 로버츠는 다음과 같이 설명했다.

"그는 음악에 재능을 타고났어요. 그리고 아주 꼬마였을 때부

---

* 여섯 달마다 지급되는 음반 저작권 수입 명세서를 말한다.
** 마셜 매클루언Marshall McLuhan(1911~1980)은 캐나다의 철학자로 뉴 미디어와 기술, 문화에 대한 연구와 비평 활동을 했다.

터 피아노를 연주하면서 그 재능을 갈고닦았지요. 그러나 음악
외 분야는 교육을 제대로 받지 못했어요. 학교도 다 마치지 못했
고, 대학에는 들어간 적도 없었지요. 그런 그가 마침내 연주회를
그만두었으니 엄청난 공백이 생기게 됐고, 그 공백을 채워 넣어
야 할 필요가 있었지요. 그로서는 여태까지 잠재되어 있던 재능
이 조금이라도 있으면 그걸 계발하고 강화해야 했습니다. 그러
나 그런 재능은 그의 커다란 음악적 재능과 비교하면 정말 믿을
만한 게 못 됐어요. 그러니 엄청난 의지를 가지고 노력하지 않으
면 안 되었던 거지요."[18]

존은 CBC에서 음악 프로그램 편성자로, 또 나중에는 라디오
음악부 책임자로 일하면서 글렌이 스튜디오를 이용할 수 있도
록 편의를 봐주었고, 스튜디오 기술자들 도움도 받을 수 있도록
주선해 주었다. 또 가끔 글렌에게 새로운 기획을 제안하기도 했
지만, 글렌이 하고 싶어 하는 일은 무엇이든 자유롭게 시도할 수
있도록 해 주었다. 존은 글렌을 위해 음악 부서 한구석에 책상을
갖다 놓고 칸막이를 설치한 뒤 전화도 하나 놓아 주었다. 그만의
사무실이 마련된 셈이었다. 또한 존은 글렌의 라디오 독주회를
다수 기획했고, 다큐멘터리를 청탁했으며, 「글렌 굴드의 예술
The Art of Glenn Gould」 시리즈 두 편을 모두 맡겼다.

글렌에게 이 모든 것은 대중 매체 산업으로 진입할 수 있는 확
실한 발판이 되었지만, 그렇다고 그의 인생이 통째로 바뀐 것은
절대 아니었다. 그는 CBC에서 라디오와 텔레비전 프로그램 일
을 오랫동안 계속해 왔고, 가끔은 그 방송국에서 가장 재능 있

는 감독인 빈센트 토벨*의 도움을 받아 작업하기도 했다. 글렌은 10년 전 자신이 직접 선택한 토벨에게 신뢰감을 갖고 있었다. 글렌보다 열 살 정도 연장자인 토벨은 뉴욕과 토론토에서 라디오 일을 수년 동안 해 온 덕택에 방송에 대해서는 누구보다 폭넓은 경험을 갖고 있었다. 그는 글렌과 함께 일하면서 이 젊은 피아니스트가 라디오에 유능하다는 사실을 발견하고 깊은 인상을 받았다고 한다.

"수년 동안 이 일을 하면서 글렌은 자신이 직접 라디오 프로그램을 만들 정도가 되었어요. 마이크를 잡고 자기가 녹음하고 싶은 것을 언제 어디서 녹음해야 할지 훤히 알고 있었지요. 그는 대화하면서 사람들에게서 필요한 말을 끌어내는 데 굉장히 뛰어났어요. 그런 다음 자기 목소리를 지우고 나면, 사실상 프로그램을 직접 만들어 낸 셈이죠."[19]

그러나 불행히도 텔레비전에서는 그렇게 성공적이지 못했다. 토벨의 설명에 따르면, "라디오에서 하듯이 텔레비전을 할 수는 없었다. 당시는 그런 것이 불가능했다"고 한다. "공연 프로그램을 하나 제작하려면 스튜디오에 카메라가 넉 대 들어가야 했어요. 스튜디오는 몇 시간밖에 쓸 수 없는 데다 조합이 있었고, 경비 문제도 있었죠. 그런 구조적인 문제가 복잡하게 얽혀 있었습

---

* 빈센트 토벨Vincent Tovell은 학부생이던 1942년부터 라디오 일을 시작하여 1957년부터 1987년 은퇴할 때까지 CBC 텔레비전에서 프로듀서와 작가, 연기자로 활약했다. 특히 예술 및 역사 다큐멘터리에 주력하며 글렌 굴드의 지지자이자 친구로 지냈다. 은퇴 후 캐나다의 여러 문화 교육 기관의 후원자이자 설립자로 일했고, 토론토 대학 연구원으로 임명되었다.

니다."[20]

글렌은 대본을 쓰고 다른 연주자들과 함께 연주를 맡기도 했지만, 라디오를 제작할 때와는 달리 장비를 직접 작동시켜 사용한다거나 테이프를 다루거나 하지는 않았다. 말하자면 자신의 프로그램을 직접 연출하지는 못했던 것이다. 토벨은 글렌을 자세히 지켜보았다고 한다.

"스튜디오에 있는 그를 보고 있노라면 한 가지 신기한 점이, 집에 있는 것처럼 편안해했다는 겁니다. 스튜디오 직원과도 친하게 지냈고요. 사교적이었다고까지는 할 수 없어도 확실히 스튜디오라는 장소에서 편안함을 느끼는 사람이었어요. 그리고 여러 요소를 모아 만드는 과정 자체를 즐겼어요. 기자재를 다룰 한두 사람만 있어도 원하는 것은 다 만들어 낼 수 있는 오늘날의 비디오테이프 방식을 알았더라면 아마 무척 좋아했을 거예요. 그는 정말로 자기 작품을 직접 연출하고 싶어 했거든요. 그런데 텔레비전에서는 그렇게 할 수가 없었던 거지요. 열 시부터 열 시 이십 분까지 일한 다음 휴식 시간을 갖는 그런 방식은 쉬운 일이 아니었습니다. 그건 글렌이 그토록 불만스러워했던 연주회 일과 전체적으로 아주 비슷했지요. 그렇다고 자기 기질에 맞는 환경을 만들어 낼 통제권도 사실상 갖지 못했고. …… 그는 자신이 영상을 잘 다루는 사람이라고 스스로 믿고 싶어 했지만, 그러기 위해서는 사실 다른 사람에게 많이 의존해야 했어요. 그가 도사처럼 잘 다룬 분야는 소리, 그리고 말이었어요."[21]

은퇴한 첫해에는 글렌이 스튜디오에서 할 일이 별로 없었다. 1964년과 1965년 사이 텔레비전 프로그램 하나에만 출연했는데, 프로그램 제목은 '네 차례의 수요 연주회 Concerti for Four Wednesdays'였다. 이 프로그램은 글렌이 (청중 없이) 자신의 전형적인 연주회 곡목을 연주하는 모습을 보여 준다. 〈골드베르크 변주곡〉 가운데 변주곡 30번과 카논 형식의 변주곡 아홉 개, 베토벤 소나타 작품 109, 스베일링크 환상곡 라(D)단조, 그리고 베베른의 변주곡 작품 27을 모두 흠잡을 데 없이 멋지게 연주했다.

그해 그는 대중 앞에 두 번 모습을 나타냈다. 그러나 피아니스트로서가 아니라 강연자로 나선 것이었다. 1964년 6월, 글렌은 토론토 대학에서 명예 법학 박사 학위를 받고 졸업식 연설을 했다. 동짓달에는 왕립 음악원에서 '졸업에 대한 충고'라는 제목으로 학생들에게 연설했다. 그는 졸업생들에게 무엇보다 충고를 거절하라는 충고로 이 엄숙한 연설을 시작했다. "다른 사람의 충고에 너무 기대어 살지 말라"는 충고였다. 그런 다음 부분적으로 이해가 가지 않는 명제를 졸업생들에게 제시했다.

여러분이 그동안 배운 것, 그리고 앞으로 배울 것은 모두 부정否定 — 존재하지 않거나 없는 것, 또는 없는 것처럼 보이는 — 과 연관이 있기 때문에 배움이라는 게 가능한 것입니다. 인간에게 가장 인상적인 점은 — 아마도 이 때문에 인간의 그 모든 어리석음과 야수성을 용서하게 되는 것 같은데 — 존재하지 않는 것에 대한 개념을 만들어 냈다는 사실일 겁니다. …… 우리 삶이 무無를 내포하고 있다는

것은 인류 사상사에서 인간이 가지고 놀았던 다른 어떤 개념보다 중
요하며, 다른 개념들은 다 아무것도 아닌 것으로 만들어 버릴 정도입
니다.[22]

이제 막 음악원을 졸업하고 교사나 연주자, 그리고 작곡가가
되어 전문 음악가의 길로 들어서려는 학생에게 들려주는 말치
고는 아주 희망적인 메시지라고 할 수는 없지만, 그들 앞에 놓
여 있는 어려움을 감안한다면 부정주의를 조금 끼워 넣는 글
렌의 태도가 아마 현실적이었는지도 모른다. 지금도 그렇지만
1960년대 당시 음악 분야에서 일거리를 얻을 기회는 극히 적었
다. 음악원과 대학에서 훌륭한 솜씨를 갈고닦은 졸업생 중 극히
소수만 관현악단이나 합창단, 그리고 학구적인 연구 기관 등에
서 일자리를 찾을 수 있었고, 나머지 일부 학생은 별로 신통치
않은 돈벌이에 종종 품위마저 떨어지는 개인 지도 교사로 나서
거나, 대부분은 음악과는 상관없는 분야에서 새로운 직업을 찾
아 새로 훈련을 쌓아 나가야 했다. 그러므로 굴드 박사가 졸업생
에게 "긍정적인 생각의 위험성"[23]을 경고한 것은 결코 부적절한
충고는 아니었다. 게다가 그 자신 역시 직업을 바꾸는 진통 중에
있었으니까 말이다.

정서적인 문제로 오랫동안 무대를 떠나 있던 러시아 태생의
블라디미르 호로비츠가 1965년 무대로 돌아와 대단한 성공을
거두었다. 호로비츠의 성공은 글렌을 불안하게 만들었다. 글렌
은 예술가 사이의 경쟁을 경멸한다고 말해 왔지만, 이 선배 피아

니스트에게는 선망과는 분명히 다른 감정을 오랫동안 품어 왔다. 그는 조 스티븐스와 이 문제를 두고 꽤 길게 논의했다.

"호로비츠 건은 정말 어처구니가 없었다"고 조 스티븐스는 기억한다. "글렌은 호로비츠를 능가해야 한다고 생각했던 것 같아. 내게 말하기를, 물론 꼭 집어서 말한 건 아니지만 '나는 호로비츠보다 더 잘 칠 수 있다. 호로비츠가 뭐 그리 대단해?'라고 했어. 그에 대한 내 대답은 '자네가 더 잘 칠 수 있을 거라고 믿어 의심치 않네'였지. 글렌은 그 사실을 자신에게 증명하기 위해 호로비츠와 가장 관계 깊은 대작 두 작품[프로코피예프의 소나타 7번 내림나(B플랫) 장조 작품 83과 스크랴빈의 소나타 3번 올림바(F샤프)단조 작품 23]을 굳이 연구하여 녹음을 했지."[24]*

그러나 이것만으로는 글렌의 어린애 같은 경쟁심이 가라앉지 못했는지, 그는 많은 사람에게 호로비츠가 그 유명한 옥타브 악구를 연주할 때 '속임수'를 썼다고 떠벌렸고, 심지어 호로비츠 테이프에 자신이 연주한 부분을 끼워 넣어 제대로 고치는 방법을 뉴욕 RCA 빅터 기술자들에게 가르쳐 주었다는 해괴한 주장도 늘어놓았다.[25]

은퇴한 첫해(1964~1965) 글렌은 컬럼비아 녹음부에 녹음하러 가기 위해 자주 뉴욕을 찾았고, 엄청나게 많은 양의 아널드

---

* 글렌 굴드는 호로비츠가 무대에 돌아온 1965년 훨씬 전부터 프로코피예프의 7번 소나타를 곧잘 연주했고, 동영상도 더러 남아 있다. 굴드는 이 곡을 호로비츠보다 더 빨리 칠 때도 있지만, 때로 무겁게 들릴 정도로 중후하게 연주한다. 호로비츠가 연주하는 이 곡은 러시아인답게 러시아적 리듬감과 색채감이 살아 있다. 한편 스크랴빈의 연주는 굴드의 사색적인 연주가 아주 잘 어울려, 시적으로 들릴 만큼 매력적이다.

쇤베르크 음악을 테이프에 담았다. 피아노 독주곡 전곡(〈여섯 곡의 소품Six Little Pieces〉 작품 19, 〈다섯 곡Five Pieces〉 작품 23, 모음곡 작품 25, 〈작품들Pieces〉 작품 33a와 33b)에다 〈나폴레옹 송가〉 작품 41(줄리아드 현악 사중주단과 협연, 낭독자는 존 호턴*), 바이올린과 피아노를 위한 환상곡 작품 47(이스라엘 베이커**와 협연), 그리고 수많은 가곡 ― 초기 가곡인 작품 1(도널드 그램***과 협연), 작품 2(엘렌 폴과 협연), 작품 3(도널드 그램과 헬렌 바니****와 협연)을 모두 포함했고, 〈공중 정원의 책〉 작품 15(헬렌 바니 협연)도 녹음

---

* 존 호턴John Horton은 캐나다 배우로 연극 무대에서 큰 활약을 했다. 영화 「쇼생크 탈출」, 「도니 브래스코」와 인기 드라마 「여자 국무 장관Madam Secretary」, 「요주의 인물Person of Interest」, 「뉴욕 특수 수사대Law and Order: Criminal Intent」에도 출연했다. 스트라빈스키의 연주회에서도 낭독을 맡았다.

** 러시아 이민자의 아들로 시카고에서 태어난 이스라엘 베이커Israel Baker는 영화계에서 활약했지만 클래식 음악가들과도 활동했다. 파라마운트 영화사의 악장으로 「레베카」, 「이창」, 「선셋 대로」, 「젊은이의 양지」 작곡가 프란츠 왁스먼, 「폭풍의 언덕」, 「노트르담의 꼽추」, 「이브의 모든 것」에서 음악을 맡은 앨프리드 뉴먼, 「십계」, 「앵무새 죽이기」, 「고스트 버스터」의 작곡자 엘머 번스틴과 작업했고 버나드 허먼이 작곡한 「사이코」의 바이올린 부분 독주도 맡았다(그 유명한 바이올린 비명 부분을 베이커가 생각해 냈다는 설도 있다). 굴드가 쇤베르크 환상곡 협연자로 베이커를 선택한 것은 명성보다 실력을 본 혜안 덕택이다. 하이페츠처럼 깨끗하고 강렬한 음을 내는 베이커는 하이페츠와 연주하면 누구 연주인지 구별하기 어려울 정도였으며, 초견 능력은 타의 추종을 불허했다.

*** 베이스 바리톤 도널드 그램Donald Gramm은 풍부하고 매우 고상한 톤을 지닌 귀족적인 이미지의 가수였다. 연기도 뛰어나 베르디의 〈팔스타프〉에서 팔스타프, 모차르트 〈돈 조반니〉의 레포렐로, 베르크 오페라 〈룰루〉의 쇤 박사와 살인마 잭 역으로 유명하다. 또한 리하르트 슈트라우스는 물론이고 베르크, 거슈윈, 찰스 아이브즈, 콜 포터에 이르기까지 다양한 레퍼토리를 소화했다

**** 헬렌 바니Helen Vanni는 칼라스, 테발디와 활동했던 독일계 미국 가수다. 소프라노 노래도 불렀지만 메조소프라노로 인기가 높았다. 1956년 메트로폴리탄 오페라에 데뷔한 이래 1970년까지 메트 무대에서 노래했다. 〈피가로의 결혼〉에서 케루비노, 〈낙소스섬의 아리아드네〉에서 아리아드네 역을 비롯하여 〈장미의 기사〉에서 메조와 소프라노 역을 모두 소화했다.

했다. 또한 베토벤 소나타 세 곡, 즉 5번 다(G)단조, 6번 바(F)장조, 7번 라(D)장조와 모차르트 소나타 11, 12, 13번(K. 331, 332, 333) 세 곡도 녹음했다.

1965년 1월, 글렌은 자신이 제작한 「녹음 전망에 관한 대화 Dialogue on the Prospect of Recording」를 방송으로 내보냈다. 마셜 매클루언 교수와 피아니스트 레온 플라이셔,* 그리고 위대한 바이올리니스트와 결혼하기 전 발레리나였던 다이애나 굴드 메뉴인** 등 일곱 명을 인터뷰하여 만든 탁월한 프로그램이었다. 글렌은 프로그램을 다음과 같이 소개했다.

전자 매체는 지난 반세기에, 그동안 음악이 우리 사회에 미친 영향을 완전히 바꿔 놓았습니다. 음악은 그 어느 때보다 우리와 가까워졌습니다. 집에서도, 또 자동차 스피커에서도 음악이 흘러나옵니다. 텔레비전 화면을 받쳐 주는 배경 음악은 우리가 필요하지도 않은 물

---

*  피아니스트 레온 플라이셔Leon Fleisher는 1952년 스물넷 나이에 미국인 최초로 큰 국제 대회인 퀸 엘리자베스 콩쿠르에서 1등을 차지한 뒤 베토벤과 브람스 협주곡 녹음을 통해 엄청난 호응을 얻었다. 그러나 삼십 대인 1964년 정원 의자를 옮기다 손가락에 작은 상처를 입은 뒤 서서히 오른손이 마비되었다. 이후 지휘와 교육, 그리고 왼손을 위한 피아노곡으로만 활동하다가 1982년 보톡스 주사 처방을 받고 18년 만에 두 손 연주로 무대에 복귀했다. 생전에 이미 그를 기리는 다큐멘터리가 수 편 제작되었고, 『워싱턴 포스트』지 수석 음악 평론가이자 카라얀과 파바로티 자서전 작업을 도왔던 앤 미젯과 함께 회고록 『아홉 개의 목숨』을 남겼다.

**  메뉴인의 두 번째 부인이자 매니저 겸 비서 노릇을 해 온 다이애나 굴드 메뉴인Diana Gould Menuhin은 영국 출신 발레리나로 메뉴인과 결혼하면서 자신의 경력을 포기했다. 유부남이었던 메뉴인은 1944년 네 살 연상의 키 큰 발레리나를 만나자마자 반해 결혼을 결심했고, 1947년 마침내 이혼에 성공한 메뉴인은 이혼한 지 3주도 안 되어 다이애나와 결혼했다. 이후 그들은 '예후디애나'라는 서명을 같이 쓸 정도로 충실한 부부가 되었다.

건을 사도록 설득하는 영상에 힘을 더해 줍니다. 또 식당에서는 유선 방송으로 음악이 흘러나와 대화의 피곤함을 풀어 주며, 공공장소에서 사람들의 폭동을 막아 주는 구실을 하고, 엘리베이터 안에서는 우리의 폐쇄 공포증을 줄여 줍니다. ……[26]

그런 다음 글렌은 큰 연주회장에서 음악을 녹음했을 때와 스튜디오에서 녹음했을 때 소리가 어떻게 달리 들리는지, 그리고 마이크를 악기 가까이 대고 녹음했을 때와 멀리 두고 녹음했을 때의 소리 차이 등을 직접 시범으로 들려준다. 그다음 그는 초대 손님에게 여러 의견을 들어 본다. 굴드가 공들여 구성한 그 논의는 현대 사회에 미치는 음악의 기능과 함께 비평가, 편집자, 기술자, 그리고 오늘날 매체 관련 산업에 종사하는 이의 영향력에 관한 것이었다. 글렌과 한동안 일했던 컬럼비아 녹음부 제작자인 폴 마이어스*는 이 프로그램에서 다음과 같이 말한다.

음악이 멋진 것은 연주할 때마다 조금씩 달라지기 때문이라고 나는 생각해요. 그리고 지휘를 하든, 피아노를 치든 두 사람이 같은 작품을 똑같이 연주하는 것은 불가능합니다. 같은 사람이 같은 작품을 연주할 때도 조금씩 달라지게 마련이고요. 그 때문에 음악은 흥미로

---

* 폴 마이어스Paul Myers는 미국 CBS 방송국과 데카 레코드, 낙소스 등의 음반사에서 클래식 음악 프로듀서로 활동했다. 조지 셸이 지휘하는 클리블랜드 오케스트라, 기타리스트 존 윌리엄스, 그리고 글렌 굴드와 한 녹음 작업이 대표작으로 남아 있다. 특이하게도 클래식 음악 세계를 배경으로 한 추리 소설 시리즈를 써냈다.

운 것이고, 또 많은 사람이 음악을 듣는 거지요. 나로서는 베토벤 교향곡 첫 악장을 클렘퍼러가 지휘하고, 2악장은 카라얀이, 3악장은 토스카니니가, 그리고 마지막 악장은 조지 셀이 지휘한 연주를 들어서 나쁠 게 없다고 보는데요. ……[27]

또 다른 음반 제작자인 존 해먼드[•]는 녹음과 관련된 당시 흐름에 썩 낙관적인 관점을 보이지는 않았다.

요즘 녹음 현장을…… 한마디로 요약하라면 인플레이션이라고 할 수 있을 겁니다. 이렇게 된 원인은 음악가의 자아 때문이 아닐까요…… 독주자는 100곡도 넘는 곡을 녹음하고 싶어 해요. …… 한 현악 사중주단이 녹음할 때 요즘은 보통, 이런 말 하는 게 참 뭣하지만, 마이크 네 개를 스테레오로 씁니다. …… 그렇게 각 부분을 강조하다 보면 전체적으로 통일성을 잃게 됩니다. 제가 느끼기엔 녹음하는 데 음악가가 아닌 사람이 음악가 노릇을 하고 [있고, 그리고] 유명 교향악단 녹음은 수많은 녹음 마이크와, 모든 소리를 똑같이 중요하게 생각하는 기술자들로 난장판을 이루는 바람에 작곡가의 요망 사항은 거의 예외 없이 무시되곤 합니다.[28]

---

[•] 존 해먼드John Hammond는 20세기 미국 대중음악에 큰 영향력을 발휘한 음반 제작자였다. 카운트 베이시, 빌리 할리데이부터 베니 굿맨, 어레사 프랭클린, 밥 딜런, 브루스 스프링스틴 같은 이를 발굴하고 키워 냈다. 특히 1930년대부터 흑인 음악을 알리는 데 애써 재즈 역사상 비음악인으로서는 가장 중요한 인물로 평가받는다. 그 공로로 로큰롤 명예의 전당에 올라가 있다.

『하이파이 스테레오 리뷰*Hi Fi Stereo Review*』음악 편집자인 로버트 오퍼겔드는 음반 사업 덕택에 바로크 음악에 대한 관심이 되살아난 "미증유의" 사건을 얘기했다. 피아니스트 레온 플라이셔는 녹음 음악의 가치에 더욱 부정적이었다.

예술이 매체를 손쉽게 이용할 수 있다 하더라도, 그 매체에 지배받아서는 안 된다고 생각합니다. …… 음반은 뭔가 색다른 게 있을 때만 생명력을 갖게 될 뿐입니다. 음반을 들으면서 각 악절이 어떻게 연주될지 정확히 알게 되고, 이 페르마타 부분은 얼마나 길게 끌지 알게 되는 순간이 오면 그 음반은 목적을 다한 겁니다. 이제 버려야 할 때가 온 거지요. 왜냐하면 그렇게 되면 그 음반은 더 이상 음악의 본질을 담아내지 못하기 때문입니다. 음악의 본질은, 연주할 때마다 새롭게 태어나는 생명력에 있으니까요.[29]

다이애나 메뉴인은 녹음 음악과 실황 공연 음악에 똑같이 비판적인 말을 했다.

나는 매사 너무 명확히 정의하고 너무 많이 분석하는 현대의 과학적인 방식, 그리고 당연히 흘려보내야 할 것을 다 잡아채려고 하는 현대적인 방식이 두려워요. 스튜디오에서 연주한 음반을 들어 보면 지나치게 정형화된 것 같다는 생각이 들어요. [그런데 실제 연주회와 관련해서는] 다 함께 박수 치는 사람들을 보면…… 그런 생각이 자주 들어요…… 우스꽝스럽고, 미리 정해 놓은 뻔한 방식 같고, 바

보스럽고…… 그런 식으로는 베토벤을 만날 수 없지요.[30]

컬럼비아 녹음부 부장인 슈일러 채핀*은 "녹음과 전자 공학이라는 새로운 매체가 처음으로 작곡자에게 주어졌다. …… 이전에는 존재하지 않았던 것에 대해 지금 우리는 얘기하고 있는 것이다"[31]라며 열광적인 태도를 보였다.

토론토 대학의 마셜 매클루언은 전자 공학 혁명에 대해 예시적인 말을 던져 주었다.

말하자면 전자 드럼이라고 할 수 있는 녹음기로 백과사전처럼 세계 음악을 아무 때나 들을 수 있게 되었습니다. 우리는 거대한 민족 음악 백과사전을 만들기 시작했습니다. 음악은 이제 음악들이라고 복수형을 써야 해요 — 이제 더 이상 국제적인 언어로서도 — 하나의 음악만을 얘기할 수 없게 됐어요. ……

전자 시대에서는 일반 청중이 좀 더 창조적으로 개입하려는 경향이 강하다고 생각합니다. 우리는 지금, 예를 들어 어린애들에게 컴퓨터를 어떻게 프로그램하는지 가르쳐 주는 시대로 접어들고 있습니다. 높은 수준의 산업 생산 과정도 집에서 컴퓨터 기술로 주부가 다

---

*   슈일러 채핀Schuyler Chapin은 고등학교도 채 졸업하지 못했지만 평생 뉴욕 예술계의 중요 인사로 군림했다. 메트로폴리탄 오페라 총괄 매니저, 링컨 센터 부회장, 컬럼비아 레코드 부회장, 브로드웨이 토니상 후보 선정 위원회 회원을 지냈고, 컬럼비아 대학 예술 학부 학장 등을 지냈다. 레이건 대통령 시절 예술 관련 직책을 맡았고, 뉴욕 줄리아니 시장 시절 문화 담당 위원장으로 재직했다. 에미상을 세 차례 받았고, 2002년 프랑스 레지옹 도뇌르 훈장을 받았다.

꾸려 나갈 수 있게 되는 시대 말입니다.[32]

이런 다양한 의견이 글렌의 재치 넘치는 해설과 섞이면서 루카스 포스, 헹크 바딩스,* 앙리 푸쇠르,** 그리고 이고르 스트라빈스키와 같은 현대 음악 작곡가의 작품에서 뽑아낸 음악이 예로 곁들여지며 내용을 보충 설명해 준다.

라디오 일을 시작한 초기, 글렌은 말하는 방식이 너무 지적이고 뭔가 신비스러운 데가 있다는 이유로 많은 비난을 받았다. 글렌의 라디오 프로그램 제작자였던 어떤 이는 "그가 무슨 소리를 하는지 나도 이해하지 못할 때가 있었다"[33]고 전한다. 그리고 글렌의 즉석 인터뷰 솜씨에 관해 얘기하자면, 언젠가 자신과 의견이 다른 사람을 인터뷰하다가 "당신 미쳤군"이라는 말을 들은 뼈아픈 경험을 한 뒤로 글렌은 인터뷰하면서 말을 삼가게 되었다.[34] 그 일 이후 글렌은 자신이 물어볼 질문은 물론이고, 그가 인터뷰하는 사람이나 그를 인터뷰하는 사람에게서 기대하는 대

---

* 네덜란드 현대 음악을 대표하는 작곡가 헹크 바딩스Henk Badings(1907~1987)는 일곱 살에 고아가 되었으며, 성장한 뒤에는 집안의 반대로 음악을 전공하지 못하고 1937년까지 광산 기술자이자 고생물학자로 일했다. 거의 독학으로 음악을 공부한 그는 1930년 첫 첼로 협주곡이 암스테르담 콘세르트헤바우에서 공연되면서 음악가로 큰 성공을 거두었다. 불안한 현대성을 잘 그려 낸 그의 음악은 '낭만적 모더니즘'이라 불릴 만큼 매력을 갖추고 있다.

** 앙리 푸쇠르Henri Pousseur는 1950년대 초반까지 벨기에 리에주와 브뤼셀의 음악원에서 수학했으나 그 자신은 여러 음악 양식을 독학했다고 주장한다. 현대 음악의 여러 기법을 다양하게 적용한 작품을 선보여 1950년대 이후 불레즈와 슈토크하우젠, 루치아노 베리오 등과 더불어 전위 음악계에서 두각을 나타냈다. 우연성과 즉흥성, 기계와 악기를 결합한 독특한 작품을 많이 선보였다.

답까지 미리 원고로 써 두어야겠다는 생각을 하게 되었다. 또한 말을 단순하게 구사하는 법도 배웠고, 자신의 원고를 더욱 구어 체로 쓰는 법도 익혔다. 텔레비전 프로그램 일을 할 때는 참가자들이 할 말을 잊어버리거나 옆길로 빠지거나 실수하는 경우를 방지하기 위해 텔레프롬프터 기계를 사용했다.

1965년 10월, 예후디 메뉴인과 글렌이 CBC 스튜디오에 함께 출연하면서 아주 뛰어난 텔레비전 프로그램이 탄생했다. 바이올리니스트의 회상에 따르면 "그와 연주하는 건 아주 쉬웠다"고 한다. "관점이 서로 다를 때는 그냥 연주하는 걸로 해결해 나갔습니다. 말하는 건 소용없어요. 다른 감정이 그렇듯 음악은 말로 풀 수 있는 게 아니거든요. 그냥 연주하고, 만약 선의를 가지고 상대를 존중한다면 자신이 조금 양보함으로써 상대와 진정으로 만날 수 있지요. 바로 그런 일이 일어났던 거예요. 그는 정말 성실한 사람이었고, 정말 대단했습니다."[35]

프로그램은 두 사람이 들려주는 바흐의 바이올린과 피아노를 위한 소나타 4번 다(C)단조의 완벽한 연주로 시작한다. 그런 다음 두 예술가는 다음에 연주할 베토벤 소나타 10번 사(G)장조 작품 96에 관해 짧게 얘기를 나눈다. 글렌은 늘 그렇듯 이 대본도 미리 써 두었다.

굴드: 이 작품에 자세히 접근해 보면…… 저는 베토벤의 파이프와 농부 같은 일면, 초기의 다소 군국주의자 같은 성격을 떠올리게 됩니다.

**메뉴인:** 참 궁금한 게 있는데 — 자네는 리듬적으로 매우 엄격한 사람인데 한번 역동적으로 자유로이 연주하기 시작하더니 리듬도 덜 엄격해진 것 같아 — 그게 나의 나쁜 영향을 받아서 그런 게 아닌지 궁금하단 말일세. 나쁜 영향이 아니길 바라네. 왜냐하면 그편이 훨씬 낭만적이거든!

**굴드:** 좀 힘들긴 하지만 타협안을 찾았습니다…… 그런 식으로 하면 마지막 악장의 푸게타가 좀 이상하게 들릴 것 같아요. 나는 이 푸게타가 군더더기 하나 없고 매우 탄탄하며 복잡하다고 생각했거든요. 베토벤의 말기 작품에서 보여 주는 일종의 바흐적인 대위법을 기대할 수 있는 어떤 것, '슈투름 운트 드랑Sturm und Drang*' 같은 식으로 [그는 피아노로 보여 준다] 말입니다. 그런데 선생님은, 이제 선생님이 느끼신 점을 말씀해 주세요. 선생님은 다르게 생각하시잖아요.

**메뉴인:** 글쎄, 난 베토벤이 여기 와서 자네 연주를 들었으면 좋겠는데. 자네가 해석하는 방식은 아주 설득력이 있으니까 말이네. 나는 악보에 적힌 지시 사항을 감히 거스를 용기가 없는데? 여기 적혀 있잖아, '아주 피아노로Pianissimo**' 연주하라고. [둘 다 웃음][36]

해석이 서로 크게 다르지 않아서 조화로이 잘 연주한 베토벤

---

* '질풍과 노도怒濤'는 18세기 독일 문예 운동으로 괴테와 실러가 선두 주자다. 합리적 계몽주의에서 벗어나 자연과 감정을 자유롭게 표현하는 사조로, 베토벤 역시 그 영향을 받았다.

** 피아니시모, 즉 '아주 피아노로 연주하라'는 말은 본래 아주 여리게 연주하라는 뜻이다. 피아노의 본래 악기명은 '피아노포르테'('강하고 약하게'라는 뜻)인데, 이는 이전 건반 악기와 달리 강약 조절을 쉽게 할 수 있기 때문이었다. 그러나 여기서 굴드는 '아주 피아노로(여리게) 연주하라'는 피아니시모를 '아주 (악기) 피아노로 연주하라'는 뜻으로 재치 있게 바꾸어 표현했다.

소나타가 끝난 다음, 글렌은 아널드 쇤베르크의 바이올린과 피아노를 위한 환상곡 작품 47을 프로그램으로 올려놓았다. 이 작품은 예후디가 이전에 연주한 적도 없고, 별로 좋아하지도 않는 곡이었다.

**굴드:** 이 환상곡은 — 제 추측입니다만, 만약 제 생각이 틀렸다면 고쳐 주세요, 잘은 모르지만 — 정말로 바이올린적 요소로 꽉 차 있어 보여요. [이 작품은] 이 악기의 화음을 잘 보여 주고 있고…….

**메뉴인:** (굴드가 써 준 대사에서 벗어나) 그래, 그러면서도 한편으론 이상하게 어색하고 볼썽사나워…….

**굴드:** (역시 좀 더 자유로이 얘기하면서 장난꾸러기 같은 미소를 살짝 짓는다) 이제 속셈을 다 털어놓으시죠, 예후디. 쇤베르크를 별로 좋아하지 않으시죠, 그렇죠?

**메뉴인:** 그래요, 그렇지만 글렌, 이걸 연주해 보자는 자네의 제안에 기꺼이 응했네. 왜냐하면 나는 자네를 높이 평가하며, 또 자네가 쇤베르크에 대해 많이 알고 있고, 아마 누구보다 쇤베르크를 제대로 이해하고 있다고 생각하니까. 그리고 나는 진정으로 사랑하고 이해하는 누군가의 눈을 통해서 뭔가 배우는 걸 항상 좋아하는 사람이니까…….

**굴드:** 그런데 악기에 잘 안 맞는 것과 같은 빤한 이유 말고 가장 기본적인 불만을 한두 가지만 든다면요? 이 작품이 마음에 안 드는 진짜 이유 말입니다. 내 말은, 이 작품의 어떤 점이 그렇게 거슬리느냐는 겁니다.

**메뉴인:** 음, 말하자면 제스처와 말이 서로 이상하게 안 어울린다는 점이야. 연극으로 치자면 셰익스피어의 「햄릿」 대사를 따와서 아무렇게나 엮어 놓아 그 자체로는 말이 안 되는데, 어조와 몸짓은 연극을 그대로 옮겨 놓아서 그 연극을 아는 사람은 사랑의 장면이 시작되거나 혼령이 나타나는 때를 알아보는 것과 비슷한 거야.

**굴드:** 기막힌 비유로군요.[37]

이런 얘기가 오가는 동안 글렌 얼굴을 자세히 들여다보면, 자신이 공들여 준비해 둔 원고에서 예후디가 벗어난 것에 불편해하는 표정을 읽을 수 있다. 그의 오른쪽 얼굴이 움찔거리는 게 눈에 띈다. 그러나 예후디는 할 말을 입에 넣어 주는 글렌의 방식에 고분고분 따를 사람이 아니었다. 그는 최근 나를 만난 자리에서, 자신은 글렌의 원고보다 "진짜 대화를 하기 바란다"고 글렌에게 미리 말했고, 이에 글렌은 단호하게 대답했다고 한다. "그러나 나는 당신이 어떻게 생각하는지 정확히 알고 있어요." 사실상 글렌은 예후디가 왜 그를 위해 미리 정성껏 써 놓은 원고에서 벗어나고자 했는지 이해하지 못했다. CBC 기술자들에게 글렌이 내뱉은 설명은 "읽을 줄을 몰랐나 보지"[38]였다. 그러나 예후디는 글렌에 대해 다음과 같이 말했다.

"당신도 알다시피 글렌의 정신은 아주 잘 정리되어 있어서 예상치 않은 일에 부닥치는 것을 별로 좋아하지 않았어요. 음악이든, 사람이든, 발언 태도까지도 자신이 완전히 장악하지 못하게 되는 상황을 싫어했습니다."[39]

두 음악가는 공통점이 많았다. 둘 다 어린 시절부터 아주 큰 성공을 거둔 신동이었지만, 둘 다 그 문제는 결코 화제로 올리지 않았다. 예후디의 말에 따르면, 두 사람은 몇 해 전 뉴욕에서 "아주 우연히" 만났고, 글렌은 곧 "[나의 아내] 다이애나에게 크게 이끌려 다이애나를 몹시 좋아했고, 다이애나도 그를 무척 좋아했다"고 한다.[40] 두 사람 사이에 서로에 대한 찬미와 진정한 우정이 없었더라면, 그들의 관계는 오이디푸스적 성향으로 흘러갔을지도 모른다. 다이애나는 애정 가득 담긴 긴 편지를 글렌에게 보내곤 했다. 편지는 "늙은 깽깽이쟁이의" 바쁜 생활에 대해 아주 칭찬만은 아닌 풍자적인 보고로 가득 차 있었고, 이에 글렌은 정중하면서도 좀 냉소적인 어조로 답했다.

친애하는 이여, [예후디가 전 세계적으로 명성을 획득한 것에 대해] 당신이 느끼는 당혹감을 나는 너무나도 잘 이해합니다. …… 그러나 당신이 겪는 이 역경에 동감하며 모여들 많은 선의의 사람이 있다는 걸 아신다면 위로가 될 겁니다. …… 그리고 하나 더, 친애하는 다이애나 부인,* 예후디 경께서 기사로 올라가신 것에 대해서는 직접 언급하지 않겠습니다. 왜냐하면 솔직히 내 코가 납작해졌거든요.[41]

예후디는 글렌을 높이 평가해 자신이 출연하는 8부작 텔레비전 시리즈 「인간의 음악The Music of Man」 중 한 부분에 참여해 달라

---

* 여기서 굴드는 예후디 메뉴인이 받은 기사 작위 Sir를 의식하여 일부러 기사 부인에 대한 호칭 Lady를 썼다.

고 글렌을 초대했다. 이 텔레비전 기획물은 1970년대 CBC에서 시작한 것이었다. 여기서 두 사람은 실제 음악 공연과 녹음 연주의 장단점을 비교하는 토론을 벌였다. 글렌은 실제 청중 앞에서 자신을 예술가로 드러내기 원치 않았고, 자신의 진짜 모습을 보여 주고 싶어 하지 않았던 예술가다. 녹음 스튜디오에 홀로 떨어져 있는 것을 더 편안해했다. 다음 발췌문은 예후디와 글렌이 예술가로서, 그리고 한 인간으로서 어떻게 다른지 단적으로 드러내 준다.

굴드: 예후디, 제가 보기에 기술이란 건 결국 위험과, 위험이 일어날 가능성을 제거하기 위한 것이라고 생각해요.

메뉴인: 기술이 위험한 가능성을 정말로 없애 준다면, 음악은 그렇다 치고, 위험성 그 자체에 대한 감각, 즉 생에 대한 감각을 잃어버릴 위험은 없나?

굴드: 확실히, 기술 자체가 갖고 있는 위험성도 있지요. 그러나 기술의 목적은 실제처럼 '보이게' 해 주는 거라고 생각해요.

메뉴인: 그렇게 '보이는' 것만으로 자네는 만족하겠나?

굴드: 글쎄요. 녹음 연주는 완전히 실제 그대로는 아니지요.

메뉴인: 그렇다면 우리는 두 가지 다른 차원에서 살아야 하는구면. ......[42]

사실상 예후디가 굴드를 이상적으로 파악한 모습에는 오늘날까지 두 가지 차원이 있는 것으로 보인다. "1. 그는 평범한 보통 사람이 아니어서, 그 특유의 괴짜 같은 면이 있었다. 2. 자신의 나라에 애착을 가지고 있는 사람, 사냥하고 낚시하고 일하면서 땅과 더불어 사는 사람 — 이런 사람들이 그와 같은 종류의 사람이었다. 그는 자신의 음악 활동과 관련 있는 사람들, 소속사나 다른 사람에 대해서는 별 관심이 없었다."[43]

실생활에서 글렌이 '땅의 사람들'과 접촉하는 경우는 고작 토론토 서북쪽 시골 마을로 나가는 경우에 불과했다. 그는 더 이상 심코 호숫가에서 시간을 많이 보내지 않았고, 그가 깊이 관계 맺고 있는 사람은 CBC 연출자와 작가들, 엔지니어와 기술자들이었다.

예후디와 글렌 사이의 찬양은 일방적인 게 아니라 상호적이었다. 예후디에 대한 글렌의 존경심은 1967년 5월 7일 방송된 「음악 거장/예후디 메뉴인Master Musician/Yehudi Menuhin」이라는 라디오 프로그램으로 나타났다. 이 프로그램에서 글렌은 예후디가 열네 살 때 녹음한 에드워드 엘가 경의 바이올린 협주곡 음반을 들려주었다. 그는 또한 『뮤지컬 아메리카Musical America』에 이 바이올리니스트에 대한 찬사의 기고문을 발표하기도 했다. 그 글에는 다음과 같은 문장이 있다. "아주 특별한 예술가이자 독보적인 인간이기도 한 예후디 메뉴인은 알베르트 슈바이처의 죽음 이후 인류의 사랑 속에 빈자리로 남아 있는 그 유일한 자리를 제때 계승할 수 있는 귀한 인물로 보인다."[44]

심코 호숫가에 선 글렌 굴드. 굴드는 번잡한 인간관계에서 벗어나 홀로 자연에 파묻혀 스스로 고독해지고자 했다.

1965년 토론토 CBC에서 자신의 프로그램을 제작, 지시하는 굴드.
무대에서 물러난 굴드가 찾아간 곳은 바로 방송 스튜디오였다.

CBC 녹음 스튜디오에서 예후디 메뉴인과 함께.
신동 출신 두 천재는 음악적인 견해를 달리하는 부분은 있었지만 서로 존경했다.

## 20
## 고독 삼부작

그의 나이 서른다섯 되던 1967년, 글렌은 오랫동안 불태워 왔던 야망 두 가지를 성공적으로 실현해 냈다. 하나는 새로운 예술 형식 — 음악적 구성과 연관은 있지만 똑같지는 않은 형태로, 사실상 음악적 구성에다 문학적 표현을 결합한 형식을 만들어 낸 것이다. 그가 오랫동안 품어 온 또 다른 야망은 첫 번째 야망과도 연관이 좀 있는데, 주민이 많지 않고 얼음으로 뒤덮여 있는 북쪽 영토, 또는 그저 캐나다 북부라고 부르는 그 광대한 땅을 방문함으로써 직접 고독을 경험해 보는 것이었다.

글렌은 고독한 상태를 소중하게 생각했다. 그는 혼자 있기 좋아했으니까. 무대에서 물러났던 1964년, 글렌은 "내게 사람은 음식 정도만큼만 중요하다"는 말을 했다. "나이 들어 갈수록 점점 더 음식이나 사람 없이 살아갈 수 있다는 것을 깨닫게 됩니다. 나는 갈등이나 서로 대립하는 생각에서 나 자신을 떼어 놓고자 합니다. 수도원처럼 격리되어 지내는 것이 내겐 좋아요."[1]

고독한 상태에서는 다른 사람들과 함께 있을 때 느끼는 긴장감을 줄일 수 있고, 자기 자신 — 자신의 생각과 느낌, 음악, 그리고 예술적 열망 — 에 온전히 집중할 수 있었다. 오직 고독한 상태에서만 황홀감을 맛볼 수 있다고 그는 종종 말했다. 그러나 여기에는 부정적인 측면이 있었으니, 불행히도 고독한 상태는 글렌을 신체적으로 아프게 느끼도록 만들었다. 글렌은 이를 너무나도 단순하게 그냥 병이라고 오해했지만.

그럼에도 글렌은 여전히 "고립은 인간 행복에 없어서는 안 될 요소다…… 다른 사람들과 함께 지낸 시간만큼 혼자 있을 시간이 인간에게는 필요하다"고 주장했다.[2] 다른 뛰어난 예술가나 문인, 과학자, 그리고 학자들과 마찬가지로 글렌 역시 고독이 창작 과정에 꼭 절대적이지는 않아도 도움이 된다고 믿었다. 그리고 다른 캐나다 사람들과 마찬가지로, 그 역시 극지방까지 뻗어 있는 신비한 북부 캐나다 땅에서 대대로 살아오며 고독을 견디고 있는 주민에게 경외감을 갖고 있었다.

어린 시절부터 나는 북쪽 지방에 매혹됐다. 학교 다닐 때는 내가 구할 수 있는 그 지방 지도는 모두 구해 연구하곤 했다…… 그러나 그 지방에 대한 나의 관념은 낭만적이고 아르 누보*적인 경향을 띠고

---

• 19세기 말과 20세기 초 유행했던 건축과 공예에 나타난 미술 양식. 덩굴 잎사귀를 연상시키는 곡선을 사용한 디자인이 특징이다. 이는 기괴하고 몽환적이며 신비한 느낌을 자아낸다.

있었고, 그 시절 거의 모든 교실 벽을 장식했던 7인 그룹*의 그림에서 받은 인상에서 벗어나지 못했다. …… 북쪽으로 갔을 때 나는…… 그 지방에 대한 정말이지 매우 한정된 지식과 흔히 접하는 인상을 바탕으로 온갖 종류의 은유적인 암시를 그려 내기 시작했다.[3]

실제로 글렌은 북쪽 영토를 한 번도 횡단해 본 적이 없었다. 그러려면 배나 비행기를 이용하여 여행해야 할 텐데, 배도 비행기도 글렌에게는 적합하지가 않았다. 그러나 1965년 6월, 그는 기차를 타고 기차 종착지인 캐나다 중부 허드슨만 서쪽 해안가 작은 도시 처칠까지 올라갔다. 거기서 글렌은 자신에게 필요한 고독을 발견했다. 나중에 글렌이 "기술적으로는 다큐멘터리[지만] 그 자체로는 드라마라고 할, 다큐멘터리 요소가 가장 적은 작품"이라고 불렀던 작업을 시작하기 위해 필요한 고독이었다.

이 다큐멘터리에 대한 아이디어는 1967년 캐나다 건국 100주년**을 기념하기 위해 특별 기획물을 찾고 있던 CBC 제작자들이 그에게 제안한 것이었다. 글렌은 이 아이디어가 어떤 형태를 갖춰 갈지 확신할 수는 없었지만, 그의 전략은 "초대 손님" 네 사람 — 간호사, 지리 인류학자, 그리고 "북쪽 영토를 잘 아

---

* 7인 그룹Group of Seven은 캐나다 북쪽 풍광에 자극받은 화가 일곱 명이 1920년에 결성한 그룹으로, 캐나다의 광대한 자연과 웅혼한 기상을 담은 그림을 주로 그렸다. 초기 구성원은 J. E. H. 맥도널드J. E. H. MacDonald, 로런 해리스Lawren Harris, 프랭클린 카마이클Franklin Carmichael 등이었으나 이후 회원이 교체되기도 했다.

** 캐나다가 영국과 프랑스의 식민지로 개척된 역사는 이보다 길지만, 미국이 독립한 뒤 영국이 캐나다가 미국에 합병되는 것을 막기 위해 퀘벡과 온타리오, 뉴브런즈윅, 노바스코샤 네 개 주를 합쳐 캐나다 자치령을 만든 해가 1867년이다.

는" 작가 두 사람 — 을 초청하여 그들이 말하는 북쪽 영토에 대한 이야기를 자신의 휴대용 녹음기에 담는 것이었다. 그런 다음 그는 다섯 번째 화자, 즉 "실용주의적 관점을 갖고 있는 이상주의자, 북쪽에 환상이 없으면서도 북쪽을 열렬히 사랑하는 사람"을 해설자로 내세웠다.[4] 이 사람들은 서로 모르는 사이고, 서로 만나지도 않았다. 글렌은 그 사람들을 각기 따로 인터뷰했다. 이런 방식으로 글렌은 막대한 양을 녹음했고, 그것을 「북쪽 생각 The Idea of North」이라는 한 시간짜리 라디오 프로그램으로 만들기 위해 자르고 붙이는 복잡한 편집을 할 요량으로 토론토로 가지고 왔다.

CBC 기술자들의 도움을 받아 가며, 그는 이 녹음을 '프롤로그'와 '에스키모', '격리와 그 영향' 등과 같은 각기 다른 주제를 담은 여섯 장면으로 만들어 냈다. 그러나 이렇게 하고 보니 프로그램은 거의 90분짜리가 되었다. 가능한 해결책은 한두 장면을 덜어 내는 것이었으나, 글렌은 그런 희생을 하고 싶지 않았다. 그래서 그는, 자신의 표현에 따르면 "대위법적인 라디오", 즉 목소리를 겹치게 하는 위험한 방법을 선택하기로 결정했다. 이것은 화자가 차례대로 이야기하는 것이 아니라 동시에 얘기하는 방식이었다.

이야기를 나누는 사람이 동시에 말하는 대화 방식은 1930년대 할리우드에서 이미 시험된 적이 있지만, 글렌은 자신이 고안해 낸 것이라고 주장했다. 한 사람이 말하고 난 뒤 다음 사람이 말하는 전통적인 대화 방식에 따라 구성하는 라디오 프로그램의 '단선적인' 방식에 글렌은 오랫동안 불만을 표시해 왔었다. 단선적인 방식에 반대하는 마셜 매클루언의 글에 영향을 받은 데 다, 그 자신 다성적이고 대위법적인 사고방식(보통의 대화에서 환 청을 들었던 몇 년 전의 병적인 경험은 차치하고라도)을 갖고 있던 글 렌은 자신이 발견해 낸 "대위법적인 라디오"가 새로운 예술 형 식이 될 수 있으리라고 생각했다. 인간은 귀를 본래 능력 이하로 사용하는 경향이 있다고 믿었기에 글렌은 대화를 동시에 녹음 하는 이 방식에 확신을 가지고 있었다. 우리는 우리가 생각하는 것보다 훨씬 더 많은 정보를 귀로 받아들일 수 있다고 그는 믿었 다. 그래서 식당이나 다른 공공장소에서 들려오는 여러 대화를 한꺼번에 들을 수 있는 자신의 능력을 즐겨 증명해 보이곤 했다.

「북쪽 생각」과 이후의 다큐드라마를 만들어 낸 글렌의 기법 은 대위법에 대한 글렌 자신의 깊은 이해를 바탕으로 한 것이었 다. 작곡가가 푸가를 작곡할 때 음악 선율을 써 넣듯이, 그는 목 소리를 여기저기 집어넣고 빼내는 식으로 읽어 나갔다. 「북쪽 생각」 프롤로그에서 세 화자가 말하는 방식을 가리켜 글렌은 "일종의 삼중 소나타"라고 말했다. 처음 등장하는 목소리의 주 인공은 간호사다.

나는 이런 지방에 매혹돼 있었어요. 9월 말, 처칠에서 비행기를 타 고 사우샘프턴섬˙의 코럴항까지 북쪽으로 날아왔어요. 눈이 내리기

---

˙  캐나다 북쪽 가운데 푹 파인 허드슨만 위쪽에 있는 비교적 큰 섬으로 중심 항이 코럴이다.

시작했고, 군데군데 눈으로 덮여 있었지요. …… 허드슨만에 떠 있는 얼음 조각을 보았어요. 나는 북극곰이나 물개를 혹시 발견할 수 있지 않을까 싶어 열심히 찾아보았지만, 불행히도 하나도 없었어요.

잠시 뒤 두 번째 목소리가 들어온다. 작가 두 사람 중 한 명의 목소리다. 그가 말하는 내용은 정확히 알아듣기가 좀 힘들다. 왜냐하면 그가 말하는 도중 간호사의 말이 다시 시작되어 두 사람이 계속 같이 말하기 때문이다. 하지만 맨 처음 그가 말한 내용은 다음과 같다.

북쪽으로 멀리, 더 멀리 가고 싶다고 말하는 사람을 비난하고 싶지는 않지만, 나는 북쪽에 대한 열풍이 일종의 게임이라고 봐요. 사람들은 말하곤 하죠. "그런데 자네는 북극점까지 가 보았나?" 그리고 "참, 개 썰매로 스무이틀 동안이나 여행을 했지." 그러면 다른 친구가 말하죠. "그래, 그런데 나는 30일 동안 했는데." 이런 식이에요. 정말 유치해요.

다음에 등장하는 세 번째 목소리의 주인공은 또 다른 작가다. 그의 이야기는 앞의 두 화자와 내내 겹쳐서, 각자 무슨 말을 하고 있는지 이해하기가 더욱 어렵다.

그러고 나서, 다시 11년 동안 나는 여러 가지 자격으로 북쪽에서 일했습니다. 물론 북쪽 생활은 나를 바꿔 놓았지요. 북쪽과 가까이 접했던 사람이라면 — 거기서 줄곧 살았던 사람이든 아니면 한두 달 또는 한두 해씩 살았던 사람이든 — 누구라도 북쪽 생활에 영향을 받지 않을 수 없습니다. 거기에 영향받지 않는 사람은 상상할 수도 없어요.

세 사람의 화자가 동시에 얘기하는 바람에 알아듣기가 힘든 가운데 한 가지 소음이 배경에 깔린다. 궤도 위를 철커덕거리며 달리는 기차가 내는 일정한 박자가 바로 그것이다. 글렌은 이를 '통주저음*'이라고 비유적으로 말했다. 프로그램 말미에 시벨리우스 교향곡 5번 마지막 악장 일부가 아주 짧게 들린다. 어쩌면 이는 6성으로 이루어진 푸가(다섯 목소리 더하기 통주저음 하나)와 같다고 할 수 있을지도 모르겠다. 글렌이 연주하는 이 푸가는 귀로 들어 이해하기는 힘들지만 소리의 효과만은 대위법적 구성에서 크게 벗어나지 않았다.

찰스 로젠**은 인상적인 자신의 책 『낭만주의 세대』에서 요한

---

* 통주저음basso continuo은 말 그대로 저음에서 계속 연주되는 음을 말한다. 제일 낮은 성부가 악곡 전체 화음을 떠받치는 기능을 한다. 바로크 시대 특별히 애용했던 형식이다.

** 찰스 로젠Charles Rosen은 피아니스트이자 음악 저술가다. 러시아계 유대인 이민자였던 건축가 아버지를 둔 집안의 문화적 분위기와 프린스턴 대학에서 닦은 풍부한 인문학 지식, 그리고 스승이었던 로젠탈의 명성까지 등에 업은 그는 1951년 첫 피아노 독주회를 열었고, MIT에서 프랑스어를 가르치면서도 피아노 연주를 멈추지 않았다. 낭만주의 작품보다는 굴드처럼 바흐와 쇤베르크, 베베른, 베토벤의 후기 작품에서 실력을 발휘했다. 1960년 대부터 음악에 관한 저술로 주목받았고, 1970년부터는 본격적인 음악학자로 자리 잡으며 강의와 교수직도 맡았다. 저서 『고전적 양식The Classical Style』으로 유명세를 탔으며, 하버드대에서 강의한 내용으로 『낭만주의 세대The Romantic Generation』를 펴냈다.

제바스티안 바흐의 〈음악의 헌정〉\*에 구현된 최고의 대위법 기교를 두고 다음과 같이 말했다. "이 종류의 푸가에서 각 소리의 독립성은 절대적이지만, 단지 부분적으로만 들릴 뿐이다. ……여섯 부분으로 나누어진 각각의 소리를 청각적으로 충실하게 이해한다는 것은 가당치도 않거니와 바람직한 목표도 아니다."[5] 아마도 이것이야말로 거장 바흐의 솜씨를 익히 알고 있던 글렌이 흉내 내고 싶은 경지였을 것이다. 만약 굴드가 바흐처럼 악곡 푸가를 쓰지는 못한다 해도, 그의 영혼 깊이 스며든 이 형식과 관련된 소리의 이미지는 만들어 낼 수 있었고, 기꺼이 그러고자 했을 것이다.

그는 「북쪽 생각」을 만드는 작업을 정말로 즐겼다. 북으로 올라가는 여행을 하면서 모은 대화 녹음에 자신이 갖고 있는 음악 지식을 응용하는 이러한 방식은 글렌에게 실제로 음악을 만들어 간다는 느낌을 주었다. 그리고 이 느낌은 본격적인 작곡가로서는 — 피아니스트였을 때와 비교하여 — 상대적으로 그리 큰 성공을 거두지 못한 글렌에게 만족스러운 경험이었다. 그는 사실상 그 자신이 "완전히 새로운 미래의 소리"라고 불렀던 것을 라디오를 위해 창조해 낸 것이었다. 그런데 그는 악기 소리는 사용하지는 않고, 대신 말소리를 조작해 냈다. 이 차이는 누구보다 글렌이 잘 알고 있었다.

---

* 〈음악의 헌정Musical Offering〉(BWV. 1097)은 1747년, 바흐가 프리드리히 대왕에게 헌정한 곡이다. 플루트(또는 리코더)와 바이올린, 그리고 통주악기로 하프시코드가 어울려 리체르카레와 카논, 소나타 형식을 연주한다.

"가끔은 형식의 한계를 표현해 주는 형식을 만들어 내려고 노력해야 한다. 무형식에 대한 공포가 이 형식의 출발점이다."[6]

만약 글렌이 시각 예술에 조예가 좀 있었더라면, 자신의 작품을 아마 사운드 페인팅에 비유했을 것이다. 즉 자연을 새롭게 바라보고, 색을 쓰는 법도 새로우며, 모양과 구조를 새롭게 해석해 내는 방법을 창출했던 인상주의 화가의 방식과 글렌이 목소리를 베일에 감싸 아련하게 제시하는 방법은 어딘지 모르게 닮은 구석이 있다. 그런데 글렌은 미술 대신 고집스럽게도 그것을 오페라와 잘못 비교했다.

그건 사실이다…… 모든 말이 다 들리는 것은 아니지만, 베르디의 〈팔스타프〉 마지막 푸가에서도 가사 하나하나가 다 잘 들리는 것은 아니지 않은가. 작곡가가 가사에 선율을 붙일 때 가사 중 일부만 청중에게 들릴 뿐이라는 걸 알았다고 해서 삼중창이나 사중창, 오중창을 작곡하는 데 주저할 오페라 작곡가는 별로 없을 것이다. ……[7]

이 글은 글렌이 스스로 얼마나 기만하고 있는지 잘 보여 준다. 왜냐하면 글렌이 만들어 낸 것은 오페라와는 아무 상관도 없기 때문이다. 그의 주인공들은 결코 노래를 부르는 것도 아니고, 연기를 하는 것도 아니다. 그렇다고 이야기 짜임새가 있거나 대본이 있는 것도 아니다. 그들이 하는 일이라곤 말하는 것뿐이었고, 그것도 동시에 얘기할 때가 많았다. 또한 대위법적 라디오를 만들어 내는 일은, 창조적이 되기 위해서는 꼭 필요하다고 글렌이 그토록 칭송해 마지않던 고독한 작업과는 아무 상관이 없었다. 인터뷰하며 목소리를 취합하는 일은 사회적 행동이었고, 글렌의 미감이 만족할 때까지 편집하고 이어 맞추고 재편집하고 또 잇는 힘든 일은 여러 사람과 협동하여 이루어 내는 작업이었다. 글렌이 바라는 대로 독특한 효과를 얻기 위해서는 그를 도와주는 CBC 기술 전문가들과 밤낮으로 접촉해야 했다. 이런 기술자 가운데 글렌을 헌신적으로 도와준 동료이자 친한 친구가 되었던 이가 론 털크*인데, 글렌보다 열 살 어린 친구였다. 론은 "글렌은 함께 일하기 좋은 멋진 사람이었다"고 내게 말했다.

"눈에 띄는 특이한 점은 집중력이 대단했다는 점입니다. 한 가지 주제에 매달리거나, 또는 무언가 해야겠다고 마음먹으면 그는 모든 노력을 집중해 그 일에 몰두합니다. 다른 것을 할 여유는 하나도 없는 거지요. 만약 어떤 일을 한 달 또는 두세 달 동안 한다면, 그는 그와 관련된 것에만 완전히 집중하는 겁니다."

두 사람이 함께 한 첫 작업은 「페툴라 클라크**를 찾아서 The

---

* 론 털크Lorne Tulk는 1950년에 글렌을 처음 만나 글렌의 라디오 작업에 대부분 참여했고 텔레비전 작업도 지원한 적이 있다. 론은 쇤베르크 프로그램을 제외한 거의 모든 다큐멘터리 작업과 컬럼비아 음반 작업에도 참여했다. 글렌은 론을 동생처럼 여겼고(론의 증언에 따르면 글렌이 '형제가 되었으면 좋겠다'는 제안을 했다고 한다. 심지어 법적인 처리까지 진행하려 했지만 론에게는 부모와 많은 형제가 있어서 법적으로 이루어지진 않았다) 두 사람은 30년 넘게 우정을 이어 갔다. 론은 글렌과 작업이 끝나는 새벽 시간에 늘 글렌이 차로 집까지 바래다주었는데 글렌의 운전은 여유롭고 점잖았다고 전한다. 글렌은 론의 두 아이를 무척이나 예뻐하고 아이들이 좋아하는 방식으로 놀아 준, '위대한 생각을 가진 소년' 같았다고 한다.

** 1960년대 〈다운타운〉으로 공전의 히트를 기록한 영국 여가수. 2차 대전 중 어린 나이로 영국 군인을 위한 방송에 출연, 인기를 얻으며 '영국의 셜리 템플'(클라크의 본명이 셜리다)로 불렸다. 1964년 〈다운타운〉이 처음 발표될 때 공교롭게도 클라크는 캐나다 공연 중

Search for Petula Clark」였다. 이는 글렌이 슈피리어 호수 북쪽 해안을 따라 퀸 고속 도로 17번 길, "농업 거주지로는 최북단 한계선인 온타리오를 주로 가로지르는 길로서 약 80킬로미터 정도마다 양편으로 어촌, 탄광촌, 그리고 목재 사업을 하는 도시가 점점이 나타나는 도로"[8]를 운전해 갈 때면 자동차 라디오로 자주 듣던 대중가수의 목소리를 기본으로 한 라디오 프로그램이었다. 집에서 800킬로미터도 채 안 떨어진 곳에서 고독을 겪으며 글렌은 슈피리어 호숫가의 마라톤이나 와와Wawa 같은 마을의 모텔에서 한두 주 머물곤 했다. 거기서 라디오 대본 초고를 썼고, 편집도 하곤 했다.

페툴라 클라크의 목소리는 글렌에게 대중음악에 대한 여러 생각을 일깨우는 한편, 가상의 동반자가 있다는 착각을 불러일으키는 이중의 매력을 갖고 있었다. 마라톤 모텔에서 글렌이 열에 들떠 페툴라 클라크에 대해 쓴 프로그램은 다음과 같이 여러 가지 생각을 흥분 속에서 마구 뒤섞어 놓은 것이었다. "1930년대 후반과 1940년대 빅 밴드*의 편곡에 스며든 막스 레거**-뱅상

---

이었다. 이 곡은 그래미상을 안겨 주었고, 1968년까지 미국 인기 차트를 지켰다. 이후 아흔에도 방송에 출연해 노래한 그의 음반은 최대 1억 장 정도 팔린 걸로 추정한다.

* 1940년대 스윙 시대 인기를 끌었던 재즈 음악으로 흔히 빅 밴드 사운드라고 부른다. 보통 관악기 연주자가 악단을 이끌었다. 글렌 밀러나 베니 굿맨, 토미 도시 같은 이들이 빅 밴드를 거느렸다.

** 독일 바이에른 출신 작곡가 막스 레거Max Reger(1873~1916)는 교회에서 오르간 연주자로 활동하며 바이로이트 페스티벌에서 바그너의 오페라를 듣고 영감을 받아 작곡을 시작했다. 브람스와 바흐의 영향을 받았으며, 무조주의 성향도 보이지만 동시대인이었던 쇤베르크처럼 완전한 무조로 나아가기보다 전통적인 틀을 고수했다. 오페라나 표제 음악 같은 낭만적인 음악보다 고전에 기반을 둔 현대적인 작품을 썼다. 변주곡과 푸가, 그리고 가곡

댕디⁺의 반음계적 경향⋯⋯ '피치 클래스⁺⁺⁺'와 같은 프린스턴식
속물주의⁺⁺⁺의 기막힌 원칙⋯⋯ 에릭 사티⁺⁺⁺⁺가 독일 후기 낭만
주의의 고통스러운 관계에 무심하듯, 주도하는 목소리의 차이
에는 거의 관심이 없는 비틀스⁺⁺와 다른 복잡한 주제들이 뒤섞여

---

은 특히 높은 평가를 받는다.

- 귀족 출신으로 파리에서 태어난 뱅상 댕디Vincent d'Indy(1851~1931)는 일찍 부모를 여의
  었지만 할머니의 후원으로 유명 음악인들에게 피아노와 화성학을, 작곡가 프랑크에게 오
  르간과 작곡을 배웠다. 1876년 바이로이트에서 〈니벨룽의 반지〉를 보고 바그너주의자가
  되었지만, 음악적으로는 프랑스 전통에 애착을 가져 프랑스 음악과 민요를 연구했다. 당시
  유행하던 인상주의에서 벗어나 보수적인 입장을 취했다. 〈프랑스 산골 사람 노래에 의한
  교향곡〉, 교향적 서곡 〈발렌슈타인 서곡〉, 오페라 〈페르발〉 등의 작품이 있다.

•• 옥타브와 상관없이 도do는 도대로, 레는 레대로 각 음을 분류하는 것.

••• 이 '프린스턴식 속물 기질Princetonian Babbitry'은 애매하면서도 묘한 표현이다. 먼저 떠오
  르는 것은 프린스턴대 출신 음악가 밀턴 배빗Milton Babbitt이다. 쇤베르크 이론을 충실히
  따른 배빗은 뉴욕대에서 12음계에 관한 논문으로 우등상을 받고 졸업한 뒤 프린스턴 음
  대에 입학, 1942년 예술 석사 학위를 받았다. 이후 그곳에서 수학과 교수로 지내다 음대로
  옮겼고, 1970년대에는 줄리아드에서 가르쳤다. 전자 음악에도 관심을 가졌던 그는 신시
  사이저를 위한 곡이나 전자 음악과 전통 악기를 결합한 작품 등을 내놓았고, 그 공로로 퓰
  리처상도 수상하며 유명해졌다. 그런데 배빗이라는 이름은 싱클레어의 소설 『배빗Babbitt』
  의 주인공과 같다. 이 주인공 배빗은 오로지 사회에 잘 적응해 출세하는 것만 바라는 인물
  이다. 물론 사건이 생겨 일탈도 꾀하지만 그 일탈이 파괴적인 데다 아내마저 아프게 되자
  집으로 돌아와 다시 순응해 살아간다. 이 소설 이후 '배빗'이라는 말은 '중산층 기준에 아무
  생각 없이 맞춰 사는 사업가나 전문가'를, '배빗다운babbittry'이라는 말은 중산층의 속물
  기질을 가리키는 말로 굳어졌다.

•••• 프랑스 노르망디 출신의 에릭 사티Erik Satie(1866~1925)는 교회 오르가니스트에게 피아
  노와 그레고리오 성가를 배웠고, 열두 살에 파리 음악원에 입학했으나 거의 독학하다시피
  했다. 이후로도 평생 체제 속에 머물지 않던 괴짜로 신랄한 유머를 구사했다. 1888년 투명
  한 음색의 독특한 피아노곡집 〈짐노페디〉를 출간, 당시 음악 사조와는 다른 특이함 때문에
  유명해졌다. 몽마르트르 카페에서 피아노를 치며 생계를 꾸려 늘 아마추어 음악가 취급을
  받던 그는 1917년 장 콕토와 합작하여 발레곡 〈파라드〉를 발표해 입지를 굳혔으며, 프랑
  스 6인조와 아르쾨유 학파에 큰 영향을 미쳤다. 프랑스 음악이 바그너가 지배하던 세계에
  서 벗어나는 데 일조한 셈이다. 드뷔시는 사티가 혁신적인 화성을 썼다며 '선구자'라고 칭
  했다.

있다.

페툴라 클라크의 목소리를 듣는 동안 글렌은 노래를 통해 그 여자의 마음 상태를 떠올려 보곤 했다.

"[그가 부른 처음 세 곡의] 노래가 행복에 도취되어 있는 데 반해, [최근의] 〈나는 누구인가〉라는 노래는 절망의 기록물로 읽힌다. 고조된 감정 궤도를 침몰시키고야 마는 환멸과 권태의 징후를 차례로 읊어 댄다. …… 그것은 확실히 위기에 처한 정체성 문제이자 어지럼증과 폐쇄 공포증을 불러일으킨다. 이런 것은 대도시 환경에서 상처받은 경험에서 나온 것이며, 아마도 아픈 발 때문에 더욱 악화되었을 가능성이 높다."9

론은 「페툴라 클라크를 찾아서」가 처음에는 "어린이를 위한 프로그램이자 젊은이용 프로그램으로 소개되었다"고 기억한다. "그것은 기본적으로 디스크자키 쇼로서 글렌은 음반을 한 무더기 쌓아 놓고 이야기하면서 틀어 줘요. 그 프로그램은 재기 넘치는 수작이었어요. 그리고 페툴라 클라크에게는 정말로 여러모로 찬사가 되는 것이었기에, 덕분에 페툴라 클라크는 자신을 홍보할 수 있고, 잘 팔 수 있었지요. 내 생각에 글렌은 그런 점에 매력을 느낀 것 같아요."

"글렌은 밤에 일하는 걸 좋아했나요?"

"예, 언제나 밤 시간이었지요. 그건 사실상 내가 바라는 바이기도 했어요. 나는 일을 주로 저녁과 밤에 해 왔거든요. 아마 그 시간대는 글렌이 연주회를 하던 시절 연주하러 나오던 때였을 겁니다. 내가 밤에 일하기 좋아했다는 사실을 생각해 보니, 그도 밤일을 좋아했을 거라고 추측할 수 있겠네요. 우연이라고 할 수 있겠죠."

"밤에 스튜디오에서 일하기가 한결 나은가요?"

"주변에 사람이 별로 없는 데다 스튜디오를 얻기도 쉽고, 몇 시간이고 작업하는 동안 갑자기 누군가 문을 열고 '이봐, 론, 이런 거 본 적 있어?' 같은 질문을 하는 사람도 없다는 점에서 밤에는 한결 조용하게 일할 수 있지요. 그도 나와 같은 이유로 밤에 일하는 걸 좋아했다는 생각이 드네요. 왜냐하면 밤에는 불쑥 나타나 훼방 놓는 사람이 없거든요. 그렇지만 글렌은 그전에 정말로 밤을 꼴딱 새운 적은 없는 것 같더군요. 아마 밤을 통째로 새워 본 것이 그에게는 신선한 경험이었을 겁니다."

"정말로요?"

"왜냐하면 아침 다섯 시나 여섯 시쯤 일을 끝내고 동터 오는 새벽빛 속으로 걸어 나가곤 했는데, 점점 밝아 오는 기운 속에서 글렌은 어린 소년 같았어요. 무언가 새로운 것을 경험하고 있는 듯한 표정이었어요. 밤을 새웠는데도 도깨비가 잡아가지 않은 거죠. [웃음] 꼬마가 나쁜 장난을 쳤는데도 아무런 벌도 안 받고 그냥 지나갈 때처럼요. 여러 가지 면에서 글렌은 어린 소년이었어요. 아시겠지만 그에게는 아주 소년 같은 면이 있잖아요."[10]

글렌이 녹음해 온 테이프를 잇고 붙이는 작업을 론이 기술적으로 도와준 덕분에 「북쪽 생각」은 제시간에 완성할 수 있었고, 캐나다 100주년 되던 해인 1967년 12월 28일 방송되었다. 평론의 반응은 기쁘게도 호의적이었다. "시적이고 아름다운 북쪽 모습이 떠오른다…… 캐나다 북쪽 지방에 대한 정형화된 묘사를 길게 늘어놓는 것보다 더욱 현실감 있다…… 확립된 양식에 새로운 가능성을 불어넣고자 하는 상상력 넘치는 멋진 노력으로 새로운 라디오 예술의 선두 주자로 우뚝 설 것 같다.”[11]

이듬해 캐나다 방송국은 전국에 스테레오 망을 도입한 것을 기념하며, 글렌에게 「북쪽 생각」 후속 작업을 해 달라고 요청해 왔다. 이번에는 주제가 뉴펀들랜드* ― 캐나다가 1949년, 가장 나중에 넣은 영토 ― 주민으로 예정되어 있었다. 그래서 새 라디오 프로그램의 제목은 ‘나중에 온 사람들The Latecomers’이었다. 1968년 여름, 글렌은 동쪽으로 차를 몰고 간 다음 배를 타고서 세인트로렌스만**을 건너 지독히도 독립적인 이 지역을 처음으로 방문했다. 당시 이곳 사람들은 격리된 외항에서 좀 더 넓은 도회적 중심지로 사람들을 이주시키려는 지방 정부와 싸우고 있었다. 또다시 글렌은 고독의 여러 측면을 그려 내고 싶었다. 또한 순응하기를 거부하는 사람을 옹호하는 것도 그의 목적이었다.

“뉴펀들랜드는 그 자체로 환상이다[라고 그는 썼다] ― 혜택받지 못한 땅은 두 문화 사이에서 표류한다. 영적으로 얽혀 있는 한쪽을 잊지 못하면서, 다른 한쪽에 경제적으로 종속되어 있다는 사실을 전적으로 받아들일 수도 없다. …… 그런 분리 상태가

---

* 그린란드 밑에 있는 캐나다 동쪽 바다 래브라도해에 자리한 지역. 벨아일랜드 해협을 사이에 두고 대륙과 섬으로 나누어져 있다.
** 퀘벡 동남쪽 바다에 세인트로렌스(생 로랑)만이 있고, 이 만 건너편이 뉴펀들랜드섬이다.

뉴펀들랜드의 현실이다."[12]

CBC의 그 지역 방송국 기술자인 하워드 무어의 도움으로 글 렌은 열세 명을 인터뷰하고 테이프에 녹음했다. 그런 다음 글렌 은 무어에게 우르르 몰려오다 철썩거리며 부서지는 파도 소리 와 해안에서 부드럽게 빠지는 파도 소리 등 해양의 소리를 광 범위하게 녹음해 오도록 지시했다. 이 파도 소리는 「북쪽 생각」 의 기차 소리처럼 '통주저음' 배경 소리로 사용될 터였다. 글렌 은 돌아오는 여행에서도 배를 이용했다. "강풍 경고가 발효되었 다…… 해안선이 사라져 안 보인다. 만은 그날 밤 요동을 쳤다. 이튿날 아침 반갑게도 브레톤곶 해안이 눈에 들어왔다. 그러나 뉴펀들랜드 자체는 여전히 굳건하게 남아 있었다."[13]

이제 다시 테이프를 잇고 편집하는 고된 작업이 시작되었다. 글렌은 몇 해 뒤 아르투르 루빈스타인을 만났을 때 "400시간 가 까이 스튜디오에서 보냈다"[14]고 말했다. 그는 주로 밤에 일했다. 충실한 론은 늘 그 가까이서 함께 작업했다. CBC 연출자인 재 닛 소머빌은 나중에 글렌의 전기 작가인 오토 프리드리히에게 "론과 글렌은 서로 사랑했답니다. 그들 사이는 지극히 평온했어 요"라고 말할 정도였다.

"마치 모험을 떠난 기사와 시종 같았어요. 론은 중세 시대에 태어났어야 해요. 그 시대 그런 관계에서 인간적인 덕목이라고 할 수 있는 충성스러운 헌신성을 갖고 있었다는 뜻이에요. 정말 론은 대단한 헌신성을 지니고 있는 사람이었어요. 그리고 글렌 은…… '당연히' 사람들이 그런 식으로 자신을 대해야 한다고 여

512

겼고요."[15]

론은 두 사람 관계를 가족적인 관계로 보는 입장이다.

"글렌의 아버지가 내게 그런 말씀을 하셨어요. 내가 그에겐 동생과도 같다고요. 그의 사촌도 같은 말을 하더군요. 한번은 글렌이 나를 자기 동생으로 생각해도 괜찮은지 묻더군요. 그래서 내가 '우리 형제들 의견에 따라서요. 형제들이 괜찮다면 저도 괜찮아요'라고 대답했죠. 이 말에 그는 무척 감동받더군요. 내가 형제를 제일 먼저 언급했으니까요."

론은 글렌이 약을 복용하는 모습을 주의 깊게 지켜본 사람이다.

"호주머니에 발륨을 넣고 다녔어요. 그리고 누군가 만나 조금이라도 갈등이 일어날 소지가 보이면, 맨 먼저 하는 일이 화장실로 달려가 발륨 두 알을 꺼내는 거였어요. 그런 다음 돌아왔어요. 그는 조금이라도 충돌하는 것을 극히 싫어했고, 어떤 대가를 치르더라도 갈등이나 충돌은 피하려고 했습니다."

"왜 그렇게 의견 대립을 두려워했는지 아세요?"

"그는 극도로 예민한 사람이었어요. 의견 대립 같은 충돌은 그의 예민한 감각을 침범하여 감각을 흐리게 만드는 것 같았어요. 그는 예민하고 날카로운 상태로 남아 있기 바랐으니까요. 대립 상황이나 갈등을 피하기 위해 그는 처절할 정도로 애를 썼습니다."

"화난 감정이 글렌의 집중력에 방해가 됐을 거라고 보십니까?"

"아, 그야 물론이죠. 말할 필요도 없어요. 그는 화가 사람을 죽일 뿐 아니라 자발성과 예술적 능력마저 죽인다고 믿었어요."

"정말 훌륭한 통찰력이로군요. 그런데 그건 누구 말인가요? 당신이 방금 말한 그대로 글렌이 표현했나요?"

내가 궁금해서 물어보았다.

"그럼요, 그가 내게 한 말이에요. 나는 글렌이 내게 해 준 말을 그대로 하는 것뿐입니다."[16]

두 사람은 스튜디오에서 함께 일했고, 때로 다른 기술자들이 합세하기도 했다. 그렇게 스튜디오에서 일하다 보면 긴장과 의견 불일치, 충돌, 그리고 화가 나는 순간이 나타나게 마련이다. 그런 갈등의 감정이 자신을 '죽이는' 것을 막기 위해 글렌은 (약과 더불어) 대개 세 가지 심리적 방어 기제에 의존했다.

우선 그는 지휘자의 태도를 취함으로써 지겹고 고된 일을 하는 아랫사람을 지휘하는 우월한 음악가로 군림했다(론의 말 — "나는 그저 기술자였어요. 이런 프로그램을 그와 함께 작업하라는 업무를 받았을 뿐입니다. 단지 기계를 조작할 뿐, 프로그램 주제에는 전혀 관계하지 않았어요. 나는 창조적이고 예술적인 사람이 아니거든요").[17] 「라디오라는 음악Radio as Music」필름을 보면, 글렌이 자신의 대위법적 다큐드라마 작업을 하는 장면이 나온다. 그는 CBC 스튜디오 안의 조정 계기판 주위를 맴돌며 마치 관현악단을 이끌어 가는 것처럼 기술자들에게 팔을 흔든다. 그리고 편집에 관해 이야기하면서도 모두 음악 용어로 말하고 있다. "이 목소리는 조금 크레센도로⋯⋯ 그리고 여기서는 조금 더 디미누엔도로"와 같은 식이다. 자신이 음악 작품을 창작하고 있다고 생각했던 글렌은 어느 순간 지휘자가 사용하는 악보와 비슷한 종류의 종이 한 장을 보여 주며, 그게 이 작업의 기본 구도라고 설명한다.[18]

함께 일하는 스튜디오 동료를 불필요한 긴장에서 풀어 주기 위해 글렌이 썼던 두 번째 방법은 갑자기 어색한 유머를 구사하는 것이었다. 그는 여행 중 만났던 인물들을 아주 재미있게 흉내 내거나, 독일식 억양을 흉내 내기도 했다. "자, 이체 여키서는 풀 쌍한 스코트 씨의 소리가 파묻히지 않토록 태탄히 조침하여야 함니타." 그렇게 한 번씩 긴장을 풀고 나면 작업은 부드럽게 다시 진행되었다.

마지막으로 글렌은 작업 속에서 상징적인 변형 과정을 거치곤 했다. 작업을 하다 보면, 자신이 받은 공격을 그의 드라마에 등장하는 다른 인물에게 돌릴 수 있는 여지가 있었다. 예를 들어, 그가 인터뷰한 한 여성이 그를 무척이나 고생시킨 적이 있었다. "[그 여자는] 정말 단단히 화가 나서 나를 향해 대들며 모욕을 퍼붓다가 더 이상 할 말이 떨어지자, 내 질문이 바보 같다고 하더군요." 글렌은 그 여자의 녹음을 편집하면서 대화에서 자신이 말한 부분은 완전히 빼 버렸다. 그런 다음 자신이 인터뷰한 한 남자의 말에다 화가 나서 떠들어 대는 그 여자의 말을 뒤섞어 버렸다. 그러고 나면, 글렌에게는 마치 "분명히 신사와 숙녀인 한 남자와 아내가 사적인 대화를 나누고 있는 것처럼" 들렸다.[19]

테이프를 다시 잇기 위해 먼저 면도날로 테이프를 잘라 내는 것 역시 공격성을 순화시켜 준다고 볼 수 있을 것이다. 독창적인 무언가를 창조해 내려면 예술가는 먼저 파괴할 줄 알아야 한다. 3년 후, 아르투르 루빈스타인과 함께 테이프 잘라 내는 작업의 장점을 논하는 자리에서 글렌은 자신이 뉴펀들랜드에서 녹음했던 "즐거운 남자"를 예로 들었다.

> [그는] 말도 아주 분명히 잘하고 이해력도 매우 빨랐어요. 그런데 '음' 그리고 '어' 또 '조금', '약간'이라는 말을 끊임없이 넣어 말하는 버릇을 갖고 있었지요. 정말 입에 달고 있었어요. 너무 자주 사용한 나머지 실제로 진력이 날 정도였지요. 정말로 세 마디마다 '음'이나 '어' 하는 소리가 들어갔어요…… 그래서 우리는 — 정말 과장 하나 안 보태고 — 주말 사흘 내내, 토요일, 일요일, 월요일 사흘간 하루 여덟 시간씩 그저 '음'과 '어' 그리고 '조금'과 '약간' 같은 군더더기를 그의 녹음분에서 쳐내느라 시간을 다 보냈습니다…… 완성본에서는 그가 유창하고 부드럽게 말하는 것으로 들리는데, 그러기 위해 그의 녹음분을 1,600번이나 손봐야 했답니다.[20]

1971년 방송된 레오폴드 스토코프스키에 관한 다큐멘터리를 포함하여 다른 몇몇 다큐멘터리에서 글렌은 대위법적 라디오 법칙을 사용했는데, 이때는 스테레오 사운드로 한결 향상된 음질을 보여 줄 수 있었다. 스토코프스키 다큐멘터리에서 화자는 오직 한 사람, 팔십 대의 거장 그 자신뿐이다. 반세기가 넘는 기간에 걸쳐 녹음해 왔던 스토코프스키의 여러 녹음 연주를 배경으로 거장의 감미로운 목소리가 흘러나온다. 음악과 문화에 대한 철학을 피력하는 스토코프스키의 이야기는 그의 트레이드마크라고 할 수 있는 풍부한 관현악 음향과 아름답게 어울린다.

「파블로 카살스, 라디오를 위한 초상」(1974) 역시 대위법적 라디오 기법을 사용한 작품이었다. 이 프로그램은 카살스 제자 서너 명과 그의 전기 작가 앨버트 칸의 인터뷰로 구성되었는데, 이 거장 첼리스트가 바흐를 얘기하는 부분도 물론 나온다.

글렌은 1972년 다시 새 작품에 착수하게 되었는데, 결국엔 '고독 삼부작Solitude Trilogy'[21]으로 불리는 작품의 마지막에 해당하는 프로그램이었다. 「대지의 정적 The Quiet in the Land」으로 불릴 라디오 프로그램을 위해, 위니펙의 메노파* 공동체 사람 아홉 명을 인터뷰할 희망을 안고 글렌은 또다시 차를 몰고 슈피리어 호수를 따라 북쪽으로 올라간 다음, 서쪽 매니토바 지방으로 갔다. 그는 배경음으로 사용할 목적으로 워털루에 있는 메노파 교회의 예배를 두 차례나 녹음했다. 이와 함께 교회 종소리, 성가대의 찬송, 길거리의 차 소리, 아이들이 노는 소리, 그리고 기타 그 지역의 소음을 이것저것 담아 왔다. 그런데 CBC 기술자들이 파업을 일으키는 바람에 이 기획물은 좀 지연될 수밖에 없었다. 그

---

* 16세기 재세례파 전통에서 발전한 개신교의 한 파. 유럽에서 박해받아 온 신자들을 네덜란드 재세례파 지도자 메노 시몬스가 조직화했다. 병역을 피하기 위해 메노파들은 1879년 이후 북미로 이주하여 미국 중서부와 캐나다 매니토바 지역에 정착했다. 입대를 거부하며 자식들에게 세례를 하지 않고, 공식적인 교회 조직을 갖지 않는다. 박해의 경험으로 세상을 피해 살며, 독일어를 사용하고 옛 농경 방식을 고수하는 경우가 많다. 현대 문명을 거부하고 자연 속에서 사는 것으로 유명한 아미시도 메노파의 한 그룹이다. 20세기 이후 개혁과 변화를 시도해 왔다.

사이 글렌은 자료를 보강하고자 하는 희망으로 그 지역 사회의 한 구성원에게 인터뷰를 요청하는 편지를 썼다.

이 프로그램은 그동안 메노파 공동체를 다루어 왔던 다른 프로그램처럼 공동체의 역사적인 측면만을 과도하게 다루지는 않을 거라는 점을 지적하고 싶군요. 물론 어쩔 수 없이 공동체의 역사 — 무상함에 대한 의식, 물질주의의 침범과 중앙 정부와의 관계 등등이 저절로 드러나 알 수 있게 되겠지만, 내가 바라는 바는 우선적으로 '분위기로 말하는 작품' — 내가 인터뷰했던 어떤 사람의 말처럼 메노파가 어느 정도까지 "세상에 존재하면서도 세상에 속하지 않은 상태로" 남아 있을 수 있는지를 다루는 라디오 에세이를 만들고자 합니다. 간단히 말해, 사려 깊고 시적이라고 할 수 있는 프로그램이 되리라 생각합니다. 그리고 이 프로그램이 성공한다면, 역사적 사실을 자세히 설명하는 것보다 훨씬 더 충실하게 메노파 공동체와 그 생활 방식의 진수를 보여 주리라고 믿습니다.[22]

글렌은 1973년이 되어서야 겨우 '고독 삼부작'의 세 번째 작품을 완성할 수 있었다. 이 작품은 캐나다를 주제로 한 세 다큐드라마 중 가장 매력적이다. 이 작품을 만들 즈음에는 그간 라디오에서 쌓아 온 경험과 CBC의 장인 기술자를 보고 배운 결과로 그의 편집 솜씨도 눈에 띄게 향상되어 있었다.

「대지의 정적」에서는 대화가 겹치기 전 화자들이 혼자 발언하는 시간이 좀 더 길어서 무슨 말을 하는지 알아듣기가 한결 쉽다. 글렌은 배경음으로 바흐의 무반주 첼로 모음곡 중 발췌곡, 재니스 조플린*이 부드럽게 노래한 〈메르세데스 벤츠〉 일부, 자유롭게 연주한 피아노곡, 노래 연습을 하고 있는 어린이 합창단의 울림 등을 적절히 섞어 넣어 매우 풍부한 음향을 만들어 냈다. 어떤 장면에서는 집회 설교자가 메노파의 생활 윤리에 관해 얘기하는 낭랑한 목소리가 등장하고, 이어서 메노파 신앙의 배경과 신도 사이의 긴장 관계를 얘기하는 남자와 여자들의 발언이 계속된다. 메노파 신도 가운데는 옛 방식 그대로 격리된 채 살아가기를 바라는 보수적인 신도가 있는가 하면, 주변 사회와 좀 더 활발하게 접촉해 나가고자 하는 사람도 있어, 이들 사이에 긴장 관계가 형성되어 있었다.

'고독 삼부작'이 늘 순조롭게 진행되었던 것은 아니다. 프로그램에 참여한 사람 가운데는 반대를 표하는 사람도 있었다. 「북쪽 생각」의 한 화자는 "일관된 진술이 부재"하다며 불만을 표했고, 「대지의 정적」을 만들기 위해 글렌이 인터뷰한 어느 경제학 교수는 "내 의견이 한 개인의 독자적인 의견으로 표현되는 게 아니라 다른 사람의 생각을 뒷받침해 주는 수식으로 사용되리라는 생각이 들었다. 한 개인을 그보다 더 추상화시키는 것은 전제주의 사회에서도 없다. …… 각자는 거대한 교향곡 속의 한 음

---

*   호소력 깊은 목소리로 세계적 인기를 얻은 재니스 조플린Janis Joplin(1943~1970)은 십 대 때부터 클럽 무대에서 블루스 록을 불러 왔다. 1965년 블루스 밴드에 들어간 뒤 밥 딜런의 매니저 앨버트 그로스먼 눈에 띄어 컬럼비아 음반사에서 〈칩 스릴Cheap Thrills〉를 발매, 스타 반열에 올랐다. 명반으로 꼽히는 〈펄Pearl〉을 마무리하던 도중 약물 과다 복용으로 죽었다.

표가 된다. …… 독재자는 사회적 작곡가라고 할 수 있다"며 그를 비난했다.[23]

이런 말은 창조적인 예술가로서 굴드의 위치가 모호하다는 것을 보여 준다. 그는 현장의 청중과 직접 만나기를 포기하고, 이제 더욱 거대하고 현대적이며 또한 더 대중적인 전자 장치를 매개로 한 소통의 영역으로 옮겨 와 그것에만 집중하는 음악가가 되었다. 음악가란 모름지기 대중 앞에 나타나 연주를 들려주어야 한다는 사조를 보란 듯이 무시하며 그는 스튜디오에 틀어박혔고, 그러는 동안 캐나다에서 가장 독창적이고 화제를 불러일으키는 라디오와 텔레비전계의 인사가 되어 가고 있었다. 재닛 소머빌은 글렌을 '공인된 국보國寶'라고 불렀다.[24]

글렌 굴드의 프로그램을 듣지도 못하고 보지도 못하는 나머지 세상 사람은 글렌을 은둔자나 수행자로 생각하는 경향이 강했다. 그러나 그는 여전히 음악계에 큰 영향과 충격을 주곤 했다. 캐나다 바깥에서는 그가 꾸준히 내고 있는 음반과 언젠가는 무대로 돌아오리라는 희망으로 여전히 그의 이미지는 위대한 피아니스트로 건재했다. 글렌은 1967년 캐나다인 매니저 월터 홈버거를 포기하고, 좀 더 세계적인 홍보 효과를 얻고자 뉴욕의 매니저 로널드 월포드와 계약을 맺었다. 월포드는 유명한 지휘자들 일을 맡은 사람이었다. 그러나 글렌은 이제 더 이상 여행을 다니지 않고 있었다. 그가 하는 여행이라곤 컬럼비아 음반사에서 녹음하기 위해 뉴욕에 가는 게 전부였고, 그것조차 — 나중에 알게 되겠지만 — 글렌이 토론토에서 테이프 작업을 할 수 있도록 합의한 후에는 점차 횟수가 줄어들었다. 가끔씩 글렌은 정형외과 의사인 스타인 박사를 만나러 필라델피아에 가기도 했다. 또 「대지의 정적」을 완성한 뒤 중국에 관한 라디오 다큐멘터리를 만들어 달라는 요청을 받았지만, 글렌은 그렇게 멀리 여행 가는 게 싫어서 거절했다.

글렌은 1964년 연주회를 그만둔 이후 건강이 나아졌다고 주장했다. 그는 한 인터뷰어에게 "나의 이전 병은 대부분 심신 상관성이었다. 순전히 내 식이 요법에 대한 반발이었다"고 말했다.[25] 아마 외국에서 겪었던 건강상의 위기를 말하는 것 같다. 왜냐하면 토론토에서는 정기적으로 의사 진료를 받았기 때문이다. 방사선과 의사인 A. A. 엡스타인은 다음과 같은 말을 들려주었다.

"글렌은 자기 가슴에 대해, 혹시 폐렴에 걸리지 않았을까 줄곧 근심해 왔습니다. 가스가 차오른다고 하소연하기도 했고요. 또 암에 걸렸을지도 모른다고 걱정했는데, 그의 주치의 모리스 허먼 박사는 그를 매우 주의 깊게 관찰해 왔고, 1년에 한두 번씩 엑스선 검사를 하라고 그를 내게 보냈습니다. 보통은 흉부 사진을 찍지만 가끔은 위胃와 내장, 식도를 검사하기 위해 사진을 찍기도 했습니다. 하지만 검사 결과는 한결같이 아무 이상이 없었지요."[26]

글렌은 손 문제로 고통받고 있는 피아니스트 레온 플라이셔에게 보내는 편지에서 다음과 같이 썼다.

"당신도 아시겠지만, 당신이 겪어 온 고통을…… 나보다 더 잘 이해할 수 있는 사람은 없을 겁니다. 비록 나는 그런 병을 앓던 기간이 비교적 짧았고, 별로 심각하지는 않았지만 — 물론 나의 소망입니다만 — ……당신은 드물게 독창적인 연주자고, 그렇기 때문에 오래도록 현장을 떠나 있기에는 너무나 소중한 사람입니다."

또한 글렌은 "잘못 움직이는 바람에 왼쪽 다리 상태가 나빠져서"[27] 레온 플라이셔도 알고 있는 필라델피아의 정형외과의 스타인 박사(글렌의 몸을 석고 깁스 틀에 넣었던 사람)에게 진료받았다는 이야기도 적고 있다.

한편 스티븐스 박사는 글렌이 무대를 떠난 뒤에도 여전히 "건강 염려증에서 나온 하소연"을 계속하고 있다는 사실을 발견했다. 스티븐스는 "이 음악 천재가 피아니스트로서 뛰어난 재능은 놔두고, 자신이 별 재능도 없는 분야인 라디오 다큐멘터리 만드는 데 자꾸 에너지를 낭비하게 된 것은 비극이었다. 그가 무시하고 잊어버렸던 축에 속하는 드뷔시나 슈베르트, 슈만, 그리고 다른 작곡가의 작품을 만약 그가 연주했더라면, 얼마나 대단한 경지를 이루어 냈을지 생각해 보라"며 글렌의 재능을 아까워했다.[28]

그러나 글렌은 다시는 무대에 서지 않겠노라고 맹세했고, 1968년 가진 한 인터뷰에서 "나는 [연주회를 하며 사는 예술가의 삶이] 이 시대의 진정한 음악 현장과는 아무 상관 없는 삶이라고 생각합니다…… 그런 생활로 돌아갈 생각은 추호도 없습니다."[29]라고 말했다.

아마도 글렌의 은퇴는 그의 인생에 새로운 방향을 모색할 수 있는 기회가 되었으며, 오랫동안 잠자고 있는 채로 방치해 두었던 그의 또 다른 창조력을 탐구해 보는 데 큰 도움이 됐던 것 같다. 또한 은퇴함으로써 그는 고독이 무엇인지 좀 더 잘 이해할 수 있게 되었다. 그러나 이와 동시에 세상을 통해 얻을 수 있는 인간적인 상호 작용에서 단절되는 결과를 초래했다. 다른 음악가, 지휘자, 평론가, 그리고 무엇보다 청중과 접촉하게 되면 자신의 연주에 대한 반응을 얻게 되고 — 글렌 자신은 그 반응이 불만스러웠을지 몰라도 — 그런 반응은 글렌의 자존심을 높여 주고, 그의 예술적 통찰력을 넓혀 주는 데 도움이 되었을 것이다.

그러나 이제 주로 스튜디오에서 기술자, 엔지니어들과 함께 작업하게 된 글렌은 이전 공연 시절에 받았던 지나친 칭찬이나 흠을 잡아내는 반응에 신경 쓸 일이 없어졌다(이제 칭찬이나 흠잡기는 새 음반이 발표될 때만 받았다). 그 결과 글렌의 정체성은 혼란을 일으켰다. 어린 시절부터 어머니의 지도 아래 쌓아 왔던 자신에 대한 가장 기본적인 이미지, 즉 피아니스트라는 자신의 이미지를 상당 부분 잃어버리게 된 것이다.

은퇴는 글렌에게 개인적인 성숙, 즉 자신의 성품을 강화해 주고 더 자율적으로 나아가는 진보를 의미하는 걸까? 아니면 무대 공포증에 굴복하여 공포를 불러일으키는 대중을 더 이상 직면하지 못하고 모든 사회 활동을 접어 버린 연약함을 의미하는 걸까? 아마도 두 가지 요소가 동시에 작용했을 것이다. 그래서 글렌은 자신이 옳은 길을 선택했다고 스스로를 위로하는 한편, 이제 어디로 가야 할지 미심쩍어하며 어리둥절한 상태로 남아 있었다.

북쪽으로 떠나는 긴 여행을 시작하며 화물 열차 출입구에 앉은 굴드.
추위를 몹시 탔지만 그는 늘 북쪽을 동경했다.

CBC 스튜디오에서 「북쪽 생각」 작업을 하고 있는 굴드와 론 털크.
두 사람은 함께 밤샘 작업을 하며 형제처럼 친밀하게 지냈다.

**21**
# 작곡가와 작품에 대한 새로운 시각

글렌은 연주회를 그만둔 덕택에 음악 만드는 작업을 더 다양하게 시도해 볼 자유가 생겼다고 여겼다. 그는 1968년 컬럼비아 마스터웍스의 음악 책임자인 존 매클루어에게 은퇴한 지 "이제 4년째인데, 내 생애 최고의 시간이었다"고 말했다.

이전에는 불가능하다고 생각했던 새로운 방법으로 나 자신과 음악이 융화된 시간이었습니다…… 악기를 통하지 않고 음악을 생각하게 된 것은 독특한 경험이었습니다. 악기를 통해 청중에게 음악을 제대로 전달하기 위해 어떻게 베토벤을 연주해야 할 것인가, 또는 진짜 바흐 음악은 어떤 것인가를 생각하고 결정해야 하는데, 그럴 필요가 없어진 거죠. 그것은 또한…… 무엇보다도 음악의 광범위한 영역을 모두 다룰 수 있게 됐다는 것을 의미하기도 합니다. 높은 곳에서 자기 앞에 펼쳐진 넓은 음악의 영역을 내려다볼 수 있게 된 겁니다…… 정말로 즐겁게 개인적으로 음악을 만나게 됩니다. 이런 만남은 매우 기묘한 효과를 일으킵니다. 우선 레퍼토리 범위가 무한히 넓어졌다는 것을 깨닫게 해 주는데, 그 자체로 좋은 일이지요. 그뿐만아니라 레퍼토리를 매우 빨리 정신적으로 이해해 가는 과정도 의식하게 해 줘요. 이 역시 매우 좋은 일이지요. 또한 좀 진부하게 들릴지모르겠지만 음악의 위대함을 일깨워 주기도 합니다.[1]

글렌이 새롭게 느꼈던 음악을 탐구할 수 있는 — 꼭 연주할필요 없이 — 자유 덕택에 1966년 BBC2의 프로그램으로「글렌굴드와 나눈 대화」가 탄생했다.

"이 프로그램은 지난 3월 런던에서 날아와 열흘간 머물렀던험프리 버턴의 도움을 많이 받아 가며 여기 토론토에서 제작되었는데…… 재미도 있고, 그동안 만들었던 어떤 텔레비전 프로그램보다 만족스러웠다."[2]

프로그램은 마룻바닥에 선이 널려 있고 곳곳에 전자 장치 도구가 있는 자유로운 분위기의 스튜디오 무대 장치를 배경으로, 글렌이 피아노에 앉아 험프리 버턴과 이야기를 나누는 방식으로 진행됐다. 글렌은 1960년 밴쿠버 음악 축제 동안 CBC를 위해 서너 가지 기획물을 만들 때 이 영국인 제작자 험프리 버턴과 함께 일한 적이 있었다. 첫 프로그램은 주로 바흐에 관한 것이었고, 두 번째는 베토벤, 세 번째는 리하르트 슈트라우스, 그리고네 번째는 아널드 쇤베르크에 관한 것이었다. 글렌은 이 작곡가들의 음악을 피아노로 치면서, 이들 음악이 연주자들이나 감상자에게 어렵게 느껴지는 문제에 대해 글렌 특유의 열정적이면서도 논쟁적인 방식으로 이야기를 풀어 나갔다. 버턴은 이 프로그램 하나하나에 엄청난 준비와 노고가 들어갔다고 기억한다.

"그는 공개적으로 토론하기를 좋아했습니다. 사람들에게 충격을 주고 싶어 했죠. 겉으로 보기에 거침없고, 거의 농담조로 자유롭게 보이는 대화였지만 사실은 매우 세심하게 구성된 것이며, 믿을 수 없을 만큼 어질러진 글렌의 토론토 아파트에서 (주제를 중심으로) 몇 시간씩 얘기를 나눈 결과였습니다. 자발적이고 즉흥적으로 보이도록 연습한 것이지요. 글렌이 즐겨 하는 역설이라고 할 수 있지요."[3]

그해 글렌은 어쩌면 컬럼비아 음반사가 관심을 가질지도 모른다는 희망으로 아주 색다른 기획을 존 매클루어에게 제안했다. 그것은 가짜 공개 피아노 독주회를 녹음하는 것이었다.

유콘 영토*에 있는 화이트호스나, 북서 영토**의 옐로나이프,*** 아니면 이와 비슷한 낭만적인 장소에서 내가 독주회를 여는 걸로 하고요…… 독주회 사건 전체를 스튜디오 방식으로 꾸미되, 내가 제정신으로 기획했다면 녹음할 가망성이 거의 없는 그런 작품으로만 구성된 연주회를 실황과 똑같이 만들어 내는 겁니다. …… 물론 우리 능

---

* 알래스카에 인접한 주州로 화이트호스는 유콘주의 중심지다.
** 북서 영토는 유콘주 바로 옆에 있는 주州로 '곰 대호大湖'와 '노예 대호'가 있다.
*** 북서 영토의 중심지로 노예 대호 가에 자리하고 있다.

력을 다해 최고의 질로 녹음을 하지만, 그럴듯하게 보이기 위해 눈에 띄는 실수 몇 가지를 남깁니다. …… 그런 다음 고약한 청중의 웅얼거림, 코를 훌쩍이는 소리, 한숨 소리와 같은 소음을 덧씌우는 겁니다. 네빌 체임벌린*이 하원에서 쫓겨 내려온 이래 가장 시끄러운 청중의 소음을 만들어 내는 거죠.

글렌은 진심으로 이런 말을 했을까? 그의 유머 감각이 이런 엉뚱한 상상을 만들어 냈을지도 모른다. 매클루어에게 보낸 편지에서 그는 "이건 좀 미친 소리 같다"고 스스로 인정하고 있다. 그렇지만 "[제라드] 호프눙** 연주회나 〈바로크 비틀스 북〉***이 탄생한 것도 바로 이런 미친 짓 덕택"[4]이므로 자신이 구상한 음반도 아주 이상한 것은 아니라고 애써 정당성을 찾으려 했다. 컬

---

* 네빌 체임벌린Neville Chamberlain(1869~1940)은 영국 보수당 정치인. 2차 대전 초기에 총리가 되었다가 히틀러와 뮌헨에서 협정을 맺어 비난을 받았다.

** 제라드 호프눙Gerard Hoffnung은 1925년 베를린에서 태어나 1939년에 영국으로 망명한 예술가다. 서른넷 나이로 요절한 그는 화가이자 교사, 만화 영화 연출가, 삽화가, 라디오 방송 제작자, 튜바 연주자였으며, 또한 인기 있는 강연자이기도 했다. 그는 1956년 런던 왕립 축제 극장에서 독특한 연주회를 마련하면서 영국 유명 작곡가 일곱 명에게 유머러스한 작품을 촉탁했고, 그 자신도 〈모든 피아노 협주곡을 끝내기 위한 피아노 협주곡〉 등을 만들었다. 피아노 협주곡을 독주자와 지휘자, 그리고 관현악단 사이의 투쟁으로 여긴 호프눙이 만든 이 곡은 관현악단이 차이콥스키 피아노 협주곡 1번 도입부를 연주하면 피아니스트는 그리그의 피아노 협주곡으로 응답하는 식으로 구성되었다. 이 연주회에 선보인 다른 작곡가들 작품 역시 오페라 등장인물을 뒤섞는다거나 패러디한 작품(〈다름슈타트의 이발사〉, 〈호프눙의 이야기〉), 진공청소기를 등장시킨 서곡 등 풍자와 재미로 가득 찬 작품이었다. 이 연주회는 인기를 끌어 1958년과 1961년에도 공연됐다.

*** 비틀스 곡을 클래식으로 편곡한 사례는 매우 많다. 그중 지휘자 조슈아 리프킨이 직접 편곡하고 실내악단이 연주한 음반이 〈바로크 비틀스 북Baroque Beatles Book〉이다. 오페라 형식을 빌려 노래마다 주제를 표시하는 제목을 달았다.

럼비아 음반사는 처음에는 이 엉뚱한 생각을 받아들이려 하지 않았지만, 14년 후 글렌이 이와 비슷한 패러디 음반을 만들려고 했을 때는 받아들인다. 그때까지도 호로비츠의 성공적인 무대 복귀에 질투를 느끼고 있던 글렌은 캐나다 극지방의 한 유전油田에서 공개 연주회를 갖는다는 가상 무대를 설정하여 녹음했다. 이 음반은 글렌과 컬럼비아 음반사의 25주년 기념 앨범의 일부로서 1980년 '글렌 굴드 판타지A Glenn Gould Fantasy'라는 제목으로 발매되었다.[5] 글렌이 고통스러운 주제를 유머로 다루는 방식을 아주 잘 보여 주는 이 음반에서 호로비츠에 대한 그리 호의적이지 못한 암시는 애써 삭제되었다.

글렌이 존 매클루어에게 제안했던 희한한 음반은 1966년에는 실현되지 못했지만, 대신 매우 만족스러운 음반 작업이 진행되었으니, 바로 글렌이 진실로 존경하는 음악가인 레오폴드 스토코프스키와 함께 한 것이었다. 1965년 글렌은 이 지휘자를 인터뷰했는데, 이때 스토코프스키 쪽에서 먼저 "왜 우리가 함께 음반을 만들지 않았지?" 하고 의문을 제기했고, 베토벤 협주곡 5번 내림마(E플랫)장조(〈황제〉)를 스토코프스키 자신의 관현악단인 아메리칸 교향악단과 함께 녹음하기로 컬럼비아사와 이야기가 됐다.

녹음을 앞두고 해석에 대해 미리 논의하는 자리에서 글렌은 자기보다 훨씬 나이 든 지휘자에게 "어떤 템포로 연주하든, 우리는 이 작품을 피아노를 곁들인 교향곡으로 만들어야 한다"고 주문했다. "협주곡이 독주자의 연주 솜씨를 자랑하는 도구가 되어서는 안 된다고 생각한다"는 것이 글렌의 입장이었고, 스토코프스키는 동의할 수밖에 없었다.[6] 이 협주곡은 글렌이 썩 좋아하는 작품은 아니었다. "베토벤이 한창때 만든 거작들처럼 〈황제〉 협주곡 역시 기본 화성에 충실한 편이어서 화성 변화가 가져다주는 섬세함을 기대하기가 어렵다. II-V-I도로 진행하는 방식*은 그랜드 올드 오프리**에서나 들어 볼 정도로 꾸밈없이 단순하다"는 것이 글렌의 견해였다.[7]

이 녹음은 1966년 3월에 진행되었다. 글렌은 도입부 카덴차를 정말로 독특하게 연주했고, 템포를 조정하는 문제는 스토코프스키의 재치 있는 충고 ─ "조금 빨리 연주해야 할 부분과 조금 느리게 가야 할 부분이 있다고 생각지 않나?" ─ 를 따랐다. 음향 균형을 맞추는 일은 컬럼비아사 제작자인 앤드루 카즈딘의 기적 같은 솜씨에 힘입어 매우 자연스럽게 완성되었다. 카즈딘은 글렌의 음반 작업에 새로 참여한 사람으로, 앞으로 나올 많은 음반이 카즈딘과 함께 한 긴밀한 작업을 통해 완성되었을 만큼 글렌의 음반 역사에 중요한 역할을 했다.

4년 후 글렌은 CBC 텔레비전용으로 〈황제〉 협주곡을 새로 녹음했는데, 이때는 이탈리아 피아니스트인 아르투로 베네데티 미켈란젤리*** 대신 갑자기 연주를 맡은 것이었다. 미켈란젤리

---

* 　2도 화음(레, 파 ,라) 다음에 5도 화음(솔, 시, 레), 그리고 1도 화음(도, 미, 솔)이 나오는 진행 방식은 음악에서 가장 기본적인 화음 진행이다.
** 　그랜드 올드 오프리는 컨트리 음악의 본고장인 내슈빌에 있는 컨트리 뮤직 센터를 말한다.
*** 　아르투로 베네데티 미켈란젤리Arturo Benedetti Michelangeli(1920~1995) 역시 팔과 어깨 통증, 약한 몸 때문에 자주 연주회를 취소한 독특한 피아니스트였다. 신동으로 어려서 아

역시 막판에 연주를 취소하는 것으로 유명한 피아니스트였다. 글렌이 기꺼이 대신 나섰다는 이야기를 들은 지휘자 카렐 안체를\*은 이렇게 말했다고 한다.

"미켈란젤리? 굴드? 어디서 그런 괴짜들만 끌어들인 거야?"[8]

글렌은 은퇴 후 4년 동안, 한 달에 한 번씩 뉴욕에 다니면서 부지런히 녹음했고, 1966년과 1967년 나온 그의 음반은 엄청난 양이었다. 그중 일부만 꼽아 보면 다음과 같다.

베토벤 소나타

    8번 다(C)단조(〈비창〉) 작품 13

    9번 마(E)장조 작품 14의 1

    10번 사(G)장조 작품 14의 2

    14번 올림다(C샤프)단조(〈월광〉) 작품 27의 2

    18번 내림마(E플랫)장조 작품 31의 3

    23번 바(F)단조(〈열정〉) 작품 57

---

버지에게 피아노를 배웠고, 1939년 제네바 콩쿠르에서 우승, 명성을 쌓았다. 연주회와 박수를 좋아하지 않았으며, 베일에 싸인 생활을 했다. 지독한 연습 벌레인 그는 테크닉과 우아함, 힘을 겸비한 피아니스트였지만, 공연마다 자기 피아노를 싣고 다닐 정도로 악기에 까다로웠다.

• 카렐 안체를Karel Ančerl(1908~1973)은 체코에서 태어나 프라하에서 바이올린과 지휘를 배웠고, 프라하 라디오 관현악단을 지휘했다. 체코 필하모니를 이끌던 바츨라프 탈리히 Václav Talich의 신임을 받았지만 2차 대전이 터져 아우슈비츠에 감금되었다가 살아남았다. 탈리히가 체코 필하모니를 살리기 위해 전쟁 중 단 한 번 베를린 연주를 수락한 이유로 축출되자, 안체를이 체코 필을 맡아 1969년 '프라하의 봄'이 일어날 때까지 이끌었다. 프라하의 봄 동안 마침 미국에서 지휘하고 있었고, 토론토 교향악단과 계약이 되어 있던 그는 고국으로 돌아가지 않고 토론토에 정착했다.

베토벤의 〈32변주곡〉 다(C)단조

리하르트 슈트라우스 가곡 다수, 그가 좋아하는 독일 소프라노 엘리자베트 슈바르츠코프와 녹음했다("어떤 성악가도 이보다 더한 즐거움과 해석에 대한 통찰력을 내게 보여 주지 못했다").[9] 물론 슈바르츠코프 부인은 즉흥적으로 반주하는 글렌의 방식에 반대하여 〈오펠리아의 노래〉* 작품 67만 발매되었다.

바흐 〈평균율 클라비어곡집〉 2권, 1-8번

바흐 피아노 협주곡 3번 라(D)장조와 7번 사(G)단조를 블라디미르 골슈만이 지휘하는 컬럼비아 교향악단과 협연

힌데미트 소나타 1번 가(A)장조와 3번 내림나(B플랫)장조

프로코피예프 소나타 7번 내림나(B플랫)장조 작품 83

윌리엄 버드의 여러 작품

20세기 캐나다 음악: 오스카 모라웨츠, 이슈트반 안할트, 바버라 펜틀랜드,** 자크 에튀***의 작품

---

* 원제는 '오펠리아의 노래 세 곡Drei Lieder der Ophelia'이다. 셰익스피어의 『햄릿』 4막 5장에서 오필리아가 실성해 노래하는데, 슈트라우스는 이를 세 곡의 노래(〈어떻게 내 사랑하는 이를 알아볼 수 있을까〉, 〈좋은 아침, 내일은 성 발렌타인 날이에요〉, 〈얼굴도 덮지 않고 관 위에 얹어 갔지〉)로 만들었다. 노래와 오페라에 능한 슈트라우스는 오필리아의 광기를 전통적인 화성 진행이 아닌 모호한 화성으로 표현해 냈다.

** 1912년 캐나다 매니토바에서 태어난 바버라 펜틀랜드Barbara Pentland는 여성 작곡가로서 많은 어려움을 겪었다. 특히 1940년대 말부터 1960년대 초까지 몸담았던 브리티시컬럼비아 대학에서 타의에 의해 사임하는 등 현대 음악을 작곡하는 여성으로서 음악계에서 많은 시련을 겪었던 펜틀랜드는 굴드와 앤절라 휴잇 같은 피아니스트들이 그의 작품을 연주하면서 점차 인지도가 쌓여 1976년 매니토바 대학에서 명예 박사 학위를 받았다. 2000년 죽기 전에는 훈장도 두 개 받는 등 인정받았다.

*** 캐나다 퀘벡 출신의 자크 에튀Jacques Hétu는 굴드와 동시대인으로 몬트리올 음악원에서 피아노와 오보에, 작곡을 배웠고, 파리에서 올리비에 메시앙 밑에서 공부했다. 교향곡과 실내악 등을 작곡, 왕성하게 활동한 에튀의 피아노 변주곡을 1967년 녹음한 굴드는 그의

모차르트 소나타 여섯 곡

　1번 다(C)장조 K. 279

　2번 바(F)장조 K. 280

　3번 내림나(B플랫)장조 K. 281

　4번 내림마(E플랫)장조 K. 282

　5번 사(G)장조 K. 283

　15번 다(C)장조 K. 545

　글렌은 사람들의 예상을 벗어나는 색다른 음반을 내는 것을 자신의 녹음 원칙으로 삼았다. 다른 피아니스트가 이미 연주해낸 것과 비슷한 음반을 만드는 것은 그에겐 아무런 의미가 없었다. 그러므로 어떻게 연주할 것인가를 결정하는 문제에서 그는 무한히 자유로울 수 있었다. 특히 속도와 역동성에서 선택의 폭이 넓었고, '독특한 굴드 터치'를 넣기 위해 필요하다면 어떤 부분을 "다시 작곡"하기도 했다. 그 결과 해석이 아주 잘되었을 때는 깜짝 놀랄 만한 연주가 되기도 했지만, 최악의 경우엔 기괴한 연주가 되기도 했다.

　예를 들어, 〈열정〉 소나타 도입부를 아주 느리게 연주하는 바람에 음반을 듣는 사람은 혹시 재생 기계에 문제가 있는 게 아닌가 하고 의심하게 될 정도다.* 그런 축 처진 속도로 연주되는 음

---

　작품을 가리켜 "신낭만주의의 풍부한 표현력을 신고전주의 양식에 담아 20세기 어법으로 표현했다"고 칭송했다.

•　확실히 기존의 〈열정〉 소나타와는 많이 다르다. 느리게 연주하니 역동감은 떨어지지만 음

악은 앞으로 나아갈 탄력성을 잃어버리고, 마치 식어 빠진 수플레*처럼 안으로 구멍이 숭숭 뚫리는 꼴이 된다. 글렌은 걸출한 솜씨로 굉장히 아름답게 연주할 수 있는 사람인데, 왜 이런 식으로 연주하는지 듣는 사람은 당황스러울 뿐이다. 물론 이것은 주관적인 느낌이다. 지구상 어떤 피아니스트도 항상 사람들의 지지를 이끌어 낼 수는 없다. 모차르트 소나타에 대해 말하자면 ─ 굴드는 결국 전곡 다 녹음했다 ─ 그가 녹음한 곡 가운데 가장 큰 논쟁을 불러일으켰다.

우선 그는 모차르트에 대해 아주 독특한 견해를 가지고 있었다. 그리고 그 견해는 "내가 기억하기로는 아주 오래전"이라는 그의 말마따나 아주 어릴 적부터 가지고 있었다. 모차르트 음악에 그가 근시안적 견해와 애증으로 이루어진 관계를 갖게 된 데는 어린 시절 겪은 갈등 탓이 큰 것 같다. 그 갈등은, 내가 파악하기로는 어머니에게 배운 바를 지켜 나가려는 마음과 자기 자신의 믿음에 충실하려는 마음 사이에서 일어나는 갈등이었다. 앞서 살펴본 것처럼 굴드 부인은 아들의 음악적 재능이 어린 나이에 마구 계발되는 것을 두려워했다. 그는 아들의 재능과 음악적 성숙도를 잘츠부르크 신동과 비교해 보려는 시도에 완강하게 반대했으며, 아예 시도조차 하지 않았다. 그의 집에서는 모차르

---

하나하나 다 잘 들린다. 그리고 음색은 투명하고 고요하다. 폭발하는 열정이 아니라 속으로 타들어 가는 열정처럼 들려서 사색적이고 조금 슬픈 느낌을 준다. 특이하게도 페달을 잘 쓰지 않는 굴드의 연주처럼 들리지 않을 정도로 음이 풍부하게 울린다.
* 달걀 흰자위에 우유와 설탕, 또는 소금을 넣고 휘저어 구운 요리. 굽는 동안 눈덩이처럼 부푸는데, 뜨거울 때 먹어야 한다. 식으면 부기가 빠지면서 구멍이 생긴다.

트라는 이름을 입에 올리는 것조차 금지되어 있었다. 이 때문에 어린 시절 글렌은 전 시대를 통틀어 가장 위대한 이 음악가에게 긍정적인 시각을 가지지 못했던 것이다. 그것은 정말로 애석한 일이다. 왜냐하면 어린이는 바람직한 역할 모델을 자기 안에 갖고 있어야 타고난 재능을 꽃피울 수 있기 때문이다.

엄청난 재능을 지닌 어린 글렌 굴드가 모차르트처럼 되고자 열망했다면 그건 당연한 일이다. 그런데 어머니는 모차르트처럼 되는 걸 원하지 않았다. "너는 모차르트가 아니야. 그리고 다른 사람이 널 모차르트처럼 생각하지 않도록 해야 한다"는 것이 어머니가 그에게 심어 준 태도였다. 그럼에도 어머니가 심어 준 부정적인 암시는 그가 모차르트 작품을 연주할 때면 늘 반대 현상에 부딪히곤 했다. "실제로 모차르트 작품[예를 들어 피아노 소나타]을 연주할 때면 언제나 아주 즐거웠다"고 그는 기억한다.

"내 손가락이 건반을 오르내리며 그 모든 음계와 아르페지오를 다 삼키듯이 연주하는 것은 엄청나게 재미있었다."[10]

모차르트 음악을 연주하는 것은 분명 긍정적이고도 즐거운 경험이었다. 그러나 한 인간으로서 모차르트를 생각하는 그의 태도는 참 묘하게도 부정적이다. 그는 모차르트가 너무 일찍 죽었다기보다는 너무 늦게 죽은 것이라며 모차르트를 깎아내리곤 했는데, 모차르트가 오페라를 만들기 시작하면서 음악이 너무 연극적으로 변해 가는 바람에 음악가로서 실패했다는 뜻이었다. 심지어 글렌은 "모차르트가 형편없는 작곡가인 이유"[11]라는 제목으로 수필을 쓰려 한 적도 있었다. 그는 바로크 시대를 선호하고 낭만주의에 반감을 가지고 살면서 모차르트 교향곡 사(G)단조 K.550 같은 후기 작품을 "혐오한다"고 말했다.[12] (글렌은 모차르트의 비올라 오중주 같은 후기 작품을 들어 본 적도 없는지? 그런 멋진 음악을 어떻게 '혐오할' 수 있겠는가?)

그러나 다른 한편, 그가 어릴 때 정말 좋아했던 반려동물은 모차르트라는 이름의 작은 새였고, 사춘기 전에 연주한 피아노곡 가운데 유일하게 남아 있는 녹음은 모두 모차르트 작품뿐이다 (그의 스승 게레로와 함께 연주한 네 손을 위한 작품). 이십 대에 글렌이 가장 훌륭하게 연주했던 작품 역시 모차르트 협주곡 24번다(C)단조 K. 491이었다.[13] 또한 삼십 대에 그가 가장 중요하게 생각했던 큰 계획도 모차르트 피아노 소나타와 환상곡 전곡을 녹음하는 것이었다. 그는 "사실 내가 한 일 가운데 가장 신났던 것은 모차르트 곡을 녹음하는 것이었다. 가장 큰 이유는 작곡가로서 모차르트를 정말로 좋아하지 않았기 때문이다"고 고백한 적이 있다.[14]

모차르트 피아노곡 전곡을 녹음하는 데는 9년이나 걸렸다. 서른두 살이던 1965년 3월에 시작하여 그의 나이 마흔둘에 접어들던 1974년 9월에 녹음을 끝마쳤다. 그사이 녹음 기술도 많이 발전했을 뿐 아니라 굴드는 스튜디오도 옮겼고(뉴욕 컬럼비아 스튜디오에서 토론토의 매시 홀과 이튼 오디토리움으로), 또 다른 작업도 함께 해 나갔다는 사실을 고려하면, 모차르트 음반의 수준이 고르지 않은 게 놀라운 일은 아니다. 그런 결함을 누구보다 먼저 글렌 자신이 잘 알고 있었다. 그래서 비평가이자 작가인 팀 페이지가 글렌에게 "[모차르트] 소나타의 어떤 곡은 당신 음반 가운데 아마도 가장 떨어지지 않나 하는 인상을 받았다"고 말했을 때 글렌은 솔직히 인정했다.

> [팀 페이지에게 글렌이 말하길] 예, 모차르트 소나타 중 두 곡이 그렇습니다. 나는 초기 작품을 사랑하고 중기 작품도 사랑하고, 후기 작품은 '좋아하지 않습니다'. 어정쩡한 극장용 발상으로 가득 찬 후기 작품은 참을 수가 없어요. 그리고 소나타 내림나(B플랫)장조 K.570 같은 작품을 녹음할 때에는 어떠한 확신도 없이 임한 것이 사실입니다. 그런 작품은 아예 빼 버리는 게 솔직한 태도였겠으나, 전곡을 완주한다는 기획을 마무리해야 했습니다.[15]

이런 곡을 들어 보면, 굴드가 지나치게 강하게 연주하고 있어 금방 충격을 받게 된다. 분가루를 뿌린 가발과 수놓은 비단옷을 입은 도자기 인형 같은 모차르트가 아니라 원기 왕성하고 힘이 넘치는 모차르트가 떠오른다. 음질은 귀에 거슬리고 격동적이다. 레가토는 거의 없고 스타카토로 가득하다. 특히 반주부는 모든 소리가 똑같이 들려야 한다는 굴드의 대위법적 생각에 걸맞게 종종 주제 선율까지 파묻힐 정도다. 역동성도 거의 없고, 아니 아예 없다고 할 수 있다. 표시된 템포도 거의 지키지 않고 강약도 고르지가 않다. 게다가 평범한 화음조차 아주 이상하게 아르페지오로 펼쳐서 연주하고 있다. 그리고 무엇보다도 모차르트 음악 특유의 호소력을 만들어 내는 매력과 평온함이 빠져 있다.

그렇지만 모범적인 연주도 꽤 많다. 소나타 6번 라(D)장조 K.284(글렌이 가장 좋아하는 작품이다), 소나타 7번 다(C)장조 K.309는 특별히 뛰어난 연주를 들려준다. 나는 소나타 17번 내림나(B플랫)장조 K.570을 뺐어야 한다는 글렌의 말에 동의할 수 없다. 왜냐하면 모차르트가 이 곡을 바이올린과 피아노를 위한 작품으로도 만들었기 때문에 바이올리니스트로서 이 곡을 아끼며, 사실 글렌의 연주도 즐겨 들을 만하기 때문이다. 그러나 소나타 16번 다(C)장조 K.545(흔히 '쉬운 소나타'로 불리는)의 두 번째 악장 도입부는 내 생각에 완전 재난이자 흉물스러운 풍자화 같다. 그건 작곡가와 음악을 사랑하는 사람 모두에 대한 모독이다. 마치 모차르트를 이렇게 연주하면 안 된다는 것을 글렌이 직접 시범 삼아 보여 주는 것 같다. 2악장은 '안단테'인데도 글렌은 알레그로 속도로 연주한다. 왼손은 투박하게 따로 노는 데다 속도가 빠르니 부드러운 주제 선율은 잘 들리지도 않는다. 그런 다음에 부드러워져서 사실상 아주 서정적으로 연주를 이어 나간다. 그러니까 한 악장 안에서도 우리는 모차르트에 대한 글렌의 이중적인 태도를 헤아릴 수 있다.

모차르트와는 달리 리하르트 슈트라우스에게는 이중적이거나 애매모호한 태도를 전혀 갖고 있지 않았다. 글렌이 이 작곡가에 대해 쓴 찬사의 글에 따르면, 슈트라우스는 "늘 자신을 20세기 모차르트와 같은 존재로 상상하곤 했다. 그런데 이 자만심은 아주 못 봐줄 정도로 터무니없는 것은 아니다".[16] 글렌이 〈영웅의 생애Ein Heldenleben〉*를 들은 것은 열일곱 살 때였다. 그 후 글렌은 자연스럽게 "젊은 리하르트 슈트라우스의 거칠 것 없는 대담무쌍함에 이끌렸고…… [이후] 그 매력에서 헤어난 적이 한 번도 없었다".[17]

글렌이 쇤베르크의 급진성을 매우 정열적으로 옹호하면서 동시에 초超보수주의자인 리하르트 슈트라우스 역시 옹호했다는 사실은 서로 반대되는 것을 다 끌어안을 수 있는 글렌의 특이한 능력을 단적으로 보여 주는 일례라 할 수 있다. 그러므로 그는 쇤베르크를 "가장 위대한 작곡가 중 한 명"[18]으로 생각하는 한편, "슈트라우스는 금세기 가장 위대한 음악가"[19]로 거리낌 없이 믿을 수 있었다. 글렌의 말마따나 그런 "심한 편애" 때문에 슈트라우스에 관한 라디오와 텔레비전 프로그램을 셀 수 없을 정도로 많이 만들어 냈고(개중에는 1979년에 만든 「부르주아 영웅The Bourgeois Hero」이라는 라디오 다큐멘터리 2부작도 포함되어 있다), 슈트라우스가 별로 많이 작곡하지 않아 극히 적은 독주 피아노곡 [소나타 나(B)단조 작품 5는 1982년 글렌이 죽기 바로 직전 녹음한 최후의 녹음이었다]은 물론이고, 슈트라우스가 많이 작곡했던 가곡 작품도 다수 녹음했다. 또한 '리하르트 슈트라우스를 위한 논의'라는 제목으로 사람들을 설득하는 글을 쓰기도 했다.

이 글에서 글렌은 "슈트라우스를 가리켜 위대한 19세기 인물

---

* 관현악 교향시 작품 40번. 그전에 썼던 〈돈키호테〉와 반대되는 성격의 영웅을 그린 작품으로 젊은 슈트라우스의 포부가 담겨 있는 작품이다.

이긴 하지만 뻔뻔스럽게도 20세기 중반까지 살았다고 비난하면서, 늙은 슈트라우스를 낭만주의자들의 무덤으로 서둘러 보내 버리려고 하는…… 아무 근거 없는 교활한 경향"에 반대하고 있음을 분명히 했다. 대신 그는 슈트라우스를 "오늘날 가장 중요한 미학적 가치관의 딜레마 한가운데 있는 인물"로 파악했다. "그 딜레마란, 역사적으로 질서 정연하게 구축되어 있는 연대기 안에서 예술가라는 운명 — 혼자 알아서 찾아가야 하는 — 의 그 엄청난 중압감을 받아들이려고 할 때 갖게 되는 무기력한 혼란감이다." 글렌은 슈트라우스가 "브람스와 브루크너 시대에 걸작을 쓸 정도로 운이 좋았고, 베베른 시대를 거쳐 불레즈와 슈토크하우젠 시대까지 살 만큼 행운아였다"는 사실에 늘 놀라워하고 의아해했다. 그리고 슈트라우스가 "가능한 한 형식적으로는 가장 절제된 형태 '안에서' 후기 낭만주의 음악의 풍부한 음조를 충분히 활용하는 데" 관심을 가졌다는 점을 매우 높이 사며, "……그의 최우선 관심사는 조성 음악의 '전체' 기능을 유지하는 것이었다. …… 슈트라우스는 아주 단순한 방법을 믿기 어려울 만큼 능숙하게 사용하여 강하게 압도하는 감정을 불러일으킬 수 있는 능력이 있다"며 추켜세웠다.[20]

글렌은 대위법적 사고방식을 타고난 데다 다성 음악에 이끌리고 있었으므로 자신의 영웅인 슈트라우스 작품에서도 그와 같은 자질을 찾아보려고 연구했다. 그러나 슈트라우스는 "대위법을 단독으로 쓰는 사람이 전혀 아니었다. 그의 음악에서 대위법적 형태라 단정할 수 있는 형식 — 푸가, 카논 등등 — 은 주로 오페라에 나타나며(그것도 매우 드물게), 거의 예외 없이 자의식을 강조하는 경우에 사용했다……. 그러나 그조차도 매우 작위적이다. 마치 슈트라우스가 '봐, 나도 대위법으로 작곡할 수 있어!'라고 말하는 것 같은 느낌을 항상 받는다. 또한 대위법으로 전환하는 이유도, 그렇게 하지 않으면 자칫 침체되기 쉬운 무대의 활기를 돋우기 위해서인 것 같다"고 인정할 수밖에 없었다.

그러나 글렌은 그냥 이대로 끝낼 수는 없었던 모양이다. 슈트라우스가 갖고 있지도 않은 능력, 설령 갖고 있었다 해도 거의 쓴 적이 없는 능력이 슈트라우스에게 있었다고 글렌은 애써 설명한다. 그는 과장법을 써 가면서 "슈트라우스는 자기 나름대로 가장 대위법적인 정신을 가지고 있던 작곡가라고 해도 절대 과언이 아니다"면서 "슈트라우스의 대위법을 떠받치고 있는 힘은…… 높이 날아오르며 기민하게 움직이는 소프라노 선율과, 확고하면서도 사려 깊고 진행 단계마다 종지부와 연관성을 잃지 않는 베이스 사이에서 시적 관계를 감각적으로 창조해 내는 능력이다. 그리고 무엇보다 중요한 것은, 자기 내면의 소리를 아주 멋지고 섬세하게 다듬었다는 점이다".[21]

마침내 글렌은 슈트라우스를 베토벤과 비교함으로써 최고의 찬사를 바친다.

"정말로, 베토벤의 마지막 사중주 작품들을 제외하고는 슈트라우스의 〈메타모르포젠〉이나 〈카프리치오〉 — 둘 다 [슈트라우스가] 일흔다섯 넘은 나이에 쓴 것이다 — 처럼 지극히 철학적인 평온함을 성스러운 빛으로, 그토록 완벽하게 전달해 주는 작품은 없다.”

그러나 글렌은 음악적으로 매우 박식한지라 — 물론 그 박식함은 앞서 말한 것처럼 학문적인 연구에서 나온 박식함이 아니라 음악을 주의 깊게 듣고 악보를 꼼꼼히 살핀 결과 얻게 된 박식함이었다 — 슈트라우스와 베토벤의 근본적인 차이점을 파악하기는 했다. 슈트라우스가 “미래에 대해선 어떤 것도 기약한 바가 없는” 데 비해, “베토벤은 무엇보다도 마지막 사중주 작품들에서…… 주제를 충실하게 발전시켜 나간 쇤베르크 학파 세대 방식과도 닿아 있는 연결 고리를 제공하고 있다”[22]고 지적한다.

서양 음악사를 죽 훑어 나가는 가운데서도 글렌은 19세기 작곡가의 업적 중 상당 부분을 도외시했다. 그에게는 19세기 작품을 무시하는 경향이 있었고, 심한 경우 모욕하거나 엉터리 같은 작품으로 내몰기도 했다. 이른바 낭만주의 시대 피아노곡에 대해 특히 더 그랬다.

[팀 페이지에게 말하기를] 피아노 독주회 레퍼토리의 중심을 이루고 있는 핵심 레퍼토리는 전체적으로 ‘막대한’ 시간 낭비라는 생각을 늘 해 왔어요. 19세기 전반 음악은 — 베토벤은 조금 별개로 하고 — 독주 악기곡일 경우 대개 실패작이 많습니다. 쇼팽, 리스트, 슈만이 다 그래요. 멘델스존은 넣고 싶지 않은데, 그의 합창곡과 실내악곡은 정말 좋아하지만, 피아노곡은 대부분 별로 신통치가 않아요. 초기 낭만주의 작곡가들은 피아노곡을 어떻게 써야 하는지 몰랐던 것 같아요. 오, 물론 페달 쓰는 법과 음을 사방팔방으로 흩뿌리며 극

적인 효과를 내는 방법은 알고 있었죠. 그러나 진짜 '작곡'을 어떻게 해야 하는지는 별로 아는 바가 없었습니다. 그 시기 음악은 무대 효과와 과시를 노리는 공허한 제스처로 가득 찼다고 할 수 있어요. 또한 그 음악이 갖고 있는 세속적이고 쾌락적인 성격도 내 흥미를 떨어뜨리고요.[23]

낭만주의 작곡가에 대한 관심이 다시 살아나는 경향을 다룬 1977년 CBC 라디오 프로그램에서 글렌은 쇼팽 소나타 3번 나(B)단조 작품 58을 연주했다. 이 멋진 작품을 그는 무감각하면서도 과장되게 해석했다. 맨 처음 등장하는 화음을 이상하게 소리 내는가 하면 오른손으로 연주하는 섬세한 주제는 거친 왼손 반주에 파묻혀 버리기 일쑤였다. 이 곡을 듣고 있노라면 자신이 싫어하는 남자와 강제로 키스하게 된 뻣뻣한 여자가 떠오른다. 글렌이 낭만주의 작곡가에 이런 태도를 갖게 된 것은 정말로 안타까운 일이 아닐 수 없다. 왜냐하면 그가 어렸을 때 쇼팽을 아주 아름답게 연주했다는 사실을 들어서 알고 있기 때문이다. 그는 나이 들어서는 쇼팽 곡을 거의 치지 않았다. 그의 애정이 이미 다른 곳으로 향했음을 분명히 보여 주는 증거다. 같은 프로그램에서 글렌은 멘델스존의 〈무언가無言歌〉* 중 다섯 곡도 연주했

---

* 멘델스존이 직접 작명했다는 피아노 소품집 〈무언가Lieder ohne Worte〉는 말이 없는 노래, 즉 가사가 없는 노래라는 뜻일 수도 있고 어쩌면 '굳이 말로 설명하지 않는다'는 입장에서 그리 지었을 수도 있다. 멘델스존이 거의 전 생애에 걸쳐 쓴 소품들이 모여 있는데, 각 곡은 짧지만 매우 서정적인 곡으로 낭만주의 음악의 정수를 보여 준다.

는데, 대체적으로 무난한 연주였다.[24]

글렌은 자신이 별로 좋아하지 않는 영역을 공략한 음반도 내놓았는데, 바로 1968년 녹음한 슈만의 피아노 사중주 내림마(E 플랫)장조 작품 47이다. 줄리아드 현악 사중주단과 함께 연주한 것인데, 나는 이 사중주단 제1 바이올린 주자인 로버트 만과 이야기를 나누었다.

**오스트왈드:** 글렌이 슈만과 낭만주의에 대해 평가를 유보하는 태도가 강했는데도 이 피아노 사중주곡을 녹음하는 데 동의한 이유가 무엇이라고 생각하십니까?

**만:** 엉뚱하면서도 자기중심적으로 음악을 보는 방식 때문이었겠죠. 자기가 이 곡을 어떻게 연주해 내는지 시도해 보는 것은 한번 도전해 볼 만한 일이라고 생각했을 겁니다.

**오스트왈드:** 그러니까 사실상 그가 먼저 나서서 시작했다는 거군요?

**만:** 아니요, 그가 주도한 것은 아니었습니다. 우리는 슈만의 현악 사중주곡 세 작품을 모두 녹음하고, 피아노 오중주곡은 레니[번스타인]와 함께 녹음했습니다. 피아노 사중주곡은 누군가 다른 피아니스트와 함께 하고 싶었지요. 우리가 글렌과 다른 작품을 여러 번 연주했던 적이 있었기 때문에 컬럼비아 음반사에서는 글렌과 함께 연주해 보는 게 어떠냐고 했습니다.

**오스트왈드:** 글렌과 대중 앞에서 공개적으로 연주한 적이 있습니까?

**만:** 음, 사실대로 말하자면 없습니다. 글렌과 함께 연주한 것은 모두 비공개 상황에서였어요. 우리는 쇤베르크 음악 — 〈나폴레옹 송가〉 — 을 함께 연주했고, 또 그가 좀 재미있는 크리스마스 칸타타 소곡을 썼었는데, 엄밀히 말해 진지한 작품이라고는 할 수 없지만, 어쨌든 그 작품을 우리가 녹음했었죠.

**오스트왈드:** 〈그래 푸가를 만들고 싶다고요?〉 말입니까?

**만:** 네, 맞아요. 그리고 자신의 현악 사중주 작품도 녹음해 주기를 무척 바랐어요. 그러니 그와 함께 작업한 경험이 좀 있는 편이었다고 할 수 있죠. 그래서 컬럼비아에서 글렌 굴드와 함께 슈만을 해 보는 게 어떻겠느냐고 했을 때, 우리는 글렌이 과연 슈만을 연주하고 싶어하는지 먼저 알아보라고 말했지요.[25]

리허설을 하는 동안, 피아노 사중주를 '교향악'식으로 연주해야 한다고 생각하는 글렌이 자기 고집을 내세우는 바람에 분란이 좀 생기기도 했다.

[글렌은 라디오 프로그램에서 슈만의 사중주에 대해 설교하기를] 고전주의 시대, 아니 낭만주의 시대에도 교향곡과 현악 사중주의 차이는 음질의 차이일 뿐, 형식과 구조적인 차이는 없었습니다. 그러므로 실내악을 숭배하는 갖가지 이론을 받아들일 수가 없습니다. 실내악을 효과적으로 연주하기 위해서는…… "주님보다 더 성스러운" 헌신성이 필요하고, 명연주자로서 기교를 부리고 싶은 욕심마저 아낌없이 버려야 한다고는 믿지 않습니다. ……

나는 사정없이 몰아치는 빠른 속도로 이 곡을 지나치게 교향악적으로 연주하려고 했습니다. …… 녹음 작업이 끝나 갈 무렵 우리는 서로 말을 하지 않게 됐습니다. 좀 유치한 일이었지만, 그게 현실이었습니다.[26]

19세기 피아노 작품을 줄곧 무시해 온 글렌이 이런 경향에서 잠시 벗어난 또 다른 예는, 프란츠 리스트가 베토벤 교향곡을 피아노로 편곡한 것에 관심을 갖게 된 점이다. 이 관심은 글렌이 종종 '이류 작곡가'[27]라고 불렀던 이 헝가리 피아니스트를 진정으로 흠모해서가 아니라, 편곡의 기술적인 구성법 — 글렌 자신은 나중에 리하르트 바그너의 오페라 음악을 피아노로 편곡했다 — 에 대한 호기심에서 싹튼 것이었다. 글렌으로서는 리스트가 관현악 음향을 피아노로 바꾸기 위해 습관적으로 사용했던 몇 가지 편곡 방식, 예를 들어 둥둥 울리는 북소리를 흉내 내기 위해 건반에서 옥타브를 트레몰로로 연주하는 따위의 방식을 인정할 수는 없었지만, 그래도 리스트가 편곡한 베토벤 교향곡 아홉 작품을 모두 녹음할 생각을 진지하게 해 보기도 했다.

그러나 실제로 녹음한 것은 5번 교향곡과 6번 교향곡(〈전원田園〉)의 첫 악장이었다. 특히 〈전원〉 첫 악장은 "리스트를 연주한 가운데 최고 — 정말로 기적에 가깝다"[28]고 생각했다. 실제로 글렌이 녹음한 이 두 곡을 들어 보면, 글렌이 음악 규칙을 잘 따라서 연주할 수 있으며, 괜히 심술궂게 속도를 이상하게 바꾸거나 음악의 역동적인 면을 억지로 뒤틀거나 바꾸지 않고 작곡가의 의견을 그대로 존중하며 연주할 수 있다는 것, 그리고 노래하듯 깨끗한 소리부터 충격적이고 과장된 소리까지 모든 음색을 다 구사할 능력이 있다는 것을 분명히 확인할 수 있다.

5번 교향곡 마지막 악장에 아주 어려운 부분이 나와 굴드는 '다시 덧씌우기' 기술을 사용하여 이 부분을 녹음했다. 예를 들어, 두 손 연주용으로 된 본을 따로 녹음한 다음 합쳐서, 본래 '네 손'으로 연주한 것처럼 만드는 기술이다. 〈전원〉 교향곡 첫 악장은 CBC의 화요일 저녁 프로그램으로 글렌 굴드 독주회가 방송되었을 때(1968년 6월 11일) 연주됐고, 또한 텔레비전 프로그램으로 녹화할 때도 〈전원〉이 들어갔다. 텔레비전 프로그램에서는 먼저 텅 빈 강당에서 이 편곡을 연주하는 피아니스트의 모습을 비춘 다음, 와와라는 작은 마을에서 슈피리어 호숫가를 따라 거니는 피아니스트를 보여 준다. 와와는 글렌이 좋아하는 은신처이자, 그의 창작력에 "도움을 주는" 환경을 제공해 주는 장소였다.

[와와는] 특별한 곳입니다…… 내가 그곳에 처음 갔을 때 아주 이상한 일이 일어났어요. 토론토를 떠나 2주 정도 그곳에 머무는 동안 도시와 도시 생활, 도시적인 생각에서도 멀어지게 됐지요. 그리고 그때 내 생애를 통틀어 가장 멋진 것을 쓸 생각이 떠올랐어요. 그래서 알았죠. 그곳에서 지낸 시간은, 내게 필요했던 치유의 시간이었다는 사실을요. 이후 나는 그런 이유로 그곳을 찾아가곤 합니다.[29]

1970년대 녹음할 새로운 곡을 찾고 있던 글렌의 관심을 끈 사람은 에드바르 그리그와 파르테인 발렌,* 그리고 조르주 비제였다. 세 사람 모두 글렌의 열정을 사로잡을 만한 후보자감으로는 보이지 않는 작곡가다. 그리그의 인기 있는 피아노 협주곡 가(A)단조는 19세기 비르투오소 전통을 경멸한다고 공언해 온 사람의 선택으로는 참으로 묘한 선택이었다. 그렇지만 글렌은 이 협주곡을 헤르베르트 폰 카라얀과 녹음하기를 희망했다. 마침이 지휘자 선생이 뉴욕 메트로폴리탄에서 오페라를 지휘하기로 되어 있었기 때문이다. 카라얀이 토론토에 있는 CBC의 편의 시설을 이용할지도 모른다는 소문이 돌았지만, 아무런 결과도 없었다. 글렌은 자신의 새 매니저 로널드 월포드에게 보내는 편지에서 그리그 협주곡을 카렐 안체를이 지휘하는 클리블랜드 오케스트라와 녹음하는 계획을 언급하면서, 자신을 홍보하는 방법으로 "에드바르 삼촌의 작품 16은 '진지한 음악'을 카세트에 담는 어떤 소규모 선집에라도 마땅히 들어가야 할 작품"[30]임을 내세웠다(그리그가 자기 삼촌이라는 객관적인 증거가 없었음에도 그는 사람들이 자기와 '삼촌', 또 어떤 때는 '사촌'이 되기도 하는 에드바르와 피를 나눈 친척 사이라고 믿어 주기를 바랐다). 글렌이 그리그

---

* 노르웨이 작곡가 파르테인 발렌Fartein Valen(1887~1952)은 어떤 학파에도 속하지 않고 독자적으로 작곡을 했고 철학과 천문학, 회화, 건축, 문학, 언어에도 조예가 깊었던 인물이다. 1920년대 독자적으로 음열주의 기법(반음계를 포함하여 12음을 다 사용하는 무조 음악)을 연구한 그는 대위법에도 정통해 곧잘 푸가나 카논 형식으로 작곡했다. 굴드의 언급대로 그는 12음 기법을 엄격하게 지키면서도 주제가 구체적으로 드러나며 풍부한 음색을 띠는 음악을 만들어 냈다.

협주곡을 이전에 한 번도 연주해 본 적이 없다고 말하면서 처음으로 연주해 보는 자리에 마침 존 로버츠가 있었다. "그렇게 빠른 속도로 연주하는 협주곡은 처음 들어 봤다"고 로버츠는 그때 일을 내게 들려주었다.

"아주 까다롭고 어려운 아르페지오 악구와 옥타브 연주도 믿을 수 없을 정도로 대단했습니다. 놀랄 만큼 강렬하게 연주했어요. 어려운 카덴차도 완벽했고요. 그 작품을 이전에 한 번도 연주해 보지 않았다는 말을 도저히 믿을 수가 없었지만, 그는 악보를 본 것도 그때가 처음이라고 하더군요. 악보를 보고 치기는 했어요. 나는 그에게 말했죠. '글렌, 이건 굉장해. 자네는 그리그로 엄청난 성공을 하게 될 거야.' 그랬더니 그가 대답하더군요. '아니야, 존, 이 작품은 내게 맞지 않는군.'"[31]

그럼에도 베토벤 협주곡 2번과 함께 그리그 협주곡을 클리블랜드에서 녹음하려는 계획이 1971년 진행되었다. 그의 스타인웨이 CD 318은 이미 뉴욕에서 세브란스 홀로 옮겨졌고, 컬럼비아 음반사 사람들도 클리블랜드로 실어 나른 휴대용 장비를 가지고 곧 작업에 임할 태세를 갖추고 있었다. 그런데 마지막 순간 글렌이 녹음을 취소했다. "독감 아니면 다른 병에 걸렸다"[32]는 것이 그가 내세운 변명이었다. 협주곡 대신 글렌은 한결 가라앉은 작품인 소나타 마(E)단조 작품 17을 녹음했다. 음반 표지에 실린 해설문에서 그는 "내가 느끼기에 사촌 에드바르의 초기 작품에 이미 두드러지게 나타나 있는 입센적인 암울함이라고 할 수 있는, 기묘하게도 차갑고 음울한 성격을 강조하기 위해 무척이나 고심"[33]했다고 적고 있다.

글렌은 "스칸디나비아적인 주제……"를 전적으로 다루는 라디오 프로그램을 해 보면 어떨까 하는 생각도 하고 있었다. "그리그 소나타, 닐센*의 모음곡, 그리고 최근 발트해 국가들의 전위적인 예술가 몇 명을 뽑아 소개할까"[34] 고려하다가 카를 닐센은 빼고 대신 파르테인 발렌을 집어넣었다. 발렌은 잘 알려지지 않은 노르웨이의 12음 기법 작곡가로, 글렌이 1972년 7월 18일 CBC 라디오의 화요일 저녁 독주회에서 그리그 소나타를 소개할 때 발렌의 소나타 2번 작품 38도 함께 소개했다. 글렌은 조지프 스티븐스가 소개한 미국 작곡가 앨런 스타우트**에게서 처음 파르테인 발렌 이야기를 듣게 되었다. 글렌은 CBS 음반사의 제인 프리드먼에게 보내는 편지에서 '발렌의 음악'에 대해 열정적으로 써 보냈다.

"그의 음악은 전통적인 12음 기법을 가장 '세련되게' — 이 표현이 맞는 말인지 모르겠지만 — 구사하면서도 초超낭만적으로 과도하게 들뜬 성향을 하나도 갖고 있지 않은 알반 베르크처럼

---

* 덴마크 작곡가 카를 닐센Carl Nielsen(1865~1931)은 현악 사중주부터 오페라, 교향곡까지 100여 곡을 쓴 20세기 주요 작곡가다. 군대에서 트럼펫을 불다 1884년 코펜하겐 음악원에서 공부하고, 왕립 관현악단 바이올리니스트로 활동하다 1914년 왕립 음악원장이 되었다. 그의 클라리넷 협주곡은 20세기 최고작이라는 평을 듣고 있으며, 교향곡 여섯 곡 중 4번 〈불멸不滅〉과 북소리가 들어간 5번이 유명하다.

** 미국 현대 음악가 앨런 스타우트Alan Stout는 굴드와 동년배다. 노스웨스턴 음대에서 교수로 있으면서 쇤베르크 연구소 후원자였고, 음악 관련 수많은 학회에서 활동했으며 스칸디나비아 음악을 알리는 데도 앞장섰다. 실험주의와 12음계를 바탕으로 한 음악을 100곡 넘게 작곡했다.

들립니다.* …… 나는 정말로 모처럼 만에 20세기 음악에서 중요한 인물을 만났다는 것을 실감하고 있습니다."[35]

그리그 소나타를 녹음한 컬럼비아 음반은 썩 매력적이지는 않지만 함께 실린 비제의 〈반음계 변주곡〉 작품 3**은 쾌활함으로 가득 차 있다. 이 곡은 글렌이 비교적 알려지지 않은 비제 작품에서 뽑아낸 매혹적인 작품으로, "19세기 후반에 나타난 피아노 독주곡 가운데 극히 보기 드문 걸작"이라고 내세웠다. 아울러 이 곡을 새로이 해석하여 연주할 때도 보통 이상의 학구적 태도로 임했다. 이 음반의 다른 한 면에는 비제의 〈첫 야상곡Premier Nocturne〉 라(D)장조가 실려 있다. 이 곡은 "감리교도의 아침 기도 선율을 떠올리게 한다"고 글렌은 적었다.[36]

마지막으로 작곡가와 음악에 대한 글렌의 '새로운 시각'을 요약할 때 빠뜨릴 수 없는 것이 그가 새롭게 관심을 갖게 된 튜더 시대의 두 영국 작곡가 올랜도 기번스와 윌리엄 버드***다. 글렌

---

* 알반 베르크는 철저하게 무조 음악을 추구했던 안톤 베베른과 달리 부분적으로는 조성을 느끼게 하는 음악을 만들었다. 발렌은 베베른처럼 무조 음악 형식에 철저하면서도 베르크 같은 풍부한 음감을 갖고 있다는 설명이다.

** 이 곡의 정식 이름은 '연주회용 반음계 변주곡Variations Chromatiques de Concert'이다. 어두운 분위기의 다(C)단조 주제에 이어 열네 번 변주가 따르며 마지막 변주에 코다가 연결되어 마무리한다. 굴드는 이 곡도 아주 깔끔하면서 경쾌하게, 때로 격정적으로(남성적인 힘이 느껴질 정도로), 물론 그만의 독특한 분위기로 연주해 냈다.

*** 윌리엄 버드William Byrd는 16세기 영국 마드리갈 발전의 주역이다. 오르간 주자이자 르네상스 융성기 영국 교회 음악의 대표라 할 토머스 탈리스의 제자로, 오르간 등 건반 악기 작품과 종교 음악을 많이 남겼다. 1572년 성 제임스궁의 왕실 예배당에서 탈리스와 함께 영국 건반 악기 음악을 이끌었다. 그러나 1577년 성공회 예배를 강요하는 법이 발동되자 가톨릭교도였던 그는 런던을 떠나 지방으로 내려왔고, 탈리스가 죽은 뒤 여러 권의 자작곡집을 내며 자기 음악의 기반을 다졌다. 성속聖俗을 가리지 않고(물론 그 자신은 세속 음악에 보수적인 입장이었지만) 훌륭한 작품을 내어 영국 음악 발전에 기여했다.

은 이들의 작품 선곡(라운즈, 그라운즈, 파반, 판타지)을 1968년과 1971년에 화려하고 생기 있게 녹음했다. 기번스는 오랫동안 자신이 "선호하는 작곡가"였다고 글렌은 조너선 콧*에게 말한 적이 있다.

"내가 열네 살인가 열다섯 살 무렵 처음 그의 찬송가를 들었을 때 나는 그의 음악에서 영적 동질성을 느꼈다. 나는 그 음악을 사랑하게 됐고, 그러다 보니 기번스 앨범을 만드는 것이 평생소원이었다."[37] 후기 르네상스 음악이 "현대 피아노와 썩 잘 어울린다"는 사실을 확인해 보는 것은 글렌으로서 짜릿한 일이었다. 그는 기번스를 가리켜 "좀 더 내성적인 구스타프 말러"로, 버드는 "아주 외향적인 리하르트 슈트라우스"[38]로 즐겨 비유하곤 했다.

---

* 조너선 콧Jonathan Cott은 클래식과 대중음악 관련 글을 두루 쓴 기자 겸 평론가다. 주로 『롤링 스톤』지에 글을 써 온 편집자로 유명하지만 『뉴욕 타임스』와 『뉴요커』에도 글을 실었다. 특히 인터뷰에 뛰어나 굴드를 비롯하여 번스타인, 존 레넌, 밥 딜런, 슈토크하우젠 등을 만나 깊은 대화를 나눴다.

차를 마시며 악보를 연구하고 있는 글렌 굴드와 레오폴드 스토코프스키. 1957년 프랑크푸르트 기차역에서 스토코프스키를 우연히 만난 굴드는 1966년 마침내 스토코프스키와 함께 음반을 녹음하기에 이른다.

5장
피아니스트에서 프로그램 제작자로

## 22
## 배우, 철학자, 그리고 기술자

공연 생활을 접고 직업을 바꾸었음에도 글렌의 불안은 나아지지 않았다. 다만 불안감이 작동하는 활동 무대만 달라졌을 뿐이었다. 대중 앞에서 연주회를 할 때 생기던 불안감이 이제는 녹음 작업을 할 때 나타났다. 작가 조너선 콧이 글렌에게 이제 불안한 꿈은 좀 나아졌느냐고 물었을 때, 글렌은 이렇게 고백했다.

"그런 불안한 꿈은 연주회를 그만두면 사라질 줄 알았는데, 그렇지 않더군요. 단지 다른 걸로 옮아갔습니다. 이제는 녹음 작업과 관련하여 그런 꿈을 꾸게 됐습니다."

그는 이어서 그런 꿈 가운데 "가장 화려한 변주"에 해당하는 꿈을 하나 소개했다. 꿈에서 그는 마리아 칼라스와 함께 벨리니의 오페라에 출연하여 바리톤 역을 맡아 노래 부르도록 되어 있었다. 그는 "이건 말도 안 됩니다. 나는 가수가 아니에요"라고 항의했지만 어쨌든 그 역을 맡을 수밖에 없어서 노래를 부르기 시작했다. "그런데 마(E)장조로 되돌아갈 줄 알았던 감減화음*이 갑자기 방향을 잃고 사(G)로 가 버렸어요. 감화음은 그런 경향이 있잖아요. 그리고 나는 그 상태에서 계속 벗어나질 못하고 있는 거예요."[1]

이 꿈을 액면 그대로 받아들인다면, 글렌의 무의식적 정신 과정은 본질적으로 음악 상징과 깊이 연결되어 있다는 것을 알 수 있다. 아마도 글자를 읽고 쓰는 법을 배우기도 전에 어머니가 그에게 음과 음계, 그리고 여러 다른 음악 개념을 가르쳐 준 결과일 것이다. 또한 이 꿈은 그의 고된 노력 — 마리아 칼라스와 오페라를 부르는 것 — 과 준비되지 않은 상태에서 공연을 강요받는 느낌을 부각하고 있다.

글렌은 연주회를 여는 예술가에서 라디오와 텔레비전 스타로 변모해 가면서, 다행히도 자신의 불안감을 처리하는 방법을 계발할 수 있었다. 이전에 했던 인물 흉내 내기를 바탕으로 한 이 방법은 점점 발전하여, 이제는 그 자신이 작품의 등장인물이나 자신이 만들어 낸 인물이 되어 연기를 하는 데까지 나아갔다. 자기 자신이 아닌 다른 누군가가 됨으로써 글렌은 한결 해방된 기분을 느낄 수 있었고, 스스로 짊어진 예술적 책임이라는 짐도 얼마간 내려놓을 수 있었다.

---

* 감화음은 안정된 느낌을 주는 장화음이나 슬픈 느낌을 주는 단화음과 달리 불안한 느낌을 준다. 감화음은 긴장감을 주기 때문에 그다음에는 꼭 다른 화음으로 진행하여 해결되어야 한다.

……[글렌이 조너선 콧에게 말하길] 라디오에서 가장 즐거운 순간은, 가장 창조적인 순간과는 반대로, 다른 사람 노릇을 할 때입니다. 나 자신을 익명으로 표출하는 능력을 계발하기 전에는 그렇게 일관되게 유머러스한 스타일로 글을 쓸 수가 없었어요. 이런 일을 나는 1960년대 중반부터 시작하게 됐어요.『하이 피델리티』지에 몇몇 기사를 썼는데, 나는 헤르베르트 폰 호흐마이스터Hetbert von Hochmeister• 라는 평론가로 등장해요. 이 평론가는 북서 영토에 살고 있는 인물로 설정했는데, 그래야 헤르베르트는 그 이름이 은유하는 것처럼 저 멀리 고상한 곳에서 북미 문화를 관찰하며 거드름을 피울 수 있기 때문이지요. 또한 이 인물은 약간 카라얀을 본떠 만들었답니다. 폰 호흐마이스터는 은퇴한 지휘자로 늘 독일 문화와 그 산물에 기염을 토하는 인물입니다. 이 역에 빠지게 되면서 나는 최근 일어난 여러 혁신적인 사안을 파악할 수 있도록 늘 신경을 써야 했지요. 그래야 폰 호흐마이스터 씨가 어느 정도 권위를 가지고 말을 할 수 있으니까요. 그러나 어떤 사안이든 일단 시작하기만 하면, 내가 하고 싶은 말을 유머러스하게 표현하는 데는 아무런 문제도 없었어요. 사실 그런 일을 하기 전에는 내가 하고 싶은 말을 그렇게 자유롭게 하지 못했어요. 그런데 그때 배출구가 활짝 열렸고, 결국 나는 시즌마다 인물을 하나씩 만들어 갔어요.[2]

가끔 전화상으로 다른 사람인 것처럼 굴거나 스튜디오 동료

---

• 호흐마이스터Hochmeister는 높은 선생님이라는 뜻.

를 상대로 다른 사람 흉내를 내는 때가 있었지만, 그런 경우를 제외하고는 그때까지 글렌이 다른 사람 노릇을 한 것은 글 쓸 때뿐이었다. 예를 들어, 베토벤 교향곡/리스트 편곡 음반 설명문에서 그는 자신이 만들어 낸 인물 네 사람을 등장시켰다.

우선 험프리 프라이스–데이비스Humphrey Price-Davies라는 인물이 "이달 발매된 음반 가운데, 미국 거대 기업인 CBS가 '최초로 피아노'로 연주한 것이라고 떠벌린 것도 있다. 프란츠 리스트가 편곡한 베토벤 교향곡 5번을 엉뚱하기 짝이 없는 괴짜 캐나다 피아니스트 글렌 굴드가 연주한 음반"에 대해 논평을 한다.

두 번째 인물인 교수 카를하인츠 하인켈Karlheinz Heinkel 박사는 "이 작품의 첫 악장 197번째 마디와 201번째 마디의 가온음 다 (중간 C음)가 빠져 있다"는 사실을 환기하며 "……만약 이 음을 빠뜨린 게 헝가리 편곡자[말하자면 리스트]라면, 우리는 왜 그랬는지 알아봐야 한다. 이 편곡자는 그렇게 하는 것이 베토벤을 도와주는 거라고 생각한 걸까? 감히 우리에게 우리 음악을 가르쳐 주겠다고? 아니면 베토벤의 음표에 관해 자기만 알고 있는 지식이라도 있는지?"라고 묻는다.

"뉴욕에서 음반 작업 할 때 몇 번" 참석한 적이 있다는 의학박사 S. F. 레밍은 통찰력 있는 심리 분석을 담은 다음과 같은 글을 기고한다.

녹음이 진행됨에 따라…… 직업에 대해 혼란스러워하고 있다는 사실이 분명히 드러났다. 이 예술가가 고른 작품은 사실상 교향악단을 위한 곡이었다. 이 예술가가 이 작품을 선택했다는 것은 지휘자라는 권위 있는 역을 맡고 싶어 하는 욕망을 분명히 보여 준다. 그러나 관현악단 단원이 없는 관계로 지휘자 역을 못 해 자아를 만족시킬 수 없었던 예술가는 음반 제작자와 기술자들을 관현악단 대용품으로 삼았다. 그리고 녹음 작업을 하는 동안, 음악을 섬세하게 다듬는 문제를 두고 수긍하거나 거부할 때도 마치 지휘자 같은 태도로 흥분한 몸짓을 해 가며 자신의 의견을 표현하려 들었다. 녹음 작업이 진행되는 동안, 그의 말은 눈에 띄게 간결하게 변해 갔다. ……

그리고 네 번째 인물인 졸탄 모스타니Zoltán Mostányi는 '부다페스트 음악 노동자 총연합 노조 신문*'의 한 기사에 다음과 같이 언급한다. "사랑하는 프란츠 [리스트], 당신은 어떻게 생각하는지…… 이것이, 당신 작품이, 당신이 모험으로 시도한 작업이 왜곡되어서, 몇몇은 살찌우고 많은 사람을 더 가난하게 만드는 구실만 했다는 것을 당신이 알게 된다면. 당신은 사람들을 위해 연주를 했어요, 착한 프란츠. …… 영광을 구하지도 않았고, 이윤을 추구하지도 않았죠. 그러나 친애하는 프란츠, 여든 명**이나 일하기를 거부했답니다. 이들 여든 사람의 아이들은 오늘 밤 더욱 춥게 지낼 겁니다. 그리고 이 모든 것은 소심하고 줏대 없는

---

* 이 가상의 신문 이름은 '랩소디야'이며, (이 신문의 뉴욕 통신원쯤 되는) 졸탄 모스타니라는 인물이 뉴욕에서 소식을 전하는 형식으로 쓰였다.

** 여든 명은 관현악단의 인원수를 말한다. 굴드는 이 글에서 "한 피아니스트가 여든 명의 일을 하게 됐다"고 썼다.

피아니스트 [굴드] 한 명이 달러의 노예가 되어 그의 영혼을 팔았기 때문입니다. 그는 탐욕에 가득 차 당신의 작품을 마구 착취했습니다."[3]

글렌의 가상 인물 놀이는 CBC 라디오 프로그램에도 등장하기 시작했다. 1969년 '글렌 굴드의 예술'이라는 제목의 주간 방송 연재물 중 한 회에 글렌은 험프리 프라이스-데이비스 경으로 등장하여 가상의 음악 학회에서 발언하는 장면을 연출했다. 그 연재물 중 또 다른 회에서는 시어도어 슬러츠*라는 이름의 인물로 등장했다. 1972년 「현장The Scene」이라는 프로그램에서는 경쟁적인 운동의 장점에 대해 글렌과 토론을 벌였는데, 글렌은 권투 선수 도미니코 파트로노를 비롯한 여러 인물을 소화해 냈다. 그러나 그가 만들어 낸 인물로 실제 분장을 한 경우는 평생 세 차례뿐이었다. 그가 분장하게 된 계기는 1970년대 중반 「CBC 화요일 밤CBC Tuesday Night」이라는 라디오 프로그램을 홍보하는 텔레비전 광고 시리즈를 위해서였다. 글렌은 처음에 분장하지 않고 나와서 시청자들에게 「CBC 화요일 밤」이라는 프로그램을 들어 보라고 권한 다음, 자신이 만든 인물 중 한 사람으로 분장하고 다시 등장한다.

글렌이 분장한 인물인 나이절 트위트-손웨이트Nigel Twitt-Thornwaite 경은 "시대에 뒤떨어진" 영국 지휘자로 어깨 길이의 머리에 안경을 꼈으며, 긴 지휘봉을 들고 지휘대에 올라서서 가상

---

• 시어도어 슬러츠Theodore Slutz라는 이 가상의 인물은 뉴욕 택시 운전사로 상정된다. 순한 말런 브랜도, 또는 미국 싱어송라이터 톰 웨이츠가 떠오른다는 평을 듣는다.

의 관현악단에게 이것저것 까다롭게 지시를 내린다. 연기 지시
문에서 굴드가 설명했듯이, 이 인물은 아드리안 볼트*를 모델로
한 것이었다. "나이절 경은 완전히 머리가 돌았다…… 에드워드
모드**의 축소판이라고 할 수 있다. 내 생각에, 그는 피어슨 스타
일의 나비넥타이[레스터 B. 피어슨Lester B. Pearson은 1963년에서
1968년까지 캐나다 총리를 지냈으며, 보통 나비넥타이를 착용
했다]를 할 사람이다. 그리고 가능하면 카메라를 낮은 각도에서
찍었으면 좋겠다. 그래야 그가 우리 스튜디오에 왕림해 주신 어
마어마한 영광을 강조할 수 있을 테니까."⁴

　이 인물을 흉내 냄으로써 글렌은 보수적인 영국 지휘자들 —
스토코프스키와는 다른 이미지를 갖고 있는 — 에 대한 경멸을
표출했다(스토코프스키는 사실 영국에서 태어나고 자랐다).

　마이론 키안티는 영화 「선창에서On the Waterfront」에 나오는 말
런 브랜도를 흉내 낸 인물이다. 글렌은 청바지에 가죽점퍼를 입
고, 모자를 쓰고 껄렁거리며 스튜디오를 어슬렁거리고 쓸데없
는 소리를 지껄이다 피아노 앞으로 휘청거리며 걸어가는가 하
면 작대기를 마이크처럼 잡기도 한다. 여기서 우리는 거칠고 무

---

•　　아드리안 볼트Adrian Boult(1889~1983)는 독일에서 막스 레거와 지휘자 아르투르 니키슈
　　에게 지휘를 배웠다. BBC 교향악단과 런던 필하모닉 관현악단 지휘자로 명성을 쌓은 그는
　　영국 작곡가의 작품을 자주 초연했으며, 특히 에드워드 엘가와 본 윌리엄스 권위자로 통했
　　다. 볼트 역시 기사 작위를 받아 아드리안 경으로 불리기도 한다.

••　에드워드 모드Edwardian mod는 에드워드 7세 시대였던 20세기 초반의 풍습과 복장을 흉
　　내 냈던 1960년대의 십 대들을 일컫는다. 옷을 단정하게 입고 스쿠터를 타고 다니며 솔
　　soul 음악을 들었다. 이들과 달리 가죽옷에 오토바이를 몰며 록 음악을 듣던 반항적인 젊은
　　이는 '로커'라고 불렀으며, 모드와 로커는 종종 패싸움을 벌이곤 했다.

작스러우며, 교양도 별로 없고 태도도 매우 불량한 인물, 글렌 자신과는 정반대되면서도 한편으론 숭배하는 그런 인물상을 글렌이 연기하는 모습을 볼 수 있다. 또한 마이론 키안티는 글렌을 매료시킨 현대 영화 세계에 들어간 듯한 대리 만족감을 제공해주었다.

카를하인츠 클롭바이서는 독일 작곡가 카를하인츠 슈토크하우젠과 그의 전 부인인 화가 마리 바우어마이스터*를 합쳐서 만든 인물이었다. 이 인물을 표현하기 위해 글렌은 금발 가발을 쓰고 황금 빛깔 튜닉을 차려입었다. 그는 커다란 가이거 계수관을 손에 들고 맨발로 스튜디오를 어슬렁거리는데, 스튜디오 여기저기 걸린 빈 액자 가까이 가이거 계수관을 갖다 대면 계수관에서 삑삑거리는 소리가 난다. 연기 지시문에 굴드는 "근자에 슈토크하우젠은 우주 상태에 대해 자주 발언한다"면서, 클롭바이서가 말도 안 되는 소리를 독일식 억양이 섞인 높은 목소리로 말하도록 지시했다. "나는 내 세계가 침묵의 반향과 연관되어 있다는 것을 깨달았어요. — 베르스테헨 지?**" — 물론 장식적인 프랑스식 침묵이 아니라 이와 반대되는, 잘 정돈된 독일식 침묵과 연관돼 있죠. 내 작품은 라디오에서 제대로 된 원근법으로 조

---

* 슈토크하우젠의 두 번째 아내였던 마리 바우어마이스터Mary Bauermeister는 1962년 암스테르담에서 첫 개인전을 열었고, 1960년부터 1962년까지 쾰른에 작업실을 갖고 있었다. 이곳은 플럭서스Fluxus 운동의 온상지이기도 했다. 플럭서스는 여러 예술 분야를 융합하고 예술과 일상의 경계도 허무는 실험적인 예술 방식이었다. 바우어마이스터 역시 그림과 조각, 설치 미술과 공연, 그리고 음악까지 아우르는 작품을 선보였다.
** 'verstehen Sie?', 독일어로 '이해하시겠어요?'라는 뜻이다.

망될 때만 제대로 이해될 수 있어요."[5]

이제 역할 놀이는 글렌의 인간성을 이루는 기본 요소가 되어 버렸다. 그가 말한 바대로 다른 사람 노릇을 하면서부터 그의 글은 유려해지고 유머러스하게 변해 간 게 사실이지만, 한편으로 역할 놀이는 대위법적으로 서로 대조를 이루는 글렌의 정신적 측면을 밖으로 표출할 수 있는 기회도 제공해 주었다. 글렌은 자신과 다른 인물을 흉내 냄으로써 자신한테서 잠시 벗어나 내면의 의심과 갈등을 표현할 수 있었다. 그것은 그의 내면을 사로잡고 있는 것들을 아무런 해도 없이, 때로는 익살맞은 방법으로 밖으로 끄집어내는 수단이기도 했다. 부모 집에서 나오려고 했던 이십 대 말에 겪었던, 헛것을 듣는 현상과 비교하면 별로 위험하지 않은 방법이었다. 삼십 대 말과 사십 대 초반의 글렌은 '호흐마이스터'나 '손웨이트', '키안티' 또는 '클롭바이서'로 자신을 꾸미면서 가장 부조리하고 환상적인 생각, 심지어 엉뚱하고 미친 생각까지 다 분명히 표현할 수 있게 됐으니, 이제 그런 생각들은 더 이상 표현도 되지 못한 채 잠자는 상태로 남아 있을 필요가 없었다.

가상의 인물 놀이를 해 나가면서 점점 실력이 늘게 된 굴드는 마침내 자기가 자신을 인터뷰하는 가상 대화를 만들어 내기에 이르렀다. 이 대화 중 두 편이 발표되었는데, 첫 번째 것은 베토벤에 대한 글렌의 생각을 캐내는 내용이었다. 그중 일부분을 여기 소개한다.

**g. g.:** ······대개 전문 음악가가 그렇듯 당신도 말년의 [현악] 사중주곡과 피아노 소나타를 확실히 좋아하시는 건가요?

**G. G.:** 많이 듣기는 하죠, 그래요.

**g. g.:** 내가 물은 내용은 그게 아닌데요, 굴드 씨.

**G. G.:** 그 작품들은 여러 가지 점에서 논의를 불러일으키는 작품이에요. 그리고 내가······.

**g. g.:** 잠깐만요, 굴드 씨, 송구스럽지만 그런 말씀은 우리한테 하실 필요 없습니다. 내 기억이 맞는지 모르겠지만, 헉슬리의 인물 가운데······ 그 사람 이름이 뭐였더라?

**G. G.:** 스팬드렐\*인가, 뭐 그 비슷한 이름 아니었어요?

**g. g.:** 맞아요, 고마워요. 그가 자살하려고 했을 때도 작품 132를 틀어 놓지 않았던가요?

**G. G.:** 맞아요. 그랬어요. 진부한 표현을 써서 미안하지만 그 작품들은 정말로 파악하기 힘들어요. 아주 수수께끼 같은 작품들이죠. 아주, 뭐랄까······.

**g. g.:** '이중적이다'는 말씀이에요?

**G. G.:** 오, 너무 적대적으로 나오지는 마세요.[6]

이보다 더 긴 인터뷰는 글렌 굴드가 글렌 굴드에 대해 글렌 굴드를 인터뷰한 가상의 대화인데, 거기에는 심술 맞은 내면 성격

---

• 1920년대 런던 상류 사회의 허영과 허위의식을 풍자한 헉슬리 소설 『연애 대위법』에 등장하는 모리스 스팬드렐Maurice Spandrell은 허무주의에 찌든 자기 파괴적인 악당이다. 스팬드렐이라는 이름은 악당(scoundrel)을 떠올리게 한다. 본서 12장 주 참조

이 더욱 분명하게 드러난다.

    **G. G.:** 이제 내가 얘기 좀 해도 돼요?\*

    **g. g.:** 물론이죠. 이렇게 흥분할 생각은 없었는데, 그렇지만 흥분했던 것은…….

    **G. G.:** ……예술가가 슈퍼맨이라서?

    **g. g.:** 그건 말도 안 돼요, 굴드 씨.

    **G. G.:** 아니면 예술가가 대화자이자 대화를 주도하는 사람이라는 것 때문에요?

    **g. g.:** 그렇게까지 무례하게 구실 필요 전혀 없어요. 사실 당신이 친절하게 대해 주리라고는 기대도 안 했지만 — 이런 사안들에 당신은 특별한 철학을 주장해 온 것을 알고 있거든요 — 그러나 나는 당신이 최소한 단 한 번만이라도 음악가와 듣는 이의 관계를 일대일로 개인적으로 경험한 적이 있다고 말해 주기를 바랐어요. 위대한 예술가가 대중 앞에서 예술을 행하는 모습은 자석과도 같은 매력을 갖고 있다는 걸 당신도 개인적으로 목도한 적이 있다는 것을 어쩌면 인정할지도 모른다고 나는 생각했었지요.

    **G. G.:** 오, 그런 경험 있어요.

---

\*    앞의 인터뷰와 마찬가지로 g. g.가 인터뷰하는 글렌 굴드고, G. G.가 대답하는 글렌 굴드다. 이 발췌문 전에 G. G.는 기존의 예술가와 청중 관계가 계급적이라며 음반과 같은 전자 매체를 통해 예술가의 존재를 영靈으로, 익명으로 만들어야 한다는 설을 펼쳤고, g. g.는 그래도 예술가는 대중에게 특별한 존재라고 강변한다. 그러므로 이 인용문에 나오는 G. G.의 슈퍼맨 운운은 G. G.의 진지한 생각이라기보다는 g. g.의 강변強辯에 대한 놀림이다. 또한 인용문 마지막 부분에서 무대의 매력을 거리낌 없이 인정한 G. G.는 곧이어 카라얀의 지휘 모습을 예로 든다.

**g. g.:** 정말요?[7]

철학적으로 추론하는 글렌의 사고 습관을 단순히 피아노 연주에서 벗어나기 위한 기분 전환으로 보거나 불안감을 막기 위한 대응 전략으로 보기는 어렵다. 사춘기 초기부터 그는 매우 사색적인 정신을 보여 주었고, 때론 잘난 체하는 투이긴 했지만 기본적인 데까지 깊이 파고들 필요가 있다는 식으로 말하곤 했다. 그의 글 역시 때때로 철학적 깊이를 추구하는 방향으로 나아가곤 했다. 그러나 글렌을 철학자라 부르는 것은 지나친 일일 것이다. 그는 자신을 그렇게 진지하게 생각하지도 않았으며, 또 철학적인 문체로 글을 쓰지도 않았다. 그렇지만 글렌은 캐나다 철학계의 주도적인 두 인물, 장 르 모인*과 마셜 매클루언을 개인적으로 알고 있었고, 이들의 철학에 대해서도 잘 알고 있었다.

르 모인은 몬트리올 출신 신학자이자 작가로 1968년 기술 발전을 다룬 글렌의 라디오 프로그램에 참가했던 인물이다. 이 프로그램에서는 전자 합성 음악의 한 예로 월터 칼로스**의 〈바흐

---

* 1913년 캐나다 퀘벡에서 태어난 장 르 모인Jean Le Moyne은 예수회에서 운영하는 중학교를 다녔지만 청력에 장애를 겪게 되자 아버지에게 교육을 받았고, 이때 고전과 신학을 주로 공부했다. 1961년 수필 스물여덟 편을 모은 『수렴Convergences』으로 널리 이름을 알린 그의 글은 가톨릭의 보수성과 퀘벡 민족주의에서 벗어나 기독교에 기반한 휴머니즘을 보여 준다. 프랑스나 미국 음악을 다룬 멋진 글도 남겼다.
** 1939년 미국에서 태어난 월터 칼로스Walter Carlos는 어렸을 때부터 음악과 기계에 흥미를 보여 열 살 때 〈클라리넷과 아코디언, 피아노를 위한 삼중주〉를 작곡했고, 열네 살엔 컴퓨터를 제작했으며, 열일곱 살 때는 전자 음악 스튜디오를 마련했다. 브라운 대학에서 음악과 물리학을 공부한 그는 컬럼비아 음대에서 전자 음악을 가르쳤고, 컬럼비아-프린스턴 전자 음악 센터에서 방대한 작업을 했다. 번스타인을 도와 전자 음악 연주회를 열었고,

570

를 켜고〉가 이룬 성취에 대해서도 다루었다. "기계 세계, 테크놀로지에는 일종의 기독교화가 진행되고 있다"[8]며 기술 혁신을 적극 지지하는 르 모인의 발언은 글렌을 기쁘게 했다. 르 모인은 또한 바흐에게는 존경을 표했지만, 모차르트의 "경박함"과 모차르트 음악의 "엄청난 유치함"에 대해서 비판적으로 글을 썼다.[9] 르 모인과 굴드는 1968년 캐나다 의회가 예술, 인문학, 또는 사회 과학 분야에 걸출한 업적을 이룬 사람에게 주는 몰슨Molsen 상을 공동 수상하면서 1만 5,000달러를 상금으로 받았다.

글렌이 "의사소통 이론에서 현재 최고의 인물"[10]이라고 부른 마셜 매클루언 역시 글렌과 함께 라디오 토론에 등장했다. 글렌은 매클루언에 대해서는 복합적인 감정을 품고 있었다. 1966년 한 친구에게 보낸 편지에서 글렌은 다음과 같이 썼다.

"매클루언을 두 번 인터뷰하면서 그를 더 잘 알게 됐다네. 그는 여전히 매혹적인 존재지만 그의 글은 실망스러워. 명석한 인식과 엉뚱함이 기묘하게 뒤섞여 있거든. 그렇지만 우리 시대 중심 사안에 대해 의미심장한 정보를 많이 제공해 왔다는 생각이 들었어. 현재 미국에서 그를 둘러싸고 생기고 있는 카페 사회의 숭배에도 불구하고, 그는 흥미를 불러일으키는 중요한 인물이라는 게 내 생각이야."[11]

---

〈피아노와 시끄럽게 말하는 두 사람을 위한 대화〉와 〈플루트와 전자음을 위한 변주곡〉을 작곡했다. 1968년에 발표한 〈바흐를 켜고Switched-on-Bach〉가 대성공을 거두어 유명 인사가 되었고, 스탠리 큐브릭 감독의 문제작 「시계태엽 오렌지」의 음악을 맡아 퍼셀과 베토벤, 로시니, 엘가 등의 음악을 기초로 하여 영화 음악을 만들었다. 1969년 성전환 수술을 받아 여성인 웬디 칼로스Wendy Carlos가 되었다.

1972년 글렌은 존 로버츠와 대화를 나누면서 매클루언을 "질문에 대답하는 방법으로 의사소통을 하는 게 아니라 중간 매체와도 같은 역할을 하는" 사람이라고 규정지으면서, 글렌 자신은 "아마 '메시지'에 좀 더 가까운 편"[12]이라고 보았다. 이런 이분법은 레코드음악 전망을 다룬 글렌의 라디오 프로그램에서 이미 분명하게 나타났었다.

> 매클루언: 이 과정, 즉 창조적인 상황에서 정체성의 요소가 어쩔 수 없이 사라지게 되는 과정에서 가장 바람직한 점은, 작품을 평가하는 데 더 이상 만든 사람의 개인적인 삶이 근거가 되지 않는 분위기를 조성할 거라는 점입니다. 따라서 더욱 이타적이고 탈역사적인 참여가 가능해질 겁니다. 그리고…… 개인의 생각과 행동을 흡수하여 창조적인 행위가 일어나고, 그 창조적인 행위가 다시 개인의 생각과 행동을 바꾸어 나가는 방식이야말로 가장 근본적으로 생각해 봐야 할 사안이 될 것입니다.
>
> 굴드: 우리는 전자 도구와 너무 가까워져서 그것이 우리 세계에 미치는 영향을 제대로 판단하기 힘들게 됐습니다.[13]

글렌이 쓴 엄청난 양의 글과 테이프에 녹음해 둔 내용 — 음악과 삶, 그리고 세계에 대한 언급 — 에서 철학 비슷한 것을 추출해 본다면, 경쟁에 대한 거부감과 고독을 좋아하는 성향, 그리고 음악과 말을 대등하게 보는 시각으로 이루어진 삼차원 구성이 될 것이다. 글렌은 경쟁이 인간의 자연스러운 성품이 아니라 인간을 타락하게 만드는 것이므로 인간 행동에서 제거되어야 한다고 믿었다. 형제가 없었던 글렌은 어떤 종류의 경쟁심도 경험해 보지 못한 사람이었다. 그에겐 형제도 없었고, 그 자신 특출하게 똑똑했던 데다 나이 든 부모는 그의 비위를 맞추어 주었으니, 대체적으로 경쟁심이나 라이벌 의식에 대해서는 아는 바가 거의 없었고, 어떻게 대처해야 하는지도 몰랐다. 그러다 하는 일마다 점수가 매겨지고 비교되는 학교에서 어린 글렌은 고생을 했고, 십 대 때는 음악 콩쿠르에 참가하여 많은 상을 탔지만, 재능 있는 젊은이들이 서로 적대시하며 경쟁하는 콩쿠르를 몹시 싫어하고 경멸했다.

전문 피아니스트가 된 그는 연주회를 연주자와 청중 사이의 죽음을 건 투쟁으로 (내가 생각하기에는 잘못) 파악하여 연주회를 싫어했다. 그리고 미디어 예술가가 되어서는 기술 진보가 사람의 경쟁심을 줄여 줄 거라고 (역시 잘못) 기대하고 있었다. 글렌과 15년 동안이나 함께 작업하며 가깝게 지내 온 앤드루 카즈딘은 "글렌은 [비록 주식 시장의 실제 참가자였지만] 스스로를 사회주의자라고 공언했으며, 자본주의 체제를 호되게 비난하는 이야기를 하면서 몇 시간이나 보내곤 했다"고 썼다.[14] 그의 유산 관리 변호사인 스티븐 포즌이 전하는 말에 의하면, 글렌의 주식 중개인이 한번은 포즌에게 농담으로 말하기를, 주식 시장이 아주 형편없을 때에도 글렌은 돈을 버는 유일한 고객이라고 했다고 한다. 토론토 대학 철학 교수인 조프리 페이전트는 다음과 같이 기록했다.

글렌 굴드는 경쟁이 문명화된 삶의 법칙이 아니라는 걸 증명하기 위해, 음악을 경쟁이라는 잔인성에서 떼어 내기 위해 글을 쓰고 녹음을 한다. 자연 본성은 이빨과 앞발을 피로 물들이고, 생존 투쟁이 자연법칙이 될 수는 있지만 (굴드는 말하길) 기술이 인간과 자연, 인간과 인간 안에 있는 (적어도 연주회장과 투우장에 앉아 있는 사람들 마음 안에 있는) 야수성 사이에 끼어들어 인간의 문화를 조절한다는 것이다.[15]

글렌의 철학으로 보자면 협주곡만큼 경쟁이 심한 것도 없다. 협주곡이란 기본적으로 독주자와 관현악단 사이에 벌어지는 음악적 대립이라고 글렌은 생각했다. 글렌이 꼭 하고 싶었던 야심적인 기획 중 하나가 "피아노 협주곡이 태어나고 발전하다 쇠퇴하고 마침내 죽는 것을 보여 주는" 텔레비전 연재물을 만드는 것이었다. "건반 연주자가 오케스트라 피트에서 올라와, 말하자면 큰 앙상블을 상대로 위력을 보여 주다가 그다음에는…… 사라지는 모습을 화면에 담아…… 주제를 아주 효과적으로 보여 주는 기획물이 될 겁니다." 글렌은 이 기획이 방대하리라는 것을 잘 알고 있었다. "추측건대 기본적으로 300년 가까운 기간을 다루게 될 것입니다. 협주곡 형식의 문제점은 단지 다른 형식들을 좀 더 꾸민 것에 지나지 않는다는 거지요. 세부적으로는 교향곡뿐만 아니라 소나타 과정과도 상당 부분 비슷합니다."[16] 이 거대한 기획은 끝내 빛을 보지 못했다. 텔레비전 제작자로서 그의 한계 탓도 있었다. "내가 그걸 시도해 볼 만큼 영상 쪽에 능한지는 확신이 없습니다."[17]

그는 대신 라디오 토론으로 그 주제를 다루었는데, 토론자로는 다름 아닌 조지프 스티븐스 박사를 초대했다. 글렌은 스티븐스에게 물었다.

"음악가 중에 '선생님, 나는 정말이지 꼭 하고 싶은 일이 있답니다. 무대에 올라가 피아노에 앉아서, 관현악단 앞에서 내 연주 솜씨로 관현악단을 정복하고…… 연주가 끝나 관현악단 동료들이 일어나 힘없이 무대를 걸어 나가는 동안 나는 그러한 노력의 대가로 마침내 박수를 받고 싶어 미치겠어요'라고 하소연하는 환자가 있는지요? 만약 그런 환자가 있다면 그에게 뭐라고 말씀해 주시겠습니까?"

스티븐스는 대답하기를, 그런 경우는 매우 드물겠지만 "비르투오소들에게는 약간씩 그런 면이 있다"고 대답했다. 이에 글렌은 강력하게 반대 의사를 표했다.

"그런 특별한 과시 욕구가 청중에게 좋은 쪽으로 표현되는 게 아니라 적대적으로 표출되는 것은 그리 드문 현상이 아닐 겁니다. 그것은, 어떤 면에서 청중에 대한 공격이라고 나는 생각합니다. …… 그런 충동이 저돌적으로 나타난다는 것은 그 밑바닥에 신경증이 도사리고 있다는 말이 되겠지요."[18] 스티븐스는 "모든 협주곡을 단지 공격으로 보는 것은 지나치게 단순화한 것"이라고 되받았다. 그러나 글렌은 계속해서 "협주곡에서 가장 나쁜 점은…… 듣고 있는 사람을 고려하지 않는다는 것"이라고 주장했다.

글렌이 제대로 파악하거나 인정하지 못했던 것은 아마도 그 자신이 갖고 있는 극도의 경쟁심일 것이다. 그는 다른 어떤 피아니스트보다 더 빨리, 더 훌륭하게 연주해야 했고, 그가 녹음하는 음반 하나하나가 다른 사람이 만든 것과는 '다르게' 들려야 했다. 블라디미르 호로비츠에 대한 신랄한 비판, 주식 시장에서 벌이는 도박에서 엄청난 성공을 거두는 것, 재치를 겨루는 놀이나 대화에서 승자가 되는 데 사심 없이 기뻐하는 그의 성품, 이 모든 것에 그의 경쟁심이 들어 있었다. 사실상 그는 사후에 벌이는 가장 큰 경쟁이라 할 수 있는, 사람들 기억에 남는 싸움에서 승리를 거두었다고 할 수 있다. 지난 20년 사이 죽은 위대한 피아니스트들 ― 루빈슈타인, 켐프, 아라우, 호로비츠, 볼레트,* 제르킨 등 ― 가운데 글렌 굴드는 여전히 가장 많이 논의되고 사람들이 화제에 올리는 피아니스트로 남아 있다. 그의 영화나 레이저 디스크는 자주 상영되고, 음반과 카세트, 콤팩트디스크로 그의 연주를 즐기는 사람도 많다. 심지어 캐나다에선 준*성인처럼 존경받고 있다.

---

* 피아니스트 호르헤 볼레트Jorge Bolet는 굴드보다 18년 먼저 태어났다가 굴드 사망 8년 뒤인 1990년 죽었지만 명성을 얻는 데는 불운한 편이었다. 쿠바 태생으로 열두 살에 정부 장학금을 받아 유학했는데, 특히 리스트 제자였던 모리스 로젠탈을 사사하며 낭만주의 피아노의 계보를 이었다. 이 덕분에 그의 리스트 연주는 장중하면서도 명료해 매우 품격 있다. 2차 대전 때 미군으로 입대, 종전 이후 미국 시민권을 얻어 피아니스트로서 명성을 쌓으려 했지만 이미 낭만주의 연주는 유행이 지나 있었다. 뜸한 연주회와 작은 음반사에 낸 녹음, 그리고 1950년 제작된 리스트 전기 영화(「끝없는 노래」)에 피아노를 연주해 주는 정도였다. 이후 연주보다는 인디애나 대학과 커티스 음악원에서 학생을 가르치는 일에 종사했는데, 1970년대 중반 이후 신낭만주의의 물결이 다시 유행을 타면서 비로소 주목받았다. 그러나 이 빛나는 10여 년을 보내던 중 건강이 악화되었고, 1990년 생을 마감했다.

그의 철학에서 두 번째 특징이라 할 수 있는 것은, 고독에 대한 옹호다. 1974년 한 텔레비전 프로그램에서 그는 "고독은 무아의 경지를 경험하기 위해 꼭 필요한 요소다. 특히 바그너 시대 이후 예술가에게 가장 가치 있는 경험, 즉 영웅주의를 이루는 조건이라고 할 수 있다. 세상에서 버림받거나 아니면 스스로 세상과 인연을 끊지 않고서는, 자신을 영웅적으로 느낄 수가 없다"고 말했다.[19]

'고독 삼부작'에서 그는 캐나다 소수 집단 가운데 '버림받아' 외로움을 겪는 삶에 경의를 표했으며, 이런 기획물을 다시 만들고 싶어 했다.

"현대 미국에서 나타나는 소로*식의 삶을 살펴보고…… '나의' 주제를 남쪽 국경에 적용해 보는 거지요. [말하자면] 격리되어 고독한 상태와 생산 능력의 관계, 사실상 세상 삶과의 관계를 고찰해 보는 겁니다."[20]

이 기획 역시 경쟁에 관한 기획물과 마찬가지로 결실을 얻지 못했다. 여기서도 글렌의 상반된 두 가지 성격을 다시 느끼게 된다. 그의 실제 생활을 들여다보면, 빡빡한 일정에 쫓기면서 스튜디오 직원, 기술자들과 함께 끊임없이 일해야 했고, 멀리 있는 친구에게 밤새도록 전화를 걸고, 뉴욕 컬럼비아 스튜디오에 수없이 다녀와야 했으니, 실제로 고독을 얼마나 경험했을지 의문

---

* 19세기 미국에서 낭만주의와 진보 성향이 결합하여 등장한 초월주의의 대표 주자인 헨리 데이비드 소로Henry David Thoreau는 대중보다는 개인, 이성보다는 감정, 인간보다는 자연을 찬양하는 초월주의자답게 경쟁 사회를 멀리하고 자연에 살고자 했다.

스러울 뿐이다.

　마지막으로 녹음에 대한 철학이 그의 말과 글로 남아 있다. 조프리 페이전트는 이를 '옛 철학'과 '새 철학'으로 나누었다.

　녹음에 대한 '옛 철학'은 "고전 음악 음반을 듣는 대다수가 아직도 갖고 있는 보수적인 견해로, 좋은 장비로 좋은 음반을 들으면 가정에서도 실제 연주회장에 있는 것과 같은 상황을 연출할 수 있다는 것이다. …… 음을 얼마나 잘 재생하느냐가 목표이자 기준이다. 실제 공연에서 듣는 것처럼 음을 충실히 재현하는 것이다. …… 연주자가 제일 중요하고, 기술자는 그 연주를 훼손하거나 변형하지 않고 정확히 보존하여 음반이라는 최종 결과물을 만들어 내기 위해 필요한 존재다."[21]

　굴드는 이러한 철학을 녹음을 시작한 초기에 잠깐 실천했을 뿐이었다. 그때는 연주회 레퍼토리에서 뽑은 곡을 녹음하거나 방송하기 위해 스튜디오에 들어갔고, 편집은 전혀 하지 않았다. 그의 연주는 하나도 변형되지 않은 채로 고스란히 녹음되었다. 그러나 그때 이미 글렌은 전자 매체 고유의 기능으로 자신의 연주를 변형시킬 수 있는 방법을 파악했다.

　"마이크 덕택에 연주회장에는 전혀 맞지 않는 연주도 해 보게 됩니다. 연주회장에서는 아무런 장점이 되지 않는 명료한 음을 만들어 내는 데 몰두할 수도 있고요."[22]

　그리고 머지않아 그는 연주회장 숭배 태도를 영구화한다는 이유로 '옛 철학'을 폐기해 버린다. 그의 생각에 '옛 철학'은 "음악에 대한 거의 종교적인 헌신"을 뜻하며, "동굴 속 반향처럼 은 은하게 울려 퍼지는 음향에 적합한 음악, 그리고 건축가가 연주 회장을 만들 때 그토록 애써 유지하려고 했던 성당 같은 느낌이 나는 소리와 되도록이면 비슷한 음악[23]을 바라기 때문이었다. '새 철학'에 따르면, "작곡가도 연주자도 전체 녹음 과정 중 어떤 단계에서도 절대적인 재량권을 지니지 않는다. 그런 것은 누구도 갖지 않는다. 녹음 작업은 다른 단계에서 변형이나 조정을 할 수 있는 가능성을 열어 두는 협동 작업이기 때문이다. 또한 최종 단계라는 것도 없다. 왜냐하면 음반은 계속 반복해 들을 수 있고, 반복할 때마다 새로운 청취자가 판단하고 조정하는 데 따라 달라지기 때문이다. 그러나 전체 과정은 한 사람에 의해 관장된다고 할 수 있으니, 새 철학에서 비로소 두각을 나타내기 시작한 제작자가 바로 그 사람이다."[24]

글렌은 자기 녹음을 제작하는 사람은 자신이라고 생각했다. 어디서 이어 붙이고 어떻게 테이프를 편집할 것인지 최종 결정을 내리는 사람은 늘 그 자신이었기 때문이다. 그렇지만 글렌이 "테이프의 마술사"[25]였던 건 아니다. 늘 전문가 도움을 받아야 했다. 편집 과정을 다 마치기 위해서는 재치 있는 솜씨와 엄청난 인내, 그리고 글렌의 예술적 능력을 존경하는 사람이 필요했다. 다행히도 글렌은 그런 사람을 발견했다. 뉴잉글랜드 음악원을 졸업한 뛰어난 제작자이자 글렌보다 두 살 어린 앤드루 카즈딘이 바로 그 사람이었다. 카즈딘은 뉴욕 컬럼비아 마스터웍스에 입사하기 전 기계 공학 학위를 갖고 있었는데 — 글렌은 그걸 "박사 학위"[26]라고 했다 — 그들의 협동 작업은 매우 엄격히 진행됐다.

카즈딘은 글렌이 녹음할 때 "다른 외부 사람이 접근하지 못하도록 안전에 만전을 기하도록"[27] 도왔다. 글렌이 연주하는 동안 그는 악보를 보고 음악을 따라가면서 가끔 일어나는 실수를 집어내어 피아니스트의 기분이 상하지 않게 기술적으로 주의를 환기시키곤 했다. 글렌은 자기가 실수했다는 사실을 부인하거나 때로는 상관없다고 말하기도 했고, 어떤 때는 실수의 원인을 잘못 외운 탓으로 돌리기도 했다. 그러나 작품 해석과 관련한 문제에서 카즈딘은 곧 "어떤 말도 해서는 안 된다는 것을 본능적으로 알아차렸다. 어떤 작품을 어떻게 연주해야 하는지 그에게 말한다는 것은…… 자살행위가 될 테니까".[28]

카즈딘이 정작 스트레스를 받은 것은 다른 면에서였다.

"글렌의 제작자가 되기 위해 꼭 필요한 기본 자질은 녹음 스튜디오를 아주 부드럽고 편안한 분위기로 감싸는 능력이다. 그래야만 글렌은 피아노를 제대로 연주할 수 있었다. 만약 그런 분위기에 조금이라도 틈이 생기면 작업은 그날로 끝나는 거고, 제작자로서도 끝이었다."[29]

글렌이 특정 작품을 수차례 녹음하는 일은 다반사였다. 보통 두세 번이었지만 어떤 때는 여덟, 아홉 번까지 가는 경우도 있었다. 바흐를 녹음할 때는 대체적으로 빨리 끝나는 편이었다. "바흐 작품은 연주를 시작하기 전에 이미 어떻게 연주해야 할지 정확히 결정하고 나온 경우가 많았기 때문이다."[30]

그에게 익숙하지 않은 작곡가의 작품일 경우에는 좀 더 시간이 걸렸다. 일단 녹음을 마치고, 글렌이 즐겨 사용한 표현대로 "깡통"에 들어가면,[31] 컬럼비아 음반사는 글렌에게 원본 테이프 복사본을 직접 건네주거나 토론토로 보내 주었다. 그러면 글렌은 토론토에서 녹음을 다시 듣고 검토하면서 최종적으로 어떻게 고쳐야 할지 결정하기 위해 한동안 연구하는 기간을 갖는다. 이 기간은 몇 달이 될 수도 있고, 심지어 몇 년이 될 수도 있었다.

마침내 음반을 발매해야 할 때가 오면 글렌은 원본 테이프를 다시 찾아 매우 주의 깊게 들어 본 다음, 어디서 떼고 붙일지 또 무엇을 바꾸고 끼워 넣을지를 구체적으로 정했다. "글렌과 편집한다는 것은 단순히 잘못된 음을 빼고 실수를 고치는 것을 말하는 게 아니었다"고 카즈딘은 말한다. "편집을 통해 작품의 구체적인 윤곽이 드러나는 경우가 많았어요. 어떤 때는 여러 녹음본을 다 사용한 뒤에야 제대로 된 작품 해석이 이루어지기도 했습니다."[32]

글렌이 원하는 연주를 만들어 내기 위해 때로 어떤 부분 전체가 다른 녹음에서 떼어 온 것으로 대체되기도 했다. 무엇보다 중요한 것은, 이전에는 한 번도 들어 보지 않았던 새로운 소리가 나와야만 했다. 그런 소리를 낼 수 있었던 것은 글렌의 독창성 덕택이었다. 그는 악보에다 자신이 편집한 내용을 일일이 적어 두고, 다 됐다 싶으면 카즈딘에게 전화해 정확하게 지시했다. 예를 들어 이런 식이었다.

"서른두 번째 마디의 네 번째 16분음표인 내림마(E플랫) 음은, 세 번째 녹음에서 네 번째 녹음 것으로 바꿔서 두 번째 녹음에다 끼워 넣는 것으로 합시다."

그러면 카즈딘은 컬럼비아 스튜디오에 있는 전자 장치로 본래 녹음본을 글렌이 원하는 대로 일일이 고치는 작업을 했다. 일단 편집이 완성되면 카즈딘은 글렌에게 전화해 전체 테이프를 전화로 들려주었다. 소리가 잘 들리게 하기 위해 전화기의 송화기 입구를 빼 버리는 임시 조치를 취하긴 했지만 글렌이 녹음 질을 판단하기에 이상적인 방법은 아니었다. "음의 미묘한 부분까지 그런 식으로 잡아내기에는 확실히 무리한 면이 있었다"고 카즈딘은 말한다. "그러나 누가 신경 쓰겠어요. [글렌은] 각각의 녹음 소리를 다 '알고' 있었고, 우리는 그렇게 고쳐 나갔고, 그가 좋다고 승인하면 그걸로 된 거지요."[33]

유러피언 방송에 보낼 테이프에 기술적인 문제가 생긴 뒤 글렌은 존 로버츠에게 쓴 1971년 편지에서 카즈딘의 "솜씨는 최고라고 생각한다"고 말했다.[34] 카즈딘 역시 높은 자부심을 지닌 사람이었다. 카즈딘은 자신의 책에서 다음과 같이 썼다.

"내가 엔지니어에게 잘못 신호를 주었다고 생각했는지 [글렌이] 쫓아오더니…… 엄지손가락을 펼친 손을 들어 보이며 약간 겸손한 투로 내게 말했다. '여긴 대가에게 맡겨 주시게!' …… 그는 피아노 연주에서 '대가였다'. 그러나 녹음 기술과 관련된 부분이 어쩌다가 튀어나오게 되면, 그는 인정하기 싫었을지 모르겠지만, 내가 그보다는 한 수 위라고 생각했고 지금도 그렇게 생각한다."[35]

두 사람의 관계는 서로 높이 평가하는 대가의 관계였다. 두 사람 관계에 대해 카즈딘이 쓴 책『일할 때의 글렌 굴드*Glenn Gould at Work*』에는 다음과 같은 구절이 나온다. "우리 관계에서 느꼈던 친밀함이 나만의 착각은 아니라고 생각한다. 단순히 일하는 관계를 넘어선 우정이라는 감정이 없었다면, 그와 개인적인 대화를 나누고 전화를 하면서 말 그대로 수천 시간을 버텨 낸다는 것은 불가능했을 것이다."[36]

카즈딘과 함께 일하면서 자극을 받은 글렌은 그 자신 훌륭한 기술자가 되었다. 1970년 글렌은 뉴욕까지 가서 컬럼비아 음반사와 음반 작업을 하는 것이 성가시다고 판단했고, 십 대 시절 자주 공연했던 장소인 토론토의 이튼 오디토리움을 녹음 스튜디오로 사용할 수 있게 되자 녹음 장소를 토론토로 옮기기 시작했다. 스타인웨이 회사에서는 글렌이 좋아하는 CD 318 피아노를 그곳으로 옮겨 주기로 동의했다. 하지만 이듬해, 글렌이 그리그 협주곡을 녹음하기로 되어 있던 클리블랜드에서 돌아와 토론토에서 피아노를 내리는 도중 피아노가 심하게 망가지는 사고가 일어났다. 여러 차례 수리를 했지만 글렌이 듣기에는 결코 예전 같은 소리가 안 났으므로, 임시로 사용할 피아노를 구해야만 했다. 그러는 동안 글렌은 하프시코드와 다른 스타인웨이로 녹음을 했다.

컬럼비아 마스터웍스는 글렌을 돕기 위해 제작자 앤드루 카즈딘을 기꺼이 토론토로 보내 주었다. CBC에서 전자 장비를 빌리려고 애쓰기보다 차라리 장비를 사는 게 낫겠다 싶어 글렌은 꽤 큰 돈을 들여(1970년 달러로 2만 달러) 자기 장비를 구입했다.

암펙스 440 테이프 녹음기 두 대, 노이만 U87 마이크, 잡음을 줄여 주는 돌비 360 유닛 네 대, 파워 증폭기 두 대, KLH 스피커 세 대, 두 트랙짜리 편집기(나중에 추가 비용을 들여 여덟 트랙짜리로 업그레이드했다), 거기다 설치 장비와 오디오 선, 그리고 녹음에 필요한 여러 가지 기구를 사들였다. 이튼 오디토리움에서 사용한 장비는 처음에 세인트 클레어에 있는 글렌의 아파트에 보관했다가, 나중에는 인 온 더 파크에 빌린 아파트로 다 옮겨 놓았다. 1977년 조 스티븐스와 내가 글렌을 찾아갔을 때, 글렌은 자신을 위해 마련한 전문 스튜디오를 자랑스럽게 보여 주었다. 이 스튜디오에서 그는 혼자서 충분히 편집하고 녹음할 수 있었다. 연주회를 여는 피아니스트에서 라디오 제작자로 변신한 그는 이제 전천후 기술자가 되어 있었다.

'나이절 트위트-손웨이트 경'으로 분장한 굴드.
답답한 구시대 지휘자를 풍자하기 위해 굴드가 만들어 낸 인물이다.

# 23
# 새 얼굴, 새로운 도전

토론토의 이튼 오디토리움에서 녹음 작업을 하기 위해서는 마이크와 전기선, 녹음 장비와 테이프, 그리고 여러 가지 필요한 물품 상자를 글렌의 아파트에서 힘들게 들고 나갔다가 다시 갖다 놓아야 했다. 이런 일은 중요한 일은 아니었지만 육체적으로 매우 고되어서, 글렌과 앤드루 카즈딘과 함께 일하던 충실한 론 털크 혼자 해내기에는 너무 벅찼다. 그래서 론은 자기 친구인 레이몬드 로버츠('레이')에게 도와달라고 부탁하게 되었다. 이때가 1970년이었다. 레이는 그때 서른한 살로 코카콜라 영업 사원이었다. 그는 그때나 지금이나 매우 따뜻하고 분별력 있으며, 믿음직하고 관대한 사람이다. 그보다 일곱 살 많은 글렌은 레이가 일원으로 합류하자 매우 편안해했으며, 곧 낮이든 밤이든 아무 때고 그를 불러 심부름을 시키거나 "여러 가지 일"을 부탁할 수 있다는 사실을 알게 되었다.

"나는 늘 그의 '심부름꾼'이었지, 음악 작업을 하는 사람은 아니었어요."

최근 나를 만난 자리에서 글렌과 12년을 함께 했던 두 사람 관계를 되돌아보느라 하루 종일 같이 보낸 레이가 한 말이다.[1] 비록 글렌과 함께 살지는 않았지만 레이는 글렌 곁에서 글렌의 시중은 무엇이든 다 들었고 글렌이 밤과 낮에 하는 일도 다 지켜보았기 때문에, 1982년 글렌이 죽기까지 글렌의 사생활에 대해서는 누구보다 신빙성 있게 말해 줄 수 있는 사람이다.

레이는 또한 글렌과 함께 운전하며 뉴욕까지 간 적도 여러 번 있었다. 두 사람은 밤새도록 운전을 번갈아 했고, 어떤 때는 차를 따로 몰고 가기도 했다. 글렌은 큰 자동차를 두 대 가지고 있었다. 한 대는 1977년형 시보레 몬테 카를로로, 글렌은 이 차를 '랜스'라고 불렀다. 다른 한 대는 검은색 링컨 타운카로 '롱펠로'라는 이름이었다. 레이는 글렌의 차를 손질하고 수리하는 일을 늘 도맡아 했다. 차를 험하게 모는 글렌의 운전 습관 때문에 차가 부딪히고 웅덩이에 처박히는 일이 잦았고, 그만큼 차를 수리해야 할 경우가 자주 생겼다. 레이는 밤에 운전하여 뉴욕까지 가는 것보다 비행기를 타고 가는 것이 실제로 훨씬 더 안전하다고 수차례 설명했지만, 글렌은 그런 말을 들을 사람이 아니었다. 국경을 넘을 때면 글렌이 갖고 다니는 약 때문에 자주 검사를 당했는데, 한번은 옷까지 벗고 검사받은 적도 있었다.

글렌이 일하는 습관은 늘 변함이 없었다. "그는 일 중독자였고, 모든 것이 제대로 완벽하게 돌아가야만 편안하게 느끼는 사람이었다." 글렌은 밤과 낮을 바꿔 살았다. 태양이 떠오른 아침에야 잠자리에 들었으며 보통 오후 서너 시가 되어서야 자리에서 일어났다. 일어나 맨 처음 하는 일은 주식 중개인에게 전화를 거는 것이었다. 최근 주식 동향을 알아보고, 어떤 것을 팔거나 사고 싶을 때 주문을 넣기도 했다. 다른 급한 전화 역시 그 시간에 주로 했다.

그런 다음 옷을 입었는데, 언제나 같은 방식이었다. 그의 옷은 변함없이 회색, 검정 그리고 푸른색이었고, 토론토의 매우 비싼 남성복 가게에서 산 것이었다. 글렌이 옷 입는 데 신경을 전혀 쓰지 않고 지내던 시절도 있었다. 그럴 때는 양말을 짝짝이로 신고 나타나거나 목욕하는 것도 잊어 먹었다. 한번은 뒤가 완전히 찢어진 바지를 입고 손님을 맞은 적도 있었다.[2] 여행할 때는 갈아입을 속옷을 많이 가지고 다녔다. 연주할 때는 땀을 무척 많이 흘리기 때문에 녹음을 한 번씩 할 때마다 곧바로 목욕하고 옷을 갈아입었다.

"그런데 글렌은 왜 옷을 그렇게 이상하게 입었습니까?"

나는 레이에게 물어보았다.

"그게 예술가들 특징 아닌가요? 예술가들은 좀 유별나게 입는 걸 좋아하는 것 같습니다. 그래야 사람들 주의를 끌 수 있고, 여러 사람 가운데서도 두드러져 보일 수 있으니까요. 글렌의 옷은 늘 격식을 갖춘 편이었지요."

"글렌은 사람들 눈에 띄는 걸 불편해한 걸로 알고 있는데요.

사람들이 그에게 다가와 질문을 하거나 사인을 요구하는 경우가 생기지 않도록 애쓰지 않았나요?"

"정치인과 마찬가지로 많은 예술가는 두 가지 인간성을 가지고 있다는 사실을 알게 됐어요. 하나는 진짜 자신인데, 보통 사람과 똑같은 평범한 감정과 대응 방식을 갖고 있지요. 또 다른 하나는 대중이 보게 되는 인간성입니다. 가끔 이런 사람들은 자기가 지금 어떤 역할 속에 있는지 모를 때가 있어요. 사실 매우 혼란스러울 수 있거든요."

글렌이 입속의 혀 같은 존재인 레이에게 내린 지시 사항의 한 예를 여기 소개하기로 한다.

로베르트시아나*
1975년 10월 13일, 화요일(이날보다 미리 할 수 있으면 더 좋고)

1. 자리에서 일어나서

　1A. 클리포드 카티지Cliford Cartage를 만나 의견을 듣고/또는 지시를 내릴 것

　1B. 스탠리 포드Stanley Ford를 만나 모욕을 주고/또는 지시를 내릴 것

다음에 관하여:

　1C. I. 난방기 잠금장치

---

* 　대문자로 ROBERTSIANA라고 쓰여 있는데 아마도 레이의 성 로버츠를 이렇게 귀여운 어감으로 변형한 것으로 보인다.

II. 난방기 손질

III. 관리 유지 인력


2. 도서관 책 (3)을 모아서 돌려주고, 요금을 물어야 하면 지불할 것

   2A. 말한 책은 적어서 가게 주인에게 주문하고/또는 가능하면 출판사에 주문할 것


3. 위의 일을 실행하면서 물리 치료를 진행할 것, 다만 다음 사항을 저지르지 않도록 주의하면서

   a) 책을 더럽히는 일

   b) 클리포드 카티지 일꾼들을 전기의자 형에 처하는 일, 그리고 필요하다고 판단되면

   c) 스탠리 포드를 익사시키는 일


존경과 우애를 담아서,*

G. 허버트 굴드

(부슈 기업 일정 담당과를 대표하여)³

---

 *   스탠리 포드(아마도 고장 난 라디에이터와 관련이 있는 인물인 듯)를 익사시키지 말라는 뜻과, 필요하다면 그렇게 하라는 뜻으로도 읽힌다. 또한 '존경과 우애를 담아서'라는 말은 익사시킬 때 존경과 우애를 담아서 하라는 말도 되고, 편지를 끝낼 때 쓰는 경구敬句로도 읽힌다. 글렌 특유의 유머 감각을 보여 주는 글이다.

글렌의 아파트에는 라디오가 늘 켜져 있었고, 텔레비전이 함께 켜져 있을 때도 많았다. "그는 「메리 타일러 무어 쇼」*를 아주 좋아했다"고 레이는 말한다. 또한 테이프나 음반도 자주 틀었으나 자기 판을 트는 경우는 거의 없었다. 그는 한번 음반을 만들어 내면 그뿐, 들어 보는 경우는 극히 드물었다. 가끔 친구들이 오면 틀어 주긴 했는데, 그때도 제삼자 입장에서 자신의 연주를 평하곤 했다. 예를 들면 이런 식이었다. "자네는 굴드가 베이스의 저 선율을 끌어내서 딸림음으로 돌아가는 방식이 괜찮다고 생각해?"[4]

글렌은 피아노 연습을 규칙적으로 하는 편이었다. 그러나 레이 로버츠에 따르면 "보통과는 다른 방식으로 연습"을 했다. 그는 손가락 기교를 연마하는 연습은 하지 않았지만 대신 새로운 생각을 시험해 보거나 구체적으로 만들어 나가는 작업을 했다. 그가 피아노에서 그런 일을 해 나가는 동안에는 주위에 다른 사람이 있는 것을 싫어했다. 피아노 연습은 글렌이 유일하게 하는 육체 운동이라고 할 수 있었다. 그는 헤엄칠 줄 알았지만 수영하러 가는 법도 없었고, 신선한 공기를 쐬러 산책을 나가는 경우도 극히 드물었다.

음반 녹음을 하거나 라디오, 텔레비전 일을 하고 있지 않을 때는 글을 쓰고 편집하면서 온밤을 지새우곤 했다. 한동안 글렌은

---

* 1970년에서 1977년까지 인기를 끈 시트콤으로 현실적인 삼십 대 독신 여성의 일과 사생활을 그렸다. 남성 세계에서 이력을 추구하는 여성이 주변인과 부딪치는 모습을 시니컬하고 익살맞게 그리면서 당시 미국 사회를 풍자했다.

CBC 스튜디오가 있는 자비스 거리 바로 건너편에 있는 햄튼 코트 호텔에 방을 하나 빌린 적도 있었다. 언제든지 방송 일을 할 수 있도록 하기 위해서였다. 그는 열한 시쯤 되면 일을 멈추고 친구들에게 전화를 했다. 전화 시간은 종종 밤 한두 시까지 계속되곤 했다.

식사는 하루 한 끼만 했는데, 보통 새벽 네 시와 일곱 시 사이에 '그날'의 식사를 했다. 식단은 언제나 달걀을 휘저어 만든 스크램블드에그와 샐러드, 구운 빵과 차로 이루어져 있어서 밤새도록 문을 여는 식당에서 먹는 식단과 비슷했다. 그는 자신의 식단을 '스크램블즈'라고 불렀다. 여행 중에도 끼니때가 되면 어김없이 레이를 깨워 '스크램블즈'를 준비하도록 했다. 그 외 그가 영양을 취하는 거라고는 크래커를 몇 조각 입에 대는 게 전부였다. 음료로는 차와 물, 오렌지 주스 또는 커피(하루에 두 번만)를 마셨는데, "차나 커피를 마실 때는 커피 메이트를 쏟아부었다". 그는 스스로 음식을 마련하는 사람이 아니었기 때문에 그의 부엌에는 먹을 만한 게 하나도 없었다. 글렌의 여자 친구들이 — 아주 잠깐 동안 — 몇 번 집을 가정적으로 만들어 보려는 시도를 하기도 했다. 그리고 레이 로버츠도 그런 노력을 했다. 글렌에게 음식을 제대로 먹어야 한다고 충고하고, 아파트가 너무 더러워지면 직접 청소하기도 했다.

"그가 하는 일이 마음에 들지 않을 때도 많았지요. 그러면 나는 솔직히 말하곤 했습니다. 끔찍한 식사 습관에 대해서도 잔소리를 많이 했죠. 그럴 때마다 그는 '로버츠 박사, 음식에 대해서는 내게 충고하지 마세요'라고 대답했어요. 나를 '로버츠 박사'라고 불렀습니다. 등의 통증 때문에 초음파 치료를 하거나 집에서 왁스 목욕을 할 때 내가 도와주었거든요. 난 글렌이 초음파치료를 과하게 받는 게 아닌지 걱정스러웠어요. 나는 그 분야에 아무런 훈련을 받은 바 없거든요. 내가 언제든지 그를 도와주고, 그를 대신해 여러 가지 실제적인 일을 처리해 줄 때는 우리 두 사람 관계도 좋았습니다. 한번은 아이들까지 데리고 가서 그를 위해 하루 종일 이튼 오디토리움을 청소한 적도 있었어요. 그러나 그와 잘 맞지 않을 때는 다른 사람을 찾아보자는 얘기도 했습니다. 어쨌든 나는 그만두어야 했으니까요. 글렌은 자기가 하고 싶은 것을 할 수 있는 자유가 침해당했다고 느끼는 순간이 오면 언제나 관계를 끝냈습니다. 그에겐 진짜로 친한 친구도 없었어요. 그저 전화상으로만 친구가 있었죠. 그의 영원한 첫사랑은 음악이었어요. 우리는 그럭저럭 같이 지내게 되었습니다. 글렌은 나를 대신할 사람을 구하지 못했거든요."

글렌은 여러 가지로 미신적인 것을 많이 믿었다. 그중에는 수표 쓰는 것과 관련된 미신도 있었다. "운 나쁜" 날이라든가 수표에 "불운의" 숫자가 적혀 있다는 생각 때문에 수표를 쓰지 못할 때가 종종 있었다. 앤드루 카즈딘도 이와 관련된 얘기를 들려주었다. "어떤 심리적인 이유에서인지, 글렌은 수표 쓰는 것을 자신의 일부를 내어 주는 걸로 생각했다. ……"[5]

한편 곤경에 처한 음악가들에게 뜻밖의 호의를 베풀었다는 이야기도 많이 들린다. 글렌의 음악 작업에 몇 번 참여했던 첼리스트 쿤라드 블루멘달*의 말에 따르면, 체코슬로바키아에서 방금 도착한 한 피아니스트를 위해 2,000달러짜리 수표를 써 준 적도 있다고 한다.[6] 존 로버츠 역시 동료 음악가들을 위해 베푼 여러 가지 기부 행위에 대해 얘기했다. 글렌은 보통 자기 이름을 서명할 때 'n'자를 하나 뺀 'Glen'으로 서명하곤 했다. 두 번째 'n'자까지 쓰면 너무 꾸불거리면서 끝나게 된다고 싫어했다.

또한 그는 자기 음반을 별로 듣지도 않으면서, 자기 음반을 남에게 주는 데 대해서는 미신적인 면이 있었다. 레이 로버츠는 내게 다음과 같은 얘기를 해 주었다.

"바닥에 널려 있던 음반만 해도 스물다섯 개는 족히 되었어요. 그런데도 내가 하나 달라고 하면 글렌은 늘 '글쎄, 안 되겠는데요 로버츠 박사님, 오늘은 운이 별로 안 좋은 날이거든요'라고 대답했어요."

나는 글렌이 어떤 특정 종교에 관심을 가진 적이 있는지 알고 싶었다. 레이에 따르면 "골드 가문은 한때 유대인이었는지 모르겠지만 그런 티는 전혀 나지 않았다"고 한다.

"글렌은 교회에도 다니지 않았습니다. 그는 기본적으로 불가지론자였어요. 그러나 만년에는 선불교에 이끌리는 것 같았습니다."

---

* 네덜란드 출신 첼리스트 쿤라드 블루멘달Coenraad Bloemendal은 1960년대 초 네덜란드에서 손꼽히는 첼리스트이자 교사인 카렐 반 리우벤 붐캄프Carel van Leeuwen Boomkamp 밑에서 배우고 이십 대 중반인 1971년 미국으로 와 헝가리 출신 첼리스트 야노스 스타커를 사사했고, 스코틀랜드 출신 바이올리니스트 윌리엄 프림로즈에게는 실내악 지도를 받았다. 캐나다에 정착한 뒤 글렌 굴드와 「우리 시대의 음악」과 「대지의 정적」을 함께 했고, 굴드가 죽기 직전 음악을 맡았던 영화 「전쟁」 작업에도 참여했다.

1981년 글렌은 한 라디오 프로그램을 일본 소설가 나쓰메 소세키*의 인기 작품 『풀베개』에서 뽑은 문장으로만 다 채운 적도 있었다. 론은 글렌이 비서양적인 종교에 관심을 가졌다고 말한다.

　"당신도 알다시피 글렌은 믿을 수 없을 정도로 청교도적이고 도덕적이잖아요. 한번은 누군가 내게 글렌의 성적인 면과 도덕성, 종교에 대해서 묻기에 이렇게 대답해 주었죠. '그를 수피교도**로 알았다고 그에게 말해 주면 아마 당신을 아주 좋아할 겁니다. 자신이 수피교도라면 좋았을 거라고 생각하는 사람이니까요.'"[7]

　물론 글렌도 성에 관한 잡담을 즐겨 했지만 그 자신의 성적 행동에 대해서는 매우 높은 수준의 도덕 기준을 가지고 있었다. 그 기준이 너무 높아서 친한 친구인 스티븐스 박사나 존 로버츠, 그리고 론마저도 글렌은 기본적으로 무성無性적인 사람이라고 여길 정도였다. 그러나 레이 로버츠는 그렇지 않다며 "그는 확실히 여자와 관계하는 쪽이었다"고 주장했다. 한번은 글렌이 레이에게 "이십 대에 미국 순회 연주를 하는 동안 아주 뜨거운 연애"를 했었다고 말한 적도 있었다. 삼십 대 때도 몇몇 복잡한 관계

---

*　나쓰메 소세키夏目漱石(1867~1916)는 한때 일본 지폐에도 실렸을 만큼 일본인의 사랑을 받는 작가다. 20세기 초 격변하는 일본 사회의 불안과 소외를 반영하고 산업 사회의 암울한 미래를 풍자적으로 예견한 작품을 많이 썼다. 『풀베개草枕』는 1906년 작으로, 화가인 주인공이 낯선 마을에서 겪는 한 시기를 그린 작품이다.

**　이슬람교 가운데 신비주의 전통을 따른 수피교도들은 매우 금욕적이고, 내적인 영적 경험을 중요하게 생각한다. 수피즘은 현실 도피와 자연주의적 경향으로 다수인 수니파의 비판을 받기도 했다.

를 가졌었는데, 그중 하나는 글렌과 함께 음반 작업을 했던 소프라노와 관련이 있었고, 다른 관계는 CBC에서 일하는 동안 만난 여자들이었다. 여자 가수는 확실히 그에게 노래를 작곡하도록 영감을 불어넣은 듯 그는 완성하지 못한 노래 한 곡을 남겼다. 독일어로 '로즈마리의 아이 Das Kind der Rosemarie'라는 제목이 붙은 이 노래에는 '풍부한 감정과 캐나다적인 깊고 고요한 느낌으로' 연주하라고 역시 독일어로 지시되어 있다.[8]

글렌의 친구이자 글렌의 여자 친구들 중 몇몇과도 막역한 관계였던 피아니스트이자 하프시코드 연주자인 그레타 크라우스는 글렌이 여자와 관계 맺는 방식에서 가장 기본적인 문제점은 "사랑을 받아들이지 못한다는 점"이라고 말했다.

"……아주 사소한 애정 표시에도 그는 엄청난 충격을 받는 것 같았어요…… 그가 질투에 완전히 사로잡혔던 관계를 하나 알고 있어요. …… 전화할 때마다 그 여자 얘기를 한마디라도 하지 않고서는 못 배길 정도였습니다…… 그 여자에게 완전히 빠져서 열정적으로 보고 싶어 했고요…… 그런데 어떻게 됐냐고요? 글쎄 글렌이 그런 사람이었는지 몰랐는데, 여자가 미칠 정도로 몰아붙였다고요. 그런 다음에 휙, 하고 끝나 버렸어요. 어느 날 갑자기요. 끝났다고요! 완전히 끝난 겁니다. 한마디 설명도 없었고, 말 한마디 없이요. 그건 미친 거 아닌가요?"[9]

글렌이 여자와 맺은 관계 중 가장 큰 비중을 차지했던 것은 ― 그 관계를 계속 이어 가고 싶어 했고, 그 여자와 결혼까지 고려했다는 점에서 ― 미국 출신의 지휘자이자 작곡가이면서 유명한 피아니스트였던 한 음악가의 아내*와 가진 관계였다. 글렌은 그 음악가를 매우 높이 평가해 그의 음악을 연구했으며, 그에게 라디오 토론에 출연해 달라고 부탁하기도 했다. 어쩌면 글렌은 피아니스트와 작곡가, 그리고 지휘자라는 역을 자신보다 더 성공적으로 해낸 그 음악가를 부러워했는지도 모를 일이다. 이 음악가의 아내도 물론 글렌을 매우 좋아했고, 1960년대 후반 결혼 생활에 심각한 문제가 생기자 아이 둘을 데리고 토론토로 이사와서 글렌 가까이 지내게 되었다. 글렌은 여자와 아이들을 위해 자신의 아파트에서 멀지 않은 곳에 아파트 한 채를 마련해 주었고, 그 여자 집에서 많은 시간을 보냈다.

존 로버츠 부부와 같은 친구들을 저녁에 초대하곤 했는데, 그것은 단란한 가정을 꾸미는 연습과도 같은 것이었다. 함께 있지 않을 때에도 그들은 전화를 걸어 결국 두 사람 다 잠에 곯아떨어질 때까지 몇 시간씩 얘기를 나누곤 했다. 그는 스티븐스 박사에게도 그 여자 이야기를 자주 했었다. 스티븐스 박사는 "글렌은 그 여자가 이런 일을 했다, 그 여자가 저런 말을 했다며 단 한 순간도 머리에서 그 여자를 떨쳐 낼 수 없는 것 같았다"고 당시의

---

*     이 사람은 독일 출신 미국 음악가 루카스 포스의 아내 코넬리아 포스였다(본서 4장과 17장 옮긴이 주 참조). 1931년 독일에서 태어난 코넬리아는 예술사학자이자 고고학자인 오토 브렌델의 딸로 화가였다. 1951년 루카스 포스와 결혼했고 1968년부터 1972년까지 별거했는데, 이 무렵 굴드와 연인 관계였다. 이후 코넬리아는 포스에게 돌아가 2001년 포스가 죽을 때까지 함께 했다. 이 삼각관계 이야기는 몬트리올 출신 다큐멘터리 편집자이자 감독인 미셸 오제와 영화 제작자 피터 레이몽이 2009년 제작한 「내면의 천재, 글렌 굴드의 내밀한 삶Genius Within: The Inner Life of Glenn Gould」에도 나타난다. 우리나라에서는 「글렌 굴드, 끝나지 않은 신화」로 6회 제천 국제 음악 영화제에서 상영되었고 DVD로 발매되었다.

글렌을 회상한다. 이 관계의 간접적인 증거는 글렌의 회계사였던 패트릭 설리번에게서 얻을 수 있었다. 그는 다음과 같이 솔직하게 말해 주었다.

"어떤 지휘자의 아내라는 여자와 1년 정도 동거했어요. 나는 이미 알고 있었어요. 지출한 경비를 보면 알 수 있거든요."[10]

글렌이 지불한 약국 영수증 가운데는 여자 이름이 적힌 것도 꽤 있었으니, 두 사람이 친밀했다는 사실을 말해 주는 증거가 아니겠는가. 글렌은 그 여자의 아이들을 무척 좋아했다. 특히 아들을 좋아했는데, 이 꼬마가 수학 숙제를 하느라 끙끙대면 글렌이 수학 문제 푸는 걸 도와주곤 했다.

두 사람 관계가 얼마나 계속됐는지는 아무도 모른다. 그러나 두 사람 관계는 여자가 미국으로 돌아가기로 결심함으로써 슬프게 끝나고 말았다. 추측건대 글렌의 성품과 생활 방식은 여자가 견디기에 힘들었을 테고, 글렌처럼 자기애가 극도로 강한 사람과 장기적인 관계를 맺기란 거의 불가능하다는 사실을 결국 여자가 깨달았던 것 같다. 글렌은 그 여자를 계속 연모했으며 언젠가는 자신과 결혼해 주기를 바랐다. 그러나 레이 로버츠는 여자가 떠난 뒤 글렌이 크게 상심하는 모습은 보지 못했다고 한다. "그는 자신의 감정을 쉽게 드러내는 사람이 아니었죠. 나는 그가 우는 모습을 한 번도 본 적이 없습니다."

레이가 본 글렌의 모습은 "대개 행복한 상태였다"고 한다. "그러나 그도 화를 낼 때가 있었고, 욕도 할 줄 알았습니다. 스튜디오에서 일할 때나 자기 일을 할 때 일이 잘 안 풀릴 때면 네 글자로 된 말*을 사용하기도 했어요. 그러나 호로비츠를 제외하고는 다른 음악가를 부러워하거나 질투한 적이 없었어요. 글렌은 호로비츠에게 혐오감을 갖고 있어서 호로비츠가 한 일에 대해서는 종종 부정적으로 말했습니다."

호로비츠가 동성애자였다는 걸 글렌이 알고 있었는지가 논쟁의 초점이 될 수 있겠는데, 레이 로버츠에 따르면 글렌은 스튜디오에서 일하는 동성애자들을 알아보았지만 어떤 흥미도 반응도 보이지 않았다고 한다. 레이는 "레니[번스타인]도 한 번 만난 적이 있다"고 한다.

"글렌은 그가 양성애자라는 것도 잘 알고 있었어요. 하지만 그런 데는 관심을 두지 않았습니다. 그는 독신주의의 한계를 받아들였고, 말년에는 여성들과 관계도 줄어들었어요."

성 문제에 관한 한 글렌은 어린애 같은 순진함을 갖고 있는 사람이었다. 조 스티븐스는 언젠가 글렌에게서 놀라운 내용의 전화를 한 통 받았다며 이야기를 들려주었다. 글렌이 전화로 들려준 이야기는, 식당에 있는데 옆에 앉은 남자가 포르노 사진을 꺼내 보이며 그에게 사겠느냐고 물었다는 것이다. 글렌이 짐짓 순진한 태도로 스티븐스에게 "그런 것은 일찍이 본 적이 없었어. 세상에 그런 것이 있다는 데 완전히 충격을 받고 말았지"라고 말하는 바람에 진짜로 스티븐스는 충격을 받았다.[11]

글렌은 자신을 담당한 컬럼비아의 제작자인 앤드루 카즈딘과

---

*     알파벳 철자 넷으로 이루어진 말, 즉 상스러운 욕을 뜻한다.

도 성에 관해 의견을 나눈 적이 있다. 카즈딘은 "[내] 호텔 앞에 글렌의 차를 세운 다음 차에 앉아서 한 시간 혹은 한 시간 넘게 이야기할 때가 많았다"며 "……확실히 글렌은 여자에 대해 매우 순진한 시각을 가지고 있었다. 그의 환상에는 십 대의 미성숙함과 나이를 먹으면서 자연히 생기게 된 복잡하고 세련된 상상력이 공존하고 있었다"[12]고 한다.

글렌은 자신에게 반한 여자에게서 숱한 연애편지를 받은 사람이었다. 하지만 그가 쓴 연애편지는 단 한 통 남아 있을 뿐이다. 이 편지는 1980년 서류 가운데서 발견된 초고 형태인데, 날짜는 적혀 있지 않다. 어쩌면 1980년이 아닌 다른 때에 쓴 것일지도 모른다. 초고만 남은 이 편지가 '델Dell'이라는 이름의 주인공에게 실제로 보내졌는지도 알 수가 없다. 베토벤이 죽은 뒤 그의 서랍에서 발견된 '불멸의 연인에게 보내는 편지'와 이 편지가 비슷한 점도 흥미롭다. 문제의 '사랑하는 이'가 누구인지는 베토벤의 경우나 글렌의 경우나 모두 의문으로 남아 있다. 글렌의 편지 내용은 다음과 같다.

당신은 아시죠.

내가 어떤 아름다운 여자와 깊이 사랑에 빠졌다는 것을. 나는 그에게 결혼해 달라고 했지만 그는 나를 못 본 체했어요. 그러나 나는 세상에서 그 무엇보다 그를 더욱더 사랑할 뿐입니다. 그와 함께 보내는 1분, 1초가 내게는 그대로 천국의 시간입니다. 그러나 나는 따분하게 구는 사람이 되고 싶지는 않습니다. 다만 언제 그를 볼 수 있는지 그가 내게 말해 줄 수만 있다면, 정말 도움이 되겠네요. 그는 내게 약속했어요. 그가 원하면 언제든 가고 싶은 곳에 내가 그를 데려갈 수 있도록 하겠노라고. 그러나 나를 위해 내어 줄 시간이 그에겐 없나 봅니다. 만약 그를 보게 된다면 그에게 말해 주세요. 내가 그를 언제 볼 수 있는지 알고 싶어 한다고. 그리고 내가 언제……[13]

편지는 여기서 중단됐다.

로널드 윌포드가 글렌의 매니저였지만 글렌에게 음악 일을 부탁하는 편지나 전화는 글렌이 직접 챙기고 있었다. 가끔씩 "작은 데서" 피아노 연주회를 열어 달라는 간청이 여전히 날아들었고, 글렌은 이런 전화를 레이가 처리하도록 했다. 무슨 연주회인지 물어보면 글렌의 대답은 보통 이랬다. "아, 뉴욕 거리에서 벌거벗고 분홍색 피아노를 밀고 올라가면서 쇼팽을 연주해 달라는 그런 데야." 이 말에 들어 있는 피아니스트에 대한 환상은 연회 피아니스트인 리버라치의 영향을 받은 것 같다. 글렌은 이 대중적인 피아니스트에게 반했다는 사실을 공공연히 드러냈는데, 언젠가 스티븐스 박사에게 자신이 리버라치를 "대단히 찬미하는" 이유가 "영국에서 고소해서 이겼기 때문"이라고 설명했다. "어떤 비평가가 그를 가리켜 동성애자라고 헐뜯었을 때 그는 당당히 고소해서 싸웠고, 마침내 이겼으니까."[14]

글렌이 진정으로 존경하는 또 다른 피아니스트는 폴란드 태생의 비르투오소인 아르투르 루빈스타인이었다. "나는 거기[과르네리 현악 사중주단과 함께 브람스 피아노 오중주곡 바(F)단조를 연주한 루빈스타인의 음반]에 완전히 취해 버렸다"고 글렌은 루빈스타인과 인터뷰하는 자리에서 고백했다. 1971년 『룩 *Look*』잡지에 실린 인터뷰에서 글렌은 "피아노와 함께 하는 실내악 연주에서 내가 들어 본 최고의 연주였다"고 말했다. 루빈스타인과 글렌은 실제 연주와 녹음된 연주의 가치에 대해 토론을 벌였으며, 음반에서도 편집한 테이프를 사용하는 것과 편집을 거치지 않은 테이프를 사용하는 것에 관해 논의했다. 늙은 루빈스타인은 그때 자신의 절반 나이밖에 안 되는 글렌에게 "자네는 나와는 다른 세상에서 태어난 사람일세. 그러니 자네의 재능을 받아들이고 흡수하는 것도 다 자네 주변 환경이라네"[15]라고 말했다. 글렌은 루빈스타인의 유명한 습관 — 청중석에 앉아 있는 매력적인 한 여자에게 자신의 피아노 연주와 함께 종종 선정적인 몸짓을 바치는 — 에 대한 재미난 패러디를 발표함으로써 그의 찬사에 보답했다.[16]*

1971년 새로운 도전을 해 볼 기회가 글렌에게 찾아왔다. 영화감독 조지 로이 힐**이 영화 「제5 도살장」***의 배경 음악을 부탁

---

* 글렌 굴드가 루빈스타인의 입장이 되어 쓴 글. 일인칭으로 모드 하버라는 가상의 도시에서 연주회와 연회를 가졌던 기억을 회상하는 내용이다.

** 조지 로이 힐George Roy Hill은 영화 「내일을 향해 쏴라」와 「스팅」의 감독으로 유명하다. 예일대에서 음악을 전공한 뒤 2차 대전 중 수송기 조종사로 복무했다. 전쟁 후 아일랜드에서 연극을 공부하고 미국으로 돌아와 셰익스피어 순회공연단에 합류했다. 한국 전쟁 때도 잠시 조종사로 복무한 뒤 텔레비전 분야에서 일하다 1957년 연극 무대로 돌아와 토니상 후보에 올랐다. 1960년대에는 영화로 전향해 소설과 연극을 각색한 작품을 많이 만들었다. 「제5 도살장Slaughterhouse-Five」은 흥행에는 실패했으나 평은 괜찮았다. 다음 해 발표한 「스팅」으로 아카데미 감독상을 받았다.

*** 커트 보니것Kurt Vonnegut이 1969년 발표한 소설을 토대로 1972년에 만든 영화. 2차 대전

하러 그를 찾아온 것이다. 이 영화는 2차 대전이 끝날 무렵 드레스덴에서 일어났던 끔찍한 폭격을 다룬 커트 보니것*의 소설을 바탕으로 한 것으로, 힐 감독은 바로크적 분위기를 내기 위해 "영화 전체에 바흐 음악과 가능하면 바흐를 주제로 한 즉흥 선율이 흘렀으면" 하고 생각하고 있었다. 글렌은 커트 보니것을 썩 좋아하는 편은 아니었다.

"그의 작품 대부분은 오래가지 못할 거라는 생각이 든다. 『제5도살장』 같은 작품은 인간다움에 대해 독특한 시각을 보여 주지 못한 채 지나치게 일반화하는 바람에 어쩔 수 없이 진부해지고 깊이도 별로 없다."[17]

그러나 힐의 제안은 거절하기 힘들었다. 글렌은 감독 앞으로 보내는 편지에서 "드레스덴 장면에 바로크 분위기를 넣자는 생각은 확실히 그럴듯합니다. 또한 적당히 아이러니하기도 하고요. 가능한 대로 편집하기 전 필름이라도 한 번 볼 수 있다면 매우 좋겠습니다"라고 썼다.[18]

---

말기 미국 포로 빌리 필그림이 드레스덴 폭격을 목격하면서 시간을 벗어난 여행을 하며 자신의 인생 속 여러 시점을 오간다. 이 작품을 통해 히로시마 폭격 희생자만큼 많은 사상자를 낸 드레스덴 폭격이 비로소 널리 알려지게 되었다.

* 미국의 소설가, 풍자 작가인 보니것은 소설 배경으로 자주 등장하는 인디애나폴리스의 독일계 가정에서 태어났다. 그러나 세계 대전을 겪은 그의 부모는 그에게 독일 문화를 일부러 가르치지 않았다. 반전주의 성향이었지만 진주만 공격 이후 자진 입대, 참혹한 벌지 전투를 치르고 포로로 잡혀 드레스덴 수용소에 갇혔다가 영미 공군의 공습으로 쑥밭이 된 그곳에서 극적으로 살아남았다. 미국에 돌아온 후 인류학을 공부하고 경찰 기자로 일하다 제너럴 일렉트릭사에 입사, 홍보 담당자로 일하기도 했다. 주로 현대 사회 속 인간을 부조리한 유머를 통해 묘사했다. 대표작으로 『제5 도살장』을 비롯해 『고양이 요람Cat's Cradle』, 『챔피언들의 아침 식사Breakfast of Champions』 등이 있다.

힐은 글렌을 만나러 토론토로 찾아왔고, 두 사람은 공항 모텔 방에서 '다섯 시간가량' 이야기를 나눈 뒤, 힐이 글렌의 바흐 음반 가운데서 뽑아 온 곡을 영화 음악에 포함한다는 데 합의를 보았다. 그러나 영화에서는 음악이 전체적으로 부드럽게 연결될 필요가 있었기 때문에 글렌은 뉴욕에 가서 뉴욕 필하모닉 단원과 함께 바흐의 〈브란덴부르크 협주곡〉 4번과, 하프시코드로 "대담한 상상력으로 가득 찬" 즉흥 연주를 녹음해 왔다. 그러나 힐은 하프시코드 소리가 "연결이 잘 안 되기 때문에" 반대했고, 대신 피아노로 연주한 것을 사용했다. 마침내 「제5 도살장」이 개봉했을 때, 글렌은 이 영화를 인정하지 않았다 ─ "사람들이 좋아할 만한 예술 작품이 아니다." 그러나 평론가들은 15분 분량에 달하는 글렌의 음악에 대체적으로 좋은 평가를 내렸다. 페넬러피 길리엇\*은 잡지 『뉴요커』에 "바흐 음악을 아주 멋지게 사용했다"고 썼으며, 또 다른 평론가는 음악이 "시간이 정지된 듯한 초시간적인 감각을 훌륭하게" 전달한다고 칭찬했다. "……[음악은] 배경에 의미를 더해 주며, 은막에서 펼쳐지고 있는 움직임과 대비를 이루어 아이러니 효과를 내고 있다."[19]

3년 뒤, 워너브라더스사에서는 영화 「실험 인간」\*\*의 사운드

---

- 영국 작가인 페넬러피 길리엇Penelope Gilliatt은 영국판 『보그』로 등단, 이후 영국판 『옵저버』와 『뉴요커』에 영화 평론을 실으면서 명성을 날렸다. 영화 대본도 썼는데, 1971년 영화 「일요일, 빌어먹을 일요일Sunday Bloody Sunday」로 아카데미 대본상 후보에 올랐다. 소설과 단편, 그리고 프랑스 영화감독 장 르누아르와 자크 타티에 관한 책도 펴냈다.
- ** SF와 의학 분야 스릴러물을 주로 써낸 마이클 크라이튼이 쓴 소설을 영국 감독 마이크 호지스가 영화화한 작품. 소설과 영화의 원제는 'The Terminal Man'이다. 사고로 기억을 잃은 남자가 내면의 폭력성을 길들이기 위해 뇌를 컴퓨터와 연결해 통제하려다 연쇄 살인자

트랙으로 〈골드베르크 변주곡〉에서 발췌한 곡을 사용했다. 영화 음악을 만들어 달라는 요청을 또 글렌이 받은 것은 1981년이다 되어서였다. 캐나다 작가 티머시 핀들리˙의 소설을 바탕으로한 「전쟁 The Wars」이라는 영화였다. 이는 그가 늘 되고 싶다고 말했던 작곡가로서 솜씨를 발휘할 좋은 기회였다. 제작자인 리처드 닐센은 「전쟁」의 초본을 보내 주었는데, 글렌은 이 작품을 매우 마음에 들어 했다. 그러나 영화의 한 장면에 죽은 말이 등장하는 바람에 글렌은 일하기를 주저했다. 닐센은 영화를 찍기 위해 말을 일부러 죽인 게 아니라 "자연사"한 것이라며 글렌을 달랬고, 그런 다음에야 글렌은 겨우 일하는 데 동의했다. 글렌은 닐센과 그의 동료 한 사람을 자신의 스튜디오에 초대하여, 수년 동안 녹음해 온 것을 밤새 틀어 주며 영화의 어떤 장면에 어떻게 들어갈 것인지 직접 보여 주었다. 초대된 두 사람은 전자 장비를 능숙하게 다루는 글렌의 솜씨에 깜짝 놀랐고, "눈앞에서 그림과 음악을 맞추고 그것을 재연하고 또 조정하고…… 내 생에 정말로 환상적인 밤이었다"[20]고 고백한다.

글렌은 「전쟁」의 사운드트랙을 위해 고되게 일했지만 새로 곡을 만들지는 않았다. 대신 브람스와 슈트라우스, 그리고 〈내 곁에 머물러 주소서 Abide with Me〉같이 어렸을 때부터 알고 있던

---

가 된다는 이야기다.

˙ 토론토 출신 티머시 핀들리 Timothy Findley는 1962년 서른이 넘어 작가가 되기 전까지 14년간 배우로 활동했다. 소설과 단편을 비롯하여 라디오와 텔레비전, 영화 대본 등을 썼고, 희곡도 다수 남겼다. 『전쟁』은 1977년 발표한 소설로 1차 대전을 배경으로 하고 있으며, 어둡고 무기력하고 황폐한 세계가 담겨 있다.

교회 찬송가에서 몇 부분을 교묘하게 잘 뽑아 모았다. 찬송가를 자기가 원하는 식으로 연주하기 위해 그는 독창 소년 세 명과 합창단을 직접 지휘하는 수고를 아끼지 않았으며, 하모니카 곡을 만들기까지 했다. "믿기지 않겠지만 두 개를 발췌하여 하모니카 연주용으로 편곡했습니다…… 그리 멀지 않은 참호에서 병사들이 연주하는 것처럼…… 처음으로 하모니카를 전문적으로 다뤄본 셈이죠. …… 하모니카에 얼마나 무지했는지, 하모니카의 가장 낮은 음이 무엇인지 물어보아야 할 정도였어요. 가온음 다(중간 C음)로 밝혀졌는데, 보통의 관현악용 악보로는 표현할 수가 없습니다."[21] 닐센에 따르면, 글렌이 지휘하는 모습은 "정말로 희한한 장면이었다. 왜냐하면 글렌이…… 교회 의자에 구부리고 앉아서…… 보이는 것은 뻗어 나온 한 손뿐이었다 ─ 그 손은 꼭 몸에서 분리된 것처럼 보였다. 정말로 넋을 잃고 보게 되는 광경이었다."[22]

「전쟁」은 캐나다에서 꽤 성공을 거두었고, 글렌은 그 영화를 매우 높이 평가했다. "뛰어나게 세련된 영화로, 제대로 평가를 못 받고 있지만 느린 속도로 움직이면서도 다 말하지 않고 보여주지 않고 남겨 둔 부분 때문에 특히 흥미로운 영화입니다. 캐나다판 「겨울빛」 ─ 내가 연관시켜 설명할 수 있는 유일한 베리만 영화* ─ 이라고 할 수 있어요. 물론 그만큼 잘 구성된 것은 아니

---

* 스웨덴의 영화감독이자 연극 연출가, 작가인 잉마르 베리만Ingmar Bergman (1918~2007)의 영화. 베리만이 천착한 주제인 신에 대한 믿음과 의심을 탐구한 가정극 삼부작(베리만이 삼부작으로 의도한 것은 아니나 평론가들은 그렇게 보았고, 베리만도 나중

지만."[23]

그러나 미국의 배급업자들은 이 영화에 전혀 흥미를 나타내지 않아서 캐나다 사람들은 크게 실망하고 말았다. 이 영화의 감독인 로빈 필립스는 음악이 영화에 비해 "너무 좋았다"며 "좀 더 대중적인 음악을 썼더라면 영화에 도움이 되었을 것"이라고 평했다. 글렌은 당연히 화를 냈다. 나중에 말하겠지만, 이 시기 글렌이 정서적으로 크게 의지했던 사촌 제시 그레이그는 "그 작업의 문제점에 대해 긴 설명을 늘어놓으며 무척 화를 냈었다"[24]고 기억한다.

생애의 마지막 10년 동안 글렌은 작가, 평론, 그리고 수필가로 활동하는데, 그의 이런 저작 활동은 널리 알려진 잡지 『계간 피아노*Piano Quarterly*』 편집자이자 작곡가이며 피아니스트인 로버트 실버먼Robert Silverman에게 자극받은 바가 크다. 1972년 두 사람 관계는 (주로 전화를 통해) 돈독해졌다. 밥은 버몬트와 뉴욕에서 살았지만 곧잘 캐나다를 방문해 캐나다 문화를 즐기곤 했다. 그는 나와 긴 인터뷰를 하면서 "글렌의 음반을 처음 들었을 때부터 글렌을 숭배했다"고 말했다.

"혹시 우리 잡지에 글을 써 줄 수 있는지 물어보는 편지를 썼습니다. 그가 무엇이든 보내오면 나는 기꺼이 실을 작정이었죠.

---

에 그 의견을 받아들였다) 가운데 두 번째 작품이 이 「겨울빛Nattvardsgästerna」이다. 흔들리는 신앙으로 괴로워하는 작은 마을의 목사와 핵전쟁이 일어나지 않을까 불안해하는 한 교구민의 이야기를 통해 서로 구원하거나 도와줄 수 없는 인간관계를 그렸다. 정지된 듯한 흑백 화면은 사랑과 믿음이 메마른 듯 무기력하고 우울한 느낌을 준다.

내용이나 길이, 그리고 문체에 관해서는 그 마음대로 할 수 있다고 했습니다. 그런데 시기가 참 잘 맞아떨어졌어요. 글렌이 잡지 『하이 피델리티』와 여러 가지 문제를 겪고 있던 중이었거든요. 글렌이 내게 전화를 걸어와 기고할 글이 있다면서 '지금 읽어 줄까요?' 그러더군요. 우리는 한 시간 넘게 통화를 했고, 나는 그에게 그 글을 보내라고 했어요. 그리고 그 글을 실었지요."[25]

글렌은 『계간 피아노』를 좋아했고 어떤 호에는 특별히 관심을 보이기도 했다. 한번은 잡지에 여자 피아노 선생의 일기가 실렸는데, 글렌은 나중에 그 여자에게 연락하기도 했다. 아마 그의 어머니가 피아노 교사였기에, 그 여자가 글렌의 눈길을 끈 것 같다. 글렌은 가르치는 데 대해 두 가지 생각을 가지고 있었다. 글렌은 자기는 피아노를 가르칠 수 없을 거라는 말을 자주 했다. 만약 학생이 그에게 어떻게 연주하는지 가르쳐 달라고 한다면, 어떤 순서로 다리를 움직이는지 설명해 달라는 부탁을 받은 지네가 된 기분일 거라고 말했다. 그런 부탁을 받은 불쌍한 지네는 당장 마비 증세가 와서 다리를 하나도 움직일 수 없게 될 거라고.[26] 존 로버츠의 말에 따르면, 글렌은 자신이 피아노를 치면서 어떻게 그런 신비한 소리를 내는 기적을 만들어 내는지 "정말로 몰랐기 때문에 고민했다"고 한다.

"그는 피아노 주법과 관련된 사항을 분석적으로 생각하는 것조차 싫어했습니다. …… 피아노와 관련된 이야기, 즉 손가락과 손을 어떻게 움직여야 한다느니 하는 그런 얘기를 무척 지겨워했죠. 단지 자기가 피아노를 칠 수 있다는 사실만 알고 있었어요."[27]

그러나 한편으로 글렌은 가르치는 일에 자기 나름대로 분명한 의견을 가지고 있는 사람이었다. 한번은 일단의 교육자 앞에서 대담하게 이런 말을 한 적도 있다.

"조용한 방과 여러분의 영혼을 내게 30분만 맡겨 주십시오. 그러면 피아노를 어떻게 연주해야 하는지 여러분에게 모두 가르쳐 드릴 수 있습니다. 피아노 연주에 관해 알아야 할 모든 것을 반 시간이면 충분히 가르쳐 드릴 수 있음을 저는 확신합니다."[28]

내가 알기로는 그의 이 도전적인 제안에 응한 사람은 아무도 없었다. 수년에 걸쳐 『계간 피아노』에 글을 쓰는 동안 — 총 열네 편을 게재했는데, 그중에는 너무 길어서 몇 호에 나눠 연재했던 「여섯 장면으로 본 스토코프스키Stokowski in Six Scenes」도 포함되어 있다[29] — 글렌은 밥 실버먼의 아내와 아들, 딸과도 (전화로) 잘 알게 되었다. 한번은 글렌이 실버먼 가족과 함께 「햄릿」을 해보자고 제안했는데, 오필리아 역을 맡기로 한 딸 안드레아가 영내켜 하지 않았다. 전화상으로 밥이 함께 부른 길버트와 설리번의 오페레타가 오히려 더 성공적이었다. 이런 일을 통해 밥은 글렌의 성격 가운데 멋대로 어릿광대짓을 하는 면이 있다는 걸 알게 되었다. "글렌은 배우가 아니라 대학 축제 출연자 같았다"고 밥은 말한다.[30]

서로 가진 감정에 관해 말해 보자면, 글렌보다 나이가 많았던 밥은 "글렌이 나를 친구로 생각하고 있다고 느낀 적은 한 번도 없었다. 나는 그의 글을 출판해 주는 편리한 존재였을 뿐이었다"고 말한다. 글렌은 그에게 전화를 걸어 레이 로버츠가 신경을 잘 안 써 준다거나 자신을 골치 아프게 만든다며 불평하곤 했다. 한번은 레이가 자동차 수리를 제대로 받지 않았다는 얘기를 늘어놓은 적도 있었다. 밥 실버먼은 "그때 글렌의 계급 의식을 느낄 수 있었다"고 말한다. "글렌은 자신을 우월한 존재로 느끼는 사람이었지요. 레이가 자기 하인도 아닌데 가끔 글렌은 주인처럼 말하기도 했습니다. 한번은 뉴욕에서 내게 전화를 걸어온 적이 있어요. '골치 아픈 일이 생겼어. 레이가 큰 도로에서 늙은 부인 두 명과 추돌했어. 타판 지* 경찰서에서 나를 소환했다네. 변호사 좀 구해 줄 수 있겠나?' 그러기에 내가 도와주어 문제를 해결했습니다."[31] (나는 글렌이 사고를 낸 뒤 레이에게 책임을 뒤집어 씌운 거라고 추측했다.)

밥 실버먼과 글렌은 토론토에서 두 번 만났다. 처음 토론토를 찾은 1981년 밥은 사흘 동안 머물렀다.

"우리는 오후 서너 시부터 새벽까지 그의 테이프를 다 들었습니다. 그의 현악 사중주까지 들었지요. 내가 '이건 형편없는 푸가'라고 말했는데도 그는 내 말을 들은 척도 안 하고 다른 것을 계속 틀어 댔어요. 자기가 CBC에서 해고됐다는 사실을 내게 밝힌 것도 아마 이때였던 것 같아요. 작업을 너무 까다롭고 길게

---

* 뉴욕 허드슨강 유역. 미국 원주민의 한 부족인 타판Tappan족이 살던 곳으로, 지zee는 네덜란드 말로 강가를 뜻한다. 미국 건국 초기 뉴욕에 정착했던 네덜란드 사람들이 붙인 이름이다.

한 뒤로 기술자들이 들고일어났다고 하더군요. 간부들이 회의를 한 결과, 직원은 잃을 수 없으니 아쉽지만 글렌을 방출하기로 했다고요. 글렌은 '그 사람들이 그럴 만도 해. 내가 너무 밀어붙였거든' 이렇게 말하더군요."

존 로버츠에 따르면, 글렌은 CBC에 고용된 직원이 아니었기 때문에 실제로 해고된 것은 아니라고 한다. 간부단 자체는 제작에 직접 관여하지 않았다. 그러나 텔레비전 음악 담당 부장인 존 반즈는 음악적 소양이 전혀 없는 사람인데, 글렌이 기술상의 한계나 늘 시간에 쫓겨야 하는 방송국 사정을 잘 이해하지 못한다고 생각했다. 하지만 글렌은 존 반즈가 텔레비전 음악 프로그램에 관한 자신의 생각을 전혀 이해하지 못했거나 이해할 능력이 안 된다고 느꼈다. 글렌과 CBC의 관계가 삐걱거리기 시작한 것이다.[32]

밥이 글렌을 두 번째 찾아간 것은 1982년이었다.

"글렌은 몰골이 말이 아니었어요. 바지는 뒤가 완전히 찢어져 있었고, 수염도 안 깎은 상태였어요. 몸이 물방울처럼 부어 있었습니다. 모양새가 단정치 못해 미안하다고 말하더군요. 그의 화장실은 온갖 약으로 꽉 차 있었는데, 그 약들에 대해 자세히 설명해 주었어요. 두 시간이 지나자 잉그리드[밥의 아내]가 지겨워해서 우리는 글렌의 집에서 나왔습니다."[33]

밥은 글렌이 자기한테 전화할 때는 항상 방해가 되는 것은 아니냐고 물었다고 했지만, 조 스티븐스는 글렌이 전화해 그런 걸 물은 적이 없다고 정반대 주장을 한다. 1975년 조는 오후에 글렌의 전화를 받은 적이 있다고 한다. 보통 밤에만 전화하는 글렌이 이런 시간대에 전화했다고 하니, 나로서는 믿기 힘들었다. 조가 설명한 바에 따르면, 글렌은 그때 뛰어난 가수인 밀드레드 앨런*과 함께 리하르트 슈트라우스의 〈오펠리아의 노래〉를 연습하는 중이었다고 한다. "미안하네, 지금 통화하기 힘들겠지만……"이라고 글렌이 말할 줄 알았는데, 그는 대뜸 "오, 그 〈오펠리아의 노래〉 말이야, 빨리 그 악보 좀 가져와 보게!"라고 말하는 바람에 조는 무척 놀랐다고 한다.

조가 악보를 가지고 오자, 글렌은 조에게 이런저런 페이지를 찾아보라고 말했다. 그리고 그 페이지의 성악 부분은 물론이고 피아노 반주 부분의 음표, 그리고 악상 기호까지 모두 읊어 대기 시작하는 게 아닌가. 자기가 얼마나 완벽하게 그 곡을 외우고 있는지 보여 주는 데 집중한 나머지 글렌은 자기가 다른 사람을 방해하고 있다는 사실을 전혀 모르는 듯했다. 글렌의 기막힌 기억력을 익히 알고 있는 조에게 이런 과시는 불필요했을 뿐 아니라 배려가 부족한 경솔한 행동이었다.[34]

글렌의 생애 마지막 10년 동안 텔레비전 예술가로서 그의 경

---

• 밀드레드 앨런Mildred Allen은 1950년대와 1960년대 활약한 미국 소프라노다. 남부 출신이지만 보스턴의 뉴잉글랜드 음악원에서 오페라에 뛰어난 지휘자 보리스 골드프스키 밑에서 공부했다. 러시아 출신 골드프스키는 음악을 대중화하는 데 일가견이 있었고 탱글우드 축제에서 오페라 부분을 맡고 있어 밀드레드 앨런은 1956년 탱글우드 축제에서 루카스 포스의 오페라로 데뷔했다. 이듬해 〈마술피리〉의 파파게나 역으로 메트로폴리탄 무대에 섰고(메트의 간판 소프라노 로버타 피터스 대역이었다고 하지만 피터스는 밤의 여왕 역 전문이었다) 5년간 계약을 이어 갔다. 이후 워싱턴 국립 오페라단에서도 활동하고 1980년대 후반부터 대학에서 성악 지도를 맡았다.

력을 뒷받침해 준 인물로 브뤼노 몽생종보다 더 큰 영향을 미친 사람은 없을 것이다. 프랑스의 젊은 바이올리니스트인 몽생종은 "그저 말이나 배우기 위해" 모스크바에 갔다가 1965년 우연히 글렌이 바흐 인벤션을 연주한 음반을 듣게 되었다고 한다. 나중에 그는 "그것은 내게 종교적인 경험과도 같은 강한 어떤 것이었다"고 회상했다. "내 인생을 완전히 바꿔 놓고 말았지요." 몽생종은 연주 무대에 계속 섰지만 글을 쓰기 시작했고, 곧이어 프랑스 텔레비전에서 음악 프로그램도 만들었다. 그리고 1972년이 되자 그는 마침내 "전설의 사나이에게 가까이 다가가기로" 결심했다. "'당신'이 주제가 되는" 기획물을 함께 만들 수 있지 않을까 하는 기대로 그는 글렌에게 의사를 타진했다. 이 기획은 독일 회사 클라자르트 영화사•에서 돈을 대고, 프랑스 국영방송국을 통해 유럽에 방영하기로 되어 있었다.

글렌은 이 기획에 열정적으로 응했다. 그는 그 기획을 어떻게 진행할 것인지, 자신의 아이디어를 가득 담은 "열네 쪽인가 스무 쪽에 이르는 장문의 편지"를 답장으로 보내며 브뤼노를 토론토로 초대했다. 브뤼노는 1972년 8월, 토론토를 찾았다.[35] 두 사람이 계획했던 대로 네 시간짜리 프로그램을 만들기 위해 글렌은 프랑스 말로 말할 준비도 되어 있었다. 또한 그는 평소 하던 대로 브뤼노가 하는 말은 물론이고 자신이 할 말까지 미리 다 써

---

• 클라자르트 영화사Clasart film는 유명한 레오닌Leonine 그룹에 속한 회사로 음악 공연을 녹음하고 영상으로 담아내는 일을 한다. 굴드를 촬영한 이 작품은 클라자르트의 소중한 초기 기록물이다.

두고자 했다.

"나는…… 이 나라에서 이와 비슷한 성격의 라디오 다큐멘터리를 만들면서 대화를 미리 원고로 작성해 본 경험이 아주 많다네. 청취자는 즉흥적으로 이루어진 대화라고 여기도록 만들 수 있지. 그런 식으로 하면 틀림없이 잘되리라 확신할 수 있다네. 프랑스어 번역본이 몇 주 전 내 손에 들어올 수만 있다면, 언어 문제도 매우 원만하게 해결될 걸세."[36]

그러나 이 계획은 결국 추진되지 못하고 대신 글렌이 하는 말은 번역되어 해설자가 읽어 주는 것으로 했다.

1974년 브뤼노 몽생종은 프랑스 촬영 팀 열 명을 이끌고 토론토로 와 일을 시작했다. "오후 두 시에 시작한 일은…… 아침 여섯 시까지 계속됐다." 이 작업으로 탄생한 것이 '음악의 길Les Chemins de la Musique'이라는 제목의 연재물이다. 4부로 이루어진 이 연재물은 각 프로그램이 40분으로, 음악가이자 기술자로서 글렌의 여러 면모를 담아냈다. 1부는 '은퇴La Retraite'라는 제목으로 글렌이 연주 무대에서 물러난 문제를 집중적으로 다루면서 바흐와 버드, 기번스, 쇤베르크, 그리고 바그너(〈뉘른베르크의 명가수〉 서곡을 글렌이 직접 새로이 피아노곡으로 편곡했다)의 작품을 연주하는 모습을 보여 준다. 두 번째 프로그램은 제목이 '연금술사L'Alchimiste'인데 글렌이 바흐의 〈영국 모음곡〉을 녹음하는 작업을 담는 한편, 론이 피아노에 마이크를 설치하는 위치에 따라 글렌이 연주하는 러시아 작곡가 알렉산드르 스크랴빈의 두 작품 〈욕망Désir〉과 〈춤추는 애무Caresse dansée〉 작품 57이 어떻게 다른 효과를 내는지 직접 보여 준다. 세 번째 프로그램에서는 글렌이 쓴 〈그래 푸가를 만들고 싶다고요?〉에 대해 이야기하면서, 그 무렵 영상물로 만든 「북쪽 생각」의 일부를 보여 주고 글렌이 쇤베르크와 베르크, 그리고 베베른의 작품을 연주한다. 마지막 프로그램은 글렌이 바흐의 파르티타 6번 마(E)단조를 완전히 연주하는 것으로 채웠다.

브뤼노 몽생종은 글렌에 관한 책을 세 권이나 펴냈는데, 주로 글렌이 써 둔 방대한 양의 글을 직접 번역한 것이었다.[37] 그는 글렌을 계속 숭배했고, 글렌의 기벽에 대해서도 대체적으로 매우 부드럽게 말하는 편이었다. 그러나 오토 프리드리히가 그를 인터뷰했을 때, 글렌 특유의 지나친 건강 염려증과 관련된 일화를 밝히기도 했다.

우리가 처음 작업하는 도중 [글렌이] 어쩌다 마이크에 ― 아주 살짝 ― 부딪혔습니다. 그는 의자에 쓰러지듯 앉더니 "이걸 어쩌나, 뇌진탕이야" 그러더군요. 그러고는 이제 두 시간이 지나면 이런 증상이 나타날 거고, 네 시간 뒤에는 저런 증상, 그리고 열두 시간이 지나면…… 이제 열세 시간이 지나도 이런 증상이 나타나지 않으면 그때는 괜찮은 거라고 말하더군요. 그 말에 나는 당연히 얼어 버렸죠. 그러자 그가 말했어요. "아, 알아, 나도 안다고, 또 내 상상력이 발동하는 바람에 내가 지나쳤지."[38]

「음악의 길」작업이 끝나자 브뤼노와 글렌은 바흐 연주만을 집중적으로 다룰 새로운 연재물을 기획하기 시작했다. 이번에는 글렌이 자기가 주도적으로 해 나가길 요구했다. 브뤼노는 토론토로 날아가 인 온 더 파크에 있는 글렌의 스튜디오에서 밤을 보내곤 했다. 1977년 본격적인 촬영에 들어가기까지 두 사람은 프로그램을 준비하는 데 3년이라는 시간을 투자했다. 그렇게 하여 글렌이 바흐 음악을 연주하고 논의하는 모습을 담은 독특한 프로그램 세 작품을 완성했으니, 이는 글렌이 음악 세계에 남긴 귀중한 유산이 되었다.

토론토의 인 온 더 파크에 있는 굴드의 스튜디오에서 일하는 레이 로버츠.
굴드의 개인 비서로 굴드의 말년을 가까이서 지켜본 인물이다.

1974년 브뤼노 몽생종과 프랑스 제작진이 굴드를 촬영할 준비를 하고 있다.
피아노 앞에서 분장을 다듬는 굴드의 모습이 보인다.

**24**

# 중년에 접어들며

글렌이 서른여덟 살 때인 1971년 2월 25일, 글렌은 자신의 안마 치료사인 코르넬리우스 디스가 추천한 내과 의사를 처음 찾아 갔다. 코르넬리우스 자신도 환자로 있었던 존 A. 퍼시벌 박사에게 진료를 받으러 가기는 매우 편했다. 박사의 진료실은 세인트 클레어가 262번지에 자리하고 있어 글렌의 아파트에서 몇 구역 밖에 떨어져 있지 않았다. 이제 나이가 많이 들어 은퇴하여 휠체어 신세를 지고 있는 퍼시벌 박사는 1982년 글렌이 죽을 때까지 11년 동안 글렌을 가끔씩 진료했다. 그는 일반의로서 이전에 글렌의 1차 진료를 맡았던 모리스 허먼 박사를 대신하게 되었는데, 허먼 박사와 마찬가지로 글렌이 몸에 대해 지나치게 예민해 조금만 이상한 느낌이 들어도 심각한 질병으로 알고 걱정하는 경향이 있다는 것을 잘 이해하고 있었다.

퍼시벌 박사는 "글렌은 무엇보다 심리적인 도움이 필요한 사람이었다"고 말했다.

"자신의 손을 잡아 줄 누군가가 필요해서 진료실을 찾을 때가 많았습니다. 용기를 북돋아 주고 안심시켜 주는 말, 결국 모든 것이 정상이라는 말을 듣고 싶어서 온 거였습니다. 그가 호소한 증상 대부분은 실제 치료가 필요한 것이 아니었어요."[1]

"하지만 '늑골 내 염증'이나 '위장염', '경련성 결장' 그리고 '전립선염' 같은 병을 구체적으로 진단한 적이 있지 않습니까?" 하고 내가 물었다(나는 이런 정보를 퍼시벌 박사의 청구서를 보고 알게 됐다. 글렌은 이런 서류를 절대로 버리지 않았다).[2] "물론 캐나다 의료 보험 체계에서 진료비를 받기 위해 그런 의학적 진단이 꼭 필요했겠지만 말입니다."

"네, 맞습니다. 내가 그렇게 진단한 것은 글렌이 내게 하소연한 증상을 토대로 한 거였습니다. 하지만 그를 살펴보고 엑스선 검사와 여러 실험 검사까지 다 해 본 다음에도 확정적으로 이런 병이다 하고 진단을 내릴 만한 결과가 나타나지는 않았어요. 전립선을 손으로 검사했던 기억이 나는데 ― 그는 그 검사에도 매우 협조적이었어요 ― 분명히 정상이었습니다. 그러니 어떤 스트레스나 불안감 때문에 그런 신체 증상을 느낀 것이고, 그런 증상은 내과 의사인 나로서는 확인할 수 없다고 생각하게 됐습니다. 그는 여러 증상으로 나를 보러 왔지만 대부분 증상에 대해서는 '그런데 아무 이상을 발견할 수 없군요'라고 말해 주었죠. 약을 따로 처방해 준 적도 거의 없어요. 그는 안심시켜 주는 말이나 용기를 북돋아 주는 말 한마디에 크게 반응하는 사람이었어요. 한동안 이런저런 얘기를 하면서 화기애애한 대화를 나누고 나면, 그는 한결 상쾌해진 기분이 되어 일어서곤 했지요."

그렇지만 내 궁금증은 아직 다 상쾌하게 해소되지 못했다.

"건강을 위해 일반적으로 지켜야 할 습관, 가령 옷을 그렇게 많이 껴입지 말고 좀 가볍게 입어야 한다든가, 운동도 좀 하고, 음식도 잘 챙겨 먹어야 한다는 것 같은 충고를 하면 그가 받아들이던가요?"

"그런 충고는 전혀 하지 않았어요. 나는 유별나게 구는 글렌을 있는 그대로 받아들였습니다. '그래, 자신이 좋아서 그렇게 하는데, 내가 구태여 바꾸려고 할 필요는 없다'고 생각했습니다."[3]

글렌은 1974년 새롭게 나타난 심각한 증상으로 고생하게 되는데, 그 얘기는 퍼시벌 박사에게 다시 듣기로 하고, 그전에 글렌이 겪었던 스트레스를 먼저 알아보고자 한다. 1974년 전까지 글렌은 일과 인간관계로 스트레스를 많이 받았다. 글렌은 늘 두 가지 서로 모순되는 노력을 하며 어떻게든 균형을 이루려고 고심했다. 하나는 생각하고 글 쓰기 위해 꼭 필요한 혼자만의 고독과 자유를 얻기 위한 노력이었고, 또 다른 하나는 전자 매체 분야에서 성공하기 위한 노력이었다.

1971년 이후 몇 년 동안 글렌은 앤드루 카즈딘의 도움을 받아 가며 점점 더 녹음을 많이 하게 됐다. 우선 바흐의 〈프랑스 모음곡〉과 〈영국 모음곡〉, 비올라 다 감바와 건반을 위한 소나타

(첼리스트는 레너드 로즈), 바이올린과 건반을 위한 소나타(바이올리니스트는 하이메 라레도*)를 녹음했다. 힌데미트 피아노 소나타 2번 사(G)장조와 관악기와 피아노를 위한 소나타 다섯 곡(트럼펫은 길버트 존슨,** 호른은 메이슨 존스,*** 튜바는 에이브 토르친스키,**** 트롬본은 헨리 찰스 스미스*****로 모두 필라델피아 관악 앙상블 단원이었다), 그리고 바그너의 〈지크프리트 목가〉******와 〈신들의 황혼〉에서 발췌한 '새벽'과 '지크프리트의 라인 여행',******* 그리고 〈뉘른베르크의 명가수〉 전주곡을 자신이 직접 피아노곡으로

---

* 볼리비아 태생 하이메 라레도Jaime Laredo는 1959년 열일곱 살에 퀸 엘리자베스 콩쿠르에서 1등을 차지하고 이듬해 카네기 홀 연주로 주목받았다. 1977년 첼리스트 샤론 로빈슨, 피아니스트 조지프 칼리치스타인과 삼중주단을 만들었다. 또한 아이작 스턴, 요요 마, 이매뉴얼 액스와도 자주 녹음했는데 그중 브람스 피아노 사중주 음반은 그래미상을 받았다.

** 유진 오르먼디가 지휘하던 필라델피아 관현악단에서 솔로 트럼펫을 맡았던 길버트 존슨 Gilbert Johnson은 그래미상을 두 번 받았고, 굴드와 함께 한 이 연주 역시 그의 주요 녹음 중 하나다.

*** 메이슨 존스Mason Jones 역시 오르먼디 시절의 필라델피아 관현악단에서 오래 연주했다. 필라델피아 목관 오중주단과 필라델피아 금관 앙상블을 만들어 활동했다.

**** 필라델피아 태생 에이브 토친스키Abe Torchinsky는 1946년부터 1949년까지 토스카니니가 이끄는 NBC 교향악단에서 연주했고 이후 오랫동안 필라델피아 관현악단에 몸담았다. 1967년 필라델피아 금관 앙상블에서 녹음한 음반으로 그래미상을 받았다.

***** 트롬본에 깊은 서정을 담아 연주했던 헨리 찰스 스미스Henry Charles Smith는 1956년부터 1967년까지 필라델피아 관현악단 소속으로 2,000회 이상 연주했고, 그 자신도 미네소타 관현악단을 지휘했다. 1976년 굴드와 함께 녹음한 이 힌데미트 소나타의 첫 알레그로 모데라토 악장은 보통 천천히 연주하는데 굴드의 템포에 따라 꽤 빠른 속도로 연주했다.

****** 바그너가 코지마의 서른세 번째 생일 선물로 만든 관현악곡. 〈니벨룽의 반지〉 중 '지크프리트'에도 같은 주제가 등장하므로 지크프리트라는 곡목은 자연스럽지만, 본래는 〈트립셴 목가〉(스위스에 마련한 바그너의 집 이름이 트립셴이었다)였다. 코지마가 아들 지크프리트를 낳은 후 〈지크프리트 목가〉로 바뀌었다.

******* 〈니벨룽의 반지〉 중 마지막 오페라인 〈신들의 황혼Götterdämmerung〉 초반부 지크프리트와 브륀힐데가 깨어나는 새벽에 등장하는 곡이 '새벽'이고, 이어서 길을 떠나는 지크프리트를 브륀힐데의 시선으로 따라가는 장면의 간주곡이 '지크프리트의 라인 여행'이다.

편곡하여 연주했다.

글렌은 자신의 매니저인 로널드 윌포드에게 써 보낸 편지에서 헨델의 모음곡 열여섯 곡을 모두 녹음하는 것뿐만 아니라 베토벤 피아노 소나타 서른두 곡 전곡과 하이든 소나타를 쉰 곡 이상 녹음한다는 엄청난 계획을 밝혔다. 글렌은 음반사를 컬럼비아에서 DGG(도이치 그라모폰 게젤샤프트)로 바꿀 생각도 했으나, "CBS와 함께 해 온 녹음은 비교적 생생하고 매우 분석적인 소리로, 이는 피아노 연주에서 내가 좋아하는 경향을 반영할 뿐 아니라, 더욱 의미 있는 것은 연주회장 연주에서 벗어난 녹음 연주가 제대로 된 연주라는 걸 지속적으로 보여 주는 증거가 되었다. 이제 내 음반의 특징이 되어 버린 그 소리를 도저히 버릴 수 없다"는 결론에 도달했다.[4]

예술 작업과는 상관없는 이런저런 사건 역시 글렌의 약한 체력과 마음을 소진하는 구실을 했다. 1972년 8월, 글렌은 자비스 거리를 헤매는 길 잃은 개를 한 마리 발견했는데, 그 개를 가엾게 여겨 데려오긴 했지만 자신의 아파트에서 도저히 키울 수가 없어서 나이 많은 부모에게 맡겼다. 그런데 이 개가 문제를 일으키기 시작했다. 처음에는 굴드 부인의 침대에서 자려고 해서 말썽을 피우더니, 다음에는 이웃 아이를 공격하는 일이 벌어졌다. 결국 CBC 아나운서의 친척 한 사람이 이 개를 브라운 동물 병원에 맡겼고, 이에 글렌은 "특별히 친절한" 수의사들에게 감사를 표하는 편지를 썼다.

"말 그대로 자신들의 삶을 동물을 위해 바치고 있는 월드먼

부인 [아나운서의 친척] 같은 사람들이 이 세상에 있다는 것은 정말로 고마운 일입니다. 선생님들께서 그 개에 특별한 관심을 가지고, 관대하게도 많은 시간을 들여 치료해 주셨다는 이야기를 부인을 통해 들었습니다. 제가 얼마나 감사하게 생각하는지 알아주셨으면 합니다."[5]

다음 몇 해 동안 글렌의 작업량은 점점 늘어만 갔다. 앞서 말한 CBC 라디오 프로그램뿐만 아니라 「오늘날의 음악/쇤베르크 시리즈Music of Today/Schoenberg Series」라는 주간 프로그램을 글렌이 직접 기획하고 제작에도 참여했다. 1974년 가을에 시작한 이 10부작 프로그램에서 정점을 이루는 부분은 '쇤베르크, 첫 100년Schoenberg, the First Hundred'이라는 제목의 아주 공들여 만든 '다큐멘터리 판타지'였다. 작곡가 에른스트 크레네크와 존 케이지,* 지휘자 에리히 라인스도르프,** 음악학자 데니스 스티븐스,***

---

* 존 케이지John Cage는 20세기 중반 미국 음악에 전위적인 바람을 일으킨 주인공이다. 발명가의 아들로 태어난 케이지는 그 자신 여러 가지 실험을 시도한 음악을 선보였는데, 가장 유명한 것은 4분 33초 동안 무대에서 완전히 침묵하는 〈4분 33초〉(1952)다. 소음, 전자음, 소설 속 단어 등을 활용한 그의 작품은 한동안 선불교에 관심을 가진 케이지의 음악관을 반영한 시도였다.

** 오스트리아 태생의 에리히 라인스도르프Erich Leinsdorf는 빈에서 수학하고 경력을 쌓다가 1937년 뉴욕 메트로폴리탄 오페라 부지휘자 일을 받아들여 미국으로 건너왔다. 이후 나치가 오스트리아를 점령하자 미국 시민이 되어 메트로폴리탄에서 독일 음악 전문가로 이름을 알렸다. 1943년 클리블랜드 관현악단도 지휘했지만 군 입대로 임기는 짧았다. 이후 뉴욕 시티 오페라 음악 감독, 메트로폴리탄·보스턴 교향악단 지휘도 맡았다.

*** 데니스 스티븐스Dennis Stivens는 영국 음악학자이자 지휘자, 교수, 라디오 제작자였다. 대학에서 언어를 공부하다 2차 대전에서 암호 분석가로 일했으며 전쟁이 끝난 뒤 BBC에서 근무했다. 그는 1951년 합창 음악 지휘로 유명한 존 매카시와 암브로시안 싱어스를 만들었고, 에릭 블롬이 완성하지 못한 유명한 『그로브 음악 사전』 5판 부록 제작을 완성했다. 1964년부터 1976년까지 뉴욕 컬럼비아 대학 음악학 교수로 있으면서 많은 글을 써냈다.

그리고 말러 전문 학자인 앙리-루이 드 라 그랑주* 등을 모두 인터뷰해 만든 프로그램이었다. 또한 글렌이 대위법적으로 만든 프로그램 「파블로 카잘스, 라디오를 위한 초상」은 1974년에 방송됐다.

CBC 텔레비전에서는 앞에서 이미 말한 프로그램 외 「뮤직카메라: 우리 시대의 음악Musicamera: Music in Our Time」 연재물 가운데 세 프로그램에 출연했다. 글렌이 출연한 첫 프로그램은 1974년 2월 20일 방영된 「황홀한 시대The Age of Ecstasy」로 베르크와 드뷔시, 쇤베르크와 스크랴빈의 음악을 소개했다. 두 번째 출연작은 1975년 2월 5일 방영된 「질서에서 벗어난 비행The Flight from Oder」인데, 여기서 글렌은 라벨의 〈왈츠La Valse〉 작품 45를 자신이 직접 편곡해 선보였다. 피아노 솜씨를 화려하게 뽐내는 이 편곡 연주는 호로비츠가 흔히 편곡하는 방식의 비르투오소 스타일로서, 평소 글렌의 레퍼토리에서 꽤 벗어난 작품이었다. 말할 것도 없이 자신이 아직도 세계 최고 피아니스트라는 걸 증명해 보이기 위해 이런 곡을 연주했을 것이다. 이 프로그램에서는 이 곡 말고도 프로코피예프의 〈찰나의 환영Visions Fugitives〉 2번 작품

---

초기 바로크 작곡가 특히 몬테베르디 연구에 큰 업적을 남겼다.

• 앙리-루이 드 라 그랑주Henri-Louis de la Grange는 프랑스 귀족 정치인 집안 출신으로 그 집안 사람은 오늘날까지 정재계 고위직이 많다. 1952년부터 음악 평론을 시작해 『뉴욕 타임스』와 『헤럴드 트리뷴』을 비롯하여 미국과 프랑스에서 비평을 발표했다. 1945년 브루노 발터가 지휘한 말러 교향곡 9번을 듣고 완전히 사로잡힌 뒤, 자신의 재능과 재력을 다해 말러 연구에 몰두했다. 1972년 말러 전기를 출간했고, 이 책은 보충과 개정을 거쳐 약 3,600쪽에 달하는 방대한 분량이 되었다. 말러 권위자가 된 그는 세계 여러 나라를 돌며 말러에 대해 강의하고 세미나를 열었다. 굴드가 인터뷰할 당시 그는 인디애나 대학에서 강의하고 있었다.

22와 쇤베르크의 〈달의 피에로〉 작품 21*에서 발췌한 일곱 곡, 그리고 슈트라우스의 〈오펠리아의 노래〉 작품 67(소프라노 록소라나 로슬략**과 공연)도 연주했다. 「뮤직 카메라: 우리 시대의 음악」 세 번째 프로그램은 '새 얼굴, 옛 형식New Faces, Old Forms'이라는 제목으로 1975년 12월 26일 방영됐는데, 힌데미트와 풀랑크, 쇤베르크, 그리고 윌리엄 월턴***의 작품을 연주했다(월턴의 모음곡 〈파사드〉 연주 때 글렌은 의상 분장을 하고 나와 소프라노 퍼트리샤 라이드아웃****과 함께 '랩소디'를 불렀다).

이렇게 강도 높게 일하는 가운데 글렌에게 또다시 극심한 고통이 찾아왔다. 머리가 어질어질해지는 특이한 느낌은 현기증에 가까웠고, 균형 감각마저 조금 잃어버리는 증상이었다. 글렌은 1974년 12월 5일과 1975년 11월 24일 사이 퍼시벌 박사를

---

* 〈달에 홀린 피에로〉, 〈달빛에 젖은 피에로〉 등으로도 불리는 이 작품은 1912년 발표한 쇤베르크의 출세작이다. 바이올린과 첼로, 피아노, 플루트, 클라리넷 등으로 구성한 실내악 반주와 함께 소프라노가 이야기하듯 노래한다. 12음 기법은 아니지만 무조적인 이 기괴하고 음울한 노래로 쇤베르크는 단박에 유명해졌다.

** 록소라나 로슬략Roxolana Rosiak는 1940년 우크라이나에서 태생이다. 가족과 함께 캐나다에 정착한 후 토론토 대학과 왕립 음악원에서 성악을 공부하고 1963년 오페라 무대에 섰다. 오페라부터 오라토리오, 가곡 등 모든 분야에서 활약했다. 1975년 굴드와 함께 한 이 텔레비전 프로그램 「뮤직 카메라」에서 부른 힌데미트 음반은 캐나다의 그래미상이라고 할 주노Juno상을 받았다.

*** 윌리엄 월턴William Walton(1902~1983)은 본 윌리엄스와 벤저민 브리튼 사이 기간을 대표하는 영국 작곡가다. 이디스 시트웰Edith Sitwell의 시에 곡을 붙인(이디스가 무대 뒤에서 메가폰으로 낭송했다) 관현악 모음곡 〈파사드〉는 그의 지명도를 올려 주었지만 악평과 조롱도 함께 들어야 했다.

**** 퍼트리샤 라이드아웃Patricia Rideout은 1931년 캐나다에서 태어나 피아노와 성악을 공부하고 무대에서 활약한 예술가다. 극장 무대에서 가수와 무용수로 두각을 나타냈던 그는 1950년대 중반 이후 오페라 무대에 섰으며, 단골 배역은 〈나비 부인〉의 스즈키였다. 1960년대 이후로 현대 음악에도 참여했다.

여러 차례 찾아갔고, 박사는 흔히 감염이나 알레르기 반응으로 생기는 귀 안쪽 반원형 관의 이상 증상인 '내이염'이라고 진단했다.

1975년 초, 글렌의 부모는 글렌이 어린 시절 행복한 고독을 즐겼던 심코 호숫가의 집을 팔았다. 이제 여든세 살이 된 그의 어머니는 몹시 쇠약해졌고, 고혈압으로 치료받고 있었다. 굴드 부인은 그 호숫가 집을 좋아했으나 주말마다 짐 싸서 거기까지 차를 몰고 갔다 오는 것은 이제 무리였다. 마흔두 살이 된 글렌은 그 집을 자신이 사들일까 고민하다가 사지 않기로 했다. 글렌의 사촌 제시는 굴드 부부가 제2의 집으로 삼았던 그 집을 잃자, 결국 굴드 부인이 '엄청난 타격'을 받아 죽음에 이르게 됐다고 말하면서, 글렌 또한 그렇게 생각했다고 전했다.[6] 그러나 그 죽음의 진짜 범인은 플로라 굴드의 오래된 심장 혈관 질병이었다. 1975년 7월, 토론토 집에 있던 굴드 부인은 퇴근해 귀가하는 남편에게 문을 열어 주기 위해 쪽문 빗장을 열다가 쓰러졌다. 심각한 뇌일혈 발작이었다. 굴드 부인은 즉시 이스트 종합 병원으로 실려 갔고, 나중에 글렌의 요청에 따라 토론토 종합 병원으로 옮겼다. 글렌은 힘든 이 시기 스티븐스 박사에게 많이 의지했으며 거의 매일 그에게 전화를 해 댔다.

"어머니가 발작으로 입원해 있는 동안 글렌은 내게 전화를 걸어 여러 가지를 물어보았어. 내가 자기에게 충고해 줄 말은 없는지, 혹시 어떤 전문의 이름을 알고 있는지, 발작과 그 치료법, 그리고 예후에 대해 조금이라도 아는 바가 없는지 물어보곤 했어.

굴드 부인은 며칠간 혼수상태였는데, 그 때문에 글렌은 제정신이 아니었지. 돌아가실까 봐 대단히 걱정했어. 내가 해 줄 수 있는 일은 없었지. 자연스러운 과정을 밟게 될 것이라고, 그리고 좋은 병원에 있으니 최선의 치료를 받고 있는 게 확실하다고 말해 주는 것밖에는 더 할 말이 없더라고."[7]

어머니의 위독한 상태에 글렌은 마음을 많이 썼지만 정작 어머니를 보러 병원에 찾아가지는 않았다. 병균이 우글대는 병원에서 자칫 감염되어 그 자신마저 몸져눕게 되지 않을까 두려워했기 때문이다. 그러나 어머니가 의식을 잃기 전, 글렌은 전화로 어머니와 몇 시간 동안이나 이야기를 나눌 수 있었다.

어머니의 죽음은 글렌의 전 생애에서 가장 충격적인 사건이었다. 다른 어떤 여성과도 깊은 유대감을 형성하지 못했던 글렌에게 어머니는 여전히 엄청나게 중요한 인물로 남아 있었다. 어머니는 그의 기쁨과 실망, 꿈과 연주회 평까지 함께 나눌 수 있는 유일한 여자였다. 어머니 역시 아들의 성품을 이해하는 능력이 특별했다. 그를 낳고, 그의 음악적 천재성을 금방 알아보았으며, 그를 훌륭한 피아니스트로 만들어 낸 사람이 바로 그 어머니였다. 또한 글렌이 늘 어머니에게 전화해 서로 이야기와 생각을 나누었으므로 어머니는 그의 바쁜 생활과 일의 소소한 변화까지 다 알고 있는 말 없는 파트너였다. 어머니를 대신할 수 있는 존재는 다시 있을 수 없었다. 그러나 글렌은 속으로 깊은 고통과 아픔에 겨워했지만 겉으로는 감정을 표현하지 않았다.

"어머니의 죽음에 별로 말을 많이 하지는 않았어요. 그러나

그가 고통스러워하고 있다는 것을 느낄 수 있었어요."⁸ 글렌을
옆에서 지켜본 레이 로버츠가 한 말이다.

론은 글렌 어머니의 죽음이 "그에게 아주 큰 충격을 주었다"
고 기억한다. "글렌이 아무 생각 안 하고 있는 상태로 있는 모습
을 본 것은 그때가 처음이자 마지막이었어요. 글렌을 잘 아신다
면, 그게 얼마나 대단한 것인지 아시겠죠. 글렌은 잠자면서도 생
각하는 사람이잖아요. 그런데 처음으로 아무 생각도 가다듬지
못하는 상태로 멍하니 있는 모습을 봤어요. 그런 상태가 일주일
쯤 가더군요."⁹

제시 그레이그는 "글렌이 [어머니를] 매우 그리워했다······"
고 기억한다. "어머니의 죽음으로 그는 정말로 황폐해지고 더
내성적으로 변했습니다. 그 무렵 특히 나를 많이 찾았어요. 그래
서 내가 그에 대한 평을 함께 읽는 사람이 되어 버렸죠. ······ 참
재미있는 게, 그를 칭찬하는 평이 나올 때마다 이렇게 말하는 거
예요. '자, 이런 말 들으면 누가 제일 좋아할 것 같아?' 그리고 늘
'어머니'라는 대답을 듣기 원했죠. 어머니는 돌아가셨지만, 그는
변함없이 어머니를 기쁘게 해 드리려고 애썼어요. 그 자신 말년
에 접어들었을 때도 그랬어요. ······ 어머니가 돌아가신 뒤, 내게
전화로 그러더군요. 사랑하는 가족의 따뜻한 지원이 어떤 것인
지 이전에는 미처 깨닫지 못했었다고요. 그는 그때 처음으로 가
족의 사랑을 의식하게 된 것이었어요."¹⁰

어머니를 애도하는 동안 글렌은 어머니 꿈을 반복해 꾸었는
데, 제시에게 전화해 "그 꿈을 아주 자세하게 이야기해 주곤 했

다"고 한다. "어머니가 나타나 당신 사는 곳도 얘기해 주고, 우리가 어떻게 지내는지도 다 안다고 말씀하셨대요." 사촌간인 제시와 글렌은 어렸을 때 함께 교회에 다녔고, 가끔씩 종교 이야기를 나누며 지내 온 사이였다. 그들은 영화 「전쟁」에 사용했던 찬송가 이야기도 했다고 한다. 제시는 글렌이 "「요한 계시록」에 매혹되었고, 자기만의 독특한 관점으로 이를 해석했다"고 말한다. 이후 글렌이 "신과 내세를 믿었다"고 제시는 생각해 왔다.[11]

어머니가 세상을 뜬 지 1년도 채 안 되어, 글렌 자신도 고혈압이라는 진단을 받았다. 혈압이 높아진 사실을 처음 발견한 사람은 퍼시벌 박사였다. 1976년 3월 11일 정기 신체검사에서 퍼시벌 박사가 발견했을 당시 혈압 상승 정도는 그리 심하지 않았다. 퍼시벌 박사는 글렌에게 "걱정할 것 없으니 심각하게 생각할 필요가 전혀 없다"고 말했다. 퍼시벌 박사의 진료 기록은 지금 남아 있지 않지만, 박사가 기억하는 혈압은 '150에 90'이었다고 한다.

"……글렌은 조그만 일에도 매우 예민하기 때문에 나는 글렌이 이걸로 야단법석 떨지 않도록 했죠. 그가 마음을 편히 갖도록 하기 위해 애쓴 기억이 나는군요. '그냥 지켜보기로 합시다. 딱 한계선에 걸려 있으니까. 이 정도 고혈압은 그날 상황이나 기분에 따라 달라질 수 있어요.' 내가 그렇게 말하자 글렌은 즉시 반박하고 나서더군요. '아뇨, 그렇지 않아요. 제 아버지도 벌써 수년 동안 고혈압으로 고생하고 있거든요'라고 했어요."[12] 그렇지만 얼마 전 어머니가 돌아가셨다는 얘기나, 어머니가 고혈압이었다는 말은 분명히 하지 않았다고 한다.

자신이 고혈압이라는 사실을 알게 된 글렌은 평소 습관대로 다른 의사를 찾아다니기 시작했다. 토론토 종합 병원에서 글렌은 머리가 '어지러운' 증상을 호소했고, 고혈압이 확실하다는 진단을 받았다. 4월 19일에는 마운트 시나이 병원에서 간 질환 전문의인 알렉산더 G. 로건에게 검사를 받았다. 간과 요도를 엑스선으로 촬영(경정맥 신우 조영상)*했으나 기질적 이상은 보이지 않았다. 그런데 로건 박사는 글렌의 약한 고혈압 증세를 심각하게 받아들여 알도메트라는 혈압 강하제를 처방했다. 알도메트(메틸도파)는 중추 교감 신경 억제제로 혈압을 효과적으로 낮춰 주는 약이다. 알약 형태인 이 약을 로건 박사는 비교적 약하게 처방해 글렌에게 한 번에 250밀리그램씩 하루 두 번 복용하도록 했다. 나중에는 복용량이 늘어나 500밀리그램씩 하루 두 번 먹도록 했다. 고혈압이 심한 환자는 이 약을 한 번에 500밀리그램씩 하루에 네 번 복용하기도 한다.

글렌은 자신의 혈압 변화를 아주 꼼꼼하게 기록했는데, 보통 한 시간에 한 번씩, 어떤 때는 15분마다 측정하기도 했다. 미제 혈압 측정기가 고장 나거나 부정확해질 때를 대비해 여분으로 혈압 측정기를 두 개 — 하나는 독일제, 또 하나는 일본제로 — 더 구입해 두고, 각 기계의 수치를 자주 비교해 보았다. 여기 어느 하루의 측정치를 소개한다.

---

* 신장을 촬영할 때 잘 보이도록 조영제로 아이오딘을 혈류에 투입한 후 신장을 통과할 때 엑스선으로 촬영하는 기법.

4월 24일

오전 12시 30분—128.5/100

오전 1시 30분—126/97.5

오전 2시 15분—118/90

오전 4시 15분—119.5/92.5

오전 5시 30분—111 LO/81 LO

오후 2시 30분—122/85 H + A

오후 3시 30분—122/87

오후 4시 30분—136/104

오후 6시 30분—130/98  1시간 15분 동안 연습

오후 8시 00분—136 HI/106 HI

오후 9시 00분—114/90[13]

이 측정 수치와 함께 글렌이 기록해 둔 다른 수치들을 검토해
볼 때, 글렌이 복용한 약이 혈압을 정상으로 유지하는 데 확실히
효과를 거두었음을 확인할 수 있다. 글렌의 최고 혈압 수치(빗
금 왼쪽의 수치)는 사십 대 중반 남성을 기준으로 했을 때 크게 높
은 편이 아니다. 다만 최저 혈압 수치(빗금 오른쪽에 적힌 두 번째
수치)가 가끔 100, 104, 106 정도로 높게 나타나고 있다. 내가 본
글렌의 기록 가운데서 가장 높은 수치는 158에 110이었다. 하지
만 당시 글렌과 가장 가까이 지냈던 존 로버츠나 레이 로버츠에
따르면, 글렌이 알도메트를 먹지 않을 경우에는 "정말로 고혈압
이었다"고 한다. 존 로버츠는 약사가 실수하는 바람에 약을 잘

못 먹은 사건을 기억하고 있다. "그 약을 먹자마자 몸 상태가 나빠지더군요. 그래서 혈압을 재어 봤더니 정말로 아주 높았습니다."[14]

불행히도 로건 박사는 의료 기록을 하나도 공개하려고 하지 않아서 퍼시벌 박사가 애초에 진단했던 대로 글렌이 고혈압 '경계선상'에 있었는지, 아니면 그 이상이었는지 확인할 방법이 없다. 그러나 글렌의 기록에서 1976년 4월 15일 로건 박사가 그에게 두 번째 약 — 인데랄(프로프라노돌)이라는 베타 아드레날린 자극 효과를 막는 화학 대용품 — 을 처방했고, 그 때문에 맥박과 호흡이 느려졌다는 사실을 확인할 수 있었다. 복용량은 아주 약한 편으로 한 번에 20밀리그램씩 하루 두 번 복용하도록 되어 있었다. 보통 심장병 환자에게 사용하는 양과 비교하면 아주 적은 양이다. 그 정도 양이라면 무대에 서는 예술가나 대중 앞에서 연설하는 사람의 무대 공포증을 해소할 정도 수준이다.

자신의 맥박에 대해서도 걱정이 많았던 글렌은 한때 매 시간 맥박 수를 재고 맥박에 영향을 주었을 법한 사건을 함께 기록해 두기도 했다.

맥박 일지
[1977년?]1월 18일(취침 시 네 번째 알도메트; 7시간 45분 8시간 푹 [잤다])

기상 1시 45분—104

2시 00분—104

2시 15분—104

3시 15분—102　　(대화를 활발히 나눈 뒤)

3시 30분—94

3시 45분—96　　(활발한 대화)

4시 00분—88

4시 15분—84

4시 45분—9　　(전화 통화)

5시 00분—90

5시 08분—80　　(화장실)

5시 10분—88

6시 00분—88

6시 15분—82

7시 15분—82　　(알도메트)

7시 30분—82

8시 00분—88

　　　　　　　　(알도메트)

밤　12시 00분—78

오전 5시 00분—86

5시 15분—88　　(알도메트)[15]


고혈압 문제로 퍼시벌 박사와 글렌 사이에 의견 대립이 있었
지만 그래도 글렌은 생을 마칠 때까지 퍼시벌 박사를 만나러 한

달에 한 번씩 진료실을 찾았다. 그런데 퍼시벌에게는 로건 박사에게 고혈압 치료를 받고 있다는 말을 절대로 하지 않았다. 추측건대 글렌은 아마 로건에게도 퍼시벌 박사 얘기를 하지 않았을 것이다. 그런데 나는 글렌이 이 두 의사 이름이 바그너 음악의 등장인물인 로게Loge(불의 신)*와 파르지팔Parsifal(성스러운 기사)**과 비슷하다는 점을 알고 있었는지 궁금하다.

1976년 5월 5일, 글렌은 평소보다 심하게 배가 아파 퍼시벌 박사를 찾아갔고, 박사는 리브락스 캡슐을 식후와 잠자기 전에 복용하라는 처방을 내렸다. 리브락스 캡슐은 두 종류 약 — 안정제 리브리움 5밀리그램과 경련성 발작을 막아 주는 콰르잔 2.5밀리그램 — 이 담긴 것이다. 글렌은 의사 두 명에게 처방전을 받는 것만으로는 충분치 못했는지, 그해 여름 세 번째 의사인 데일 매카시를 찾아갔다.

매카시 박사는 뼈와 관절 이상을 다루는 정형외과 전문의로 글렌이 오랫동안 앓아 온 어깨 통증을 호소하는 동안 참을성 있게 그의 이야기를 들어주었다. 그러나 매카시 박사는 "글렌이 얘기한 증상이나 신체 징후를 기반으로 진단을 내리기는 매우 어려웠다"고 회상한다.

---

* 바그너 오페라 〈니벨룽의 반지〉에 등장하는 불의 신. 불로 모든 것을 파괴하고 정화하고자 한다. 신들에게 황금을 훔치자고 충동질한 장본인이다.
** 바그너의 마지막 오페라 〈파르지팔〉의 주인공. 파르지팔, 또는 퍼시벌로 불리는 이 기사는 아서왕 전설에서는 랜슬롯의 시종으로 출발, 원탁의 기사가 되었다가 성배를 찾는 긴 모험에서 마침내 성배를 찾는 주인공이지만, 바그너 오페라에서는 그랄의 왕 암포르타스의 상처를 치유하기 위해 신성한 창과 성배를 찾는 인물로 나온다.

"신체 징후는 일반적으로 알려진 것과는 잘 들어맞지 않았지만, 나는 일종의 염증이 생긴 게 아닌가 하고 의심했습니다. 아마도 나쁜 자세로 피아노를 치면서 상체를 과다하게 움직인 탓이겠죠."[16]

매카시는 스테로이드가 들어가지 않은 소염제를 처방해 주었는데, 처음에는 인도신(인도메타신) 캡슐을 잠자리에 들기 전 25밀리그램 복용하도록 했다가, 나중(1978)에는 나프로신(나프록센) 25밀리그램짜리 알약 하나를 하루에 두 차례 복용하도록 했다.

이런저런 병을 치료하기 위해 글렌이 먹은 약은 물론 치료에 효과적이긴 하지만, 부작용도 초래할 수 있는 약들이었다. 한 예로 알도메트는 기분을 너무 가라앉게 만들고 입안이 마르는 증상을 종종 초래하며, 가끔 간 기능에 이상을 일으키기도 한다. 또 인도신은 소염 작용과 함께 지혈 작용을 하는 혈소판 생성을 억제할 수도 있다. 물론 글렌은 자신이 먹는 약에 대해서는 레이 로버츠가 표현한 대로 "모든 약의 성능을 설명해 주는 커다란 의학책"에서 찾아 아주 꼼꼼하게 읽곤 했다.[17] 또한 나중에 로건 박사에게 물어볼 요량으로 자신의 증상을 자세히 적어 두기도 했다.

1977년 12월 22일 증상(로건 박사에게)

1. 혈압 상승—아무런 활동도 하지 않고서 저녁에 140/100.

1A. 그 증상으로는 차가움을 느낌, 어떤 때는 도저히 멈출 수 없을 정도로 덜덜 떨림, 보통은 차가운 걸 조금 마시면 나아지지만 가끔은 이런 도움을 [알아보기 힘든 글자]—움직이면서 약해짐.

2. 콧구멍—대화 후에 막힘, 특히 활발하고 다양한 [글씨 알아보기 힘듦] 숨 쉬기 힘들 정도로…….

3. 위-장—탈장 같은 증세가 '한 달 이상(!)' 계속—바륨 식사 검사* 외.

4. '네댓 달' 동안 서너 시간씩 토막잠, 현재 호전되었음.[18]

글렌은 늘 나이에 비해 어려 보이는 편인 데다 꽤 매력적이었다. 그러나 중년에 이르러서는 그동안의 병과 약의 여파를 여실히 보여 주고 있었다. 존 로버츠는 글렌의 외모가 "초췌해졌다"고 묘사한다.[19] 중년에 찍은 사진에서 글렌은 주름살 많은 얼굴에 대머리가 두드러지고 등이 굽은 자세를 하고 있다.

1977년 5월, 토론토에서 미국 정신과 협회 회의가 열려 그곳에 간 김에 나와 조 스티븐스 박사는 로버츠 피셀라Robert Fiscella 박사와 함께 세인트 클레어에 있는 글렌의 아파트를 찾아갔다. 그는 우리를 따뜻하게 맞아 주었지만, 10여 년 만에 본 그의 모습이 너무나 심하게 망가져 있어서 충격을 금할 수 없었다. 그의 얼굴과 몸은 부어서 뚱뚱하고 물렁물렁해 보였고 몸은 구부정

---

* 위나 장을 검사하기 위해 엑스선 촬영을 할 때 이상이 잘 보이도록 하기 위해 황산 바륨 현탁액을 마시고 촬영하는 방법.

했다(알도메트 부작용으로 체내에 수분이 쌓일 수 있고, 이 때문에 몸무게가 증가한다). 그의 움직임은 이전보다 더 느려졌다. 늘 창백한 편이던 피부는 이제 이상한 회색 기가 돌고 있어서 거친 강철 빛깔이 났다. 아마 햇빛을 제대로 쬐지 못해 그랬을 것이다. 또 그의 머리카락은 얇고 성겼으며 기름에 절어 있었다. 눈은 마치 안으로 푹 꺼진 것처럼 작아 보였다. 하지만 말하는 방식은 하나도 변하지 않았고, 재빠르게 응수하는 말솜씨 역시 여전했다. 대화해 보니 그는 여전히 원기 왕성하고 생동감 넘치는 재미있는 글렌이었으며, 도발적이면서도 매력 넘치는 집주인이었고, 재미난 이야기꾼이었다. 그러나 더 이상 피아니스트 글렌은 아니었다. 우리가 만난 사람은 라디오 제작자이자 영상물 제작자인 글렌이었다.

자정 무렵 그는 최근 만든 작품을 보여 주겠다며 우리를 차에 태워 인 온 더 파크로 데리고 갔다. 아파트 겸 스튜디오인 그곳에는 전자 기기가 설치돼 있어서 그는 대부분 작업을 거기서 하고 있었다. 늘 그렇듯 아주 덥게 난방을 틀어 둔 그곳에 오래 있자니, 글렌이 바라는 대로 우리가 모든 테이프와 음반, 텔레비전 프로그램, 해설 하나하나를 음미하며 집중하기가 점점 힘들어졌다.

거기서 내가 가장 큰 관심을 가진 것은 글렌이 최근 발매한 바흐 앨범이었다. 하이메 라레도와 함께 연주한 바이올린과 하프시코드를 위한 소나타 여섯 곡을 담았는데, 그중 몇 곡은 글렌을 처음 만나던 시절 나와 글렌이 함께 연주한 곡이었다. 그래서 그가 얼마나 투명하고 정확한 리듬감을 가지고 그 곡들을 연주했는지 익히 기억하고 있었다. 그런데 새 음반을 들어 보니, 온갖 장식과 꾸밈이 덧붙여져 있었다. 그런 장식은 내가 생각하기에 엉터리라고까지는 할 수 없어도 적절치 않아 보였다. 그래서 아마 그 음반에 대해 내가 별로 안 좋은 평을 했던 모양이다. 조 스티븐스 말로는, 내 말에 글렌이 신경을 "곤두세웠다"고 한다. 글렌은 그 대답으로 나를 굉장히 화나게 하는 말을 했다.

1977년은 내가 로베르트 슈만의 전기를 연구하기 시작한 해였다(이후 이 전기는 출판되었다).[20] 나는 글렌에게 슈만의 전기 이야기를 꺼냈고, 글렌은 슈만에 대한 평소의 독설로 응수했다. 즉 슈만은 요란하게 과시하는 음악, "낭만주의의 쓰레기"만 작곡한 평범한 작곡가라는 것이었다. 제정신이 박힌 피아니스트라면 오늘날 슈만 곡을 연주하려 들지 않을 것이고(틀린 말), 아내가 남편보다 피아노 실력이 나았다(맞는 말)고 했다. 글렌은 내게 말했다.

"피터, 자네가 할 일은, 정말로 중요한 음악가의 책을 쓰는 거야."

글렌은 자기 자신을 염두에 두고 이 말을 했을까?

그는 자신이 '만든' 작품 가운데 가장 중요하며 걸작으로 꼽는다는 「북쪽 생각」 테이프를 우리에게 다 틀어 주었고, 나는 글렌처럼 열성을 가지고 그 프로그램을 감상할 정도는 못 되어서 도중에 잠이 들고 말았다. 만약 우리에게 간식이나, 하다못해 물 한 잔만이라도 대접했더라면 도움이 됐겠지만 글렌은 그런 생각을 할 수 있는 사람이 아니었다. 새벽 세 시가 되어서야 그는 우리를 호텔로 데려다주었다.

조 스티븐스 역시 글렌을 만나고서 실망과 우려를 금치 못했다. 결과적으로 그 만남이 조에게나 나에게나 글렌과 개인적으로 접촉한 마지막 만남이 되고 말았다. 스티븐스는 "글렌이 아파 보인다"며 걱정했다.

"아프다고 늘 불평을 해 대곤 했었는데, 이번에는 아프다는 말을 한마디도 하지 않은 게 이상해. 그리고 그토록 훌륭한 피아니스트가 음악과는 상관없는 일에 완전히 빠져 버린 모습을 보자니 정말 비극적이더군."

글렌 역시 자신이 새로 시작한 일과 구상에 우리가 시큰둥하다는 것을 눈치챘던 모양이다. 이후 그는 조에게도 나에게도 두 번 다시 연락하지 않았다. 다만 연례적으로 크리스마스카드를 보내올 뿐이었다. 그나마도 늘 크리스마스가 지난 뒤에 도착하긴 했지만. 자신에게 더 이상 소용없다고 느끼면 서둘러 옛 친구를 버리는 것은 글렌다운 행태라고 나는 생각했지만, 조 스티븐스는 나보다 예민하게 받아들였다. 나는 최근 스티븐스에게 "언제 자네들의 관계가 끝났다는 것을 알아차렸는가?" 하고 물어보았다.

"볼티모어로 돌아온 뒤였네. 돌아오고 일주일이 지났는데도 전화가 없었으니까."

"그러면 그전까지는 자네에게 계속 전화를 했었단 말인가?"

"꾸준히 하는 편이었어. 내가 돌아오고 나서 그 주 안에 전화를 받으리라 기대하고 있었는데 전화가 없는 거야. '참 이상하다'고 생각했지. 일주일인가 열흘 정도 기다려도 전화가 없기에 내가 전화를 했지. 물론 자동 응답기가 받았지. 나는 '내게 전화 걸어 달라'는 메시지를 남겨 놓았어. 그런데도 전화가 안 오더군. 그래서 내가 세 번 정도 더 전화해 메시지를 남겼을 거야. 하지만 그 뒤로도 아무 소식이 없었어. 그래서 깨달았지. 내가 전혀 짐작도 못 하는 어떤 이유로 내 우정은 — 우정이라고 할 수도 있겠지 — 끝나고 말았다는 것을."[21]

그러나 그때 스티븐스도 나도, 또 그와 가까운 사람 어느 누구도 알지 못했던 것은, 당시 글렌이 손을 제대로 움직일 수 없는 상황에 다시 빠져 고통을 겪고 있었다는 사실이다. 이 마비 증상은 18년 전 스타인웨이 기술자가 그의 어깨를 '쳤다'고 글렌이 주장했던 사건 직후 생긴 '마비' 증상과 비슷했다. 하지만 이번에는 외부적 요인이 없어 보였다. 마비 증상이 계속되던 1년 동안 거의 매일 썼던 일기에 글렌은 "[1977년] 6월 둘째 주에 손이 부드럽게 잘 움직이지 않는다는 것을 발견했다"는 기록을 남겼다. "업라이트 피아노로 칠 때 처음 징조가 나타나더니" 그가 처음으로 연주하는 알프레도 카셀라*의 〈바흐 이름에 의한 리체르카레Ricercare on the name BACH〉**를 녹음하는 동안 증상은 더욱 악

---

* 알프레도 카셀라Alfredo Casella(1883~1947)는 당대 이탈리아의 대표 음악가로 군림했다. 파리 음악원에서 공부하고 포레를 사사한 카셀라는 신고전주의 경향과 프랑스 인상주의 영향을 담은 음악을 작곡했다. 피아니스트 겸 지휘자로도 활동했다.
** 리체르카레는 16세기부터 18세기까지 성행했던 기악곡 형식. 르네상스 모테트 구성과 더불어 푸가 형식의 발전에 큰 영향을 끼쳤다.

화되었다.

　[일기에 적기를] 카셀라의 첫 도입부 주제를 안정되게 연주할 수가 없었다. 음은 엉키고 음계처럼 이어지는 경과구는 고르지 못한 데다 힘을 제대로 조절할 수가 없었다. …… 다음 두 주일 동안…… 문제는 점점 더 심해졌다. 바흐의 합창곡조차 제대로 연주하는 것이 불가능해졌다…… 각 성부가 서로 조화를 이루지 못하고, 음의 연결도 불안정하여…… 다른 증상 가운데서도…… 화음을 펼쳐서 연주하지 않고는 소리를 낼 수 없다는 것, 그리고 별로 역동적이지 않은 화음조차도 제대로 통제할 수 없게 되었다.[22]

글렌은 스타인웨이 사건 때는 의사에게 찾아가 도움을 구했지만, 이번에는 모든 사람에게 비밀로 했다. 그는 자신의 제작자인 앤드루 카즈딘에게 앞으로 1년 동안은 컬럼비아와 함께 녹음 작업을 할 수 없을 거라고 말하면서 그동안 녹음 스튜디오로 사용해 온 이튼 오디토리움이 부서질 예정이기 때문이라고 했다(카즈딘은 이를 글렌 특유의 "창조적인 거짓말" 능력을 보여 주는 한 예라고 묘사했다).[23] 글렌의 일기장에는 다음과 같은 기록이 나온다.

　"여름 내내 실험 연습을 하기로 하고 연습을 시작했다. 두세 시간, 어떤 때는 더 오래 연습을 계속했다. 레퍼토리에서 '단골로 연주하는 곡' — [바흐의] 반음계적 환상곡, 라(D)장조 토카타, 사(G)장조 토카타, 하이든[소나타] (두 작품) 중 내림마(E플랫)장조 — 을 주로 연주했다. 그리고 시험 삼아 〈황제〉 협주곡 (투티 다음에 나오는) 독주 도입부나 〈엘렉트라〉 발췌곡 같은 유명한 악절을 쳐 보았고, 다시 확인해 볼 요량으로 베토벤 사(G) 장조 협주곡*(마지막 악장)에서 음계 카덴차 부분을 연주해 보았다."[24]

글렌은 평소 자신의 손과 손가락이 움직이는 방식에 대해 전혀 생각할 마음이 없다고 공언해 왔지만, 마비를 겪고 있는 지금은 마비 증상을 조금이라도 개선해 볼 요량으로 손가락의 움직임을 분석하는 데 몇 시간씩 보내곤 했다. 손과 손가락의 움직임을 일기장에 자세히 묘사하면서 그는 자신만의 용어를 새로이 만들어 내 쓰곤 했다. 아무래도 그런 분야에 관해 도움을 줄 만한 생체 역학 전문가나 해부학 교과서는 별로 참조하고 싶지 않았던 모양이다.

사용해 본 방식

(1) 엄지의 상하 움직임**: 이 동작은 전체적으로 과도하게 나타나는 손가락의 움직임과 관련하여 시도해 보았다…… 하프처럼 한음 한음의 감각…… 그 결과 음역 변화가 적은 짧은 특정 악구에는

---

• 　베토벤 피아노 협주곡 4번을 말한다.
•• 　글렌의 일기 원문에는 indents라고 되어 있다. 저자가 말한 것처럼 글렌이 자기 혼자 생각
　　으로 쓴 말인 것 같다. 내용으로 볼 때 손가락 두 개를 아래위로 번갈아 움직이면서 칠 때
　　의 모양 또는 손가락이 건반을 누르고 떼는 동작을 가리킨다.

꽤 효과적이었다…… 그러나 그 외 다른 면에서는 느낌이 불쾌했고…… 긴장이 고조되는 다른 곳에 적용하는…… 방법에서는 효과가 없었다.

(2) 한여름에는 손과 손가락이 만나는 관절에 노력을 쏟았다. 처음에는 손가락을 움직일 때의 힘과 잘 맞아떨어져 진척이 있었다. 이는 때로 점점 커지는 것 같은 느낌을 강화해 주는 것 같았다. 한때(1966년경)는 그게 해결법이었지만…… 트릴과 기타 여러 가지…… 안정되게 반복 연주하는 걸 불가능하게 만드는 것 같다.

(3) 지난여름 매우 짧은 기간 (사나흘도 안 되었을 것이다) 손목을 높이 해서 연주하는 실험을 해 보았다. 엄지와 함께 아래위 엇방향으로 번갈아 가며 치는 손가락, 그리고 손가락과 손이 만나는 관절 부분에 가해지는 과도한 부담을 줄이기 위해 시작했다. 실험 결과는 제어력 완전 상실로 끝났다. 특히 엄지손가락을 움직여 연주할 때는 전혀 통제가 안 된다.

(4) 여름 동안 가끔씩 자세를 조절하고 무게 중심을 낮추고 몸을 바르게 할 목적으로 엄지에 힘을 많이 주어 보았다. 엄지의 움직임이 압력과 상관없이 지속적으로 유지되게 하는 자세를 찾아 취해 보았는데, 보통 이상으로 힘이 들고 피아노에 앉기 전 미리 자세를 잡는 것이 불가능하다는 사실이 밝혀졌다. ……

(5) [1977년] 9월 중순, 모든 기능을 목에서 조절하는 방법을 시도해 보았다. 이렇게 하려면 목을 좌우로 돌려서는 안 되고, 결국 어깨에 힘이 과도하게 들어가게 된다. 처음에는 효과가 대단했다. 전체적으로 금방 부드럽게 잘 조화되었다…… 1967년 5월에 겪었던 문

제와 비슷해 보인다. ……[25]

애석하게도 이런 효과는 일시적인 것으로 드러났다. "목을 움
직이지 않고 (초시계도 볼 수 없게 된다) 있자니 피곤하고 너무 부
자유스러웠다. 그로 인해 이전에 목 때문에 못 움직였던 경우가
기억났다." 9월 말 무렵에는 '이미지 문제*'에 관한 이야기가 나
온다. 그 내용인즉 "바람직한 위치보다 훨씬 뒤로 물러나 앉아
있는" 자신을 발견하면서 "……손목 돌리기 또는 손목 '회전'이
지나친 것 같다. …… 트릴은 될 때도 있고 안 될 때도 있다……
자주 '음들이 엉기는' 현상…… 역동성도 고르지 않은 게 눈에
띈다"는 것이다. 이에 대한 해결책을 계속 찾던 글렌은 어느 순
간 얼굴 근육에 힘을 주면 어떨까 하는 생각을 떠올리게 되었다.
글렌이 '찡그리기(또는 눈썹 주름 잡기) 현상'이라고 불렀던 이 방
법은 "(이전의 위기 상황에서도 그랬지만) 유익한 효과를 냈던 것
같다. 그래서…… 트릴과 기타 여러 가지 것을…… 제대로 할 수
있게 되었다. …… 아마도 얼굴 근육이 목과 엄지의 움직임과 관
련이 있지 않나 하고 추측해 볼 뿐이다. 어쨌든 확실한 것은, 주
름 없는 얼굴(맨얼굴)이 되면 곧바로 통제력(특히 리듬적으로 세
분화됐을 때)이 줄어든다는 사실이다……".

이 글을 읽어 보면 글렌이 연주하면서 그토록 얼굴을 많이 움

---

* 글렌이 연주할 때 자신의 몸을 독특한 방식으로 느끼는 것을 의미한다. 이 뒤에 나오는 이
미지라는 말은 모두 연주 자세에 따른 여러 느낌, 또는 통제력을 발휘할 수 있도록 떠올린
갖가지 상像을 일컫는다.

직인 것도 그렇게 하면 손을 더 잘 제어할 수 있다고 느꼈기 때문이라는 것을 알 수 있다. 어쨌든 글렌은 '엄지 제어 실험'을 계속해 나갔고, "건반에 완전히 몰입하지 않는" 스타일, 말하자면 손과 손가락을 올려 주면 "확실하고 친숙하며 편안한 감각……한결 고르게 연주하는 안정감 등등"[26]이 생긴다는 것을 발견했다.

이렇게 나아진 상태는 9월 동안 계속되었고, 10월에 접어들자 "굉장한 자연스러움과 편안함, 발랄한 즉흥성까지 갖고 있는…… 새로운 '이미지'가 생기기 시작했다". 이제 글렌은 자신의 몸을 달리 생각하기 시작했다. "해결책은 서로 겹치는 통제 단위로 어깨와 몸 — 이전에 생각했듯이 어깨와 목이 아니라 — 을 하나로 묶어 버리는 것이다. …… 그렇게 하면, 건반 어느 곳을 연주하든 몸 전체와 팔뚝 힘으로 손을 뻗칠 수 있을 정도로 자유롭게 팔목 부근을 쓸 수 있게 된다. …… 그러면 어깨와 몸이 만나는 부분이 서로 겹쳐져 있는 것처럼 느껴진다 — 마치 위쪽 팔뚝이 몸 양쪽에 연결되어 있는 것처럼……." 새롭게 조화를 이룬 몸의 이미지에 관해 글렌은 엄청나게 꼼꼼히 계속 기술해 나가면서 "이것은 몸에서 팔을 분리하도록 하는 자세와 '정반대'가 된다. 몸과 팔을 분리하게 되면 의식적으로 손가락을 제어하는 구체적인 통제력이 필요했다"[27]고 적었다.

그러나 곧 다시 문제에 봉착했다. 10월 14일, "원점으로 되돌아갔다. 팔과 몸의 연결 이미지는 오래가지 못했고…… 목은 점점 따끔거리고 움직일 수 없게 되었다…… 건반에 대한 기민한 반응 감각을 여전히 되찾지 못하고 있다…… 이 점은 뻣뻣한 트릴과 기타 여러 가지에서 나타났다. …… 음 하나하나가 밑으로 처지는 느낌이 두드러져 여리게 쳐야 하는 부분에서는 도저히 연주가 불가능했다".[28]

이러한 혼란과 실험을 반복하는 도중에도 글렌은 비디오 프로그램을 만들어 냈다. CBC의 「뮤직 카메라: 우리 시대의 음악」 중 네 번째 작품으로 만든 이 프로그램은 '장인 음악가The Artist as Artisan 1930-1940'라는 제목으로 1977년 12월 14일 방영되었다. 이 프로그램에는 힌데미트와 크레네크, 프로코피예프, 베베른은 물론이고 글렌에게 문제를 야기했던 카셀라의 〈바흐 이름에 의한 리체르카레〉도 포함되어 있었다. 이 프로그램을 보면, 그가 겪고 있던 문제를 어느 정도 짐작할 수 있다. 〈바흐 이름에 의한 리체르카레〉를 연주하고 있는 글렌은 마치 병든 곰처럼 거의 움직이지 않고 건반 위에 몸을 지나치게 구부리고 있어 손가락이 보이지 않을 정도다. 아마 그는 일부러 그렇게 촬영하길 바랐는지도 모른다. 글렌은 그 프로그램 테이프를 직접 보면서 "목과 몸이 고장 난 것처럼 움직인다"는 것을 발견했다. "엄지는 (건반을 누르고 있지 않을 때) 너무 많이 올라가 있었다. 카메라 촬영에서 다른 손가락의 움직임에 관해 알아보는 것이 중요하다. …… 그러면 이제 어떻게 해야 한다지?"

글렌은 두 가지 실험을 해 보았다. 하나는 "건반에 쓰러지는 접근 자세"였으며, 다른 하나는 "팔의 윗부분을 움츠림으로써 높게 만드는 여러 가지 방법"을 시도해 보는 것이었다. 트릴은 한결 나아진 것 같았지만, 이번에는 '확장된 손 혈관 증상'이라고 글렌이 불렀던 문제로 고통을 겪어야 했다. 그해 11월, 글렌은 새로 구입한 시보레 몬테 카를로를 운전한 뒤 "조절력을 회복했다"는 사실을 발견했다. "이 차는 굉장한 좌석(그렇지만 스프링 장치는 썩 훌륭하지 않아서 멀미 증상을 일으켰다)을 가지고 있다. 문 두 개짜리에 흔히 있는 것처럼 기울어지는 좌석인데 가운데 등을 잘 받쳐 준다."

등을 안정시켜 주는 또 다른 방법으로 그가 발견한 것은 "다리를 꼬고 (오른쪽 다리를 왼쪽 다리에 포갠다) 많이 연주하는 것이다. 이 방법은 1959년경의 연주회를 기억나게 한다. 그때도 건반에 대한 조절 능력과 이미지를 안정시키는 데 그런 자세가 꼭 필요했던 것이다. 그뿐만 아니라 등이 (전체적으로) 앞뒤로 자유로이 움직일 수 있도록 도와주었고, 건반에 대해 자유롭고 즉흥적인 이미지를 강조하는 데도 도움이 되었다. ……"

11월 9일, 뉴욕 스타인웨이 피아노 회사를 방문했을 때 글렌은 "정말로 많이 나아졌다"는 사실을 확인하고 아주 기뻐했다. "……물론 트릴이 집중적으로 많이 나오는 레퍼토리는 피했지만…… 목은 더 이상 뻣뻣하지 않았으며, 45분에서 한 시간가량 연습하는 동안 이미지도 계속 유지할 수 있었다."[29]

일기는 그런 내용으로 죽 써 내려가다가, 둘째 권으로 이어져 1978년 1월부터 7월까지 계속된다. 그런데 정작 궁금한 것은, 마흔다섯 살 된 글렌이 왜 그토록 힘들게 애를 쓰면서 자신의 피아노 연주를 육체적인 차원에서 분석하고 해부하고 교정하려

들었는가 하는 점이다. 가장 분명한 이유는 물론 앞서 언급한 대로, 카셀라 작품처럼 녹화된 연주가 만족스럽지 못했기 때문일 것이다. 그러나 글렌은 청중 앞에서 최고 실력을 보여 주어야 하는 연주회 피아니스트 생활을 접은 지 오래였고, 그동안 전자 매체 일을 계속해 왔기에 잘못된 연주는 잘라 내고 다시 이어 붙이는 식으로 편집해 쉽게 고칠 수 있었다. 그런 그가 갑자기 피아니스트로서 완벽주의를 그토록 철저하게 추구한 데에는 더 깊은 이유가 있을 거라고 판단된다.

한 가지 확실한 이유는 그 무렵 어머니를 여의었다는 사실이다. 그의 의식적이고 무의식적인 기억 속 어머니는 끊임없이 실수를 고쳐 주는 사람이었고, 더욱 훌륭한 연주를 해 나가도록 옆에서 자극하는 사람이었다. 이제 어머니가 떠나자, 어머니가 해 왔던 비판 기능이 송두리째 그 자신 안으로 들어오게 된 것이다. 균형을 잡아 주는 역할을 해 온 어머니를 잃은 그는 자신의 대화, 글, 녹음, 라디오 프로그램과 텔레비전 프로그램을 다룰 때도 그랬지만 자신의 연주에 대해서도 강박적인 분노감으로 문제를 파고들며 씨름했다(18년 전 '스타인웨이 사건'으로 피아노 테크닉이 망가졌다가 회복된 경우는 그의 또 다른 피아노 선생인 알베르토 게레로의 죽음 직후 일어난 일이었다).

또 다른 이유는 두말할 나위 없이 중년이라는 시기 때문이었다. 사람은 중년이 되면 과거를 되돌아보고 얼마 남지 않은 미래를 생각하며 육체가 쇠약해지는 현상을 종종 고통스레 관찰한다. 약한 고혈압 증상에 글렌은 환자 노릇을 본격적으로 하기 시작했다. 처방된 약을 먹느라 매력적인 젊음까지 다 잃어 가면서. 그런데도 통제하고자 하는 그의 욕구는 변함이 없었다. 그래서 피아노 연주의 난점들을 혼자 떠맡음으로써 자신은 스스로 완벽하게 조절할 수 있다는 환상을 유지할 수 있었다.

흥미로운 점은, 이 문제를 기록한 일기는 그의 다른 글보다 훨씬 조리 있고, 글씨 자체도 읽기 쉽게 썼다는 점이다. 이 기록을 읽노라면, 글렌은 이 글을 다른 이에게 보여 주고자 했고, 어쩌면 출판할 생각까지 진지하게 했을지도 모른다는 인상을 받게 된다. 그는 비슷한 곤란을 겪는 미래의 피아니스트와 그런 피아니스트를 도와주려는 치료사를 위해 이 기록을 유산으로 남기고 싶었나 보다.

1976년 바이올리니스트 하이메 라레도와 함께. 중년의 굴드는 고된 작업과 수많은 약, 그리고 정신적 동반자였던 어머니의 죽음 등으로 몸과 마음이 피폐해져 갔다.

수많은 다큐멘터리를 제작하고 방송했던 CBC 라디오 방송국에서.

1974년, 방송과 녹음에 열중하던 시절의 글렌 굴드.

1960년, 다리를 꼰 채 리허설을 하고 있는 글렌 굴드. 등이 늘 아팠던 굴드는 그 때문에 실제 연주 무대에서도 자주 다리를 꼬고 연주했다.

# 25
# 만년

글렌의 일기 두 번째 권은 1978년 1월 30일에 시작하는데 꽤나 낙관적이다.

　　이제 등을 한 단위로 보는 것이 적절하다고 생각한다…… (목도 등에서 이어지는 선의 일부로 움직일 때 가장 잘 기능하지만) …… 물론 '내려앉은' 척추는 없다. 하지만 '내려앉은' 가슴은 피아노 가까이 다가가게 해 주고 더 잘 보이게 해 준다. …… 지난 사흘 모든 것이 제대로 잘됐다. ……[1]

그런데 등 자세를 그토록 강조하는 그가 자신의 피아노 의자에 대해서는 일언반구도 하지 않았다는 사실이 놀라울 뿐이다. 글렌이 만년에 피아노 치는 모습을 담은 사진이나 영상물에서 분명히 볼 수 있듯이, 그의 의자는 더 이상 그를 제대로 받쳐 주지 못했다. 이전에 그가 앉았던 깔개 부분이 완전히 닳아 해졌는데도 새로 해 넣지 않았기 때문에 이제 글렌은 깔개 없이 그대로 드러난 'H' 자 모양의 나무틀 위에 바로 앉아야 했다. 그렇게 앉는 것이 고통스럽다고까지는 할 수 없어도 불편했을 것은 자명하다. 그를 받쳐 주는 힘은 그의 가랑이가 닿는 중간의 나무토막밖에 없었다. 이 중간 토막은 의자 앞과 뒤쪽의 틀과 연결되어 있을 뿐 엉덩이가 닿는 양쪽은 뚫려 있어서 빈 공간으로 남는다. 그러니 엉덩이 부분에서 힘을 전혀 받쳐 주지 못하고, 그의 전체 몸무게가 회음부와 생식기로 쏠리게 된다.

글렌은 이런 사실을 전혀 의식하지 못했던 것 같다. 그는 아버지가 만들어 준 이 의자를 성스러운 물건 다루듯 아꼈으며, 의자에 대해서는 불평하는 법이 없었다. 그의 의사들 역시 이 의자를 문제로 지적한 적이 없었다. 글렌은 자신의 의사들 가운데 퍼시벌 박사와 비뇨기과 의사인 필립 클로츠를 1978년에 찾아가, 자신이 생각하기에 '전립선염' 때문에 생겼을 거라고 의심되는 증상에 관해 문의했다. 두 의사 모두 직장 검사와 함께 필요한 갖가지 분석 실험을 했고, 그 결과 전립선 비대증이나 감염 또는 종양이 아니라는 결론을 내렸다.

"전립선 병에 걸렸을까 봐 글렌이 걱정을 아주 많이 했다"고 클로츠 박사는 말했다. "글렌은 좀 이상했습니다. 내 말은 그가 보통 사람과 달랐다는 겁니다. 정보가 될 만한 얘기를 자진해서 쉽게 말하는 사람이 아니었어요. 그 자리에 있는 것 자체를 몹시 불편하게 여기는 게 눈에 보였어요. 그 모든 일을 끔찍한 고통이나 지긋지긋한 일로 여기는 것 같았습니다."[2]

클로츠 박사는 글렌에게 전립선은 아무 이상 없으니 안심하라고 말해 주었다. 만약 클로츠 박사나 퍼시벌 박사가 글렌이 피아노에 앉아 연주하는 모습을 봤다면, 글렌이 불편해하는 이유를 분명히 알 수 있었을 거라고 나는 생각한다(오늘날 공연 예술가를 치료하는 의사는 우선적으로 환자가 악기를 연주하는 모습을 지켜보도록 되어 있다).

1978년 2월과 3월 일기에는 군데군데 증상 이야기가 나오긴 하지만 — "손목이 이상하게 돌아가기 시작했다…… 어깨와 목이 매우 시큰거린다…… 시야도 아주 좁아졌다…… 손가락 끝의 신경이 곤두서서 따끔거린다…… 내이염을 잠깐 앓았다" — 그래도 많이 좋아졌는지 글렌은 "4월에는 녹음을 시도해 볼" 생각을 하고 있었다. 그리고 이토록 잘 낫지 않는 데는 "심리적인 이유가 있을지도 모른다"고 처음으로 생각한다. 그 일기를 쓰기 전날, 그는 자신과 관계가 있는 — 아마도 연애 사건인 듯 — 한 여가수와 녹음한 테이프를 들었던 것이다. "게다가 나는 사흘 동안 연습도 하지 않았었다…… 그러니 그전에 이미 무언가 '요인'이 있었던 것이다."

병이 많이 호전되자 글렌은 자신이 "손-손가락 마디 연결"이라 부르는 "이미지 떠올리기" 덕택이라고 해석했다. "이는 손을 힘을 뺀 하나의 도구로 '상상하는 것'인데, 손가락은 움직일 필요가 없고 — 다시 말해, 그저 '거기 있기만' 하면 되는 상태 —

단지 몸을 조절함으로써 다른 모든 것이 저절로 조절되는 상태를 떠올리는 것이다."[3]

스튜디오로 돌아가기를 기대하던 이 무렵 글렌의 연습량은 다른 때보다 많은 편이었다. 컬럼비아 마스터웍스나 CBC 프로그램에서 앞으로 녹음하고 싶은 레퍼토리를 하루 서너 시간씩 연습하면서 온 힘을 쏟았다. 이때 연습한 곡은 하이든 소나타, 바흐의 파르티타와 반음계적 환상곡, 베토벤 소나타, 슈트라우스의 바이올린-피아노 소나타 등이었다. 그런데 그의 상태는 '오르락내리락'하더니, 4월 들어 문제가 재발하고 말았다.

  손목이 뻣뻣해지는 문제 때문에 점점 음들이 분산되어 매끄럽지가 않고 전체적으로 유연함이 부족하다. 또한 소리 크기도 조절이 안 된다. 손가락 터치감이 매우 약해져서 단지 표면만 건드릴 뿐이다…… '손-손가락 마디 연결'법으로 여러 가지 실험을 해 보았으나 요령부득이었다. ……[4]

  어젯밤에 갑자기 나는 이 '모든' 문제가 (만날 하는 소리지만) 어깨 높이가 지속적으로 '유지'되지 못하기 때문이라는 생각이 들었다. 아주 잠깐 동안, 겨우 오른손만 '제대로' 됐다. 반짝이며 빛나는 소리가 다시 돌아왔고, '그게' 바로 제대로 조절된 소리라는 것을 그 어느 때보다 실감할 수 있었다.

그해 6월 글렌은 예후디 메뉴인에게 바치는 「인간의 음악」을 녹화하기 위해 텔레비전 스튜디오로 과감하게 들어갔다. 이 프로그램에서 글렌은 새로운 믹싱 기술을 시범 삼아 보여 주기 위해 스크랴빈의 연습곡 〈욕망〉을 연주해야 했다. 게다가 예후디와 미리 준비된 원고를 읽느냐, 아니면 즉흥적으로 이야기를 꾸려 나가느냐는 문제로 의견이 갈리는 가운데, 글렌은 "오른쪽 손목이 굉장히 뻣뻣하게 긴장되고" 또한 "역동적인 연주에서 강약을 조절하는 능력"을 잃어버리는 경험을 했다. 7월 들어 글렌은 "앤드루 카즈딘에게 전화를 걸어서 7월에 [녹음] 작업할 준비를 하라고 할 예정"이었다. 그러나 "인정하기는 싫지만 이상한 느낌이 들어 밤 열한 시 삼십 분에 아파트로 갔다. 결과는 끔찍했다. 단골 연주곡인 사(G)장조 토카타와 푸가가 엉망인 데다 부정확하고 불안했으며 리듬감도 전혀 살지 않았다. 다른 곡도 마찬가지였다".[5]

1978년 7월 12일을 마지막으로 중단된 그의 일기로 판단해 보건대, 글렌은 이후 다시는 자신의 피아노 연주에 완전히 만족하지 못하게 된 듯하다. 그가 관현악단 지휘자로 새로 일을 시작하면서 자신의 라디오 프로그램을 다시 손보는 데 더 많은 시간을 쏟아붓는 등 건반을 점점 멀리하고자 했던 것도 바로 이 때문일 것이다. 론의 말에 따르면, 글렌이 끝내 이루지 못했지만 하고 싶어 했던 일 중 하나가 자신이 만든 프로그램의 오디오 부분을 영상과 사진으로 결합하여 선구적인 멀티미디어 작품을 만드는 것이었다고 한다.[6]

1978년 그는 슈트라우스를 다룬 다큐멘터리 「부르주아 영웅」을 만드는 데 힘을 쏟았다. 비평가와 전기 작가, 작곡가와 지휘자 등 여덟 명이 출연하는 이 프로그램은 두 '막'으로 이루어졌는데, 각각 한 시간 정도 분량이 되며 여섯 개의 '장'을 통해 슈트라우스의 삶을 여러 측면에서 조명한다. "슈트라우스와 [아내] 파울리네의 관계*를 두고 떠도는 이야기를 포함하여 그의 성격 가운데 이해하기 힘든 면"[7]뿐만 아니라, 슈트라우스가 동시대 작곡가인 말러와 쇤베르크, 스트라빈스키를 대한 태도, 그리고 히틀러 집권기 독일에서 활동했던 사항**까지 다양하게 다루고 있다.

슈트라우스 프로그램 말고 또 시간을 많이 잡아먹은 기획이 「글렌 굴드의 토론토Glenn Gould's Toronto」였는데, 당시 피아노 테크닉으로 고생하던 글렌에게는 다행히도 피아노와 상관없는 주제였다. 글렌이 알고 있는 이 가운데 존 맥그리비라는 영국인이 있었는데, 글렌은 맥그리비가 몇 해 전 CBC에서 일할 때 그를 처

---

* 성악 공부를 하다 슈트라우스를 만나 제자가 된 파울리네는 슈트라우스 작품에 출연한 적도 있다. 남편 슈트라우스를 종종 무시하는 태도를 보였으며 성격이 괴팍했다지만, 슈트라우스는 "온 세상의 칭찬보다 파울리네의 나무람 한마디가 더 가치 있다"는 태도로 평생 아내를 사랑했고, 결혼 생활은 행복했다.

** 슈트라우스는 1차 대전 때 독일 예술가와 지식인에게 강요된 독일 지지 선언에 서명하기를 거부했다. 정치 선언은 예술가한테 적합하지 않다는 이유에서였다. 히틀러 집권 때도 나치를 멀리했지만 바그너와 자신의 오페라 〈살로메〉를 좋아하는 히틀러를 보고 잠시 희망을 품기도 했다. 하지만 이미 일흔에 가까운 슈트라우스가 초기 나치 정권에 협력한 가장 큰 이유는 외동아들이 1924년 결혼한 유대인 며느리 때문이었을 것이다. 나치 역시 1927년 『타임』지 표지를 장식할 만큼 유명세를 누렸던 슈트라우스를 함부로 건드리지 못했지만, 괴벨스와 슈트라우스가 서로 경멸했다는 기록이 남아 있다. 나치는 그에게 미리 의견을 묻지 않고 갖가지 직함을 선사했고, 그는 그걸 그대로 받아들였다. 그런 직함을 무지한 나치주의자가 맡는 것보다는 낫다는 생각에서였다. 한편 슈트라우스는 오페라 〈말 없는 여인〉 대본 작업을 한 유대인 작가 츠바이크의 이름을 내세우는 문제로 나치의 미움을 받고 공연도 금지되는 수모를 겪기도 했다.

음 만났다. 세계 큰 도시에 관한 영상물*을 만들 계획을 갖고 있
던 맥그리비는 자신이 최근에 만든 「피터 유스티노프**의 레닌
그라드」라는 작품을 글렌에게 보여 주었고, 글렌은 토론토에 대
해서도 그와 비슷한 영상물을 만든다는 그의 기획에 적극 찬성
하며 덤벼들었다.

존 맥그리비는 이 작품이 "글렌의 고향 토론토에 대한 글렌
자신의 오디세이아라고 할 수 있다"고 소개한다. "우리는 매우
호의적인 공감대에서 일을 진행해 나갔습니다. 내 일에 글렌이
참여한 것이었기에 나의 실제적인 요구에 그는 기꺼이 따라 주
었고, 또 나는 그의 섬세한 감각과 남다른 멋진 개성 등을 받아
들였지요. 전체 도시 시리즈는 각각 독특하게 만들어야 한다고
생각했으니까요. 그러나 실제 영화 제작에서 글렌의 독특한 스
타일이 잘 살아났는지는 잘 모르겠습니다. 글렌이 직접 영화를
만든 것은 아니니까요."[8]

---

• 맥그리비가 CBC를 벗어나 제작 회사를 차리고 첫 기획으로 낸 '도시' 시리즈의 첫 작품이
「피터 유스티노프의 레닌그라드」, 두 번째가 「글렌 굴드의 토론토」다. 맥그리비가 굴드를
찾은 이 당시는 레닌그라드 편을 발표하기 전이었다. 이후 존 휴스턴의 더블린, 조너선 밀
러의 런던, 멜리나 메르쿠리의 아테네 등 도시와 인물을 연결한 13편을 만들었는데, 최고
평점을 받은 것이 글렌 굴드 편이다(맥그리비에 관해서는 본서 5장 참조).

•• 영국 배우 피터 유스티노프Peter Ustinov(1921~2004)는 할리우드 영화 「쿠오 바디스」의
네로 황제와 「나일강 살인 사건」의 푸아로 형사로 유명하지만, 영국에서는 극작가이자 감
독, 특히 영국에 비판적 유머를 구사하는 재담꾼으로 유명하다. 유니세프와 세계 평화를
위해 힘썼던 그는 7개 국어를 구사했으며, 그가 원맨쇼를 하면 언어를 못 알아듣는 사람도
웃었다고 한다. 「스파르타쿠스」와 메르쿠리 주연의 「톱카피」로 아카데미 남우 조연상을 두
차례 받았고, 「쿠오 바디스」로 골든글로브 남우 조연상을 받았다. 에미상 3회, 그래미상도
1회 수상했다. 1960년대에는 지휘자 게오르그 솔티 경의 권유로 푸치니의 〈자니 스키키〉,
모차르트의 〈마술피리〉 등 오페라를 지휘한 적이 있고, 〈돈 조반니〉 의상과 세트 디자인을
맡기도 했다.

맥그리비는 글렌에게 대충 4,500자 분량의 대본을 써 달라고 부탁했고, 이에 글렌은 4만 5,000자의 원고를 만들어 주면서 "한 글자도 건드리지 말라"고 말했다. 맥그리비는 그에게 다시 전화해 말했다. "그런데 글렌, 4만 5,000자 분량이면 열 시간짜리 영화야."

"우리는 하룻밤 내내 원고를 잘라 냈습니다. 그는 흔쾌히 받아들이더군요. 어쩔 수 없다는 걸 알고 있었으니까요."

그렇게 미리 잘라 냈는데도 마지막에 가서 맥그리비가 또 잘라 내야 했던 장면이 몇 개 있었다. 그 가운데 하나가 대역을 써서 찍은 장면이었다고 한다. 글렌이 영 스트리트를 차로 운전하며 지나가는데 글렌의 가상 인물 중 하나인 '테드 슬러츠*'가 군중 속에서 갑자기 튀어나와 글렌의 차를 두들기고 글렌과 대판 싸우는 장면이었다. 글렌이 가상 인물을 사용하여 자기 속에 숨어 있는 공격성을 표출한 좋은 예라고 할 수 있는 이 장면은, 맥그리비에 따르면 "너무너무 끔찍해서 글렌을 위해서라도 잘라 내야 했다"고 한다.[9]

「글렌 굴드의 토론토」는 재미있으면서도 실질적인 정보도 많이 담고 있는 작품이 되었다. 수척하면서도 분장을 두껍게 한 글렌은 도시를 어슬렁거리며 역사적인 이야기를 간단히 설명하거나 자신에 대한 기묘한 이야기를 들려준다. 크롬으로 도금한 층계와 바깥 풍경을 볼 수 있는 엘리베이터가 있는 복잡한 대형 이

---

• 시어도어 슬러츠. 가죽점퍼에 모자를 삐딱하게 쓰고 껄렁껄렁한 행동을 하는 캐릭터다.

튼 센터에서 글렌은 소년 시절의 고향이 얼마나 많이 변했는지 놀라움을 금치 못한다.

"어처구니가 없어! 도저히 믿을 수가 없군!"

또 시립 감옥을 지나가면서는 "연주 여행은 음악적으로 감옥형에 해당하지"라고 말하는가 하면, (스폰서에게서 받은) 엘도라도 캐딜락*을 몰고 가며 자신이 좋아하는 신조인 "은빛 햇살 뒤엔 구름**"을 계속 뇌까린다. 그리고 캐나다 전국 박람회장을 바라보더니 (물론 바깥에서 봤다 — 그의 어머니가 그렇게 사람이 많이 모이는 장소에는 절대로 들어가지 말라고 했기 때문) 계속 반복해 꾸는 꿈 이야기를 들려준다. 꿈에서 그는 막 충돌하려는 비행기 안에 앉아 있는데, 여자 승무원이 그에게 달려와 조종사 두 명이 모두 움직일 수 없게 됐다며, 조종실에 들어가 대신 조종해 달라고 그에게 간청한다. 글렌은 비행기를 조종할 줄 모른다고 항의했지만 어쨌든 그는 안전하게 비행기를 이끈다는 내용이다.[10]

또 글렌이 토론토 동물원에 가서 말러의 노래를 "부르는" 코끼리 무리를 지휘하는 익살맞은 장면도 나온다. 글렌이 코맹맹이 목소리로 듣기 괴로울 만큼 형편없는 독일어로 가사를 읊조리는데, 동물들은 멀뚱한 표정으로 그를 바라보다 코를 들어 올려 소리를 낸다. 글렌의 아버지는 글렌이 어렸을 때 시골에서 소

---

* 캐딜락 회사에서 1953년부터 2002년까지 생산한 대형 세단이다. 1950년대 호황기를 맞은 미국은 고급스러운 차를 소량 생산하기 시작했는데 엘도라도도 그중 하나다.

** 어떤 어려운 상황에서도 희망이 있다는 뜻의 "구름 뒤에는 은빛 햇살이 있다Every cloud has a silver lining"는 속담을 뒤집은 글렌다운 어법이다.

들에게 노래를 불러 주었다는 얘기를 즐겨 하곤 했다. 그러나 어른이 된 지금 다시 그 짓을 한다는 것은 글렌에게는 분명 곤혹스러운 일이었을 것이다. 존 맥그리비는 당시 상황을 다음과 같이 회상한다.

"우리는 이 장면을 아침 여섯 시에 찍기로 했는데, 새벽 세 시에 전화벨이 울리더군요. 전화를 받아 보니 글렌이었어요. 잠을 깨워 미안한데 병에 걸린 것 같다는 거예요. 1958년에도 겪었던 증상이 나타났는데, 그때 '부전형 소아마비 증상*'으로 진단받았었대요. 그 뒤로 한 번도 그런 증상이 없었는데, 지금 그 증상이 나타났다는 겁니다. 어쨌든 그가 한 말은 그랬어요. 증상은 여섯 가지인데 지금 다섯 가지 증상이 나타났고, 마지막 하나 결정적인 증상이 아직 나타나지 않았다고 했어요. 혹시 자기가 나타나지 않을 경우를 대비해 내게 미리 알려 주는 거라면서, 이해해 주길 바란다고, 다른 촬영진에도 전화해 두어야 할 거라고 했어요. 물론 나는 놀라긴 했지요. 하지만 사람들에게 전화하진 않았어요. 우리는 촬영장에 갔고, 그도 촬영장에 나타나서 일을 진행했어요. 그래서 그 기막힌 장면이 탄생할 수 있었던 겁니다. 글렌의 반응은 연주회를 앞두고 신경이 날카로워지는 증상 같은 거였어요. 매우 바로크적 방식으로 과장되긴 했지만요."[11]

3년 전 브뤼노 몽생종과 함께 작업한 이후 글렌은 몽생종과 새로이 「글렌 굴드가 바흐를 연주하다」라는 텔레비전 프로그램

---

* 소아마비 증상 중 가장 약한 유형으로 소화기 장애와 열, 두통, 목의 통증과 구역질을 동반한다.

시리즈를 만들기 위해 그동안 대본을 만들고 수정해 왔는데, 이제 촬영을 시작해야 할 때가 왔다. 이 프로그램은 독일의 클라자르트 영화사와 CBC 공동 제작이어서 CBC 7스튜디오에서 첫 2회분을 녹화했다. 1회분인 「악기 문제The Question of Instrument」를 완성하는 데 꼬박 일주일(1979년 11월 19일에서 26일까지)이 걸렸는데, 글렌의 몸 상태는 그리 좋은 편이 아니었다. CBC 부제작자인 피터 막은 "글렌에게 문제가 있다는 것을 알아챘다"고 한다.

"그때 나는 조정실에 있었는데, 글렌의 손가락이 잘 돌아가지 않는 것 같았습니다. 실수를 많이 했지만 인정하려 들지 않더군요. 지금도 생각나는데, 녹음을 하나 끝내고 조정실에 들어온 글렌이 신발을 벗어 발을 조정 계기판 위에 올려놓고는 — 놀랍게도 한쪽 양말에 구멍이 나 있었어요 — 다음 날 녹음할 계획 내용에 대해 곧바로 이야기를 꺼내더군요. 자신의 문제점이나 그날 녹음에 관해서는 아무 말도 하지 않고 말입니다."[12]

이 프로그램은 글렌이 바흐의 〈푸가의 기법〉에서 첫 푸가를 연주하는 것으로 시작한다. 글렌의 연주 속도는 느리면서도 장중하다. 이 곡은 기술적으로 크게 까다롭지 않은데, 글렌의 연주는 흠잡을 데 없이 아름다우며 매우 감동적이다. 〈푸가의 기법〉은 바흐 작품 가운데 글렌이 가장 아끼는 작품이었다. 연주회 프로그램에도 〈푸가의 기법〉 중 몇 곡을 종종 포함했고, 1962년에는 온타리오 킹스웨이에 있는 만성 교회에서 〈푸가의 기법〉 중 첫 아홉 곡을 오르간으로 녹음했었다.

[글렌의 글 가운데서] 기념비적인 배율을 자랑하지만 전체 작품에는 '철회'의 광휘가 퍼져 있다. 바흐는 사실상 음악의 실용적 관심을 철회하고, 아무것과도 타협하지 않는 이상적인 세계로 들어갔다. 이런 철회가 잘 드러나는 부분이 바로 변조에 대해 선법적인 개념으로 되돌아간 점이다. ……

〈푸가의 기법〉은 전반적으로 반음계적 방식이 우세하긴 하지만 화성적인 스타일도 사용했다. 이 곡의 화성적인 방식은 초기의 푸가적 소품에서 썼던 스타일보다는 사실상 현대성은 떨어진다. 그러나 조성적 바탕 위를 종종 자유롭게 넘나듦으로써 스타일상으로는 시프리아노 드 로르°나 돈 카를로 제수알도°°의 이중적인 반음계법의 정신적 후계자임을 주장하고 있다.[13]

바흐는 마지막 작품이자 미완으로 남긴 〈푸가의 기법〉을 어떤 악기로 연주했으면 좋겠다는 표시를 해 두지 않았기 때문에, 글렌과 몽생종은 바흐 음악을 그 시대에는 없었던 피아노로 연

---

•    시프리아노 드 로르Cipriano de Rore는 16세기 프랑스-플랑드르 출신 작곡가다. 이탈리아 귀족의 궁정 악장으로 활동하며 미사와 모테트 등을 작곡했으나, 그의 대표작은 마드리갈이다. 대담한 반음계와 전조를 구사한 그의 마드리갈은 스승 빌라트가 그랬듯이 프랑스-플랑드르 대위법과 이탈리아의 선율을 절묘하게 융합한 걸작으로 남아 있다.

••   돈 카를로 제수알도Don Carlo Gesualdo는 르네상스 후기 가장 독특한 음악가이자 16세기 말 최악의 추문이 된 살인 사건의 장본인이다. 양성애자인 그는 후사後嗣가 될 아들을 보자마자 아내를 방치했고, 외도한 아내와 아내의 정부를 현장에서 죽이고 시체를 훼손했다. 이후 법적 처벌은 피했지만 평생 가책에 시달리며 우울증과 변태적인 행태를 보였다. 그러나 음악에 대한 열정은 계속 타올라서 자유로운 형식을 과감하게 시도한 명작을 많이 만들었다. 그가 작곡한 마드리갈은 그의 정신세계를 반영하듯 불안함을 자아내는 화려한 불협화음, 대위법과 호모포니의 결합 등으로 혁신적인 면을 보여 주며, 교회 음악은 지극히 성스러워 그에 관한 신비감을 더해 준다.

주하는 문제를 두고 열띤 논의를 벌였다. 글렌은 바흐가 음악에서 들리는 소리의 빛깔보다는 구성에 더 관심이 많았다고 주장하면서, 자신이 바흐의 바이올린 협주곡 마(E)장조를 손수 건반 악기용으로 편곡한 것을 직접 연주해 보인다. 또한 바흐가 〈이탈리아 협주곡〉에 그 시대 사용했던 하프시코드나 클라비어코드 같은 건반 악기로는 잘 표현할 수 없는 역동적인 대비를 나타내는 악상 기호를 표시해 두었다는 점도 지적했다. 이 주제와 관련하여 글렌이 마지막으로 던진 말은 "피아노로 연주하는 것이 하프시코드로 연주하는 것보다 바흐의 의도를 더 잘 표현할 수 있다"는 것이었다.[14] 하지만 실제로 하프시코드나 클라비어코드로도 역동적인 대비감을 표현하는 게 불가능하지는 않다. 특히 클라비어코드는 소리를 점점 크게 하거나 점점 여리게 표현하는 데 매우 섬세한 악기다.

그다음, 글렌은 (분장 때문에 땀을 많이 흘리면서 몹시 힘들어하는 모습이 역력하다) 바흐 작품 중에서 제일 안 좋아하는 작품 — 실제로 그는 "아주 싫어한다"고 표현한다 — 인 반음계적 환상곡 라(D)단조를 연주하겠다며 이 작품이 꼭 히치콕 영화의 사운드 트랙 같다고 말했다. 그의 일기에서 보았듯이 글렌은 몇 년 동안이나 이 작품을 연습해 왔다. 글렌은 곡의 템포나 프레이징을 매우 자유롭게 구사하는 독특한 연주를 선보인다. 색다른 프레이징 때문인지 곡의 흐름이 자주 끊어지고 급하게 이어지는 것처럼 들려 듣기가 거북하다. 추측건대 글렌이 이 곡을 좋아하지 않는 데다 당시 그가 겪고 있던 테크닉 문제까지 겹쳐 이런 결과를 낳은 것 같다. 피터 막은 "반음계적 환상곡과 그다음에 연주하는 파르티타 4번을 녹화하는 데 시간이 많이 걸렸다. 두 곡 모두 문제가 있었다"고 회상했다.[15]

그해(1979) 글렌을 힘들게 한 일이 또 있었으니, 바로 아버지와 베라 돕슨의 연애 사건이었다. 과부인 베라 돕슨은 글렌 가족과는 오랫동안 알고 지내 온 사이였다. 글렌은 아버지가 나이도 있고 함께 여생을 보낼 동반자가 필요하긴 하지만, 어머니에 대한 기억을 훼손하면서 재혼하는 것은 받아들이기 힘들다고 생각했다. 1980년 1월 19일 치러진 결혼식 — 글렌은 참석하지 않았다 — 은 아버지와 아들 사이를 갈라놓고 말았다. 존 로버츠는 글렌이 결혼식에 들러리를 서 달라는 아버지의 청을 정중하게 거절하는 편지를 쓰느라 고심하던 모습이 아직도 눈에 선하다고 말했다. 글렌이 수없이 쓴 초안 가운데 하나를 소개한다.

아버지께,

그동안 저는 아버지의 결혼과 특별히 들러리를 서 달라는 말씀에 생각을 좀 해 보았습니다. 두 분(아버지와 돕슨 부인) 경우엔 아마 조촐한 예식을 올리시리라 믿습니다. 그럴 경우 전통적인 예식 절차는 필요치 않겠지요. 어쨌든 저를 들러리로 초대해 주신 것은 고맙지만 유감스럽게도 저는 받아들일 수 없을 것 같군요. 말할 필요도 없겠지만 아버지가 행복하시기를 빕니다. 그리고 돕슨 부인께도 축하의 말씀을 전해 주시기 바랍니다.

충심을 담아서.[16]

1980년, 컬럼비아 음반사는 이전에 녹음해 두고 발표하지 않았던 작품을 모은 〈글렌 굴드 25주년 앨범The Glenn Gould Silver Jubilee Album〉과 새로 녹음한 〈글렌 굴드 판타지A Glenn Gould Fantasy〉 음반을 발매했다. 옛 녹음으로 만든 앨범에는 1966년 엘리자베트 슈바르츠코프와 함께 연주한 슈트라우스의 〈오펠리아의 노래〉 작품 67과 스카를라티 소나타 세 곡, 카를 필리프 에마누엘 바흐의 〈뷔르템베르크〉 소나타 1번 가(A)단조,˙ 그리고 베토벤 6번 교향곡을 리스트가 편곡한 것(1악장)이 들어갔고 — 모두 1968년 녹음된 것 — 거기다 1963년에 녹음한 〈그래 푸가를 만들고 싶다고요?〉가 다시 실렸다.

한편 〈글렌 굴드 판타지〉는 다름 아닌 호로비츠의 무대 복귀를 패러디한 것이었다. 처음 글렌이 컬럼비아에 이 기획을 제안한 1966년 이후 컬럼비아사는 이를 녹음하는 데 반대해 왔다. 그런데 이제 녹색 신호등이 켜졌고, 글렌은 대단히 창조적인 광기로 환상을 만들어 가는 작업을 해 나갔다. 이 음반에도 역시 미래에는 녹음 연주가 실황 연주를 대신할 것이라는 글렌의 예언을 언명하는 많은 인물이 등장한다. 글렌이 분했던 가상 인물 가운데, 특히 카를하인츠 클롭바이서와 나이절 트위트–손웨이트의 목소리가 주를 이루고 있다. 글렌의 다른 분신들도 등장하는데, 이번에는 새로운 인물이 더 추가되었다. 마르타 오르타바니Márta Hortaványi라는 이름의 헝가리 비평가인데,『리하르트 슈

---

* 바흐의 둘째 아들 카를 필리프 에마누엘 바흐Carl Philipp Emanuel Bach는 클라비어의 명수로, 1744년에 이 소나타 작품집을 냈다.

트라우스의 6/4화음에 함축되어 있는 파시스트적 암시*Fascistic Implications of the 6/4 Chord in Richard Strauss*』라는 책의 저자로 등장한다. 이 역은 CBC 직원인 마거릿 패스쿠*Margaret Pascu*라는 매력적인 젊은 여성이 맡았다. 그 무렵 글렌의 친구가 된 그는 〈판타지〉를 제작하는 일을 도와주기 위해 나선 것이었다. 이 녹음은 글렌의 스튜디오인 인 온 더 파크에서 사흘 밤에 걸쳐 진행되었다.

녹음에 들어간 때가 6월이었는데, 녹음에 들어가기 직전 패스쿠는 글렌이 연주회를 준비할 때처럼 살갗이 벗겨질 정도로 뜨거운 물에 손을 씻는 모습을 보았다. 글렌은 패스쿠를 보자 "이건 좀 미친 짓 같죠?"라고 솔직하게 말했다. 마거릿 패스쿠는 일이 무척 힘들었다고 한다.

"일을 진행하는 방식이나 속도는 끔찍했습니다. 기술적인 관점에서 보자면, 그는 함께 일하기 정말 힘든 사람이었어요. 왜냐하면 그는 다 알고 있었으니까요. 문장 하나하나…… 자기가 원하는 바대로 하려면 어떻게 해야 하는지 다 알고 있었어요. 네 번, 다섯 번씩 녹음하는 게 아니라 스물다섯 번, 서른다섯 번, 심지어 마흔다섯 번씩 녹음했어요. 그렇지만 결과적으로는 만족스러운 경험이었어요."[17]

〈글렌 굴드 판타지〉 음반의 절정은 글렌이 호로비츠 역을 맡아 가상의 무대 '복귀' 공연을 북극해의 한 유전 굴착 장치 위에서 여는 부분이다. 그는 베버의 〈콘체르트슈튀크〉*로 프로그램

---

* 콘체르트슈튀크Konzertstück는 단악장짜리 협주곡 형식을 말한다. 여기서는 베버가 1821년 작곡한 작품을 일컫는다.

을 시작하고 앙코르곡으로는 라벨의 〈왈츠〉를 편곡한 그 유명한 연주를 들려준다. 한 아나운서는 글렌의 피아노 의자가 파도에 휩쓸려 바다로 떨어져서 글렌이 무릎 꿇은 자세로 연주하고 있다는 설명을 곁들인다. '청중'은 다 자리를 뜨고 바다표범 한 마리만 남아 손바닥을 치고 짖어 대며 글렌에게 박수를 보낸다.

이보다 훨씬 진지한 노력을 기울인 작품은 — 아마도 글렌이 만든 영상물 가운데서는 가장 진지한 작품이라고 할 수 있을 텐데 —「푸가의 한 기술An Art of Fugue」이었다. 브뤼노 몽생종의 기획물 「글렌 굴드가 바흐를 연주하다」의 2회분에 해당하는 「푸가의 한 기술」은 1980년 11월 20일부터 25일까지 제작되었다. 바흐 음악과 악기에 관해 다루었던 전작과 마찬가지로 글렌은 푸른 셔츠에 소매 단추를 풀어 헤친 차림으로 등장한다. 수염도 깎지 않고 두꺼운 뿔테 안경(의사인 다시 맥도널드가 1976년 3월 처방해 준 돋보기)을 쓰고 있는데, 글렌이 안경 낀 모습을 사람에게 보인 것은 이번이 처음이었다. 전체적으로 볼 때, 글렌은 이번에 한층 안정된 모습을 보여 준다. 말도 훨씬 활기차고 정력적으로 하고 있다.

맨 처음 바흐의 초기 푸가를 연주한 글렌은, 바흐는 사십 대가 되어서야 비로소 대위법을 완성할 수 있었다고 말한다. 이어서 글렌이 '걸작'이라고 부르는 〈평균율 클라비어곡집〉 제2권 중 9번 푸가의 구조를 노래를 곁들이며 아주 장황하게 설명한 다음, 피아노로 처음부터 끝까지 제대로 연주해 보인다. 이 곡을 비롯해 이 영상물에 담긴 다른 연주 장면으로 판단해 보건대, 글렌은 이제 더 이상 손 문제로 크게 고생하는 것 같지 않아 보인다. 터치는 부드러우면서도 선명하고, 음색도 매력적이다. 갑자기 끊어졌다 시작하는 프레이징이나 약한 트릴 같은 것도 전혀 없다.

「푸가의 한 기술」에는 몽생종이 글렌의 의견에 도전했다가 예상을 뒤엎는 글렌의 짓궂은 대응으로 맥 빠져 하는 장면이 나온다.

> **몽생종:** 그런데 글렌, 우리가 이렇게 많이 얘기를 하면서도 '서주 prelude'라는 말은 한 번도 안 하시는군요.
>
> **굴드:** '서주'라고 말했나요? 음, 굉장한 말이네요. 그 말을 내가 몇 번 했으면 좋겠어요?
>
> **몽생종:** 글쎄요, 〈평균율 클라비어곡집〉에 대해 말할 때 '푸가'라는 말을 하는 횟수만큼 하는 건 어때요?
>
> **굴드:** 그런데 말이에요, 내 개인적인 생각이긴 하지만 〈평균율 클라비어곡집〉 푸가 대부분은 서주가 없는 편이 나아요.* 그리고 그 반대도 마찬가지고요.[18]

글렌은 자신의 이단적인 태도를 방어하기 위해 자기가 보기에 푸가에 잘 맞지 않는 서주를 하나 연주해 보인 다음, 2권의 19번 서주와 푸가도 서로 잘 맞지 않는 경우라면서 연주를 했다.

---

* 〈평균율 클라비어곡집〉은 서주와 푸가가 짝을 이루며 진행되어 각 푸가에 서주 하나가 붙는다.

잠시 곁가지로 나가 베토벤의 어떤 작품을 싫어한다는 얘기를 하고(특별히 〈황제〉 협주곡의 두 번째 주제를 언급하며 글렌은 '그런 쓰레기'라는 말을 썼다), 다시 〈푸가의 기법〉으로 돌아가 푸가 세 곡을 연주했다. 세 곡 가운데 마지막 곡은 미완으로 남은 마지막 푸가(Contrapunctus XV)였다. 아마도 바흐는 이 곡을 쓰는 도중 쓰러져 얼마 지나지 않아 유명幽明을 달리했을 것이다. 글렌은 이 마지막 푸가를 감동적으로 연주함으로써 이 영상물의 대미를 장식한다.

1980년 한 해 글렌은 퍼시벌 박사에게 자주 처방전을 요구했고, 박사는 평소처럼 글렌을 따뜻하게 위로해 주는 한편, 불안에 떠는 피아니스트를 안정시켜 줄 여러 약을 처방해 주었다. 심한 두통에는 피오리날(바르비투르산염 부탈비탈과 아스피린, 카페인 조합)을, 여러 가지 감염과 감기, 그리고 열에 대해서는 항생제 셉트라를, 그리고 글렌의 고질이 되어 버린 극심한 불안 증세를 진정시키기 위해서는 리브락스와 발륨 등을 처방했다.

1981년 초, 글렌에게 새로운 증세가 갑자기 나타났다. 글렌의 정형외과 의사인 매카시 박사가 글렌의 혈중 요산 수치가 높아진 것을 확인한 것이다. 요산 수치가 올라가면 관절에 요산 결정체가 쌓여 통풍에 걸릴 가능성이 높아진다. 통풍에 걸리면 발과 다리가 붓고 통증도 심해진다. 글렌이 손과 손가락이 아프다고 하소연했던 것도 어쩌면 이 때문이 아니었을까? 그러나 1994년에 내가 데일 매카시를 인터뷰했을 때 그는 그렇게 생각하지 않는 것 같았다. 또한 글렌이 건강과 관련해 남긴 수많은 기록 중에도 '통풍'이라는 용어는 전혀 없었다.

　그럼에도 매카시 박사는 1981년 3월 3일, 통풍 환자의 혈류 내 요산 수치를 낮춰 주는 소염제인 페닐부타존 스무 알(100밀리그램)을 처방했다. 그런데 이 약을 쓸 때는 조심해야 한다. 골수에서 조혈 세포가 형성되는 것을 방해하여 백혈구를 감소시키고 빈혈을 일으킬 수 있기 때문이다. 글렌이 얼마나 오랫동안 페닐부타존을 복용했는지는 알 수 없지만, 그해 11월 글렌은 좀 덜 독한 통풍 약인 알로푸리놀(100밀리그램)을 처방받았다. 12월에는 고혈압 약인 하이드로클로로티아지드(50밀리그램)를 추가로 처방받았는데, 이 약은 소변 배출을 촉진해 준다.

　글렌은 의사들의 진료에 썩 만족하지 못했으며, 처방 약을 바꾸는 것에도 의문스러워했다. 로건 박사를 만나러 가기 전 작성한 쪽지를 보면 이런 점이 잘 나타나 있다.


증상

**손:** 이제 심각해졌음. 알로푸리놀이 (다름 아니라 요산에 대한) 처방이라면 점차적으로 늘릴 건지, 아니면 다른 처방 약을 추가할 건지? 또 알도메트를 계속 이렇게 많이 복용해야 한다면 다른 혈압 약을 찾아볼 수 없는지?

**발?**

**손의 감각이 둔해짐**

**목구멍 ─ 목**

마이앨지어[근육통] 외. 지난주 크게 늘어난 발작, 경련, 뻣뻣함과 관련이 있는지. 전립선 문제를 조절해 주는지. 알도메트 양이 늘어난 것과 아무 관련은 없는지. 알도메트 때문에 목이 잠겨 헛기침하는 증상과 기침에 그게 연관이 있는지?

**내이염**

혈압 에너지. 별도로 생긴 것인지? 아니면 일시적인 것인지?

눈-다래끼 같은 느낌은 꼭 관련이 있다고 볼 수는 없겠으나 우연히도 알도메트 복용량이 늘면서 발생한 건데 특별할 건 없지 그래도 눈부심까지 있어 성가심

해독제 세 방울까지(간트리신 등).

**압력 수치**는 심각한 문제를 의미하는 것인지, 아니면 고혈압으로 인한 것인지? ……

(1) 요산 문제가 계속되면 다이아자이드로 하이드로클로로티아지드를 대신할 수 있는지? 알닥톤이 나은지, 그리고

(2) [하루] 알도메트 두 알로 고혈압을 잡으면서 손을 참을 수 없는 상황으로까지 만들지 않는다면 오케이. 만약 그렇지 않다면 알도메트를 대체할 수 있는 다른 약은 무엇인지?[19]


이러한 상황에서 1981년 글렌이 바흐의 〈골드베르크 변주곡〉을 영상으로 담고 재녹음한다는 가장 큰 계획을 진행했다는 사실이 그저 놀랍기만 하다. 이 기획은 브뤼노 몽생종의 「글렌이 바흐를 연주하다」 시리즈의 마지막 회분으로 오래전에 기획했던 것이다. 글렌은 본래 한 번 녹음한 것을 다시 녹음하는 경우가 거의 없었다. 그런데 1955년 녹음한 이후 글렌의 최고 음

반으로 널리 손꼽히며, 여전히 잘 팔리고 있는 〈골드베르크 변주곡〉의 경우 그는 재녹음을 고려해 보았다. 그가 〈골드베르크〉를 재녹음한다는 생각에 이끌린 데는 몇 가지 이유가 있었다. 우선 1955년 이후 녹음 기술이 엄청나게 발전했다는 점을 꼽을 수 있다. 몽생종의 기획물에서 글렌은 "누군지 용감하게도 스테레오라는 걸 만들어 냈고, 그 몇 년 뒤에는 또 다른 사람이 대담하게도 돌비라는 체계를 만들어서 그[이전의 〈골드베르크〉 녹음] 소리의 질을 유명무실하게 만들었다"고 몽생종에게 말한다.[20]

〈골드베르크〉를 다시 만들고 싶어 한 또 다른 이유는 첫 번째 녹음에서 몇몇 부분의 연주가 마음에 들지 않았기 때문이다. 비평가 팀 페이지와 인터뷰하면서 글렌은 15번 변주곡이 쇼팽이나 비제의 야상곡같이 돼 버렸다고 농담하며, 첫 번째 녹음은 전체적으로 연주 속도가 너무 빨랐다는 말을 했었다.

"매우 좋긴 하지만, 흥미로운 서른 곡이 모였다고나 할까요. 전체 곡의 기본이 되는 저음부와 연관성을 갖긴 하지만, 각각 독립된 작품으로 각자 제 갈 길을 가는 것과 비슷해요."

이제 마흔여덟 살 성숙한 나이가 된 그가 추구했던 것은 "주제와 변주 사이의 상호 대응 관계가 수학적이라고 할 만큼 정확히 잘 짜여 있어서 실제 연관성이 그대로 드러나는 연주"였다.[21]

〈골드베르크〉의 새 녹음은 근래 일본에서 도입한 '디지털' 음을 포함한 최신 기술을 이용하기 위해 뉴욕 컬럼비아 스튜디오에서 진행하기로 결정했다. 거기서는 음을 디지털로 만드는 소니사 제품 기계를 시간제로 쓸 수 있기 때문이었다. 글렌은 또

새 피아노로 〈골드베르크〉를 녹음하기 바랐다. 아마 벡슈타인을 원했던 모양인데, 밥 실버먼은 카네기 홀 바로 뒤에 있는 오스트로브스키 피아노 회사에 있는 야마하 피아노를 한번 쳐 보라고 권했다.

그곳 유리 진열장에는 새로 나온 야마하 연주회용 그랜드 피아노가 서 있었고, 오스트로브스키 부인은 글렌이 그 피아노를 조용히 혼자 쳐 볼 수 있도록 유리창에 천을 매달아 내렸다. 하지만 글렌은 그 피아노 소리를 별로 좋아하지 않았다. 그런데 글렌이 가게를 나오려고 하는 순간 가게 뒤편에 먼지를 뒤집어쓰고 있는 중고 피아노 한 대가 그의 눈에 들어왔다. 그는 이 피아노 소리가 무척 맘에 들어 즉시 피아노를 사고는 〈골드베르크 변주곡〉을 이걸로 녹음하기 위해 컬럼비아 스튜디오로 배달해 달라고 주문했다. 밥 실버먼에 따르면, 글렌은 진열장에 놓였던 새 피아노도 함께 샀고, 피아노 두 대 모두 수표로 지불했다고 한다.[22]

녹음은 1981년 4월과 5월 사이 여섯 차례에 걸쳐 진행되었다. 보통 오후 네 시에 시작하여 자정까지 계속되었으며, 녹음 작업 전체 과정을 몽생종과 그의 일원이 필름에 담아냈다. 글렌은 평소대로 매우 부산을 떨었고 변주곡 하나하나 몇 번씩이고 다시 녹음하려고 했다. 어떤 것은 토론토로 가져가 자신이 직접 편집해 오겠다고 고집을 피우기도 했다. 물론 디지털 편집 작업에는 서툴렀기 때문에 최종 작업은 — 정말로 훌륭한 작업이었다 — 컬럼비아 제작자인 샘 카터Sam Carter가 맡아서 했다. 15년간 글렌의 음반을 제작해 왔던 앤드루 카즈딘은 더 이상 글렌과 작업하지 않는 사이가 되었다. 두 사람은 별로 좋지 않게 헤어졌고, 글렌이 카즈딘을 내보내는 문제로 하도 소란을 피워서 존 로버츠는 글렌에게 "차라리 정신과 의사를 찾아가 얘기해 보는 게 나을 수도 있다. 그런다고 해서 꼭 정신병자라는 뜻은 아니니까"라고 말했을 정도였다.[23]

카즈딘은 마음에 깊은 상처를 받아서 — "후회도 감정도 없고, 고맙지도 않다" — 결별 사유가 글렌이 자기를 "개인적으로 싫어했기" 때문이라고 밝혔다.[24] 아마 카즈딘은 더 이상 필요 없다고 느끼면 사람을 보지 않는 글렌의 인간관계 방식에 희생되었을 확률이 높다. 이 무렵 글렌은 컬럼비아와 손을 끊고 다른 음반 회사와도 관계를 맺지 않고 아예 혼자서 음반 작업을 하는 게 어떨까 하는 생각도 했었다.

새로 나온 〈골드베르크 변주곡〉 음반과 그 녹음 작업을 담은 영상물은 엄청난 성공을 거두었고, 1955년 음반과 1981년 음반 가운데 어느 것이 '나은지'를 둘러싼 논쟁은 지금까지 계속되고 있다. 그 논쟁은 하나 마나인 것이, 두 음반 모두 뛰어나기 때문이다. 젊은이다운 흥과 순발력, 눈부신 기교를 원한다면 첫 번째 녹음을 들으면 된다. 만약 장중한 위엄과 수학적인 정확성, 중년의 깊은 지혜와 깨끗한 디지털 음을 더 좋아한다면 두 번째 음반을 선택하면 된다. 처음과 마지막에 등장하는 '아리아'는 1981년 녹음판이 1955년판보다 연주 시간이 두 배 정도 늘었다. 변주곡 가운데서도 몇몇 곡은 훨씬 여유 있는 템포로 연주했다.

글렌은 손 문제에서 완전히 회복된 듯 유려하고 부드러운 손놀림을 다시 보여 주었고, 트릴 역시 정확하며 전혀 둔한 느낌이 안 든다. 다만 자세히 보면 글렌의 손이 종종 떨리는 — 예를 들면 17변주곡에서 — 증상을 볼 수 있는데, 이는 아마도 약의 부작용인 것 같다. 물론 그는 눈에 띄게 나이가 들긴 들었다. 몽생종 필름에 담긴 그의 모습은 창백하고 부은 얼굴에 구부러진 자세를 하고 있다.

최종 편집본에 들어가지 않은 '삭제분'을 보면, 글렌이 이 녹음에 쏟아부은 엄청난 노고와 애정을 확인할 수 있다. 글렌이야말로 진짜 완벽주의자였다. 보통 사람에게는 들리지도 않는 아주 조그만 결함을 없애기 위해 그는 엄청난 양의 녹음을 버렸다. 어느 장면에서는 자신의 연주가 마음에 들지 않아 내뱉은 "제기랄"이라는 말이 들리기도 한다. 그러나 온갖 병에 시달려 심신이 황폐해진 가운데서도 그의 연주는 창조의 즐거움과 열정으로 빛나고 있다.

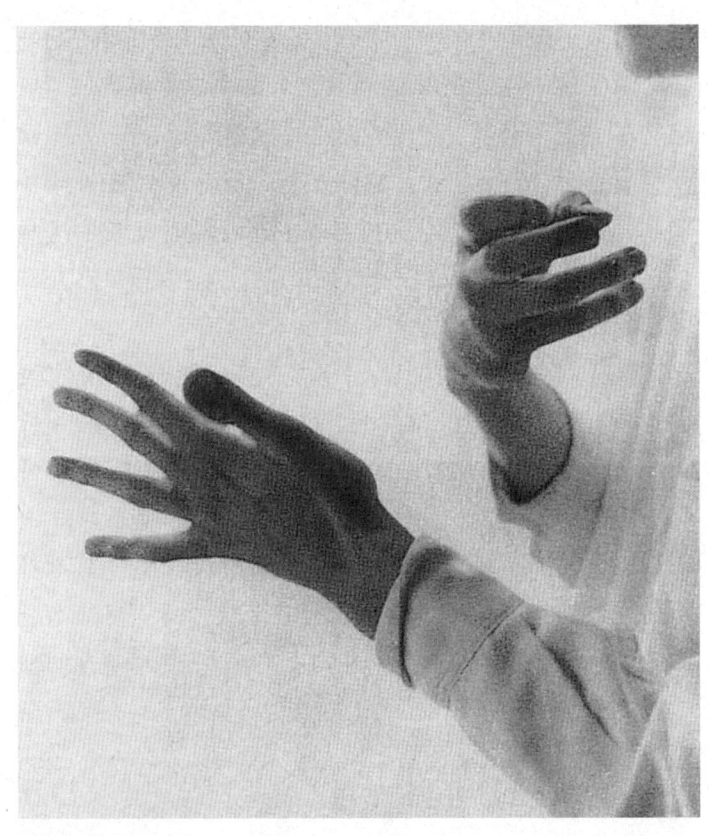

지휘하는 글렌 굴드의 손.
손가락이 매우 길고 엄지손가락이 유난히 큰 것을 알 수 있다.

낡아서 뼈대만 드러난 글렌의 피아노 의자.
하지만 글렌은 이 불편한 의자를 바꾸려는 생각은 전혀 하지 않았다.

1980년 온타리오의 칼레돈을 거니는 고독한 모습의 굴드.

뿔테 안경을 쓰고 바흐를 녹음하고 있는 굴드.
1980년에 몽생종이 제작한 바흐 연재물에서 굴드는 처음 안경을 쓰고 등장했다.

1981년 두 번째 〈골드베르크 변주곡〉 녹음 작업을 할 때. 뒤쪽에 보이는 굴드의 얼굴은 1955년 처음 〈골드베르크 변주곡〉을 녹음했을 때의 모습.

## 26
## 마지막 타격

글렌이 자신의 마지막 해인 1982년 계획했던 가장 중요한 일은 티머시 핀들리의 소설을 바탕으로 한 영화 「전쟁」에 썼던 음악의 사운드트랙을 만드는 일이었다. 앞서 얘기했듯 글렌은 이 영화 음악을 직접 작곡해 달라는 부탁을 받았으나 대신 자신이 어릴 때부터 기억해 온 찬송가와 함께 자기가 좋아하는 작곡가들의 작품을 뽑아서 영화 음악을 만들기로 결정했다. 그해 초 핀들리가 영화에 대해 의논하고자 시사실에서 글렌을 만났을 때, 그는 글렌의 외양을 보고 충격을 받았다.

그는 병에 걸린 거예요…… 정말로 아픈 게 분명한 것이, 피부색이 깜짝 놀랄 만큼 안 좋았습니다. 그리고 머리카락도 죽은 것처럼 보였어요. 아주 심한 병을 앓아 온 탓에 머리카락도 죽어 버린 그런

사람같이 끔찍한 모양 말입니다. 그래서 머리가 그렇게, 죽은 사람 머리카락처럼 보였습니다.[1]

다른 음악가들과 함께 사운드트랙 작업을 마지막으로 하는 동안, 첼리스트 쿤라드 블루멘탈 역시 글렌의 몸이 완전히 망가졌다는 사실을 알아챘다.

"몸이 너무 안 좋아 보여 꼭 귀신 같았어요. 보기 끔찍했습니다. 몸은 더 많이 굽었고, 더 야위었어요. 눈도 잘 보이지 않았지요. 그 눈으로 스튜디오에서 움직이다가 두 번이나 걸려 비틀거렸어요. 정말 쓰러지는 줄 알았다니까요. 그에게 무슨 일이 생긴 건 아닌지 걱정되더군요."[2]

그렇게 몸이 온전치 못했음에도 글렌은 또다시 에너지를 많이 쏟아야 하는 기획에 마음을 두고 있었다. 그는 본격적으로 지휘에 헌신해 볼 작정을 이미 하고 있었다. 그에게 지휘는 아주 오랫동안 품어 온 야망이었다. 단지 젊은 시절엔 피아니스트로서 경력을 쌓는 데 더 집중했고, 또 지휘봉을 휘두른 뒤 움직일 수 없을 정도로 등의 통증이 심해지는 등 몸이 아픈 바람에 할 수 없이 보류해 둔 것뿐이었다. 9월에 쉰 번째 생일을 맞게 될 글렌은 간혹 피아노를 완전히 포기할 것처럼 얘기했지만, CBS 마스터웍스와 새 기획을 또 세웠고, 1982년 2월 뉴욕에 가서 브람스 발라드 작품 10*을 녹음했으며, 6월과 7월 동안 브람스 광

* 브람스가 젊어서 쓴 발라드 네 곡. 1번 〈에드워드〉 발라드(스코틀랜드 시 「에드워드」에 영감받아 만든 것)는 라(D)단조, 2번은 라(D)장조, 3번 간주곡은 나(B)단조, 4번은 나(B)장조

시곡 작품 79*를 녹음했다.

교향악단 지휘자라는 새로운 일을 시작하기에 앞서 글렌은 자신이 연주하고 싶은 곡목을 명단으로 만들어 보았다. 베토벤의 〈대푸가〉와 2번·8번 교향곡을 비롯하여 베토벤의 모든 서곡도 그 목록에 포함되어 있었다. 그의 계획표 안에 들어 있는 또 다른 작품으로는 멘델스존의 서곡과 3번·4번 교향곡, 브람스 교향곡 3번과 알토 광시곡,** 바이올린 협주곡, 그리고 〈비극적 서곡〉, 그리고 리하르트 슈트라우스의 〈메타모르포젠〉 등을 꼽을 수 있다.

이 작품들의 악보를 익히는 것은 글렌에게 아무 일도 아니었다. 작품은 쉽게 외울 수 있었으나 관현악단을 지휘해 본 경험이 부족했기 때문에, 글렌은 토론토에서 약 65킬로미터 떨어진 해밀턴시로 몰래 차를 몰고 가 자신이 고용한 해밀턴 필하모닉과 연습을 했다. 글렌은 처음에는 부끄러워하고 좀 긴장했지만 수

---

로 둘씩 짝을 맞추어 작곡했다.

• 광시곡 1번과 2번이다. 굴드는 광시곡 1번을 굉장히 생동감 있게 연주했다. 병든 말년의 연주라고는 믿기지 않을 만큼 힘과 생명력으로 아름답게 반짝이는 연주를 들려준다. 2번은 열정적으로 연주하면 낭만적이고 풍부한 아름다운 울림을 주는 곡인데, 굴드는 기존 연주자들과는 달리 매우 절제된 연주를 들려준다. 그래서 형식미가 돋보이는 반면, 낭만적인 자유로움이나 자연스러움은 덜하다.

•• 흔히 '알토 랩소디'로 불리는 이 곡 원제는 '알토 독창과 남성 합창 및 관현악을 위한 광시곡Rhapsodie für eine Altstimme, Männerchor und Orcherstre' 작품 53이다. 괴테 시 「겨울 하르츠 여행Harzreise im Winter」 5, 6, 7연을 가사로 따와 세 부로 구성했다. 브람스는 당시 클라라의 셋째 딸 율리를 속으로 사랑하고 있었는데, 율리가 갑자기 이탈리아 백작과 결혼하게 되자 깊은 절망으로 이 곡을 썼다고 한다. 이 작품 바로 전에 쓴 〈사랑의 노래 왈츠〉 op. 52번은 율리를 향한 사랑의 감정을 행복하게 노래했다면 율리의 결혼 소식 이후 만든 이 작품은 암울하다.

년간 자신의 피아노 연주를 직접 지휘해 왔고, 작은 실내악단도 지휘해 본 경험이 있었던지라 곧 관현악단을 이끌어 갈 수 있을 만큼 동작을 크게 만들어 내기 시작했다. 관현악단 연주자 대부분도 그와 함께 연주하는 것을 즐거워했던 것 같다.

글렌과 이 관현악단이 테이프에 남긴 유일한 곡은 1982년 4월에 녹음한 베토벤 피아노 협주곡 2번 내림나(B플랫)장조 작품 19번의 첫 두 악장이다. 글렌은 피아노 독주자로서 이 협주곡을 이미 두 번이나 녹음했었다. 한 번은 1957년 레너드 번스타인과 함께, 또 한 번은 1957년과 1958년 모스크바와 스톡홀름에서 한 실황 연주를 녹음한 것이었다. 그러나 이 녹음들은 모두 스테레오가 아닌 모노 녹음이었다. 다른 베토벤 협주곡 네 작품은 모두 스테레오 소리로 녹음했기 때문에 글렌은 이 2번 협주곡도 스테레오로 다시 녹음하기를 오래전부터 바랐던 것이다.

그래서 1978년 헤르베르트 폰 카라얀이 뉴욕에 왔을 때 글렌은 토론토에서 피아노 부분을 녹음한 테이프를 카라얀에게 보내면서 그 독주 부분에 관현악 소리를 집어넣는 게 어떠냐고 제안했다. 그러나 이미 앞에서 본 대로 카라얀은 그런 식으로 작업하는 것은 거절했다. 또 1982년 초에는 미국에 객원 지휘자로 와 있던 네빌 마리너*에게 전화를 걸어 그런 식으로 함께 녹음

---

*   아카데미 오브 세인트 마틴 인 더 필즈Academy of St. Martin in the Fields의 지휘자 네빌 마리너Neville Marriner는 본래 바이올리니스트였다. 1958년 동료 현악기 주자 열두 명으로 구성한 현악단이 성 마틴 교회에서 다섯 차례 연주회를 열었고, 녹음으로 이어져 성공을

작업을 해 보지 않겠느냐고 의사를 타진했다. 그러나 글렌과 마리너 사이의 이야기 역시 아무런 결실을 보지 못했다. 결국 글렌은 자신이 피아노도 치고 지휘도 해야겠다는 생각을 하지만, 피아노 앞에 앉아서 관현악단을 이끌어 가는 전통 방식으로 하는 것은 아니었다. 글렌이 원한 것은 자신이 지휘대에 서서 지휘하는 동안 다른 피아니스트가 피아노를 맡고, 나중에 자신이 피아노 독주 부분을 따로 연주하고 녹음해 덧씌우는 방법이었다.

이를 위해 글렌이 지휘대에 올라 지휘할 동안 피아노 독주 부분을 연주할 피아니스트가 필요했다. 그를 도와줄 피아니스트를 구하기 위해 글렌은 뉴욕의 마틴 캐닌에게 전화를 걸었고, 마틴은 젊은 피아니스트 존 클리보노프*를 추천해 주었다. 클리보노프는 돈을 꽤 많이 받는 조건으로 해밀턴에 가서 글렌의 허깨비가 되어 주기로 동의했지만 글렌이 관현악단을 이끌어 가는 솜씨에 썩 만족하지도 않았고, 또 2악장을 글렌이 요구하는 대로 아주 느리게 연주하는 것도 힘들어했다. 그럼에도 글렌이 요구한 속도대로 이 협주곡의 첫 두 악장을 녹음하긴 했다. 결국 이 구상은 도중에 무산되고 말았지만.

---

거두게 되었다. 이후 악단 규모가 커지면서 레퍼토리도 넓어져, 초기의 바로크 음악 위주에서 벗어나 현대 음악까지 연주하게 되었다. 마리너는 1969년부터 로스앤젤레스 실내 관현악단 지휘를 맡아 1987년까지 매년 두 번 캘리포니아를 방문했다. 굴드가 마리너에게 연락한 때가 바로 이 시기였다.

* 저자가 John Klibonofff라고 쓴 이 피아니스트는 아마도 Jon Klibonoff를 말하는 것 같다. John이라고 쓴 것은 저자의 착각으로 보인다. 전체 이름은 Jonathan Klibonoff로 줄리아드와 맨해튼 음대를 졸업하고 독주자와 실내악 연주자로 활동하다 맨해튼 음대 교수로 활동했다.

1982년 7월 글렌은 토론토 음악가 가운데 가려 뽑은 열다섯 명으로 악단을 구성하여 바그너의 〈지크프리트 목가〉를 녹음했다.[3] 지금 캐나다 국립 도서관 음악부 부장으로 있는 티머시 말로니*가 그때 클라리넷 주자로 참여했는데, 다음과 같은 글을 남겼다.

　　우리는 뭔가 특별한 일에 참여하고 있다는 것을 모두 알았다. 음악가로서 높은 자부심을 가지고 있었고, 매우 집중하여 헌신적으로 우리가 맡은 임무에 몰두했기 때문에 음악적으로 매우 만족스러웠다. …… 굴드는 아주 개방적인 사람이었고 우리 모두 따뜻하게 대해 주었다. 그러나 이틀 밤늦게까지 일하다 보면 집중하기가 점점 힘들어지게 마련이다…… 그럴 때 그는 특유의 드라이한 재치로 분위기를 금방 밝게 만들어 주곤 했다. 우리는 우리 악단 이름을 두고 농담을 많이 했는데, 굴드는 가장 괜찮은 두 가지 이름을 제안했다…… 바로 디 아카데미 오브 세인트로렌스 인 더 마켓…… 디 애쉬즈 오브 토론토**였다.[4]

---

* 　캐나다의 음악학자이자 클라리넷 주자, 행정가로 1988년 캐나다 국립 도서관 음악부를 이끄는 수장이 되었으며 강연과 글쓰기도 해 나갔다.

** 　The Academy of St. Lawrence in the Market, 즉 시장의 성 로렌스 학회라는 이 이름은 네빌 마리너가 지휘하는 아카데미 오브 세인트 마틴 인 더 필즈를 패러디한 것이고, The Ashes of Toronto는 토론토의 유골이란 뜻이다. 그런데 유골Ashes은 영국과 오스트레일리아의 크리켓 경기에서 승리한 팀에 주는 상을 뜻하기도 한다. 1882년 오스트레일리아가 영국에 이기자 영국 크리켓은 죽었고 그 재(유골)는 오스트레일리아로 옮겨 갔다는 기사에 연유한 것이다. 이 경기의 우승 트로피는 유골함 모양이다.

글렌은 이 실내악단을 쉴 새 없이 연습시켜 마침내 느린 속도의 우아한 〈지크프리트 목가〉를 만들어 냈다. 오페라 〈지크프리트〉의 여러 주제를 모아 만든 이 한 악장짜리 세레나데는 바그너가 그의 아내 코지마를 위해 특별히 만든 것으로, 글렌은 이 작품에서 대위법적 구조를 강조하여 느리게 표현해 냈다. 글렌의 해석은 뛰어나지만 소규모 실내악단으로 녹음했기 때문에, 글렌이 큰 관현악단을 어떻게 연주했을지는 가늠하기 힘들다.

두 번째 녹음 작업은 멘델스존의 〈핑갈의 동굴Fingal's Cave〉 서곡으로 정했는데, 이를 위해서는 대규모 관현악단이 필요할 터였다. 글렌은 음악가들을 미리 뽑아 놓고 계약까지 했는데, 마지막 발작이 그를 덮쳤다. 그러니 우리로서는 글렌이 관현악단 지휘자의 길을 얼마나 성공적으로 걸어갈 수 있었을지 영원히 알 수 없게 되어 버렸다. 확실한 것은 큰 어려움을 겪었을 것이라는 사실이다. 우선 그는 모든 연습은 문을 걸어 잠그고 아무도 들어오지 못하게 한 가운데 매우 내밀하게 진행했다. 글렌이 청중을 받아들이지 못했다는 것은 지휘 역시 전자 매체를 통해서 — 라디오나 음반, 그리고 어쩌면 텔레비전에 나올 수 있을지 모르겠다 — 선보이겠다는 뜻일 터이다.

또 한 가지 부정적인 요소로 작용하는 점은 비평에 극도로 민감한 그의 성격을 들 수 있다. 교향악단 지휘자는 사회적으로 엄청난 스트레스와 씨름해야 한다. 툴툴대는 연주자의 불만과 의견이 맞지 않는 이사회의 불화 속에서 프로그램을 짤 때도 격론을 벌여야 한다. 물론 언론의 괴롭힘도 당하게 되어 있다. 지휘자로 성공하기 위해서는 대중과 정면 대결할 수 있는 적극적인 성격과 외교술이 필요하다. 그리고 강한 체력이 뒤따라 주어야 한다. 그러니 심리적으로나 체력적으로나 어려움을 많이 안고 있던 글렌 굴드가 지휘자로서 성공적으로 변신한 현대의 뛰어난 피아니스트 — 앙드레 프레빈André Previn, 다니엘 바렌보임 Daniel Barenboim, 블라디미르 아슈케나지, 그리고 크리스토프 에셴바흐Christpoh Eschenbach — 만큼 해낼 수 있었을지 의심스러울 따름이다.

글렌이 남긴 마지막 녹음은 1982년 9월(그가 발작을 일으킨 달), 뉴욕에서 혼자 피아노로 연주한 리하르트 슈트라우스의 초기 피아노 소나타 나(B)단조 작품 5다.

9월 25일은 글렌의 쉰 번째 생일로, 그의 인생과 일에서 꼭 반세기를 헤아리는 의미 깊은 날이었다. 그러나 그는 전혀 축하할 기분이 아니었다. 자기 건강이 얼마나 나쁜지 글렌은 알고 있었다. 아픈 증상을 하소연하는 목록은 점점 늘어 갔고, 가장 최근에는 "자다가 오줌을 지리는" 당황스러운 증상까지 새로 추가되었다. 그는 의사를 자주 찾아갔고, 의사들은 그에게 고혈압 약과 두통 약, 통풍 약, 그리고 마음을 진정시키는 안정제를 듬뿍 안겨 주었다. 거기다 글렌은 레이 로버츠를 시켜 처방전이 필요 없는 약도 사 오게 했다. 변비를 위해 마그네슘 우유 알약을 먹었고, 목이 따끔거리고 기침이 나서 세파콜 정제를 복용했다. 비타민 C 알약과 과산화 수소수, 그리고 '프로스트 222'라는 이름으로 아스피린-카페인-진통 수면제를 섞어 조제한 약도 먹었다.[5]

글렌의 아버지와 CBC 친구들은 글렌을 위해 생일잔치를 마련하고 싶었지만, 글렌은 잔치보다는 혼자 있고 싶다는 뜻을 분명히 밝혔다. 새어머니가 그를 위해 과자를 굽고 스웨터를 한 벌 사 두었다며 자꾸 찾아오고 싶어 했다. 글렌은 감기에 걸려 몸이 좋지 않다고 우겼지만 그의 아버지와 새어머니는 그를 만나러 인 온 더 파크까지 차를 몰고 왔다. 두 사람이 돌아갈 때 글렌은 배웅하기 위해 함께 차 있는 데까지 나올 정도로 괜찮은 상태였다.

토요일이던 그날 오후, 글렌은 자기식대로 생일을 기념했다. 새로 발매한 그의 〈골드베르크 변주곡〉 음반을 칭찬하는 기사가 곧 『뉴욕 타임스』에 실릴 예정인데, 이 호평을 제대로 알아줄 친구들에게 전화를 거는 것이었다. 론 털크에게 전화를 건 그는 기사 전문을 읽어 주었다고 한다. "그 기사에 글렌이 매우 만족스러워했다"고 론은 기억한다.

"그리고 내게 '자네를 놀래 줄 선물을 준비해 두었어. 자네 선물이지. 그런데 자네가 와서 갖고 가야 해'라고 하더군요. 그러나 감기에 걸렸기 때문에 '지금 당장은 말고' 다음 주에 들러서 '깜짝 선물'을 갖고 가라고 했습니다."[6]

글렌은 또 로버트 실버먼에게 연락해 『뉴욕 타임스』를 읽어보라고 말해 주고, 다음 날 다시 전화해 기사 이야기를 나눴다. 실버먼은 "글렌이 아주 신나 했고 활력이 넘쳤다"고 기억한다. "그렇게 한껏 기분이 '올라' 있는 모습은 본 적이 없었습니다."[7]

글렌의 마지막을 비관적인 색채로 기억하는 사람도 있다. 글렌은 친구들에게 쉰 살을 얼마 못 넘길 거라는 소리를 많이 했다. 제시 그레이그는 글렌이 생일을 맞은 바로 전 주일 내내 이상하게 '심각했다'고 기억한다. "모든 것이 제 뜻대로 되지 않는다고 생각하는 것 같았어요." 그리고 자신의 장례식 생각에 '사로잡힌' 모습이었다고 한다. 그는 제시에게 자기 장례식에 아무도 참석하지 않을까 봐 겁이 난다고 말했다. "그전에는 그런 이야기를 한 적이 없었어요. 허클베리 핀*처럼 자기 장례식에 참석하고 싶다고 말했습니다."[8]

당시 오타와에서 일하던 존 로버츠 역시 글렌이 자기 할 일은 다 끝났다고 말하는 것을 들었다. "이제 이 세상은 글렌 굴드를 볼 만큼 봤어."[9] 이런 암울한 말은 글렌이 브뤼노 몽생종과 존 맥그리비와 함께 새로 만들고 싶은 영화 얘기를 하며 죽기 바로 전에 보여 준 낙관주의와는 극명한 대비를 이룬다.

글렌은 두 해 전 이미 유언장을 만들어 놓은 상태였다. 아버지 앞으로 5만 달러를 신탁 기금에 넣어 두고 평생 이자를 받도록 해 두었고, 전 재산(사망 당시 약 75만 달러)은 구세군과 동물 복지 기구인 토론토 동물 애호 협회에 헌납하도록 했다. 그의 평생 관심사 중 하나가 늙은 소와 말, 개, 그리고 다른 동물이 죽기 전 쉴 수 있는 농장을 마련하는 것이었다. 그는 아버지나 존 로버츠를 대동하고 토론토에서 북쪽으로 약 480킬로미터 떨어진 곳에

---

• 마크 트웨인의 소설 『톰 소여의 모험』에서 톰과 허클베리 핀은 가출해 지내다가 동네 사람들이 소년들이 죽은 줄 알고 장례식을 올릴 때 교회에 등장한다.

있는 세계 최대 담수 섬인 매니툴린섬*으로 땅을 구하러 몇 번씩이나 다녀오기도 했다. 레이 로버츠는 글렌이 거기서 혼자 살기를 염원했다고 기억한다. "일종의 이상향으로, 나와 아내도 함께 이사하기를 바랐지요. 길 잃고 헤매는 병든 동물을 따뜻하게 맞아들일 수 있는 '강아지 농장'이 그가 바라는 곳이었어요. 하지만 그 꿈을 실현할 돈이 자기에게 충분히 있다고는 생각하지 못하는 것 같았어요."[10]

글렌의 쉰 번째 생일 이틀 뒤인 9월 27일 월요일 오후, 존 퍼시벌 박사는 레이 로버츠의 전화를 받았다.

"글렌 굴드 문제로 전화하는 겁니다. 발작이 온 것 같다고 합니다."

"어떤 증상이기에 그런 소리를 하는가?"

10년 세월 동안 글렌에게 100통도 넘는 비상 전화를 받아 온 의사는 이렇게 물었고, 레이는 글렌이 그날 오후 잠에서 깨어난 뒤 왼쪽 다리에 감각이 없어졌다는 말을 했다고 설명했다.

"별로 심각한 것 같지는 않은데."

퍼시벌 박사는 레이 로버츠에게 그렇게 말해 주었다고 한다.

"그런데 레이가 한 시간쯤 뒤 또 전화를 해서는 '글렌이 썩 좋지가 않아요. 그를 어떻게 해야 할지 모르겠어요. 글렌은 선생님이 오셔서 봐 주시길 바랍니다' 그러더군요."

한창 진료하는 오후 시간이어서 퍼시벌 박사의 진료실은 환

---

* 캐나다 미국 국경에 있는 오대호 중 휴런 호수는 캐나다에서는 온타리오주에 속해 있는데, 휴런호 안에 있는 섬이 매니툴린섬이다.

자로 꽉 들어차 있는 상태였다. 그래서 그는 말했다.

"정말로 지금은 빠져나갈 수가 없네. 병원 응급실로 데려가 심각한 문제가 없는지 검사를 받아 보지 그러나."

그 말에 레이가 대답했다.

"오, 글렌은 병원에 가기 싫어해요. 그냥 선생님께서 오셔서 봐 주셨으면 좋겠다고 해요."

퍼시벌 박사는 한참 뒤에나 갈 수 있을 거라는 말만 되풀이했다. 한두 시간 뒤인 오후 다섯 시와 여섯 시 사이 그는 또다시 레이의 전화를 받았다.

"선생님, 정말로 뭔가 잘못된 게 확실해요. 글렌이 머리가 터질 듯이 아프답니다. 이제 말도 제대로 못 해요."

"이보게, 자네, 제발 정신 좀 차리라고. 당장 구급차를 불러 글렌을 병원으로 데려가게."[11]

레이 말에 의하면, 글렌은 자신에게 뇌일혈 발작이 온 것을 확신하면서도 별것 아닌 것처럼 생각하고 싶어 했다. 그래서 입원할 필요 없다고 고집을 피웠던 것이다. 어쩌면 평생 병원을 병균 창고로 생각하고 무서워했기 때문인지도 모른다. 그는 또한 언론에 알려지는 것도 싫어했다. 그냥 의사가 자신의 인 온 더 파크 스튜디오로 와서 치료해 주기만을 바랐다. 레이는 몇 번 더 전화를 걸었지만 곧 입원시키는 것 외에 다른 방법이 없다는 것을 깨달았다.

"일단 입원하기로 하니, 그를 병원까지 어떻게 데리고 가느냐가 또 문제였습니다. 글렌이 세상에서 제일 싫어한 게 구급차였으니까요. 그래서 사람들과 함께 그를 [바퀴] 의자에 태워 그의 링컨 차가 있는 데까지 갔어요. 그를 차에 태운 다음, 내가 운전해서 토론토 종합 병원까지 갔습니다."[12]

오후 8시 44분, 응급실에서 글렌은 검사를 받았다. 검사 결과, 얼굴을 비롯하여 몸 왼쪽 근육이 전체적으로 약해져 있었고, 반사 능력도 일정치가 않은 것으로 나타났다. 음향 자극이나 촉각, 고통, 자세 변화에 대한 반응은 여전했다. 말하는 품새는 조금 둔해졌으나 말하는 데 어려움은 없었다. 혈압은 124/90이었고, 맥박수는 분당 104였다. 왼쪽 마비를 동반한 뇌-혈관-상해(뇌일혈 발작)라는 사전 진단이 내려졌다. 원인은 오른쪽 뇌로 들어가는 동맥 중 하나에 피가 엉겨 버렸기 때문으로 보고 글렌을 신경과에 입원시켰다. 글렌을 맡은 신경과에서는 1976년 글렌이 어지럼증으로 이곳 토론토 종합 병원을 찾았다가 고혈압임을 확인하고, 이후 로건 박사가 그를 보아 왔다는 사실을 확인했다. 신경과 의료진은 피가 엉겨 오른쪽 전뇌가 경색되어 몸 왼쪽이 마비됐다는 데 의견을 같이했다. 대량 출혈 증상은 없었지만 뇌를 CAT 스캔*하는 게 좋겠다고 판단했고, 그 결과 뇌실이 크게 확장되어 있는 걸 확인했다. 하지만 급성 출혈 증상은 보이지 않았다.

다음 날인 9월 28일 화요일, 글렌은 상태가 조금 더 나빠졌다. 머리 앞쪽 두통을 호소하며 손으로 오른쪽 머리를 계속 감싸고

---

* 2차원의 엑스선 사진을 컴퓨터로 조합하여 3차원으로 구현하는 방법.

있었다. 몸 왼쪽은 여전히 마비된 상태였고, 이제는 감각마저 잃어버린 곳도 꽤 있었다. 눈 역시 제대로 보이지 않았다. 그렇지만 정신은 온전했다. 그날 제시가 병실을 잠시 방문했고, 아버지는 좀 오랫동안 글렌 곁에 머물렀다. 그러나 아버지가 곁에 있는 동안 글렌은 대부분 잠들어 있었고, 이따금 오른손을 들어 지휘하는 동작을 취하곤 했다. 그날 저녁 글렌은 정신이 잠깐 돌아와서 레이 로버츠에게 최근 주식 시장 시세를 묻고 소득세 문제를 깨끗하게 처리하라고 했다. 텔레비전 수상기가 병실에 설치되자 글렌은 한 채널에 출연한 어떤 사내를 녹화하고 싶다고 말했다. 앞뒤 조리가 안 맞고 정신이 없는 증세는 이뿐만이 아니었다. 어느 간호사에게 글렌은 자기가 지금 녹음 스튜디오에 있다는 말을 했다. 밤 열 시, 글렌은 제시에게 전화 걸어 달라고 레이에게 말했고, 두 사람은 전화로 스무고개 놀이를 했다. 글렌은 말을 제대로 하긴 했지만 도중에 말이 꼬이기도 했다.

다음 날인 9월 29일 수요일, 글렌의 상태는 악화되어 혼수상태가 심해졌고, 현실 감각도 거의 잃어버린 데다 움직이거나 대답하는 것도 거의 불가능해졌다. 음식물을 삼키는 것조차 힘든 상태였지만 끔찍한 두통은 계속해서 그를 괴롭혔다. 그가 두통을 하소연하자 의사들은 오른쪽 뇌가 부풀기 시작해 뇌 주변을 압박하고 있다고 여겨, 다시 CAT 스캔을 받아 보도록 했다. 스캔 결과 뇌 가운데를 지나는 중간 선이 왼쪽으로 크게 밀려나 있는 것이 보였다. 오른쪽이 팽창하고 있다는 의사들 추측이 맞았던 것이다. 혈류 조사를 해 보았더니, 뇌에 피를 공급하는 중요한 혈관인 오른쪽 경동맥으로는 피가 지나지 않고 있는 것이 확인됐다. 그날 혈액 전문의가 글렌을 보고 혈소판 협착을 막는 페르산틴(디피리다몰)을 처방하여 더 이상 혈액이 엉기지 않도록 했다. 흉부 엑스선 검사를 해 보니, 폐강에 물이 고이기 시작하는 게 보였다. 뇌가 부푸는 것을 줄여 보기 위해 글렌에게 덱사메타손을 주사하기 시작했다. 이는 합성 부신 피질 호르몬제로 소염 효과를 갖고 있었다. 글렌은 또 두개골 내부 압력을 줄이기 위해 마니톨 주사도 맞았으나, 이런 치료로 인한 효과는 극히 미미했다. 그날 저녁 글렌은 완전 혼수상태에 들어가 집중 관리 병실로 옮겨 갔다.

9월 30일 목요일, 호흡관을 삽입해 산소를 집어넣고 숨을 쉬도록 했다. 환자의 기본적인 생리 현상까지 다 처리하기 위해 간호진이 보강되었다. 이제 글렌은 완전히 의식 불명 상태에 빠져들었고, 합병증이 하나둘 자리 잡기 시작했다. 체온이 상승하고 소변 양도 줄어 정맥으로 수분을 보충해 주고 강력한 이뇨제인 라식스(퓨로세마이드)를 처방하기 시작했다. 뇌파를 측정하기 위해 전자 뇌수 엑스레이 사진을 찍어 보았더니, 뇌 일부는 활동을 계속하고 있는 것으로 나타났지만 아주 미약했다. 마름모꼴 연수(숨골, 신체 기능을 관장하는 뇌의 중심부)가 손상된 것도 다른 검사를 통해 확인할 수 있었다. 글렌의 아버지는 뇌사 초기에 접어들었다는 것과, 예후가 매우 심각하다는 얘기를 들었다. 이 절망적인 소식을 알리는 자리에는 오타와에서 토론토로 달려와 글렌 곁을 지키고 있던 존 로버츠를 포함하여 글렌을 밤새 간호하는 여러 사람이 있었다.

이튿날인 금요일, 흉부 엑스선 사진을 찍었는데 폐 양쪽 바닥에 물이 스며들고 있었다. 전자 뇌수 엑스선 사진을 다시 찍어 본 결과, 오른쪽 뇌는 거의 기능을 잃었고, 왼쪽 뇌도 제대로 기능하지 못하는 상태였다. 모든 의학적 징후로 미루어 보건대, 글렌의 처참한 상태는 점점 더 심해질 수밖에 없었다. 신경학적으로도 최악이어서 호흡기 없이는 숨을 쉴 수도 없었다. 의사 가운데 한 사람이 글렌의 뇌 손상은 이제 회복이 불가능한 상태며, 그의 생존 가능성은 사실상 무無라는 결론을 내렸다.

10월 3일 일요일, 글렌의 혈압은 220/125까지 올라갔고, 코에서 피가 터져 나왔다. 아마 그의 머리 안에 엄청난 압력이 가해진 결과, 혈압이 상승해 코피가 났을 것이다. 이제 더 이상 회복할 가능성은 없었고, 사실상 환자는 '뇌사' 상태이므로 생명 유지 장치를 거둬야 한다는 의견이 나왔다. 글렌의 아버지는 이에 동의했으나 10월 3일 그렇게 하는 데는 반대했다. 그날은 아내 베라의 생일이었기 때문이다. 그래서 10월 4일 월요일, 글렌이 병원에 들어온 지 딱 일주일 되던 날 글렌에게서 생명 유지 장치를 걷어 냈다. 오전 열 시, 그의 심장은 박동을 멈추었고 그의 죽음이 선고되었다.

두 시간 후, 글렌의 시신은 검시에 들어갔다. 이마 안쪽 뼈 안에 있는 큰 정맥의 오른쪽 공동 부분에 온통 피가 엉겨 있었다. 이 정맥의 공동에는 뇌에 피를 공급해 주는 경동맥이 놓여 있다. 공동에 피가 엉긴 것은 대략 열흘 정도 된 것으로 추정되었으니,

몸이 좋지 않아 감기에 걸렸다고 생각한 글렌의 생일날과 일치한다. 공동 안에 곰팡이나 박테리아는 보이지 않았으나(글렌은 병원에 있는 동안 항생제 처방을 받았다), 혈색血塞을 유도한 것은 아마도 감염으로 인한 것이었을 확률이 높았다. 왜냐하면 감염이 공동 혈전증에 가장 흔한 원인이기 때문이다. 왼쪽 뇌의 공동에도 혈전이 생긴 상태였다.

병리학자는 오른쪽 공동 안에 있는 경동맥 역시 피가 엉겨 있는 것을 발견했다. 이 동맥에 피가 엉김으로써 글렌의 오른쪽 뇌는 금방 순환성 손상을 입고 마비와 혼수상태, 그리고 결국 죽음으로 나아간 것이다. 경동맥에 엉긴 피는 오래된 것도 아니고 주변의 공동 부분처럼 골고루 잘 퍼져 있는 상태도 아니었다. 도대체 그 이유가 무엇이었을까? 동맥 혈관 벽에 미약하게 동맥 경화증 증상이 있었지만 병리학자는 이 때문에 피가 그 정도로 엉겨 붙을 수는 없다고 판단했다. 결국 동맥 피가 엉긴 것은 공동의 혈전증이 확대된 것일 가능성이 크다고 결론지었다.

뇌 손상 역시 사후 검시에서 확인할 수 있었다. 오른쪽 뇌가 부풀어 올라 왼쪽보다 컸고, 뇌 피질이 파괴되어 피를 흘리는 부분도 있었다. 그리고 제자리에서 벗어난 중요한 뇌 조직이 뇌를 감싸 받쳐 주는 연결 피질을 통해 등골 쪽으로 빠져나와 있었다. 또한 오랜 고혈압으로 심장 왼쪽이 확장되어 있었고, 약한 지방간 증세(나는 불충분한 섭생으로 생긴 거라 생각한다)도 있었다는 사실이 검시를 통해 새로이 밝혀졌다. 그렇지만 콩팥이나 전립선, 뼈와 관절, 근육 등 몸 어떤 부분에서도 이상은 없었다.

그의 변고는 그동안 언론에 공개되지 않고 있다가 그가 죽기 이틀 전 처음 알려졌다. '심각한 발작' 증세로 토론토 종합 병원에 입원했다는 첫 소식은 엉뚱하게도 낙관적인 논조였다. 앞으로 '후유증'이 있을지 여부는 현재로선 알 수 없다고 보도할 정도였다.[13] 이 소식에 그의 쾌차를 비는 전화와 편지, 전보 등이 쇄도했고, 개중에는 우리가 샌프란시스코에서 보낸 것도 있었다.

**82/10/02-14:27**

**글렌에게. 아프다는 소식 듣고 매우 안타까운 마음이네. 자네를 생각하며 즉시 완쾌하길 빌며, 그와 관련된 모든 일이 다 잘 풀리기를 따뜻한 맘으로 소망하네. 자네의 골드베르크는 최고야. 사랑을 담아.**

**리즈와 피터 오스트왈드**

사흘 후인 1982년 10월 5일 화요일, 비극적인 소식이 세상에 전해졌다. "피아니스트 글렌 굴드 죽다."[14]

그의 아버지에게 보내는 위로 편지에서 나는 다음과 같이 적었다.

글렌의 작품을 높이 평가하고 사랑하는 수백만의 사람이 선생님과 함께 슬퍼하고 있습니다. 또한 그와 우정을 나누는 소중한 기회를 가진 몇몇 사람 — 저도 그 운 좋은 사람 가운데 한 명이라고 생각합니다 ― 도 같이 슬퍼하고 있습니다. …… 선생님은 위대한 음악가를 세상에 내놓으셨습니다. 모차르트처럼 강한 정신과 리스트처럼 격정적인 피아니즘으로…… 그는 영원히 남을 것입니다.[15]

짧은 장례 기간 글렌의 시신은 상가에 안치되어 친구와 동료의 조문을 받았고, 그 후 마운트 플레전트 묘지의 어머니 곁에서 영원한 휴식에 들어갔다. 그의 무덤 앞에는 두 가지 톤으로 된 작은 화강암 석판이 놓여 있는데, 석판에는 피아노 윤곽선이 새겨져 있다. 이 피아노 테두리 선 안에 그의 이름과 생몰 연도, 그리고 바흐의 〈골드베르크 변주곡〉 중 '아리아'의 첫 세 마디가 보인다. 이 석판은 글렌의 변호사인 스티븐 포즌이 예술가의 도움을 받아 디자인한 것이다.

공식적인 추도 예배는 10월 15일, 아름다운 고딕 건물인 토론토 성 바오로 성공회 교회에서 열렸다. 글렌의 친구와 가족, 동료, 그리고 글렌을 흠모하며 따르는 사람들로 넘쳐 났다. 존 로버츠는 훌륭한 추모사를 통해 글렌을 "평생 천재라는 짐을 지고 살았던 사람"으로 묘사했다.

"그는 독특한 사람이었습니다. 그의 모든 것이 남달랐습니다. …… 진실로 현대적인 인간이자 뛰어난 개혁자였습니다. …… 인간의 조건에 큰 관심을 가졌으며, 또한 자신만의 방식으로…… 내가 만나 본 사람 가운데 가장 순수하고 도덕적인 인간이었습니다."[16]

바흐와 베토벤, 브람스 등의 음악으로 꾸민 음악 프로그램에서 절정을 이룬 것은 모린 포레스터가 장엄하게 부른 바흐의 〈성 마태 수난곡〉 중 '자비를 베푸소서' 아리아였다. 그러나 가장 인상적인 순간은 예배가 끝나 갈 무렵 글렌이 최근에 녹음했던 〈골드베르크 변주곡〉의 '아리아'가 빈센트 토벨과 CBC 기술자들이 교회에 설치한 스피커를 통해 나지막이 울려 퍼졌을 때였다. 아리아와 함께 간간이 들려오는 그의 흥얼거림은 그가 우리에게 건네는 마지막 말인 동시에, 자신의 장례식에 참석하고 싶다는 환상을 실현하고 있는 것이기도 했다. 바흐의 영묘한 음악은 끝이 났고, 무서운 죽음의 유령과 필연적으로 따르는 소멸에 대한 공포 역시 글렌의 의식 속에서 사라져 갔다.

병에 시달리던 굴드의 마지막 모습. 온갖 약에 찌들어 병색이 완연하다.
그는 항상 자신의 건강을 염려했지만 그 걱정 때문에 오히려 건강하게 살지 못했다.

"우리가 처음 만난 지 어느덧 40년이 다 된 1995년 1월, 친구가 묻혀 있는 곳을 찾아왔다."(피터 오스트왈드)
석판에 새긴 악보는 〈골드베르크 변주곡〉 아리아의 첫 부분.

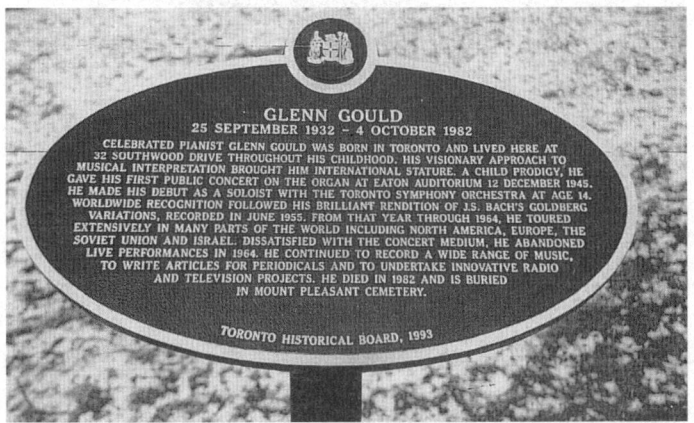

글렌 굴드가 나고 자랐던 사우스우드가 32번지 집 앞에 서 있는 표지판.
"이 기념 표지판 사진을 마지막으로, 글렌 굴드의 인생과 업적을 되새겨 보는 나의 순례를 마치고자 한다."(피터 오스트왈드)

# 에필로그와 감사의 말

　글렌 굴드의 생을 심리학적이고 정신적인 차원에서 자세하게 탐구한 첫 번째 책이 되리라고 믿는 이 책이 어떻게 해서 나오게 됐는지 간단하게나마 설명할 필요가 있을 듯하다. 이 책은 살아서는 그토록 많은 대중의 관심을 사로잡았고, 죽어서는 거의 신화적인 인물이 되어 버린 한 음악 천재에 대한 엄청난 관심의 결과로 만들어졌다.

　그가 죽은 지 1년이 채 못 되어 존 맥그리비가 『굴드 자신과 친구들이 말하는 글렌 굴드*Glenn Gould: By Himself and His Friends*』라는 훌륭한 기념집을 냈다. 이 책이 말하는 바는 "글렌은 천성적으로 도취하는 자였다. 황홀경을 추구하는 그의 노력은 정신적인 차원으로 나아갔고, 한계를 뛰어넘어 무한의 경지를 보여 주었다"[1]는 것이다. 이 책 서문에서 헤르베르트 폰 카라얀은 "다음 세대에게 [굴드는] 음악적으로 뛰어난 연주 솜씨와 완벽한 취향을 겸비한 걸출한 음악가로 남을 것이다. 그는 미래로 이끄는 양식을 창조했다"[2]고 기술했다. 이 책에서는 또 글렌 자신을 비롯하여 리처드 코스텔라네츠,* 예후디 메뉴인, 로버트 풀포드, 그리고 일단의 친구와 동료가 글렌 굴드의 독창성에 대해 여러 측면에서 말하고 있다. 이 책은 고인을 기념하고 찬미하는 책의 성격에 맞게, 기본적으로 찬사 위주의 짧은 글을 다양하고 풍부하게 싣고 있다.

다소 비판적으로 쓴 전기는 오토 프리드리히의 책이다. 프리드리히는 1984년 글렌의 유산을 관리하고 있는 스티븐 포즌을 통해 글렌의 개인 문서를 열람할 수 있었다. 프리드리히는 글렌을 개인적으로 알고 있는 사람을 많이 만나 얘기를 들었는데, 그는 나도 인터뷰했다. 1989년에 출판된 그의 책 『글렌 굴드의 생애와 변주*Glenn Gould: A Life and Variations*』에는 글렌의 공적뿐만 아니라 글렌의 기벽 이야기도 많이 담겨 있다.[3] 나로서는 프리드리히가 글렌의 의학적인 문제를 다루는 방식이 썩 만족스럽지 못했다. 그래서 전문지인 『공연 예술가의 의학 문제*Medical Problems of Performing Artists*』에 이 책 서평을 쓰면서 "굴드는 위험한 건강 문제가 카리스마를 지닌 특별한 사람을 어떻게 공격할 수 있는지 가

---

* 1940년 뉴욕에서 태어난 리처드 코스텔라네츠Richard Kostelanetz는 1960년대부터 시와 수필, 소설, 언어의 한계를 시험하는 실험적인 산문 등 100편이 넘는 글을 써낸 아방가르드 작가다. 또한 녹음, 홀로그램, 사진, 비디오 등 여러 매체를 이용한 작업을 활발하게 벌였다.

장 잘 보여 주는 상징적인 인물이며, 이런 문제를 해결하려는 사람에게는 큰 도전 과제로 남을 것이다"고 말했다.[4]

이 서평은 네덜란드 호로닝언에 있는 『국제 글렌 굴드 협회 회보』 편집자인 코넬리우스 호프만의 주목을 받았고, 그는 내 서평[5]을 실을 수 있는지 물어 왔다. 나는 좋다고 했고, 그것이 인연이 되어 1992년 네덜란드에서 (글렌의 10주기를 기리며) 열린 글렌 굴드 축제에 참석해 달라는 초대를 받았다. 이해에는 토론토에서도 기념 축제가 열렸는데, 이를 위해 켄 윈터가 나를 인터뷰하여 CBC에서 내보냈다. 네덜란드 모임에서 나는 "천재들의 비극적인 요절이 뜻하는 것은? 그 요절을 막을 수 있을까?"라는 주제로 강연을 했다. 그 모임에는 세계의 굴드 연구자와 많은 피아니스트가 참석했고, 그 가운데 파리에서 온 바이올리니스트이자 영화 제작자인 브뤼노 몽생종과 굴드에 관해 박사 논문을 쓰고 있는 캐나다 음악학자 케빈 바자나를 만날 수 있었다. 또한 내가 쓴 『사적인 회상록』을 일본에서 내고[6] 싶어 한 미야자와 준이치, 나와 함께 국제회의에 참가한 적이 있는 로버트 실버먼, 그리고 토론토 글렌 굴드 재단 설립 회장인 존 로버츠도 그 자리에서 만났다.

나의 '회상록'을 보충하여 책으로 만들라고 적극 권유한 사람은 로버츠였다. 지금까지 나온 글렌 굴드에 관한 문헌 가운데 글렌의 개인적인 사안을 다룬 것이 없으므로, 그는 내가 그런 책을 만들 수 있을 거라고 보았다. 그 무렵 나는 정신병을 앓았던 무용가 바츨라프 니진스키 책을 막 끝낸 터였기에, 로버츠의 말대로 글렌에 관한 책을 쓴다는 생각은 환영할 만했으나 그 생각을 행동으로 옮기는 것에는 망설이고 있었다. 왜냐하면 그때 나는 캐나다 동료인 헬렌 메사로스가 글렌 굴드를 심리 분석학적으로 연구한 결과를 출판하도록 격려해 왔기 때문이다. 헬렌은 물론이고, 헬렌과 나를 다 아는 친구인 밥 실버먼과 충분히 논의한 뒤, 나는 내 접근법이 헬렌과는 실질적으로 다르다는 것을 확인하고 이 책을 쓰기로 마음을 굳혔다.

내 연구를 도와준 많은 사람에게 인사하기에 앞서 아내인 리즈 데샹 오스트왈드에게 내 마음을 표하고자 한다. 글렌을 알았던 리즈는 나를 헌신적으로 도와주었다. 특히 내가 병이 난 마지막 해는 아내의 도움이 없었다면 이 일을 계속해 나가지 못했을 것이다. 리즈는 한 장 쓸 때마다 원고를 읽어 주고 나중에 수정하는 과정에서도 원고를 읽으며 많은 조언과 제안을 아끼지 않았다. 그는 또한 '샌프란시스코 공연'과 '공연 예술가를 위한 건강 프로그램'에서 마련한 '글렌 굴드 필름 축제와 심포지엄'을 개최하는 데도 큰 역을 맡아 했다. 1995년 '돌비 퍼실리티즈'에서 열린 이 이벤트에 의학계 종사자와 예술가가 함께 해 주었다. 내 글을 읽어 주고 조언해 준 친구이자 동료인 프랭크 A. 존슨은 이 심포지엄 일도 많이 도와주었다.

지금은 고인이 된 글렌 굴드의 아버지 러셀 허버트 굴드가 적극 협력해 주지 않았다면 이 책은 쓸 수 없었을 것이다. 거기다 글렌 굴드 유산을 관리하는 변호사 스티븐 포즌은 필요한 연구 조사를 마음껏 할 수 있도록 애써 여기저기 안내해 주고 길을 열어 주었다. 그의 격려와 승인에 힘입어 내 작업을 수월하게 진척할 수 있었다. 또한 나를 계속 응원해 준 존 로버츠에게도 감사를 전한다.

이제 글렌에 대한 자신의 의견과 추억을 내게 기꺼이 말해 준 많은 사람에게 고마움을 표할 차례다. 먼저 의사 여러분에게 감사한다. 모리스 차렌도프, A. A 그랜트 굴드(글렌의 작은아버지), 스탠리 그레벤(그리고 그의 아내 매릴린), 모리스 허먼, 오스카 카우프만, 필립 클로츠, 다시 맥도널드, 데일 매카시, 앨런 파킨, 존 퍼시벌, 조지프 스티븐스, 마빈 스톡, A. H. 톰슨, 허버트 비어.

다음으로는 음악가들이 있다. 피아니스트 윌리엄 에이드, 첼리스트 쿤라드 블루멘달, 피아니스트 카를로 부소티, 피아니스트 마틴 캐닌, 소프라노 엘렌 폴, 피아니스트 레온 플라이셔, 바이올리니스트 마크 고틀리브, 피아니스트 윌리엄 코베트 존스, 하프시코디스트 그레타 크라우스, 피아니스트 안톤 쿠에르티, 바이올리니스트 로버트 만, 바이올리니스트 예후디 메뉴인, 작곡가 오스카 모라웨츠, 지휘자 로저 노링턴, 피아니스트 마이클 오엘봄, 음악학자 하비 올닉, 피아니스트 언드라스 시프, 첼리스트 헬렌 스트로스, 그리고 피아니스트 제임스 토코.

그다음은 글렌과 함께 일하면서 가깝게 지낸 사람들 차례다. 그의 매니저 월터 홈버거, 영화 제작자 존 맥그리비, CBC 제작자인 프란츠 크래머와 빈센트 토벨, 친구이자 전자 마술사인 론 털크, 부제작자 피터 막, 홍보 담당자인 로버트 실버먼. 어린 시절 친구인 로버트 풀포드와 회계사인 패트릭 J. 설리번도 있다.

그리고 마지막으로, 그러나 적지 않은 도움을 준 레이 로버츠. 글렌에 대해 아낌없이 말해 주고 실제 문제에서 나를 도와준 그의 인내와 너그러움에 감사를 표한다. 또한 전화로 사촌 이야기를 해 준 제시 그레이그에게도 고마움을 전하고자 한다. 글렌 굴드 문서를 볼 수 있도록 해 주고 자료를 찾아 주고 복사해 준 오타와 캐나다 국립 도서관의 티머시 말로니와 그의 훌륭한 직원들에게 깊이 감사한다. 특히 셰릴 길라드는 나의 많은 질문과 조사에 성심껏 응해 주었다.

이 책을 쓰는 동안 나를 적극 지원해 주고 충고를 마다하지 않았던 학계 동료에게도 감사의 말을 전하고 싶다. 친구이자 훌륭한 의논 상대였던 레온 엡스타인, 캘리포니아 대학 신경과 과장인 크레이그 반다이크, 12년 동안 나를 봐준 암 전문의 새뮤얼 스피박, 언제나 낙관적인 시각으로 나를 지원했던 프랭크 윌슨과 버나드 고든, 동료 의사와 작가(특히 존 맥그리거), 그리고 '심리 전기 연구 그룹' 선생님들. 이 그룹은 한 달에 한 번 만나 서로 하고 있는 작업에 대해 토론해 왔다. '에프-홀즈'라는 별명으로 나와 함께 실내악을 해 온 동료와 친구들에게도 고마움을 전한다. 폴 허시, 테드 렉스, 스티븐 레빈토, 밥 블록, 밥 캐더론치, 조너선 쿠너 등과 함께 나는 수년간 아름다운 음악을 연주해 왔다. 또한 나를 처음 문학의 길로 인도해 주었던 중학교 동창 잭 테일러도 고맙다. 나를 여러모로 지원해 준 나의 대리인 로절리 시겔, 내 원고를 더할 나위 없이 훌륭하게 편집해 준 W. W. 노턴 앤드 컴퍼니 부회장 에드윈 바버에게도 고마움을 전한다.

그리고 글렌 굴드에게 감사의 말을 하지 않고는 이 책을 진정으로 마무리할 수 없을 것이다. 그와 함께 했던 경험 — 연주와 대화, 전화 통화와 그의 유머, 그의 매력, 그의 독창성과 문제점까지 — 이 있었기에 이 모든 것이 시작될 수 있었으니까. 글렌의 독특한 천재성은 이 세상에 뚜렷한 영향을 남겼다. 그의 음악 활동에 나타난 황홀경과 비극에 대하여 통찰력 있는 해석을 담은 다른 책이 출판되기를 기대해 본다.

1996년 3월 12일, 샌프란시스코에서
피터 오스트왈드

# 옮긴이의 말 (2005년 초판)

글렌 굴드는 단순한 피아니스트가 아니었다. 전통적인 피아니스트라는 틀을 벗어난 그의 방식에 어떤 사람들은 열광하고, 어떤 사람들은 거부감을 느낀다. 그를 싫어하든 좋아하든, 글렌 굴드라는 이름은 수수께끼처럼 사람들을 매혹하고 궁금증을 불러일으킨다. 그러나 겉으로 드러난 그의 생애와 활동은 다른 피아니스트에 비해 오히려 단조로운 편이었다. 연주자로서 '글렌 굴드 사운드'라는 자신만의 독특한 소리를 가지고 있었으나, 그는 화려한 쇼맨십은커녕 박수를 받는 것조차 내켜 하지 않았다. 갖가지 기묘한 버릇으로 괴짜로 불렸으나 그의 무대 생활은 극히 짧았다. 또 이상한 증세에 시달리며 약에 의지해 살았으나 그 스스로 역사적 소용돌이 속을 살아 냈거나 역경을 이겨 낸 인물도 아니었다. 누구인지 밝혀지지 않은 여인에게 쓴 연애편지가 남아 있으나 그는 평생 독신으로 살며 동성애든 이성애든 특별히 알려진 염문도, 흥미로운 사생활도 없었다. 그런데도 많은 음악 학자와 전기 작가, 그리고 음악 애호가들이 글렌 굴드에게 유별난 흥미를 느끼는 것은 모순되어 보인다.

　일견 단순한 생을 살았던 글렌 굴드를 사람들이 쉽사리 파악하지 못하는 것은 왜일까? 모순투성이였던 그는 스스로도 그 때문에 고통받으며 살다 갔다. 사람들에게서 멀어지고 싶어 하면서도 사람들의 관심을 갈구했고, 추위를 싫어하면서 얼어붙은 북쪽 지방을 동경했으며, 비행기 사고를 두려워하면서도 자동차를 무지막지하게 운전했던 사람이었다. 무대와 청중을 싫어했으나 그의 실황 연주가 스튜디오 녹음보다 훨씬 아름답다는 평도 있다. 또한 낭만주의 음악을 꺼려 했으면서도 젊은 시절 연주한 그의 쇼팽이 얼마나 낭만적이고 아름다운지 사람들은 기억한다. 그는 전통적인 방식으로 뛰어나게 연주할 줄 알았으나 일부러 왜곡해서 연주했고, 엄청난 음반을 남긴 피아니스트였으면서도 연주보다는 다른 일에 더 열중했던 피아니스트였다.

　무엇보다도 그는 단순한 연주자가 아니라 음악에 대해 자신의 분명한 입장과 주관을 가진 음악가였으며, 자신의 해석을 옹호하기 위해 당시의 음악 풍토를 거부하고 싸워 나간 인물이었다. 이런 면에서 그는 현대적인 피아노 연주와 해석의 새로운 장을 연 선구자였다. 그의 이런 모순과 독특한 면모는 매력과 호기심을 불러일으키기에 충분했고, 이 모순의 비밀을 밝혀 보고자 많은 전기 작가와 음악학자가 그의 수수께끼에 도전했다. 실제로 글렌 굴드에 대한 연구서와 전기는 그가 죽기 전부터 오늘날에 이르기까지, 그의 음반처럼 끊이지 않고 나오고 있다.

글렌 굴드는 수수께끼에 싸인 인물이긴 하지만 자신의 생각과 작업에 대해 그 누구보다 방대한 자료를 남겨 놓았다. 음반과 영상 자료, 그리고 그가 출연하고 제작했던 방송 자료도 풍부하며, 그 자신 작가를 꿈꾸었던 만큼 많은 글도 써냈다. 작곡가와 연주가, 작품에 대한 그만의 독창적인 해석을 담은 글을 비롯하여 연주 관행을 비판한 글, 자신의 음반 해설문, 심지어 자신을 가상으로 인터뷰한 글까지 남겼다. 미국의 음악 평론가 팀 페이지는 굴드와 의논하여 굴드의 연설문, 기사 기고문, 대담 등을 뽑아서 굴드 사후 『글렌 굴드 리더』라는 책으로 정리해 출간했다. 이 책은 전기는 아니지만 굴드가 직접 쓴 글을 모은 것이므로 굴드의 목소리를 생생하게 들을 수 있다.

굴드의 평전으로 빠뜨릴 수 없는 책은 캐나다 음악학자인 조프리 페이전트가 쓴 평전 『글렌 굴드의 음악과 정신』이다. 굴드에 대한 본격적인 연구서로는 최초라고 할 수 있는 이 책은 음악에 대한 굴드의 생각과 굴드 음악의 특징을 잘 잡아냈다. 그러나 굴드 생전에 출판된 까닭에 생애 전체를 통괄해 볼 수 없고, 생활적인 면은 크게 다루고 있지 않다.

기자였던 오토 프리드리히가 쓴 『글렌 굴드의 생애와 변주』는 굴드 사후에 나온 본격적인 평전이었으나 비판적인 시각 때문에 출판이 지연되는 분란을 겪기도 했다. 본서의 저자인 피터 오스트왈드는 오토 프리드리히의 책을 여러 차례 인용하고 있다. 그 외에 굴드와 함께 일했던 사람이나 굴드의 친구, 동료들이 남긴 생생한 전기와 사진집 등이 다수 있으나 모두 자신들이 접한 굴드의 면모만을 주로 다룬 것들이다.

색다른 전기 작품으로는 프랑스의 미셸 슈나이더가 쓴 『글렌 굴드, 피아노 솔로*Glenn Gould, Piano Solo*』가 있다. 이 작품은 실제로 프랑스에서 문학상을 받기도 했으며, 문학적 상상력으로 굴드의 내면을 독창적으로 그려 냈다. 굴드 서한집의 공동 편집자인 구에르탱 기슬레인은 굴드의 철학적인 면모를 담은 자료를 모은 『글렌 굴드, 복수형複數形*Glenn Goul, Pluriel*』을 펴냈으며, 독일 작가가 쓴 연구서, 심지어 굴드를 주제로 한 소설(토마스 베른하르트의 『몰락하는 자*Der Untergeher*』)까지 나와 있다.

최근에 나온 전기로 가장 눈길을 끄는 것은 캐나다 음악학자인 케빈 바자나의 『기묘한 불가사의, 글렌 굴드의 생애와 예술 *Wondrous Strange: The Life and Art of Glenn Gould*』(2003)* 이다. 이미 1997년에 글렌 굴드 연구서** 를 냈던 케빈 바자나는 잡지 『글렌 굴드』*** 의 편집자로서 방대한 자료를 꼼꼼히 수집하고 연구하여 글렌 굴드 사운드의 비밀은 물론이고, 여러 가지 기묘한 버릇과 징후, 굴드의 독특한 유머까지 심도 깊게 파고들었다.

이처럼 굴드에 관한 매력적인 전기와 연구서, 자료집이 많이

---

- 　이 책은 2022년 가을 '뜨거운 얼음, 글렌 굴드의 삶과 예술'이라는 제목으로 번역되었다.
- 　1977년에 펴낸 『글렌 굴드, 작품 안에서 공연하는 사람*Glenn Gould: the Performer in the Work*』은 바자나의 박사 논문 내용을 주로 한 책이다.
- 　글렌 굴드 재단에서 낸 잡지(*Glenn Gould Megazine*)로 1995년부터 2008년까지 나왔다. 바자나는 창간부터 10년 이상 편집자로 일했다.

나와 있지만 피터 오스트왈드의 전기는 글렌 굴드의 출생부터 죽음까지 비교적 자세하고 객관적으로 다루고 있으며, 풍부한 이야기와 일화도 담고 있어 굴드의 다양한 면모를 파악하는 데 충실한 자료가 되리라고 생각한다. 피터 오스트왈드는 정신과 의사인 데다 상당한 수준의 아마추어 바이올리니스트였고, 굴드와 오랜 세월 우정을 나누었기 때문에 오스트왈드만이 할 수 있는 이야기가 많이 있다. 일반 전기들과 달리 불안했던 굴드의 정신적인 면과 병적인 증세를 비중 있게 다룬 점도 흥미를 끈다. 오스트왈드는 자신의 개인적인 체험을 바탕으로 굴드의 아버지를 비롯하여 친구, 사촌, 동료 음악가와 생전에 굴드와 함께 일한 사람까지 다양한 인물을 직접 인터뷰하고 그때까지 나온 여러 자료를 광범위하게 참고하고 있다.

전기는 자칫 찬사 위주로 흐르거나 편파적인 시각으로 주인공의 생을 왜곡하기 쉬운데, 이 책은 작가의 개인적인 의견을 적당히 내세우면서도 비교적 객관적인 글렌 굴드의 모습을 보여주고 있다. 오스트왈드는 굴드를 높이 평가하지만 한편으로는 굴드의 신화를 벗겨 내고, 숨어 있는 구차한 일상까지 보여 주려고 했다. 그래서 이 전기에 그려진 글렌 굴드의 모습에 굴드를 사랑하는 독자는 다소 실망할지도 모른다. 어쩌면 피아니스트로서 엄청난 재능을 가지고 엉뚱한 일에 에너지를 소비했다고 혀를 찰지도 모른다. 전통적인 피아니스트의 길을 갔다면 얼마나 대단했을까 하고 안타까워할 수도 있다. 그러나 전통에 반기를 든 우상 타파주의자로서 스스로 힘든 길을 걸어간 한 천재의 모습에서 우리는 결국 연민을 느끼게 될 것이다.

이 책을 번역하는 동안 라디오에서는 유난히 굴드의 음악이 자주 흘러나왔다. 이처럼 세상은 굴드를 잊지 않고 여전히 그를 사랑하고 있다는 사실을 확인하면서 나는 지난 몇 달 동안 굴드의 인생과 씨름했다. 그의 재능에 감탄하고 그의 불안한 증세에 안타까워하며, 때로는 이 전기에 쓰여 있는 내용을 넘어서서 그의 심정을 헤아려 보기도 했다. 독자 여러분도 나의 서투른 번역문을 넘어서서 굴드와 만날 수 있기를 바란다. 그토록 많은 전기와 연구서, 각종 자료집이 나와 있지만 굴드는 여전히 수수께끼 같은 인물로 남아 있으니, 그를 진정으로 이해하는 것은 어쩌면 독자와 그의 음악을 사랑하는 사람들의 몫인 것 같다.

이 책을 번역할 수 있는 기회를 마련해 주시고 게으른 나의 작업을 독려해 주신 이덕희 선생님과 더딘 원고를 재촉하지 않고 믿고 기다려 준 을유문화사에 감사드린다. 또한 내 힘으로 해결할 수 없는 부분을 일일이 도와주신 케빈 오록 선생님께도 고마운 마음을 전한다.

2005년 여름 인왕산 아래에서
한경심

# 옮긴이의 말 (2025년 개정판)

20년 만에 글렌 굴드를 다시 만났다. 오래전 헤어졌던 친구를 만난 것 같다. 한때 제법 잘 안다고 생각했던 친구, 그러나 다시 만날 일 없을 것처럼 헤어진 친구. 그런데 그 친구가 새롭게 보인다. 굴드는 변함이 없을 텐데, 그가 새로워 보이는 것은 보는 이의 눈이 달라졌기 때문이리라. 20년 전 나는 굴드가 죽은 쉰 살보다 어렸지만, 이제 내 나이는 굴드가 살아온 세월을 지났다. 예전엔 굴드에게 연민과 함께 안타까움과 답답함이 많았다. 실제 공연에서 사람들을 매혹했던 그가 무대를 떠나 스튜디오 녹음만 하고, 피아노보다 방송 제작에 힘 쏟는 것이 마음에 들지 않았다. 이런 마음은, 이 책의 저자와 그 친구 스티븐스 박사 ─ 저자가 굴드에게 소개했고 굴드가 저자보다 더 친하게 지냈던 사람 ─ 의 마음이기도 했다. 아니, 음악과 피아노를 사랑하는 사람 대부분이 그런 마음일 것이다. 또한 굴드가 낭만주의 작품을 정말로 아름답게 연주했었다는 증언을 접하거나 브람스의 간주곡 — 굴드 자신 '섹시한' 연주였다고 말했던 — 을 들을 때면 낭만주의 작품을 연주 목록에서 영원히 빼 버리고 난해한 현대 음악에 집중한 굴드의 결정이 원망스럽기만 하다.

그런데 20년 만에 이 책을 다시 찬찬히 읽고 손보고, 새롭게 주를 달면서 보니 굴드의 선택을 이해하게 된다. 그는 기존의 전통에서 벗어나 새로운 전통을 세우려고 했던 사람이라는 것을. 그가 만약 다른 연주자처럼 줄곧 무대에 서고, 청중을 불편하게 하는 현대 음악 대신 듣기 달콤하고 화려한 음악만을 들려주었다면 우리는 글렌 굴드의 전성기를 물론 즐겼겠지만, 그는 오늘날처럼 전설로 남지는 못했을 것이다. 그저 훌륭했던 한 피아니스트로, 그것도 호로비츠와 자주 비교되는 피아니스트로 남았을 확률이 높다.

그가 무대를 일찍 떠난 것은 무대 공포증과 대인 기피증 탓도 있지만, 실황 공연에서 일어날 수 있는 실수와 마음에 들지 않는 연주를 내보이기 싫어하는 완벽주의 성향 탓이 크다. 피아니스트라면 누구든, 호로비츠조차도 실수와 때로 저조한 연주를 남기게 된다. 더구나 굴드는 무대 공포증으로 공연을 엉망으로 만들었을 수도 있었으리라. 천재적인 기억력으로 악보를 완벽하게 숙지하던 그가 나중에는 초조함으로 악보를 앞에 놓고 연주하게 된 것을 보면, 무대를 떠날 수밖에 없었다는 것을 이해하게 된다.

낭만주의 작품을 연주하지 않고, 때로 모차르트나 브람스를 딱딱하게 연주한 것도 그에겐 전통에 대한 도전이었다. 그는 아마 "달콤하고 아름답게 연주하는 피아니스트는 많아. 나까지 그래야 할까?"라고 말했을 것이다. 달콤하고 아름답게 연주하지 못해서가 아니라 음악의 구조를 드러내는 데 집중하다 보니 자연히 낭만주의 작품은 제외할 수밖에 없었고, 때로 연주는 딱딱해지기도 했다. 그렇다. 딱딱한 연주조차 그는 우리에게 새로움이라는 선물로 안겨 주었다. 그 새로움은 피아노 연주사에서 현대성의 길을 연 개척자의 도전장이기도 했다. 그래서 오늘날, 낭만주의 음악이 다시 각광받는 시대임에도 굴드의 현대성은 피아노 연주사에 중요한 이정표로 남아 있다.

이번 책에서 많은 주를 보충하게 된 것도, 굴드의 현대성을 이해하는 데 도움이 되리라는 생각에서였다. 본래 번역하면서 주를 많이 다는 것을 꺼려 20년 전에는 역자 주를 최소한으로 했었다. 그러나 요즘 독자는 배경이 되는 풍부한 이야깃거리를 마다하지 않고, 굴드 팬들은 더 많은 이야기를 듣고 싶어 한다는 것을 이해하게 됐다. 그리고 20년 사이 굴드에 관한 책이 많이 번역되어 나왔으니 이 책이 앞으로도 계속 독자의 선택을 받기 위해서는 새로움이 필요하다고 생각했다.

이렇게 새로 보충한 주는 굴드에 관한 내용에만 국한하지 않았다. 오히려 옛 연주자, 피아니스트는 물론이고 다른 악기 연주자와 지휘자, 작곡가, 평론가 주가 많다. 이는 굴드가 성장하고 활동하던 당시 음악계 풍토를 보여 주는 밑바탕이 된다. 굴드가 어떤 전통에서 벗어나 어떤 방향으로 자신만의 독자적인 길을 개척해 나갔는지 이해하려면, 그 배경이 되는 상황을 먼저 알아야 한다. 러시아 혁명이 1차 대전, 그리고 유대인 탄압이 극심했던 2차 대전의 여파로 많은 유럽 음악인, 특히 음악계에 큰 위치를 차지하고 있던 러시아와 동구, 독일계 음악가와 유대인 연주자들이 미국으로 건너갔다. 이런 전설적인 대가들의 연주와 지도는 신대륙의 음악을 살찌우는 토대가 되었다. 경제 부흥기를 맞아 문화적 욕구가 분출하던 미국 음악계는 그들 덕에 꽃을 피웠고, 그 가운데 커티스 음악원은 그런 전통을 이어 가는 중심이 되었다.

그런데 굴드는 그런 전통과 조금 거리가 있는 캐나다에서 태어났다. 세상에 우연은 없는 것 같다. 만약 굴드가 미국에 태어나 커티스 음악원에서 교육을 받았더라면, 그가 보여 준 혁신을 시도하는 데 마침내 성공했다 하더라도 많은 난관에 부딪혔을 것이다. 실제로 굴드에 앞서 바흐 전문가였고, 굴드가 존경했던 피아니스트 로절린 투렉이 바흐 곡만으로 연주회를 꾸미려 했을 때, 줄리아드 스승들은 심하게 반대했었다. 그런데 굴드는 그런 권위와 전통이 자리 잡지 못한 캐나다 땅에서 났다. 미국과 가까웠으므로 미국에 정착한 피아니스트가 캐나다를 찾는 혜택은 누릴 수 있었다. 굴드는 어린 시절 요제프 호프만의 연주회에서 큰 영감을 받았고, 라디오로 많은 연주를 접했다. 물론 그에게도 남미 출신의 훌륭한 스승이 있었지만, 유럽에서 건너온 전설적인 연주자들만큼 무게를 지닌 것은 아니었다. 전통에서 비교적 자유로웠던 대신 명성을 얻는 데는 어려움이 따랐다. 굴드는 유명한 스승의 지도와 광휘, 커티스나 줄리아드 같은 간판, 이렇다 할 콩쿠르 우승 전적도 없이 피아니스트 독주자의 길에 나섰다. 그의 미국 데뷔 연주회는 초라하기 짝이 없었다. 그 몇 안 되는 청중 속에 컬럼비아 음반사의 녹음부장 오펜하임이 있었다는 것은, 한 편의 소설 같은 이야기다.

그러나 소설이 신화가 된 것은, 전적으로 굴드 자신의 실력과 의지 덕택이었다. 그는 데뷔 무대부터 색다른 레퍼토리를 올렸으며, 컬럼비아사와 처음 녹음할 때도 사람들의 반대를 무릅쓰고 〈골드베르크 변주곡〉을 고집했다. 인기를 좇았다면 선택하지 않았을 곡을 자신의 의지로 연주하고 녹음한 것이다. 그의 이런 신념은 십 대 초반부터 스스로 음악을 연구해 온 결과였다. 굴드의 독창성은 자신의 느낌과 내적 확신으로 이루어진 것이었다. 처음에는 어머니의 낭만적인 취향에 반기를 들었고, 십 대 후반에는 작곡가 앞에서 작곡가의 의도와 다르게 연주하며 "당신은 당신 작품을 잘 모르는 것 같다"는 말도 한다. 천재였고 어려서 그런 말을 할 수 있었을 것이다. 그래서 많은 천재가 그렇듯이 그는 건방지고 제멋대로라는 평가도 받았다. 그의 엄청난 성공 후에는 당연히 시기와 질투도 따랐으리라. 이 책에서는 그러한 부분은 전혀 다루고 있지 않지만, 저자가 만난 많은 사람의 증언, 특히 피아니스트들의 증언은 행간을 읽어야 한다고 믿는다.

굴드를 독특한 바흐 전문 피아니스트, 언제나 털외투를 껴입고 건강 염려증에 시달리며 무대를 혐오했던 괴짜 피아니스트로만 안다면 우리는 글렌 굴드를 제대로 이해할 수 없고 굴드가 왜 전설이 되었는지도 끝내 헤아릴 수 없을 것이다. 굴드는 연주자의 영역을 작곡가 이상으로 넓힌 사람이었다. 작곡가보다 자신이 그 곡을 더 잘 아니 어떻게 연주해야 하는지도 자기가 결정한다는 것이 굴드의 태도였고, 그래서 자신만의 해석이 들어가지 않은 작품은 연주하지 않았다. 아무리 아름답게 칠 수 있다고 하더라도 말이다. (그런데 연주자의 자의적 해석과 자유로운 연주 속도는 모차르트 시대부터 리스트까지 통용되던 관례였다. 어쩌면 굴드는 과거로 돌아간 건지도 모른다.) 음악에 대한 그의 해석은 후대 연주자들에게 당연히 큰 영향을 주었다. 그처럼 선명한 소리를 선호하는 경향이 강해졌고, 오늘날 피아니스트 중에는 굴드처럼 "베토벤 〈황제〉 협주곡은 너무 화려해 별로"라고 하는 이도 있다. 물론 이들의 느낌은 굴드처럼 강하지 않을 것이고 — 그럴 필요도 없지만, 때가 되면 그 곡을 사랑하게 될 수도 있을 것이다. 감상자도 역시 마찬가지다. 굴드는 낭만주의를 배제했지만 1980년대 이후 다행히 낭만주의는 돌아왔고, 굴드가 그토록 사람들에게 들려주려고 했던 리하르트 슈트라우스, 스크랴빈, 힌데미트는 물론이고 더 현대적인 음악도 무대에서 연주된다. 낭만주의 음악은 대중적인 만큼 덜 세련됐다고 생각하는 사람도 있겠지만, 이제는 개인의 취향 문제가 되었다.

20년 전 이 책을 번역할 때와 견주어 국내에 소개된 굴드 책과 영상물은 크게 늘었다. 전문가의 연구서도 번역되었고, 인터뷰집, 만년의 작업에 대한 증언과 좌담회를 실은 책, 굴드와 피아노의 관계에 집중한 책도 있다. 아직 번역되지 않은 자료도 많다. 무엇보다 굴드는 많이 쓰고 기록했으며 편지와 영상도 많이 남겼다. 이 책의 초판 번역 후기에서도 언급했지만, 특히 북미에서는 아직도 그가 남긴 자료를 바탕으로 새롭게 제작한 책들과 영상들이 꾸준히 나오고 있다.

이처럼 굴드를 여러 방면으로 조망하는 연구가 이루어지고 있지만, 이 책의 매력은 여전하다. 굴드의 음악, 굴드 사운드, 굴드의 철학, 굴드의 수업과 성공, 굴드의 연애와 죽음까지 이 책은 두루 담고 있다. 내용도 가볍지 않고 매우 구체적이고 풍부하다. 또한 저자는 정신과 의사로서 굴드의 불안과 서툰 인간관계, 약물 문제도 파헤친다. 굴드의 모순된 성향과 기벽에 대해서도 비교적 객관적인 해석을 내놓고 있다. 저자는 굴드와 친해졌다가 굴드의 독단성에 질려서, 어쩌면 비난과 상처를 받아들이지 못하는 굴드 때문에 우정이 퇴색하는 과정도 솔직하게 털어놓는다. 또 그 자신 아마추어 바이올리니스트로서 굴드와 함께 연주한 개인적인 경험은 어느 책과도 비교할 수 없는 입체적인 굴드를 그려 내는 데 일조했다. 그만큼 재미도 있다.

이 책의 또 다른 매력은, 다른 굴드 연구서에 비해 굴드 바로 전 시대 유럽 음악가와 연주자들을 많이 언급하고 있는 점이다. 이들을 몰라도 읽는 데 상관없지만, 요아힘과 리스트 제자에게 배우고 20세기 초 불어닥친 음악 신동 바람의 주인공이 된 이들의 이야기는 매우 흥미진진하면서도 서양 음악사와도 맥이 닿아 있어 중요한 정보를 제공한다. 굴드 이전 몇 세대만 올라가면 브람스와 리스트, 체르니와 베토벤까지 금방 가닿는다. 이들의 연주를 알면 굴드가 얼마나 새로운지도 저절로 이해하게 된다. 이들 이야기를 주에 많이 담았지만, 지면이 부족해 내용을 대폭 삭제할 수밖에 없어 아쉽다.

  20년 전 처음 번역할 때는 번역 자체를 정확하게 하려고 제일 애를 많이 썼다. 그래서 이번에 새로 작업하면서 가장 먼저 신경 쓴 부분은 문장을 더 자연스럽게 다듬는 것이었다. 아울러 내용 확인은 필수였고, 그 과정에서 저자의 실수와 기존의 주 가운데 잘못된 내용을 손볼 수 있어서 정말 다행스럽다. 때로 이전에 달았던 주의 근거를 찾을 수 없어 당혹스러운 일도 있었다. 소중한 정보지만 다시 확인할 수 없는 경우엔 그 내용을 버릴 수밖에 없었다. 가장 큰 비중을 차지한 작업은 새로이 주를 추가하는 것이었는데 누구나 아는 유명 음악가보다 잘 안 알려진 사람들에 집중했다. 인터넷만 찾아보면 쉽게 정보를 얻는 시대가 되었지만, 잘못된 정보도 많아 믿을 만한 정보를 찾는 데 시간이 많이 들었다. 컴퓨터로 정보 찾는 능력이 부족한지라 언급된 음악가의 음악을 일일이 들어 보고, 때로 악보도 확인하고 연주 시간을 재는 노력까지 기울였지만, 틀림없이 실수가 있을 것이다.

  또 이번에는 처음 번역했을 때 저본으로 삼았던 1997년 판본과 다른 1998년 판본으로 작업했기 때문에 의학 용어를 포함하여 몇몇 단어가 바뀌었음을 알려둔다. 본문에 인용된 글 가운데 평론가 숀버그가 가브릴로비치에게 보내는 편지 형식으로 쓴 글은 본래 독일식 영어였다. 굴드가 브람스 피아노 협주곡을 지나치게 느리게 연주했다고 비난하는 그 글은 그 퉁명스럽고 거친 영어 때문에 더욱 굴드를 아프게 했을 텐데, 이 책의 저자는 보통 영어로 고쳐 실었으므로 번역 역시 평이하게 했다.

20년 전 이 책을 번역하도록 나를 을유문화사로 이끌었던 이덕희 선생님은 2016년 유명을 달리하셨다. 처음 번역할 때 큰 도움을 주신 케빈 오록 선생님도 그 4년 뒤 세상을 떠나셨다. 몇십 년 동안 나를 격려하고 버팀목이 되어 주신 두 분이 내 곁을 떠난 지금 이 책을 다시 접하니 가장 생각나는 것이 그 두 분이다. 이번 작업 내내 두 분이 함께 하는 느낌이었다. 새로 힘을 보내 준 이는 나의 오랜 벗 한기홍이다. 우리는 대학 시절부터 글렌 굴드를 입에 올렸으니, 굴드와 우리의 인연은 오랜 셈이다. 이번 작업에 맞춰 그는 굴드 음반 전집을 보내 주었고, 20년 전에 나온 이 책을 최근까지 서너 번씩 읽을 정도로 이 책을 아껴 주었다. 그가 새로 단장해 나올 이 책을 즐겨 읽으리라는 기대가 나의 지지부진한 작업에 힘을 주었다. 또 지휘자 박승유 씨는 논쟁을 불러일으킨 굴드와 번스타인의 브람스 피아노 협주곡 1번의 박자 문제를 깔끔하게 해명해 주어 큰 도움이 되었다. 권성준 지휘자는 베토벤 협주곡 4번 내용을 확인해 주었다. 참 절묘한 것이, 내가 도움을 청한 때 박승유 지휘자는 브람스 협주곡 1번 지휘를 앞두고 있었고, 권성준 지휘자는 베토벤 협주곡 4번을 막 지휘하고 난 뒤였다. 내 곁에는 두 분 선생님뿐 아니라 굴드도 맴돌고 있는지도 모르겠다.

해를 두 번이나 넘기도록 나의 게으름으로 끌어온 작업을 막바지에 떠맡아 말끔하게 정리해 준 을유문화사의 최원호 과장에게는 미안함과 고마움이 한가득이다. 새로 보충한 주가 원고지 500장에 달해 어쩔 수 없이 줄여야 했을 때, 그는 부족한 시간에도 그 수고로운 일을 혼자 떠맡다시피 했다. 내가 만난 최고의 편집자로 그에 대한 믿음이 없었다면 나는 이 작업을 아직도 끝내지 못했을 것 같다. 교정을 보아준 두 분도 고맙다. 나의 지지부진한 작업을 참고 기다려 준 가족과 친구들에게 정말 신세를 많이 진 것 같다. 끝으로 이 책을 새로 보충해서 낼 기회를 마련해 준 을유문화사와 정상준 대표에게도 고마움을 전한다.

최선을 다하지 못했다는 아쉬움이 많지만 이제 이 책은 두 번째 항해에 나선다. 솔직히 첫 번째 출항보다 더 떨린다. 이 책이 다시 무사히 내게 돌아올지, 긴 항해를 마치고 돌아왔을 때 내가 맞을 수 있을지도 의문이다. 언제가 될지 모르나 다음에는 굴드의 모순된 성향에 대한 통찰력까지 담은 주까지 넉넉하게 싣고 항해에 나설 수 있길 꿈꿔 본다.

2025년 겨울 인왕산 부처바위를 바라보며
한경심

# 지은이 주

## 들어가는 글

1  Geoffrey Payzant, *Glenn Gould,: Music and Mind*, Toronto: Van Nostrand Reinhold, 1978, p. xi.

2  Peter Ostwald, *Schumann: The Inner Voice of a Musical Genius,* Boston: Northeastern University Press, 1985.

3  R. T. Sataloff, A. G. Brandfonbrener, and R. N. Lederman, eds., *Textbook of Performing Arts Medicine,* New York: Raven Press, New York, 1991.

4  캘리포니아 대학의 연주자를 위한 건강 프로그램은 다음과 같은 전문의와 상담 의사로 이루어져 있다. 신경외과 Nicholas M. Barbaro 의학 박사, 이비인후과 Barry C. Baron 의학 박사, 임상 심리학 Alexander Botwin 심리학 박사, 물리 치료학 Nancy N. Byl 박사, 류머톨로지 Ephraim P. Engleman 의학 박사, 정신과 Paul Fishman 의학 박사, 정신과 Peter Froster 의학 박사, 정신 분석 Gary S. Gelber 의학 박사, 피부과 Bernard I. Gordon 의학 박사, 손 외과 Leonard Gordon 의학 박사, 치과 Edward Green 치의학 박사, 정신과 Madeleine F. Grumbach 의학 박사, 이비인후과 Daniel F. Hartman 의학 박사, 정신 병리 사회사업 Dorothy Hejna L. C. S. W., 정신과 Frank A. Johnson 의학 박사, 정신과 Richard

Lieberman 의학 박사, 외과 Robert E. Markison 의학 박사, 심리 치료 Leonore Mesches 석사, 정신과 Peter F. Oswald 의학 박사, 정신과 Herbert W. Peterson 의학 박사, 임상 심리 Susan Raeburn 박사, 내과 Raphael B. Reider 의학 박사, 이비인후과 Michael F. Saviano 의학 박사, 정형외과 Max Scheck 의학 박사, 신경과-연구 교육 과장 Frank R. Wilson 의학 박사, 심리 치료 Susan Zegans M. S. W., 행정 담당 Nina Beckwith.

## 1. 연주회

1    음악적 교감에서 시각적인 면은 거의 다루어지지 않은 주제인데, 이에 대한 학구적 논의를 위해서는 Richard Reppert의 *The Sight of Sound: Music, Representation, and the History of the Body*, Berkeley, CA: University of California Press, 1993 참조.

## 2. 한밤의 음악회

1    글렌 굴드가 Thomas McIntosh에게 보낸 1957년 1월 21일 자 편지, *Glenn Gould: Selected Letters,* edited by John P. L. Robert and Ghyslaine Guertin, Toronto: Oxford University Press; 1992, p. 5.

## 3. 천재의 어린 시절

1    캐나다 온타리오의 일반 호적계 사무소에 있는 'Glenn Gold' 출생증명서.
2    글렌 굴드 유산 관리인 Stephen Posen은 1994년 6월 17일에 저자가 인터뷰했고, 1996년 7월에는 Lise Deschamps Ostwald와 이야기를 나누었다.
3    1996년 10월 16일, 저자와 인터뷰하며 Grant Gould 의학 박사가 한 말.
4    *Uxbridge Times-Journal*, 1953년 9월 17일 자에 실린 Thomas G. Gould의 부고 기사.
5    1994년 6월 18일, 저자와 인터뷰하며 Robert Fulford가 한 말.
6    H. A. MacDonald Greig의 1972년 4월 29일 자 편지. 이 편지는 캐나다 국립 도서관의 글렌 굴드 문서 보관소 '보관자(Keepers)' 함에 보관되어 있다. 또한 "Grieg and his Scottish Ancestry," published by Hinrichsen Edition, London을 참조할 것. 그레이그 가문이 작곡가 에드바르 그리그와 관련이 있다는

주장을 담고 있는 J. Russel Greig가 쓴 이 자료의 복사본은 글렌의 사촌 제시 그레이그가 글렌에게 준 것이다.

7   글렌 굴드가 1975년에 쓴 Florence Greig Gould의 부고장 메모. 캐나다 국립 도서관의 글렌 굴드 문서 보관소 '보관자' 함에 보관되어 있다.

8   1994년 6월 17일, 굴드 씨와 굴드 부인(Vera) 인터뷰에서.

9   Donald J. Shetler가 쓴 Music and Child Development, edited by Frank R. Wilson and Franz J. Roehmann. St. Louis, MO: MMB Music, 1990, pp. 44–62에 나와 있는 "The Inquiry into Prenatal Musical Experience"를 참조할 것. 음악적인 재능 발달의 기원을 탐구한 또 다른 과학자는 튀빙겐 대학의 Marianne Hassler 교수다. 그는 임신 기간 동안 임부의 테스토스테론 수치가 특별히 높아진 상태에서 내분비계가 특정 활동을 하게 되면 태아의 오른쪽 뇌에 있는 뇌세포 분열을 촉진한다고 추정했다. 그 결과 아이는 왼손잡이가 될 확률이 높고 공간 구성에서뿐 아니라 음악에도 뛰어난 재주를 보이며, 육체적으로나 심리적으로 양성적인 징후를 나타낼 가능성이 많고, 면역성 질환에 특히 잘 걸린다고 보았다. Marianne Hassler, "Gonadal Hormones, Brain Development, and Musical Capacities," in Music, Speech and the Developing Brain, edited by C. Faienza. Milan: Guerini e Associati, 1994, pp. 136–156을 보라.

10  1994년 6월 17일, 굴드 씨와 굴드 부인(베라) 인터뷰에서.

11  1996년 10월 16일, 그랜트 굴드 의학 박사 인터뷰에서.

12  Martin Greenberg, V. Vuorenkoski, T. Partanen, J. Lind, "Behavior and Cry Patterns in the First Two Hours of Life in Early and Later Clamped Newborns," Annales Paediatriae Fenniae, vol.13(1967), pp. 64–70 참조.

13  Peter Ostwald, "Humming: Sign and Symbol," Journal of Auditory Research, vol.3(1961), pp. 224–232.

14  MacDonald Critchley and R. A. Henson, Music and the Brain: Studies in the Neurology of Music. London: Heinemann, 1977.

15  1985년 CBC 텔레비전이 제작한 "Glenn Gould: A Portrait"(Part 1)에 나오는 인터뷰에서 글렌의 아버지 Russell Herbert Gould가 한 말.

16  Peter Ostwald and Philip Pelzman, "The Cry of Human Infant," Scientific American, vol.230, pp. 83–90.

17  Christopher Gillberg and Mary Coleman, The Biology of the Autistic Syndromes (2nd edition). Clinics in Developmental Medicine No. 126. Oxford: Blackwell Scientific Publications; New York: Cambridge University Press, 1992. 비트겐슈타인과 벨러 버르토크에 관해서는 50쪽을 보라.

18    Oliver Sacks, *An Anthropologist on Mars: Seven Paradoxical Tales*, New York: Knoff, 1995 참조.


## 4. 신동으로 불리다

1    1985년 CBC 텔레비전이 제작한 "Glenn Gould: A Portrait"(Part 1)에서 Jessie Greig가 한 말.

2    Otto Friedrich, *Glenn Gould: A Life and Variations*, New York: Random House, 1989, p. 15에 인용된 러셀 허버트 굴드의 말.

3    Rosemary Shuter-Dyden and C. Gabriel, *The Psychology of Musical Abilities* (2nd edition), London: Methuen, 1981 참조.

4    1985년 CBC 텔레비전이 제작한 "Glenn Gould: A Portrait"(part 1)에서 제시 그레이그가 한 말.

5    위와 같은 프로그램에서 러셀 허버트 굴드가 한 말.

6    1994년 10월 16일, 저자와 인터뷰하며 그랜트 굴드 의학 박사가 한 말.

7    위와 같은 내용.

8    1994년 6월 17일, 저자와 인터뷰하며 러셀 허버트 굴드가 한 말.

9    Andrew Kazdin, *Glenn Gould at Work: Creative Lying*, New York: E. P. Dutton, 1989, pp. 76-77.

10    1985년 CBC 텔레비전이 제작한 "Glenn Gould: A Portrait"(Part 1)에서 아버지 러셀 허버트 굴드가 한 말.

11    오타와주 캐나다 국립 도서관의 글렌 굴드 문서 보관소 '보관자' 함 참조.

12    1985년 CBC 텔레비전이 제작한 "Glenn Gould: A Portrait"(Part 1)에서 아버지 러셀 허버트 굴드의 말.

13    Friedrich, *Glenn Gould*, p. 16에 인용된 러셀 허버트 굴드의 말.

14    1985년 CBC 텔레비전이 제작한 "Glenn Gould: A Portrait"(Part 1)에서 글렌 굴드 자신이 한 말.

15    1994년 6월 17일, 저자와 인터뷰하며 John Roberts가 한 말.

16    1994년 6월 17일, 저자와 인터뷰하며 러셀 허버트 굴드가 한 말.

17    위와 같은 내용.

18    1994년 10월 16일, 저자와 인터뷰하며 그랜트 굴드 의학 박사가 한 말.

19    1994년 6월 18일, 저자와 인터뷰하며 로버트 풀포드가 한 말.

20    1994년 6월 17일, 저자와 인터뷰하며 존 로버츠가 한 말.

21 굴드가 어린 시절에 쓴 글, Friedrich, *Glenn Gould*, p. 26에서 재인용.

22 1994년 6월 17일, 저자와 인터뷰하며 러셀 허버트 굴드가 한 말.

23 위와 같은 내용.

24 캐나다 국립 도서관의 글렌 굴드 문서 보관소 '보관자' 함에 있는 인쇄된 프로그램 참조.

25 Andrew Kazdin, *Glenn Gould at Work*, p. 84.


## 5. 단 한 명의 친구

1 Robert Fulford, *Best Seat in the House: Memoirs of a Lucky Man*, Toronto: Collins, 1988, p. 36.

2 1985년 CBC 텔레비전이 제작한 "Glenn Gould: A Portrait"(Part 1)에서 로버트 풀포드가 한 말.

3 1994년 6월 18일, 저자와 인터뷰하며 로버트 풀포드가 한 말.

4 위와 같은 내용.

5 위와 같은 내용.

6 1994년 6월 17일, 저자와 인터뷰하며 존 로버츠가 한 말.

7 1979년에 개봉된 John McGreevy의 영상 기록물 *Glenn Gould's Toronto*.

8 Fulford, *Best Seat in the House*, p. 37.

9 위의 책, p. 39.

10 1994년 6월 18일, 저자와 인터뷰하며 로버트 풀포드가 한 말.

11 1994년 10월 16일, 저자와 인터뷰하며 그랜트 굴드 의학 박사가 한 말.

12 1994년 6월 18일, 저자와 인터뷰하며 로버트 풀포드가 한 말.

13 글렌 굴드가 쓴 Florence Greig Gould의 부고장 초고. 캐나다 국립 도서관의 글렌 굴드 문서 보관소 '보관자' 함에 보관되어 있다.

14 1994년 6월 18일, 저자와 인터뷰하며 로버트 풀포드가 한 말.

15 위와 같은 내용.

16 1959년, Pierre Berton이 글렌 굴드와 인터뷰한 내용. Friedrich, *Glenn Gould*, p. 84에서 재인용.

17 1944년 6월 17일, 저자와 인터뷰하며 러셀 허버트 굴드가 한 말.

18 1994년 6월 18일, 저자와 인터뷰하며 로버트 풀포드가 한 말.

19 1985년 CBC 텔레비전이 제작한 "Glenn Gould: A Portrait"(Part 1)에서 로버트 풀포드가 한 말.

20  1994년 6월 18일, 저자와 인터뷰하며 로버트 풀포드가 한 말.

21  Fulford, *Best Seat in the House*, p. 38.

22  1994년 6월 18일, 저자와 인터뷰하며 로버트 풀포드가 한 말.

23  1979년에 개봉된 존 맥그리비의 영화 *Glenn Gould's Toronto*에서 글렌 굴드가 한 말.

24  1944년 6월 17일, 저자와 인터뷰하며 러셀 허버트 굴드가 한 말.

## 6. 새 스승과 도약

1   글렌 굴드의 음악 시험. 캐나다 국립 도서관의 글렌 굴드 문서 보관소 '보관자' 함에 있는 59번 물품.

2   1985년 CBC 텔레비전이 제작한 "Glenn Gould: A Portrait"(Part 1)에서 글렌 굴드 자신이 한 말.

3   위와 같은 내용.

4   존 벡위스의 말, Friedrich, *Glenn Gould*, p. 31에서 재인용.

5   1994년 6월 17일, 저자와 인터뷰하며 러셀 허버트 굴드가 한 말.

6   William Aide, "Fact and Freudian Fable," *The Idler* (Summer 1993), p. 60.

7   1994년 6월 15일, 저자와 인터뷰하며 윌리엄 에이드가 한 말.

8   William Aide, "Fact and Freudian Fable," *The Idler* (Summer 1993), p. 59.

9   위와 같은 글, p. 60.

10  위와 같은 글, pp. 59-60.

11  1994년 6월 17일, 저자와 인터뷰하며 러셀 허버트 굴드가 한 말.

12  1994년 6월 18일, 저자와 인터뷰하며 로버트 풀포드가 말.

13  러셀 허버트 굴드의 말, Friedrich, *Glenn Gould*, p. 49에서 재인용.

14  1994년 6월 18일, 저자와 인터뷰하며 그레타 크라우스가 한 말.

15  캐나다 국립 도서관의 글렌 굴드 문서 보관소에 있는 초기 연주회 프로그램들.

16  *Toronto Globe and Mail*, 1944년 2월 17일 자 신문.

17  Richard Kostelanetz, *Master Minds*, New York: Macmillan, 1967, p. 31.

18  *Toronto Telegram*, 1945년 12월 13일 자.

19  Glenn Gould, "Advice to a Graduation," in *The Glenn Gould Reader*, edited by Tim Page, New York: Vintage Books, 1990, pp. 6-7.

20  Ostwald, *Schumann: The Inner Voices of a Musical Genius*, p. 36 참조.

21  Glenn Gould, "Advice," p. 7.

22  위와 같은 글, p. 7.

23  Friedrich, *Glenn Gould*, p. 31에 인용된 Myrtle Guerrero의 말.

24  위와 같은 책 p. 31에 인용되어 있는 글렌 굴드의 말.

25  *High Fidelity Magazine*, vol.20, no.6, pp. 29-32에서 발췌한 내용; Payzant, *Glenn Gould: Music and Mind*, p. 9에서 재인용.

26  위와 같은 내용.

27  *Toronto Globe and Mail*, 1946년 5월 10일 자.

28  *Toronto Telegram*, 1946년 5월 9일 자.

29  Friedrich, *Glenn Gould*, pp. 34-35.

30  1994년 6월 18일, 저자와 인터뷰하며 존 풀포드가 한 말.

31  *Toronto Globe and Mail*, 1947년 1월 15일 자.

32  Friedrich, *Glenn Gould*, p. 35.

## 7. 매니저를 얻다

1  1994년 6월 13일, 저자와 인터뷰하며 월터 홈버거가 한 말.

2  러셀 허버트 굴드가 George Smale에게 보낸 1947년 10월 11일 자 편지, 캐나다 국립 도서관의 글렌 굴드 문서 보관소, 파일 1979-20.

3  1994년 6월 13일, 저자와 인터뷰하며 월터 홈버거가 한 말.

4  *Toronto Telegram*, 1947년 10월 21일 자.

5  *Toronto Globe and Mail*, 1947년 10월 21일 자.

6  *Toronto Daily Star*, 1947년 10월 21일 자.

7  1968년 존 매클루어와 인터뷰한 "Concert Dropout"에서 글렌 굴드가 한 말.

8  글렌 굴드의 학교 작문, 캐나다 국립 도서관의 글렌 굴드 문서 보관소, 파일 1979-20.

9  1985년 CBC 텔레비전이 제작한 "Glenn Gould: A Portrait"(Part 1)에서 제시 그레이그가 한 말.

10  1994년 6월 18일, 저자와 인터뷰하며 로버트 풀포드가 한 말.

11  Fulford, *Best Seat in the House*, pp. 41-42.

12  1994년 6월 18일, 저자와 인터뷰하며 로버트 풀포드가 한 말.

13  글렌 굴드의 글 "My Pet Antipathy," 캐나다 국립 도서관의 글렌 굴드 문서 보관소, 파일 1979-20, 23, 132.

14  Friedrich, *Glenn Gould*, p. 39.

15  René Leibowitz의 *Schoenberg and His School*은 1946년 파리에서 나왔고, 1949년 미국에서 번역되어 출간되었다.

16  1994년 6월 21일, 저자와 인터뷰하며 오스카 모라웨츠가 한 말.

17  Friedrich, *Glenn Gould*, p. 159.

18  1985년 CBC 텔레비전이 제작한 "Glenn Gould: A Portrait"(Part 1)에서 제시 그레이그가 한 말.

19  1985년 CBC 텔레비전이 제작한 "Glenn Gould: A Portrait"(Part 1)에서 글렌 굴드가 한 말.

## 8. "마이크와 사랑에 빠져"

1  *Piano Quarterly*(1974-75 겨울호)에 실린 글렌 굴드의 글 "Music and Technology," 팀 페이지가 편집한 책 *The Glenn Gould Reader*, p. 354에 재수록되어 있다.

2  1994년 11월 10일, 저자와 인터뷰하며 Joseph Stephens 의학 박사가 한 말.

3  *The Glenn Gould Reader*, pp. 353-354에 나와 있는 글렌 굴드의 글 "Music and Technology" 참조.

4  위와 같은 책, p. 354.

5  1994년 6월 13일, 저자와 인터뷰하며 월터 홈버거가 한 말.

6  Arthur Rubinstein, *My Early Years*, New York: Knopf, 1973.

7  1967년 4월 30일, CBC 라디오 방송에서 글렌 굴드가 한 말. Payzant, *Glenn Gould*, p. 36에서 재인용.

8  러셀 허버트 굴드가 월터 홈버거에게 보낸 1948년 2월 25일 자 편지, 캐나다 국립 도서관의 글렌 굴드 문서 보관소.

9  1985년 CBC 텔레비전이 제작한 "Glenn Gould: A Portrait"(Part 1)에서 러셀 허버트 굴드가 한 말.

10  1994년 6월 12일과 18일, 저자와 인터뷰하며 오스카 모라웨츠가 한 말.

11  브뤼노 몽생종이 쓴 음반 해설 책자 "Glenn Gould, Composer," Sony CD SK 47184, 1992.

12  Sony CD SK 47184.

## 9. 스스로 택한 고독 속에서 빚어낸 굴드 사운드

1   Payzant, *Glenn Gould*, p. 5에 인용된 로버트 풀포드의 말.

2   Fulford, *Best Seat in the House*, p. 46.

3   위와 같은 책.

4   New Music Associates의 쇤베르크, 베르크, 베베른 연주회 프로그램, 캐나다 국립 도서관의 글렌 굴드 문서 보관소, 파일 1979-20, 44, 16.

5   위와 같은 프로그램.

6   Fulford, *Best Seat in the House*, p. 46.

7   위와 같은 책, p. 47.

8   Jonathan Cott, *Conversations with Glenn Gould*, Boston and Toronto: Little, Brown, 1984, p. 63.

9   캐나다 국립 도서관의 글렌 굴드 문서 보관소에 있는 비공개 의료 파일 참조.

10  Fulford, *Best Seat in the House*, pp. 44-45.

11  월터 홈버거가 이런 표현을 했다는 내용은 이미 앞에 나왔고, 뒤에 나온 이 말은 글렌의 친구 로버트 실버먼이 한 말.

12  1994년 6월 15일, 저자와 인터뷰하며 윌리엄 에이드가 한 말.

13  Joseph Roddy가 쓴 "Profiles: Apollonian"이라는 기사에서 글렌 굴드가 한 말. 1960년 5월 14일 자 *The New Yorker*, p. 57에서 재인용.

14  1994년 6월 13일, 저자와 인터뷰하며 월터 홈버거가 한 말.

15  1995년 7월 12일, 저자와 인터뷰하며 자라 넬소바가 한 말.

16  알렉산더 슈나이더의 말. Friedrich, *Glenn Gould*, p. 42에서 재인용.

17  이 이야기는 자라 넬소바와 오스카 모라웨츠가 내게 들려주었다.

18  캐나다 국립 도서관의 글렌 굴드 문서 보관소, 파일 GG 163.

19  1995년 7월 12일, 저자와 인터뷰하며 자라 넬소바가 한 말.

20  1994년 6월 17일, 저자와 인터뷰하며 하비 올닉이 한 말.

21  1954년 11월 15일 자 *The Musical Courier*에 실린 Ezra Schabas와 Stuart Nall의 글에서.

22  글렌 굴드의 말, Friedrich, *Glenn Gould*, p. 42에서 재인용.

## 10. 미국 정복에 성공하다

1   1995년 7월 12일, 저자와 인터뷰하며 자라 넬소바가 한 말.

2   1995년 1월 3일 자 *The Washington Post*에 실린 폴 홈의 기사.

3   1994년 6월 17일, 저자와 인터뷰하며 하비 올닉이 한 말.

4   1994년 11월 7일, 저자와 인터뷰하며 마틴 캐닌이 한 말.

5   1994년 6월 17일, 저자와 인터뷰하며 하비 올닉이 한 말.

6   John Briggs의 글, 1955년 2월 1일 자 *The Musical Courier*, p. 55.

7   Payzant, *Glenn Gould*, p. 14.

8   Friedrich, *Glenn Gould*, p. 44에서 알렉산더 슈나이더와 데이비드 오펜하임의 이야기 재인용.

9   데이비드 오펜하임의 말, 위와 같은 책, p. 46에서 재인용.

10  1994년 6월 13일, 저자와 인터뷰하며 월터 홈버거가 한 말.

11  Ralph Kirkpatrick, *Bach's Goldberg Variations*, New York: Schirmers, 1938, p. vii에 나오는 서문.

12  *Goldberg Variations* 음반 표지에 실린 설명문, 컬럼비아 MS 7096.

13  Friedrich, *Glenn Gould*, p.52.

14  글렌의 첫 음반인 *Goldberg Variations* 음반 표지에 글렌 굴드가 쓴 글, 컬럼비아 ML 5060.

15  글렌 굴드의 말, Friedrich, *Glenn Gould*, p. 55에서 재인용.

## 11. 정신과 의사를 찾아가다

1   이 연구는 조프리 페이전트의 *Glenn Gould: Music and Mind*를 말한다.

2   *Piano Quarterly*(1978년 가을)에 쓴 글렌 굴드의 글 "A Biography of Glenn Gould," 팀 페이지가 편집한 *The Glenn Gould Reader*, pp. 447-448에 재수록되어 있다.

3   캐나다 국립 도서관의 글렌 굴드 문서 보관소에 있는 비공개 의학 파일.

4   Jock Carroll, *Glenn Gould: Some Portraits of the Artist as a Young Man*, Toronto: Stoddard, 1995.

5   1995년 6월 7일, 저자와 인터뷰하며 Herbert Vear, D. C.가 한 말.

6   굴드는 그의 개인 서류에 날짜를 기록해 두었다. 이 서류는 지금 캐나다 국립 도서관에 보관되어 있다.

7   Jock Carroll, *Glenn Gould*, p. 14.

8   위와 같은 책, p. 24.

9   1994년 6월 16일, 저자와 인터뷰하며 Morris Herman 의학 박사가 한 말.

10  1994년 6월 15일, 저자와 인터뷰하며 Stanley Greben 의학 박사가 한 말.

11  Alan Parkin, *A History of Psychoanalysis in Canada*, Toronto: Toronto Psychoanalytic Institute, 1987.

12  1994년 6월 14일, 저자와 인터뷰하며 앨런 파킨 의학 박사가 한 말.

13  위와 같은 내용.

14  1994년 6월 15일, 저자와 인터뷰하며 스탠리 그레벤 의학 박사가 한 말.

15  위와 같은 내용.

16  Jock Carroll, *Glenn Gould*, p. 25.

17  1969년 발매된 컬럼비아 MS 6178 음반에 글렌 굴드가 쓴 표지 해설문 "Gould's String Quartet, Op. 1," *The Glenn Gould Reader*, pp. 227-228에 재수록되어 있다.

18  Jock Carroll, *Glenn Gould*, p. 16.

19  위와 같은 책, pp. 9, 10, 17, 25.

20  위와 같은 책, p. 21.

21  글렌 굴드가 1968년 컬럼비아에서 발매한 MS 7095 음반에 쓴 표지 해설문 "Beethoven's Fifth Symphony on the Piano: Four Imaginary Reviews" 가운데 "Reprinted from Insight, Digest of the North Dakota Psychiatric Association"에 나오는 글로 *The Glenn Gould Reader*, pp. 59-60에 실려 있다.

22  1994년 6월 14, 15, 16일, 제시 그레이그가 저자와 전화로 나눈 대화 중에서.

## 12. 서로 충돌하는 요구들

1  1968년에 나온 컬럼비아 MC 7095에 포함된 보너스 음반에 실린 존 매클루어와 굴드의 대화 "Glenn Gould: Concert Dropout"에서. 음반은 1984년 *The Glenn Gould Legacy*, Vol. 1로 재발매했다.

2  *Musical America*(1962년 2월호)에 실린 글렌 굴드의 글 "Let's Ban Applause!"에서. 이 글은 팀 페이지가 편집한 *The Glenn Gould Reader*, p. 247에 재수록되어 있다.

3  1960년 캐나다 국립 영상원의 "Glenn Gould Off the Record; Glenn Gould On the Record."

4  1994년 6월 14일, 저자와 인터뷰하며 Franz Kraemer가 한 말.

5  1994년 6월 17일, 저자와 인터뷰하며 존 로버츠가 한 말.

6  위와 같은 내용.

7  Friedrich, *Glenn Gould*, pp. 58-60에 인용된 언론 내용.

8  글렌 굴드가 Bernard Asbell과 인터뷰하며 한 말을 위와 같은 책 pp. 59-60에서 재인용.

9   1956년 7월 7일 자, *The Telegram Weekend* (Toronto)에 실린 글렌 굴드의 "I Don't Think I'm at All Eccentric"에서. 죽 캐럴이 인터뷰하여 대필한 기사다.

10  Friedrich, *Glenn Gould*, p. 59에 인용된 언론 내용.

11  캐나다 국립 도서관의 글렌 굴드 문서 보관소에 있는 비공개 처방전 서류.

12  *The Glenn Gould Collection*, I. "Prologue," Sony Classical SLV 48 401.

13  1996년 3월 11일, 저자와 전화로 인터뷰한 엘렌 폴의 말.

14  캐나다 국립 도서관의 글렌 굴드 문서 보관소에 있는 스트랫퍼드 연주회 프로그램 참조.

15  Friedrich, *Glenn Gould*, p. 274에 나오는 글렌 굴드의 말을 재인용.

16  글렌 굴드가 블라디미르 골슈만에게 쓴 1958년 3월 20일 자 편지, 캐나다 국립 도서관의 글렌 굴드 문서 보관소에 있는 초기 통신문 파일에 있다.

17  Friedrich, *Glenn Gould*, p. 69에 나와 있는 언론 평을 재인용.

18  *Musical America*(1962년 2월호)에 발표한 글렌 굴드의 글 "Let's Ban Applause!"에서. 팀 페이지가 편집한 *The Glenn Gould Reader*, p. 246에 재수록되어 있다.

19  본서 5장에서 밥 풀포드가 플로렌스 굴드를 묘사한 내용 참조.

20  글렌 굴드가 1956년에 낸 컬럼비아 ML 5130 음반 표지에 실은 설명문 "Beethoven's Last Three Piano Sonatas," *The Glenn Gould Reader*, pp. 54-55에 수록되어 있다.

21  위와 같은 책, p. 57.

## 13. 전화벨은 울리고

1   Humphrey Burton, *Leonard Bernstein*, New York: Doubleday, 1994 참조.

2   글렌 굴드가 1957년 2월 7일 레너드 번스타인에게 쓴 편지, 캐나다 국립 도서관의 글렌 굴드 문서 보관소에 있는 초기 통신문 파일에 있다.

3   레너드 번스타인의 말, Friedrich, *Glenn Gould*, p. 70에서 재인용.

4   이 이야기는 안톤 쿠에르티가 내게 처음 해 주었지만(1994년 6월 17일 인터뷰), 다른 사람들에게서도 들었다. 레니가 이 말을 글렌에게 직접 한 것인지, 아니면 글렌이 듣고 있는 가운데 손님들에게 한 말인지 확실치 않다. 번스타인은 예사롭게 그런 에로틱한 말을 대중 앞에서 뻔뻔스럽게 내뱉곤 했다.

5   글렌 굴드의 말, Friedrich, *Glenn Gould*, p. 234에서 재인용.

6   위와 같은 책 p. 71에 나오는 레너드 번스타인의 말 재인용.

**7**    컬럼비아 ML 5211 음반에 실린 설명문. *The Glenn Gould Reader*, p. 62에 수록되어 있다.

**8**    위와 같은 책, pp. 61-62.

**9**    Friedrich, *Glenn Gould*, p. 61에 나오는 *Time* 기자의 글.


## 14. 해외 연주 여행

**1**    글렌 굴드가 포드 부인에게 보낸 편지. 날짜는 적혀 있지 않다. 이 편지는 캐나다 국립 도서관의 글렌 굴드 문서 보관소에 있는 초기 통신문 파일에 있다.

**2**    글렌 굴드가 Hebert C. Moffitt, Jr. 의학 박사에게 쓴 1957년 4월 16일 자 편지, 캐나다 국립 도서관의 글렌 굴드 문서 보관소에 있는 초기 통신문 파일에 있다.

**3**    글렌 굴드가 Susan Hamel에게 쓴 1957년 4월 17일 자 편지, 캐나다 국립 도서관의 글렌 굴드 문서 보관소에 있는 초기 통신문 파일에 있다.

**4**    1994년 6월 13일, 저자와 인터뷰하며 월터 홈버거가 한 말.

**5**    1994년 6월 17일, 저자와 인터뷰하며 존 로버츠가 한 말.

**6**    1957년 5월 8일, 굴드 부부 앞으로 보낸 글렌 굴드의 전보. 캐나다 국립 도서관의 글렌 굴드 문서 보관소에 있는 초기 통신문 파일에 있다.

**7**    글렌 굴드가 유수프 카르시에게 보낸 1958년 7월 8일 자 편지, *Glenn Gould: Selected Letters*, p. 13.

**8**    팬이 보낸 이 쪽지는 캐나다 국립 도서관의 글렌 굴드 문서 보관소에 있는 '보관자' 함 92번 항목에 있다.

**9**    글렌 굴드가 유수프 카르시에게 보낸 1958년 7월 8일 자 편지, *Glenn Gould: Selected Letters*, p. 14.

**10**   글렌 굴드가 '방쿠오 굴드' 앞으로 보낸 엽서. 날짜는 적혀 있지 않다. 캐나다 국립 도서관의 글렌 굴드 문서 보관소에 있는 초기 통신문 파일에 있다.

**11**   글렌 굴드의 말, Friedrich, *Glenn Gould*, p. 65에서 재인용.

**12**   1968년도 컬럼비아 MS 7095 음반에 포함된 보너스 녹음에 수록된 존 매클루어와 글렌 굴드의 대화 "Glenn Gould: Concert Dropout"에서.

**13**   글렌 굴드가 *Musical America*(1962년 2월호)에 쓴 글 "Let's Ban Applause!" *The Glenn Gould Reader*, pp. 245-250에서 인용했다.

**14**   1994년 5월 5일, 저자와 인터뷰하며 언드라스 시프가 한 말.

**15**   *High Fidelity*(1974년 2월호)에 실린 "Glenn Gould Interviews Glenn Gould About Glenn Gould," *The Glenn Gould Reader*, p. 319에 재수록되어 있다.

16  개리 그래프만의 말, Friedrich, *Glenn Gould*, p. 66에서 재인용.

17  H. H. Stuckenschmidt의 글, 위와 같은 책, p. 66에서 재인용.

18  글렌 굴드가 빈에서 부모에게 보낸 1957년 6월 3일 자 편지, *Glenn Gould: Selected Letters*, p. 7.

19  위와 같은 내용.

20  월터 홈버거의 말, Friedrich, Glenn Gould, p. 67에서 재인용.

21  글렌 굴드가 빈에서 부모에게 보낸 1957년 6월 3일 자 편지, *Glenn Gould: Selected Letters*, pp. 8-10.

22  글렌 굴드가 빈에서 부모에게 보낸 1957년 6월 3일 자 편지, *Glenn Gould: Selected Letters*, pp. 8-10.

## 15. 이상한 병

1  글렌 굴드가 쓴 "Art of the Fugue." 1972년 Amsco Music Company에서 출간한 바흐의 〈평균율 클라비어곡집〉 1권에 실린 '소개의 글'이다. *The Glenn Gould Reader*, p. 21에 재수록되어 있다.

2  이 녹음은 *The Glenn Gould Edition*, Sony SMK 52684에 들어가 있다.

3  슈테게만이 쓴 *The Glenn Gould Edition*, Sony SMK 52684 음반 표지의 설명문.

4  1957년 6월 13일 자 *Montreal Star*에 실린 에릭 맥린의 기사.

5  1994년 6월 13일, 저자와 인터뷰하며 월터 홈버거가 한 말.

6  월터 홈버거가 몬트리올에 있는 Aluminum Company of Canada의 사장에게 보낸 1956년 8월 31일 자 편지. 이 편지는 캐나다 국립 도서관의 글렌 굴드 문서 보관소 31권에 있다.

7  월터 홈버거가 Specialty Manufacturing Company 앞으로 보낸 1956년 9월 19일 자 편지, 캐나다 국립 도서관의 글렌 굴드 문서 보관소 31권에 있다.

8  1994년 6월 13일, 저자와 인터뷰하며 월터 홈버거가 한 말.

9  *Buffalo Evening News*, *New York Herald Tribune*과 몬트리올의 한 신문 비평 기사. Friedrich, *Glenn Gould*, pp. 75-76에서 재인용.

10  1994년 3월 3일, 저자와 인터뷰하며 제임스 토코가 들려준 이야기.

11  1962년 글렌 굴드가 버나드 애스벨과 인터뷰하면서 한 말. Friedrich, *Glenn Gould*, p. 77에서 재인용.

12  1994년 6월 17일, 저자와 인터뷰하며 안톤 쿠에르티가 한 말.

13  캐나다 국립 도서관의 글렌 굴드 문서 보관소 '보관자' 함에 있는 67번 목록.

14 글렌 굴드의 말, Friedrich, *Glenn Gould*, p. 77에서 재인용.

15 굴드가 쓴 "A Season on the Road," 캐나다 국립 도서관의 글렌 굴드 문서 보관소에 있는 원고 노트.

16 캐나다 국립 도서관의 글렌 굴드 문서 보관소 '보관자' 함에 있는 85번 목록.

17 저자가 글렌 굴드에게 보낸 1958년 10월 1일 자 편지, 개인 서류.

18 글렌 굴드가 월터 홈버거에게 보낸 1958년 10월 2일 자 편지, Friedrich, *Glenn Gould*, p. 78에서 재인용.

19 글렌 굴드가 월터 홈버거에게 보낸 1958년 10월 18일 자 편지, 위와 같은 책, pp. 78-79에서 재인용.

20 1994년 6월 13일, 저자와 인터뷰하며 월터 홈버거가 한 말.

21 글렌 굴드가 월터 홈버거에게 보낸 1958년 10월 18일 자 편지, Friedrich, *Glenn Gould*, p. 79에서 재인용.

22 글렌 굴드가 월터 홈버거에게 보낸 1958년 10월 24일 자 편지, 위와 같은 책, p. 79에서 재인용.

23 캐나다 국립 도서관의 글렌 굴드 문서 보관소 '보관자' 함에 있는 85번 목록.

24 월터 홈버거가 글렌 굴드에게 보낸 1958년 10월 28일 자 편지, 캐나다 국립 도서관의 글렌 굴드 문서 보관소, 파일 1979-20, 33, 16, 27.

25 월터 홈버거가 글렌 굴드에게 보낸 1958년 10월 28일 자 편지, 캐나다 국립 도서관의 글렌 굴드 문서 보관소, 파일 1979-20, 33, 16, 18.

26 글렌 굴드가 레너드 번스타인에게 보낸 편지, Friedrich, *Glenn Gould*, p. 80에서 재인용.

27 '할머니'가 글렌 굴드에게 보낸 1958년 10월 23일 자 편지, 캐나다 국립 도서관의 글렌 굴드 문서 보관소, 파일 1979-20, 33, 16, 20.

28 실비아 킨트가 글렌 굴드에게 보낸 1958년 10월 23일 자 편지, 캐나다 국립 도서관의 글렌 굴드 문서 보관소, 파일 1979-20, 33, 16, 21.

29 글렌 굴드가 저자에게 보낸 1958년 10월 29일 자 편지, 개인 소장.

30 Friedrich, *Glenn Gould*, p. 80에서 재인용.

31 월터 홈버거가 글렌 굴드에게 보낸 1958년 10월 28일 자 편지, 캐나다 국립 도서관의 글렌 굴드 문서 보관소, 파일 1979-20, 33, 16, 27.

## 16. 혼자만의 집

1   월터 홈버거가 글렌 굴드에게 보낸 1958년 10월 28일 자 편지, 캐나다 국립
    도서관의 글렌 굴드 문서 보관소, 파일 1979-20, 33, 16. 27.
2   글렌 굴드가 Richard Kamm에게 보낸 1959년 1월 30일 자 편지, 캐나다 국립
    도서관의 글렌 굴드 문서 보관소, 파일 1979-20, 31, 8, 3.
3   글렌 굴드가 Malka Rabinowitz에게 보낸 1959년 2월 23일 자 편지, 캐나다 국립
    도서관의 글렌 굴드 문서 보관소, 파일 1979-20, 31, 8, 7.
4   글렌 굴드에게 보낸 편지로 날짜는 적혀 있지 않다. 캐나다 국립 도서관의 글렌
    굴드 문서 보관소의 '보관자' 함에 있다.
5   월터 홈버거가 글렌 굴드에게 보낸 1958년 10월 31일 자 편지, 캐나다 국립
    도서관의 글렌 굴드 문서 보관소, 파일 33-16-33.
6   글렌 굴드가 C. W. Fitzgerald에게 보낸 1956년 12월 27일 자 편지, 캐나다 국립
    도서관의 글렌 굴드 문서 보관소에 있는 초기 통신문 파일에 있다.
7   글렌 굴드가 저자에게 보낸 1959년 1월 20일 자 편지, 개인 소장.
8   저자가 글렌 굴드에게 보낸 1959년 2월 23일 자 편지, 개인 소장.
9   저자가 글렌 굴드에게 보낸 1959년 1월 19일 자 편지, 개인 소장.
10  저자가 글렌 굴드에게 보낸 1959년 2월 2일 자 편지, 개인 소장.
11  위와 같은 편지.
12  저자가 글렌 굴드에게 보낸 1959년 2월 23일 자 편지, 개인 소장.
13  글렌 굴드가 저자에게 보낸 1959년 3월 13일 자 편지, 개인 소장.
14  저자가 글렌 굴드에게 보낸 1959년 1월 19일 자 편지, 개인 소장.
15  1994년 6월 17일, 저자와 인터뷰한 존 로버츠의 말.
16  윈스턴 피츠제럴드의 말, Friedrich, *Glenn Gould*, p. 86에서 재인용.
17  1994년 6월 17일, 저자와 인터뷰하며 존 로버츠가 한 말.
18  글렌 굴드가 저자에게 보낸 날짜가 적혀 있지 않은 편지, 개인 소장.
19  저자가 글렌 굴드에게 보낸 1959년 12월 31일 자 편지, 개인 소장.
20  존 로버츠가 저자에게 보낸 1995년 11월 21일 자 편지.


## 17. 조지프 스티븐스 박사

1   1993년 5월 30일, 저자와 인터뷰하며 조지프 스티븐스 의학 박사가 한 말.
2   위와 같은 내용.
3   1994년 7월 25일, 저자와 인터뷰하며 조지프 스티븐스 의학 박사가 한 말.

4   위와 같은 내용.
5   1995년 11월 20일, 저자와 인터뷰하며 로버트 실버먼이 한 말.
6   1994년 6월 14일, 저자와 인터뷰하며 모리스 허먼 의학 박사가 한 말.
7   Morris D. Charendoff 의학 박사가 저자에게 보낸 1995년 5월 30일 자 편지.
8   Hunter J. H. Fry, "Physical Signs in the Hand and Wrist in Overuse (Injury) Syndrome," *Australia, New Zealand Journal of Surgery*, vol. 56 (1986), pp. 47-49.
9   모리스 D. 차렌도프 의학 박사가 저자에게 보낸 1995년 5월 30일 자 편지.
10  블루어 스트리트 244번지에 있는 물리 치료 클리닉의 보고서, 캐나다 국립 도서관의 글렌 굴드 문서 보관소에 있는 비공개 의료 파일.
11  1994년 7월 25일, 저자와 인터뷰하며 조지프 스티븐스 의학 박사가 한 말.
12  1995년 6월 7일, 저자와 인터뷰하며 허버트 비어 의학 박사가 한 말.
13  I. Stein 의학 박사가 날짜를 표기하지 않고 쓴 처방전, 캐나다 국립 도서관의 글렌 굴드 문서 보관소에 있는 비공개 의료 파일.
14  1994년 7월 25일, 저자와 인터뷰하며 조지프 스티븐스 의학 박사가 한 말.
15  *The Glenn Gould Collection*, II. Sonatas and Dialogues, Sony Classical SLV 48401.
16  Peter Oswald, "Johannes Brahms: Solitary Altruist," in *Brahms and His World*, edited by Walter Frisch. Princeton, NJ: Princeton University Press, 1990, pp. 23-35 참조.
17  글렌 굴드가 저자에게 보낸 1961년 2월 17일 자 편지, 개인 문서.
18  글렌 굴드가 유진 오르먼디에게 보낸 편지 초안, 날짜는 없음, 캐나다 국립 도서관의 글렌 굴드 문서 보관소, 파일 1979-20, 23, 20.
19  위와 같은 편지.
20  유진 오르먼디가 글렌 굴드에게 보낸 편지, Friedrich, *Glenn Gould*, p. 96에서 재인용.
21  1994년 7월 25일, 저자와 인터뷰하며 조지프 스티븐스 의학 박사가 한 말.
22  조지프 스티븐스 의학 박사가 스탠리 그레벤 의학 박사에게 보낸 편지, 개인 문서.
23  1995년 6월 15일, 저자와 인터뷰하며 스탠리 그레벤 의학 박사가 한 말.

## 18. 작곡과 연주 사이에서

1 글렌 굴드의 말, Payzant, *Glenn Gould*, p. 60에서 재인용.

2 1994년 6월 14일, 저자와 인터뷰하며 프란츠 크래머가 한 말.

3 1960년 발매된 컬럼비아 MS 6178 음반 표지에 굴드가 쓴 "굴드의 현악 사중주, 작품 1," *The Glenn Gould Reader*, p. 234에 재수록되어 있다.

4 하비 올닉의 말, Friedrich, *Glenn Gould*, p. 163에서 재인용.

5 1960년 발매된 컬럼비아 MS 6178 음반 표지에 굴드가 쓴 "굴드의 현악 사중주, 작품 1," *The Glenn Gould Reader*, p. 228에 재수록되어 있다.

6 위와 같은 글.

7 Maynard Solomon, *Mozart: A Life*, New York: HarperCollins, 1995, p. 115.

8 Payzant, *Glenn Gould*, p. 7.

9 1960년 발매된 컬럼비아 MS 6178 음반 표지에 굴드가 쓴 "굴드의 현악 사중주, 작품 1," *The Glenn Gould Reader*, p. 229에 재수록되어 있다.

10 위와 같은 글.

11 David Diamond에게 보낸 1959년 2월 23일 자 편지, 캐나다 국립 도서관의 글렌 굴드 문서 보관소, 파일 1979-20, 31, 8, 5.

12 글렌 굴드가 Otto Joachim에게 쓴 (날짜가 없는) 편지, *Glenn Gould: Selected Letters*, p. 2.

13 1994년 4월 14일, 저자와 인터뷰하며 Mark Gottlieb가 한 말.

14 오페라에 대한 구상을 적은 글, 캐나다 국립 도서관의 글렌 굴드 문서 보관소, 파일 1970-20, 23, 165, 항목 11.

15 글렌 굴드가 저자에게 보낸 1962년 6월 29일 자 편지, *Glenn Gould: Selected Letters*, pp. 64-65.

16 글렌 굴드가 저자에게 보낸 1962년 9월 14일 자 편지, 개인 문서.

17 1994년 7월 25일, 저자와 인터뷰하며 조지프 스티븐스 의학 박사가 한 말.

18 앨프리드 프랑켄스타인이 1962년 2월 8일 자 *San Francisco Chronicle*에 실은 글.

19 앨프리드 프랑켄스타인이 1962년 2월 17일 자 *San Francisco Chronicle*에 실은 글.

20 글렌 굴드가 1962년에 쓴 "N'Aimez-Vous Pas Brahms?," *The Glenn Gould Readers*, pp. 70-71에 재수록되어 있다.

21 위와 같은 글.

22 레너드 번스타인의 말, Friedrich, *Glenn Gould*, p. 103에서 재인용.

23 Burton, *Leonard Bernstein*, p. 328.

24 1962년 9월 4일, 브람스 협주곡 라(D)단조를 공연하기에 앞서 번스타인이

청중에게 한 말이다.

**25**  레너드 번스타인의 글 "The Truth About a Legend," 존 맥그리비가 편집한 *Glenn Gould: Variations*, Toronto, Ontario; Doubleday, 1983, p. 19에 수록되어 있다.

**26**  1994년 6월 17일, 저자와 인터뷰하며 안톤 쿠에르티가 한 말.

**27**  신문 기사, Friedrich, *Glenn Gould*, pp. 105-106에서 발췌.

**28**  글렌 굴드의 글, 캐나다 국립 도서관의 글렌 굴드 문서 보관소, 파일 1979-20, 23, 165, 항목 10.

## 19. 무대에서 물러나다

**1**  글렌 굴드가 베벌리힐스 호텔에서 쓴 날짜가 없는 쪽지. 아마도 전보를 치기 위해 작성한 문안으로 보인다. 캐나다 국립 도서관의 글렌 굴드 문서 보관소, 파일 1979-20, 23권, 165, 항목 5.

**2**  글렌 굴드가 험프리 버턴에게 보낸 1962년 4월 17일 자 편지. *Glenn Gould: Selected Letters*, p. 55.

**3**  Lucius Beebe, *Mansions on Rails: The Folklore of the Private Railway Car*, Berkeley: Howell North, 1959.

**4**  글렌 굴드가 저자 부부에게 보낸 1963년 5월 24일 자 편지, 개인 소장.

**5**  Glenn Gould, *Arnold Schoenberg: A Perspective*, Cincinnati: University of Cincinnati Press, 1964.

**6**  Glenn Gould, "So You Want To Write a Fugue," *HiFi/Stereo Review*(1964년 4월호)에 처음 발표되었다가 *The Glenn Gould Reader*, p. 234에 재수록되어 있다.

**7**  리즈 데샹 오스트왈드가 스티븐 포즌에게 보낸 1996년 7월 25일 자 편지.

**8**  Glenn Gould, "So You Want to Write a Fugue," *HiFi/Stereo Review*(1964년 4월호), p. 237.

**9**  위와 같은 잡지, p. 239.

**10**  글렌 굴드가 쓴 "The Prospects of Recording," *HiFi/Stereo Review*(1966년 4월호)에 처음 발표되었다가 *The Glenn Gould Reader*, p. 331에 재수록되어 있다.

**11**  "Concert"에 관해서는 Ronald Kidd가, 그리고 "Performing Practice"에 대해서는 Howard Mayer Brown과 James W. McKinnon이 쓴 학구적인 글 참조, *The New Grove Dictionary of Music and Musicians*, edited by Stanley Sadie, London: MacMillan, 1980. Vol. 4, pp. 616-625, 그리고 Vol. 14, pp. 370-393.

**12**  Glenn Gould, "The Prospects of Recording," *The Glenn Gould Reader*, pp. 331-

353.

**13** 위와 같은 책, p. 336.

**14** 위와 같은 책, p. 337.

**15** 1994년 6월 13일에 저자와 인터뷰하며 월터 홈버거가 한 말.

**16** "Glenn Gould: Concert Dropout", 존 매클루어와 대화한 내용으로 1968년 발매된 컬럼비아 MS 7095의 보너스 음반에 수록되어 있다.

**17** 캐나다 국립 도서관의 글렌 굴드 문서 보관소에 있는 '보관자' 함의 74번 항목.

**18** 1995년 6월 18일, 저자와 인터뷰하며 존 로버츠가 한 말.

**19** 1994년 6월 18일, 저자와 인터뷰하며 빈센트 토벨이 한 말.

**20** 위와 같은 내용.

**21** 위와 같은 내용.

**22** 글렌 굴드의 연설문 "Advice to a Graduation," in *The Glenn Gould Reader*, pp. 3-7에 수록되어 있다.

**23** 위와 같은 내용.

**24** 1994년 11월 10일, 저자와 인터뷰하며 조지프 스티븐스가 한 말. 언급된 음반은 1967년과 1968년 컬럼비아 마스터웍스에서 발매한 것이다.

**25** 1995년 11월 20일, 저자와 인터뷰하며 로버트 실버먼이 한 말.

**26** 1965년 1월 10일, CBC 라디오에 방송된 *Dialogue on the Prospect of Recording*에서 글렌 굴드가 한 말.

**27** 1965년 1월 10일, CBC 라디오에 방송된 *Dialogue on the Prospect of Recording*에서 폴 마이어스가 한 말.

**28** 1965년 1월 10일, CBC 라디오에 방송된 *Dialogue on the Prospect of Recording*에서 존 해먼드가 한 말.

**29** 1965년 1월 10일, CBC 라디오에 방송된 *Dialogue on the Prospect of Recording*에서 레온 플라이셔가 한 말.

**30** 1965년 1월 10일, CBC 라디오에 방송된 *Dialogue on the Prospect of Recording*에서 다이애나 굴드 메뉴인이 한 말.

**31** 1965년 1월 10일, CBC 라디오에 방송된 *Dialogue on the Prospect of Recording*에서 슈일러 채핀이 한 말.

**32** 1965년 1월 10일, CBC 라디오에 방송된 *Dialogue on the Prospect of Recording*에서 마셜 매클루언이 한 말.

**33** Eric Till의 말, Friedrich, *Glenn Gould*, p. 208에서 재인용.

**34** 1995년 12월 23일, 존 로버츠가 저자와 개인적으로 이야기하면서 들려준 말.

**35** 1995년 3월 15일, 저자와 인터뷰하며 예후디 메뉴인이 한 말.

36  *The Glenn Gould Collection*, II. "Sonatas and Dialogues," Sony Classical SLV 48401.

37  위와 같은 내용.

38  1995년 11월 9일, 저자와 인터뷰하며 존 로버츠가 한 말.

39  1995년 3월 15일, 저자와 인터뷰하며 예후디 메뉴인이 한 말.

40  1995년 3월 15일, 저자와 인터뷰하며 예후디 메뉴인이 한 말.

41  글렌 굴드가 다이애나 메뉴인에게 보낸 1966년 4월 25일 자 편지, *Glenn Gould: Selected Letters*, pp. 87-88.

42  Yehudi Menuhin and Curtis W. Davis, *The Music of Man*, Toronto: Methuen, 1979, pp. 293-294.

43  1995년 3월 15일, 저자와 인터뷰하며 예후디 메뉴인이 한 말.

44  글렌 굴드가 *Musical America*(1966년 12월호)에 쓴 "Yehudi Menuhin," *The Glenn Gould Reader*, pp. 296-300에 재수록되어 있다.

## 20. 고독 삼부작

1  한 인터뷰에서 글렌 굴드가 한 말(1964), Payzant, *Glenn Gould*, p. 56에서 재인용.

2  글렌 굴드의 말, Friedrich, *Glenn Gould*, p. 204에서 재인용.

3  글렌 굴드가 쓴 "The Idea of North: An Introduction," *The Glenn Gould Reader*, p. 391에 수록되어 있다.

4  위와 같은 책, p. 392.

5  Charles Rosen, *The Romantic Generation*, Cambridge, MA: Harvard University Press, 1955, p. 5.

6  "Radio as Music: Glenn Gould in Conversation with John Jessup," *The Canadian Broadcasting Book*, 1971, *The Glenn Gould Reader*, p. 379에 재수록되어 있다.

7  글렌 굴드가 쓴 "The Idea of North: An Introduction," *The Glenn Gould Reader*, p. 393에 수록되어 있다.

8  글렌 굴드가 *High Fidelity*(1967년 11월호)에 쓴 "In Search for Petula Clark," *The Glenn Gould Reader*, p. 300에 재수록되어 있다.

9  위와 같은 책, p. 305.

10  1994년 6월 16일, 저자와 인터뷰하며 론 털크가 한 말.

11  *Ottawa Citizen*과 *Montreal Star*에 실린 평, Friedrich, *Glenn Gould*, p. 189.

**12** 글렌 굴드가 쓴 "The Latecomers: An Introduction," *The Glenn Gould Reader*, pp. 394–395에 수록되어 있다.

**13** 위와 같은 책, p. 395.

**14** 글렌 굴드가 1971년 3월 9일 자 *Look*에 기고한 "Rubinstein," *The Glenn Gould Reader*, p. 288에 재수록되어 있다.

**15** Janet Somerville의 말, Friedrich, *Glenn Gould*, p. 187에서 재인용.

**16** 1994년 6월 16일, 저자와 인터뷰하며 론 털크가 한 말.

**17** 위와 같은 내용.

**18** *Radio as Music*에서. 이 작품은 처음에 텔레비전용 다큐멘터리로 1975년 CBC에서 방영되었다가 나중에는 영화로 발표되었다.

**19** 글렌 굴드의 말, Friedrich, Glenn Gould, p. 195에서 재인용.

**20** 글렌 굴드가 1971년 3월 9일 자 *Look*에 쓴 "Rubinstein," *The Glenn Gould Reader*, p. 288에 재수록되어 있다.

**21** *Glenn Gould's Solitude Trilogy: Three Sound Documentaries*, CBC Records, PSCD 2003-3.

**22** 글렌 굴드가 Elvin Shantz에게 보낸 1973년 1월 20일 자 편지, *Glenn Gould: Collected Letters*, p. 194.

**23** Fridrich, *Glenn Gould*, pp. 198–199.

**24** CBC Records, PSCD 2003-3의 책자에 실린 글 "The Gould Radio Documentaries: Some Birth-Memories"에 나오는 재닛 소머빌의 말.

**25** 리처드 코스텔라네츠가 전한 말, Friedrich, *Glenn Gould*, p. 114에서 재인용.

**26** 1994년 6월 13일, 저자와 인터뷰하며 A, A. Epstein 의학 박사가 한 말.

**27** 글렌 굴드가 레온 플라이셔에게 쓴 1966년 11월 14일 자 편지, *Glenn Gould: Selected Letters*, pp. 97–98.

**28** 1995년 11월 20일, 저자와 인터뷰하며 조지프 스티븐스 의학 박사가 한 말.

**29** "Glenn Gould: Concert Dropout." 존 매클루어와 나눈 대화로 1968년 발매된 컬럼비아 MS 7095의 보너스 음반에 수록되어 있다.

## 21. 작곡가와 작품에 대한 새로운 시각

**1** "Glenn Gould: Concert Dropout." 존 매클루어와 나눈 대화로 1968년 발매된 컬럼비아 MS 7095의 보너스 음반에 수록되어 있다.

**2** 글렌 굴드가 John Hague에게 보낸 1966년 11월 5일 자 편지, *Glenn Gould:*

    *Selected Letters*, p.89.

**3**  1995년 10월 23일, 저자와 인터뷰하며 험프리 버턴이 한 말.

**4**  글렌 굴드가 존 매클루어에게 보낸 1966년 6월 11일 자 편지, *Glenn Gould: Selected Letters*, pp.92-94.

**5**  M2X 35912.

**6**  글렌 굴드가 *Piano Quarterly*(1977년 겨울호부터 1978년 여름호까지)에 쓴 "Stokowski in Six Scenes," *The Glenn Gould Reader*, pp. 268-269에 재수록되어 있다.

**7**  굴드가 쓴 "Stokowski in Six Scenes," *The Glenn Gould Reader*, pp. 270-271에 재수록된 내용.

**8**  Friedrich, *Glenn Gould*, p. 214에 인용되어 있는 카렐 안체를의 말.

**9**  *High Fidelity*(1976년 5월호)에 쓴 글렌 굴드의 글 "Streisand as Schwarzkopf," *The Glenn Gould Reader*, p. 308에 재수록되어 있다.

**10**  *Piano Quarterly*(1976년 가을호)에 실린 "Of Mozart and Related Matters: Glenn Gould in Conversation with Bruno Monsaingeon," *The Glenn Gould Reader*, p. 33에 재수록되어 있다.

**11**  "Why Mozart is a Bad Composer"라는 제목으로 글렌이 쓰다 만 수필 초고, 캐나다 국립 도서관의 글렌 굴드 문서 보관소, 파일 1979-20, 23, 6.

**12**  "모차르트와 그와 관련된 문제들: 글렌 굴드와 브뤼노 몽생종의 대화", *The Glenn Gould Reader*, p. 33에 재수록되어 있다.

**13**  글렌 굴드는 이 협주곡을 두 번 녹음했다. 첫 녹음은 1958년 스톡홀름에서 Georg Ludwig Jochum이 지휘하는 스웨덴 라디오 교향악단과 협연한 것이고, 두 번째 녹음은 토론토에서 Walter Susskind 지휘로 1961년 CBC 교향악단과 함께 한 연주다.

**14**  Jonathan Cott, *Conversations with Glenn Gould*, Boston: Little, Brown, 1984, p. 56.

**15**  *Piano Quarterly*(1981년 가을호)에 실린 "Glenn Gould in Conversation with Tim Page," *The Glenn Gould Reader*, p. 458에 재수록되어 있다.

**16**  *High Fidelity*(1962년 3월호)에 실린 글렌 굴드의 글 "An Argument for Richard Strauss," *The Glenn Gould Reader*, p. 90에 재수록되어 있다.

**17**  위와 같은 책, pp. 84-85.

**18**  Glenn Gould, *Arnold Schoenberg—A Perspective*, Cincinnati: University of Cincinnati Press, 1964, *The Glenn Gould Reader*, p. 122에 재수록되어 있다.

**19**  굴드가 쓴 "An Argument for Richard Strauss," *The Glenn Gould Reader*, p. 85에

재수록되어 있다.

**20** 위와 같은 책, pp. 85-87.

**21** 위와 같은 책, p. 88.

**22** 위와 같은 책, p. 91.

**23** *The Glenn Gould Reader*, p. 453에 재수록된 "팀 페이지와 글렌 굴드의 대화."

**24** 1970년 7월 23일, CBC Thursday Night의 글렌 굴드 독주회에서.

**25** 1994년 저자와 Robert Mann의 인터뷰.

**26** 1968년 8월 12일, CBC 라디오에서 방송된 "The Art of Glenn Gould/Take Thirteen."

**27** 일례로 굴드가 쓴 "N'Aimez-Vous Pas Brahms?," *The Glenn Gould Reader*, p. 70 참조.

**28** 글렌 굴드가 John Culshaw에게 쓴 1971년 6월 22일 자 편지, *Glenn Gould: Selected Letters*, p. 106.

**29** 1985년 CBC 텔레비전이 제작한 "Glenn Gould: A Portrait"(Part 2)에서 글렌 굴드가 와와에 대해 이야기한 내용.

**30** 글렌 굴드가 Ronald Wilford에게 쓴 1971년 6월 8일 자 편지, *Glenn Gould: Selected Letters*, pp. 148-149.

**31** 1995년 11월 19일, 저자와 인터뷰한 존 로버츠의 말.

**32** Kazdin, *Glenn Gould at Work: Creative Lying*, p. 128.

**33** 1973년에 발매된 컬럼비아 M 32040 음반 표지에 쓴 글렌 굴드의 해설문, *The Glenn Gould Reader*, p. 80에 재수록되어 있다.

**34** 1971년 6월 5일, 글렌 굴드가 Carl Little에게 보낸 편지, *Glenn Gould: Selected Letters*, p. 141.

**35** 글렌 굴드가 Jane Friedman에게 보낸 1971년 10월 23일 자 편지, *Glenn Gould: Selected Letters*, pp.163.

**36** 1973년에 발매된 컬럼비아 M 32040 음반 표지에 실린 글렌 굴드의 설명문, *The Glenn Gould Reader*, pp. 78-79에 재수록되어 있다.

**37** Jonathan Cott, *Conversations with Glenn Gould*, pp. 65-66.

**38** 글렌 굴드가 Albert Prefontaine에게 보낸 1971년 8월 12일 자 편지, *Glenn Gould: Selected Letters*, p. 151.

## 22. 배우, 철학자, 그리고 기술자

1   Jonathan Cott, *Conversation with Glenn Gould*, pp. 41–42.

2   위와 같은 책, pp. 86–87.

3   1969년에 발매된 컬럼비아 MS 7095 음반에 실린 글렌 굴드의 해설, *The Glenn Gould Reader*, pp. 57–61에 재수록되어 있다.

4   글렌 굴드가 "Sir Nigel Twitt-Thornwaite"를 위해 쓴 연출 지시문. *The Glenn Gould Collection*, XI, "Ecstasy and Wit," Sony Classical SLV 48 416 음반 표지에 실려 있다.

5   *Glenn Gould Collection*, III, "End of Concert," Sony Classical SLV 48 40400.

6   글렌 굴드가 *Piano Quarterly*(1972년 가을호)에 쓴 "Glenn Gould Interviews Himself About Beethoven," *The Glenn Gould Reader*, p. 44에 재수록되어 있다.

7   *High Fidelity*(1974년 2월호)에 실린 "Glenn Gould Interviews Glenn Gould About Glenn Gould," *The Glenn Gould Reader*, p. 319에 재수록되어 있다.

8   Friedrich, *Glenn Gould*, p. 121.

9   Jean Le Moyne, *Convergences*, trans. Philip Stratford, Toronto: Ryerson Press, 1966, pp. 248–249.

10  글렌 굴드가 *High Fidelity*(1966년 4월호)에 쓴 "The Prospects of Recording," *The Glenn Gould Reader*, p. 345에 재수록되어 있다.

11  글렌 굴드가 고다드 리버슨에게 보낸 1966년 5월 14일 자 편지, *Glenn Gould: Selected Letters*, p. 90.

12  글렌 굴드가 고다드 리버슨에게 보낸 1966년 5월 14일 자 편지, *Glenn Gould: Selected Letters*, p. 90, note 4.

13  1965년 1월 10일에 방송된 CBC Sunday Night/ Dialogues on the Prospects of Recordings.

14  Kazdin, *Glenn Gould at Work*, p. 99.

15  Payzant, *Glenn Gould*, p. 51.

16  글렌 굴드가 Helen Whitney에게 보낸 1971년 9월 3일 자 편지, *Glenn Gould: Selected Letters*, p. 155.

17  위와 같은 책, p. 157.

18  1969년 7월 15일에 CBC에서 방송된 "The Art of Glenn Gould/ Take 9."

19  1974년 2월 20일 CBC에서 방송된 "The Age of Ecstasy," Payzant, *Glenn Gould*, p. 56에서 재인용.

20  글렌 굴드가 헬렌 휘트니에게 쓴 1971년 9월 3일 자 편지, *Glenn Gould: Selected*

*Letters*, p. 156.

21 Payzant, *Glenn Gould*, p. 40.

22 글렌 굴드의 말, Payzant, *Glenn Gould*, p. 37에서 재인용.

23 1965년 1월 10일 CBC에서 방송된 "Dialogues on the Prospects of Recordings"의 원고 p. 3에 실린 글렌 굴드의 말.

24 Payzant, *Glenn Gould*, p. 42.

25 Kazdin, *Glenn Gould at Work*, p. 19.

26 글렌 굴드가 존 로버츠에게 보낸 1971년 9월 18일 자 편지, *Glenn Gould: Selected Letters*, p. 160.

27 Kazdin, *Glenn Gould at Work*, p. 19.

28 Friedrich, *Glenn Gould*, p. 134에 인용되어 있는 앤드루 카즈딘의 말.

29 Kazdin, *Glenn Gould at Work*, p. 4.

30 위와 같은 책, p. 20.

31 글렌 굴드가 앤드루 카즈딘에게 보낸 1970년 11월 21일 자 편지, *Glenn Gould: Selected Letters*, p. 127.

32 Friedrich, *Glenn Gould*, p. 134에 인용되어 있는 앤드루 카즈딘의 말.

33 위와 같은 책, p. 136.

34 글렌 굴드가 존 로버츠에게 보낸 1971년 9월 18일 자 편지, *Glenn Gould: Selected Letters*, p. 161.

35 Kazdin, *Glenn Gould at Work*, pp. 96-97.

36 위와 같은 책, p. 42.

## 23. 새 얼굴, 새로운 도전

1 1995년 2월 26일, 저자와 인터뷰하며 Ray Roberts가 한 말. 이후의 인용구는 따로 표시하지 않은 경우에는 모두 이 대화에서 레이 로버츠가 한 말이다.

2 1995년 11월 20일, 저자와 인터뷰하며 로버트 실버먼이 한 말.

3 글렌 굴드가 쓴 "Robertsiana," 캐나다 국립 도서관 글렌 굴드 문서 보관소, 파일 1979-20, 23, 98.

4 1995년 11월 19일, 저자와 인터뷰하며 존 로버츠가 한 말.

5 Kazdin, *Glenn Gould at Work*, p. 53.

6 1994년 6월 17일, 저자와 인터뷰하며 쿤라드 블루멘달이 한 말.

7 1994년 6월 16일, 저자와 인터뷰하며 론 털크가 한 말.

8 글렌 굴드가 쓴 "Das Kind der Rosemarie," 캐나다 국립 도서관의 글렌 굴드 문서 보관소, 파일 1979-20, 23, 65.

9 1994년 6월 18일, 저자와 인터뷰하며 그레타 크라우스가 한 말.

10 1995년 2월 27일, 저자와 전화로 인터뷰하며 Patrick J. Sullivan이 한 말.

11 1994년 11월 10일, 저자와 인터뷰하며 조지프 스티븐스 의학 박사가 한 말.

12 Kazdin, *Glenn Gould at Work*, p. 57.

13 글렌 굴드가 "Dell" 앞으로 쓴 편지 초고, 날짜가 적혀 있지 않은 이 편지는 *Glenn Gould: Collected Letters*, pp. 242-243에 수록되어 있다.

14 1994년 11월 10일 저자와 인터뷰하며 조지프 스티븐스 의학 박사가 한 말.

15 1971년 3월 9일 자 *Look*에 실린 글렌 굴드의 글 "Rubinstein," *The Glenn Gould Reader*, p. 282에 재수록되어 있다.

16 글렌 굴드가 *Piano Quarterly*(1980년 여름호)에 쓴 "Memories of Maude Harbour, or Variations on a Theme of Arthur Rubinstein", *The Glenn Gould Reader*, pp. 290-295에 재수록되어 있다.

17 Friedrich, *Glenn Gould*, pp. 261-262에 인용되어 있는 조지 로이 힐과 글렌 굴드의 말.

18 글렌 굴드가 조지 로이 힐에게 보낸 1971년 9월 27일 자 편지, *Glenn Gould: Collected Letters*, p. 162.

19 Friedrich, *Glenn Gould*, pp. 263-266에 인용되어 있는 글렌 굴드와 영화 평론가들의 평.

20 Richard Nielsen의 말, 위와 같은 책, pp. 266-268에서 재인용.

21 글렌 굴드가 William Glenesk 목사에게 보낸 1982년 5월 22일 자 편지, *Glenn Gould: Collected Letters*, pp. 246-247.

22 리처드 닐센의 말, Friedrich, *Glenn Gould*, pp. 268-270에서 재인용.

23 글렌 굴드가 윌리엄 글레네스크 목사에게 보낸 1982년 5월 22일 자 편지, *Glenn Gould: Collected Letters*, p. 247.

24 Friedrich, *Glenn Gould*, pp. 268-271에 인용되어 있는 제시 그레이그와 영화 제작자들의 말.

25 1995년 11월 20일, 저자와 인터뷰하며 로버트 실버먼이 한 말.

26 "Glenn Gould: Concert Dropout," 존 매클루어와 가진 대화, 1963년에 발매된 컬럼비아 MS 7173에 포함된 보너스 음반에 수록되어 있다.

27 1985년 CBC 텔레비전이 제작한 "Glenn Gould: A Portrait"(Part 1)에서 존 로버츠가 한 말.

28 Jonathan Cott, *Conversations with Glenn Gould*, p. 31.

29  굴드가 쓴 "Stokowski in Six Scenes," *The Glenn Gould Reader*, pp. 258-282에 재수록되어 있다.

30  1995년 11월 20일, 저자와 인터뷰하며 로버트 실버먼이 한 말.

31  위와 같은 내용.

32  존 로버츠가 리즈 데샹 오스트왈드에게 보낸 1996년 9월 30일 자 편지.

33  1995년 11월 20일, 저자와 인터뷰하며 로버트 실버먼이 한 말.

34  조 스티븐스가 리즈 데샹 오스트왈드에게 보낸 1996년 6월 20일 자 편지.

35  브뤼노 몽생종의 말, Friedrich, *Glenn Gould*, pp. 226-227에서 재인용.

36  글렌 굴드가 브뤼노 몽생종에게 보낸 1972년 11월 12일 자 편지, *Glenn Gould: Collected Letters*, p.181.

37  Bruno Monsaingeon, *Glenn Gould: Le Dernier Puritain; Glenn Gould: Je ne suis pas du tout un Excentrique; and Glenn Gould: Contrepoint à la Ligne*, Paris: Fayard, 1983, 1984, and 1985.

38  브뤼노 몽생종의 말, Friedrich, *Glenn Gould*, pp. 228-229에서 재인용.

## 24. 중년에 접어들며

1  1994년 6월 16일, 저자와 인터뷰하며 John Percival 의학 박사가 한 말.

2  캐나다 국립 도서관의 글렌 굴드 문서 보관소에 있는 비공개 문서.

3  1994년 6월 16일, 저자와 인터뷰하며 존 퍼시벌 의학 박사가 한 말.

4  글렌 굴드가 로널드 윌포드에게 보낸 1971년 12월 21일 자 편지, *Glenn Gould: Selected Letters*, p. 172.

5  글렌 굴드가 의사 S. Brown과 J. G. Hill에게 보낸 1972년 8월 31일 자 편지, *Glenn Gould: Selected Letters*, p. 179.

6  제시 그레이그의 말, Friedrich, *Glenn Gould*, p. 243에서 재인용.

7  1994년 11월 10일, 저자와 인터뷰하며 조지프 스티븐스 의학 박사가 한 말.

8  1995년 2월 25일, 저자와 인터뷰하며 레이 로버츠가 한 말.

9  1994년 6월 16일, 저자와 인터뷰하며 론 털크가 한 말.

10  1985년 CBC 텔레비전이 제작한 "Glenn Gould: A Portrait"(Part 2)에서 제시 그레이그가 한 말.

11  제시 그레이그의 말, Friedrich, *Glenn Gould*, pp. 170-171에서 재인용.

12  1994년 6월 16일, 저자와 인터뷰하며 존 퍼시벌 의학 박사가 한 말.

13  캐나다 국립 도서관의 비공개 문서, 파일 1979-20, 22, 137, p. 4에 있는 글렌

굴드의 기록.

14    1995년 11월 19일, 저자와 인터뷰하며 존 로버츠가 한 말.

15    캐나다 국립 도서관의 비공개 문서, 파일 1979-20, 22, 110, p. 6에 있는 글렌
      굴드의 기록.

16    1994년 6월 16일, 저자와 인터뷰하며 Dale McCarthy 의학 박사가 한 말.

17    1995년 2월 25일, 저자와 인터뷰하며 레이 로버츠가 한 말.

18    캐나다 국립 도서관의 비공개 문서, 파일 1979-20, 23, 162, p. 1에 있는 글렌
      굴드의 기록.

19    1985년 CBC 텔레비전이 제작한 "Glenn Gould: A Portrait"(Part 2)에서 존
      로버츠가 한 말.

20    Ostwald, *Schumann: The Inner Voice of a Musical Genius* 참조.

21    1994년 11월 10일, 저자와 인터뷰하며 조지프 스티븐스 의학 박사가 한 말.

22    글렌 굴드의 일기(1권), pp. 1-3, 캐나다 국립 도서관의 파일 1979-20, 21, 77.

23    Kazdin, *Glenn Gould at Work*, pp. 151-153.

24    글렌 굴드의 일기(1권), p.4, 캐나다 국립 도서관의 파일 1979-20, 21, 77.

25    위와 같은 일기, pp. 4-10.

26    위와 같은 일기, pp. 10-24.

27    위와 같은 일기, pp. 33-37.

28    위와 같은 일기, pp. 44-48.

29    위와 같은 일기, pp. 49-62.

## 25. 만년

1    글렌 굴드의 일기(제2권), pp. 1-2, 캐나다 국립 도서관의 파일 1979-20, 20, 4.

2    1994년 6월 16일, 저자와 인터뷰하며 Philip Klotz 의학 박사가 한 말.

3    글렌 굴드의 일기(제2권), pp. 11-18, 캐나다 국립 도서관의 파일 1979-20, 20, 4.

4    위와 같은 일기, pp. 27-29.

5    위와 같은 일기, pp. 54-63.

6    1994년 6월 16일, 저자와 인터뷰하며 론 털크가 한 말.

7    글렌 굴드가 Robert Sunter에게 보낸 1979년 1월 30일 자 편지, *Glenn Gould: Selected Letters*, p. 238.

8    1994년 6월 13일, 저자와 인터뷰하며 존 맥그리비가 한 말.

9    존 맥그리비의 말, Friedrich, *Glenn Gould*, p. 223에서 재인용.

10    1979년에 나온 존 맥그리비의 영화 *Glenn Gould in Toronto*.

11    1994년 6월 13일, 저자와 인터뷰하며 존 맥그리비가 한 말.

12    1995년 2월 25일, 저자와 인터뷰하며 Peter Mak이 한 말.

13    1972년 Amsco Music Company에서 낸 바흐의 〈평균율 클라비어곡집〉 1권에 들어가는 소개말로 글렌 굴드가 쓴 "Art of the Fugue"에서 발췌. 이 글은 *The Glenn Gould Reader*, pp. 16-17에 재수록되어 있다.

14    글렌 굴드가 "The Question of Instrument"에서 한 말. *The Glenn Gould Collection*, Vol. XIX, Sony Classical SLV 48 425.

15    1995년 2월 25일, 저자와 인터뷰하며 피터 막이 한 말.

16    글렌 굴드가 아버지 러셀 허버트 굴드에게 보내는 편지의 초고, *Glenn Gould: Selected Letters*, pp. 240-241.

17    마거릿 패스쿠의 말, Friedrich, *Glenn Gould*, p. 257에서 재인용.

18    글렌 굴드가 "An Art of the Fugue"에서 나눈 대화, The Glenn Gould Collection, Sony.

19    글렌 굴드가 쓴 의료 관련 기록, 캐나다 국립 도서관의 글렌 굴드 문서 보관소에 있는 비공개 문서, 파일 1979-20, 23, 162, pp.2-3.

20    기획물 "The Goldberg Variations"에서 굴드의 말, *The Glenn Gould Collection*, Vol. XIII, Sony Classical SLV 48 424.

21    위와 같은 앨범.

22    1995년 11월 20일, 저자와 인터뷰하며 로버트 실버먼이 한 말.

23    1995년 11월 9일, 저자와 인터뷰하며 존 로버츠가 한 말.

24    Kazdin, *Glenn Gould at Work*, pp. 162-163.

## 26. 마지막 타격

1    티머시 핀들리의 말, Friedrich, *Glenn Gould*, p. 267에서 재인용.

2    1994년 6월 17일, 저자와 인터뷰하며 쿤라드 블루멘달이 한 말.

3    Sony Classical SMK 52 650.

4    Timothy Maloney, James Strecker가 *Bulletin of the International Glenn Gould Society* 1991년 3월-10월호에 실은 "Glenn Gould: Man, Musician, and Legacy." "Nine Canadian Talk About the Legendary Pianist"에서 재인용.

5    캐나다 국립 도서관의 글렌 굴드 문서 보관소에 있는 비공개 문서 중 약 목록.

6    1994년 6월 16일, 저자와 인터뷰하며 론 털크가 한 말.

7   1995년 11월 20일, 저자와 인터뷰하며 로버트 실버먼이 한 말.

8   Rhombus Media에서 제작한 영상물 *Thirty-Two Short Films About Glenn Gould*에서 제시 그레이그가 한 말.

9   1994년 7월 17일, 저자와 인터뷰하며 존 로버츠가 한 말.

10  1995년 2월 26일, 저자와 인터뷰하며 레이먼드 로버츠가 한 말.

11  1994년 6월 16일, 저자와 인터뷰하며 존 퍼시벌 의학 박사가 한 말.

12  1995년 2월 26일, 저자와 인터뷰하며 레이먼드 로버츠가 한 말.

13  1982년 10월 2일자 *San Francisco Chronicle*의 기사.

14  1982년 10월 5일자 *New York Times*의 1면 헤드라인.

15  저자가 러셀 허버트 굴드에게 보낸 1982년 10월 5일 자 편지, 개인 문서.

16  존 로버츠가 1982년 10월 15일, 글렌 굴드의 추도 예배에서 한 말, 캐나다 국립 도서관의 글렌 굴드 문서 보관소, 파일 1979-20, 44, 40 참조.

## 에필로그와 감사의 말

1   John McGreevy, ed., *Glenn Gould: By Himself and His Friends*, Toronto and Garden City, NY: Doubleday, 1983, p. 12.

2   위와 같은 책, p. 9.

3   Friedrich, *Glenn Gould: A Life and Variations*.

4   Peter Ostwald, "Glenn Gould: Some Personal Reminiscences," *Medical Problems of Performing Artists*(1989년 9월호), p. 139.

5   Peter Ostwald, "Some Personal Reminiscences," *Bulletin of the International Glenn Gould Society*(Holland; 1991), vol.8, pp. 23-29.

6   "Ishi toshite tomo toshite," Marie Ogura 번역, *Wave*, vol.37, 1993년 5월, pp. 25-33.

# 찾아보기

말로, 크리스토퍼 172
마셜, 매클루언 472, 480, 484, 501, 571, 572
맥그리비, 존 142, 662-664, 666, 709, 713
맥래, 콜린 A. 225
맥밀런, 어니스트 150, 152, 185, 202, 221, 236, 294, 308, 442
매카시, 데일 637, 638, 675, 676, 723
매클루어, 존 286, 527, 529-531
메뉴인, 다이애나 굴드 480, 483, 490
메뉴인, 예후디 50, 64, 65, 68, 252, 411, 414, 438, 443, 480, 486-492, 495, 660, 710, 713
메이베그, 게발트 353
메타, 주빈 415
멘델스존, 펠릭스 150, 158, 163, 183, 184, 191, 297, 467, 544, 545, 689, 693
모드, 에드워드 565
모라웨츠, 오스카 192, 204, 210, 306, 384, 429, 534, 713
모스타니, 졸탄 563
모차르트, 볼프강 아마데우스 44, 54, 55, 102, 114, 122, 135, 136, 143, 150, 158, 160, 164, 167, 183, 185, 199, 221, 229, 233, 236, 244, 254, 296, 297, 307, 311, 312, 320, 349, 356, 374, 376, 385, 416, 434, 440, 466, 479, 480, 535, 536-540, 571, 663, 705
모핏, 허버트 C. 76, 324
몰, 앨버트 E. (몰 박사) 267, 271-273
몽생종, 브뤼노 14, 438, 614-616, 619, 666, 668, 673, 674, 677-679, 681, 685, 696, 711
뫼니에, 알랭 438
무어, 하워드 512
뮐러, 마르틴 357
미요 153
미켈란젤리, 아르투로 베네데티 532, 533
미트로풀로스, 디미트리 352, 436, 455, 463
밀러, 래리 195

**ㅂ**

바그너, 리하르트 191, 192, 233, 234, 276, 338, 381, 435, 439, 450, 467, 507, 508, 548, 577, 615, 624, 637, 662, 692
바니, 헬렌 479
바딩스, 헹크 485
바렌보임, 다니엘 222, 694
바카우어, 지나 404
바흐, 요한 제바스티안 42, 44-46, 51, 53, 64, 65, 70, 71, 78, 97, 114, 122, 150, 151, 154, 158, 159, 161-164, 176, 183, 190, 203, 219-223, 229, 237, 238, 244, 245, 247, 254-256, 258, 259, 288, 294, 296, 299-301, 307, 308, 311, 326, 327, 329, 331-334, 337, 339, 343, 344, 352, 355, 363, 374, 375, 378, 380, 385, 402-404, 441, 442, 446, 463, 465-467, 486, 487, 503, 504, 507, 517, 519, 527, 528, 534, 570, 571, 580, 604, 605, 614-617, 623, 643, 644, 649, 660, 666-669, 671, 673, 675, 677, 685, 694, 705, 706
바흐, 카를 필리프 에마누엘 671
반즈, 존 612
발렌, 파르테인 550, 552, 553
버드, 윌리엄 534, 553, 615
버르토크, 벨러 92, 234, 333, 375, 456
버턴, 험프리 414, 462, 528, 529
버틀러, 로마 219
번스타인, 레너드(레니) 107, 249, 286, 311-313, 315, 316, 352, 363, 414, 436, 439, 441, 451, 453, 454-456, 458, 546, 570, 600, 690
번스타인, 펠리시아 316
베넷, 덴턴 B. 268
베넷, 아서 138, 267
베르디 246, 442, 479, 505
베르크, 알반 134, 217, 246, 329, 430, 441, 552, 553
베르펠, 알마 말러 381
베베른, 안톤 134, 193, 217-219, 245, 328, 329, 339, 431, 476, 503, 542, 553, 616, 649
베이커, 이스라엘 479
베토벤 47, 72, 114, 158, 162, 166, 169, 173,

스완슨, 티머시 405

스카를라티 108, 158, 196, 197, 254, 671

스크랴빈, 알렉산드르 478, 615, 627, 661

스타우트, 앨런 552

스타인, 어윈 410, 418, 521, 522

스타인버그, 윌리엄 210, 211

스탈린 325

스턴, 아이작 69

스토코프스키, 레오폴드 64, 65, 338, 352, 442, 516, 517, 531, 532, 555, 565, 610

스톡스, 올드윈 273, 274

스트라빈스키, 이고르 47, 49, 153, 190, 232, 249, 252, 286, 441, 479, 485, 662

스트로스, 프레드 375, 377

스트로스, 헬렌 375, 377, 713

스티븐스, 데니스 626

스티븐스, 조지프(조) 279, 281, 399-405, 409-412, 417, 420-422, 424-426, 446, 478, 522, 552, 574, 575, 584, 596, 598, 600, 602, 612, 629, 639, 641-643, 713

시게티 50, 181

시모노, 레오폴드 297

시벨리우스 328, 463, 503

실버만, 로버트(밥) 608, 610, 611, 679, 695, 711-713,

실버만 잉그리드 612

실베스터, 프레더릭 C. 150, 161

## ㅇ

아라우, 클라우디오 47, 152, 229, 349, 576

아리아가, 후안 44

에이블, 데이비드 69, 71, 72

아슈케나지, 블라디미르 362, 694

아팝, 질 438

안체를, 카렐 533, 550

안할트, 이슈트반 444, 534

애플바움, 루이스 378

앨런, 밀드레드 613

앨런, B. M. 273

에셴바흐, 크리스토프 694

에이드, 윌리엄 154, 156, 228, 713

에튀, 자크 534

엘가, 에드워드 492, 565, 571

엘만, 미샤 50

엡스타인, 레온 714

엡스타인, A. A. 521

오르타바니, 마르타 671

오르먼디, 유진(예뇌 블라우) 410, 418-421, 436, 624

오스트왈드, 리즈 데샹 416-418, 427, 445, 448-451, 462, 464, 466, 704, 712

오스트왈드, 유진 211

오스트왈드, 피터 25-27, 42, 75, 76, 310, 313, 318, 358, 364, 391, 417, 426, 427, 641, 704, 708

오퍼겔드, 로버트 483

오펜하임, 데이비드 249, 252, 253

올닉, 하비 236, 238, 239, 246, 247, 249, 250, 430, 713

와츠, 맬컴 385, 390

요아힘, 오토 437

월턴, 윌리엄 64, 628

월포드, 로널드 520, 550, 602, 625

## ㅈ

자발리슈, 볼프강 356

제르킨, 루돌프 237, 238, 576

제수알도, 돈 카를로 668

제임스, 메리 232, 375

제임스, 헨리 379

젠킨스, 실비아 69

조플린, 재니스 519

존스, 메이슨 624

존스, 윌리엄(빌) 코벳 68, 69, 71, 713

존슨, 길버트 624

짐발리스트 50, 107

## 지은이 피터 오스트왈드

1928년 독일 베를린 출신으로 일찍이 미국으로 건너갔다. 심리학자이자 의사였던 그는 아마추어 바이올리니스트로서 클래식 음악에도 조예가 깊었고, 자연스럽게 클래식 음악 연주자들과 많은 교분을 쌓았다. 그 결과 여러 연주자의 심신 관련 문제를 접하면서 '연주자를 위한 건강 프로그램'을 고안하기도 했다. 본업에 충실한 와중에도 집필에 많은 힘을 쏟아 슈만 평전과 니진스키 평전 등 음악에 관한 여러 책을 썼다. 『글렌 굴드: 피아니즘의 황홀경』은 그가 병마와 싸우며 집필한 마지막 책이다. 1996년 샌프란시스코에서 세상을 떠났다.

## 옮긴이 한경심

1985년 이화여대 영문과를 졸업하고, 1984년에 동아일보사에 입사하여 출판국에서 15년간 기자로 활동했다. 우리 음식의 철학을 담은 『우리는 왜 비벼 먹고 쌈 싸먹고 말아먹는가』, 전통 공예 장인들의 삶을 통해 우리 예술의 깊이를 조망한 『우리는 어떻게 옷을 짓고 밥을 짓고 집을 짓는가』와 『나는 어떤 어른이 될까요』를 썼으며, 고 이덕희 선생 추모집 『'어떤 것'이 아니라 '모든 것'을 알고 싶었던 이덕희』를 펴냈다. 역서로는 『바그다드 소녀 투라의 일기』, 김삿갓[김병연]의 한시를 소개한 『Selected Poems of KIMSAKKAT』(케빈 오록 공역)이 있다.

## 현대 예술의 거장 시리즈
우리에게 새로운 세상을 열어 준 위대한 인간과 예술 세계로의 오디세이

구스타프 말러 1·2, 프랭크 로이드 라이트, 알렉산더 맥퀸, 시나트라, 메이플소프, 빌 에반스, 앙리 카르티에 브레송, 조니 미첼, 짐 모리슨, 코코 샤넬, 스트라빈스키, 니진스키, 에릭 로메르, 자코메티, 루이스 부뉴엘, 페기 구겐하임, 트뤼포, 프랭크 게리, 피나 바우쉬, 찰스 밍거스, 쳇 베이커, 게르하르트 리히터, 샤를로트 페리앙, 글렌 굴드, 마리아 칼라스, 엔니오 모리코네, 루이즈 부르주아 등

**현대 예술의 거장 시리즈는 계속 출간됩니다.**